Die Macht der Nächstenliebe

Einhundertfünfzig Jahre Innere Mission und Diakonie 1848-1998

Im Auftrag des
Deutschen Historischen Museums
und des Diakonischen Werkes
der Evangelischen Kirche in Deutschland

herausgegeben von
Ursula Röper und Carola Jüllig

DHM

Diakonie

Impressum

Ausstellung

Ausstellungskonzeption
Dr. Ursula Röper

Ausstellungsteam
Carola Jüllig M.A., Dr. Ursula Röper

Wissenschaftliche Mitarbeit
Kaspar Nürnberg M.A.

Praktikanten und studentische Hilfskräfte
Nadja Bohmann, Benjamin Degen, Antje Eich,
Mareike Giertler, Anne Heinecke

Wissenschaftlicher Beirat für Ausstellung und Katalog
Dr. Michael Häusler
Prof. Dr. Jochen-Christoph Kaiser
Dr. Karl Dieterich Pfisterer
Kirchenrat i.R. Hans-Dietrich Schneider
Prof. Dr. Christoph Stölzl
Prof. Dr. Jörg Thierfelder

Koordinator im Diakonischen Werk
Uwe Mletzko

Koordinatorin im DHM
Ulrike Kretzschmar M.A.

Vorbereitungsgruppe des Diakonischen Werkes 1994-1996
Dr. Michael Häusler
Prof. Dr. Jochen-Christoph Kaiser
Wolf Kätzner M.A.
Dr. Ursula Röper
Eva Schrepf M.A.
Reinhard van Spankeren M.A.
Hans-Heinrich Tegtmeyer
Dr. Helmut Talazko

Ausstellungsgestaltung
Stefan Haslbeck

Lichtgestaltung
Michael Flegel

Plakat
Dorén + Köster, Berlin

Leihverkehr
Edith Michelsen

Restaurierung
Werkstätten DHM unter Leitung von Ursula Fuhrer

Restaurierung des Altarkreuzes
Rüdiger Tertel, Nicola Pause

Fotoarbeiten
Fotowerkstatt DHM unter Leitung von Arne Psille

Presse- und Öffentlichkeitsarbeit
Angelika Wachs, Susanna Meienreis, Sonja Trautmann

Katalog

Redaktion
Dr. Ursula Röper (Text), Carola Jüllig M.A. (Bild),
Kaspar Nürnberg M.A. (Objektverzeichnis)

Lektorat im Verlag
Yamin v. Rauch

Korrektur
Rudolf Mast

Graphische Gestaltung und Umschlagentwurf
Christoph Holzki / Satzinform, Berlin

Konvertierung, Umbruch und Lithographie
Satzinform, Berlin

Druck und Bindung
DBC Druckhaus Berlin Centrum GmbH, Berlin

Verlag
Jovis Verlagsbüro, Kurfürstenstraße 15/16, 10785 Berlin

ISBN 3-931321-17-7 (Verlagsausgabe)
ISBN 3-86102-104-8 (Ausstellungsausgabe)

Danksagung

Für Rat, Hilfe und Unterstützung bei der Recherche danken wir Gerhard Balewski, Michael Bartels, Gerd Bartoschek, Dr. Veronika Braunfels, Petra Brinkmeier, Prof. Dr. Wolfgang Brückner, Dr. Christoph Conrad, Daniel Crasemann, Theodor Dierlamm, Wolfgang Fischer, Karl-Heinz Franke, Annette Gisevius, Margarete Herzog, Dr. Harald Jenner, Friedhelm Jostmeier, Hannes Kiebel, Prof. Dr. Jürgen Kocka, Paul-Gerhard Löhe, York-Heinrich Meyer, Prof. Dr. Bruno Nikles, Renata von Poser, Stefan Querfurth, Dr. Sigurd Rink, Dr. Joachim Schlör, Beate Schnurbusch, Jürgen Schreiter, Dr. Hinrich Sieveking, Peter Sobetzki-Petzold, Mechtild von Veltheim, Dr. Gerlinde Viertel, Karl Heinz Voigt, Margarete Weduwen, Johann Heinrich Wichern und der Henriettenstiftung Hannover sowie allen Mitarbeiterinnen und Mitarbeitern der diakonischen Werke, Einrichtungen, Dienste, Archive und Museen, die uns hilfsbereit und tatkräftig unterstützten, und allen privaten und öffentlichen Leihgebern.

Für finanzielle Unterstützung danken wir der Ev. Darlehnsgenossenschaft (Katalog) und den Freunden der Preußischen Schlösser und Gärten e.V. (Restaurierung Altarkreuz).

Leihgeber

A. Paul-Weber-Museum, Ratzeburg
Altenzentrum Bethesda, Eisenberg
Annastift e.V., Hannover
Archiv der Brüderunität, Herrnhut
Archiv der Evangelischen Frauenhilfe in Westfalen e.V., Soest
Archiv der sozialen Demokratie der Friedrich-Ebert-Stiftung, Bonn
Archiv des Deutschen Caritasverbandes, Freiburg
Archiv des Diakonischen Werkes der Evangelischen Kirche in Deutschland, Berlin
Archiv des Diakonischen Werkes der Evangelischen Kirche von Westfalen, Münster
Bank für Sozialwirtschaft, Berlin
Berufsbildungswerk Waiblingen
Bibliothek der Friedrich-Ebert-Stiftung, Bonn
Bibliothek des Diakonischen Werkes der Evangelischen Kirche in Deutschland, Berlin
Bildarchiv Preußischer Kulturbesitz, Berlin
Blaues Kreuz in Deutschland e.V., Ortsgruppe Basingfeld, Extertal
Bröhan-Museum, Berlin
Bundesarchiv, Berlin
Bundesarchiv-Filmarchiv, Berlin
Burckhardt-Haus e.V., Gelnhausen
Deutsches Zentralinstitut für soziale Fragen, Bibliothek, Berlin
Diakonie Freistatt
Diakonie Neuendettelsau
Diakonie Stetten e.V., Kernen
Diakoniestiftung Lazarus, Berlin
Diakonieverein Migration e.V., Pinneberg
Diakoniewerk Kaiserswerth e.V., Düsseldorf
Diakoniewerk Kaiserswerth e.V., Fachbibliothek für Frauendiakonie und Fliednerarchiv, Düsseldorf
Diakoninnengemeinschaft Rummelsberg, Schwarzenbruck
Diakonische Heime Kästorf, Gifhorn
Diakonisches Werk Berlin-Brandenburg e.V., Berlin
Diakonisches Werk der Ev.-Luth. Kirche in Bayern e.V., Nürnberg
Diakonisches Werk der Ev.-Luth. Landeskirche Hannovers e.V.
Diakonisches Werk der Evangelischen Kirche in Deutschland, Stuttgart
Diakonisches Werk des Ev.-luth. Stadtkirchenverbandes Hannover e.V.
Diakonisches Werk in der Kirchenprovinz Sachsen e.V., Magdeburg
Elisabeth-Diakonissen- und Krankenhaus, Berlin
epd-bild, Frankfurt a. M.
Epilepsiezentrum Kork, Kehl
Ev.-Luth. Diakonenhaus Moritzburg e.V.
Ev.-Luth. Diakonissenanstalt Alten Eichen, Hamburg
Ev.-Luth. Diakonissenanstalt Dresden e.V.
Ev.-Luth. Diakonissenanstalt Flensburg
Ev.-Luth. Diakonissen-Mutterhaus Bethanien (Lötzen), Quakenbrück
Ev.-Luth. Michaelis-Kirchengemeinde Fallersleben, Wolfsburg
Ev.-Luth. St. Petri-Kirchengemeinde Döhren, Hannover
Evang. Diakoniewerk Schwäbisch Hall e.V.
Evang. Diakonissenhaus Nonnenweier e.V., Schwanau
Evangelische Diakonissenanstalt Stuttgart
Evangelische Gesellschaft in Stuttgart, Zentrale Beratungsstelle für Wohnungslose
Evangelische Kirche der Union, Berlin
Evangelische Stiftung Hephata, Mönchengladbach
Evangelische Stiftung Neuerkerode, Sikte
Evangelischer Diakonieverein Berlin-Zehlendorf e.V.
Evangelisches Johannesstift, Berlin
Evangelisches Kinder- und Jugendheim Overdyck, Bochum
Evangelisches Zentralarchiv in Berlin
Evangelisches Zentralinstitut für Familienberatung, Berlin
Evangelisch-lutherisches Diakonissen-Mutterhaus Rotenburg (Wümme) e.V.
Faaborg Museum for Fynsk Malerkunst, Faaborg
Franckesche Stiftungen, Halle
Gedenkstätte Grafeneck, Samariterstift Grafeneck
Geheimes Staatsarchiv Preußischer Kulturbesitz, Berlin
Germanisches Nationalmuseum, Nürnberg
Dr. Ingeborg Grüber, Kleinmachnow
Hauptarchiv der v. Bodelschwinghschen Anstalten Bethel, Bielefeld
Hauptarchiv der v. Bodelschwinghschen Anstalten Bethel, Bestand Nazareth, Bielefeld
Heimatmuseum Neuruppin, Bilderbogen-Dokumentationszentrum
Henriettenstiftung, Hannover
Hoffbauer-Stiftung, Potsdam
Hoffnungstaler Anstalten, Lobetal
Der Johanniterorden, Bonn
Carola Jüllig, Berlin
Karlshöhe, Ludwigsburg
Kirchenkreisarchiv Alt-Hamburg, Hamburg
Kirchenkreisarchiv Rendsburg
Kloster Loccum, Rehburg
Klaus Kohn, Braunschweig
Gerda Künneth, Erlangen
Kunstbibliothek Preußischer Kulturbesitz, Berlin
Landesarchiv Berlin
Landeskirchliches Archiv Bielefeld
Landeskirchliches Archiv Nürnberg
Landeskirchliches Archiv Stuttgart
Landeskirchliches Museum, Ludwigsburg
Landesverein für Innere Mission in Schleswig-Holstein, Rickling
Leinerstift, Großefehn
Friedrich Lörcher, Bielefeld

Cecilie Gräfin von Lüttichau, Köln
Luise-Henrietten-Stift, Lehnin
Mariaberger Heime, Gammertingen
Marienbibliothek, Halle
Martinstift, Flensburg
Mennonitische Hilfswerke, Weissach im Tal
Münchner Stadtmuseum
Museum der Stadt Neustadt an der Weinstraße
Museum für Hamburgische Geschichte, Hamburg
Museum für Kunst und Gewerbe, Hamburg
Museum für Kunst und Kulturgeschichte der Hansestadt Lübeck
Mutterhaus der Barmherzigen Schwestern ›Clemensschwestern‹, Archiv, Münster
Nieder-Ramstädter Heime der Inneren Mission, Mühltal
Nordelbische Evangelisch-Lutherische Kirche – Nordelbisches Kirchenarchiv, Kiel
Nordrhein-Westfälisches Hauptstaatsarchiv, Düsseldorf
Oberlinhaus, Potsdam
Olgahospital, Stuttgart
Oncken-Archiv, Elstal
Pfeiffersche Stiftungen, Magdeburg
Pommerscher Diakonie-Verein Züssow e.V.
Carsten Rathje, Neumünster
Das Rauhe Haus, Hamburg
Das Rauhe Haus, Archiv, Hamburg
Dr. Antje Renner / Dr. Dieter Behrens, Idar-Oberstein / Bad Kreuznach
Dr. Ursula Röper, Berlin
Rotenburger Werke der Inneren Mission
Samariteranstalten, Fürstenwalde/Spree
Sarepta-Archiv der v. Bodelschwinghschen Anstalten Bethel, Bielefeld
Schloß Beuggen, Rheinfelden
Dr. Hinrich Sieveking, München
Prof. Dr. Klaus Sieveking, Bremen
Sophienhaus, Weimar
Annemarie Spiecker, Heidelberg
Staatliche Museen zu Berlin Preußischer Kulturbesitz, Kupferstichkabinett
Staatliche Museen zu Berlin Preußischer Kulturbesitz, Museum für Volkskunde
Staatliche Museen zu Berlin Preußischer Kulturbesitz, Neue Nationalgalerie
Staatsarchiv Hamburg
Staatsbibliothek zu Berlin Preußischer Kulturbesitz
Staatsbibliothek zu Berlin Preußischer Kulturbesitz, Handschriftenabteilung
Staatsgalerie Stuttgart
Stadtbüchereien Hannover
Stadtgeschichtliches Zentrum Lutherstadt Wittenberg
Stadtmuseum Ingolstadt
Städtisches Museum Hexenbürgermeisterhaus, Lemgo
Rudolf Stenzel, Berlin
Stephansstift, Hannover
Stephanus-Stiftung, Berlin
Stiftung Alten Eichen von 1596, Bremen
Stiftung Diakonissenhaus Bethanien, Berlin
Stiftung Diakonissenhaus Friedenshort, Heiligengrabe
Stiftung Preußische Schlösser und Gärten Berlin-Brandenburg, Potsdam
Stiftung Stadtmuseum Berlin
Stiftung Tannenhof, Remscheid
Technische Universität Berlin, Plansammlung
Technische Universität Berlin, Universitätsbibliothek
Technische Universität Darmstadt
Thorvaldsens Museum, Kopenhagen
Dr. Jürgen Trogisch, Dresden
Universität Basel, Öffentliche Bibliothek
Universitätsbibliothek Tübingen
Verein für Innere Mission in Bremen
Vinzentinerinnen Köln
Weißes Kreuz e.V., Ahnatal
Westfälische Diakonissenanstalt Sarepta Bethel, Bielefeld
Württembergische Landesbibliothek, Stuttgart
Württembergisches Landesmuseum, Stuttgart
Zentralarchiv der Evangelisch-methodistischen Kirche, Reutlingen

Grußwort

»Das Jahr 1848 ist für die innere Mission ein Herold des Lebens geworden [...], in Tausenden von Herzen ist die lebendige Ueberzeugung aufgegangen, daß sie eines der großen und neuen Werke des Herrn ist.«

Mit diesen Worten blickte Johann Hinrich Wichern auf den großen Erfolg zurück, den die von ihm propagierte Idee und Sache der Inneren Mission im Revolutionsjahr 1848 erlebt hatte. Er selbst hatte mit einer mitreißenden Rede auf dem evangelischen Kirchentag, der sich im September 1848 an der Wirkungsstätte Martin Luthers in Wittenberg versammelt hatte, diese Bewegung auf den Weg gebracht und damit auf die Revolution reagiert, deren soziale Ursachen er erkannte. Daß die Kirche die Behebung dieser sozialen Nöte zu lange vernachlässigt hatte, brandmarkte er als ihre historische Schuld. Der kirchliche Neuaufbau, den der Wittenberger Kirchentag anstoßen wollte, mußte nach Wicherns Vorstellungen unbedingt auch das karitative Handeln der Kirche umfassen, das sich bis dahin vielfach in gutgemeinten Einzelaktionen verlief. Die Umsetzung seines sozialreformerischen Programms sollte ein »Central-Ausschuß für die Innere Mission« in die Hand nehmen, dessen Gründung Wichern in Wittenberg in die Wege leitete. Zu Recht gilt Wicherns Auftreten auf dem Wittenberger Kirchentag deshalb als die Geburtsstunde der organisierten Diakonie.

Dabei war das Handeln Wicherns sowie seiner Mitstreiter und Mitstreiterinnen zutiefst geprägt von der Frage nach der Präsenz Christi in der gegenwärtigen Welt, wie es in dem Jesus-Wort »Was ihr getan habt einem von diesen meinen geringsten Brüdern, das habt ihr mir getan« (Mt. 25, 40) zum Ausdruck kommt. Dieses Leitmotiv mündete unmittelbar in die Aufgabe der Inneren Mission, »die von der Gesellschaft seinerzeit mißachteten, an den Rand gedrängten, ausgestoßenen oder gar nicht in sie aufgenommenen Menschen aufzusuchen und ihnen nachzugehen, um ihnen in dem Handeln des einzelnen Christen und der Kirche die Gegenwart des Herrn und der von ihm ausgehenden Kräfte wieder nahezubringen«. Darin erkennt die Diakonie auch heute noch ihren Ursprung und ihr Ziel. Zugleich übernahm sie in ihrer nunmehr 150jährigen Geschichte aber auch wesentliche sozialpolitische Aufgaben in der Gesellschaft und stellt damit den ältesten und neben der katholischen Caritas größten Verband der freien Wohlfahrtspflege in Deutschland dar.

Mit der eindrucksvollen Ausstellung »Die Macht der Nächstenliebe« sollen nicht nur Grund und Ursprung der Inneren Mission dargestellt werden. Vielmehr wird auch die vielgestaltige Wirkungsgeschichte der Diakonie entfaltet. Mit jedem ihrer verschiedenen Zeitabschnitte verbinden sich große Namen wie Theodor Fliedner, Amalie Sieveking, Friedrich von Bodelschwingh und Eugen Gerstenmaier, um nur einige zu nennen. Neben Leistungen und Engagement werden auch Krisen und Konflikte vor Augen geführt, denn die Diakonie ist – wie andere gesellschaftliche Kräfte – in dieser langen Geschichte ihrem großen Auftrag nicht immer gerecht geworden.

Diese Ausstellung soll im Rückblick auf 150 Jahre Innere Mission und Diakonie dazu beitragen, die Auseinandersetzung um den diakonischen Auftrag und die Rolle der Diakonie in der Gesellschaft möglichst vielen Menschen nahezubringen. Die Diakonie steht heute ebenso wie in den Jahren 1848, 1918, 1933 und 1945 vor großen Herausforderungen und Umwälzungen. Die freie Entfaltung der Diakonie in unserem demokratischen Sozialstaat ist in einigen Bereichen in Gefahr. Umso wichtiger ist es, immer wieder deutlich zu machen, daß die Diakonie »zu einem wichtigen und unentbehrlichen Bestandteil christlicher Lebensäußerung und aktiver Zuwendung zu den Aufgaben der Welt geworden ist«.

Dazu zählt auch das professionelle Engagement unserer Bank, zu deren Aufgaben es gehört, die Diakonie zu fördern und ihr bei der Durchführung ihrer Aufgaben zu helfen. Die Evangelische Darlehnsgenossenschaft repräsentiert an maßgeblicher Stelle das evangelische genossenschaftliche Bankwesen, das selbst auf dem Boden der Inneren Mission entstanden ist.

Vorstand und Aufsichtsrat der Evangelischen Darlehnsgenossenschaft sind dankbar und empfinden es als Ehre, durch finanzielle Förderung diese wegweisende Ausstellung zu ermöglichen.

Wir freuen uns auf viele Besucher!
Wir freuen uns auf viele Leser dieses Katalogs!

Ihre Evangelische Darlehnsgenossenschaft

Prof. Dr. Klaus Blaschke
Vorsitzender des Aufsichtsrates

Karl-Heinz Holst
Vorsitzender des Vorstandes

Inhaltsverzeichnis

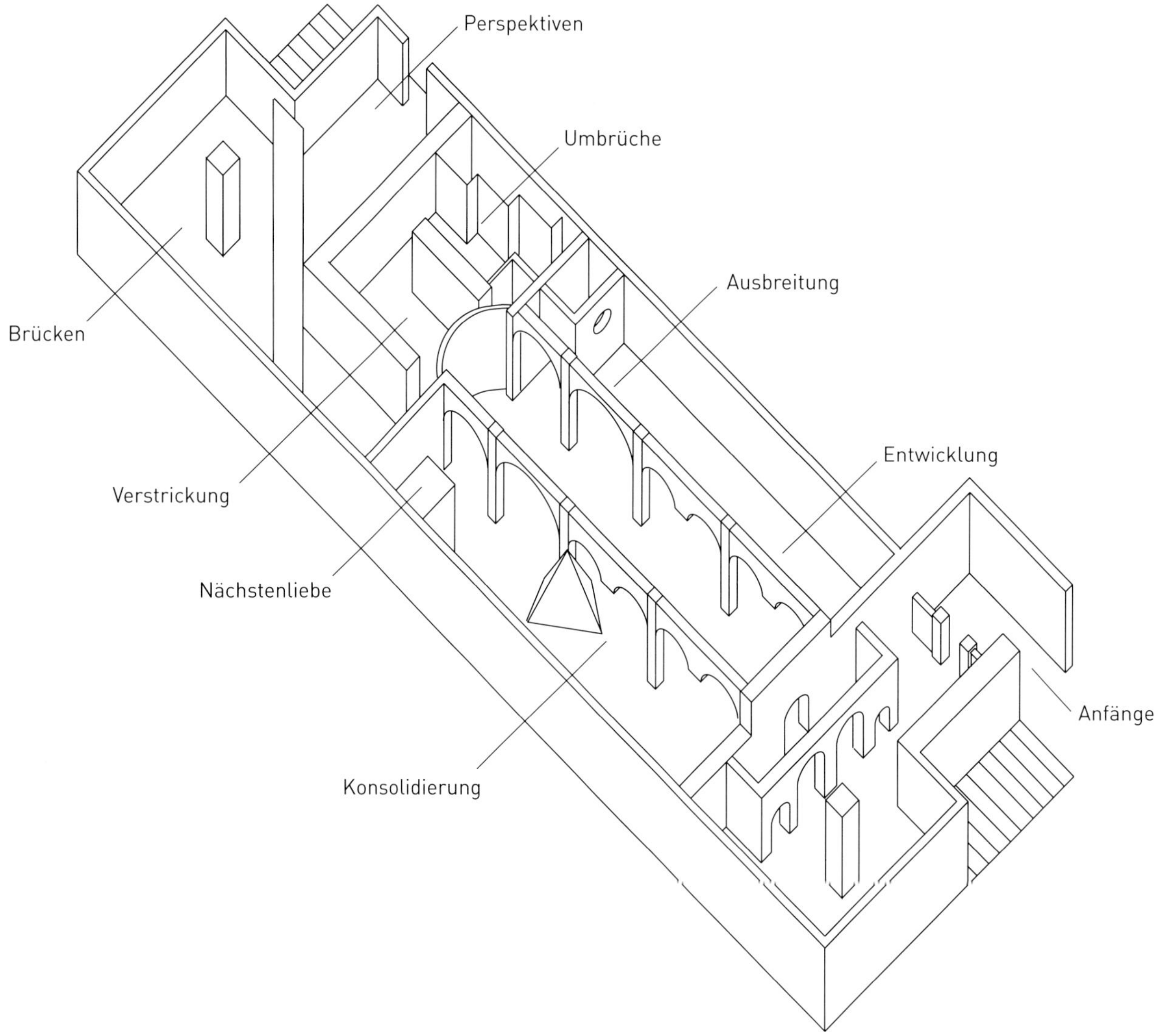
Perspektiven
Umbrüche
Ausbreitung
Brücken
Entwicklung
Verstrickung
Nächstenliebe
Anfänge
Konsolidierung

Vorwort

Die Macht der Nächstenliebe: Der dissonante Zusammenklang, der von unserem Titel ausgeht, mag sicherlich viele Menschen überraschen. Er ist so ungewöhnlich wie die Sache, auf die er aufmerksam machen möchte. Vor drei Jahren haben sich zwei Partner zusammengefunden, die unterschiedlicher nicht sein könnten. Hier das Deutsche Historische Museum, dessen Aufgabe es ist, die Zeugnisse vergangenen Lebens zu sammeln, zu analysieren und kommentiert auszustellen, verpflichtet, allein der aufklärerischen Ratio verständlich zu machen, was geschehen und schon deshalb nicht mehr zu ändern ist. Dort das Diakonische Werk der Evangelischen Kirche in Deutschland, ein Verband und ein Verbund von Menschen, die sich dem gegenwärtigen Leben und Leiden von hilfsbedürftigen Menschen verpflichtet haben – im Geist des Evangeliums, dessen religiöse Botschaft seit zwei Jahrtausenden auf das aktive Handeln, Eingreifen, Verändern dringt.

Daß wir zueinander gefunden haben, liegt am einhundertfünfzigjährigen Jubiläum der Gründung der modernen Diakonie im Revolutionsjahr 1848. Jahrestage, Jubiläen tragen den Appell zur Bilanz in sich. Diese Bilanz nicht allein in der konventionellen Form des »Wir über uns« zu ziehen, sondern den Dialog mit der großen Öffentlichkeit zu suchen, sich der Analyse als historisches Phänomen zu stellen: das war die Einladung des Deutschen Historischen Museums. Dessen Motive lagen in der Hoffnung, mit der Diakonie-Ausstellung Lebenswirklichkeiten und historische Objekte zu erschließen, die notorisch vernachlässigt werden in der Aneignung der Vergangenheit. Die Geschichte der Diakonie ist freilich auch eine hochpolitische Sache. Niemand versteht die spezifisch deutsche, in der Welt einzigartige Form des Sozialstaates, der sich nicht mit dem Wechselverhältnis von religiös motivierter Sozialreform und Staat im neunzehnten und zwanzigsten Jahrhundert vertraut macht.

Ausstellung und Katalog sind von einem interdisziplinären Team geschaffen worden. Kirchenhistoriker und Theologen, Sozialwissenschaftler und Museumsleute, praktisch erfahrene Mitarbeiter der Diakonie und Diakonieforscher haben zusammengewirkt. Sie haben gemeinsam eine Erzählung in Worten, Bildern und Räumen geschaffen, die in zehn Kapiteln von der Vorgeschichte der Diakonie vor 1848 bis zur Rolle der Wohlfahrtsverbände im Europa der Gegenwart führt. Der Gang durch die Geschichte geht auch durch finstere Zeiten – kein problematisches Kapitel wurde ausgespart.

Daß eine so große, eine Fülle von unpublizierten Zeugnissen darbietende Ausstellung überhaupt möglich wurde, ist das Resultat einer mehrjährigen Recherche in den diakonischen Einrichtungen, deren Mitarbeiter die Archive und Sammlungen, Speicher und Keller bereitwillig geöffnet haben – wofür an dieser Stelle sehr herzlich gedankt sein soll.

Die Mühseligen und Beladenen und die Stillen im Lande, die ihnen helfen, mögen in dem säkularisierten Weltverständnis, das – wer könnte das leugnen – die Normalität der Mediengesellschaft beherrscht, fast als exotisch gelten. Wenn aber nur ein Quentchen des *anima naturaliter christiana* (Thomas von Aquin) zutrifft, dann sollte unsere Ausbreitung von einhundertfünfzig Jahren praktizierter Nächstenliebe doch ihr Publikum finden.

Jürgen Gohde
Präsident des Diakonischen Werkes der EKD

Prof. Dr. Christoph Stölzl
Generaldirektor des Deutschen Historischen Museums

1848-1998

STATIONEN

Innere Mission und Diakonie

von Jochen-Christoph Kaiser

Grundzüge einer Geschichte der Inneren Mission

150 Jahre evangelische Innere Mission und Diakonie in Deutschland – das scheint aus historischer Perspektive eine kurze Zeitspanne; ist doch das Christentum, an dessen Entstehung sich unsere Zeitrechnung orientiert, wesentlich älter und bestimmt seit rund anderthalb Jahrtausenden die religiöse Kultur Mitteleuropas. Die Geschichte der christlichen Kirchen zeichnete sich seit ihren Anfängen durch soziale Gesinnung und Hilfehandeln aus; Armenpflege als »Liebestätigkeit« gehörte deshalb immer ganz wesentlich zur Praxis der christlichen Gemeinden.

An der Schwelle zum 19. Jahrhundert entfaltete sich eine neue Welt, die wir die Moderne nennen und die das Leben der Menschen und ihr Bewußtsein in tiefgreifender Weise veränderte. Denn in der Zeitspanne zwischen 1770 und 1870 begann das Zeitalter der Industriellen Revolution und erreichte seine ersten Höhepunkte. Die Moderne unterwarf die Gesellschaft der Industriestaaten einem raschen Wandel in ökonomischer, sozialer und kultureller Hinsicht, der neben vielen positiven Aspekten zuvor nicht gekannte Probleme mit sich brachte. Auch das Christentum und mit ihm die kirchliche Armenpflege wurden davon tiefgreifend berührt: Die alten Regeln der Gestaltung bürgerlicher und christlicher Existenz galten nicht mehr ungefragt, und auch Fürsorge für die »schwachen« Glieder der Gesellschaft als selbstverständliche Konsequenz organisierter Frömmigkeit und stadtbürgerlicher Verantwortung wurde in diesen Wandel einbezogen. Uns interessiert in diesem Zusammenhang vor allem die Entstehung einer neuen Armut und ihre Bekämpfung, weil hier die Ursprünge der Inneren Mission liegen.

Man bezeichnet diese neue Armut, die nach den Befreiungskriegen 1813/15 einsetzte, als »Pauperismus«. Er entstand als Reaktion auf die Reformen in den deutschen Ländern, vor allem in Preußen, die einen grundlegenden Umbau der Wirtschaftsverfassung einleiteten und neben anderem die Abschaffung der alten ständischen Zunftordnung zur Folge hatten. Das Ergebnis war zunächst nicht der erhoffte wirtschaftliche Aufschwung, sondern eine sich bis zur Märzrevolution hinziehende große Wirtschafts- oder »Emanzipations-«krise. Viele Handwerker machten sich nun selbständig, ohne über das notwendige Kapital zu verfügen und mußten ihre Kleinbetriebe nach kurzer Zeit wieder schließen. Zusammen mit der schnell wachsenden Bevölkerung, die auf dem Lande kein Auskommen mehr fand und deshalb in die großen Städte strömte, bildeten diese Menschen eine neue Unterschicht, die von den Risiken der beginnenden Industrialisierung besonders betroffen wurden: Arbeitslosigkeit, Invalidität, Krankheit und Alter.

Dies war die Lage, in der zwischen 1810 und 1848 die Anfänge der sozialen Arbeit der Inneren Mission liegen, die sich von der traditionellen kirchlich gebundenen Armenpflege signifikant unterschied. Die Differenz bezog sich vornehmlich auf zwei Bereiche: zunächst auf das Motiv eines Hilfehandelns aus religiöser Verantwortung, das soziale Zuwendung und die Verkündigung der christlichen Botschaft integrieren wollte. Des weiteren sollte das Nebeneinander der zahlreichen Initiativen einzelner und von örtlichen Vereinen durch die organisatorische Straffung beziehungsweise den Neuaufbau überregional tätiger protestantischer Hilfsorganisationen zugunsten einer höheren Effizienz überwunden werden. Dieses Programm ist untrennbar mit dem Namen des Hamburger Theologen Johann Hinrich Wichern (1808-1881) verbunden, der seine Vorstellungen erstmals zusammenhängend in seiner berühmten »Stegreifrede« auf dem ersten protestantischen Kirchentag 1848 in Wittenberg einer größeren Öffentlichkeit vorstellte.

Das Folgende will einen Überblick über die 150jährige Geschichte der Inneren Mission geben und einige Aspekte herausheben. Der soziale Protestantismus hat eine komplizierte Entwicklung hinter sich, die nicht ohne Einbettung in die Rahmenbedingungen deutscher Gesellschafts- und Sozialpolitik, aber auch nicht ohne Kenntnis des kirchengeschichtlichen Verlaufs gedeutet werden kann.

Voraussetzungen und Rahmenbedingungen

Auf die Ablösung des absolutistischen Staats- und Gesellschaftssystems folgte in Deutschland seit den späten Jahren des 18. Jahrhunderts der Aufbau des von ständischen Schranken befreiten modernen Verwaltungs- und Verfassungsstaats, der sich auf die entstehende bürgerliche Gesellschaft gründete. Dieser blieb die direkte politische Partizipation vor und nach 1848 zwar weitgehend verwehrt, indessen öffneten ihr die konstitutionellen Monarchien breite gesellschaftliche Gestaltungsspielräume, die das Wirt-

Bertel Thorvaldsen, Christus-Statue, 1821 (1.1)

schafts- und Bildungsbürgertum sogleich ergriff und besetzte. Auf diesem Hintergrund kam es in den Jahren nach der Wende vom 18. zum 19. Jahrhundert auch zu christlichen Vereinsgründungen.

Neben vielfältigen kulturellen Initiativen richtete die bürgerliche Vereinsbewegung von Beginn an ihr Augenmerk auf die soziale Situation ihrer Zeit, die durch Pauperismus und Frühindustrialisierung ganz neuartige Herausforderungen erlebte, welche mit dem Instrumentarium der traditionellen, auf die Kommunen bezogenen »Armenpflege« nicht mehr zu bewältigen waren.

Im Rahmen vereinsgebundener bürgerlicher Sozialreformen des Vormärz engagierten sich auch evangelische Einzelpersönlichkeiten und von ihnen gegründete Vereinigungen, die ebensowenig wie die überkonfessionellen Parallelgruppierungen ökonomische und soziale Strukturen generell in Frage stellten, sondern durch Reformen auf kommunaler, Länder- und Bundesebene gesellschaftliche Mißstände abschaffen und die davon Betroffenen in die bürgerliche Gesellschaft integrieren wollten. Dazu gehörte auch die »religiöse« Wiedereingliederung sozial und ökonomisch randständiger Unterschichten, deren gesellschaftliche Devianz – ganz im Sinne der alten Armenpflege der frühen Neuzeit – theologisch-anthropologisch als Folge verlorener Bindungen an Religion, Kirche und Gemeinde verstanden wurde.

Die Zielsetzungen der christlichen Reformer gingen jedoch weiter: Neben dem Aufbau einer Verteidigungslinie gegen die zunehmende Säkularisierung mit der grundsätzlichen Perspektive einer Rechristianisierung der Gesellschaft arbeiteten diese Gruppen für die Einheit des zersplitterten evangelischen Landeskirchentums und versuchten, konfessionalistische wie kirchenpolitische Sonderpositionen in den Hintergrund zu drängen.

Die Innere Mission und ihr Central-Ausschuß

In diesem Kontext ist die Innere Mission zu verorten – ein neuartiges Netzwerk umfassender protestantischer Sozial- und Kulturarbeit, deren »Central-Ausschuß« (CA) als Koordinierungsgremium derartiger Bestrebungen 1848 entstand. Dies geschah nicht von ungefähr im Jahr der Märzrevolution, deren Auswirkungen auch den deutschen Protestantismus erreichten und die dort vorhandenen Tendenzen in Richtung einer kirchlichen Einigung und – ersatzweise, beziehungsweise im Vorgriff darauf – eines einheitlich organisierten, schlagkräftigen evangelischen Verbandswesens verstärkten.

Die treibende Kraft hinter der Gründung des CA war Johann Hinrich Wichern, der in seiner Heimatstadt Hamburg das »Rauhe Haus« leitete – ein sogenanntes Rettungshaus für gefährdete Jugendliche, die er nach den modernen pädagogischen Standards seiner Zeit (Familienprinzip, weitgehender Verzicht auf Zwang) zu erziehen suchte. Um geeignetes Personal zu gewinnen, richtete er eine Ausbildungsstätte für sogenannte Diakone ein – junge, unbescholtene Männer mit abgeschlossener handwerklicher Lehre, die im »Rauhen Haus« eine sozialpädagogische und religiöse Ausbildung erhielten und später nicht nur dort, sondern auch auf anderen verwandten Arbeitsfeldern – etwa in preußischen Gefängnissen – eingesetzt wurden.

Wicherns Anliegen, das von zahlreichen Protestanten, darunter auch hohen Beamten der preußischen Ministerialbürokratie, geteilt wurde, war die Konzentration der evangelischen Kräfte auf allen sozialen wie kulturellen Gebieten der Gesellschaft mit dem Ziel einer breit angelegten Rechristianisierung der Bevölkerung wie der dadurch zu erfolgenden Stabilisierung der Gesellschaftsverfassung. Im Kern blieb sein Werk damit ambivalent: Traditionellen

Jacob Nöbbe, Johann Hinrich Wichern, um 1869 (2.9)

Inhalten stand eine Modernisierung der Mittel gegenüber, die jedoch für ihre Zeit und für den deutschen Protestantismus wegweisend wurden.

Auf dem Sektor der »christlichen Nächstenliebe« entwarf Wichern eine umfassende Strategie zur Betreuung sozial Bedürftiger. Im Sinne der Inneren-Missions-Tätigkeit sollten auch Bildende Kunst, Musik, Theater und Literatur den skizzierten Zielen dienen, was heute fast vergessen ist.

Freilich blieb dies nur eine Facette des selbstgestellten Auftrags der Inneren Mission, denn sie wollte unter Rückbezug auf ihren Namen die christliche Botschaft nicht nur in derart eingekleideten Formen transportieren: Die Verkündigung des Wortes Gottes in jener Gestalt, die man später »Volksmission« nannte, zählte gleichermaßen zu ihren Anliegen. Diese Doppelausrichtung der Diakonie und das damit verbundene Selbstverständnis sind für Entstehung, Geschichte und heutige Stellung der Inneren Mission im Kontext der deutschen Gesellschaft von kaum zu überschätzender Bedeutung. Keine andere freie Wohlfahrtsorganisation, auch nicht der Deutsche Caritasverband, kennt diese zweifache Verpflichtung der Verbandsarbeit, die zweifellos bis heute die Prämisse aller evangelischer Diakonie bildet.

Der deutsche Protestantismus griff Wicherns Initiativen auf: Seit 1848 entfaltete sich allmählich ein Netzwerk von Vereinen, preußischen Provinzialausschüssen und Landesvereinen der Inneren Mission, die sie mit deutlichem Abstand vor der erst 1897 gegründeten katholischen Caritas zum zahlenmäßig größten und einflußreichsten Wohlfahrtsverband im Kaiserreich machten. Daneben entstand ein großes Spektrum von Institutionen für Spezialzwecke: Evangelische Allgemeinkrankenhäuser, Heime und große Anstalten zur Betreuung Schwerbehinderter, Einrichtungen der Erziehungsfürsorge und der primär auf die Großstädte zentrierte Bereich der Gefährdetenarbeit oder der Stadtmission wurden bereits vor der Jahrhundertwende gegründet.

Innere Mission und sozialer Staat

Viele Angehörige der politischen und administrativen Eliten des im ganzen »protestantisch imprägnierten« Kaiserreichs dachten sozialpolitisch ähnlich wie Wichern, seine Innere Mission und ihr CA. In letzterem Gremium waren bedeutende Männer aus Wissenschaft, Rechtspflege und allgemeiner Staatsverwaltung vertreten, darunter die Politiker Moritz August von Bethmann Hollweg (1795-1877), Heinrich von Mühler (1813-1894), der bedeutende Jurist und Staatsrechtler Friedrich Julius Stahl (1802-1881), die Theologen Bernhard Weiß (1827-1918), Adolf Stoecker (1835-1909) und Reinhold Seeberg (1859-1935), der Kathedersozialist Adolph Wagner (1835-1917), die Unterstaatssekretäre im preußischen Handels- beziehungsweise Innenministerium Theodor Lohmann (1831-1905) und Friedrich Conze (1864-1948), Oberpräsident z.D. Wilhelm von Hegel und viele andere.

Theodor Lohmann war es, der als Mitarbeiter Bismarcks die Sozialgesetzgebung der 1880er Jahre maßgeblich vorbereitete und später im CA dafür sorgte, daß die Zurücknahme der Kaiserlichen Botschaft von 1890 fünf Jahre später von diesem Kreis – anders als vom Evangelischen Oberkirchenrat – nicht kommentarlos mitvollzogen, sondern kritisch kommentiert wurde. Die sich seit den 1880er Jahren abzeichnende theoretische wie praktische Ausbildung des sogenannten dualen Systems der Wohlfahrtspflege beziehungsweise des Sozialstaats in Deutschland hat deutlich erkennbare Impulse von der evangelischen Diakonie, wenngleich nicht allein und ausschließlich von ihr, erhalten. Das duale System wurde in der Weimarer Republik zum zentralen Strukturprinzip sozialer Sicherung in Deutschland und ist es bis heute geblieben. Innerhalb der »Deutschen Liga«, dem Zusammenschluß der freien Wohlfahrtsverbände der Weimarer Republik mit Ausnahme der Arbeiterwohlfahrt, und, nach 1945, in der »Bundesarbeitsgemeinschaft der freien Wohlfahrtspflege« gehört die Diakonie zusammen mit dem Deutschen Caritasverband, der 1997 einhundert Jahre alt wurde, zu den größten und einflußreichsten Gruppierungen.

In den totalitären Systemen des 20. Jahrhunderts auf deutschem Boden hat sich die Innere Mission – bei deutlicher Reduzierung ihrer Arbeitsfelder und den bekannten Repressionen gegenüber kirchlich gebundenen Gruppen – im wesentlichen behaupten können. Dies vor allem deshalb, weil sie Menschenbild und Wohlfahrtsideologie des Nationalsozialismus wie der DDR kompensatorisch entgegenkam: Eine solche zunächst erstaunlich anmutende Parallelisierung löst sich auf, wenn man berücksichtigt, daß beide Systeme Menschen nach Verwertungskategorien beurteilten und jene chronisch Kranken und Behinderten, die auf Dauer keine Rehabilitations- respektive Resozialisierungschancen besaßen, gern der Inneren Mission oder ihrem katholischen Pendant überließen. Dafür entzogen beide Regime den verbliebenen freien konfessionellen Verbänden, die im Sinne von Rehabilitation und Erziehungsfürsorge daran arbeiteten, sozial und gesundheitlich beeinträchtigte Klienten wieder in die »Volksgemeinschaft« respektive die sozialistische Gesellschaft zu integrieren, alle Tätigkeitszweige. Daß Nationalsozialismus und real existierender Sozialismus darüber hinaus in den »Methoden«, Zielsetzungen und tatsächlichen »Taten« differenziert zu sehen sind, muß freilich betont werden.

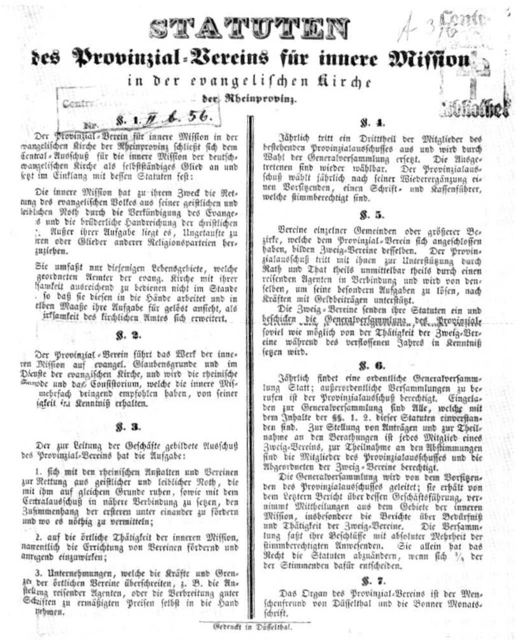
STATUTEN
des Provinzial-Vereins für innere Mission
in der evangelischen Kirche
der Rheinprovinz.

§. 1.

Der Provinzial-Verein für innere Mission in der evangelischen Kirche der Rheinprovinz schließt sich dem Central-Ausschuß für die innere Mission der deutsch-evangelischen Kirche als selbstständiges Glied an und setzt im Einklang mit dessen Statuten fest:

Die innere Mission hat zu ihrem Zweck die Rettung des evangelischen Volkes aus seiner geistlichen und leiblichen Noth durch die Verkündigung des Evange[lium]s und die brüderliche Handreichung der christlichen [Liebe]. Außer ihrer Aufgabe liegt es, Ungetaufte zu [...]ren oder Glieder anderer Religionsparteien herzuziehen.

Sie umfaßt nur diejenigen Lebensgebiete, welche [die] geordneten Aemter der evang. Kirche mit ihrer [Wirk]samkeit ausreichend zu bedienen nicht im Stande [sind], so daß sie diesen in die Hände arbeitet und in [dems]elben Maaße ihre Aufgabe für gelöst ansieht, als [die W]irksamkeit des kirchlichen Amtes sich erweitert.

§. 2.

Der Provinzial-Verein führt das Werk der inneren Mission auf evangel. Glaubensgrunde und im Dienste der evangischen Kirche, und wird die rheinische Synode und das Consistorium, welche die innere Mis[sion] mehrfach dringend empfohlen haben, von seiner [Thät]igkeit in Kenntniß erhalten.

§. 3.

Der zur Leitung der Geschäfte gebildete Ausschuß des Provinzial-Vereins hat die Aufgabe:

1. sich mit den rheinischen Anstalten und Vereinen zur Rettung aus geistlicher und leiblicher Noth, die mit ihm auf gleichem Grunde ruhen, sowie mit dem Centralausschuß in nähere Verbindung zu setzen, den Zusammenhang der ersteren unter einander zu fördern und wo es nöthig zu vermitteln;

2. auf die örtliche Thätigkeit der inneren Mission, namentlich die Errichtung von Vereinen fördernd und anregend einzuwirken;

3. Unternehmungen, welche die Kräfte und Grenzen der örtlichen Vereine überschreiten, z. B. die Anstellung reisender Agenten, oder die Verbreitung guter Schriften zu ermäßigten Preisen selbst in die Hand [zu] nehmen.

§. 4.

Jährlich tritt ein Dritttheil der Mitglieder des bestehenden Provinzialausschusses aus und wird durch Wahl der Generalversammlung ersetzt. Die Ausgetretenen sind wieder wählbar. Der Provinzialausschuß wählt jährlich nach seiner Wiederergänzung einen Vorsitzenden, einen Schrift- und Kassenführer, welche stimmberechtigt sind.

§. 5.

Vereine einzelner Gemeinden oder größerer Bezirke, welche dem Provinzial-Verein sich angeschlossen haben, bilden Zweig-Vereine desselben. Der Provinzialausschuß tritt mit ihnen zur Unterstützung durch Rath und That theils unmittelbar theils durch einen reisenden Agenten in Verbindung und wird von denselben, um seine besondern Aufgaben zu lösen, nach Kräften mit Geldbeiträgen unterstützt.

Die Zweig-Vereine senden ihre Statuten ein und beschicken die Generalversammlung des Provinzial[-Vereins], soviel wie möglich von der Thätigkeit der Zweig-Vereine während des verflossenen Jahres in Kenntniß setzen wird.

§. 6.

Jährlich findet eine ordentliche Generalversammlung Statt; außerordentliche Versammlungen zu berufen ist der Provinzialausschuß berechtigt. Eingeladen zur Generalversammlung sind Alle, welche mit dem Inhalte der §§. 1. 2. dieser Statuten einverstanden sind. Zur Stellung von Anträgen und zur Theilnahme an den Berathungen ist jedes Mitglied eines Zweig-Vereins, zur Theilnahme an den Abstimmungen sind die Mitglieder des Provinzialausschusses und die Abgeordneten der Zweig-Vereine berechtigt.

Die Generalversammlung wird von dem Vorsitzenden des Provinzialausschusses geleitet; sie erhält von dem Letztern Bericht über dessen Geschäftsführung, vernimmt Mittheilungen aus dem Gebiete der inneren Mission, insbesondere die Berichte über Bedürfniß und Thätigkeit der Zweig-Vereine. Die Versammlung faßt ihre Beschlüsse mit absoluter Mehrheit der stimmberechtigten Anwesenden. Sie allein hat das Recht die Statuten abzuändern, wenn sich ⅔ der der Stimmenden dafür entscheiden.

§. 7.

Das Organ des Provinzial-Vereins ist der Menschenfreund von Düsselthal und die Bonner Monatsschrift.

Gedruckt in Düsselthal.

Statuten des rheinischen Provinzial-Vereins für innere Mission, 1849 (2.39)

Regionalisierung der Arbeitsfelder

Die Innere Mission hat von Beginn an in ihrer praktischen Arbeit regionale Schwerpunkte gesetzt, das heißt, auf der Ebene des Deutschen Bundes, des Deutschen Reiches oder später der Bundesrepublik und der DDR besaß sie in Gestalt des CA und nach 1945 in ihren Hauptgeschäftsstellen in Ost-Berlin und Stuttgart zwar zentrale Organe, denen aber keine Einrichtungen der offenen und geschlossenen Fürsorge unmittelbar angeschlossen waren, sondern die eher als Koordinations- und Stabsstellen diakonischer Arbeit fungierten: Von hier aus wurden die einzelnen Tätigkeitsfelder wissenschaftlich begleitet; außerdem nahmen der CA und die Hauptgeschäftsstellen die Kontakte zu staatlichen Dienststellen und zu anderen christlichen wie interkonfessionellen Wohlfahrtsorganisationen wahr und wirkten auf die Sozialgesetzgebung von Gesamtstaat und Ländern ein. Die eigentliche diakonische Arbeit »vor Ort« leisteten lokal und regional zentrierte Werke und Einrichtungen wie etwa Bethel (in Westfalen), Stetten (in Württemberg), Neuendettelsau (in Bayern), Kreuznach (im Rheinland), Züssow (in Vorpommern nach 1945), Moritzburg bei Dresden oder Hephata/Treysa (in Hessen), um nur einige ausgewählte zu nennen. Stadt- und Bahnhofsmissionen waren in den großen Städten, Seemannsheime an den Küsten konzentriert. Dieser Struktur trugen der CA und dann die Hauptgeschäftsstellen dadurch Rechnung, daß sie die Gründung regelmäßig tagender regionaler Konferenzen und Landesverbände anregten, die unabhängig von den zentralen Gremien, aber in stetem lockeren Kontakt mit ihnen die Aufgaben »basisnah« koordinierten, aber in Not- und Krisenzeiten auf Rückendeckung und verbandspolitische Unterstützung »von oben« rechnen konnten.

Innere Mission beziehungsweise Diakonie gehören historisch wie aktuell zu den tragenden Elementen des dualen Systems sozialer Sicherung in Deutschland. Ihre Wirksamkeit auf einzelnen Arbeitsgebieten, im Netzwerk verbandlicher Organisation, ihre konzeptuell-innovativen Leistungen und schließlich ihr Beitrag zur Entstehung und Konsolidierung wohlfahrtsstaatlicher Gesinnung in unserem Lande sind unverkennbar. Alles dies hat innerhalb unserer sich beschleunigt säkularisierenden Gesellschaft vielfach zur Identifikation von Innerer Mission und Kirche geführt, das heißt, auch wo letztere als religiöse Instanz kritisiert oder kaum mehr wahrgenommen wird, hat der Hinweis auf die Leistungen der Diakonie als Repräsentantin des sozialen Protestantismus Überzeugungskraft behalten.

Eine Ausstellung über 150 Jahre organisierte Innere Mission versucht von daher nicht, Randständiges wiederzubeleben, sondern weckt Erinnerungen und deutet ein Faktum, das – inmitten aller Diskussionen über die Zukunft und Finanzierbarkeit des Sozialstaats bei uns und in Europa – seine gesellschaftliche Relevanz nicht erst unter Beweis stellen muß.

Der Name

Wenn im Titel der Ausstellung und dieses Beitrags zwei unterschiedliche Namen für die gleiche Sache stehen, nämlich »Innere Mission« und »Diakonie«, so bedarf das einer Erklärung. Beide Male handelt es sich um Begriffe, die zunächst ihrer wörtlichen Bedeutung nach verstanden werden müssen. Es sind historisch gewordene Bezeichnungen, die in bestimmten Epochen der evangelischen »Liebestätigkeit«, wie man die Arbeit der Inneren Mission früher auch nannte, ihren besonderen Stellenwert erhielten.

Prinzipiell ist »Diakonie« der Oberbegriff. Im Neuen Testament steht er für den »Dienst« der Gemeinde an dem hilfsbedürftigen Nächsten. Davon abgeleitet ist das Amt des »Diakons«, der in der urchristlichen Gemeinde für die Versorgung der Armen zuständig war. (Erst seit der Neuzeit spricht man auch von Diakonissen.) – »Innere Mission« zielt demgegenüber stärker auf den Auftrag diakonischen Tuns in geistlicher Hinsicht; der Terminus stellt eine Analogiebildung zur »äußeren« oder »Heidenmission« dar.

Christian G. A. Oldendorp, Friedensthal auf St. Croix an einem Tauf- und Bettag im Mai 1768 (1.4)

Daneben besitzen beide Begriffe eine historische Dimension, die sich in den letzten 150 Jahren ausgeprägt hat. Obwohl sie häufig synonym benutzt werden, weisen sie auf eine kennzeichnende Akzentverschiebung hin. Überspitzt könnte man sagen, daß Innere Mission sich als freies Werk versteht, das in und neben der verfaßten Kirche soziale und volksmissionarische Arbeit leistet, während Diakonie den sozialen Auftrag in Verantwortung der Kirche selbst betont. Nach 1945 legte das neugegründete Evangelische Hilfswerk in deutlicher Distanz zur Inneren Mission großen Wert darauf, als genuin kirchliche Einrichtung zu gelten. Als man Ende der 1950er Jahre beschloß, die beiden protestantischen Hilfsorganisationen um der größeren Wirkung willen zusammenzulegen, wählte man für den neuen Gesamtverband den Namen »Diakonisches Werk« und verwies die beiden ursprünglichen Namen »Innere Mission und Hilfswerk« als Unterbezeichnungen gleichsam in die zweite Reihe.

Doch nun zum Begriff der »Inneren Mission« und seiner Herkunft:

Wie angedeutet, entstand innerhalb des deutschen Protestantismus als erstes die »Heidenmission«. Sie erwuchs aus Impulsen, die von der 1780 in Basel [!] gegründeten »Deutschen Christenthums-Gesellschaft« ausgingen und in den Ländern des Deutschen Bundes zur Gründung von Gesellschaften führten, die Missionare nach Übersee schickten, um dort das Evangelium zu verkündigen. Daß solche Verkündigung auch in Deutschland selbst angebracht sei, davon waren viele Christen überzeugt. Sie wandten sich aber nicht in erster Linie gegen Entkirchlichungstendenzen in den gebildeten Bevölkerungskreisen, sondern zielten auf die durch den Pauperismus entwurzelten Unterschichten, die im Rahmen der großen Binnenwanderung von Osten nach Westen ihre Heimat und damit ihr soziales wie religiöses Beziehungsgeflecht verloren hatten und angesichts der bedrückenden sozialen Verhältnisse, in denen sie lebten, kaum noch Verbindungen zur Kirche besaßen. Auf sie und vor allem ihre Kinder konzentrierte sich das Engagement der »Inländischen Mission«, wie man die Arbeit in Rettungs- und Waisenhäusern zunächst nannte. Wichern und seine Mitarbeiter in dem von ihm geleiteten »Rauhen Haus« erlebten täglich, daß die hier betreuten Jungen ihrer Herkunft nach nicht nur von materieller Not geprägt

Carl Wilhelm Hübner, Die schlesischen Weber, 1846 (1.9)

waren, sondern auch keine Kenntnisse mehr von den Inhalten der christlichen Lehre besaßen. Die auf englischen Erfahrungen aufbauende Sonntagsschularbeit in den Hamburger Elendsvierteln war eine mögliche Reaktion von Christen auf diese Situation. Dort wurde häufig von der Tätigkeit der Heidenmissionare berichtet, und so lag die gedankliche Verbindung von äußerer und »inländischer Mission« nahe. Deshalb wollte Wichern ursprünglich an das »Rauhe Haus« eine Ausbildung für Missionare angliedern, aber sein Kuratorium lehnte diesen Vorschlag mit der Begründung ab, innerhalb der Christenheit gebe es genügend andere missionarische Aufgaben, die man bearbeiten solle. Aus dieser engen Zusammenschau von äußerer und »inländischer« Mission bildete sich allmählich das Wort »innere« Mission heraus, das Wichern seit Anfang der 1840er Jahre in seiner Privatkorrespondenz für seine Tätigkeit verwandte. Einen wichtigen Anstoß, damit auch in der Öffentlichkeit die protestantische Sozial- und Evangelisationsarbeit zu bezeichnen, gab Friedrich Lücke (1791-1851), Wicherns akademischer Lehrer während seines Studiums in Göttingen, mit einem Vortrag, der 1843 unter dem Titel »Die zwiefache, innere und äußere, Mission der Evangelischen Kirche« im Verlag des »Rauhen Hauses« erschien. Das ermutigte Wichern, seit diesem Jahr das Wort »innere Mission« nun in seinem kirchlichen und gesellschaftlichen Umfeld zu gebrauchen. Eine breitere Resonanz ergab sich dann erst mit seinen Vortrag über die »innere Mission der deutschen evangelischen Kirche« im September 1848 in Wittenberg und durch die ein Jahr später publizierte Druckfassung mit dem Untertitel »Eine Denkschrift an die deutsche Nation«.

Innere Mission, bürgerliche Vereinsbewegung und Verbandsprotestantismus

Wicherns Idee eines Zusammenschlusses von Einrichtungen der Inneren Mission und – in einem zweiten Schritt – ihrer Organisation in regionalen Verbänden kam nicht von ungefähr, denn das 19. Jahrhundert ist die »klassische Periode« der bürgerlichen Vereinsbewegung in Deutschland gewesen. Die »Gesellschaften«, »Assoziationen«, »Bünde« und »Vereine« tauchten am Ende des 18. Jahrhunderts als Vorboten der sich formierenden bürgerlichen Gesellschaft auf und befriedigten mit ihren Zusammenschlüssen spezifische, in sich unterschiedliche, sich jedoch vielfach berührende Bedürfnisse. Sie erfüllten damit eine Brückenfunktion im Übergang von der Gesellschaft des Ancien Régime zur modernen Welt des 19. Jahrhunderts.

Seit den 1780er Jahren bildeten sich Gruppierungen, die sich künstlerischen, gelehrten, patriotischen und religiösen Aufgaben zuwandten. Im Zeichen gegenseitiger Freundschaft und Brüderlichkeit wollten die Mitglieder untereinander Aufklärung, Bildung und Erbauung betreiben, fühlten sich aber auch dem Allgemeinwohl verpflichtet. Neben die Zielsetzung der sittlichen Vervollkommnung des Individuums trat der Anspruch auf Mitgestaltung des Öffentlichen, was bisher allein Sache der Obrigkeit gewesen war. Dieses Kennzeichen der neuen Vereinsbewegung bedeutete jedoch nicht Konkurrenz oder gar Kritik an bestehenden Politikstrukturen – die patriotischen Gesellschaften, Lese- und Armenpflegevereine wollten im Gegenteil in Kooperation und Eintracht mit dem Staat ihren Beitrag zum bonum commune erbringen. Die gravierenden Probleme des Pauperismus und die Entstehung einer neuen Klasse brachten dann die soziale Frage jenseits der traditionellen »Besserung der Armen« auf die Tagesordnung.

Eine wichtige Rolle spielten in diesem Zusammenhang die christlichen Verbände. Zu ihren unmittelbaren Vorläufern gehörten die pietistischen Konventikel, die dem Charakter der Landeskirchen als Heilsanstalt mißtrauten und das Freiwilligkeitsprinzip zum Gründungselement ihrer Sozietäten machten. Eine Vorreiterrolle haben die christlichen Zusammenschlüsse bei der Entstehung des Verbandswesens allerdings nicht gespielt – sieht man von den zahlreichen protestantischen Pfarrern ab, die ad personam, nicht als Vertreter ihrer Landeskirchen, in den Vereinen mitwirkten. Die Kirchen, besser das Kirchenvolk hängte sich, wie Thomas Nipperdey es ausgedrückt hat, an die Verbandsentwicklung gewissermaßen an, in der sie ein zentrales Element der modernen Bürgerlichkeit zur Mobilisierung ihrer Anhänger gegen die Säkularisierung und für die Wiederverchristlichung der Gesellschaft sahen.

Nicht die Kirchen selbst übernahmen also das Vereinsprinzip und instrumentalisierten es für ihre Zwecke, sondern einzelne ihrer Glieder, die sich als Christen und zugleich Bürger verbandlich organisierten, was zeitgenössische Beobachter und die spätere Forschung dann häufig und zu Unrecht als kirchenamtliche Unternehmungen interpretierten.

Das evangelische Vereinswesen kam erst in den 1820er Jahren auf. Zwar lassen sich einzelne Wurzeln bis ans Ende des 18. Jahrhunderts verfolgen, aber die eigentliche Ausbreitung begann erst jetzt. Charakteristisch erscheint, daß sich zunächst nur ein einziger Verbandstypus herauskristallisierte, der diesen Namen wirklich verdient: die Gesellschaften für Bibelverbreitung, Heiden- und Auswanderermission, die nahezu alle Tochterverbände der schon erwähnten Deutschen Christenthums-Gesellschaft waren oder doch von dieser mitgeprägt wurden. Erst in einem zweiten Schritt folgten dann soziale Gruppierungen. Dem neupietistischen Element verdankten diese Gründungen zudem eine latent bis offen artikulierte kirchenkritische Haltung, denn »das bestehende Kirchentum galt in den von der religiösen und sozialen Not tief erregten Kreisen wegen seiner toten Form und seiner Bureaukratie als verdächtig, als unfähig, Leben zu wecken«, schrieb Otto Baumgarten 1913 im Rückblick auf die Anfänge des protestantischen Vereinswesens. Das bedeutete keine »Kampfansage« an die protestantischen Territorialkirchen, deutete aber auf ihre Schwächen hin. Dabei verstanden die meisten Gründungen des Vormärz ihre Tätigkeit als Angebot an die Landeskirchen, sich an den Vereinszielen mit Personal und Finanzen zu beteiligen, was diese aber meistens ablehnten. Für die Mehrzahl der Vereinsgründungen vom Vormärz bis Ende des Jahrhunderts waren zunächst also zwei, ab 1848 dann drei Strukturmerkmale unabhängig von ihrer inhaltlichen Zielsetzung bestimmend: Sie hielten erstens wie erwähnt Distanz zum Landesherrlichen Kirchenregiment, sie verstanden sich zweitens als konfessionsübergreifende Gruppierungen, das heißt, sie suchten den Gegensatz reformiert-lutherisch zu überwinden, und sie verfochten schließlich unionistische Tendenzen, nicht so sehr als Vorreiter der von Preußen ausgehenden innerkonfessionellen Union, sondern als Protagonisten einer einheitlichen deutschen Reichskirche. Für die Traktat-, Bibel- und Missionsgesellschaften erwecklichen Ursprungs mußten die dogmatischen Differenzen der lutherischen wie reformierten Orthodoxie zugunsten der persönlichen Glaubensentscheidung und ihres praxisbezogenen Frömmigkeitsideals in den Hintergrund treten. Und die sozial-karitativ engagierten Stiftungen und Vereine sahen darin ein Hindernis für die Organisationsfähigkeit und damit Durchschlagskraft ihrer Arbeit über die Territorialgrenzen hinweg.

Der Übergang der Vereinsbewegung zu kirchenpolitischen Themen- und Aufgabenstellungen, die für die zahlreichen Neugründungen der Folgezeit konstitutiv werden sollten, war fließend. Parallel zu den bürgerlichen Verbänden erhob man seit 1848 mehr und mehr den Anspruch auf Öffentlichkeitswirkung

Adolph Wagner, 1878 (2.76)

Adolf Stoecker, 1905 (2.79)

Die jugendlichen Fabrikarbeiter.

Umschreiben
des
Central-Ausschusses für innere Mission
an die ihm verbundenen
Vereine, Agenten und Freunde.

Zweiter Abdruck.

Denkschrift des Central-Ausschusses für Innere Mission, 1879 (2.64)

mit dem Ziel, zunächst im Umfeld der Kirche selbst, dann darüber hinaus in der Gesellschaft Einfluß auszuüben. Dies hatte, auch wenn es in vorsichtiger Form und in Anpassung an die gegebenen staatskirchlichen Strukturen geschah, eine eindeutig politische Komponente und realisierte sich vorerst auf zwei getrennten Ebenen, die allerdings eng miteinander verzahnt waren: Es ging einmal um die genannte Einheit der deutschen Kirchen und gleichzeitig um die »Lösung« der sozialen Frage, die man bis zur Kurskorrektur durch Adolf Stoecker noch im Kontext des Pauperismus verortete. Der Exponent dieser Semipolitisierung protestantischer Verbandsaktivitäten war Johann Hinrich Wichern, der in seiner programmatischen Rede in Wittenberg 1848 die Gunst der revolutionären Stunde dazu nutzte, für eine die Landesgrenzen überschreitende kirchliche Einheit und zugleich für ein Globalkonzept zur Besserung der religiösen und sozialen Lage der notleidenden unterbürgerlichen Schichten zu werben. Das war noch nicht Sozialreform, wie sie andere propagierten, aber der Anfang dazu im kirchlichen Raum. Wichern ist mit diesem Ziel an den Partikularinteressen der Landeskirchen, der sie beherrschenden Kirchenregimenter und am lutherischen Konfessionalismus gescheitert. Aber sein soziales Anliegen setzte sich durch und begründete in Gestalt des CA für Innere Mission und der von ihm ausgehenden und angeregten zahlreichen Inneren-Mission-Vereine eine rasch expandierende sozialprotestantische Vereinswelt, die man spätestens in den 1920er Jahren als den »sozialen Konzern« des evangelischen Deutschland bezeichnen kann.

Diakonie und Politik im 19. Jahrhundert

Bisher war davon die Rede, daß Wichern mit seinem Werk der Inneren Mission einen ersten Schritt in Richtung einer vorsichtigen Politisierung des Verbandsprotestantismus gewagt hatte. Damit verband er primär das Ziel, die Öffentlichkeit auf die sozialen Mißstände aufmerksam zu machen und sie um ihre Unterstützung bei der Bekämpfung dieser Notlagen zu bitten. Daß dahinter in erster Linie Strukturpobleme standen, die der rasche gesellschaftliche Wandel seit Beginn des Jahrhunderts hervorgerufen hatte, war ihm nicht bewußt. Denn dann hätte er für politische Reformen eintreten und eine Änderung der Sozial- und Wirtschaftsverfassung mit Hilfe des Staates fordern müssen. Davon war er weit entfernt, denn solche Zielsetzungen vertraten zu seiner Zeit nur wenige Splittergruppen der sich bildenden »linken« Bewegung, die man damals pauschal als »Communisten« bezeichnete. Wichern und seine politisch konservativen Freunde machten nicht den wirtschaftlichen Wandel für die sozialen Verwerfungen verantwortlich, sondern gerade diese Strömungen, denen sie auch die »Schuld« an der Märzrevolution von 1848 und die Abwendung großer Bevölkerungsteile von Christentum und Kirchen gaben. Wicherns Auffassung, daß der Staat nicht in den Bereich der Ökonomie regulierend einzugreifen habe und die Furcht, jede Änderung der Gesellschaftsverfassung gefährde das Königtum und den christlichen Staat als Zielperspektive, ließen es ihm undenkbar erscheinen, dafür einzutreten.

Man wird allerdings berücksichtigen müssen, daß Wichern die sozialen Zustände seiner Epoche noch nicht als Folgen des Industrialisierungsprozesses sah, sondern als Frucht der Massenarmut des Pauperismus. Erst eine Generation nach ihm erkannten dies die (evangelischen) Staatssozialisten. Der ihnen nahestehende Hofprediger Adolf Stoecker und seine Vorstellungen von einem sozialkonservativen Königtum markierten die zweite Phase eines sozialen Protestantismus, der sich jetzt merklicher als 40 Jahre früher für die Intervention des Staates in diesem Bereich aussprach. Auch wenn damit die herrschenden Gesellschaftsstrukturen im Sinne eines defensiven Konzepts in eine unverkennbar neue Zeit hinübergerettet werden sollten, deuten diese Vorstellungen auf einen Bewußtseinswandel innerhalb der Inneren Mission hin. Der CA mischte sich nun in die öffentliche Debatte über soziale Reformen ein, erstmals 1884 und dann zwölf Jahre später noch einmal. Dazu publizierte er 1884 unter maßgeblicher Beteiligung seines Mitglieds Theodor Lohmann, dem späteren Unterstaatssekretär im preußischen Handelsministerium, eine wichtige Denkschrift, auf die im folgenden einzugehen sein wird. An ihr war auch Stoecker beteiligt, dessen politische Ambitionen freilich weit über solche Proklamationen hinausgingen.

Sofern man sich heute noch an Adolf Stoecker erinnert, wird er häufig mit einem von ihm propagierten, protestantisch geprägten Antisemitismus in Verbindung gebracht. In der Tat hatte der Hofprediger, nachdem er in den Reichstagswahlen von 1878 mit der gerade erfolgten Gründung einer gegen die Sozialdemokratie gerichteten »Christlich-sozialen Arbeiterpartei« gescheitert war, ganz auf diese neu aufkommende Bewegung gesetzt, um eine größere Anhängerschar zu gewinnen. Dabei vertrat er keinen biologistischen Rassenantisemitismus wie seine Zeitgenossen Wilhelm Marr oder Theodor Fritsch, sondern eine antijüdische Position, die sich aus kultur- und wirtschaftspolitischen Motiven speiste und den angeblich unangemessenen Einfluß von Juden auf diesem Sektor bekämpfte. Solche Propaganda genoß vor allem im handwerklich-kaufmännisch orientierten Kleinbürgertum und in den Bildungsschichten eine gewisse Popularität. Denn die Hochindustrialisierung nach 1871 forderte gerade von diesen Bevölkerungsgruppen ihren Tribut: Während viele Kleinunternehmer Konkurs anmelden mußten, sah sich das alte Bildungsbürgertum durch die neuen, naturwissenschaftlich-technisch geprägten Eliten in seinem traditionellen gesellschaftlichen Rang beeinträchtigt und zurückgesetzt. Man suchte nach Schuldigen für diese Lage und meinte, das emanzipierte Judentum, das in der Reichsverfassung endlich seine rechtliche Gleichstellung erreicht hatte, für die eigene Misere verantwortlich machen zu können. In Stoeckers Tätigkeit für die Innere Mission spielten antisemitische Tendenzen keine unmittelbare Rolle; freilich haben seine antisemitischen Volksversammlungen und Schriften – auch wenn der Hofprediger damit politisch erfolglos blieb – innerhalb des deutschen Protestantismus eine starke Nachwirkung gehabt. Diese trug mindestens dazu bei, daß die evangelischen Kirchen und ihre Christen den radikalen völkischen »Todschlagsantisemitismus« der 1920er Jahre und des »Dritten Reiches« vielfach unterschätzten und die terroristischen Maßnahmen des NS-Regimes gegen die Juden nur in Ausnahmefällen kritisierten, von politischem Widerstand dagegen ganz zu schweigen.

Zurück zur Denkschrift des CA: Von Stoecker angeregt und im wesentlichen von Lohmann ausgearbeitet, erschien sie 1884 unter dem programmatischen Titel »Die Aufgabe der Kirche und ihrer inneren Mission gegenüber den wirthschaftlichen und gesellschaftlichen Kämpfen der Gegenwart« und sorgte ein gutes halbes Jahr später in den an der »sozialen Frage« interessierten Fachkreisen für Aufsehen. Sie sollte die sozialpolitische Standortbestimmung der Inneren Mission – allerdings nur bezogen auf die soziale Frage als »Arbeiterfrage« und nicht auf das Gebiet der Armen- beziehungsweise Wohlfahrtspflege – für ein Menschenalter festlegen. Freilich behauptete der CA, sich »allen politischen und sozialpolitischen Parteibestrebungen ferne« zu wissen, wolle aber mitwirken, in »den die Gegenwart bewegenden socialen Fragen die geistliche Weltauffassung zu ihrem Rechte zu bringen«. Kirche und Innere Mission werden mit deutlicher Stoßrichtung gegen die Sozialdemokratie aufgefordert, das gesamte gesellschaftliche Leben »mit dem Sauerteig des Evangeliums zu durchdringen«. Liberalismus und Sozialdemokratie hatten letztlich die gleichen Ursachen: den Materialismus als neuen Gott, der für die einen den Gewinn und für die anderen die »Arbeit als Quelle allen Reichtums« in den Mittelpunkt stelle. Demgegenüber sollten Kirche und Innere Mission auf die instrumentelle Funktion der Ökonomie hinweisen: Sie habe die Arbeiter vor existenzieller Not zu bewahren und mit ihren Ressourcen für eine ausreichende materielle Grundlage »sittlicher Lebensführung« Sorge zu tragen. Dazu gehörten gesunde Wohnverhältnisse, verbilligte Einkaufsmöglichkeiten, »veredelte« Geselligkeitsformen und die Gelegenheit zur Teilnahme am religiösen Leben. Auf den Arbeitsplatz selbst bezogen, müßten die Beschäftigung von Frauen und Jugendlichen beschränkt und

Die

Stellung der Inneren Mission

zu den

sozialen Bestrebungen der Gegenwart.

Ein Nachwort

des Central-Ausschusses für die Innere Mission der deutschen evangelischen Kirche zu seiner Denkschrift über die Aufgabe der Kirche und ihrer Inneren Mission gegenüber den wirtschaftlichen und gesellschaftlichen Kämpfen der Gegenwart.

I.

Der Central-Ausschuß hat in seiner Denkschrift über die Aufgabe der Kirche und ihrer Inneren Mission gegenüber den wirtschaftlichen und gesellschaftlichen Kämpfen der Gegenwart den tiefsten Grund aller in diesen Kämpfen hervortretenden Uebel und damit die letzten Ziele aller gegen sie gerichteten Arbeit, sowie auch die Mittel, mit denen diese Arbeit zu tun ist, in ihren Grundzügen dargelegt. Der Central-Ausschuß hält an seiner in der Denkschrift vertretenen Auffassung fest. Die Entwicklung, welche jene Kämpfe genommen haben, bestätigen sie in allen Punkten, und es ist auch keine neue Phase in ihnen hervorgetreten, für deren sachliche Würdigung nicht in jenen Grundzügen ein klarer und sicherer Anhalt zu finden wäre. Beim Erscheinen jener Denkschrift lag kein dringender Anlaß vor, zu den Fragen grundsätzlich besondere Stellung zu nehmen, wie die Arbeit der Inneren Mission hierbei abzugrenzen und zu organisieren sei.

Denkschrift des Central-Ausschusses für Innere Mission, 1896 (2.57)

Arbeitsschutzvorschriften verbessert, die Sonntagsarbeit generell verboten und die tägliche Arbeitszeit verbindlich geregelt werden. Das Ideal war die intakte christliche Familie, wie sie einst das handwerkliche Kleinproduzententum prägte, wo Eltern, Kinder und Mitarbeiter eine christliche Gemeinschaft bildeten; dieses sollte auch auf die größere Einheit der Fabrik übertragen werden. Nicht (neue) Gesellschafts- und Wirtschaftssysteme brächten die Lösung der sozialen Frage, sondern die breite Anerkennung des christlichen Sittengesetzes. Um dieses wieder in Geltung zu setzen, blieben der Kirche und ihrer Inneren Mission »nur« die Mittel der Verkündigung und der »dienenden Liebe«. Da viele Fabrikanten aufgrund des Konkurrenzdrucks selbst bei gutem Willen aus Ertragsgründen nicht in der Lage seien, die notwendigen innerbetrieblichen Maßnahmen zur sozialen Sicherung ihrer Beschäftigten durchzuführen, sei hier die staatliche Intervention gefordert, um Wettbewerbsnachteile – etwa durch ausländische Konkurrenz – auszugleichen.

Knapp zwölf Jahre danach, 1896, publizierte der CA eine weitere Erklärung »über die Aufgabe der Kirche und ihrer inneren Mission gegenüber den wirtschaftlichen und gesellschaftlichen Kämpfen der Gegenwart«, die sie als »Nachwort« zur ersten firmieren ließ. Es handelte sich um die leicht verspätete Reaktion auf den »Maulkorb«-Erlaß des Evangelischen Oberkirchenrates vom 16. Dezember des Vorjahres, der die sozialpolitische Betätigung der preußischen Pfarrerschaft faktisch beendete. Das geschah in Folge des berühmten Telegramms von Wilhelm II. an seinen ehemaligen Gymnasiallehrer Hinzpeter in Kassel, in dem er sich nach Enttäuschungen über den Erfolg der 1890 durchgeführten neuen Sozialpolitik und einigem Ärger über die politischen Alleingänge des als Hofprediger inzwischen entlassenen Stoecker zu der Aussage hatte hinreißen lassen, Christlich-sozial sei Unsinn, wer christlich denke, handele auch sozial. Der Evangelische Oberkirchenrat in Berlin, das leitende Organ der Preußischen Landeskirche, folgte dem Monarchen, der ja in seiner Eigenschaft als preußischer König auch »summus episkopus«, also »Bischof« seiner Landeskirche war, und untersagte den Geistlichen in dem erwähnten Erlaß jedes weitere sozialpolitische Engagement.

Der CA stand damit vor einer schwierigen Situation: Denn man konnte den Erlaß so interpretieren, als seien auch die sozialen Aktivitäten der Inneren Mission und der ihr verbundenen Vereinsgeistlichen darunter zu fassen – das mußte der CA ablehnen, wenn er nicht zahlreiche Arbeitsfelder gefährden wollte. Freilich legte das Spitzengremium bei aller Betonung der vereinsrechtlichen Freiheiten der Inneren Mission auf die kirchliche Grundlage diakonischen Wirkens großen Wert, wollte aber andererseits nicht in den Verdacht geraten, den je nach politischer Großwetterlage wechselnden sozialpolitischen Voten des Kirchenregiments bedingungslos zu folgen. Das hätte ihm unkalkulierbare Konflikte mit den angeschlossenen Einrichtungen und den Provinzial- beziehungsweise Landesvereinen eingebracht, die in großer Unabhängigkeit von ihm agierten.

Anders als zwölf Jahre zuvor kam es nun innerhalb des CA zu gravierenden Auseinandersetzungen über die notwendige Reaktion der Inneren Mission auf die durch den EOK-Erlaß gegebene neue Lage, die in dem unter Protest erklärten Rücktritt des CA-Präsidenten gipfelten. Schon einige Monate früher hatte sich ein harter Konflikt mit Stoecker ergeben, der durch einige selbstinszenierte politische Intrigen, von denen die Öffentlichkeit Kenntnis erhalten hatte, in eine sachlich wie persönlich nahezu unhaltbare Situation geraten war; demonstrierten diese Konflikte doch beispielhaft, in welch auswegslose Verstrickungen ein prominenter Geistlicher geraten konnte, der kirchliches Amt und politisches Abgeordnetenmandat – Stoecker war auch Mitglied des Preußischen Landtags – in unzulässiger Weise miteinander verquickte oder zwischen beiden nicht zu unterscheiden wußte. Diese Auseinandersetzung klang noch nach, als sich die Führung der Inneren Mission Ende des Jahres zu einer klärenden Antwort auf den restriktiven EOK-Erlaß gezwungen sah. Es ging um den Balanceakt zwischen diakonischem Auftrag und dem Versuch der öffentlichen Einflußnahme auf das sozialpolitische Geschehen, ohne sich in parteipolitisches Fahrwasser zu begeben. Stoeckers Gegner setzten sich mit ihrer an Harmlosigkeit kaum zu überbietenden Vorlage jedoch nicht durch; in der Diskussion über ihren Entwurf des Nachworts, der sich durch seine konservative, dezidiert apolitische Tendenz auszeichnete, attackierte der Senatspräsident am Oberverwaltungsgericht v. Meyeren den seines Erachtens törichten EOK-Erlaß mitsamt den konservativen Thesen, hinter denen CA-Präsident Bernhard Weiß stand, derart vehement, daß letzterer von seinem Amt zurücktrat. Auch Stoecker hatte inzwischen mehrere eigene Entwürfe des geplanten Nachworts zur Denkschrift von 1884 eingereicht. Anstoß erregte vor allem seine erste These, die auf Wichern rekurrierte, ihn für eine aktive Sozialpolitik der Inneren Mission von Anfang an in Anspruch nahm und den Text dadurch zu legitimieren suchte: »Die innere Mission im Sinn und Geist Wicherns hat von Anfang an social wirken wollen und social gewirkt; sie hat seit ihrem Entstehen ihre Absicht darauf gerichtet, den umstürzenden Socialismus durch christlich-sociale Lebensauffassung und deren Bethätigung (›Christlichen Socialismus‹) überwinden zu helfen.« Das war natürlich eine durchsichtige Überinterpretation, die sogleich mit dem Argument zurückgewiesen wurde, Stoecker stelle einseitig die »socialen« Aufgaben der Inneren Mission in den Vordergrund und vernachlässige ihren geistlichen Auftrag. Auch könnten unter »christlichem Socialismus« die unterschiedlichsten Politikziele subsumiert werden, ohne daß dabei klar werde, wo die »Abgrenzungen gegenüber dem vielverbreiteten ›christlich‹ politisierenden Räsonnement« zu finden seien. Augenscheinlich richtete sich diese Kritik gegen den politisierenden Hofprediger selbst und seine heterogen strukturierte politische Anhängerschaft, die nur zu einem Teil mit jenem nationalkonservativen protestantischen Lager zu identifizieren war, in dem sich die Innere Mission selbst verortete. Ungeachtet der geäußerten Vorbehalte wurden aber diesmal die Vorschläge Stoeckers nicht gänzlich verworfen, sondern fanden ihren Niederschlag in dem Papier, das v. Meyeren als kommissarischer Präsident selbst vorlegte und dessen Verabschiedung er schließlich durchsetzen konnte.

Es entsprach dem Kompromißcharakter des Nachworts, wenn es an allen Aussagen der Lohmann-Denkschrift von 1884 formal festhielt, ihre Grundtendenz aber durch eine stärkere Akzentuierung der unterschiedlichen Aufgaben von Kirche und Diakonie stillschweigend veränderte. So hieß es in dem vorangestellten Begleitschreiben an die Landesvereine und Provinzialausschüsse der Inneren Mission einleitend mit deutlich abwiegelnder Tendenz, seit Erscheinen der Denkschrift von 1884 seien die dort angesprochenen sozialen Kämpfe nicht abgeflaut, sondern hätten im Gegenteil größere Kreise des Volkes ergriffen. Dies habe zum Bedürfnis geführt, das Arbeitsfeld der Inneren Mission von den sozialen Bestrebungen der Gegenwart möglichst abzugrenzen, nicht weil man deren Berechtigung in Zweifel ziehe, sondern weil man das Wesen der Inneren Mission klar herausstellen wolle. Kirchliches Recht und Herkommen zögen zwar der Kirche selbst und ihren Pfarrern enge Grenzen bei der Mitwirkung an der Hebung der sozialen Verhältnisse, die Innere Mission »als freier Dienst der lebendigen Glieder der Gemeinde« kenne hingegen »weder eine bestimmte Organisation ihrer Arbeit noch ein äußerlich abgegrenztes Feld derselben«. Auch sei es ein Irrtum anzunehmen, angesichts der gegenwärtigen gesellschaftlichen Spannungen hätten die sozialfürsorgerischen Aspekte Innerer-Missions-Arbeit zurückzutreten, weil es wirksamere Einflußmöglichkeiten gebe. Wohl bleibe das letzte Ziel »die Erweckung eines lebendigen Christentums«, das heiße aber nicht, einmal erkannte soziale Mißstände nicht anzuprangern und bei den zuständigen Stellen auf Abhilfe zu drängen. Dies müsse selbst dann geschehen, wenn die Art der notwendigen Reformen zwischen den Parteien strittig sei. Allerdings werde sich die Innere Mission auch weiterhin nicht mit einer bestimmten gesellschaftlichen Gruppe und ihren Forderungen identifizieren, denn – und hier klang wieder der alte Tenor durch – mit politischen Reformen allein sei es eben nicht getan. Unausgesprochen distanzierte man sich damit von den Forderungen der Sozialdemokratie und ihren Vorschlägen hinsichtlich einer »Lösung« der sozialen Frage, in deren Nähe die hochkonservativen Gegner jeder aktiveren Sozialpolitik Stoecker und den Reformerflügel innerhalb des CA immer wieder zu rücken suchten. Das geschah bei den einen aus ehrlicher Besorgnis um die Wahrung der von Wichern geprägten Grundlagen der Inneren Mission, bei den anderen jedoch, um die politischen Ambitionen des ehemaligen Hofpredigers durch diesen Verdacht zu diskreditieren.

Klarer als Lohmann es herausgearbeitet hatte, wurde im Nachwort die Trennung zwischen Sozialarbeit und kirchlicher Verkündigung markiert. Während jene in das Ressort der Inneren Mission fiel, sollte sich die Kirche auf diese konzentrieren. Erstmals anerkannte man auch – wenigstens indirekt – die Berechtigung kontroverser (bürgerlicher) Reformansätze – eine deutliche Anspielung auf die heftigen Debatten innerhalb des Evangelisch-sozialen Kongresses in jenen Jahren. Die von Rudolf Sohm 1895 auf dem Kongreß der Inneren Mission in Posen vorgenommene strikte Unterscheidung zwischen den Begriffen »christlich« und »sozial«, die nicht miteinander verwoben werden dürften, weil die Umgestaltung der Sozial- und Wirtschaftsverhältnisse eine Machtfrage sei, mithin in die Kompetenz des Staates falle, diente nun dazu, den Verzicht auf entsprechende kirchliche, aber auch zu weit gehende diakonische Initiativen mit einem neuen Argument zu legitimieren. Welche problematischen Folgerungen man aus dieser These Sohms andererseits auch ziehen konnte, wurde der Inneren Mission erst in den totalitären Systemen des 20. Jahrhunderts bewußt: Aus der gedanklichen Trennung der sozialen Aufgaben des Staates und des kirchlichen beziehungsweise kirchennahen Wirkungsbereichs wurde im »Dritten Reich« beziehungsweise nach 1945 in der DDR erst die Zurückdrängung, dann die weitgehende Ausschaltung freier kirchlicher Wohlfahrtspflege aus der Arbeit der offenen Fürsorge und an Rehabilitierungsfähigen aller Art. Hier blieb den (konfessionellen) Verbänden nur jene Klientel, die im Sinne von »Volks-« respektive »sozialistischer Menschengemeinschaft« nichts mehr zu »bieten« hatte – eine verhängnisvolle Konsequenz, die sich bereits aus Friedrich Naumanns (1860-1919) »arbeitsteiligem« Kompromißvorschlag in Posen ziehen ließ, daß die Christlich-Sozialen für die politische Emanzipation, mithin auch für Sozialreform eintreten sollten, während die Innere Mission nur noch für die Menschen aus den Unterschichten zuständig sei, »die sich selbst nicht mehr helfen könnten«.

An der Geschichte des Nachworts wird deutlich, wie stark sich die Auffassungen innerhalb des CA binnen eines Jahrzehnts gewandelt hatten. Zwar neigte die Mehrheit nach wie vor nicht der Politisierungskonzeption Stoeckers zu, aber die heftige Kritik des Juristen v. Meyeren signalisierte doch ein neues Selbstbewußtsein der Verantwortlichen gegenüber der verfaßten Kirche und den Bestrebungen von »allerhöchster« Seite, Staatskirche und kirchliche Verbände wieder auf ihre traditionellen Arbeitsfelder: Seelsorge, Verkündigung, »Caritas« zurückzudrängen. Vermutlich waren es primär der neuartige politische Stil des Hofpredigers, den man mißbilligte, und nicht so sehr seine sozialkonservativen Zielsetzungen, die man jetzt doch ein gutes Stück weit mittrug. Seit der junge Monarch von seinem sozialpolitischen Reformkurs 1895 wieder abrückte, weil seine populistischen »Visionen« eines Volkskaisertums an den harten Realitäten der Klassengesellschaft gescheitert waren, begegneten ihm jene einstigen Gefolgsleute mit Mißtrauen, die wie Lohmann und andere sozial denkende Spitzenfunktionäre des CA 1890 große Hoffnungen in den »neuen Kurs« einer Politik des sozialen Interessenausgleichs gesetzt hatten. Sie ließen sich 1895/96 nicht einfach auf die verordnete »Wende« ein, sondern versuchten zwischen der vorsichtig-pragmatischen Behauptung eines auf begrenzte Reformen drängenden sozialprotestantischen Öffentlichkeitsanspruchs und der selbstverständlichen Loyalität gegenüber Staatsgewalt und Landeskirche ein komplizierter werdendes Gleichgewicht zu halten. Deshalb sahen sie sich auch nicht in der Lage, das in der Tat ja vielen Mißverständnissen ausgesetzte politische Taktieren des ehemaligen Hofpredigers nachzuvollziehen; aber sie teilten in ihrer Mehrheit seine auf soziale Befriedung – freilich unter Ausklammerung demokratischer Partizipation – abzielenden politischen Vorstellungen und verurteilten darüber hinausgehende Konzepte, wie sie von dem linken Flügel des Evangelisch-sozialen Kongresses verfochten wurden. Als wenige Monate nach Drucklegung des Nachworts die Auseinandersetzungen kulminierten, Stoecker aus dem Kongreß ausschied und schließlich das Konkurrenzunternehmen der »Kirchlich-sozialen Konferenz« begründete, wurde dieses bald zum Sammelbecken jener Kräfte in Innerer Mission und CA, die an dem sozialpolitischen Mitgestaltungswillen der Diakonie festhielten und nicht bereit waren, ihn zugunsten einer schon damals als »reaktionär« empfundenen Beschränkung auf volksmissionarische und karitative Arbeitsfelder wieder preiszugeben. Alles in allem wird in diesen Auseinandersetzungen das Grunddilemma des politischen und sozialen Protestantismus im 19. Jahrhundert kenntlich: Das Staatskirchentum ließ eigenständigen Initiativen seiner Untergliederungen nur geringen Spielraum und förderte nachhaltig die Illusion einer immer wieder beschworenen »Überparteilichkeit« kirchlich-verbandlichen Wollens, das in Wirklichkeit auf den sozialkonservativen Kurs der staatstragenden Eliten des Reiches fixiert blieb.

Caritasverband und Innere Mission

Wenn von der Geschichte der Inneren Mission die Rede ist, darf eine wichtige Parallelentwicklung nicht außer Acht gelassen werden: die der katholischen Diakonie, die 1897 zur Gründung des Deutschen Caritasverbandes führte.

Der konfessionelle Antagonismus, der nach dem Wiener Kongreß durch die Einverleibung weiter Regionen mit überwiegend katholischer Bevölkerung in den protestantisch geprägten preußischen Staat virulent wurde, war wichtigster Hintergrund der Entfaltung eines kraftvollen katholischen Vereinswesens auf der Basis einer breiten Laienbewegung, aber – anders als bei den Protestanten – unter Führung der Bischöfe. Man wollte der bedrängten Kirche gegenüber der protestantisch dominierten Staatskultur zur Seite stehen.

Nachdem die katholische Liebestätigkeit seit der Jahrhundertwende bereits zahlreiche soziale Aufgaben in Angriff genommen hatte, nahmen in den Jahren nach der Reichsgründung (nur abgebremst während des Kulturkampfs der 1870er Jahre) die Neugründungen katholisch-karitativer Einrichtungen und Initiativen rasch zu. Alles in allem entstand bis etwa 1890 ein Spektrum katholischer Liebestätigkeit, dessen Arbeitszweige auch Insider kaum noch überschauen konnten – es fehlte an einer Koordination dieser vielfältigen Aktivitäten. In dieser Situation, die ein Kenner der Materie einmal prägnant als »Anarchie« der organisierten katholischen Nächstenliebe gekennzeichnet hat, forderten weitblik kende Experten der Caritasbewegung immer deutlicher Abhilfe.

Es handelte sich um sozial gesonnene Priester und Laien, die aus dem Umfeld des 1880 gegründeten Vereins »Arbeiterwohl« kamen, dem »Verband katholischer Industrieller und Arbeiterfreunde«. Sie artikulierten das Bedürfnis nach einer strafferen Organisation der Caritasbestrebungen und machten sich an die Arbeit, um dieses Ziel zu erreichen. Zu ihnen gehörte der Kapuzinerpater Cyprian Fröhlich (1853-1931) aus München, Gründer des Seraphischen Liebeswerkes und Mitinitiator des Marianischen Mädchenschutzverbandes – beides Einrichtungen des konfessionellen Jugendschutzes. Fröhlich war sich der beachtlichen Konkurrenz der anderen Wohlfahrtsverbände bewußt, vor allem der protestantischen Inneren Mission, die schon 1848 jenes Spitzengremium geschaffen hatte, das der katholischen Caritas bislang fehlte.

Pater Cyprian Fröhlich hatte als einer der Vorkämpfer einer schlagkräftigen Caritasstruktur in mehreren Schriften anerkennend und frei von konfessioneller Polemik auf die erfolgreiche Tätigkeit der von Wichern vereinheitlichten Inneren Mission hingewiesen. In ihrem CA sah er ein mögliches Vorbild für ein katholisches Pendant, wie es dann in Gestalt des Deutschen Caritasverbandes verwirklicht werden sollte. Er meinte darin den »machtvollen Ausdruck eines protestantisch geprägten sozialpolitischen Gestaltungswillens von großer Ausstrahlungskraft« zu erkennen, dem die katholische Liebestätigkeit etwas Gleichwertiges zur Seite stellen müsse, wolle sie nicht Gefahr laufen, am Ende ihre Eigenständigkeit aufs Spiel zu setzen. Auch der mögliche Verlust katholischer Klienten an den Apparat der Inneren Mission stand ihm vor Augen, wenn die Caritasbewegung hier nicht nachziehe. Insofern spielte die konfessionelle Konkurrenz unbeschadet aller Anerkennung ihrer Leistungen dennoch eine nicht zu bestreitende Rolle, und die positive Reaktion auf die Forderungen des Kapuzinerpaters ging sicher auch zum Teil auf das Konto dieser von ihm beschworenen konfessionellen Konkurrenz.

Allerdings: Seit der Beilegung des Kulturkampfs und den Bemühungen des Katholizismus um seine gesellschaftliche und politische Integration schliffen sich konfessionelle Animositäten und Proporzdenken wenigstens in der Praxis langsam ab. Das hatte auch mit der weltanschaulichen Ausdifferenzierung und Pluralisierung des »Sektors Wohlfahrtspflege« zu tun, die beide christliche Lager zwar keineswegs bejahten, aber gleichwohl in Rechnung stellen mußten, wenn ihre sozialkaritativen Arbeitsfelder Bestand haben sollten. Seit den 1880er Jahren machten sich zunehmend neue Tendenzen in der kultur- und sozialpolitischen Landschaft bemerkbar, in denen man einen gemeinsamen Gegner sah. Sozialdemokratische Umsturzgefahren, proletarischer Atheismus und liberal-laizistische Kirchenkritik drängten den Konfessionsgegensatz allmählich zurück und schärften den Blick für die Leistungen der jeweils anderen Kirchengemeinschaft. An dieser Stelle muß noch ein Name genannt werden: Lorenz Werthmann (1851-1921), Leiter des Freiburger Diözesanrats der badischen Vinzenzvereine und Hauskaplan des dortigen Erzbischofs. Seit Jahren beschäftigte er sich

Lorenz Werthmann, um 1912

auch mit Fragen einer Vereinheitlichung der Caritasbewegung. Er war jedoch der Auffassung, daß die Zeit für diözesane Caritasverbände noch nicht gekommen sei und verfocht stattdessen die Konzeption, daß ein überregional agierender Gesamtverband ihnen erst den Boden bereiten müsse. Vermutlich dachte er an das Beispiel der Inneren Mission, die erst nach der Gründung ihres CA die Errichtung von Landes- und Provinzialausschüssen evangelischer Liebestätigkeit in Anlehnung an die landeskirchlichen Grenzen planmäßig und mit Erfolg vorangetrieben hatte. Somit vertrat er ein doppeltes Ziel: Der Caritas-Gesamtverband sollte als erstes die praktische Arbeit aufnehmen und intensivieren, um dann die organisatorische Feingliederung auf diözesaner Ebene in Angriff zu nehmen.

Im Oktober 1894 beschlossen er und seine Mitstreiter die Gründung eines »Caritas-Comités«, das sich im Frühjahr 1895 konstituierte. Zu seinen Aufgaben gehörte die Schaffung einer Organisation der gesamten katholischen Nächstenliebe in Deutschland, die von wissenschaftlich gebildeten Mitarbeitern getragen und durch regelmäßige Publikation und Information öffentlich wirken sollte.

Ein Jahr vor der Kölner Gründungsversammlung stellte Werthmann seine Planungen auf dem Ersten Caritastag in Schwäbisch Gmünd vor. Die positive Resonanz ermutigte ihn, einen Aufruf zur Gründung eines Caritasverbands für das katholische Deutschland zu erlassen. Ergänzend dazu gab er zu dessen Charakter eine kennzeichnende Stellungnahme ab: Geplant sei keine Massenorganisation, wie sie der »Volksverein für das katholische Deutschland« darstelle, sondern ein Verein, für den man als Mitglieder vor allem »reichere katholische Laien in ganz Deutschland« gewinnen wolle. Das bedeutete das Konzept Stabsstelle der katholischen Liebestätigkeit, in der sich wohlfahrtspflegerischer Sachverstand und materielle Ressourcen mischten, um von hier aus systematisch ein Netzwerk der Caritasbewegung in ganz Deutschland aufzubauen. Der Zweite Caritastag am 9. November 1897 in Köln stimmte der Satzung zu, in der es hieß, der Verein werde sich der »planmäßigen Förderung der Werke der Nächstenliebe« unter dem Schutz des Episkopats widmen; Werthmann wurde zum Präsidenten und Freiburg zum Verbandssitz bestimmt.

Damit begann nicht die Geschichte der deutschen Caritasbewegung, wohl aber die ihrer Einheitsorganisation, deren Wirken für das Werden des deutschen Sozialstaats und des ihn kennzeichnenden dualen Systems sozialer Sicherung von kaum zu überschätzender Bedeutung werden sollte. Ein wichtiges Kennzeichen der Verbandsarbeit war die durch Werthmann geförderte permanente wissenschaftliche und fachliche Selbstvergewisserung katholischer Wohlfahrtspflege in der Praxis. Gleichgewichtig war jedoch ein zweites Moment: Die Verankerung der Caritasarbeit im Wertehorizont christlich motivierten Hilfehandelns. Dieses Grundanliegen wirkte zusammen mit dem parallelen Wollen der evangelischen Diakonie immer wieder als Korrektiv auf die deutsche Wohlfahrtspflege und den sich ausdifferenzierenden Markt der Anbieter sozialer Hilfen zurück. Nicht nur in den Krisenzeiten der Weimarer Republik und des »Dritten Reiches« hat der Caritasverband, unbeschadet ähnlich bitterer Niederlagen wie im Bereich der Inneren Mission, auf dieser Basis einen entscheidenden Beitrag zur deutschen Wohlfahrtskultur geleistet.

Modernisierung durch Professionalisierung

Der CA fungierte zwar in der Öffentlichkeit als Leitungsorgan der Inneren Mission, sorgte aber in erster Linie für die Koordination der Kontakte zu den Regierungen, Magistraten und Parlamenten sowie zu anderen Wohlfahrtsverbänden und trat als verbandspolitische Interessenvertretung für allgemeine, intern zustimmungsfähige Anliegen der Diakonie auf. Hingegen besaß er keinerlei Weisungskompetenz gegenüber den ihm assoziierten Landes-, Provinzial- und Fachverbänden, anderen ihm verbundenen protestantischen Vereinigungen und den großen Anstalten. Seine Mitglieder bildeten bis nach dem Ersten Weltkrieg eine Art Honoratiorenklub, der sich durch Kooptation ergänzte und meist aus höheren Staatsbeamten, Richtern und Professoren der Theologie bestand. Daß mit Friedrich Albert Spiecker (1854-1936) zeitweise ein führender Manager eines schon vor dem Weltkrieg international tätigen Hochtechnologie-Konzerns (Siemens) an seine Spitze gelangte, sollte eine Ausnahme bleiben, wie sich in der Person seines Nachfolgers, des Theologieprofessors und Führers der »modern-positiven« Richtung, Reinhold Seeberg, zeigte.

Dem CA zugeordnet war ein kleinerer Verwaltungsapparat mit zunächst einem, dann zwei hauptamtlichen Vereinsgeistlichen und wenigen Angestellten. Nachdem sich schon während des Krieges herausgestellt hatte, daß eine derartige Zusammensetzung angesichts der neuartigen sozialen Herausforderungen nicht mehr genügte, ging die Innere Mission nach der Novemberrevolution daran, ihre Organisationsstrukturen zu modernisieren. Führenden Anteil daran hatten eine Reihe von Pfarrern, die – wie der Vorsteher des Bremer Diakonissenmutterhauses Constantin Frick (1877-1949) aus Bremen – als Leiter großer Einrichtungen oder als Vereinsgeistliche der angeschlossenen Verbände Erfahrungen im Umgang mit Behörden, Regierungen sowie der Wohlfahrtsbürokratie allgemein erworben hatten. Zu letzteren gehörten neben anderen Johannes Steinweg (1879-1960) – seit 1918 beim CA tätig –, der seit 1911 amtierende Leiter der rheinischen Inneren Mission, Otto Ohl (1886-1973), und schließlich der Geistliche Paul Cremer, Geschäftsführer des der Diakonie verbundenen Evangelisch-kirchlichen Hilfsvereins. Diese um 1918 etwa 30- bis 40jährigen Männer hatten erkannt, wie wichtig es angesichts der zunehmenden Staatseingriffe auf dem Wohlfahrtssektor und einer Gesamtentwicklung, die sich durch den umfassenden Trend zur »Verberuflichung« der Sozialarbeit auszeichnete, für die Diakonie sein würde, den Anschluß nicht zu verpassen. Auf den Jahrestagungen des »Deutschen Vereins für Armenpflege und Wohltätigkeit«, der seinen Namen nach der Revolution in charakteristischer Anpassung an die Zeitlage in »Deutscher Verein für öffentliche und private Fürsorge« änderte, war ihnen deutlich geworden, wie sehr die alte Armenpflege im Wandel begriffen war. Es ging nicht länger um freiwillige Zuwendung zu jenen Klienten, die sich dieser durch Wohlanständigkeit und staats- wie kirchenloyale Gesinnung auch würdig erwiesen, sondern um das Recht des einzelnen Bürgers auf Existenzsicherung innerhalb eines sich zunehmend entfaltenden sozialen Netzes. Die Konstituierung des Deutschen Caritasverbandes 1897 mit dem Anspruch, durch Begründung einer Caritaswissenschaft die katholische Sozialarbeit für die Herausforderungen des neuen Jahrhunderts besser zu wappnen, dürfte ein Zusätzliches dazu beigetragen haben, die noch in den Strukturen des 19. Jahrhunderts und der Wichernzeit lebende und agierende Innere Mission durch radikale Reformen ihrer Organisationsstruktur ebenfalls auf diesen Weg zu bringen. Allerdings dauerte es seine Zeit, bis eine neue Satzung des CA verabschiedet werden konnte: Die Altmitglieder stießen sich vor allem daran, daß in

Friedrich Albert Spiecker, um 1913 (2.90)

Mitglieder des Central-Ausschusses für die Innere Mission, 1923/1931 (7.60)

ihrem exklusiven Zirkel auch Vertreter der Fach- und Landesverbände aufgenommen werden sollten, während ihre bisher unangefochtene lebenslange Mitgliedschaft nun zur Disposition stand. Die anvisierte offenkundige Demokratisierung des höchsten Gremiums der Inneren Mission schien den Honoratioren mit dem »Luderruch der Revolution« behaftet; dazu drängten aus ihrer Perspektive nun Angehörige des »clerus minor« in ihren Kreis hinein, die bislang zwar die praktische Arbeit in der Hauptsache getan hatten, aber als »Untergebene« des CA galten. Ihre Aktivitäten hatte man bisher nach Bedarf bremsen oder befördern können, und als Jüngere geringeren gesellschaftlichen Ranges sollten sie in diesem Spitzengremium keinen Anspruch auf Mitsprache haben.

Auch der 1920 endlich beschlossene Centralverband der Inneren Mission, in dem alle Mitgliedsverbände Sitz und Stimme hatten und der durch den CA in der Öffentlichkeit vertreten wurde, beseitigte keineswegs alle Schwachstellen der alten Konstruktion, da nun in Gestalt von CA und Centralverband Parallel- und Konkurrenzstrukturen entstanden waren. Dazu kam es nach der Vergrößerung des CA-Apparats um die Apologetische Centrale und je eine eigene Wohlfahrts- und Wirtschaftsabteilung mit den theologischen Direktoren Carl Gunther Schweitzer, Johannes Steinweg und dem Kaufmann Walter Schlunk (1880-1955) zu neuen Konflikten, die sich vor allem gegen den »primus inter pares« der Behörde, den geschäftsführenden beziehungsweise Ersten Direktor Gerhard Füllkrug (1870-1948) richteten. Dieser leitete die »theologische Abteilung«, wie man in Anlehnung an die spätere Organisationsstruktur der Hauptgeschäftsstelle des Diakonischen Werks der EKD mit einem Modernismus sagen könnte. Füllkrug gingen jedoch Führungsqualitäten ab; auch auf seinem eigenen Feld der Volksmission und theologischen Fundierung der Diakonie erwarb er sich nur durchschnittliche Meriten. Der bald in ungeahnter Weise expandierende Weimarer Wohlfahrtsstaat stärkte auf Kosten dieser zweiten Säule der Inneren Mission dagegen bald die »Manager« der Sozialbürokratie, die mit Ministern, hohen Staatsbeamten und anderen einflußreichen Persönlichkeiten verkehrten und mit Millionenbeträgen operierten, während dem theologischen Direktor das undankbare Geschäft zufiel, mit 28 Landeskirchen verhandeln zu müssen und sich darüber hinaus nur im Binnenbereich der Diakonie bewegen zu können. Schließlich gab es noch immer den seit Beginn der Reformbemühungen schwelenden Streit zwischen den auf Zeit gewählten Gruppenrepräsentanten und den lebenslang berufenen Einzelpersönlichkeiten, die sich keinem einzelnen Aufgabenfeld, nur dem Gesamtinteresse der Inneren Mission verpflichtet fühlten. Der Antagonismus zwischen dem »aristokratischen« und dem »egalitär-demokratischen« Leitungsprinzip erfuhr jetzt eine Neuauflage und endete schließlich mit einem nahezu vollständigen Sieg der geographischen Gliederungen und der Fachverbände. Die Emanzipationsbestrebungen ihrer Vertreter beinhalteten deshalb noch lange kein offenes Ja zur Republik und ihrer Verfassung; doch mochte sich im Binnenraum des Verbandswesens niemand mehr dem persönlichen Regiment weniger, wenn auch verdienter Männer beugen, deren Führungsanspruch aus vergangenen Tagen stammte und nun zu Lasten freiheitlicher Mitwirkungsrechte der einzelnen Zusammenschlüsse ging.

1927 konnte die anvisierte zweite Revision der Statuten endlich verabschiedet werden; dies bedeutete das Ende des Honoratiorenprinzips zugunsten des Repräsentationsprinzips aller angeschlossenen Vereinigungen. Die prekäre Frage der Stellung des Ersten Direktors wurde freilich nicht gelöst: Tangierte sie doch die Stellung des CA-Präsidenten, der nach wie vor ehrenamtlich tätig war. Bei einem schwachen Ersten Direktor wie Füllkrug konnte er weitgehenden Einfluß geltend machen; eine starke, entscheidungsfreudige Persönlichkeit auf diesem Posten hätte ihn jedoch in eine Statistenrolle gedrängt. Erst als im »Devaheim-Skandal« am Beginn der 1930er Jahre die Innere Mission kurz vor dem finanziellen Zusammenbruch stand, der nur durch eine Reichsbürgschaft abgewendet werden konnte, wurde diese Fehlkonstruktion offenkundig. Aber auch angesichts der Zuspitzung der Probleme im Kontext der NS-Wohlfahrtspolitik rang man sich noch nicht zu einer Zusammenlegung der Ämter des Ersten Direktors und des Präsidenten durch, obschon mit der Berufung des erfahrenen Vereinsgeistlichen Constantin Frick Ende 1934 die Präsidentschaft de facto so aufgewertet wurde, daß der den Deutschen Christen zuneigende Erste Direktor Horst Schirmacher (1892-1956) kaum noch eine Rolle spielte. Erst mit der satzungsmäßigen Neuregelung von 1957 wurden beide Positionen vereinigt und damit ein Dualismus beseitigt, der die Entscheidungfindungen innerhalb des CA seit 1918 immer wieder beeinträchtigt hatte.

Weltkrieg und Revolution

Bis in den Ersten Weltkrieg hinein war das Verhältnis von öffentlicher, das heißt in erster Linie kommunaler Armenpflege und freier, vereinsmäßig strukturierter Sozialarbeit durch ein ungeregeltes Mit- und Nebeneinander bestimmt. Der Krieg erzwang dann aber neue verbindliche Absprachen und das Eingreifen der Staatsverwaltung, weil die Stabilität der »Heimatfront« anders nicht gewährleistet werden konnte. Die höchst unzureichende Alimentierung jener Familien, deren Ernährer im Felde standen, die Versorgung der Kriegerwitwen und -waisen, die seit der Kriegswende 1916/17 zunehmenden Ernährungsengpässe durch die Seeblockade des Reiches sowie die Konzentration aller verbliebenenen Ressourcen auf die militärische Leistungsfähigkeit der Nation überforderten die sich vornehmlich aus Spendenmitteln und gelegentlichen Kirchenkollekten finanzierenden konfessionellen Träger. Die etablierten Apparate von Caritas und Diakonie waren nicht mehr in der Lage, ihre alten und die hinzukommenden neuen Arbeitsfelder aus eigener Kraft zu versorgen, so daß jetzt erstmals erhebliche staatliche Gelder eingesetzt werden mußten, deren Ausschüttung sich an strenge Auflagen knüpfte. Die allein wirklich bedeutsamen christlichen Großverbände arbeiteten fortan weitgehend in staatlichem Auftrag, das heißt, sie erbrachten vergleichsweise kostengünstige Ersatzleistungen für die öffentliche Hand, die von dieser mangels eigener sozialer Infrastruktur und Mitarbeiterinnen und Mitarbeiter gar nicht selbst hätten übernommen werden können. Dieser Integrationsprozeß ging nicht ohne Friktionen vonstatten, aber um der Erreichung des gemeinsamen Ziels eines militärischen Sieges willen kooperierten beide Seiten zunehmend einvernehmlich miteinander, was die in der Verfassung von 1919 festgeschriebenen Grundlagen des Wohlfahrtsstaates von Weimar in vielem vorwegnahm.

Die Novemberrevolution veränderte nicht die sozialen Gegebenheiten, sondern verschärfte sie noch durch die anhaltende Hungerkrise, die durch die zurückströmenden Truppen steigende Arbeitslosigkeit und die galoppierende Inflation. Deshalb sah sich die neue Regierung der Volksbeauftragten und später der Weimarer Koalition in Reich und Ländern auch nicht imstande, eigene Konzepte zur Ausgestaltung des Sozialstaats durchzusetzen – auf Seiten der Sozialdemokratie waren solche auch höchstens in Ansätzen vorhanden. Trotz des Systemwechsels von der Monarchie zur Republik blieb der soziale Handlungsbedarf also bestehen, und auch die neuen Regierungen setzten jene Politik des dualen Prinzips sozialer Sicherung fort, die sich schon im Weltkrieg bewährt hatte – seitens der Sozialisten oftmals contre cœur.

Freilich ist das eine Aussage ex post, das heißt, die Verantwortlichen der Inneren Mission und ihres CA konnten sich in den Anfangsjahren der Republik keineswegs sicher sein, ob die Sozialdemokratie, von der man zunächst annahm, sie würde in den bevorstehenden Wahlen mit Abstand stärkste Fraktion in allen Parlamenten und deshalb auch die Regierungen stellen, nun nicht ihre Forderung nach strikter Trennung von Staat und Kirche, Religion und Gesellschaft durchsetzen und damit auch die Tätigkeit der christlichen Wohlfahrtsverbände auf Dauer unmöglich machen würde. Deshalb ist es eigentlich erstaunlich, daß der Präsident des CA, der Großindustrielle Friedrich Albert Spiecker, schon am 18. November 1918 mit einem Aufruf an alle Mitarbeiter appellierte, jetzt nicht dem alten Reich nachzutrauern, den Mut zu verlieren und sich von der ungewissen Situation lähmen zu lassen, sondern den Blick auf das Notwendige zu richten und die Not der Zeit durch solidarisches Handeln aller zu bekämpfen. Diese pragmatische Sicht und die damit verbundene Bereitschaft, die Arbeit der Inneren Mission auf den Boden der neuen Tatsachen zu stellen, teilten notgedrungen viele Funktionäre der Diakonie, was die älteren unter ihnen jedoch nicht hinderte, in Grundsatzartikeln der Verbandspresse ihre Ressentiments gegenüber den geänderten Verhältnissen deutlich zu artikulieren. So druckte der Vorsteher des »Rauhen Hauses«, Martin Hennig (1864-1920), Ende 1918 einen Artikel Johann Hinrich Wicherns von 1848 unverändert wieder ab, weil er der Meinung war, diese mehr als 70 Jahre alten Gedanken kennzeichneten besser als manche neue Situationsbeschreibung die Lage. Wichern hatte damals formuliert:

»Unerhörtes ist geschehen und noch Unerhörteres wird vielleicht geschehen, aber wen, dem die innern zerrütteten Verhältnisse des Volkslebens wirklich auch nur einigermaßen bekannt waren, konnte und wird dies überraschen? [...] Die Innere Mission [...] hat längst auf den nun geöffneten Abgrund hingewiesen, hat gerufen, gebeten, gefleht, gewarnt, hat geraten und Wege der Hilfe zum voraus gezeigt, sie hat trotz aller Schwierigkeiten und Hemmnisse, die ihr entgegengetreten, getan, was sie vermocht, sie hat alle Waffenfähigen zu den Waffen des Geistes und der Tat, wie das Evangelium sie bietet, gefordert«. Und er schloß mit einer Apotheose der Inneren Mission, die ihre Arbeit auch in dieser Lage nicht aufgeben werde:

»Es gilt die Rettung der bürgerlichen Welt, um deswillen wir uns treu zu unserm Vaterlande halten, es gilt die Gewinnung des besten ewigen Vaterlandes, um deswillen wir uns treu und mutig der Kirche anschließen; denn die Innere Mission ist ebenso wahrhaft patriotisch als sie das Schwert führt gegen die, welche sich gegen die Kirche erheben. Vaterland und Kirche – sie können in diesen Stürmen untergehen, aber nur, um herrlicher wieder aufzustehen.« (Wichern SW I)

Freilich: Dies war keine Analyse, sondern die rhetorische Wiederbelebung der alten protestantischen Revolutionsdeutung, die sich innerhalb der meisten evangelischen Gemeinden und ihrer Glieder bisher durchgehalten hatte. Im Grunde war es 1918 noch viel schlimmer gekommen, denn 1848 blieb die Staatskirche mit der christlichen Obrigkeit ja bestehen, während nun, wie CA-Direktor Füllkrug zum Jahreswechsel 1918/19 anmerkte, an die Stelle des christlichen Staates ein sogenannter Volksstaat mit Dissidenten, Juden und überwiegend Nichtchristen getreten sei.

In vielem erwies sich also die Haltung der Inneren Mission zu Revolution und Republik als identisch mit den Positionsbestimmungen des übrigen Protestantismus: An die Stelle der »systemstabilisierenden« Kommentierung des Politischen im Kaiserreich trat nun die »Systemkritik«. Auffällig ist in diesem Zusammenhang jedoch die weitaus geringere Zahl von Äußerungen zur Lage in der Verbandspresse oder in den – meist vertraulichen – Protokollen der Mitarbeiterkonferenzen der Inneren Mission. Das hatte seinen guten Grund; denn obwohl die Mehrheit der Vereinsgeistlichen deutschnational orientiert war und in den Liberalen des Naumannkreises, im Zentrum oder gar in der Sozialdemokratie ihre politischen Gegner sah, wußte man gerade als führende Spitzenorganisation der freien Wohlfahrtspflege, was eine, wenn auch nicht von Trübungen freie, so doch ohne größere Friktionen verlaufende Zusammenarbeit mit Ministerien, Behörden und Kommunen für die Innere Mission und ihre Tätigkeitsfelder wert war. Wo etwa der Evangelische Bund das Zentrum und den politischen Katholizismus frontal attackieren konnte, wo deutschnationale Protestanten die schwarz-rot-goldene Internationale, das heißt Katholiken, Sozialisten und Juden für den Ausgang des Krieges und die Misere der Republik verantwortlich machten, mußte die Innere Mission Zurückhaltung üben, wollte sie ihre Verhandlungspartner, auf die sie in allen Wohlfahrtsfragen angewiesen war, nicht vor den Kopf stoßen. Arbeitsorganisationen ihrer Art zeichneten sich gegenüber anderen konfessionellen Verbänden, bedingt durch die Zwänge der Praxis und angesichts des wachsenden Aufgabenbereichs in einer ökonomisch, sozial und politisch durch Inflation und Kriegsfolgelasten stigmatisierten Epoche, nach außen durch einen geringeren Grad an ideologischer Fixierung und eine damit korrespondierende höhere Kompromißfähigkeit aus. Dies wurde im weiteren Verlauf der Weimarer Jahre immer deutlicher. In zähen, fast immer fairen Auseinandersetzungen mit Vertretern der Politik und einer nicht kirchlich ausgerichteten liberalen Wohlfahrtspflege kam man sich näher und vermochte auf diese Weise – über traditionelle Gräben hinweg – gewisse Vorreiterdienste für eine allmähliche Besserung des Verhältnisses zur anderen Großkonfession, zu den Parteien der Weimarer Koalition oder zu den auf dem karitativen Sektor tätigen Minderheitengruppierungen zu leisten. Daß sich dabei im Laufe der Jahre Anflüge eines Vernunftrepublikanismus auch in den Reihen der Inneren Mission herauskristallisierten, wird deshalb kaum überraschen. Wichtiger scheint freilich noch eine andere Beobachtung: Anhand der empirischen Bestandsaufnahme läßt sich nachweisen, daß die Innere Mission zwar von allen »Segnungen« des Weimarer Wohlfahrtsstaates profitierte – übrigens auch alle seine Unzulänglichkeiten am eigenen Leibe verspürte –, daß die Durchsetzung der großen wohlfahrtspflegerischen Reformwerke im Reich und in Preußen aber in erster Linie den der Republik innerlich näheren Katholiken und Sozialdemokraten zu verdanken war. So konnte die Innere Mission gleichsam im Windschatten der staatstragenden Parteien der Republik an den neuen Möglichkeiten partizipieren, ohne sich mit diesem »System« identifizieren zu müssen.

Internationale Kontakte – Sozialarbeit und Ökumene

Die Innere Mission hat in den wenigen guten Jahren der Weimarer Republik viel erreicht: Sie wurde zur weithin anerkannten protestantischen Wohlfahrtsorganisation, die in den Bereichen von offener und geschlossener Fürsorge außerordentlich viel leistete und in dem flächendeckenden Netz der neu eingerichteten kommunalen Wohlfahrtsämter zusammen mit der Caritas dafür sorgte, daß das doppelte Profil evangelischer Sozialarbeit – konkrete Hilfestellung und volksmissionarisches Wirken – nicht nur gegenüber den anvertrauten Klienten, sondern darüber hinaus in der inner- und außerkirchlichen Öffentlichkeit gewahrt und verstärkt wurde. Beispielhaft können dafür die Gründung des »Kontinentalen Verbandes für Diakonie und Innere Mission« und der »Apologetischen Centrale« im Spandauer Johannesstift genannt werden.

Von Beginn an unterhielt die Innere Mission enge Kontakte zu vergleichbaren Institutionen im europäischen Ausland. Schon Wichern hatte für einen Zusammenschluß christlicher Liebestätigkeit in den großen Industrienationen geworben; aber erst seit den 1890er Jahren kam es zu vereinzelten internationalen Konferenzen, an denen immer auch Delegierte des CA teilnahmen. Die seit 1848 im festgesetzten Turnus stattfindenden »Kongresse für Innere Mission« wurden stets auch von ausländischen Gästen besucht, die in die Diskussionen eigene Anregungen einbrachten und umgekehrt von den deutschen Erfahrungen profitierten. Am Vorabend des Weltkriegs förderte vor allem CA-Präsident Spiecker, der auch Vorsitzender der Deutschen Vereinigung des Weltbundes für Freundschaftsarbeit der Kirchen war, derartige Kontakte, die – wie auch die junge ökumenische Bewegung – durch den Krieg in ihrer Entwicklung behindert wurden. Nach 1918 versuchte der CA an diese Verbindungen wieder anzuknüpfen und veranstaltete 1922 eine erste »Kontinentale Konferenz«, zu der Teilnehmer aus fast allen europäischen Staaten sowie aus den USA nach Deutschland kamen. Anfang der 1920er Jahre wurde ein heute noch bestehender »Internationaler Verband für Diakonie und Innere Mission« gegründet, der sich als »Ökumene protestantischer Sozialarbeit« verstand. Wenig später beschloß man die Satzungen des Verbandes, der an sich international agieren wollte, aber zunächst das Attribut »kontinental« beibehielt. Danach wollte man zwischen den Landesorganisationen für Innere Mission und Diakonie regelmäßige Konsultationen einführen, um die gemeinsame Arbeit dadurch zu fördern. Der Verband sollte das Anliegen der christlichen Liebestätigkeit auch auf internationalen sozialen Kongressen vertreten und gemeinsam besondere Notlagen bekämpfen.

Der Zusammenschluß fand allerdings nicht ungeteilte Zustimmung; vor allem der »Deutsche Evangelische Kirchenausschuß« (DEKA) stieß sich daran, daß der CA eigene internationale Aktivitäten entfaltete, weil sich der DEKA gegenüber dem Ausland als allein autorisierter Sprecher des deutschen Protestantismus verstand. Angesichts der heftigen Debatten um die Kriegsschuldfrage auch innerhalb der

Einladung
zur Ersten Konferenz des
Kontinentalen Verbandes
für Diakonie und Innere
Mission in der Lutherstadt
Wittenberg am Montag,
den 24., und Dienstag,
den 25. September 1923

Einladung zur Ersten Konferenz des Kontinentalen Verbandes für Diakonie und Innere Mission, 1923 (7.62)

Ökumene wirkte der DEKA auf ein einheitliches Vorgehen hin, das ihm nur durch seine unangefochtene Koordinationskompetenz in diesem heiklen kirchenpolitisch-diplomatischen Problemkreis gewährleistet schien. Nur mit Mühe gelang es dem CA und seinem Direktor Johannes Steinweg, den Präsidenten des DEKA davon zu überzeugen, daß der Kontinentale Verband kein Repräsentativorgan sein wolle, sondern lediglich die Spezialaufgaben der Diakonie durch internationale Kontakte fördere. Vor allem Niederländer und Skandinavier waren hier organisiert, was auch damit zusammenhing, daß der Protestantismus in Holland und in Nordeuropa traditionell enge Kontakte zu Deutschland unterhielt; wissenschaftliche Theologie, verfaßtes Kirchentum und kirchliches Verbandswesen standen in engem Austausch mit den deutschen Partnern, was sich erst durch den Nationalsozialismus und die Entfremdung während des Krieges änderte.

In den folgenden Jahren fanden zahlreiche weitere internationale Konferenzen statt; dabei kristallisierte sich schon vor 1933 eine Tendenz heraus, mit Hilfe des Kontinentalen Verbandes ein sich dezidiert von Genf absetzendes neues ökumenisches Zentrum unter deutscher Führung zu etablieren, dessen Geschichte bis heute noch nicht aufgearbeitet ist. Diese erscheint deshalb von Bedeutung, weil sie – wenn auch nur als problematisches historisches Vorspiel – in den Kontext der aktuellen Debatte um die europäische Dimension von Diakonie mit hineingehört.

Auch Vertreter der deutschen Irredenta in Ost- und Südosteuropa sowie aus dem Baltikum arbeiteten im Internationalen Verband mit; die nach der »Wende« von 1989 von dort erfolgende Wiederannäherung an Deutschland umfaßt heute allerdings kaum mehr deutschsprachige Minderheiten, sondern die dort als Minderheit lebenden Protestanten allgemein. Das gilt vornehmlich für Polen, Ungarn und Rumänien, aber auch für die wieder selbständig gewordenen baltischen Staaten, vor allem für die einst stark lutherisch geprägten Länder Lettland und Estland.

Diakonie als Wissenschaft und Universitätsdisziplin

Das eigene Selbstverständnis wissenschaftlich zu reflektieren und die diakonischen Zielvorstellungen mitsamt ihrer konkreten Umsetzung daran auszurichten, gehörte für Wichern zu den Prämissen seines Tuns. Er war im Besitz einer großen Spezialbibliothek, in der auch die Werke der großen britischen Sozialreformer nicht fehlten, und galt unter seinen Zeitgenossen als einer der besten Kenner der internationalen Literatur über Theorie und Praxis christlich-sozialen Hilfehandelns. Zeitlebens hat er auf wissenschaftliche Weiterbildung Wert gelegt und seine Erkenntnisse in zahlreichen Schriften und in seiner Zeitschrift, den »Fliegenden Blättern«, einem größeren Leserkreis zugänglich gemacht. Seine Nachfolger fühlten sich diesem Erbe verpflichtet; die Flut der Publikationen des CA und der angeschlossenen Fachverbände auf allen Gebieten Innerer-Missions-Arbeit zeugen davon. Erwähnt werden muß in diesem Zusammenhang der Name des Altonaer Diakonissenmutterhaus-Vorstehers Theodor Schäfer (1846-1914), der seit dem Ausgang des 19. Jahrhunderts die wissenschaftliche Begleitung diakonischer Themen zu neuer Blüte führte. Nachdem der CA 1863 eine Bibliothek primär für den dienstlichen Gebrauch eingerichtet hatte, sollte es bis nach dem Ersten Weltkrieg dauern, bis er damit begann, das diakoniewissenschaftliche Feld neu zu ordnen und auf eine institutionelle Grundlage zu stellen. Natürlich geschah dies auch als Reaktion auf den Zusammenbruch von 1918, der innerhalb des Protestantismus allgemein als Sinn- und Glaubenskrise gedeutet wurde. In Zusammenarbeit mit der akademischen Theologie, die sich seit längerem ebenfalls mit der Diakonie befaßte, erlebte die Innere Mission als Wissenschaft nun einen neuen Aufschwung. Im frühen 20. Jahrhundert war es vor allem Friedrich Mahling (1865-1933), Praktischer Theologe an der Berliner Universität, der sich mit diakoniewissenschaftlichen Fragen beschäftigte. Jedoch nicht er, sondern sein Kollege aus der systematischen Theologie, Reinhold Seeberg, von 1923 bis 1932 auch Präsident des CA, trieb während dieser Zeit die Bildung eines besonderen Instituts für Diakoniewissenschaft voran.

Teile der umfangreichen Bibliothek Wicherns aus dem »Rauhen Haus« sowie die ebenfalls dorthin gelangte Sammlung Theodor Schäfers konnte der CA 1926 käuflich erwerben und seiner jetzt von hauptamtlichen Mitarbeiterinnen betreuten und öffentlich zugänglichen »Central-Bibliothek der Inneren Mission« zuführen. Bis 1930 wuchs diese auf rund 40.000 Bände an und repräsentierte damit den größten Bestand an diakonischer Fachliteratur, den es in Deutschland gab. Daneben hatten das »Rauhe Haus« und die Kaiserswerther Anstalten inzwischen die Nachlässe Wicherns und Fliedners von dem Theologen und Historiker Martin Gerhardt sachkundig verzeichnen lassen, der als Frucht dieser Archivordnungstätigkeit u.a. die Biographien beider »Gründungsväter« der Inneren Mission schrieb, die noch heute als Standardwerke gelten können. Auch in den v. Bodelschwinghschen Anstalten in Bethel bei Bielefeld und in Neuendettelsau wurde mit dem Aufbau von Archiven begonnen, um die Nachlässe Friedrich von Bodelschwinghs (1831-1910) und Wilhelm Löhes (1808-1872) zu sichern. Damit standen für diakonieinterne Zwecke und für die Forschungen zum sozialen Protestantismus wichtige Materialien bereit. – In diesem Kontext muß nachgetragen werden, daß ein der Geschichtswissenschaft zugängliches Archiv des CA selbst erst sehr spät entstand. In den 1960er Jahren betraute des Diakonische Werk der EKD Helmut Talazko mit der Aufgabe, die Bestände des CA zu sichten und der Forschung zugänglich zu machen. Dies gelang ihm und seinen Mitarbeitern in vorbildlicher Weise; zahlreiche, vorzugsweise historische Studien und akademische Qualifikationsarbeiten sind seit dieser Zeit mit Hilfe der Unterlagen des »Archivs des Diakonischen Werks der EKD« entstanden.

Die Diakoniewissenschaft der 1920er Jahre konzentrierte sich jedoch nicht allein auf die geschichtliche Dimension evangelisch-sozialer wie volksmissionarischer Arbeit. Auch die einzelnen Tätigkeitsfelder von Wohlfahrtspflege, Gesundheitswesen und Sozialpolitik wurden wissenschaftlich begleitet, um mit dem raschen Wandel auf diesem Sektor Schritt zu halten. Der CA reagierte damit auf die deutlich spürbare »Konkurrenz« der anderen freien Trägerverbände sowie der öffentlichen Hand und jener der Theorie des Wohlfahrtsstaates verpflichteten Gruppierungen, die, wie der »Deutsche Verein für öffentliche und private Fürsorge«, hier als Vordenker Erhebliches leisteten. Nicht zuletzt dürften die Impulse der »Caritaswissenschaft«, die vom Deutschen Caritasverband stark gefördert wurde, Anlaß zur Rückbesinnung auf die Unverzichtbarkeit einer eigenen Diakoniewissenschaft gegeben haben.

1927 wurde an der Berliner Universität das »Institut für Sozialethik und Wissenschaft der Inneren Mission« gegründet. Einen Anstoß dazu gaben wiederum die internationalen Kontakte der Diakonie: Auf der Stockholmer Weltkirchenkonferenz von 1925 war die Errichtung des »Christian Social Institute« in Genf beschlossen worden, dessen erster Direktor, Prof. Adolf Keller, großen Wert auf eine diakonische Ausrichtung legte. Außerdem ging die Berliner Gründung auf die Anregung von Johannes Steinweg zurück, dem Leiter der Wohlfahrtsabteilung im CA, die Reinhold Seeberg positiv aufgriff und dafür schließlich auch die Zustimmung des Preußischen Ministers für Wissenschaft, Kunst und Volksbildung erhielt. Der CA übernahm die Finanzierung, das Ministerium beziehungsweise die Theologische Fakultät stellten entsprechende Räumlichkeiten in der systematischen Abteilung des Theologischen Seminars zur Verfügung. Aufgabe des Instituts sollte es sein, »der Einführung von Studenten aller Fakultäten in die Probleme der Inneren Mission im Zusammenhang mit denen der Sozialethik und Wohlfahrtspflege [zu] dienen«. Nach den Satzungen sollte der Direktor ein Hochschullehrer der Theologischen Fakultät sein, der im Einvernehmen zwischen Kultusminister und CA ernannt wurde. Ein Kuratorium aus Vertretern der Fakultät, des Ministeriums, des CA sowie des Deutschen Evangelischen Kirchenausschusses stand Seeberg als erstem Direktor zur Seite. Neben den theologischen Dozenten führten zahlreiche Lehrbeauftragte anderer Fächer, darunter Experten für Sozialarbeit, Mediziner und Ökonomen, die Studierenden in die Thematik ein. Für den CA war das Berliner Institut nur ein Anfang; auf Dauer wollte man auch an anderen Theologischen Fakultäten vergleichbare Einrichtungen schaffen, wie das zuvor schon der Caritas gelungen war. Diese Pläne scheiterten jedoch, wobei die zunehmende Mittelknappheit nach Eintreten der Weltwirtschaftskrise eine ausschlaggebende Rolle gespielt haben dürfte.

Auch wissenschaftsgeschichtlich ist das Berliner Institut von Bedeutung gewesen: Hatte man der Systematik doch immer vorgeworfen, nur Individualethik zu treiben und die soziale Komponente ethischen Handelns aus christlicher Verantwortung zu vernachlässigen. Indem der Begriff »Sozialethik« ausdrücklich in den Namen der Neugründung aufgenommen wurde, signalisierte man die neue Akzentsetzung; es war sicher kein Zufall, daß seit den 20er Jahren die ersten Lehrstühle für diese Tochterdiszplin der systematischen Theologie entstanden, so in Marburg, wo der liberale religiöse Sozialist Georg Wünsch seit 1931 dieses Fach vertrat. Seeberg gehörte freilich mit Brunstäd/Rostock und Elert/Erlangen zu den konservativen Vertretern eines sozialethischen Ansatzes: Für sie ermöglichte nur der Rahmen einer intakten, an christliche Vorgaben rückgekoppelten »Volksgemeinschaft« die Möglichkeit sittlichen Handelns. 1930 legte Seeberg mit seiner Schrift »Ist christliche Sozialethik wissenschaftlich möglich?« das Programm seines Instituts vor; in den folgenden Jahren erschienen zahlreiche weitere Publikationen, die hier erarbeitet worden waren.

Nach 1933 geriet mit anderen Arbeitsfeldern der Inneren Mission auch ihr Universitätsinstitut unter Druck, da die »Nationalsozialisitische Volkswohlfahrt« (NSV) auf dem Gebiet der wissenschaftlichen Wohlfahrtsforschung ein Monopol beanspruchte und hier unliebsame Konkurrenz vermutete. Nach Seebergs Tod im Oktober 1935 – er hatte die Leitung auch als Emeritus behalten – weigerte sich der Minister, einen neuen Direktor zu ernennen und ging auf Personalvorschläge des CA nicht mehr ein. Nachdem die NSV 1937 an der rechts- und staatswissenschaftlichen Fakultät ein »Sozialwissenschaftliches Institut für Volkswohlfahrtspflege« errichtet hatte, wurde das Seeberg-Institut am 23. März 1938 zwangsweise geschlossen. Das 1925 gegründete »Schwestern«-Institut für Caritaswissenschaft an der Universität Freiburg traf aus Paritätsgründen das gleiche Schicksal. Zwar stellte der Minister dem CA frei, die Einrichtung weiterzuführen, aber das war diesem angesichts der angespannten Finanzlage nicht möglich. Es gelang lediglich, die Buchbestände zu retten, die heute Bestandteile der Bibliothek des Diakonischen Werkes der EKD in Berlin und des Diakoniewissenschaftlichen Instituts an der Universität Heidelberg (DWI) sind. Pläne des Vorstehers des »Rauhen Hauses«, zu Beginn des Zweiten Weltkrieges hier mit Hilfe der Landeskirche ein »Wicherninstitut« zu gründen, das die Aufgaben des Berliner Instituts fortführen sollte, scheiterten 1941 am Einspruch der Geheimen Staatspolizei.

Erst 1954 konnte ein neues diakoniewissenschaftliches Institut an einer deutschen Universität wiedererrichtet werden, diesmal in Heidelberg. Seine Konstituierung wurde von Innerer Mission und Hilfswerk – das Diakonische Werk als Zusammenschluß beider war noch nicht gegründet – sowie der EKD finanziell unterstützt; der damalige Ratsvorsitzende, Bischof Otto Dibelius (1880-1967), nahm selbst am Gründungsakt teil. Die Spitzenvertreter von EKD und Diakonischem Werk sind im Beirat vertreten und fördern das Institut bis heute durch Mittel aus ihren Haushalten. – Unter den Direktoren Herbert Krimm, Paul Philippi und Theodor Strohm (bis 1998), sämtlich zugleich Professoren der Praktischen Theologie, bildet das Institut leitende Mitarbeiterinnen und Mitarbeiter für den Diakonischen Dienst aus. Dies geschieht in Form eines Aufbaustudiengangs, dessen Teilnehmer in der Regel bereits ein Hochschulstudium abgeschlossen haben – sie kommen meist aus der Theologie, aber auch aus anderen Fächern. Seit 1992 ist der Abschluß »Diplomdiakoniewissenschaftler/in« staatlich anerkannt. Aktuelle Überlegungen, auch an anderen evangelisch-theologischen Fakultäten ähnliche Studiengänge zu etablieren, zeugen von der Bedeutung dieses Fachs und der Notwendigkeit, den leitenden Ämtern des »Großverbandes Diakonie« soziale und theologische Kompetenz für Gegenwart und Zukunft zu vermitteln.

Die Innere Mission in der Krise von Weimar

Alle Wohlfahrtsverbände nutzten die neugewonnenen Chancen nach 1924 für den Ausbau ihrer Arbeit, wobei ihnen der relative wirtschaftliche Aufschwung zugute kam. Die nun regelmäßig fließenden öffentlichen Gelder eröffneten ihnen ganz neue Möglichkeiten der Expansion, die vor allem der Caritasverband und die Innere Mission wahrnahmen. Allerdings führten Ausbau und Konsolidierung der traditionellen sowie das rasche Wachstum neuer Betätigungsfelder bald zu einer Bürokratisierung der Wohlfahrtspflege, die zeitgenössische Kritiker als »Vertrustung« brandmarkten, weil sie bisher nicht gekannte Abhängigkeiten nach sich zog: Nicht allein, daß bei einem Konjunktureinbruch, wie er dann 1929 erfolgen sollte, ein Zurückfahren des sozialpolitischen Engagements bis zur Schließung ganzer Einrichtungen zu befürchten stand, auch die Abhängigkeit von staatlichen Vorgaben als Bedingung für die Zuweisung öffentlicher Mittel schränkte den jeweiligen Gestaltungsspielraum ein und gefährdete darüber hinaus den größten Vorteil der freien Träger, den sie in den Verhandlungen mit Kommunen, Ländern und Reich immer wieder betonten: ihre gegenüber den öffentlichen Trägern geringeren Kosten. Wenn aber bauliche Auflagen und die Ausbildung und Finanzierung des Personals nach einheitlichen Standards durchgesetzt wurden, konnte der wirtschaftliche Vorsprung nicht gehalten werden. Freilich beruhte dieser damals in erster Linie auf der billigen Arbeitskraft der Diakonissen und Diakone, was sozialdemokratische Gegner der konfessionellen Sozialarbeit zusammen mit der Arbeiterwohlfahrt immer wieder und nicht zu Unrecht als »Ausbeutung« anprangerten.

Die skizzierte Expansion verleitete die Innere Mission auch zur Übernahme von Arbeitsfeldern, auf denen sie bisher keinerlei Erfahrung gesammelt hatte. Das trifft etwa für die Gründung eigener Geldinstitute, wie der von Martin Niemöller (1892-1984) 1927 in Münster gegründeten »Evangelischen Darlehnsgenossenschaft« zu. Folgenreicher war eine andere Initiative: Die Gründung eigener Baugenossenschaften und einer gemeinnützigen Bausparkasse, der »Deutschen Evangelischen Heimstättengesellschaft«, die Bausparern aus dem kirchlichen Umfeld, meist Pfarrern und kirchlichen Angestellten, zu einem preisgünstig finanzierten Eigenheim verhelfen sollte. Die »Devaheim« geriet 1930/31 in eine akute Zahlungskrise, hinter der aber noch andere Ursachen als die

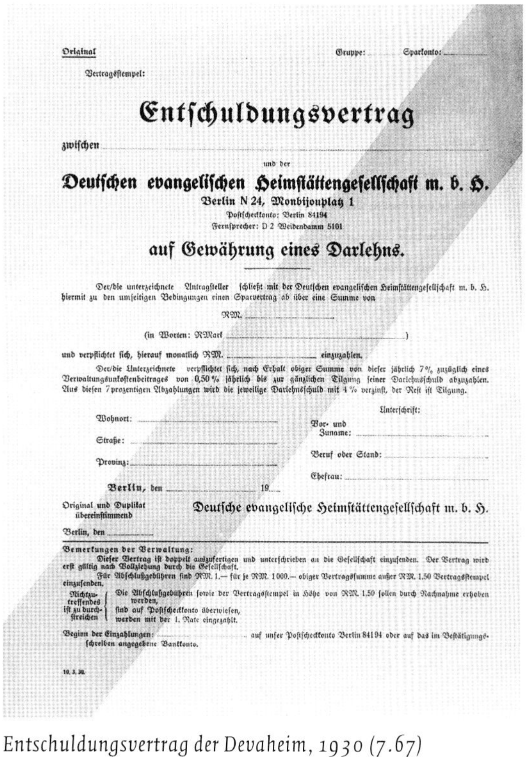

Original Gruppe: .... Sparkonto: ....

Vertragsstempel:

Entschuldungsvertrag

zwischen ....

und der

Deutschen evangelischen Heimstättengesellschaft m. b. H.

Berlin N 24, Monbijouplatz 1

Postscheckkonto: Berlin 84194

Fernsprecher: D 2 Weidendamm 5101

auf Gewährung eines Darlehns.

Der/die unterzeichnete Antragsteller schließt mit der Deutschen evangelischen Heimstättengesellschaft m. b. H. hiermit zu den umseitigen Bedingungen einen Sparvertrag ab über eine Summe von

RM. ....

(in Worten: RMark ....)

und verpflichtet sich, hierauf monatlich RM. .... einzuzahlen.

Der/die Unterzeichnete verpflichtet sich, nach Erhalt obiger Summe von dieser jährlich 7%, zuzüglich eines Verwaltungsunkostenbeitrages von 0,50% jährlich bis zur gänzlichen Tilgung seiner Darlehnsschuld abzuzahlen. Aus diesen 7prozentigen Abzahlungen wird die jeweilige Darlehnsschuld mit 4% verzinst, der Rest ist Tilgung.

Wohnort: ....

Straße: ....

Provinz: ....

Unterschrift:

Vor- und Zuname: ....

Beruf oder Stand: ....

Ehefrau: ....

Berlin, den .... 19..

Original und Duplikat übereinstimmend

Deutsche evangelische Heimstättengesellschaft m. b. H.

Berlin, den ....

Bemerkungen der Verwaltung:

Dieser Vertrag ist doppelt auszufertigen und unterschrieben an die Gesellschaft einzusenden. Der Vertrag wird erst gültig nach Vollziehung durch die Gesellschaft.

Für Abschlußgebühren sind RM. 1.— für je RM. 1000.— obiger Vertragssumme außer RM. 1.50 Vertragsstempel einzusenden.

Nichtzutreffendes ist zu durchstreichen: Die Abschlußgebühren sowie der Vertragsstempel in Höhe von RM. 1.50 sollen durch Nachnahme erhoben werden, sind auf Postscheckkonto überwiesen, werden mit der 1. Rate eingezahlt.

Beginn der Einzahlungen: .... auf unser Postscheckkonto Berlin 84194 oder auf das im Bestätigungsschreiben angegebene Bankkonto.

10. 3. 30.

Entschuldungsvertrag der Devaheim, 1930 (7.67)

Folgen des wirtschaftlichen Zusammenbruchs standen. Mit krimineller Energie hatten sich die Direktoren und Prokuristen, darunter der erst 22jährige Sohn des an sich um die Diakonie verdienten Pfarrers Paul Cremer, an den Geldern der Sparer bereichert, von denen jetzt viele ihre gesamten Einlagen oder doch einen großen Teil davon verloren. Die Verantwortlichen gingen zwar dafür ins Gefängnis, was in der kirchenkritischen Linkspresse weidlich ausgeschlachtet wurde. Aber das half dem CA als Hauptschuldner wenig: Er mußte sich jetzt um Hilfe an die verfaßte Kirche wenden, obwohl er auf seine Unabhängigkeit von dieser bisher großen Wert gelegt hatte. Als auch das nicht hinreichte, um alle Verbindlichkeiten zu befriedigen, sprang das Reich mit einer Bürgschaft ein, weil das Kabinett des Zentrumspolitikers Heinrich Brüning und der Chef der Reichskanzlei, Hermann Pünder, aus staatspolitischen Gründen einen Zusammenbruch des größten freien Wohlfahrtsverbandes nicht hinnehmen konnten. Der Preis, den die Innere Mission und ihr CA für die Sanierung zahlen mußten, war allerdings beträchtlich. Die Leitungsgremien wurden drastisch verkleinert, nahezu alle Direktoren entlassen und Präsident Seeberg zum Rücktritt gezwungen. Außerdem bestand das Reich auf Einsetzung eines unabhängigen Schatzmeisters, Dr. Johannes Heinrich, der sich bald als loyaler Parteigänger der NSDAP entpuppte und die Widerstandskraft der Diakonie in den Auseinandersetzungen mit der Staatspartei und ihrer Nationalsozialistischen Volkswohlfahrt nach 1933 erheblich schwächte. Auch das Verhältnis zum Preußischen Evangelischen Oberkirchenrat und zum DEKA verschlechterte sich durch den Devaheim-Skandal und förderte jene alten Tendenzen des Kirchenregiments, die schon im 19. Jahrhundert und verstärkt nach dem Weltkrieg auf die Verkirchlichung der Inneren Mission im Sinne ihrer Unterstellung unter die konsistoriale Hierarchie hingearbeitet hatten.

Diakonie in zwei Diktaturen

Diakonie agiert nicht im rechtsfreien Raum, sondern ist an die konkreten Vorgaben gebunden, die Gesellschaft und Politik eines Staates ihr einräumen. Das war immer so und auch nach 1933. Jetzt hatte sich die Innere Mission den Bedingungen des »Dritten Reiches« zu unterwerfen. Das geschah auf der einen Seite freiwillig, weil man im Nationalsozialismus den Retter aus der großen Krise der Ökonomie, der Kultur und des pluralistischen Parteienstaates sah, die scheinbar abgewirtschaftet hatten und nach neuen Kräften verlangten. Auf der anderen Seite wurde der Druck des Regimes auf die Verbände der freien Wohlfahrtspflege nun immer stärker, sich seinen Vorgaben von Volksgesundheit, Rassenhygiene und Gleichschaltung aller gesellschaftlichen Kräfte zu beugen. Mit einer Taktik aus partieller Verweigerung und Zugeständnissen hofften die Verantwortlichen, die Werke und Einrichtungen der Diakonie erhalten zu können – eine Rechnung, die vermutlich nur deshalb teilweise aufging, weil das »Dritte Reich« 1945 in Schutt und Asche versank, bevor es in der Lage war, seine langfristigen kirchen- und gesellschaftspolitischen Fernziele zu realisieren.

Nach Kriegsende entfalteten sich auf deutschem Boden zwei unterschiedliche Gesellschaftssysteme, die gegensätzlicher kaum gedacht werden können. Wieder war die Innere Mission gezwungen, sich an die gegebenen Verhältnisse anzupassen, auf die sie wenig Einfluß zu nehmen vermochte. Während der Neubau der Diakonie – zunächst in einer Arbeitsteilung oder, pejorativer formuliert: in Konkurrenz und Gegeneinander von alter Innerer Mission und neuem kirchlichen Hilfswerk – im Westen wieder an die Strukturen von vor 1933 anknüpfte, sah er sich in der Sowjetischen Besatzungszone vor ganz andersartige Herausforderungen gestellt. Diese ähnelten freilich in manchen Facetten deutlich dem alten Regime, vor allem im Hinblick auf die bereits wieder entschiedene Machtfrage zugunsten einer anderen Hegemonialpartei, die den Partizipationswillen ihrer Bürger mißachtete und unterdrückte. Damit stellt sich bei der hier gegebenen Beschränkung auf die Entwicklung der Diakonie in der Ostzone und späteren DDR die Frage nach Kontinuitäten und Brüchen zu den Jahren des »Dritten Reiches«. Es soll im folgenden um einige grundsätzlichere Überlegungen zur Diakonie im Nationalsozialismus und in der DDR gehen und darüber hinaus auch – was die empirische Seite der Sache betrifft – um diakonisches Handeln in allgemeinerem Sinne unter den Bedingungen zweier Diktaturen im Deutschland des 20. Jahrhunderts.

Freilich stellt sich sogleich das Problem, ob diese beiden Diktaturen auf deutschem Boden überhaupt vergleichbar sind. Gleichsetzen und Vergleichen ist jedoch nicht dasselbe; und möglicherweise können wir bei der Aufarbeitung einer »zweiten« Vergangenheit aus den Erfahrungen der Erforschung jener ersten einiges lernen.

Der Wert des Menschen hing im Nationalsozialismus ebenso wie im realexistierenden Sozialismus von der Leistungs- und Verfügungsbereitschaft des einzelnen Bürgers für das jeweilige Staatsziel ab. Diese Zielsetzungen unterschieden sich natürlich voneinander und die Mittel, mit denen sie durchgesetzt werden sollten, ebenfalls. Vergleichbar erscheint aber, daß das Menschenbild beider Systeme vom Verwertungsgedanken bestimmt war; das Individuum in seiner Personalität und Integrität spielte keine oder eine doch stark untergeordnete Rolle. Wollten die Nazis die Verfügbarkeit des »Volksgenossen« durch erbbiologische Selektion erzwingen, fühlte sich der Sozialismus einem umfassenden Erziehungsideal verpflichtet, dem sich niemand entziehen sollte. Daß es Menschen gab, die nicht mittun konnten, geriet dabei aus dem Blick. Die Anfälligkeit von Sozialisten aller Richtungen für eugenisches Denken unter Einschluß von negativen Selektionsmaßnahmen bis hin zur Sterilisation in der Weimarer Republik scheint ein Beleg für den unbeirrbaren Glauben an die Machbarkeit der Verhältnisse wie die Bildbarkeit des Menschen. Folgerichtig brachten auch Sozialdemokraten und Kommunisten für dauerhaft Schutz- und Pflegebedürftige nur wenig Verständnis auf. Auch sie überließen diese Klientel gern den Kirchen und reservierten im Gegenzug alle Rehabilitierungsfähigen für sich.

Vergleichbares und Unvergleichbares

Doch zunächst zwei Hinweise darauf, was sich im Hinblick auf die Diakonie nach 1933 und nach 1945 nicht vergleichen läßt:

An erster Stelle sind die rassenhygienischen Maßnahmen des NS-Regimes zu nennen, die sich vor allem gegen jene Menschen richteten, die in Einrichtungen der Inneren Mission wie Bethel, Neuendettelsau, Hephata/Treysa und vielen anderen betreut wurden. Es handelte sich um etwa 20.000 (von insgesamt 300.000) Personen, die auch hier durch das »Gesetz zur Verhütung erbranken Nachwuchses« erfaßt und durch Sterilisation an der Fortpflanzung gehindert werden sollten. Während ein Teil dieser Patienten die Unfruchtbarmachung »freiwillig« über sich ergehen ließ, wurden diejenigen, die sich aus guten Gründen dagegen sträubten, unter Einsatz von Zwang operiert. Das geschah auch in evangelischen Krankenhäusern. Damit zusammenhängend, aber von den gedanklichen und politischen Voraussetzungen her nicht identisch, sind die Krankenmorde der Kriegszeit, die unter der schönfärberischen Bezeichnung »Euthanasie« im September 1939 begannen. Auf einer Reihe von Fachtagungen hatte sich die Innere Mission seit 1931 zu einem Ja für die freiwillige Sterilisation durchgerungen; sie verwarf jedoch jeden Zwang und erklärte in mehreren Resolutionen ihr ausdrückliches Nein zu allen Formen der »Euthanasie«. Das hat viele der ihr anvertrauten Menschen weder vor der gewaltsamen Unfruchtbarmachung noch vor den Krankenmorden der Kriegszeit bewahrt. Auch deutlicher Protest und der Versuch, den betroffenen Personenkreis durch organisatorische Maßnahmen (Rückverlegung in die Familien) vor diesem Schicksal zu retten, konnten nur bedingt und von Anstalt zu Anstalt in unterschiedlich erfolgreicher Weise etwas ausrichten.

Das alles hat es in der DDR glücklicherweise nicht gegeben. Als Besonderheit erscheint hier vielmehr etwas anderes: die immer lückenloser werdende Kontrolle aller gesellschaftlichen Sektoren unter Einschluß der vergleichsweise unabhängig bleibenden kirchlichen Gruppierungen durch den Staatssicherheitsdienst. Dieser ist mit dem viel grobmaschigeren Netz, das die Geheime Staatspolizei bis 1945 über das Land legte, seiner Effizienz nach nicht vergleichbar, was auch damit zu tun hat, daß das »1000jährige« Reich nach nur zwölf Jahren in der Katastrophe endete, während sich die DDR mehr als vier Jahrzehnte lang behaupten konnte. Wir wissen bislang nur in Einzelfällen von konkreter Spitzeltätigkeit von Mitar-

Rassepolitisches Plakat der NSV, um 1934 (8.36)

beitern und Mitarbeiterinnen der Diakonie für den Stasiapparat. Allerdings steht zu vermuten, daß die verdeckte Kooperation dieser Art einen wesentlich größeren Umfang hatte. Die sich zwangsläufig ergebenden dienstlichen Kontakte führender Repräsentanten der Diakonie mit den Abgesandten des Mielke-Ministeriums sind hier nicht eingerechnet. – Im »Dritten Reich« war die Staatsmacht auf solche Mittel nur bedingt angewiesen, da die gesellschaftliche Akzeptanz des Regimes – auch bei kirchlichen Amtsträgern und der Inneren Mission – wenigstens in den Friedensjahren ungleich höher ausgeprägt war als später in der DDR.

Diakonie im Nationalsozialismus

Das Ineinandergreifen sozialer Dienste vor 1933 blieb nicht spannungsfrei, funktionierte aber, weil es auf einem Ausgleich der Interessen beruhte. Erst die nationalsozialistische Ideologie mit ihrem Monopolanspruch lehnte es ab, in semi-öffentlichen Bereichen andere Weltanschauungen zu dulden und versuchte deshalb, diesen Anspruch auch innerhalb der Sozialpolitik durchzusetzen. Hinzu trat mit der Bekämpfung der pluralistisch verfaßten Gesellschaft die Gleichschaltung aller bis dahin unabhängigen freien Verbände mit dem Ziel, sie unter Kontrolle von Staat und Partei zu bringen. Die Kirchen selbst nahmen freilich auch im »Dritten Reich« eine Sonderstellung ein: Als Körperschaften des öffentlichen Rechts und gestützt auf die Mehrheit der ihnen verbundenen Bevölkerung genossen sie gewisse, durch Verfassung, Kirchenverträge und Konkordate gesicherte Schutzrechte, die der Nationalsozialismus nicht antasten konnte und wollte, um die Christen unter seinen Anhängern nicht zu verprellen. Die kirchennahen Verbände profitierten von dieser Konstellation, wenngleich die Staatsmacht auch ihnen gegenüber versuchte, diese Gleichschaltung durchzusetzen. Das geschah von außen wie von innen: von außen durch die von den Nazis neugegründete Massenorganisation der Nationalsozialistischen Volkswohlfahrt und von innen durch treue Gefolgsleute des NS-Regimes, die gleichzeitig Deutsche Christen waren. Sie versuchten – letztlich vergeblich – die Innere Mission in ihre »Kirchenpartei« einzugliedern und damit auf NS-konformen Kurs zu bringen.

Abholung von Heimbewohnern in Bruckberg, 1941 (8.60)

Der zweite Punkt betrifft die zwangsweise Beschränkung der konfessionellen Wohlfahrtsverbände auf bestimmte Arbeitsfelder und ihre allmähliche Zurückdrängung von Sektoren, welche die Partei und die NSV für sich beanspruchten. Dazu gehörten der Bereich sozialer Prophylaxe mit dem Ziel der Rehabilitation unter Einschluß der Erziehungsfürsorge. Mit anderen Worten: Klientengruppen, die dazu fähig waren, kurzfristig durch fürsorgerische Maßnahmen wieder in die NS-Volksgemeinschaft eingegliedert zu werden, sollten nicht mehr in Einrichtungen der Diakonie betreut werden (Erholungsfürsorge, Hilfswerk »Mutter und Kind«, Gemeindepflegestationen etc.). Auch Kindergärten, allgemeinbildende Schulen und Ausbildungsstätten für Krankenpflege und sonstiges sozialfürsorgerisches Personal entzog das Regime Schritt für Schritt der Inneren Mission. – Auf der anderen Seite zeigten die Nazis wenig Interesse an jenen, die als chronisch Kranke, geistig oder körperlich Behinderte in geschlossenen Einrichtungen versorgt wurden, und tastete Anstalten dieser Art in kirchlicher Trägerschaft in ihrem Bestand selten an. Dies alles geschah in Verfolgung der erbbiologischen Ziele, die sich an rassistischen Züchtungsutopien orientierten, Menschen nur nach Nützlichkeitskriterien im Sinne der NS-Volksgemeinschaft beurteilten und sich dazu der Kategorien von »hoch«- und »minderwertig« bedienten.

Das »Dritte Reich« war jedoch kein monolithischer Block, sondern beließ – zwar nicht intentional, aber in der politischen Alltagspraxis – gesellschaftliche Freiräume, von denen auch die Arbeit der Inneren Mission profitierte. Freilich waren diese Handlungsspielräume niemals in ihrem Umfang garantiert, das heißt, sie konnten sich jederzeit verringern, vergrößern oder ganz entfallen.

Neben den Globalvorstellungen und -zielen der nationalsozialistischen Herrschaft gab es auch so etwas wie die »Normalität« des gesellschaftlichen Lebens im »Dritten Reich«, zwar auf vielen Sektoren eingeschränkt, auf anderen aber bis in den Krieg hinein gewährleistet. Zahlreiche Funktionsträger des »Dritten Reiches« gehörten zudem Schichten an, die schon vor 1933 an verantwortlicher Stelle politisch gewirkt hatten. Beispielsweise die Angehörigen der höheren preußisch-protestantisch geprägten Beamtenschaft, die der Inneren Mission mit Wohlwollen begegneten und manche Einschränkungen sozialer Arbeit durch den Machtanspruch der NSV wieder korrigierten. Auch in der Organisation der NSV wie innerhalb der Partei gab es Funktionäre, denen es hin und wieder gelegen kam, im Kampf gegen konkurrierende Dienststellen Arbeitsfelder der Inneren Mission zu fördern und bereits beschlossene Beschränkungen aufzuheben. Dazu muß man berücksichtigen, daß soziale Arbeit im »Dritten Reich« keine Lobby hatte. Auch die Tätigkeit der NSV litt unter Geringschätzung in der Partei, die auf Leistungsfähigkeit, Gesundheit und Kampfbereitschaft der »Volksgenossen« für die angedeuteten Systemziele fixiert war und ohnehin glaubte, durch Rassenhygiene und zugleich gesundheitsfördernde Maßnahmen soziale Politik auf Dauer überflüssig machen zu können.

In diesem unaufhörlichen Hin und Her staatlich verordneter und parteilich organisierter Sozialarbeit mußte sich die Innere Mission bewegen. Einerseits erzeugten der stetige ideologische Druck und seine – oft taktisch motivierte – partielle Zurücknahme ein permanentes Gefühl der Verunsicherung innerhalb der Diakonie, andererseits lernten ihre Pfarrer, Juristen, Mediziner und Wirtschaftsfachleute als Verhandlungspartner von Behörden und Parteidienststellen sehr bald, daß unter den skizzierten Bedingungen nur geschmeidiges, pragmatisch-improvisiertes Agieren zum Erfolg führte. Dieser stellte sich auch häufig ein, wobei die Hintergründe des Entgegenkommens niemals ganz durchschaubar waren. – Die Kehrseite eines solchen, sich schon ab 1933/34 einschleifenden Procederes lag in der schleichenden Anpassung an die sozialpolitischen Vorgaben des Regimes, das heißt, man beschritt den Weg einer widersprüchlichen Kooperation um den Preis, sich auf die vorgegebenen Politikstandards und damit auf die Ideologie mehr und mehr einzulassen, oft ohne daß man sich darüber klar wurde. Denn die geschilderte Pseudopartnerschaft war eine Einbahnstraße, die allein dem jeweiligen Gegenüber in Staat und Partei erlaubte, die getroffenen Vereinbarungen jederzeit zu widerrufen.

Diakonie in der DDR

Daß die konfessionellen Wohlfahrtsverbände in der DDR »überlebten«, war ursprünglich nicht vorgesehen; vielmehr sollten sie anscheinend in der neuen Massenorganisation der »Volkssolidarität« aufgehen, die ganz offensichtlich an die Stelle der NSV getreten war. Der Unterschied lag nach 1945 darin, daß die Volkssolidarität anfangs als Dachorganisation aller vorhandenen, nicht faschistisch belasteten Gruppen fungierte. Mit dem Wandel der SED zur Partei »neuen Typs« ab 1947 wurde jedoch erkennbar, daß auch die Volkssolidarität nur als verlängerter Arm der Hegemonialpartei zur Kontrolle und endlichen Gleichschaltung der verbliebenen freien Wohlfahrtsorganisationen gedacht war.

Es kam bekanntlich anders; das hatte mit den exzeptionellen Nöten der Nachkriegszeit und der 1950er Jahre zu tun. Tatsache ist jedoch, daß die Innere Mission und das auch in der SBZ/DDR aktive Hilfswerk Zug um Zug erneut auf jene Arbeitsfelder zurückgedrängt wurden, auf die sie sich auch nach 1933 konzentrieren mußten. Am auffälligsten ist der Monopolanspruch im Erziehungswesen, wo er die Existenz kirchlicher Bildungseinrichtungen in Trägerschaft der Inneren Mission bekämpfte und vielfach verbot und den Kirchen am liebsten allein die Anstaltsfürsorge für Schwerstbehinderte und chronisch Kranke überlassen hätte.

Unterhalb der ideologischen Ebene gab es auch in der DDR pragmatisches Handeln aller Beteiligten in Diakonie, Staat und Partei. Dafür liegen von den 40er Jahren bis zum Ende der DDR zahlreiche Zeugnisse vor. Allerdings blieben die Gefahren dieser Kooperation den Ideologen in Partei und Staatsapparat stets bewußt. Hier entwickelten sich auch Spannungen zwischen jenen Funktionären, die vor allem vor Ort praktische Erfordernisse über die Reinheit der Lehre stellten, und jenen anderen, die darin ein Wiederaufleben reaktionären bürgerlich-religiösen Gedankenguts sahen, das man in der DDR zu überwinden hoffte. Die häufigen Rücknahmen bereits gegebener Zusagen oder die Verzögerung schon genehmigter Vorhaben auf dem Bausektor, bei sonstigen technischen Investitionen oder in der Ausbildung von diakonischem Personal sind dafür Hinweise. Es scheint sicher, daß die Verantwortlichen der Inneren Mission ihre zäh durchgehaltene Politik der kleinen Schritte ohne den Erfahrungshorizont des »Dritten Reiches« in den ersten beiden Jahrzehnten der DDR nicht erfolgreich hätten durchführen können. In wieweit sie dabei auch der Versuchung erlagen, sich den sozial- und gesundheitspolitischen Vorgaben des SED-Staats stärker anzupassen, als das der diakonischen Identität und der Fürsorge für die von Innerer Mission und Hilfswerk betreuten Menschen zuträglich war, werden künftige Forschungen erweisen müssen.

Diakonie nach 1945

Wenige Monate nach Kriegsende trat neben die etablierte Innere Mission das Kirchliche Hilfswerk. Man mag sich fragen, warum sich der deutsche Protestantismus eine zweite Hilfsorganisation leistete, wo es doch schon die Diakonie und ihre weitverzweigte Infrastruktur gab. Die Antwort darauf ist einfach und doch zugleich komplex:

Die Beweggründe zur Schaffung eines Kirchlichen Hilfswerks seitens der EKD entsprangen zunächst praktischen Überlegungen: Da Lebensmittel und die notwendigsten Güter zur Sicherung des Überlebens in der Notzeit nach dem Zusammenbruch nur von außen kommen konnten, waren die ökumenischen Verbindungen unverzichtbares Kernelement jeder erfolgreichen Hilfe. Über diese verfügte in besonderem Maße der Gründer des Hilfswerks, der spätere CDU-Politiker und Bundestagspräsident Eugen Gerstenmaier (1906-1986).

Daneben aber gab es Motive, die zum Teil lang zurückreichende historische Wurzeln hatten, sich aber auch auf die unmittelbare Vergangenheit, das heißt auf die Rolle der Inneren Mission während des »Dritten Reiches« bezogen.

Seit ihrem Bestehen stand die Innere Mission in einem nicht zu unterschätzenden Spannungsverhältnis zur verfaßten Kirche. Denn der Rechtscharakter als eingetragene freie Vereinigungen entzog die Zusammenschlüsse der Inneren Mission konsistorialer Aufsicht, was die kirchlichen Leitungsgremien nicht ohne Argwohn betrachteten, obschon sie sich bis um die Jahrhundertwende wenig um jene sozialen Aufgaben kümmerten, denen sich die christliche Liebestätigkeit widmete. Allerdings wollte Innere Mission nicht nur soziale Arbeit leisten, sondern auch Volksmission treiben, was das Verkündigungsamt der Kirche und ihrer Pastoren tangierte und obendrein Ansprüche auf Anerkennung eines besonderen diakonischen Amts neben dem des Geistlichen nach sich zog. Das demonstriert der lange Streit um die Akzeptanz des sogenannten Diakonats: Die Innere Mission beanspruchte für ihre hauptamtlichen Mitarbeiterinnen und Mitarbeiter unter Rückbezug auf die neutestamentlichen Schriften und die Tradition der (mittel-)alterlichen Kirche eine den Geistlichen vergleichbare Position, die neben dem Predigtamt der Pfarrer den Dienst der in der praktischen Arbeit stehenden Diakonissen und Diakone besonders würdigte. Die verfaßten Kirchen des 19. und 20. Jahrhunderts gestanden dies bis in die unmittelbare Gegenwart aber nicht zu: Erst 1996 hat der Theologische Ausschuß der EKD den Entschluß gefaßt, dem Diakonat kirchenrechtlich und theologisch einen entsprechenden Rang einzuräumen.

In den Neuordnungsbemühungen nach 1918 machten einzelne Kirchenführer erstmals den Versuch, die Innere Mission in die verfaßte Kirche einzugliedern, dem sich die Diakonie jedoch erfolgreich widersetzte. In der Endkrise der Republik schien der nur mit Mühe abgewendete finanzielle Beinahe-Zusammenbruch der Diakonie – Stichwort: Devaheimskandal – die Dringlichkeit einer solchen Unterstellung anzuzeigen. Doch in den sich anschließenden innerkirchlichen Wirren der Jahre 1933/34 waren die Landeskirchen mit anderen, sie existenziell berührenden Fragen so beschäftigt, daß dieses Thema nicht weiter verfolgt wurde. Allerdings bemühte sich Reichsbischof Ludwig Müller (1883-1945) mit Hilfe seiner Gewährsleute im CA mehrfach, seine »Herrschaft« auf die Innere Mission und ihren CA auszuweiten. Eine solche, von Deutschen Christen getra-

Plakat zur Hundertjahrfeier der Inneren Mission, 1948 (9.6)

Plakat des Evangelischen Hilfswerkes, um 1955 (9.3)

gene Verkirchlichung wollte die Mehrheit der Vereinsgeistlichen jedoch nicht, da sie ihre Eigenständigkeit zu bewahren trachteten und ein eindeutiges Votum zugunsten einer der großen Kirchenparteien verwarfen. Außerdem fürchteten sie zu Recht den kirchenpolitischen Machtanspruch des Reichskirchenregiments unter Ludwig Müller.

Die Bekennende Kirche in ihrer Mehrheit hatte in den Jahren 1933 bis 1945 den Kurs der Diakonie im »Dritten Reich« als problematisch empfunden und mehrfach heftig kritisiert, weil sich der CA und die Vereinsgeistlichen nicht eindeutig auf ihre Seite schlugen, wenngleich eine Mehrheit von ihnen den gemäßigten Flügel der Bekennenden Kirche persönlich unterstützte. Als nach dem Krieg die Bruderräte zusammen mit den Führern der lutherischen Landeskirchen den Neuaufbau der Landeskirchen in Angriff nahmen und auf den Konferenzen von Treysa bis Eisenach (1945-1948) die Konstituierung der EKD beschlossen, schien die »alte« Diakonie ihnen nicht mehr in der Lage, auch als Trägerin eines Neuanfangs des sozialen Protestantismus zu fungieren. Die vermeintlich unklare theologische Haltung der Inneren Mission und ihr Eingebundensein in die sozialen Strukturen des NS-Regimes hatte sie in den Augen vieler diskreditiert; vom Aufbau eines neuen, diesmal rein kirchlichen Hilfswerks erhoffte man sich mehr: die Schaffung eines evangelischen Sozialverbands ohne Wenn und Aber unter dem Dach der Kirche.

Freilich – trotz aller Betonung der Kirchlichkeit des Hilfswerks entwickelte sich auch dieses bald zu einer eigenständigen Größe, und Gerstenmaier ließ sich zunehmend weniger seitens des Rats der EKD in seine neue Organisation »hineinreden«. Als er nach Gründung der Bundesrepublik in die Politik ging und in den Jahren des Wirtschaftswunders die akuten Notlagen abnahmen, verlor das Hilfswerk nach und nach seine in den ersten Nachkriegsjahren so wichtigen Sonderaufgaben und begann, sich der Inneren Mission wieder anzunähern. Ohnehin hatte auf der pragmatischen Ebene zwischen CA-West/Bethel und CA-Ost/Berlin einerseits und den entsprechenden Hilfswerksgliederungen andererseits stets eine enge Kooperation bestanden: Häufig waren die Landespfarrer für Innere Mission zugleich Hilfswerksbeauftragte und wußten oft selbst nicht präzise, in wessen Dienst sie gerade agierten. Unter den spezifischen politischen Verhältnissen in der SBZ beziehungsweise der DDR spielte der mehr latent als offen sichtbare Antagonismus eine untergeordnete Rolle. Die Vereinigung von 1957 mit dem Doppelnamen »Innere Mission und Hilfswerk« und schließlich die Aufgabe der alten Bezeichnungen zugunsten des neuen »Diakonischen Werkes der EKD« in der Bundesrepublik waren von daher nur konsequent. Würdigt man den Zusammenschluß aus historischer Perspektive, wird man resümieren können, daß sich in Gestalt des Diakonischen Werkes das alte Verbandsprinzip der Inneren Mission zu Lasten des Verkirchlichungsprinzips des Hilfswerks wieder durchgesetzt hat.

Die deutsche Teilung und der Mauerbau 1961 trafen mit der erzwungenen Trennung des deutschen Protestantismus in zwei eigenständige Kirchenkörper auch die Diakonie. Letztere wurde im Osten ungeachtet weiterbestehender enger Kontakte und Hilfeleistungen aus dem Westen 1970 per Gesetz des Bundes evangelischer Kirchen zur »Inneren Mission und Hilfswerk der Evangelischen Kirchen in der DDR«. Als der Oststaat 1989 zusammenbrach, ergab sich natürlicherweise die Frage nach der Zukunft einer eigenständigen Diakonie in der DDR, die von den Beteiligten nicht einheitlich und – wie es scheint – zunächst mit einer gewissen Ratlosigkeit debattiert wurde – jedenfalls ging man 1990 noch nicht allgemein von einem raschen und reibungslosen Zusammenschluß aus. Ernst Petzold, der letzte Direktor der ostdeutschen Diakonie, deutete das im Frühjahr jenes Jahres in seinem Rechenschaftsbericht vorsichtig an: »Im Rückblick auf die geschichtliche Phase, deren Ende mit dem Herbst 1989 begonnen hat, gibt es Stimmen unter uns, die deutlich klagend aussprechen, was viele empfinden: Wir müßten in Ruhe bedenken und verarbeiten können, was diese Jahrzehnte nach dem zweiten Weltkrieg für uns als Kirche mit ihrer Diakonie bedeuten. Sie sind nicht nur die Zeit einer gewaltsamen Trennung. Sie sind auch die Zeit, in der wir nach Gottes Willen und einer sich aus ihm ergebenden Dienstgestalt fragten. Und wir versuchten, mit den gefundenen Antworten zu leben.«

Allerdings – diese Zeit zur Reflexion blieb nicht: In einer fast rasant zu bezeichnenden Entwicklung kam es fast genau ein Jahr später, am 19. März 1991, zur Wiedervereinigung der Diakonie auf gesamtdeutscher Ebene. Auf der in Berlin-Spandau tagenden ersten gemeinsamen Diakonischen Konferenz erklärte Petzold in ausgesprochen nüchterner Diktion, daß das »bisher diesen ostdeutschen Landes- und Fachverbänden einschließlich der Diakonischen Arbeitsgemeinschaft der evangelischen Freikirchen als rechtlicher Schutz und als gemeinsamer Handlungsrahmen dienende Diakonische Werk – Innere Mission und Hilfswerk – der Evangelischen Kirchen e.V. (früher ›in der DDR‹) sich damit mit seinen Organen, Hauptversammlung und Hauptausschuß, erübrigt und seine Geschäftsstelle in Berlin, Schönhauser Allee 59, [...] ihrer bisherigen Funktion enthoben und der Hauptgeschäftsstelle des Diakonischen Werkes der EKD zugeordnet werden« könne.

Was hinter diesen fast dürren Worten an Problembewußtsein und Erkenntnissen aus rund 46 Jahren SBZ und DDR steht, kann der äußere Betrachter der Geschehnisse nur erahnen, kaum wirklich nachvollziehen. Hier ging nicht einfach eine Negativphase christlicher Sozialarbeit zu Ende, deren geistliche und organisatorische Strukturen nun wieder dort anknüpften, wo man einst hatte aufhören müssen. Denn keine geschichtliche Epoche ist nur Durchgangsstadium von einer Zeit zur anderen, sondern steht für sich selbst und hat Anspruch auf je eigene Würdigung. Das gilt nicht nur für das Wissen um Bedrückung und Zurückdrängung, sondern auch für Erfahrungen, die nicht in meßbaren verbandspolitischen Effizienzkriterien diakonischer Arbeit aufgehen. Deshalb ist zu erwarten, daß diese Erfahrungen in die gemeinsame Zukunft der deutschen und darüber hinaus der europäischen Diakonie mit einfließen; die Entwicklung seit 1991 wird dies – in der historischen Retrospektive – hoffentlich einmal bestätigen können.

Karl Heinz Neukamm und Ernst Petzold in Wolfsburg, 1990 (10.170)

Schlußbemerkung

Anderthalb Jahrhunderte Innere Mission und Diakonie waren Anlaß für diesen Rückblick. Er konnte nur in Umrissen ihr Profil und dessen Veränderungen beschreiben. Aus kleinsten Anfängen entwickelte sich ein Großverband, der heute zusammen mit der Caritas und den anderen freien Wohlfahrtsgruppierungen die Wirklichkeit der nichtstaatlichen Ebene des dualen Systems sozialer Sicherung in unserem Land bestimmt. Als gesellschaftliche Kraft sui generis war die Innere Mission an den vielfältigen politischen Konfliktlagen der letzten 150 Jahre beteiligt. Davon blieb sie nicht unbeeinflußt und unbeschädigt, andererseits gelang es ihr immer wieder, verlorenes Terrain zurückzugewinnen und neue Initiativen zu realisieren, von denen aus jüngster Zeit nur die Suchtkrankenhilfe, die Hospizbewegung oder die Betreuung von Asylsuchenden genannt werden sollen.

Es liegt in der Natur der Sache, wenn gesellschaftlichen Institutionen wie der Inneren Mission die Tendenz eigen ist, nicht nur neue Arbeitsfelder zu erschließen, sondern auch auf den alten zu expandieren. Daraus ergibt sich ein strukturelles Problem, das schon in der Frühgeschichte des Verbands immer wieder debattiert wurde: der vermeintliche Zwang zu unaufhörlichem Wachstum mit der Konsequenz der Überlastung des diakonischen Potentials. Bereits Friedrich Naumann, der vor seiner Tätigkeit als liberaler Politiker Vereinsgeistlicher der Inneren Mission in Frankfurt am Main gewesen war, hatte 1888 in der bekannten evangelischen Zeitschrift »Christliche Welt« den Grundsatz formuliert, Diakonie müsse dort eingreifen, wo die staatliche beziehungsweise kommunale Sozialversorgung noch nicht aktiv sei. Bewähre sich das Engagement der christlichen Liebestätigkeit und sei die öffentliche Hand willens, auf solchen Sektoren selbst tätig zu sein, solle sich die Innere Mission hier zurückziehen und sich neuen Herausforderungen stellen. Dies ist allerdings in der Vergangenheit selten geschehen und fast immer unfreiwillig, etwa in ökonomischen Krisenzeiten oder unter dem Zwang der politischen Verhältnisse im Nationalsozialismus oder in der DDR mit der erwähnten Folge einer gelegentlichen Überschätzung der eigenen Möglichkeiten.

Damit in Zusammenhang steht die zunehmende Ungleichgewichtigkeit der ursprünglichen Doppelspitze von Sozialarbeit und religiösem Auftrag zugunsten der ersteren. Auch die Gründung des Evangelischen Hilfswerks nach 1945 als zunächst – wenigstens der Intention nach – kirchliches Unternehmen hat dazu beigetragen, den Akzent stärker auf die wohlfahrtspflegerische Praxis zu verlegen. Mit dieser Tendenz ging das einher, was man mit Blick auf die Diakonie als »soziale Konzernbildung des protestantischen Deutschland« bezeichnet hat. Die Gefahren einer derartigen Entwicklung werden besonders in Zeiten knapper Kassen und eines in Öffentlichkeit und staatlicher Sozialbürokratie abnehmenden Verständnisses für das weltanschauliche Anliegen diakonischer Arbeit sichtbar. Denn das duale System hat auch in der Zukunft nur eine Chance, wenn alle freien Partner, von Caritas und Diakonie bis hin zum Roten Kreuz und Arbeiterwohlfahrt, ihr jeweils eigenes Profil bewahren und damit auf gesellschaftliche Akzeptanz stoßen. Verlieren sie ersteres und unterscheiden sich nicht mehr von den staatlichen Sozialapparaten, ergibt sich notwendigerweise die Frage, warum die duale Struktur unseres sozialen Netzes nicht preisgegeben und die Wohlfahrtspflege allein der öffentlichen Hand zugeschlagen werden sollte. Für die Kirchen ist damit ein brisantes Problem angesprochen, werden sie doch in breiten Bevölkerungsschichten gerade durch ihre sozialen Werke wahrgenommen. Deren Verlust aber würde auch den volkskirchlichen Anspruch tangieren.

Literatur

Deppe, Leonhard, Wichern-Bibliothek. Bücher aus dem Besitz von Johann Hinrich und Johannes Wichern in der Bibliothek des Diakonischen Werkes der EKD – Bestand Berlin. Katalog, Neustadt a. d. Aisch 1995

Gerhardt, Martin, Ein Jahrhundert Innere Mission, 2 Bde, Gütersloh 1948

Herrmann, Volker / Kaiser, Jochen-Christoph / Strohm, Theodor (Hg.), Bibliographie zur Geschichte der deutschen evangelischen Diakonie im 19. und 20. Jahrhundert, Stuttgart 1997

Hübner, Ingolf / Kaiser, Jochen-Christoph (Hg.), Diakonie in der DDR, Stuttgart 1998

Kaiser, Jochen-Christoph, Sozialer Protestantismus im 20. Jahrhundert. Studien zur Geschichte der Inneren Mission 1914-1945, München 1989

Ders., »Katholischer Neuaufbruch im Kaiserreich – Zur Gründung des Deutschen Caritasverbandes«, in: caritas 99. 1998

Nikles, Bruno, »Pater Cyprian Fröhlich (1853-1931). Ein Wegbereiter des Deutschen Caritasverbandes«, in: caritas 94. 1993

Nipperdey, Thomas, Deutsche Geschichte 1866 – 1918, Bd. 1: Arbeitswelt und Bürgergeist, München 1990

Nowak, Kurt, »Erbe und Auftrag Johann Hinrich Wicherns. Die Geschichtsschreibung der Diakonie als Thema der Kirchengeschichte«, in: Hübner, Ingolf / Kaiser, Jochen-Christoph (Hg.), a.a.O.

Petzold, Ernst, »Eingeengt und doch in Freiheit. Diakonie der Evangelischen Kirchen in der DDR«, in: Kaiser, Jochen-Christoph (Hg.), Soziale Arbeit in historischer Perspektive. Zum geschichtlichen Ort der Diakonie in Deutschland, Stuttgart 1998

Talazko, Helmut, »Die Geschichte eines Namens: Innere Mission und Hilfswerk«, in: Kaiser, Jochen-Christoph (Hg.), Soziale Arbeit in historischer Perspektive. Zum geschichtlichen Ort der Diakonie in Deutschland, Stuttgart 1998

Wichern, Johann Hinrich, Sämtliche Werke I-X, hg. von Peter Meinhold und Günther Brakelmann, Hamburg / Berlin / Hannover 1958-1988

1700 - 1848

ANFÄNGE

Die Vorgeschichte der Inneren Mission

von Martin Greschat

Wer um das Jahr 1700 durch das alte Deutsche Reich reiste – den damaligen Möglichkeiten entsprechend zu Fuß, zu Pferde oder mit der Postkutsche –, überschritt auf jeden Fall eine Vielzahl von Grenzen. Denn es gab in diesem Reich mehr als 300 selbständige politische Gebilde: angefangen bei winzigen, eher als Dörfer zu bezeichnenden Reichsstädten, mittelgroßen und schließlich sehr ansehnlichen Kommunen – wie etwa Nürnberg, Augsburg oder den Hansestädten. Da fanden sich minimale Herrschaften, kleine Territorien, mittelgroße Staaten – zum Beispiel Bayern, Sachsen, Hannover oder Brandenburg-Preußen – und schließlich das jetzt zur Großmacht aufsteigende Österreich. Daneben existierten geistliche Herrschaften, an deren Spitze also ein Bischof, Abt oder Erzbischof stand. Diese Feststellung verweist auf das Faktum, daß das Reich seit der Reformation im 16. Jahrhundert in zwei scharf voneinander geschiedene konfessionelle Blöcke aufgespalten war, die Katholiken hier und die Evangelischen da. Seit dem Westfälischen Frieden (1648) waren auch die Reformierten, wie man die Anhänger Calvins in Deutschland nannte und die vor allem in einigen Territorien im Westen des Reiches lebten, ebenfalls reichsrechtlich anerkannt. Aber dominierend blieben die Lutheraner. Sie waren die Evangelischen. Beide Seiten nun, die Anhänger ebenso wie die Gegner der Reformation, definierten sich selbst in hohem Maß im Widerspruch gegen das andere Lager. Erkennbar wird das nicht nur im Blick auf die kirchliche Lehre, sondern gerade hinsichtlich der Lebensgewohnheiten im Alltag, der Art, Feste zu feiern, bis hin zur Einstellung gegenüber der Arbeit.

Wo unsere Reisenden jedoch genauer hinblickten, erkannten sie schnell, daß die auf den ersten Blick so einheitlichen konfessionellen Blöcke sich tatsächlich aus vielfältig differierenden Besonderheiten zusammensetzten. Aber nicht nur das: Neue Überzeugungen einzelner und von Gruppen, die sich selbst zumeist als rechtgläubig, als orthodox also, verstanden und verstanden wissen wollten – was andere, keineswegs nur die Vertreter einer älteren Generation, ihnen zunehmend erbittert abstritten –, drängten überall in den Kirchen nach vorn.

Alles das gilt für die katholische Kirche im Reich ebenso wie für die evangelische. Hier wie da mußte man sich den wachsenden ökonomischen, sozialen und vor allem geistigen Herausforderungen stellen, die mit dem Heraufkommen und der Durchsetzung des Absolutismus die traditionelle Stellung der Kirchen erschütterten. Im folgenden geht es vor allem um den protestantischen Bereich. Das Neue gewann auch hier nicht nur in der dann im 18. Jahrhundert ganz Europa bewegenden geistigen Weltanschauung der Aufklärung Gestalt, sondern ließ sich zunehmend im Alltag erfahren. Die Fortschritte in Naturwissenschaft und Technik – bis hin zu Isaac Newtons (1642-1727) neuem, mechanischem Weltbild – belegten, daß es sinnvoll war, die tradierten Antworten anzuzweifeln. Offenkundig befähigten eigene Erfahrungen und der selbständige Gebrauch der Vernunft den Menschen, mehr zu erkennen und weiter zu sehen als die großen Autoritäten der Vergangenheit, die Bibel eingeschlossen. Diese mußten sich fortan der kritischen Überprüfung stellen, verloren also ihre bis dahin unhinterfragte Selbstverständlichkeit. Und das galt nicht nur im Blick auf die konfessionellen kirchlichen Lehren sowie alle Lebensformen und Traditionen der Kirchen, sondern genauso hinsichtlich des geltenden Rechts, der bestehenden ständisch gegliederten Gesellschaftsordnung und der vorfindlichen Herrschaftsformen. Vor diesem Hintergrund

Philipp Jacob Spener, 1683 (1.28)

leuchtet ein, daß der Aufstieg der Aufklärung mit einer intensiven Diskussion über die notwendigen Grenzen dieser Aufklärung verbunden war. Ebenso evident ist, daß in diesem Jahrhundert viele Menschen ein enormes Selbstbewußtsein erfüllte. Unverkennbar überschritten sie jetzt Grenzen, vor denen frühere Generationen Halt gemacht hatten. Sie stießen in die Weite des Kosmos vor mit dem stolzen Wissen, daß sie die Gesetze kannten, die sowohl die Gestirne bewegten als auch den Apfel vom Baum fallen ließen. Hierin gründete jene neue Lebendigkeit, jene Lebenszugewandtheit – bis hin zu einem flachen Optimismus –, die sich in so vielen Zeugnissen der Zeitgenossen äußern. Gewiß, es gab Not und Elend ringsum, Grausames und Schreckliches aller Art. Aber nichtsdestoweniger waren auch die Veränderungen zum Besseren da, unübersehbar, greifbar und meßbar. Und das gab den Ausschlag.

Am Anfang des 18. Jahrhunderts hätte unser Reisender sehr genau hinsehen müssen, um die unter der Decke des orthodoxen Konfessionalismus vorhandenen Spuren des Neuen zu erkennen. Sicherlich gab es an vielen Orten bereits seit längerem kleine Zirkel, in denen man religiöse Erbauungsschriften, auch von kirchenkritischen und heterodoxen Autoren las. Philipp Jacob Speners (1635-1705) Reformprogramm in seinen »Pia desideria« (1675) gab diesen erwecklichen Kreisen mächtigen Auftrieb. Daraus erwuchs der kirchliche lutherische Pietismus, der sich dann am Ausgang des 17. Jahrhunderts mit lauten und beiderseits erbitterten Kämpfen von der Orthodoxie trennte. Ihm zur Seite trat sogleich ein radikaler Pietismus mit ausgesprochen enthusiastischen Zügen. Diese Gruppen und Einzelgänger fieberten dem Anbruch des Tausendjährigen Reiches entgegen, in dem Christus mit den Seinen herrschen würde. Dafür mußte man sich sammeln und reinigen, wozu unbedingt nicht nur die Loslösung von der »bösen Welt« gehörte, sondern ebenso die Separation von der vom Teufel beherrschten offiziellen Kirche.

Die größten Erfolge innerhalb der Kirche erzielte seit 1700 der durch August Hermann Francke (1663-1727) und seine Freunde repräsentierte Pietismus in Brandenburg-Preußen. Weltveränderung durch die Veränderung des einzelnen aufgrund von Buße und Bekehrung war das Ziel. In Halle an der Saale baute Francke ein umfassendes Schulsystem für junge Menschen aller Stände auf. Zu lebendiger Frömmigkeit und gleichzeitig zu Fleiß, Disziplin und Tüchtigkeit im Beruf wollte er sie erziehen. In den ersten Jahrzehnten des 18. Jahrhunderts bildete Halle nicht

August Hermann Francke, Die Fußstapfen [...], 1709 (1.31)

nur ein religiöses, sondern auch ein intellektuelles und organisatorisches Zentrum des deutschen lutherischen Pietismus. Seine weltweite Ausstrahlung wurde allerdings insofern zunehmend vom preußischen Staat eingeengt, als dieser mit seiner Förderung des Unternehmens den Anspruch verband, es für die Durchsetzung pädagogischer und sozialer Reformvorhaben im eigenen Land einzusetzen. Tatsächlich wurden beträchtliche Teile der Führungsschicht in Brandenburg-Preußen von diesem Pietismus geprägt.

Auch in anderen deutschen Territorien konnte der Pietismus Fuß fassen. Besonders bemerkenswert sind seine Erfolge in Württemberg, wo er ebenfalls ein Land in einem beträchtlichen Ausmaß prägte. Hier gelang es der Kirchenleitung, die vielfältigen Konventikel, in denen sich Menschen mit verschiedenen, durchaus auch enthusiastischen und kirchenkritischen religiösen Erwartungen und Überzeugungen trafen und erbauten, im wesentlichen in der Kirche zu halten. Dazu trug allerdings nicht unerheblich bei, daß sich diesem Pietismus bald auch Vertreter des gehobenen Bürgertums anschlossen und dann als Pfarrer, Dekane und Prälaten in dieser Kirche eine gewichtige Rolle spielten.

Je weiter das Jahrhundert voranschritt, desto unübersehbarer wurde die religiöse, aber auch theologische Vielfalt. Um 1730 begann der Einfluß des Pietismus zu sinken, rationalere, aufgeklärte Tendenzen gewannen an Einfluß. Doch in derselben Zeit vollzog sich auch der Aufstieg und die Ausbreitung der dem

radikalen Pietismus angehörenden »Herrnhuter Brüdergemeine« unter Nikolaus Ludwig von Zinzendorff (1700-1760). Die Herrnhuter trieben Mission unter den Heiden, vor allem aber betreuten sie erweckte Christen durch ihre Diasporaarbeit. Insbesondere in der zweiten Hälfte des 18. Jahrhunderts, als die Aufklärung weithin in der Gesellschaft ebenso wie in der Kirche dominierte, hielten sie die Verbindung der frommen Zirkel untereinander aufrecht, in den deutschen Staaten und darüber hinaus. Schlichte Reiseprediger besuchten die erweckten Kreise, brachten ihnen Erbauungsschriften, Nachrichten und hielten religiöse Versammlungen.

Ebenso wenig wie beim Pietismus handelte es sich bei der Aufklärung um eine einheitliche Bewegung. Sie besaß vielfältige Aspekte, wobei sich im kirchlich-theologischen Bereich die Überlegungen auf die Frage nach der Rolle und dem Gewicht der Vernunft in Glaubensdingen konzentrierten. Dabei ging es inhaltlich um die kritische historische Untersuchung der biblischen wie auch der dogmatischen Überlieferung sowie die Darbietung einer schlichten Zusammenfassung der christlichen Botschaft: Gott ist Liebe. In weiser Vorsehung leitet und fördert er den schwachen Menschen, sowohl im Blick auf dessen persönliche Entwicklung als auch hinsichtlich des menschlichen Zusammenlebens insgesamt. Nicht die Dogmatik, sondern die Ethik bewegte diese Theologen, das verantwortliche Tun des Menschen. Mit dem Sühnetod Christi wußten sie wenig anzufangen, noch weniger mit der Lehre von der Erbsünde. Aber sie waren fromme Leute, die sich mit großem Einsatz um die Gestaltung des christlichen Lebens im Alltag mühten. Dabei ging es sicherlich um intellektuelle Aufklärung. Aber diese war doch stets zugleich ausgerichtet auf Hilfestellungen für ein sinnerfülltes Dasein. Deshalb erschienen sozialethische Themen so wichtig, die auf eine bessere Regelung des Zusammenlebens im Haus und in der Gesellschaft zielten. Der christliche Glaube wollte Verantwortung übernehmen auch für das irdische Wohlergehen des Nächsten sowie der gesamten Gemeinde.

Die Aufklärung konnte in platten Rationalismus münden. Sie konnte sich aber auch mit einer hochsensiblen Empfindsamkeit verbinden. Ohnehin existierte während des gesamten 18. Jahrhunderts eine beträchtliche gefühlsbetonte, irrationale Unterströmung. Der Pietismus lebte fort, wenn auch eher am

Johann Valentin Haidt, Erstlingsbild, vor 1780 (1.7)

Rande des intellektuellen Bewußtseins der Zeit. Dasselbe gilt von der lutherischen Orthodoxie – wie der Einspruch des Hamburger Hauptpastors Melchior Goeze (1717-1786) gegen Gotthold Ephraim Lessing (1729-1781) belegt. Auf hohem geistigen Niveau entwarfen dann Vertreter des Deutschen Idealismus wie auch der Romantik neue Konzepte für die Deutung und Nutzung von Religion und Christentum in der Moderne. Friedrich Schleiermacher (1768-1834) entwarf in diesem Kontext an der Jahrhundertwende mit seinem Erstlingswerk »Über die Religion, Reden an die Gebildeten unter ihren Verächtern« die Grundzüge des modernen Protestantismus.

In diesem Gemenge wurzelten jene vielfältigen religiösen Aufbrüche und Erneuerungsbestrebungen im späten 18. und frühen 19. Jahrhundert in Europa und in den USA, die man als Erweckungsbewegungen zu bezeichnen pflegt. Sie alle verband, daß sie ihre religiösen und theologischen Zielsetzungen im schroffen Gegensatz gegen die Aufklärung formulierten. Auffällig ist freilich, daß die Vertreter dieser Erweckungsbewegungen durchweg selbst sehr viel stärker von der Aufklärung beeinflußt waren, als sie wahrnehmen konnten und wollten. Nicht gegen den Gesichtspunkt des vernünftigen Planens, des Rechnens mit Gottes weiser Vorsehung oder der Möglichkeit und Notwendigkeit des sittlichen Fortschritts richtete sich der Einspruch, sondern gegen ein Menschenbild, das nicht auf der Realität der Sünde und mithin der Notwendigkeit der Erlösung basierte.

Für diesen Sachverhalt traten zunächst einige gebildete, voneinander unabhängige Persönlichkeiten ein. Johann Georg Hamann (1730-1788) aus Königsberg gehörte dazu, der sein Leben in einem Kreis gleichgesinnter katholischer Christen im Münsterland beschloß. Deutlich tritt hier der prinzipiell überkonfessionelle Charakter der neuen religiösen Bewegung zutage. Daneben ist der reformierte Zürcher Pfarrer und Gelehrte Johann Kaspar Lavater (1741-1801) zu nennen. Aber auch Matthias Claudius (1740-1815), der Herausgeber des »Wandsbeker Boten« und überzeugte Lutheraner, muß in diesem Zusammenhang genannt werden. Dasselbe gilt von Johann Heinrich Jung, genannt Stilling (1740-1817), der dem radikalen, separatistischen Pietismus entstammte und nacheinander als Lehrer, Augenarzt und Ökonom bis zu seiner Anstellung als Propagandist für die religiöse Erneuerung der Bevölkerung durch den badischen Kurfürsten wirkte. Sehr wichtig ist schließlich der Elsässer Friedrich Oberlin (1740-1826).

An seiner Person läßt sich deutlich das Ineinandergreifen des traditionellen Luthertums mit Elementen der Aufklärung wie auch der Erweckungsbewegung veranschaulichen. Oberlin wirkte seit 1767 als Pfarrer im Elendsgebiet des Steintals (Ban de la Roche) in den Vogesen. Er war hochgebildet, vertraut nicht nur mit der theologischen und pädagogischen Literatur seiner Zeit. Doch Eindruck machte er in seinem Pfarrdorf und bald weit darüber hinaus, weil er eine Straße und vor allem eine Brücke baute, um die Bewohner des Tales an den Verkehr anzubinden. Oberlin lehrte seine Leute, Obstbäume zu okulieren und Komposthaufen anzulegen. Er brachte neue Getreidesorten, Tierrassen und Handwerkszeuge ins Steintal, holte eine Hebamme, richtete Kindergärten ein, bildete Krankenpflegerinnen aus und gründete eine Darlehenskasse. Ein Kreis einfacher, aber auch wohlhabender sowie politisch einflußreicher Bürger und Adeliger im Elsaß unterstützte diese vielfältigen Aktivitäten geistig und finanziell. Darüber hinaus stand »Papa Oberlin« in Verbindung mit den führenden Geistern der Epoche. Erweckte Christen gehörten ebenso dazu wie überzeugte Rationalisten, Literaten und Theologen, Deutsche, Schweizer und Franzosen. Kurz: Oberlin bildete – ebenso wie auf ihre Weise die anderen genannten Persönlichkeiten – ein gewichtiges geistiges und religiöses Zentrum.

Assoziationen und Vereine

In der zunehmenden Vielfalt der Frömmigkeitsbewegungen sowie der religiösen Denk- und Lebensformen seit 1700 spiegelt sich die wachsende Ausdifferenzierung der Gesellschaft. Die alten ständischen Ordnungen, welche die Menschen banden und integrierten, lösten sich auf. Deutlich läßt sich dieser Prozeß an den pietistischen Konventikeln beobachten: Ließen sie sich zunächst, zur Zeit Speners und Franckes, noch im wesentlichen kirchlich einbinden, wurde diese Zuordnung um so schwieriger, je weiter das Jahrhundert voranschritt. Viele radikalpietistische, aber auch aufgeklärte Gruppen und vollends die elitären Zirkel des Deutschen Idealismus oder der Romantik wollten von den verfaßten, vom Staat dominierten Kirchentümern nichts wissen. Das war auch noch die Einstellung der frühen Erweckungsbewegung zu Beginn des 19. Jahrhunderts.

An die Stelle der Vereinigung von Menschen gleicher Herkunft und mit gleichen Interessen innerhalb eines Standes trat jetzt der Zusammenschluß Gleichgesinnter, wobei ständische Eingrenzungen eine abnehmende Rolle spielten. In den Zünften hatten sich Handwerker eines Berufes zusammenge-

Jean Fréderic Oberlin, 1803 (1.40)

schlossen; in den Bruderschaften, auch Kongregationen, hatten sich Laien derselben Schicht um eine Heilige oder einen Heiligen gesammelt. In den nun entstehenden mehr oder minder geheimen Gesellschaften dagegen überwog die freiwillige Vereinigung zur Durchsetzung einer gemeinsamen Intention. Eine enorme Anziehungskraft übten im 18. Jahrhundert vor allem die Freimaurer aus. Daneben sind die weit verbreiteten allgemeinen Lesegesellschaften zu nennen, wo man sich vor allem zusammenfand, um gemeinsam abonnierte Zeitungen oder auch Zeitschriften zu studieren. Politische Themen blieben dabei in der Regel ebenso ausgespart wie religiöse. Mit alledem entstand eine vornehmlich vom Bürgertum getragene und gestaltete Öffentlichkeit, die sich in charakteristischer Weise sowohl von staatlichen Unternehmungen als auch von der Konzentration auf das Individuum und das eigene Heim unterschied.

Im Gefolge der Auswirkungen der Französischen Revolution auf die Staaten des Deutschen Reiches, der Eroberungen Napoleons (1769-1821) sowie der Freiheitskriege brachen die alten ständischen Ordnungen vollends zusammen. Unübersehbar wuchsen in derselben Zeit die Zusammenschlüsse Gleichgesinnter, die »Assoziationen«. Auch neue Formen entstanden – wie zum Beispiel die von gebildeten Frauen initiierten intellektuellen Salons. Mit anderen Organisationen, voran den Burschenschaften, mußten die nach dem Wiener Kongreß (1813-1815) in hohem Maße neu organisierten Staaten des deutschen Bundes – und nicht zuletzt dieser selbst – militante Auseinandersetzungen führen. Denn gewollt oder ungewollt praktizierten alle diese Assoziationen und Vereine eine Distanzierung gegenüber der vorherrschenden Ideologie und Praxis des spätabsolutistischen Staates.

Dieser zeigte sich offenkundig unfähig, die langsam, aber doch stetig zunehmende Ausdifferenzierung der Gesellschaft zu integrieren. Insofern besaß dieser Prozeß der Vergesellschaftung in Gestalt der schnell zunehmenden Bildung von Assoziationen und Vereinen einen emanzipatorischen Charakter – unabhängig davon, ob die jeweils Agierenden das wollten oder überhaupt wußten.

Bei der seit der Mitte des 18. Jahrhunderts sprunghaft zunehmenden Entstehung von Vereinen in den deutschen Staaten haben wir es also mit einem gesamtgesellschaftlichen Phänomen zu tun, an dem auf jeweils eigene Weise auch der Protestantismus partizipierte. Auch hier verbanden sich Gleichgesinnte auf freiwilliger Basis zur Erreichung eines gemeinsamen Ziels. Man setzte Statuten fest, die sowohl die Pflichten des einzelnen als auch seine Verantwortung für das Gelingen des Ganzen sowie die Formen der Zusammenarbeit regelten. Selbstverständlich wurde die Arbeit durch eigene freiwillige Beiträge finanziert. Den offiziellen Kirchentümern standen diese Vereinsmitglieder in aller Regel wenn schon nicht ablehnend, so doch distanziert gegenüber.

Vieles davon wird anschaulich im Wirken der 1780 gegründeten »Deutschen Christentumsgesellschaft«. Ihre Entwicklung spiegelt zugleich die religiösen und sozialen Veränderungen im ausgehenden 18. Jahrhundert. Johann August Urlsperger (1728-1806) hatte diese Vereinigung gegründet, um mit Gleichgesinnten literarisch gegen die Aufklärung anzugehen. Durch das Engagement der Basler Gruppe dieser Christentumsgesellschaft veränderte sich jedoch die Zielsetzung. Sie konzentrierte sich nun auf die Sammlung und Sicherung erweckter Christen. Zu diesem Zweck wurden Traktate alter und neuer Erbauungsschriftsteller gedruckt, verschickt und bei den Zusammenkünften gelesen. Rundbriefe informierten über geistesverwandte Vereine im Rheinland und in Westfalen, in der Pfalz und im Siegerland, in Württemberg, Hamburg oder Franken. So entstand ein Netz von Verbindungen im In- und Ausland, das sowohl stabilisierte als auch mobilisierte. Nach der Jahrhundertwende ging die Christentumsgesellschaft dann zum Angriff über: 1802 wurde eine eigene Traktatgesellschaft gegründet, für die sogenannten Heiden 1815 die »Basler Missionsgesellschaft«, für die erweckliche Arbeit an der eigenen Bevölkerung diente seit 1817 eine Ausbildungsstätte für Armenlehrer in Beuggen.

Hilfeleistungen angesichts materieller und sozialer Nöte

Elementaren Ausdruck fanden die gesellschaftlichen Umbrüche im 18. Jahrhundert nicht zuletzt in vielfältiger Not, in Hunger und Elend. Diese Realität steigerte sich unverkennbar seit dem Beginn des 19. Jahrhunderts. In die Kriege im Gefolge der Französischen Revolution waren von 1796 an zunehmend auch deutsche Territorien und Menschen verwickelt. Das hieß für die Menschen: Zerstörungen, Raub und Plünderungen; sittliche Verwilderung, Kranke und Verletzte, Witwen und Waisen gehörten zum Alltag. Dazu kamen schlechte Ernteerträge oder eindeutige Mißernten – was wiederum Hunger für viele Menschen bedeutete.

Verschärft wurde diese Entwicklung durch ein enormes Wachstum der Bevölkerung. Um 1750 lebten in den deutschen Staaten etwa 16 Millionen Menschen – um 1800 waren es rund 23 Millionen. Die allermeisten von ihnen wohnten auf dem Land. Dort, genauer gesagt: in den ländlichen Unterschichten, wurde der rasante Bevölkerungsanstieg zuerst registriert. Eine Zeitlang konnten viele dieser Menschen durch die Intensivierung der Landwirtschaft noch in ihren Dörfern gehalten werden – allerdings um den Preis der eindeutigen Herabstufung ihres Lebensunterhalts bis hin zur Verelendung.

Viele strömten daraufhin in die Städte – und vergrößerten dadurch die hier vorhandene Not. Einige Zahlen können das illustrieren. Der Geburtenüberschuß betrug zwischen 1800 und 1865 in Halle an der Saale 6.172 Köpfe – aber in derselben Zeit wuchs die Bevölkerung der Stadt durch Zuzug von außen um 18.479 Menschen. Sie rissen sich um jede Tätigkeit. Verbreitet war insgesamt, auch auf dem Land, die Heimindustrie, mit der man durch Spinnen und vor allem Weben einen existenznotwendigen Nebenverdienst erzielte. Die überlegene industrielle Konkurrenz aus Großbritannien, die seit 1815, also dem Ende der Napoleonischen Kontinentalsperre, auch in den deutschen Staaten durchschlug, vernichtete bald diese Möglichkeit. Die deutschen Unternehmer zahlten, um einigermaßen bestehen zu können, nur noch Hungerlöhne. Menschen, die darauf eingingen, gab es genug. Diese Entwicklung traf alle diejenigen besonders hart, die ohnehin ebenso elend wie hilflos waren.

Die Noth im sächsischen Erzgebirge, 1847 (1.14)

Nur Schritt um Schritt begriffen die Zeitgenossen, daß es sich bei diesen beklemmenden Vorgängen, wo Massenarmut und Massenarbeitslosigkeit, wirtschaftliche Depressionen und agrarische Miseren ineinandergriffen, nicht einfach um die Fortsetzung oder vielleicht auch Steigerung der traditionellen Notlagen der alten Gesellschaftsordnung handelte, sondern um etwas prinzipiell Neues, nämlich eine strukturelle Krise. Man pflegt diese als »Pauperismus« zu bezeichnen. Erst die nach 1850 einsetzende Industrialisierung in einzelnen deutschen Staaten eröffnete eine Lösung des Problems, bot sie doch eine Alternative in der Heimat: Bis dahin hatten insbesondere junge und aktive Menschen, wenn sie überleben wollten, nur die Möglichkeit der Auswanderung gesehen.

Das Neue des Pauperismus irritierte und ängstigte die Zeitgenossen. Treffend kommt das in einem Artikel des »Brockhaus« von 1846 zum Ausdruck: »Der Pauperismus ist da vorhanden, wo eine zahlreiche Volksklasse sich durch die angestrengteste Arbeit höchstens das notdürftigste Auskommen verdienen kann, auch dessen nicht sicher ist, in der Regel schon von der Geburt an und auf Lebenszeit solcher Lage geopfert ist, keine Aussichten der Änderung hat, darüber immer tiefer in Stumpfsinn und Roheit versinkt, den Seuchen, der Branntweinpest und viehischen Lastern aller Art, den Armen-, Arbeits- und Zuchthäusern fortwährend eine immer steigende Zahl von Rekruten liefert und dabei immer noch sich in reißender Schnelligkeit ergänzt und vermehrt.«

Die Armenfürsorge sollte sich um alle diejenigen kümmern, die sich nicht selbst erhalten konnten. Die Unterstützungssätze lagen bewußt niedrig, um Arbeitsscheue abzuschrecken. Einen Rechtsanspruch auf Hilfe gab es nicht, zudem hatte der Gendarm dar-

auf zu achten, daß nur unverschuldet in Not Geratene berücksichtigt wurden. Prinzipiell hatte jede Kommune für ihre Armen zu sorgen, die mindestens drei Jahre am Ort gelebt haben mußten. Auswärtige Arme erhielten nichts, ebensowenig diejenigen, die für kürzere oder längere Zeit wegzogen. Die Unterhaltspflicht lag in erster Linie bei den Familienangehörigen, sodann bei den Grundherren, Korporationen und Zünften, und schließlich existierte in allen Gemeinden ein kleiner Fonds zur Unterstützung Notleidender.

Diese ohnehin bescheidenen Regelungen zerbrachen angesichts der Realität des Pauperismus völlig. Versuche, durch eine schärfere Unterscheidung von arbeitsfähigen und arbeitsunfähigen Armen die vorhandenen Mittel effektiver einzusetzen, lösten ebensowenig die Probleme wie die preußische Regelung, wonach der Ort, an dem sich Notleidende aufhielten, unabhängig von der Dauer des Aufenthaltes Unterstützungen zahlen mußte. Dadurch wurde zwar das Land entlastet, das Elend in den Städten jedoch massiert.

Die evangelischen Kirchen waren in dieses System integriert. Sie besaßen kaum eigene Mittel, doch die Pfarrer mußten in den Fürsorgeeinrichtungen mitwirken. Mindestens so wichtig wie die offizielle Unterstützung war jedoch die private Wohltätigkeit vieler Bürger. Sie ermöglichte bereits in »normalen« Zeiten vielen Menschen das Überleben, weil die Löhne oftmals so niedrig lagen, daß besondere Belastungen – wie höhere Mieten, Teuerungen oder Krankheiten in der Famlie – schnell katastrophale Folgen hatten. Erst recht galt das jetzt, wo so viele Menschen keine oder lediglich miserabel bezahlte Arbeit fanden. Selbstverständlich hatte es die private Wohltätigkeit seit den Tagen der frühen Christenheit gegeben. Wenn sie jetzt offenkundig zunahm, lag das auch am Gedankengut der Aufklärung. Deren Beitrag zu den mehrfach erwähnten gesellschaftlichen Veränderungen im 18. Jahrhundert umschloß einen Bewußtseinswandel im Blick auf Armut und Not: Diese galten jetzt vielen Menschen, vor allem in den oberen Schichten, nicht länger als eherne, von Gott gegebene Realitäten. Und in den unteren Schichten der Bevölkerung entstand mindestens andeutungsweise das Gefühl, daß man Hunger und Elend nicht einfach hinnehmen und ertragen mußte.

Die reiche Wohltätigkeit in der Zeit der Aufklärung entsprang vielfältigen Motiven, allgemein humanitären ebenso wie christlichen. Man konnte aufgrund philanthropischer Zielsetzungen tätig werden, aus einem aufgeklärt-vernünftigen Christentum heraus oder auch getragen von der neuen, erweckten Frömmigkeit. Nicht selten überschnitten sich diese Beweggründe in ein und derselben Person. Wesentlich bleibt die Beobachtung, daß in der Zeit der Auf-

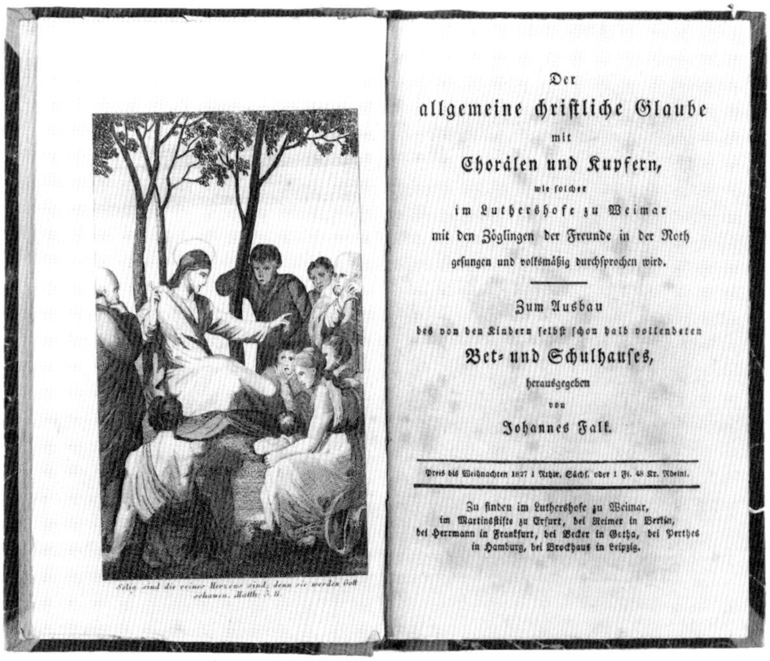
Der allgemeine christliche Glaube mit Chorälen und Kupfern, wie solcher im Luthershofe zu Weimar mit den Zöglingen der Freunde in der Noth gesungen und volksmäßig durchsprochen wird.

Zum Ausbau des von den Kindern selbst schon halb vollendeten Bet- und Schulhauses, herausgegeben von Johannes Falk.

Preis bis Weihnachten 1827 1 Rthlr. Sächs. oder 1 Fl. 48 Kr. Rheinl.

Zu finden im Luthershofe zu Weimar, im Martinsstifte zu Erfurt, bei Reimer in Berlin, bei Herrmann in Frankfurt, bei Becker in Gotha, bei Perthes in Hamburg, bei Brockhaus in Leipzig.

Johannes Falk, Der allgemeine christliche Glaube mit Chorälen und Kupfern, 1827 (1.39)

Beschaffenheit und Zwecke einer zu errichtenden Deutschen Gesellschaft thätiger Beförderer reiner Lehre und wahrer Gottseligkeit, werden in gegenwärtigen Bogen vor Augen geleget, von Mißdeutungen befreyt, auch gegen alle geäußerte Zweifel vertheidiget von D. Johann August Urlsperger, englischer und schwedischer Gesellschaften von Beförderung der Erkenntniß Christi, auch des christlichen Glaubens und Wandels Mitglied.

Basel. 1781.

Johann August Urlsperger, Beschaffenheit und Zwecke einer zu errichtenden Deutschen Gesellschaft [...], 1781 (1.37)

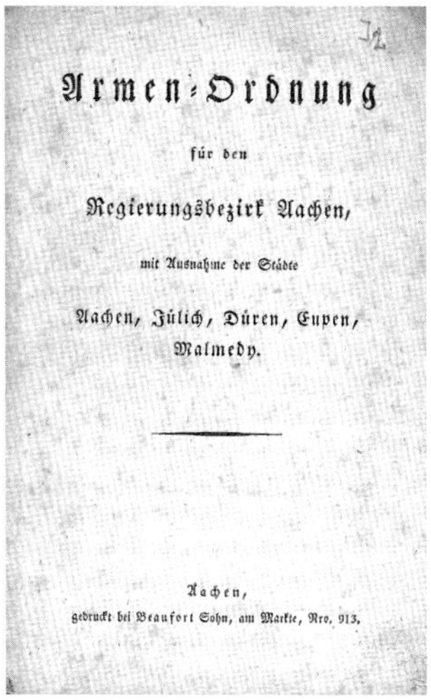
Armen-Ordnung
für den
Regierungsbezirk Aachen,
mit Ausnahme der Städte
Aachen, Jülich, Düren, Eupen,
Malmedy.

Aachen,
gedruckt bei Beaufort Sohn, am Markte, Nro. 913.

Armen-Ordnung für den Regierungsbezirk Aachen, 1823 (1.15)

Vorlesungen
über die
Gefängniß-Kunde,
oder über
die Verbesserung der Gefängnisse
und
sittliche Besserung der Gefangenen, entlassenen Sträflinge u. s. w.,
gehalten
im Frühlinge 1827 zu Berlin,
von
Nikolaus Heinrich Julius d. A. Dr.
Erweitert herausgegeben,
nebst einer Einleitung
über die Zahlen, Arten und Ursachen der Verbrechen in verschiedenen europäischen und amerikanischen Staaten u. s. w.
Mit acht und dreißig Beilagen und vier Steindrücken.
Berlin,
in der Stuhrschen Buchhandlung.
1828.

Nikolaus Heinrich Julius, Vorlesungen über die Gefängniß-Kunde, 1828 (1.88)

Otto Speckter, Das »Rauhe Haus« in Horn bei Hamburg, 1836 (1.57)

klärung reiche Kollekten für die Armen flossen. In Kiel, einer Stadt mit 7.000 Einwohnern, kamen jährlich etwa 13.000 Mark zusammen. In Augsburg verfügte die Armenanstalt 1785 über 43.082 Gulden – und dabei handelte es sich keineswegs um einen einmaligen Höchstbetrag. Darüber hinaus gründeten Bürger Gesellschaften und Vereine, um die Not in ihrer Umgebung zu lindern. Der Kieler Apotheker Christiani zum Beispiel stiftete die »Gesellschaft der Armenfreunde«. Ähnliches wäre aus vielen anderen deutschen Städten zu berichten. Daneben standen vielfältige Bemühungen, die Situation der Betroffenen durch die Zusammenarbeit mit ihnen zu ändern. So entstanden »Industrieschulen« für Jungen und Spinn- und Nähschulen für Mädchen. Mit viel Mühe und Aufwand kümmerten sich andere Bürger um die Erziehung armer, verlassener oder verwaister Kinder. Reformen des Gefängniswesens wurden ebenso angestoßen wie ein anderer Umgang mit Geisteskranken. Und nicht zuletzt organisierten zahllose Bürger vielfältige Unterstützungskassen.

Sicherlich handelte es sich dabei nicht selten um große Entwürfe, die dann eher bescheiden verliefen. Die grundsätzliche Lösung der Probleme wurde natürlich nicht erreicht. Aber viel Wichtiges und Wegweisendes kam zustande. Einige Beispiele mögen das erläutern.

Nicht nur Oberlin entfaltete eine reiche soziale Caritas. In Weimar kümmerte sich der Schriftsteller und Legationsrat Johannes Falk (1768-1826) seit 1813 um verwahrloste und verwaiste Kinder. Neben der persönlichen Betroffenheit angesichts der offenkundigen Not motivierte ihn eine Mischung aus lutherischem Paternalismus und aufgeklärter Philanthropie. Seine Anstrengungen mündeten 1821 in die Gründung des »Lutherhofes« für diese Kinder.

Breitenwirksamer waren die Unternehmungen des Freiherrn Hans Ernst von Kottwitz (1757-1843). Er stammte aus einem schlesischen Adelsgeschlecht. In Hamburg lernte er dann nicht nur Matthias Claudius kennen, sondern auch das lutherisch-aufgeklärte Armenwesen der Stadt. Um die Not der schlesischen Weber in seiner Heimat zu lindern, gründete er eine »Kattunfabrik« und organisierte eine Weberkolonie – wobei er sein Vermögen verlor. Trotzdem gab er diese Bemühungen nicht auf, sondern beschäftigte in Berlin Arbeitslose mit Spinnen und Weben und baute gleichzeitig eine Arbeitsvermittlung auf. Dem erneut drohenden Bankrott entging Kottwitz nur durch die Hilfen eines Kreises wohlhabender Gönner, zu denen dann auch der preußische König Friedrich Wilhelm III. (1770-1840) gehörte. Dieser finanzierte ebenso die neu errichtete Spinnanstalt Grüssau seit 1812 sowie andere kleine Einrichtungen, die Kottwitz ins Leben gerufen hatte. Dazu gehörte schließlich noch der 1830 gegründete »Berliner Verein für die Besserung der Strafgefangenen«. Den Anstoß zu diesem weitgespannten sozialen Handeln hatte Kottwitz vor allem das philanthropische Gedankengut der Aufklärung gegeben. Er war längst als »Menschenfreund« bekannt, bevor er sich der Erweckungsbewegung anschloß und dann in ihr, speziell in Berlin, eine wichtige Rolle spielte.

In diesem Fall förderte die neue Frömmigkeit das soziale Engagement. Aber es gab auch die umgekehrte Entwicklung, wo also aufgeklärte Protestanten effizienter arbeiteten als die Erweckten. Das ereignete sich zum Beispiel in Stuttgart. Hier hatten sich Anhänger der neuen Frömmigkeit in der »Stuttgarter Privat-Gesellschaft freiwilliger Armenfreunde« zusammengeschlossen und ein »Privat-Armen-Institut« sowie ein Waisenhaus aufgebaut. Ersteres florierte, vor allem aufgrund der staatlichen Unterstützung. Das Waisenhaus dagegen kümmerte dahin, bis es Anhänger der Aufklärung übernahmen.

Aufgeklärte Zielsetzungen und erweckliche Überzeugungen bildeten also im Blick auf das soziale Engagement an der Wende zum 19. Jahrhundert nicht nur keinen Gegensatz, sondern gingen offenkundig ineinander über. Ein Unterschied war allerdings nicht zu übersehen: Die aufgeklärt-christliche Fürsorgearbeit lag nahezu ausschließlich in den Händen von Männern, auch im Bereich der Krankenpflege. Dementsprechend bescheiden waren die Leistungen auf dem letztgenannten Gebiet. Vielleicht mußte sich die Öffentlichkeit erst einmal an die Bildung von Assoziationen und Vereinen gewöhnen, an die freiwillige Tätigkeit von Männern in der Öffentlichkeit – und die Erweckungsbewegung hätte dann, nachdem diese Organisationsform mitsamt dem entsprechenden Handeln vertrauter geworden war, weiter gehen können. Aber wie auch immer: Die Erweckungsbewegung brachte insofern eine Wende, als man es hier wagte, Frauen zur öffentlichen Mitarbeit in der Fürsorge heranzuziehen. Das war im protestantischen Raum neu – anders als im Katholizismus, wo sich Kongregationen und Frauenorden seit jeher dieser Aufgabe gewidmet hatten.

Aktivitäten der Erweckungsbewegung

Die Besonderheit dieser Frömmigkeitsform lag also zunächst einmal nicht auf der Ebene karitativer oder sozialer Bemühungen. Hier ging es vielmehr um eine vielgestaltige, weit über die deutschen Staaten und auch Europa hinausgreifende protestantische religiöse Erneuerung. Im Mittelpunkt allen Denkens und Tuns stand das Mühen um die Umkehr des Menschen, seine Abwendung von der Sünde, die emotional erlebte Bekehrung als Hinwendung zu dem gnädigen, durch Jesus Christus versöhnten Gott und ein neues Leben der Heiligung. Alte dogmatische Sätze sowie das orthodoxe, wörtliche Verständnis der Bibel gewannen wieder Ansehen und Überzeugungskraft. Mit solchen restaurativen Zügen verbanden sich jedoch ausgesprochen moderne Elemente, vor allem im Blick auf die zentrale Bedeutung des Individuums und seiner Erfahrungen. In dieselbe Richtung wies die schnelle und intensive Nutzung der neuen Möglichkeiten öffentlichen Handelns durch den Zusammenschluß in Assoziationen und Vereinen. Wichtig war schließlich das Verständnis der Zeit, der Gegenwart, des Augenblicks in der Erweckungsbewegung. Man lebte weithin im Bewußtsein des Weltendes, der unmittelbar bevorstehenden Wiederkehr Christi zum großen Gericht. Deshalb besaß die heute zu treffende Entscheidung für oder gegen Gott enormes Gewicht. Und aus derselben Gewißheit entsprangen der leidenschaftliche Wille mitsamt den außerordentlichen Aktivitäten dieser Frommen zur Missionierung – sowohl der Heiden als auch der Menschen im eigenen Land und in der eigenen Umgebung.

Bibelgesellschaften wurden zu diesem Zweck gegründet, ebenso Verlage für den Druck und Vertrieb einer umfangreichen erbaulichen Literatur. Immens war die Produktion von Traktaten, Broschüren, Zeitschriften und Kalendern, Flugblättern, Predigten sowie Korrespondenzen. Aber auch orts- und länderübergreifende Tagungen, Konferenzen und Versammlungen gehörten zum Bild, nicht zuletzt die beliebten Missionskonferenzen, wo die Erweckten für die Unterstützung ihrer Missionsgesellschaften unter den sogenannten Heiden warben – und gleichzeitig die eigenen Reihen schlossen, sie ebensosehr stabilisierten wie mobilisierten.

Franz Krüger, Hans Ernst von Kottwitz (1.86)

Das ganze Volk sollte gewonnen werden. Aufgrund dieser Zielsetzung entwickelte sich die Zusammenarbeit mit den etablierten Kirchen zunehmend freundlich. Dasselbe gilt hinsichtlich des Verhältnisses der Erweckungsbewegung zum Staat. Sie benötigte seine Hilfe im Grunde nicht. Dagegen organisierten die Staaten des Deutschen Bundes in der Zeit der Restauration nach 1815 nicht nur die Kooperation mit den Repräsentanten ihrer Kirchentümer, sondern sie suchten gerade auch die Unterstützung der Kräfte der religiösen Erneuerung in der Erweckungsbewegung. Das Bündnis von »Thron und Altar« hatte dann zunehmend auch dieser viel zu bieten im Blick auf ihre gesamtgesellschaftlichen religiösen Zielsetzungen.

Erwies sich das karitative und soziale Konzept der Erweckungsbewegung zunächst einmal als ausgesprochen traditionell, ging es doch an einem Punkt prinzipiell darüber hinaus: nämlich da, wo Menschen offenkundig nicht in der Lage waren, die erweckliche Predigt wirklich zu vernehmen. Das war eindeutig der Fall bei verwahrlosten Kindern. Aber das galt ebenso für geistig und körperlich Behinderte aller Art, ebenso für sämtliche Randgruppen der Gesellschaft. Um alle diese Menschen mußte man sich also sozial-karitativ kümmern, wenn man ihnen das Evangelium glaubwürdig verkündigen wollte. Das ist das eine. Daneben steht das andere, daß nämlich die Zuwendung zu konkreter Not und die engagierten Bemühungen, sie zumindest zu lindern, alsbald eine eigene Dynamik entwickelten.

Wesentlich für die Wirkung der Aktivitäten der Erweckungsbewegung war erstens die Gewißheit ihrer Anhänger, so das »Reich Gottes« in der Welt zu bauen und durchzusetzen. Das schloß die lokalen Vereinigungen und Vereine geistig zu einer großen Bewegung zusammen. Jede Anstrengung an einem Ort bildete nun einen Teil des umfassenden Werkes. Und die Publizistik der Erweckten war in der Lage, dieses Bewußtsein zumindest Teilen der Öffentlichkeit zu vermitteln.

Im engen Zusammenhang damit stand zweitens das Faktum, daß die Anhänger dieser Frömmigkeitsbewegung »Rettungshäuser« gründeten. Dabei ging es um die leibliche und seelische Rettung von Menschen vor den Übeln dieser Welt, also um Fürsorge und Erziehung, um Bekehrung und ein frommes Leben. Solche »Rettungshäuser« besaßen dann eine beträchtliche Ausstrahlung. Das lag nicht zuletzt daran – und das ist das Dritte, was die Besonderheit der karitativen und sozialen Aktivitäten der Erweckungsbewegung ausmacht –, daß hier Menschen herangezogen und in neuen Berufen ausgebildet

links: Johann Hinrich Wichern, Verzeichnis der Sonntags-Schüler zu St. Georg, 1832 (1.55); rechts: Diakonissenschein für Gertrud Reichardt, Kaiserswerth 1836 (1.76)

wurden, die sie dann auch in anderen Einrichtungen, Häusern oder Heimen auszuüben vermochten. Betrachten wir unter diesen Gesichtspunkten die Tätigkeit der Erweckten in den ersten Jahrzehnten des 19. Jahrhunderts, ist zunächst auf die »Düsseltaler Anstalten« für verwahrloste und behinderte Kinder zu verweisen. Ihr Gründer, Adelberdt von der Recke-Volmerstein (1791-1878), bezeichnete die 1819 in Overdyck geschaffene Einrichtung wohl erstmals als »Rettungshaus«. 1822 verlegte er die Anstalt nach Düsseltal. Deutlicher traten die Eigenarten der Erweckungsbewegung in dem schließlich 1820 in Beuggen bei Basel gegründeten Rettungshaus zutage. Der Initiator, Christian Heinrich Zeller (1779-1860), kümmerte sich ebenfalls um benachteiligte Kinder. Sie lebten zusammen wie eine Familie, mit einem Hausvater an der Spitze. Schwierigkeiten bereitete der Unterricht, es fehlte an Lehrern. Daraufhin bildete Zeller bekehrte Handwerksgesellen zu einfachen Lehrern aus, die bald nicht nur in Beuggen, sondern in vielen der allgemein verachteten Armenschulen in der Schweiz und in Deutschland im Sinn und Geist der Erweckungsbewegung unterrichteten.

Ähnlich begann Johann Hinrich Wichern (1808-1881) seine Tätigkeit in Hamburg. Da er aufgrund der Theologenschwemme nicht mit einem Pfarramt rechnen konnte, arbeitete er in einer Sonntagsschule, wo – nach englischem Vorbild – Kinder aus der Unterschicht an diesem einen Tag in der Woche in die Anfangsgründe des Lesens, Schreibens, Rechnens sowie der christlichen Glaubenslehre eingewiesen wurden. Hausbesuche führten Wichern drastisch das

Der Arbeitssaal des »Rauhen Hauses«, 1846 (1.58)

Elend und die trostlosen sittlichen Zustände in diesen Kreisen in Hamburg vor Augen. Mit der Unterstützung wohlhabender Gönner entstand dann eine kleine Einrichtung zur »Rettung« verwahrloster Kinder: 1833, am Reformationstag, bezog Wichern mit seiner Mutter und einer Schwester sowie drei Jungen das »Rauhe Haus« in Horn bei Hamburg. Das Unternehmen wuchs schnell, am Jahresende lebten im »Rauhen Haus« bereits 12 Jungen, und diese Tendenz setzte sich fort. Eine christliche Kolonie entstand, mit Handwerksbetrieben und eigener Landwirtschaft, organisiert auch hier nach dem Familienprinzip. Ein Verein trug die weiter wachsende Einrichtung, finanzielle Unterstützung seitens der Stadt lehnte Wichern ab. Weil es bald auch hier an Mitarbeitern fehlte, richtete Wichern ein »Gehilfeninstitut« ein, aus dem 1844 die »Brüderanstalt« erwuchs. Die hier ausgebildeten jungen Männer, zumeist Handwerker, erhielten eine religiöse, pädagogische und soziale Schulung, die sie befähigte, verschiedene Aufgaben im »Rauhen Haus« zu übernehmen. Doch bald wurden diese »Diakone« – Wichern vermied allerdings zunächst den Namen, um jede Verwechslung mit der geläufigen kirchlichen Bezeichnung für den zweiten Pfarrer einer Gemeinde zu vermeiden – von anderen Heimen, Häusern und sozialen Einrichtungen angefordert. Ein neuer Beruf mit einem breiten Tätigkeitsfeld war entstanden. Seit 1843 warb Wichern für diese Ausbildung und diesen Dienst unter dem Gesichtspunkt der Notwendigkeit der »inneren Mission«. Es gelte, betonte er, die Verhältnisse durch die innere Veränderung des Menschen aus dem christlichen Glauben heraus zu wandeln. In den 1844 gegründeten »Fliegenden Blättern« besaß Wichern dann ein Organ, mit dem er sein Programm in eine breitere Öffentlichkeit trug.

Auf eine ähnliche Weise ging das Wirken von Theodor Fliedner (1800-1864) und seiner ersten Ehefrau Friederike (1800-1842) in die Weite. Sie hatte vorher bei von der Recke in Düsseltal gearbeitet, er war Pfarrer der völlig verarmten Diasporagemeinde Kaiserswerth. Auf einer großen Kollektenreise 1822 in die Niederlande und bis nach England sammelte Fliedner Geld für den Bau einer Kirche – sowie viele neue Eindrücke und Anregungen, die sein Blickfeld erweiterten. Er lernte zum Beispiel die Quäkerin Elisabeth Fry (1780-1845) kennen, die sich für Strafgefangene einsetzte, und sah Frauen in der Krankenpflege bei den niederländischen Mennoniten. Fliedner gründete daraufhin 1826 die »Rheinisch-Westfälische Gefängnis-Gesellschaft«. Die Not, in die häufig die im Gefängnis betreuten Menschen nach Verbüßung ihrer Strafe gerieten, veranlaßte ihn, zusammen mit seiner Frau 1833 ein Asyl für entlassene weibliche Gefangene zu schaffen. Was mit der Aufnahme einer Frau im Gartenhaus der Pfarrfamilie begann, weitete sich bald zu einem großen Werk aus. Doch damit nicht genug: 1836 rief Fliedner in Kaiserswerth ein Krankenhaus ins Leben und begann, »evangelische Pflegerinnen« auszubilden. Diese sollten nicht nur im Krankenhaus arbeiten, sondern auch in den Gemeinden, wo sie sich außer um Kranke auch um Arme, Kinder und Gefangene zu kümmern hätten. Die Bezeichnung »Diakonisse« für den neuen Beruf vermied Fliedner zunächst, weil der preußische König Friedrich Wilhelm III. (1770-1840) daran Anstoß nahm, daß der Name eines kirchlichen Amtes für Frauen Verwendung fand, die einer freien Tätigkeit in einem Verein nachgingen. Das Leben der Diakonissen war nach dem Prinzip der katholischen Kongregationen barmherziger Schwestern in Mutterhäusern organisiert: Dort lebten und arbeiteten sie für ein Taschengeld unter der Leitung eines Geistlichen sowie der Oberin. Von dort wurden sie in andere Heime, Krankenhäuser oder auch Gemeinden ausgesandt, in ihr Mutterhaus kehrten sie im Alter zurück. Wer heiratete, schied aus. Die Anstalten blühten auf und waren bald weit über Deutschland hinaus bekannt und berühmt. Zur 1861 gegründeten »Kaiserswerther Generalkonferenz« gehörten damals bereits 32 Mutterhäuser. Jetzt waren es auch nicht mehr überwiegend junge Mädchen aus den unteren sozialen Schichten, die diesen neuen Beruf ergriffen, sondern zunehmend Töchter aus dem Bürgertum.

Auch die männliche Diakonie erfuhr durch Fliedners Wirken eine beträchtliche Förderung. Der Name »Diakon« war im reformierten Kaiserswerth allerdings auch schon besetzt. So hieß nämlich im Presbyterium der für die Armen der Gemeinde Verantwortliche. Da diese Aufgabe jedoch in aller Regel kaum ernsthaft wahrgenommen wurde, wollte Fliedner mit dem neuen Amt des »Pfarrgehilfen« Abhilfe schaffen. 1844 gründete er für ihre Ausbildung in Duisburg eine Anstalt. Bald wurden diese jungen Männer jedoch nach dem von Wichern geschaffenen Konzept umfassend ausgebildet, so daß auch sie auf den verschiedenen sozial-karitativen Arbeitsfeldern eingesetzt werden konnten.

Schließlich muß neben Friederike Fliedner von einer weiteren Frau die Rede sein, die aufgrund ihres sozialen Wirkens eine führende Rolle spielte. Auch die Tätigkeit von Amalie Sieveking (1794-1859) ging aus kleinen lokalen Anfängen in die Weite. Sie stammte aus der Hamburger Oberschicht und war in ihrer Frömmigkeit tiefgreifend von der Erweckungsbewegung geprägt. Als 1831 die Cholera in ihrer Heimatstadt wütete, forderte sie öffentlich die Frauen auf, mit ihr zusammen die Kranken zu pflegen. Doch niemand kam. So arbeitete sie als einzige Frau zwei Monate lang hingebungsvoll in einem Krankenhaus.

Im Anschluß daran gründete Amalie Sieveking 1832 einen »Weiblichen Verein für Armen- und Krankenpflege«, der dann auch Pflegerinnen ausbildete. Sie kooperierte einerseits mit der Stadt, andererseits mit der von dem Philanthropen Baron Caspar von Voght (1752-1834) gestifteten Hamburger Armenanstalt. Neben der Krankenpflege standen Hausbesuche, Arbeitsvermittlungen sowie Hilfen zur Selbsthilfe. Sievekings Vereine breiteten sich in weiten Teilen Deutschlands aus. Dabei hielt sie entschieden daran fest, daß diese Vereine selbständig blieben und ebenso, daß unter ihrer Oberleitung durchweg Frauen Leitungsfunktionen ausübten. Deshalb schloß sie sich auch nicht Kaiserswerth an. Trotz Fliedners intensivem Werben übernahm sie weder in Kaiserswerth noch später, 1847 in Bethanien in Berlin, die Stelle der Oberin.

Auf diesem Hintergrund entstand das dann insbesondere von Wichern vertretene und entfaltete Konzept der inneren Mission. Es band die genannten Häuser, Heime und Vereine in ein weitgespanntes Netzwerk ein, das der seelischen und sozialen Erneuerung des Volkes dienen sollte. Missionierung der Bevölkerung und karitative Hilfen für die Notleidenden würden den einzelnen und die Gesellschaft erneuern.

Kinderkranken-Saal in Kaiserswerth, 1846 (3.97)

Deren Krise wie auch diejenige der Staaten im Revolutionsjahr 1848/49 boten Wichern die Chance, für sein Konzept in einer breiteren Öffentlichkeit Aufmerksamkeit und Resonanz zu finden.

Literatur

BAUMANN, URSULA, Protestantismus und Frauenemanzipation in Deutschland, Frankfurt a.M. 1992

GERHARDT, MARTIN, Ein Jahrhundert Innere Mission, Bd. 1, Gütersloh 1948

GRESCHAT, MARTIN, Das Zeitalter der Industriellen Revolution, Stuttgart 1980

GRESCHAT, MARTIN, Christentumsgeschichte II, Stuttgart 1997

LEHMANN, HARTMUT, Pietismus und weltliche Ordnung in Württemberg vom 17. bis zum 20. Jahrhundert, Stuttgart 1969

NIPPERDEY, THOMAS, Deutsche Geschichte 1800-1866. Bürgerwelt und starker Staat, München 1983

SACHSSE, CHRISTOPH/TENNSTEDT, FLORIAN, Geschichte der Armenfürsorge in Deutschland, 2 Bde., Stuttgart 1980

UHLHORN, GERHARD, Die christliche Liebesthätigkeit, 2. Aufl. Stuttgart 1895

Märzrevolution und Wittenberger Kirchentag

von Helmut Talazko

Die Revolution im Jahre 1848 war kein isoliertes deutsches Ereignis, sondern Teil eines europäischen Vorganges. Zu Aufständen kam es auch in Frankreich, Italien, Ungarn, Böhmen und Polen, und fast überall waren Anlaß die Forderung nach politischer Teilnahme und nationaler Selbstbestimmung, die Proletarisierung großer Bevölkerungsgruppen und wirtschaftliche Krisenlagen. Auch in Deutschland waren diese Voraussetzungen gegeben. Hier gab es trotz der repressiven Maßnahmen des Deutschen Bundes eine vom Bürgertum getragene liberale Bewegung, die in Preußen die Einlösung des Verfassungsversprechens von 1815 und in den schon konstitutionellen Staaten die Erweiterung der bürgerlichen Rechte forderte. Auch kam es, vor allem nach der Rheinkrise des Jahres 1840, in der wieder der französische Wunsch nach der Rheingrenze laut geworden war, zu einer starken nationalen Bewegung, die etwa in gesamtdeutschen Gelehrtenkongressen, Sänger- und Schützenfesten Ausdruck fand. Es gab außerdem soziale Probleme, die durch wirtschaftliche Krisen in den Jahren 1845 bis 1848 verstärkt wurden. Es war zur Verelendung breiter Bevölkerungsschichten gekommen, die als »Pauperismus« bezeichnet wurde und in den 40er Jahren eine ausgedehnte Literatur hervorrief. Die Ursache war nicht die Industrialisierung, sondern im Gegenteil die Tatsache, daß diese in Deutschland nur zögernd anlief und deshalb noch nicht genügend Arbeitsplätze entstehen ließ. Betroffen war deshalb neben den Fabrikarbeitern vor allem die große Zahl chancenloser Handwerksgesellen, die ein beträchtliches revolutionäres Potential darstellten. Das im Februar 1848 in London erschienene »Kommunistische Manifest« blieb damals in Deutschland allerdings fast gänzlich unbekannt.

Die Märzereignisse und die Nationalversammlung

Als die Nachricht von der Abdankung des französischen Königs Louis Philippe (1773-1850) Ende Februar 1848 in Deutschland eintraf, verbreitete sich die Revolution wie ein Steppenbrand vom Südwesten her über alle deutschen Staaten. Die revolutionäre Bewegung war nicht einheitlich; neben den liberal-konstitutionellen traten auch demokratisch-republikanische und sozialrevolutionäre Kräfte in Erscheinung. Volksversammlungen unterbreiteten den Herrschern die Märzforderungen: Volksbewaffnung, Pressefreiheit, Schwurgerichte und die Bildung eines deutschen Parlamentes. Diese gaben überraschend schnell nach und beriefen liberal geprägte Märzministerien, welche die erforderlichen Reformen durchführen sollten. Das wichtigste Ziel der Revolution war der nationale Verfassungsstaat, der an die Stelle des der Restauration verpflichteten Deutschen Bundes treten sollte. Das entsprach dem verbreiteten Verlangen nach Einheit und Freiheit. Weil der Bund es war, der freiheitliche Entwicklungen unterband, sollte er durch eine neue gesamtstaatliche Verfassung ersetzt werden; Freiheit und Einheit waren deshalb unlöslich miteinander verknüpft. Eine Versammlung südwestdeutscher Liberaler und Demokraten beschloß die Einberufung eines Vorparlamentes, das am 31. März in Frankfurt zusammentrat; ihm wurde von der demokratischen Linken ein Verfassungsprogramm vorgelegt, das auch die Trennung von Kirche und Staat vorsah. Den Kirchen mußte jetzt deutlich werden, daß die Revolution auch für sie von einschneidender Bedeutung sein würde. Während diese Versammlungen kein staatliches Mandat und insofern revolutionären Charakter hatten, wurden die folgenden Wahlen zur konstituierenden Nationalversammlung aufgrund von Wahlgesetzen des Bundes und der Einzelstaaten durchgeführt; es kann deshalb von einer Verrechtlichung der Revolution gesprochen werden. Am 18. Mai trat die Nationalversammlung in

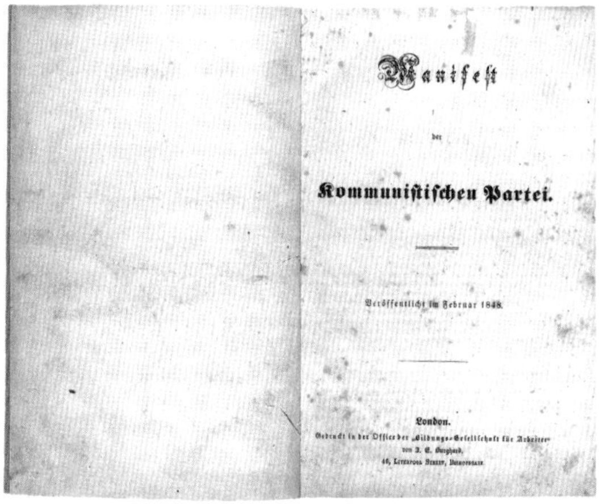
Manifest

der

Kommunistischen Partei.

Veröffentlicht im Februar 1848.

London.

Karl Marx und Friedrich Engels, Manifest der kommunistischen Partei, 1850/51 (2.7) der Frankfurter Paulskirche zusammen und wählte am folgenden Tage den hessen-darmstädtischen Minister Heinrich von Gagern (1799-1880) zu ihrem Präsidenten. Bevor sie sich mit den organisatorischen Fragen befaßte, beriet sie über einen ausführlichen Grundrechtsteil. Zu scharfen Kontroversen kam es bei der Behandlung der Kirchenfrage. In der endgültigen Fassung brachte §147 der Reichsverfassung für die Kirchen ein zwiespältiges Ergebnis. Er gewährte den Religionsgesellschaften die Befugnis zur selbständigen Ordnung und Verwaltung ihrer Angelegenheiten im Rahmen der allgemeinen Staatsgesetze, wodurch besondere, nur sie betreffende Gesetze ausgeschlossen wurden; zugleich entzog er aber den bisher privilegierten Kirchen alle staatlichen Vorrechte.

Am 27. März 1849 wurde die Reichsverfassung von der Nationalversammlung beschlossen und daraufhin von 28 Regierungen anerkannt. Darunter waren aber nicht die der Königreiche, und so forderte die Nationalversammlung am 9. Mai alle Regierungen, ja das ganze deutsche Volk auf, die Verfassung zur Geltung zu bringen. Durch eine Reihe von teilweise gewaltsamen Aktionen, die als Reichsverfassungskampagne bezeichnet werden, sollte ihr Anerkennung verschafft werden. Sie blieben ergebnislos, ließen aber noch einmal deutlich werden, daß ungeachtet allen auch vorhandenen sozial bedingten Aufbegehrens der nationale Verfassungsstaat das Ziel der Revolution gewesen ist.

Die Vorgeschichte des Wittenberger Kirchentages

Durch die Märzrevolution erhielten die Bemühungen zur Vereinigung der deutschen evangelischen Landeskirchen einen starken Anstoß. In verschiedener

Bilderbogen, 1848 (2.2)

Gestalt und Intensität hat es sie im 19. Jahrhundert wiederholt gegeben. In der ersten Jahrhunderthälfte spielte dabei die Erinnerung an das »Corpus Evangelicorum« eine große Rolle. Dieses war eine Konferenz der Gesandten der evangelischen Reichsstände beim Reichstag in Regensburg zur gemeinsamen Beratung ihrer Gravamina und entwickelte sich geradezu zu einer Reichstagsbehörde für Religionsbeschwerden. Ebenso wie das Reich ging es im Jahre 1806 unter. Nach Gründung des Deutschen Bundes wurde aber wiederholt vorgeschlagen, beim Bundestag einen Ersatz für das Corpus Evangelicorum zu schaffen, um den evangelischen Fürsten die gemeinsame Abwehr der erstarkenden katholischen Kirche zu ermöglichen, und noch bei der Vorbereitung des Wittenberger Kirchentages wurde seine zeitgemäße Erneuerung als Ziel bezeichnet. In den 40er Jahren tauchten dann aber ganz andere Vorstellungen auf. Wie im politisch-gesellschaftlichen, so entfaltete jetzt auch im kirchlichen Bereich der nationale Gedanke große Überzeugungskraft, und mehrfach wurden Forderungen nach einer deutschen evangelischen Nationalkirche erhoben.

Auch die Regierungen konnten sich dem nicht gänzlich entziehen, und so kam es 1846 zur Berliner Kirchenkonferenz. 26 Regierungen hatten Abgeordnete entsandt, die sich über gleichartige Maßnahmen zur Reform und Förderung des kirchlichen Lebens verständigen sollten. Zu ihrem Vorsitzenden wählten sie den Rechtswissenschaftler Moritz August von Bethmann Hollweg (1795-1877), der auch in der weiteren Geschichte der kirchlichen Einigungsbewegung maßgeblich in Erscheinung trat. Der wichtigste Beschluß der Konferenz war, sie zum Zwecke einer dauernden Verbindung der deutschen evangelischen Landeskirchen unter dem Namen »deutsche evangelische Kirchenversammlung« regelmäßig zu wiederholen, und zwar zum ersten Male 1848 in Stuttgart. Die Unsicherheit der politischen Lage hat das jedoch verhindert.

Als sich 1848 abzeichnete, daß der Staat sich von der evangelischen Kirche zurückziehen und ihre besondere Förderung einstellen würde, war das ein neues starkes Motiv für Bemühungen um eine kirchliche Einigung; seitdem durch die Revolution die alte Protektion des Staates gefallen oder doch bedroht war, galt – wie der konservative lutherische Jurist Friedrich Julius Stahl (1802-1861) beim »Wittenberger Kirchentag« sagen sollte – als Ersatz ein enger Zusammenschluß aller bekennenden Evangelischen als unumgänglich. Der Bonner Theologieprofessor Isaak August Dorner (1809-1884) veröffentlichte eine Schrift, in der er eine evangelisch-deutsche Nationalkirche forderte, und Bethmann Hollweg sprach sich im April in einem Rundschreiben für eine gesamtdeutsche evangelische Kirchenversammlung aus; er hielt sie für erforderlich, um angesichts der indifferenten Haltung, die der Staat zur Kirche einzunehmen begann, diese unabhängig von ihm zu konstituieren. Eine Konferenz von mehr als 100 rheinischen Theologen, die am 11. Mai in Bonn zusammengetreten war, griff diesen Vorschlag auf und regte an, die Konferenz der Regierungsvertreter, die für 1848 in Stuttgart vorgesehen war, zu einer allgemeinen deutschen Generalsynode zu erweitern. Alle diese Äußerungen gehören zur Vorgeschichte des Wittenberger Kirchentages. Am wichtigsten für dessen Zustandekommen war aber die »Sandhofkonferenz«.

Seit dem Beginn der 40er Jahre trafen sich jeweils im Frühjahr und im Herbst 50 bis 60 von der Erweckungsbewegung geprägte Theologen und vereinzelte Nichttheologen aus Frankfurt, Hessen, Baden und Bayern in dem unweit des Frankfurter Stadtwaldes gelegenen, ursprünglich als Patrizierhaus gebauten Sandhof, um sich durch gemeinsame theologische Arbeit gegenseitig zu fördern. In einer Tagung am 3. Mai 1848 sollte über den zweiten Artikel der Augsburgischen Konfession, der von der Erbsünde handelt, gesprochen werden. Es kam jedoch anders. Aufgeschreckt durch die Tatsache, daß beim Vorparlament auch Stimmen für die Trennung von Kirche und Staat laut geworden waren, erörterte man die Lage, und Pfarrer Dr. Friedrich Haupt (1805-1891) aus dem hessischen Rimhorn erklärte, es sei notwendig, einen großen »Glaubens- und Liebesbund« zu schaffen. Der Vorschlag fand Beifall, und es wurde eine allgemeine Versammlung aus ganz Deutschland, die damals schon ein Redner als Kirchentag bezeichnete, für nötig befunden, um den Plan zu verwirklichen. Man wählte einen Ausschuß unter dem Vorsitz des Gymnasialprofessors Philipp Wackernagel (1800-1877) und gab diesem den Auftrag, den Plan gründlich zu prüfen und zum 21. Juni zu einer außerordentlichen Sandhofkonferenz einzuladen; auch den Vorsitz dieser Tagung sollte Wackernagel übernehmen – ein deutliches Zeichen dafür, welche große Bedeutung er in dem zum Wittenberger Kirchentag führenden Prozeß gehabt hat.

Am 21. Juni erschienen 88 Personen, mehr als jemals zuvor an einer Sandhofkonferenz teilgenommen hatten; unter den Anwesenden waren auch Bethmann Hollweg und Dorner. Es kam zu einer lebhaften Aussprache, und eine Zeitlang schien es, als werde sich die Konferenz gegen die Berufung eines

Philipp Wackernagel, 1879 (2.15)

allgemeinen Kirchentages entscheiden. Es gelang jedoch, die vorgebrachten Bedenken zu zerstreuen; so wurde geltend gemacht, die Kirche dürfe nicht stumm und starr über sich ergehen lassen, was dem Staat nach seiner Trennung von ihr etwa belieben möchte; es könne nicht dem bisherigen Kirchenregiment überlassen bleiben, ihr eine Verfassung zu oktroyieren. Das überzeugte, und bei der Abstimmung sprach sich die ganz überwiegende Mehrzahl für die Veranstaltung einer allgemeinen freien Versammlung aus, welche »die Feststellung der Angelegenheiten der evangelische Kirche Deutschlands unter den gegenwärtigen Zeitverhältnissen« beraten sollte. Sie sollte in Wittenberg stattfinden; als Zeitpunkt schien Anfang September besonders günstig, weil dann Semesterferien sein würden und deshalb die Theologieprofessoren leicht teilnehmen konnten.

Der Ausschuß unter dem Vorsitz Wackernagels, der diese außerordentliche Sandhofkonferenz vorbereitet hatte, erhielt den Auftrag, auch die Vorbereitung des Kirchentages in die Hand zu nehmen. Er versandte am 15. Juli Schreiben an 93 Persönlichkeiten, informierte sie über den Beschluß der Sandhofkonferenz und bat sie um die Unterschrift für die als Entwurf beigefügte kurze Einladung nach Wittenberg. Jener Beschluß war sehr allgemein gehalten, und wohl aus diesem Grunde fügte der Ausschuß zur näheren Erläuterung des Zweckes der Veranstaltung einige Sätze bei, betonte aber ausdrücklich, daß dies nicht im Auftrage der Konferenz geschehe, daß jene Sätze vielmehr als unmaßgeblicher Beratungsvorschlag des Ausschusses zu betrachten seien. Hier hieß es etwa: Die evangelischen Konfessionen Deutschlands treten zu einem Kirchenbund zusammen; dieser ist keine Union, sondern eine zeitgemäße Erneuerung des Corpus Evangelicorum; jede Konfession bleibt bei der Ordnung ihres Verhältnisses zum Staat und ihrer inneren Angelegenheiten unabhängig vom Kirchenbund. Die diesem zufallenden Aufgaben werden von a) bis g) aufgezählt; an erster Stelle stand die Darstellung der wesentlichen Einheit der evangelischen Kirche. Die vom Ausschuß zur Beratung empfohlenen Sätze erwiesen sich als so durchdacht, daß sie auch in den Beschlüssen des Wittenberger Kirchentages deutliche Spuren hinterließen.

Am 28. August erging das Einladungsschreiben, das 42 Unterschriften trug und folgenden Wortlaut hatte: »Die Unterzeichneten laden diejenigen Freunde der evangelische Kirche geistlichen und nichtgeistlichen Standes, welche auf dem Grunde des evangelischen Bekenntnisses stehen, hiermit auf den 21. September und die folgenden Tage nach Wittenberg ein, um in einer vorläufigen freien Versammlung die Verhältnisse der evangelischen Kirche in der gegenwärtigen Zeitlage brüderlich zu beraten.« Unterzeichnet hatte das Ganze auch »der für diese Angelegenheit auf den Vorversammlungen gewählte Ausschuß«. Dem Schreiben wurden die gleichen von diesem herrührenden Sätze über den Kirchenbund beigefügt wie dem vom 15. Juli.

Paul Bürde, Die Nationalversammlung in der Paulskirche, nach 1848 (2.31)

Friedrich Müller, Wittenberg, um 1853 (2.11)

Vor Beginn des Kirchentages machten sich einige der Einladenden zusammen mit Wackernagel am 20. September daran, die Propositionen festzulegen, die der Versammlung vorgelegt werden sollten. Sie gingen dabei von den Sätzen aus, die der vorbereitende Ausschuß seinen Schreiben vom 15. Juli und 28. August beigefügt hatte, und nahmen nur wenige Änderungen vor. So wurde die Kennzeichnung des Kirchenbundes als zeitgemäße Erneuerung des Corpus Evangelicorum ersetzt durch »kirchliche Konföderation«; erst jetzt verschwand die Erinnerung an eine ehrwürdige Institution des Alten Reiches endgültig aus der kirchenpolitischen Diskussion. Schließlich fügte man diesen im wesentlichen bereits bekannten Sätzen einen zweiten Teil an, in welchem einige Gegenstände benannt wurden, die nicht den Kirchenbund betrafen und nur »nach Maßgabe der Zeit« behandelt werden sollten, also nur dann, wenn dafür noch Zeit zur Verfügung stehen würde. In dieser Vorbesprechung kam man auch überein, der Versammlung Bethmann Hollweg und Stahl als Präsidenten vorzuschlagen.

Der Wittenberger Kirchentag

Der Kirchentag fand in der Schloßkirche statt, an deren Tür Luther einst seine Thesen angeschlagen hatte. Ein altes Universitätskatheder war herbeigeschafft und hinter der messingnen Platte über Luthers Grab aufgestellt worden; hier war der Platz des Präsidiums, und von hier aus sprachen die Redner. Am Morgen des 21. September versammelten sich im Kirchenschiff etwa 500 Teilnehmer am Kirchentag. Die meisten kamen aus Preußen und waren Anhänger der Orthodoxie oder der Vermittlungstheologie; fern geblieben waren die strengen Lutheraner und die Rationalisten.

Zu Beginn der Tagung informierte Wackernagel über den vorbereitenden Ausschuß, der jetzt seine Tätigkeit einstelle, und über den am Vortage gefaßten Beschluß über das Präsidium, der gebilligt wurde. Darauf nahm Bethmann Hollweg das Wort. Er sprach ein gebetsartiges Bekenntnis, dem alle zustimmten, und berührte in einem Rückblick auf vorangegangene Einigungsbemühungen die Versuche zur Wiederbelebung des Corpus Evangelicorum und die Berliner Kirchenkonferenz. Der Theologieprofessor Karl Immanuel Nitzsch (1787-1868) hielt das einleitende Referat über Notwendigkeit und Möglichkeit eines Kirchenbundes, an das sich eine lange und kontroverse Debatte anschloß. Nachdem Stahl in einem ausführlichen Schlußwort das Wesen der angestrebten Konföderation erläutert und Bedenken entkräftet hatte, erklärte die Versammlung einstimmig einen Kirchenbund für wünschenswert. Auch die übrigen Paragraphen der Vorlage wurden im weiteren Verlauf der Tagung mit geringfügigen Änderungen und Ergänzungen angenommen. Die wichtigste ist von Johann Hinrich Wichern (1808-1881) durchgesetzt worden; darüber wird noch zu sprechen sein.

Der zweite Tag hatte mit der Behandlung von zwei in der Tagesordnung nicht vorgesehenen Anträgen begonnen, die einen deutlichen Eindruck davon vermittelten, welcher Geist die Versammlung beseelte. Der Theologieprofessor und Redakteur der orthodoxen »Evangelischen Kirchenzeitung« Ernst Hengstenberg (1802-1869) trug den Wunsch nach einem freiwilligen allgemeinen Bußtag vor, der in der gegenwärtigen Schuld, Not und Gefahr das dringendste Zeitbedürfnis sei, und die Versammlung erklärte sich damit ohne Aussprache einverstanden. Obgleich Hengstenberg sich darüber nicht geäußert hatte, konnte nicht zweifelhaft sein, worin er die Schuld der Zeit erblickte. Deutlicher wurde der zur konservativen Kamarilla um den preußischen König Friedrich Wilhelm IV. (1795-1861) gehörende Magdeburger Oberlandesgerichtspräsident Ernst Ludwig von Gerlach (1795-1877), der den zweiten Antrag stellte. Er wünschte, die Versammlung möge ein Zeugnis gegen die Revolution ablegen, und trug einen ausführlichen Entwurf dafür vor, in dem die Lehre, die Obrigkeit komme nicht von Gott, und die Gleichgültigkeit gegen alles, was Religion heißt, scharf gegeißelt wurden. Er erhielt dafür lebhaften Beifall; es wurde aber auch energisch dagegen protestiert, dem Kirchentag eine politische Stellungnahme abzunötigen. Bei der Abstimmung erklärte sich nur eine kleine Minorität für den Antrag; als aber Stahl, der den Vorsitz führte, dazu bemerkte, die Ablehnung betreffe nicht seinen Inhalt, sondern nur seine Angemessenheit, fand er allgemeine Zustimmung.

Der Versammlung war es keinen Augenblick zweifelhaft, daß sie nicht das Mandat zur Gründung eines Kirchenbundes besaß. Das hatten ihrer Auffassung nach nur die kirchlichen Obrigkeiten, die Abgeordnete zu einer konstituierenden Versammlung entsenden mußten, und der Kirchentag betrachtete es lediglich als seine Aufgabe, sie dazu aufzufordern. Ein anderes Verfahren wäre ihm – wie deutlich ausgesprochen wurde – als revolutionäre Anmaßung erschienen. Wenn er Beschlüsse über die Zusammensetzung und die Aufgaben des Kirchenbundes faßte, sollte damit nicht eine Vorentscheidung über dessen Verfassung getroffen, sondern nur verdeutlicht werden, wie ein Kirchenbund aussehen könnte, um die Entscheidung darüber zu erleichtern, ob er ins Leben gerufen werden solle; sie konnten nur Wünsche oder Vorschläge sein. Für die erforderlichen Gespräche mit den kirchlichen Leitungsorganen wählte der Kirchentag einen aus 12 Mitgliedern bestehenden »Engeren« und einen aus 30 Mitgliedern bestehenden »Weiteren Ausschuß«; ersterer sollte die Geschäftsführung übernehmen und der zweite die verschiedenen regionalen und konfessionellen kirchlichen Gestaltungen repräsentieren. Als später von Mitgliedern des Weiteren Ausschusses zunächst bei den Kirchenregimenten in Preußen, Sachsen, Hannover, Württemberg und Bayern vertraulich angefragt wurde, ob diese die Bildung eines Kirchenbundes für möglich hielten, schlossen dies alle bis auf Württemberg zum gegenwärtigen Zeitpunkt aus. Damit war deutlich geworden, daß er nicht zustande kommen würde.

Georg Hoff, Johann Hinrich Wichern, 1845 (1.52)

Der Wittenberger Kirchentag und die Innere Mission

Der Wittenberger Kirchentag war eine wichtige Station auf dem Wege zum Zusammenschluß der deutschen evangelischen Landeskirchen. Seine große kirchengeschichtliche Bedeutung aber erlangte er durch Wicherns Rede über die Innere Mission und seinen Vorschlag zur Gründung eines Central-Ausschusses. Zunächst freilich stand das Thema überhaupt nicht auf der Tagesordnung. Wichern gehörte zu denen, welche die Einladung zum Kirchentag unterschrieben hatten, und auf eine Bitte Wackernagels hin druckte er sie in den von ihm herausgegebenen »Fliegenden Blättern aus dem Rauhen Hause« ab. Er fügte dabei aber hinzu, er vermisse in den mit der Einladung übersandten Sätzen des vorbereitenden Ausschusses »andere wesentliche große praktische Fragen unserer Zeit«, und zeigte sich entschlossen, sie zur Sprache zu bringen. Tatsächlich fällt es auf, daß weder in der Vorlage jenes Ausschusses noch sonst bei den Bemühungen um eine kirchliche Einigung, welche durch die Revolution ausgelöst worden sind, ein Bewußtsein davon zu erkennen ist, daß diese doch auch eine soziale Dimension gehabt hat, und hätte Wichern nicht den Kirchentag zu seinem Forum gemacht, wäre es dabei geblieben.

Zunächst setzte er in der Vorbesprechung am 20. September durch, daß unter den Gegenständen, die »nach Maßgabe der Zeit« behandelt werden sollten, auch die Innere Mission genannt wurde, wenngleich an letzter Stelle. Das konnte ihm nicht genügen, und da er offenbar die Befürchtung hegte, der Kirchentag könne auseinandergehen, ohne daß die Innere Mission zur Sprache gekommen wäre, ergriff er am 21. September zu Beginn der Nachmittagssitzung zum ersten Male das Wort, um der Versammlung die große Bedeutung seines Anliegens mit deutlichen Worten bewußt zu machen. Der Erfolg war bescheiden. Wichern erreichte damit nur, daß die Innere Mission unter den Gegenständen, die »nach Maßgabe der Zeit« behandelt werden sollten, von der letzten an die erste Stelle gerückt wurde. Damit war zwar die Wahrscheinlichkeit größer geworden, daß der Kirchentag sich mit der Inneren Mission beschäftigte. Wichern mußte es aber nicht nur darauf ankommen, daß dieser ihm überhaupt Gehör schenkte, sondern darauf, daß die Innere Mission als Aufgabe des Kirchenbundes anerkannt wurde, und das mußte sich bei der Festlegung seines Aufgabenkataloges entscheiden.

Die Aussprache über diesen begann am Vormittag des 22. September, und am Nachmittag ging es um die

Johann Hinrich Wichern und seine Ehefrau Christiane Amanda, 1860 (2.28)

Frage, ob die Innere Mission eine Aufgabe des Kirchenbundes sein solle. Die Stimmung war günstig. Es wurde auf die Bedeutung der von den Kirchenbehörden bisher ignorierten christlichen Vereine hingewiesen und gefordert, der Kirchenbund solle sich zur sozialen Reform vom christlichen Standpunkt aus bekennen. Bethmann Hollweg schlug daraufhin vor, den Aufgabenkatalog durch folgenden Punkt zu ergänzen: Förderung christlich-sozialer Zwecke, Vereine und Anstalten, insbesondere der Inneren Mission. Jetzt nahm Wichern das Wort. Offenbar hatte er noch nicht die Absicht, in diesem Augenblick eine größere Rede zu halten; da bisher keine einzige Stimme gegen die Aufnahme der Inneren Mission laut geworden war, schien eine solche auch nicht erforderlich. Er beschränkte sich deshalb auf die kurze Erklärung, er habe gegen die Befürchtung anzukämpfen, die Innere Mission untergrabe die Kirche, und aus diesem Grunde sei es sehr wichtig, daß der Kirchenbund ihr Förderung und Schutz gewähre. Er stimme deshalb für den Vorschlag und behalte sich vor, später ausführlich über die Innere Mission zu reden.

Die Versammlung war es nun, die ihn aufforderte, dies sofort zu tun, und es folgte Wicherns berühmt gewordene fünfviertelstündige Stegreifrede. Sie ist weder vollständig noch wortgetreu überliefert. Nicht nur ihre Lebendigkeit, sondern auch die Fülle von Tatsachen, Zahlen und Namen, die sie enthielt, erschwerten es dem Protokollanten, sie in ihrer ursprünglichen Gestalt festzuhalten. Beides ist für Wichern in hohem Maße kennzeichnend. Seine oft überladene und bilderreiche Diktion läßt jedoch leicht übersehen, daß er – wie er selbst wiederholt erklärt hat – vor allem auf die Überzeugungskraft der Tatsachen baute.

Wichern sprach zunächst nicht über die Innere Mission, sondern über diejenigen sozialen Gegebenheiten, die – wie er meinte – zur Revolution geführt und dadurch Berechtigung und Notwendigkeit der Inneren Mission offenbart hatten. Dabei hob er zwei Gruppen vor allem hervor, die reisenden Handwerksgesellen und das Proletariat der großen Städte, und benannte damit in der Tat wichtige Trägergruppen revolutionärer Aktionen. In den Herbergen der in Deutschland umherziehenden Handwerksgesellen seien die revolutionären Clubs vorgebildet. Die Kirche aber habe diese Menschen unbeachtet gelassen. Auch die im Ausland lebenden Deutschen seien überwiegend Handwerksgesellen, die in Paris und in der Schweiz systematisch im atheistischen und kommunistischen Sinne beeinflußt würden. Von Deutschland aus geschehe von der evangelischen Kirche auch für diese Leute nichts. Als geradezu furchtbar bezeichnete er den Zustand des Proletariats in den großen Städten. Es gebe Stadtteile, in denen es den Geistlichen ganz unmöglich sei, ihre Aufgabe zu bewältigen. Dadurch werde der Propaganda sowie der Verführung der Handwerksgesellen durch radikale Philosophien Raum gegeben und das Proletariat der Revolution geneigt gemacht; es sei nur erstaunlich,

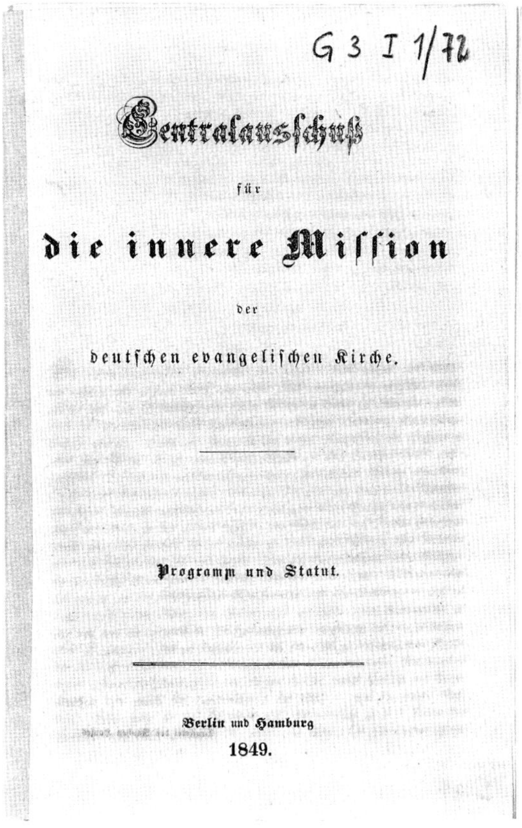
G 3 I 1/72

Centralausschuß

für

die innere Mission

der

deutschen evangelischen Kirche.

Programm und Statut.

Berlin und Hamburg

1849.

Programm und Statut des Centralausschusses für die innere Mission, 1849 (2.22)

daß diese erst so spät ausgebrochen sei. Diesen Verfallserscheinungen müsse die Kirche durch die Entfaltung der Inneren Mission begegnen. Damit kam Wichern zum zweiten Teil seiner Rede, in dem er skizzierte, was in Deutschland, aber auch im Ausland auf diesem Gebiet bereits geschah. Er erwähnte die schon in den Befreiungskriegen begonnene Arbeit der Frauen, die Rettungshäuser für Jugendliche und die Traktatgesellschaften. Der Erfolg der revolutionären Bestrebungen habe aber gezeigt, daß dies alles nicht genug sei. Notwendig sei nicht weniger als eine Regeneration aller innersten Zustände. Das erfordere vor allem, daß die Massen wieder von der Verkündigung des Wortes Gottes erreicht würden, und damit sei der Kirche eine Aufgabe gestellt, die sie durch die Innere Mission zu lösen habe. Die Kirche müsse Buße tun für das, was sie versäumt habe, und erklären: »Die Arbeit der Inneren Mission ist mein!« oder noch grundsätzlicher: »Die Liebe gehört mir wie der Glaube.« Gerade in dieser Formulierung ist immer wieder das entscheidende Zentrum von Wicherns Handeln und Reden erblickt worden, und das ist möglich gewesen, weil sie nicht mehr erkennen

Oskar Begas, Moritz August von Bethmann Hollweg, 1859 (2.23)

läßt, daß er damit lediglich seine Forderung nach Aufnahme der Inneren Mission in den Aufgabenkatalog des Kirchenbundes begründen wollte. Tatsächlich hat Wichern damit die Verpflichtung der Kirche zu diakonischem Handeln auf einen prägnanten und nicht nur vom konkreten Anlaß, sondern auch von der zeitgeschichtlichen, durch die Revolution und den Kampf gegen sie geprägten Situation unabhängigen Begriff gebracht.

Als Wichern geendet hatte, erhob sich die tief beeindruckte Versammlung, um zu bejahen, daß die Innere Mission in ihrem ganzen Umfang eine Aufgabe des Kirchenbundes werden solle, und um sich zu verpflichten, dafür auch tätig zu sein. Wichern selbst war sich der Bedeutung des Vorganges durchaus bewußt; seiner Frau schrieb er an diesem Tage, es komme ihm vor, als habe er jetzt ein wichtiges Ziel seines Lebens erreicht.

Am Ende seiner Rede hatte sich Wichern nähere Anträge vorbehalten. Es traf sich glücklich, daß die Innere Mission immer noch auf der Tagesordnung stand. Sie gehörte zu den Gegenständen, mit welchen die Versammlung sich »nach Maßgabe der Zeit« beschäftigen wollte, und man war offenbar nicht der Meinung, daß sich dieser Punkt durch Wicherns Stegreifrede erledigt hätte. Er erhielt deshalb am Nachmittag des 23. September noch einmal das Wort. Es ging ihm jetzt darum, daß die Begeisterung des Vortages in konkretes Handeln umgesetzt wird. Das wichtigste, so erklärte er nämlich zu Beginn seiner neuen Rede, sei, daß die für die Innere Mission gewonnene Überzeugung eine Macht des Lebens werde. Seit 15 Jahren, also seit seiner Tätigkeit als Vorsteher des »Rauhen Hauses«, hege er die Hoffnung auf einen Glaubens- und Liebesbund, wie er in auffälliger, aber gewiß zufälliger Übereinstimmung mit dem Vorschlag, den Pfarrer Dr. Haupt bei der Sandhofkonferenz am 3. Mai gemacht hatte, sagte. Er halte den Kirchenbund für berufen, diesen ins Werk zu setzen, und er stelle den Antrag, einen Ausschuß für Innere Mission in organischer Verbindung mit der Leitung des Kirchenbundes zu schaffen. Dieser Ausschuß solle nicht herrschen, sondern dienen und vor allem einen Organismus sowohl der vorhandenen als auch der noch entstehenden Werke der Inneren Mission anbahnen.

Während Wicherns Antrag am Vortage ohne Aussprache einstimmig gebilligt worden war, kam es

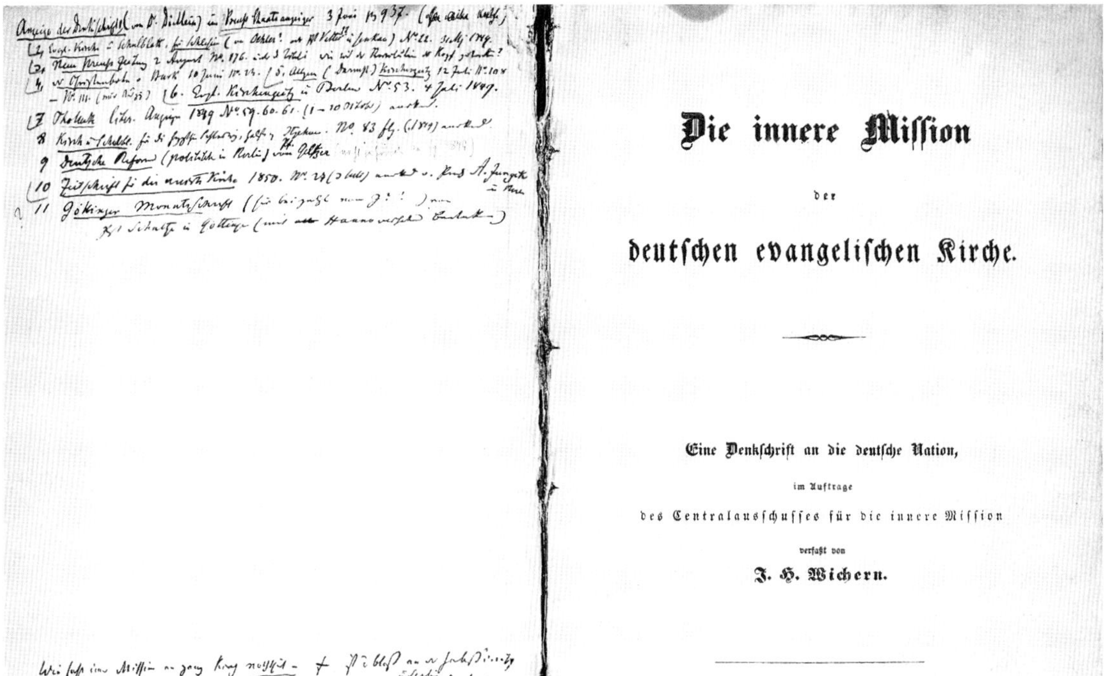

Die innere Mission

der

deutschen evangelischen Kirche.

Eine Denkschrift an die deutsche Nation,

im Auftrage

des Centralausschusses für die innere Mission

verfaßt von

J. H. Wichern.

Hamburg.

Agentur des Rauhen Hauses zu Horn.

1849.

Johann Hinrich Wichern, Denkschrift zur inneren Mission, 1849 (2.8) jetzt zu einer Debatte, in der Bedenken und Mißverständnisse laut wurden, so daß Wichern noch einmal das Wort ergreifen mußte. Er schilderte, welche negativen Folgen es habe, wenn Vereine mit gleichartigen Aufgaben tätig seien, ohne von einander zu wissen, und führte aus, daß an mehreren Stellen schon das Bedürfnis nach einer Gemeinschaft der Arbeiten der Inneren Mission sichtbar geworden sei. Wieder kam es zu einer Aussprache, und jetzt erklärte Bethmann Hollweg: »Es soll aber zum Handeln kommen. Man bilde einen Central-Ausschuß.« Es wurde noch darüber gesprochen, auf welche Weise dies geschehen solle, und es verdient festgehalten zu werden, daß in diesem Zusammenhang gefordert worden ist, auch Frauen hinzuzuziehen, was aber erst sehr viel später geschehen ist. Bethmann Hollweg war es wieder, der vorschlug, Wichern möge am nächsten Tage mit den Mitgliedern des Engeren Ausschusses die Bildung des Central-Ausschusses beraten, und so wurde es beschlossen.

Zweifellos ist der Wittenberger Kirchentag in der Geschichte der Inneren Mission von der größten Bedeutung. Sie ist jedoch nicht in jenen Tagen ins Leben gerufen oder »gegründet« worden. Alles, was Wichern in seinen beiden großen Reden gesagt hat, setzt vielmehr das Vorhandensein zahlreicher Arbeiten der Inneren Mission voraus. Wichern selbst hat sich später darüber verwundert gezeigt, daß viele der Meinung seien, die Innere Mission habe erst mit dem Jahre 1848 begonnen, und erklärt, sowohl die Bezeichnung als auch die Sache habe es damals schon gegeben. Was gefehlt habe, sei vielmehr die Anteilnahme des kirchlichen Amtes an diesen Arbeiten und eine Verbindung unter ihnen. Beidem abzuhelfen war der Sinn seines Auftretens beim Kirchentag, und er hat es erreicht durch die Aufnahme der Inneren Mission unter die Aufgaben des geplanten Kirchenbundes und durch den Beschluß zur Schaffung eines Central-Ausschusses für die Innere Mission. Während ersteres nicht wirksam wurde, weil der Kirchenbund nicht zustande kam, hat der Central-Ausschuß bis zum Zusammenschluß mit dem Hilfswerk im Jahre 1957 eine lange und ausgedehnte Tätigkeit entfalten können.

Der Central-Ausschuß ist nicht schon in Wittenberg gebildet worden. Nach Beendigung des Kirchentages fand dort am 24. September lediglich die am Vortage beschlossene Beratung des Engeren Ausschusses mit Wichern darüber statt. In Berlin ist dann am 11. und 12. November 1848 ein provisorischer Central-Ausschuß zusammengetreten. Wichern schrieb ein Programm, und Bethmann Hollweg und Stahl entwarfen Statuten; beides wurde am 8. und 9. Januar 1849 beraten und beschlossen. Damit war der Central-Ausschuß für die Innere Mission der deutschen evangelischen Kirche konstituiert. In seinem Auftrage verfaßte Wichern die Denkschrift über »Die innere Mission der deutschen evangelischen Kirche«; sie gilt als die klassische Urkunde der Inneren Mission.

Literatur

Cochlovius, Joachim, Bekenntnis und Einheit der Kirche im deutschen Protestantismus 1840-1850 (= Die lutherische Kirche, Geschichte und Gestalten, Bd. 3), Gütersloh 1980

Die Verhandlungen der Wittenberger Versammlung für Gründung eines Kirchenbundes im September 1848. Nach Beschluß und im Auftrage derselben veröffentlicht durch ihren Schriftführer Dr. Kling, Berlin 1848

Gerhardt, Martin, Ein Jahrhundert Innere Mission. Bd. 1, Gütersloh 1948

Goeters, J.F. Gerhard / Mau, Rudolf (Hg.), Die Geschichte der Evangelischen Kirche der Union, Bd. 1, Die Anfänge der Union unter landesherrlichem Kirchenregiment (1817-1850), Leipzig 1992

Huber, Ernst Rudolf, Deutsche Verfassungsgeschichte seit 1789, Bd. 2, Stuttgart 1960

Mommsen, Wolfgang J., 1848. Die ungewollte Revolution. Die revolutionären Bewegungen in Europa 1830-1849, Frankfurt a. M. 1998

Nipperdey, Thomas, Deutsche Geschichte 1800-1866. Bürgerwelt und starker Staat, München 1983

Schulze, Ludwig, Philipp Wackernagel nach seinem Leben und Wirken für das deutsche Volk und die deutsche Kirche, Leipzig 1879

Siemann, Wolfram, Die deutsche Revolution von 1848/49 (= Moderne deutsche Geschichte, Bd. 5), Darmstadt 1997

Wehler, Hans-Ulrich, Deutsche Gesellschaftsgeschichte, Bd. 2, Von der Reformära bis zur industriellen und politischen »Deutschen Doppelrevolution«, 1815-1845/49, München 1996

1848-1871

ENTWICKLUNG

»Die Basilika der Inneren Mission«

von Ursula Röper

»Was tun Sie«, wurde Herr K. gefragt, »wenn Sie einen Menschen lieben?« »Ich mache einen Entwurf von ihm«, sagte Herr K., »und sorge, daß er ihm ähnlich wird.« »Wer? Der Entwurf?« »Nein« sagte Herr K., »Der Mensch.« (Bertolt Brecht, Geschichten vom Herrn Keuner).

Die Initiatoren der Inneren Mission verspürten von Anbeginn an die Freude am Entwurf von Bauwerken, die ihre sozialen und religiösen Ideen, ihre Liebe für den Nächsten, für alle sichtbar spiegeln könnten. Der Flaneur in der Stadt sollte allein am Baustil der Gebäude erkennen, daß hier der Armut und der sozialen Not Einhalt geboten wurde, daß diese Ärgernisse auf angenehme Weise seinem Blick entzogen worden waren und daß solche Bedrohungen hinter Backsteinmauern, geputzten Glockentürmen und lieblichen Gärten gebannt seien.

Demgegenüber konnten die verarmte, wohnungslose Familie, der verwaiste, herumlungernde Straßenjunge oder das in die Stadt gereiste Dienstmädchen, das statt dem Glück dem Unglück begegnet war, unmittelbar an diesen Orten erkennen, daß es solide und ehrwürdige Anlaufstellen gab, die ihnen in ihrer persönlichen Not sozialen Rückhalt versprachen.

Kreuz aus der Kapelle des Berliner Schlosses, um 1853; Foto Zustand 1919 (2.1)

Beide aber, der Flaneur wie der Hilfesuchende, sollten beeindruckt sein von der Geisteshaltung, die vor ihnen in Stein erstarrt stand: Denn die in missionarischer Absicht entwickelte Ausdruckskraft des Bauwerkes, der gewählte Baustil aus der Geschichte der kirchlichen Baukunst müßte es doch beiden schon durch die Anschauung unmöglich machen, in die Höhlen des Lasters abzugleiten. Solches erhofften sich jedenfalls die christlich-sozialen Bauherren von der Wirkung der Gebäude, die sie als Abhilfe gegen soziale Not erbauen ließen.

»In welchem Stil man bauen soll!«

Romanische und gotische Kirchtürme waren seit dem Mittelalter weithin sichtbare Zeichen der Präsenz der Kirchen in den Städten. Sie kündeten von der jeweiligen Ausdeutung der christlichen Lehre und der seelsorgerlichen Hilfe und konkurrierten zugleich mit den Türmen weltlicher Macht. Die Glockentürmchen der Klöster in Stadt und Land aber erinnerten den Pilger an den Ort der Rast und der Barmherzigkeit.

Das Zeitalter der Vernunft wiederum zierte die Straßenzüge seiner Städte mit klassischen oder barocken Fassaden. Der Bau von kirchlichen Gebäuden wurde dann ebenfalls diesen Gestaltungsprinzipien unterworfen.

Angesichts der gewaltigen sozialen Umbrüche und der Verelendung großer Teile der Bevölkerung, die der Französischen Revolution und den Befreiungskriegen folgten, wandten sich die europäischen Politiker in den wachsenden Städten dem Wohnungsbau und der dazugehörigen sozialen Infrastruktur zu. Eine »Wohnstadt für die Armen« (Bettina von Arnim) nach englischem Vorbild mit Werkstätten, Schulen, Hospitälern und einer Kirche hielten sozial engagierte Städteplaner für eine ideale Lösung der »Sozialen Frage« in den entstehenden Industriezentren der deutschen Residenzstädte. Doch die Obrigkeit hielt eine quartiersmäßige Ansammlung von Armen für gefährlich und erinnerte sich vornehmlich an ihre christliche Pflicht der Fürsorge für den einzelnen. Sie lehnte weitreichende Lösungen für den Stand der Armenbevölkerung ab, wie sie von Demokraten und Liberalen gefordert wurden. Sie hielt solche sozialpolitischen Ideen für staatsgefährdend und ohnedies für gesellschaftlich unnötig und entschied sich für Ausbildungsprogramme, die die sittlich-mo-

Eduard Radtke, Friedrich Wilhelm IV., 1861 (1.85)

ralische und religiöse Erziehung des einzelnen befördern sollten: Das Individuum habe sich an seine Untertanenpflicht zu erinnern und aus dieser Haltung heraus mitzuhelfen, den Obrigkeitsstaat vor revolutionären Umbrüchen zu bewahren.

Eigens eingesetzte Kommissionen stellten im Auftrag der Obrigkeit fest, daß vor allem der Kirchenbau und damit die seelsorgerliche, erzieherische Präsenz vor Ort in den Stadterweiterungsgebieten aus dem Blick geraten waren und die »Kirchliche Not« – wie die soziale Frage in den diesbezüglichen Gutachten betitelt wurde – dadurch mitverursacht worden war.

Nun erhielten die Baumeister den Auftrag, Kirchen-, Pfarr- und Schulgebäude zu planen und zu realisieren. Doch in welchem Stil sollten sie gestaltet werden?

Einig war man sich darin, daß nicht nur die Kirchengebäude, sondern »nicht minder alle diejenigen Bauten [...] bei denen das Christliche oder Kirchliche ganz besonders in Frage kommt, als Kranken- und Armenhäuser, so wie Kirchen- und Volksschulen« (Palm 1845), in einem einheitlichen Stil erbaut werden müßten. Es sollte ein neuer, sogenannter christlicher Baustil für das 19. Jahrhundert entwickelt werden. »Das Christliche giebt ein überaus ehrwürdiges Ansehen, und verspricht entschieden Mode zu werden«, hatte Christian Carl Josias von Bunsen (1791-1860), der Gesandte Friedrich Wilhelms IV. in Italien, in seinem Werk über die Basiliken 1842 geschrieben.

Den germanischen Stil, wie man die Formen der Gotik im 19. Jahrhundert nannte, hielten vor allem die frommen Theologen in seiner »heiligen Würde« für unübertroffen und für den »wahrhaft christliche[n] und kirchliche[n] Styl« (Palm 1845). Denn das Mittelalter galt ihnen als die Epoche, die es verstanden hatte, in ihren Bauwerken Glaube und Frömmigkeit auszudrücken. In einem Aufsatz der »Allgemeinen Bauzeitung« von 1845, der sich ebenfalls mit Fragen des kirchlichen Baustils beschäftigte, aber war zu lesen: »Die christliche Baukunst findet ihr Vorbild in der römischen Basilika«.

Der architekturbegeisterte preußische Monarch Friedrich Wilhelm IV. (1795-1861), in seiner religiösen Grundauffassung der Erweckungsbewegung nahestehend und bereits in früher Jugend selbst Kirchen skizzierend, hatte, zusammen mit Bunsen, schon als Kronprinz diese Baustildebatte um den Kirchenbau geprägt. Im japanischen Haus im Park von Sanssouci wurden »am Pfingstfeste« 1841 die bereits 1827 von Bunsen erstellten 21 Thesen zum Kirchenbau überarbeitet. Darin wurde festgehalten: »Der germanische Bau [...] wird immer bleiben der volksthümliche Bau: [...] Die bisherigen gothischen Dome tragen die Spuren und Zeichen des Träumerischen an sich, welches das Mittelalter von der antiken Welt so scharf unterscheidet. Dieses Träumerische beruht wesentlich darauf, daß das Leben des Menschen in

1848-1871

Entwicklung

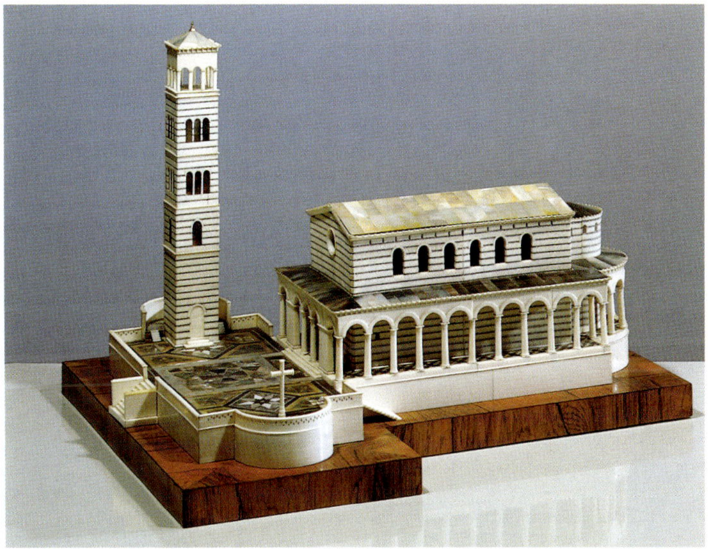

Franciscus Friedrich und Harry Maitay, Modell der Sakrower Heilandskirche, vor 1873 (3.3)

der unsichtbaren Welt dort getrennt gedacht wird von dem volksthümlichen natürlichen Leben. Deßhalb konnte auch seine Darstellung im Kirchenbau nur eine einseitige, unleibhaftige, unklare, träumerische sein, priesterlich ohne Gemeinde, geistig ohne Leib, kirchlich-klassisch, aber nicht menschlich-klassisch« (Geheimes Staatsarchiv, Brandenburg Preußisches Hausarchiv Rep.50). Da dieser Stil in technischer und konstruktiver Hinsicht breite Variationsmöglichkeiten bieten würde, sei er »vorzugsweise für die große Aufgabe einer Wiederherstellung der Kirchenbaukunst in der deutschen evangelischen Christenheit« geeignet.

Der König und sein Berater bevorzugten jedoch die römischen Basiliken als Grundform für den evangelischen Kirchenbau, denn diese symbolisierten für sie die Form der altchristlichen Bauwerke, die auch die Apostel als Gottesdiensträume für ihre Gemeinden benutzt und als christliche Kirchen bezeichnet hatten. Schon im 4. Jahrhundert war in den Apostolischen Konstitutionen die Basilika für den christlichen Kult als verbindlich vorgeschrieben worden.

Überdies aber entsprachen die italienischen Basiliken des Königs Gefühl für Schönheit. Verbunden mit einem Atrium und einem Turm in der Form eines italienischen Campanile, bildeten sie »ein schönes Motiv für die kleineren oder größeren Parochialkirchen«, wie in den bereits genannten Thesen formuliert wurde. Friedrich Wilhelm IV. und Bunsen wußten wohl, daß eine Wiedererkennung dieser antiken Gebäude als christliche Bauwerke in der preußischen Landesbevölkerung des 19. Jahrhunderts eher dem Intellekt denn der Emotion entsprang, doch sie präferierten eine kosmopolitische Haltung in der ästhetischen Gestaltung: »Dies scheint nun wirklich eine bezaubernde Aussicht. Denn die Schönheit alter Basiliken [...] ist unbezweifelt: [...] so hätten wir uns also vorerst allen Schmuck der klassischen Baukunst gesichert und erhielten dabei zugleich in Wahrheit eine christliche Kunst.« (Bunsen 1842)

Um jedoch die Wahl des Baustils der Kirchen, Kranken- und Armenhäuser nicht dem »individuellen Kunstgeschmack« der Bauherren – wie Kirchengemeinden oder christlichen Vereinsvorständen – allein zu überlassen, wurde auf der Kirchenkonferenz in Eisenach 1861 ein »Regulativ für den evangelischen Kirchenbau« verabschiedet, in dessen drittem Abschnitt festgehalten wurde, daß »die Würde des christlichen Kirchenbaues [...] Anschluss an einen der geschichtlich entwickelten christlichen Baustyle« erfordere. Dies sei neben der altchristlichen Basilika »vorzugsweise der germanische (gothische) Styl«.

Christian C. J. von Bunsen, Die Basiliken des christlichen Roms, 1842 (3.2)

Damit hatte man sich für die neogotischen und neoromanischen Formen entschieden, wie sie in der 2. Hälfte des 19. Jahrhunderts in den zunehmend größer werdenden Einrichtungen der Inneren Mission auch angewandt wurden. Die großen Gesamtanlagen von Kaiserswerth und Bethel etwa greifen diese Gestaltungsprinzipien auf.

Friedrich Wilhelm IV. konnte als Auftraggeber seiner kosmopolitischen Freude am Schönen Ausdruck verleihen und in seiner Weise stilbildend für einige Gebäudekomplexe der Inneren Mission wirken, wie nun zu zeigen sein wird.

Diakonat und Landeskirche

Als preußischer König war Friedrich Wilhelm IV. nicht nur verantwortlich für die Sozial- und Kirchenpolitik seines Landes, sondern zugleich »summus episcopus« (Bischof) der Landeskirche. Sie bedurfte aus seiner Sicht dringend einer Reform, denn viele Theologen vertraten zunehmend sogenanntes rationales Gedankengut, das im Zuge der Aufklärung in das allgemeine Denken der Bevölkerung Einzug gehalten hatte. Waren nicht seine revoltierenden Untertanen ebenfalls diesem säkularisierenden Geist verfallen?

Auf den Kanzeln der Kirchen müßten aber – so die Auffassung des Königs – vor allem der Erweckungsbewegung nahestehende Prediger das Wort ergreifen, die darüber hinaus für ihre tägliche Gemeindearbeit eine erzieherisch-seelsorgerliche Kompetenz besaßen. Jedes Gemeindeglied müsse seelsorgerisch betreut werden und gegebenenfalls kirchliche Hilfsbereitschaft erfahren können. Der Bedarf an theologisch und diakonisch geschulten Mitarbeitern war daher groß. Nun stellte man fest, daß neben Kirchengebäuden auch entsprechende Ausbildungsstätten fehlten.

Zusammen mit seinen Ministern und Beratern entwickelte der preußische König daher ein kirchenpolitisches Reformprogramm. In den missionarischen Prinzipien, die die Apostel der Urkirche zur Ausbreitung des Christentums angewandt hatten, und in den sozialethischen Ideen des Pietismus sah er die entscheidende Erneuerungskraft für seine Kirchenreform. Kurz vor seinem Regierungsantritt im Jahre 1840 schrieb der Kronprinz an Bunsen über sein kirchenpolitisches Programm: »Was thaten die Apostel für die äußere Ordnung der durch sie dem Verderben entrissenen Seelen? Sie stifteten Kirchen.« (Friedrich Wilhelm IV. zit. n. Ranke 1873) Dabei bedeutete »Kirche« für Friedrich Wilhelm IV. zweierlei: einmal das reale Bauwerk selbst und zum anderen das geistliche Gebäude, das das menschliche Zusammenleben von Gemeinde und Priestertum in seinen vielfältigen Strukturen regelte. Das eine war ein künstlerischer, kreativer Akt, das andere bedurfte aus seiner Sicht einer theologischen und institutionellen Reform und verlangte kirchenpolitisches Handeln. Neben den Überlegungen zur Neugestaltung des Bischofsamtes war für ihn die Einführung eines neuen geistlichen Amtes in die Organisationsstruktur der Landeskirche von zentraler Bedeutung: Der Aufgabenbereich des Diakons und der Diakonisse, nämlich die Armen- und Krankenpflege, sollte aufgewertet werden und in gleichberechtigter Weise neben das Amt der Theologen, die zuständig waren für Liturgie, Predigt, Sakrament und Seelsorge, gestellt werden. Der König wollte das Diakonat wieder einführen, das schon in den Verfassungen der altchristlichen Gemeinden sowie im Neuen Testament als gemeindeprägend beschrieben worden war.

Die Idee, das Diakonat wiederzubeleben, war nicht ursprünglich von Friedrich Wilhelm IV. ins Gespräch gebracht worden. Bereits im 18. Jahrhundert hatte Nikolaus Ludwig Graf von Zinzendorf (1700-1760) in der Ausgestaltung seiner »Herrnhuter Brüdergemeine« diese Gedanken verwirklicht. Pastoren wie Friedrich Klönne (1795-1834) und Theodor Fliedner (1800-1864), aber auch Adelberdt Graf von der Recke-Volmerstein (1791-1878), griffen diese Überlegungen einer kirchlich geprägten Armen- und Krankenpflege in ihrem christlich-sozialen Engagement auf.

Die frömmigkeitsgeschichtliche Zugehörigkeit zum pietistisch-erwecklichen Glauben vereinte diese christlich-sozialen Theologen und Politiker. Ihre Überlegungen zur Einführung des Diakonats in die Landeskirche waren angesichts der sozialen Notlage der Bevölkerung entstanden und beseelt von dem pädagogisch geprägten Wunsch, die Menschen in den Schoß einer pietistisch erneuerten Kirche zurückzuholen. Sie wollten zugleich die Hilfesuchenden bewahren vor jeglichem säkularisierenden Gedankengut, wie es in kommunalen Armenhilfsprogrammen enthalten war. »Eine Haupthoffnung vom Diaconat ist mir die« – schrieb Friedrich Wilhelm IV. im bereits zitierten Brief an Bunsen – »dadurch die leidigen Armen-Commissionen ganz oder großentheils los zu werden und so die göttliche Idee des Christenthums, die Armen-Pflege (im ausgedehnten leiblichen und geistlichen Sinne) von einem eigens dazu geheiligten Kirchen-Amte verwalten zu lassen, wieder realisirt zu sehen.«

Solche frömmigkeitsstiftenden Ideen weckten starke Antipathien in liberalen sowie sozialistischen Kreisen. Friedrich Wilhelm IV. war sich bewußt, daß seine Kirchenreform in den mehrheitlich liberal besetzten Synoden der protestantischen Landeskirche keine Mehrheit finden und eine legislatorische Absicherung des Diakonats daher scheitern würde. Zwar sahen liberale Theologen angesichts der sozialen Not durchaus die Notwendigkeit zum politischen Handeln, doch sie vertraten die Auffassung, daß die seelsorgerlichen Möglichkeiten ihres Amtes angesichts der umfangreichen materiellen Not ihrer Gemeindeglieder nicht ausreichten. Sie befürworteten kommunale Angebote der sozialen und finanziellen Hilfe, denn sie bevorzugten Lösungen, die den Hilfesuchenden nicht zum Objekt erzieherischer Maßnahmen machten. Dennoch wurde die Frage des Diakonats auf verschiedenen Kirchenkonferenzen verhandelt, am ausführlichsten auf der »Monbijou-Konferenz« von 1856, auf der Gutachten zum Diakonat von Johann Hinrich Wichern (1808-1881) und Theodor Fliedner diskutiert wurden.

Es bleibt hier zu konstatieren, daß es aus unterschiedlichsten Gründen der protestantischen Kirche bis heute nicht gelungen ist, das Verhältnis zum Diakonat zu klären.

Friedrich Wilhelm Kloß, Ansicht des Diakonissenmutterhauses Bethanien Berlin, um 1850 (1.93)

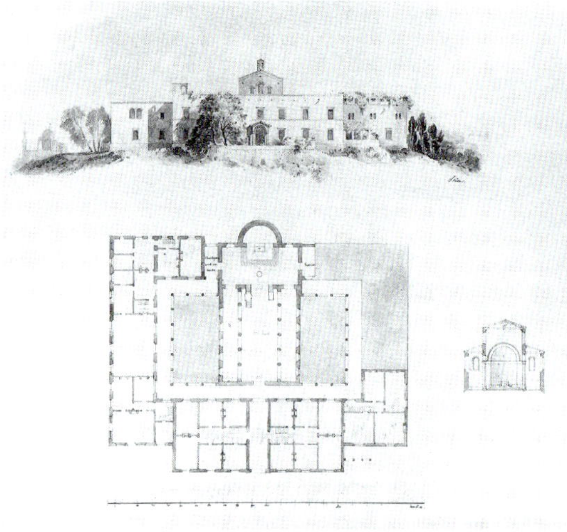

Friedrich August Stüler, Erster Entwurf für eine evangelische Missionsstation in Jerusalem, 1841 (3.8)

Die Theologen, die die Einführung des Diakonats befürworteten, hatten lediglich in ihren Kirchengemeinden die Möglichkeit, beispielgebend tätig zu sein, in der Hoffnung, daß dies weit über die Grenzen hinaus wirken möge: »Senfkornartig« wurden in den Kirchengemeinden Ausbildungsstätten für Diakone und Diakonissen gegründet und mit diesen ausgebildeten Kräften zugleich erste Zöglinge, Patientinnen und Patienten oder sogenannte Privatpflegen versorgt. Vereine, getragen von bürgerlichen Frauen und Männern, die vom gleichen Geist beseelt waren, bildeten gewöhnlich den organisatorischen Rahmen dieser Gründungen. Baulich visualisieren aber konnten diese kleinen bürgerlichen und frommen Initiativen in der ersten Hälfte des 19. Jahrhundert ihre Ideen nur, soweit ihre privaten Schatullen beziehungsweise das Spendenaufkommen der an ihrer Arbeit Interessierten reichte oder sie gar in den Genuß von größeren Stiftungen gelangten. Ihr Bauprogramm blieb daher einer typischen Vereinsbauweise verbunden: An ein größeres Wohnhaus wurden – je nach finanziellen Möglichkeiten – Anbauten angefügt, deren Aussehen meist von praktischen Erwägungen geleitet war.

Der preußische Monarch und seine gleichgesinnten Minister konnten durch ihre politische Machtbefugnis weitreichende sozial- und kirchenpolitische Weichenstellungen vornehmen. Sein Ideal einer reformierten »Kirche« aber konnte Friedrich Wilhelm IV. in seinem Land nicht durchsetzen. Er realisierte jedoch in seiner Residenzstadt Berlin ein christlich-soziales Modell, bei dessen Ausgestaltung erwecklich geprägte Theologen und Mitinitiatoren der Inneren Mission maßgeblich als Berater fungierten.

Die Realisierung diakonischer Bauprojekte

Das Modellprojekt des preußischen Königs, entstanden unter Mitwirkung des pietistisch gesinnten Ernst Baron von Kottwitz (1797-1843), sah zunächst vor, die übergroßen städtischen Parochien in kleinere Ortsgemeinden aufzuteilen. Damit wurde das bis dahin gültige Prinzip der Personalgemeinde aufgehoben. Der Bürger der Stadt sollte sich wie auf dem Land zu seiner Kirchengemeinde zugehörig fühlen, dort zwingend alle Amtshandlungen wie Taufe, Eheschließung, Beerdigungen durchführen lassen und somit ein persönliches, seelsorgerliches Verhältnis zu seinem Pastor aufbauen und nicht für jede kirchliche Handlung seinen Prediger frei wählen können. Wachse die Gemeinde, so seien Hilfsprediger einzustellen oder Tochtergemeinden zu gründen. In die Mitte dieser Parochien (maximal 4.000 Seelen) müsse ein christliches Zentrum (Kirche, Pfarrhaus, Schule und Diakonissenstation) gebaut werden. In den Jahren zwischen 1830 und 1850 wurde mit der Realisierung dieser Planung in Berlin begonnen. So sind heute noch die in diesem Programm entstandenen, von Karl Friedrich Schinkel (1781-1841) in basilikalem Stil entworfenen Vorstadtkirchen im Berliner Norden oder die von Friedrich August Stüler (1800-1865) geplante St. Jacobikirche in der Berliner Luisenstadt (heute: Berlin-Kreuzberg) zu bewundern.

Als Ausbildungsstätte wurde von Friedrich Wilhelm IV. ein Krankenhaus mit daran angeschlossenem Bildungshaus für »Barmherzige Schwestern in der protestantischen Kirche« in Auftrag gegeben, das unter der Federführung der Architekten Ludwig Persius (1803-1845), Friedrich August Stüler und Theodor Stein (1802-1876) in den Jahren 1842-1847 geplant und erbaut wurde und als Diakonissenmutterhaus »Bethanien« bekannt geworden ist. Auf die inhaltliche und organisatorische Ausgestaltung dieses diakonischen Projektes versuchte das Ehepaar Fliedner aus Kaiserswerth maßgeblich Einfluß zu nehmen. Die äußere Gestaltung aber bestimmte der König selbst: hier finden sich in der Fassadenabwicklung historistische Zitate aus der märkischen Klosterarchitektur und nicht zuletzt Verweise auf die aus dem 13./14. Jahrhundert stammende Schwanenordenskirche in Brandenburg/Havel.

Diesen mittelalterlichen Orden wollte Friedrich Wilhelm IV. wiederbeleben, um die vielen christlich-sozialen Vereinsinitiativen beider christlicher Konfessionen (!) unter einem organisatorischen Dach zu vereinen. Bethanien hatte Friedrich Wilhelm IV. als Ordenssitz vorgesehen. Der König hatte mit dieser Idee den Central-Ausschuß für Innere Mission in korporatistischer Form und in erstaunlich überkonfessioneller Denkweise vorweggenommen. Dennoch ließ sich dieser Plan nicht durchsetzen. Die Strukturen des 1848 ins Leben gerufenen Central-Ausschusses für Innere Mission erwiesen sich in der bürgerlichen Gesellschaft des 19. Jahrhunderts als durchsetzungsfähiger.

Das Ordensbauwerk Bethanien aber wirkte stilbildend für andere Diakonissenmutterhäuser, so zum Beispiel für das Henriettenstift in Hannover, dessen erste Oberin Emmy Danckwerts (1812-1865) zudem in Bethanien ausgebildet worden war.

Zur Resozialisierung und Rechristianisierung der verwahrlosesten Bevölkerung diente der Bau des Gefängnisses in Berlin-Moabit, der in den Jahren 1842-1849 nach den Plänen des Baumeisters Carl Ferdinand Busse (1802-1868), in Anlehnung an das Gefängnis Petonville bei London, realisiert wurde. Auch hier sollte – ähnlich wie in Bethanien – im Zentrum des Baukomplexes eine Kirche in basilikalem Stil entstehen. Wichern, der sich bereits früh mit Fragen der Gefängnisreform beschäftigt hatte, beriet den König in dieser Frage. Der erste Gefängnispfarrer von Moabit, Philipp Wilhelm Boegehold (1815-1873), sollte 1866 das »Lazarus« Kranken- und Diakonissenhaus in Berlin gründen.

Die »utopische« Basilika

Im Jahre 1844 scheint Wichern eine Planung für ein umfassendes Neubauprojekt des »Rauhen Hauses« in Hamburg vorgelegen zu haben. Dieser Plan ist leider nicht erhalten, doch es gibt eine Beschreibung dieses Entwurfs aus seiner Feder mit dem Titel »Die Basilika der inneren Mission im Rauhen Hause«, in der er nicht nur die verschiedenen Nutzungskonzepte und die Gestalt der einzelnen Gebäude darlegte, sondern auch eine theologische Zielbestimmung dieses – wie er es nannte – »utopischen Bauwerks« vornahm.

1848-1871

Entwicklung

Die Basilika, ein Hospitium und ein Pensionat für »Novizen« des »Rauhen Hauses«, die aus Familien der gehobenen Stände des In- und Auslandes kommen sollten, standen im Zentrum des Gesamtkom-

Handzeichnung Friedrich Wilhelms IV., 1820/1830 (3.5)

Diaconissenanstalt zu Neuendettelsau, um 1860 (3.13)

plexes, der außerdem noch ein Wirtschaftsgebäude und ein Mädchenpensionat umfaßte.

Die Basilika war den gottesdienstlichen Handlungen für das »Rauhhäusler Völklein« vorbehalten, doch bereits vier Jahre vor dem Wittenberger Kirchentag stellte sich Wichern weitreichendere Nutzungsmöglichkeiten vor: sie sei der geeignete Ort, in der die Generalversammlungen der inneren Mission stattfinden und zugleich die »Feste der äußeren Mission mit den Festen der inneren Mission« miteinander vereinigt werden könnten.

Das Hospitium sollte für alle Menschen aus nah und fern und jeglichen Standes die Möglichkeit bieten, sich körperlich und geistig zu erholen. »Die Rekreation des Menschen im Menschen, der erschlafft, oder erschöpft oder abgestumpft ist durch die Einförmigkeit und oft rastlose Maschinenbewegung des geschäftlichen oder auch geselligen Lebens, ist ein Bedürfnis, für das nur wenige eine örtliche Befriedigung finden, das aber wohl den Gedanken eines protestantisch-klösterlichen Aufenthaltes schon erzeugt hat, eine geistliche Badekur haben es andere genannt.« Eine solche »retraite spirituelle« kannte Wichern von den katholischen Klöstern in Frankreich.

In dem Pensionat für 24 Personen waren 12 Wohnungen geplant, in denen den Auszubildenden die innere Vorbereitung ermöglicht werden sollte, die sie benötigten, bevor sie »die Horden der Neuseeländer oder die Kasten der Inder zu ihrem künftigen Wirkungskreis erwählen [...] oder sie den Gefangenen den Trost der ewigen Freiheit, den Kindern die Rettung im Heiland und den Armen in den Gemeinden von da an den Reichtum des Evangeliums bieten wollen.« (Wichern SW IV,1) Diese Absolventen sollten gegebenenfalls auch die »Brüder« des »Rauhen Hauses« in ihrer Erziehungsarbeit anleiten, die mit ihren Zöglingen in Rettungshausfamilien zusammenwohnten.

Die Infrastruktur des gesamten Gebäudekomplexes war ebenfalls Gegenstand seiner Überlegungen. Die Vorsteherwohnung aber bedurfte insofern seiner besonderen Beachtung, da er ihren Ort hinsichtlich des »ökonomisch-industriellen« sowie »überwiegend sittlichen Betriebes« in der Gesamtanlage für bedenkenswert hielt. Insgesamt aber erhoffte er sich von diesem »utopischen Bauwerk« die Vereinigung seiner Arbeit mit derjenigen der Norddeutschen Missionsgesellschaft, denn damit bekäme diese ideal gedachte Basilika der Inneren Mission eine Bestimmung und Dimension, »welche einen weiten Umkreis der Erde umfaßt«.

Solche Utopien stehen meist nicht singulär, sondern ziehen Phantasien über weitere Details nach sich. So äußert sich Wichern in diesem Text zwar nicht über die Qualitäten des Vorstehers, doch wenige Monate später schrieb er an Karl Sieveking (1787-1847) in Hamburg über den Mann, der in seiner Vision die Fähigkeit besitze, eine Rechristianisie-

Dies Buch

gehört dem König.

Bettina von Arnim, Dies Buch gehört dem König, 1843 (1.91)

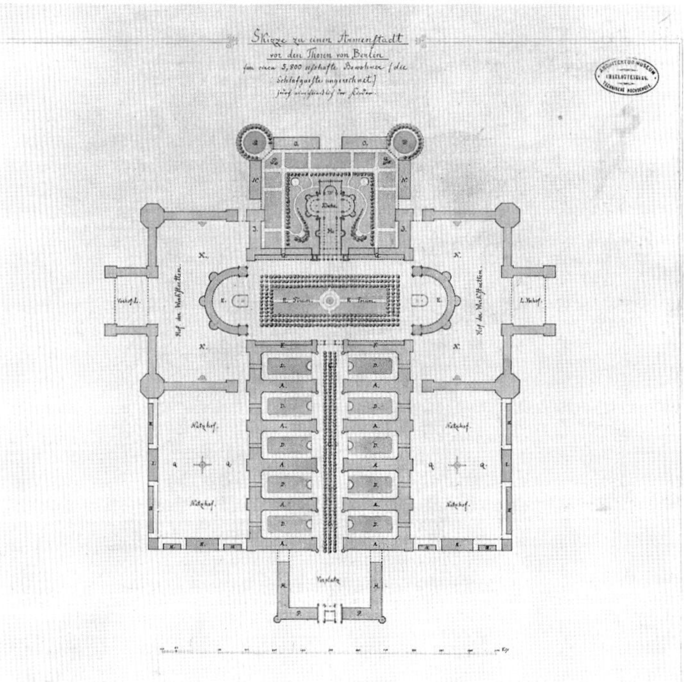

Wilhelm Stier, Skizze zu einer Armenstadt vor den Thoren von Berlin, 1848 (3.9)

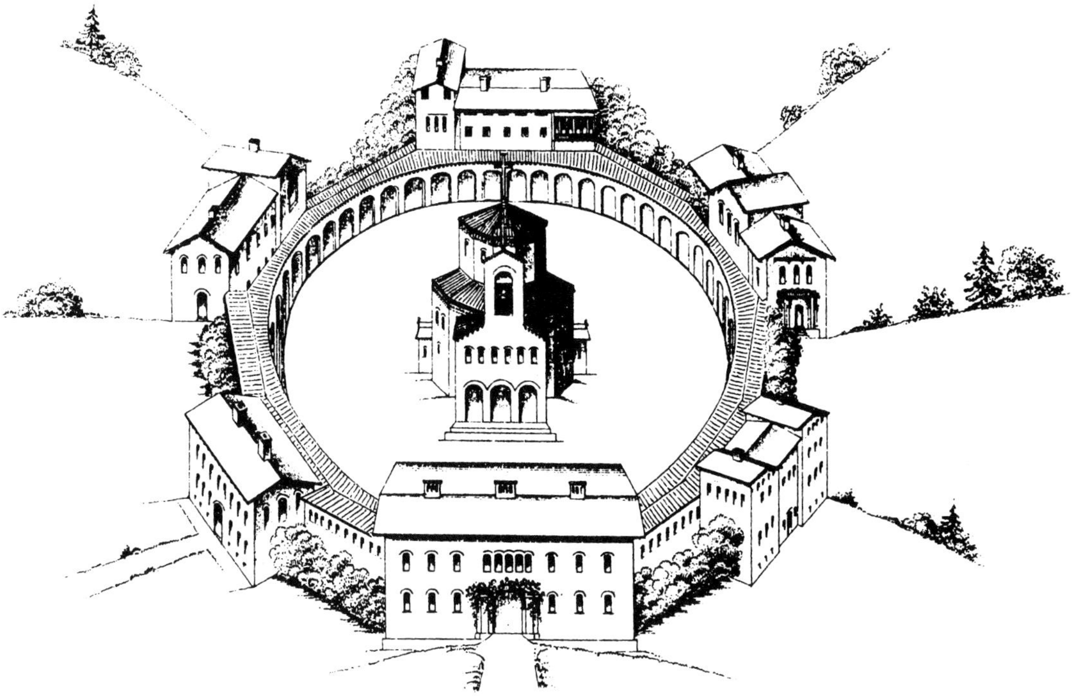

Entwurf des St. Johannes-Stiftes, Berlin 1856/1858 (3.7)

rung der Gesellschaft vorbildlich ins Werk zu setzen: »Den Finsterlingen« einer »negativen Kirche«, wie er all diejenigen Kirchenleute bezeichnete, die liberale Positionen vertraten, müsse ein »apostolischer Mann und Herold« gegenübertreten, »der in sich die Tiefe eines Luther, das Herrschertalent eines Calvin, die erbauende Kraft eines Spener, das Glaubenscharisma eines Francke, das organisirende Talent eines Zinzendorf in sich vereinige, also ein andere[r] sein wird, als alle die vor ihm waren.« (am 27. März 1845, Familie Sieveking I) Bei der Betrachtung der Rezeptionsgeschichte von Wicherns Person innerhalb der Geschichtsschreibung der Inneren Mission entsteht der Eindruck, daß ihm selbst diese Qualitäten häufig zugesprochen wurden und werden.

Wie alle Utopien wurde auch die ideale Basilika nicht realisiert, doch sie war weder der erste noch der letzte Entwurf für ein Gesamtwerk einer christlich geprägten Anlage. Einhundert Jahre vor Wicherns Plan hatte Zinzendorf in ländlicher Umgebung seines mütterlichen Gutes in Großhennersdorf eine christliche »Communio« gegründet, die sich nach dem Vorbild der ersten Christen als eine apostolische Gemeinde in brüderlicher Gemeinschaft begreifen sollte. Auch am Ortsbild sollte diese Idee ablesbar sein: Im Zentrum stand die Kirche, ein einheitlicher großer Betsaal. Um diesen Sakralraum gruppierten sich in klarer Ordnung die Häuser für die bruderschaftlichen Familien, die Räume für die Diakone und Diakonissen, eine Schule und eine Krankenstation. Unter des »Herren Hut« sollte diese erste apostolische Gemeinde stehen, die in den folgenden Jahrzehnten gemäß dem biblischen Auftrag zur Mission Nachahmer in der ganzen Welt fand. In den Ortsanlagen von Korntal und Wilhelmsdorf in Süddeutschland sind solche Beispiele erhalten.

Die christliche Armenstadt

Die Wohnungsnot in Hamburg nach dem Brand von 1842 oder auch die Entstehung der ersten mehrgeschossigen Mietskasernen im Norden Berlins in den Jahren zwischen 1820 und 1830 veranlaßten sozial engagierte Bürger, über Wohnungsreformen und ihre städtebauliche Umsetzung nachzudenken. Wichern machte sich auf den Weg und schaute sich beide sozialen Brennpunkte vor Ort an, um sich selbst ein Bild von der prekären Lage der Armenbevölkerung zu machen. Ähnlich wie der von Bettina von Arnim (1785-1859) beauftragte Schweizer Pädagoge Heinrich Grunholzer (1819-1873), dessen Beobachtungen die Schriftstellerin in ihrem »Königsbuch« publizierte, beschrieb Wichern die Not dieser

Menschen in eindrücklichen Sozialreportagen mit seinem geschärften, auch ethnographisch zu bezeichnenden Blick. Über die sogenannten Berliner Familienhäuser stellte er fest: »Charakteristisch ist, daß, wie Zinzendorf die Kirche in die Mitte seiner Kolonie setzte, so in der Mitte dieser ›Familienhäuser‹ sich eine ungeheure, alles verpestende Kloake befindet.« (Wichern 1901)

Mit Karl Sieveking, der in Kontakt mit dem englischen Sozialreformer Robert Owen (1771-1858) stand, hatte Wichern bereits Überlegungen zu einem Bürgerhof in Hamburg formuliert, einer ideal gedachten Wohnanlage, die den sittlich-moralischen Ansprüchen ihrer Stifterpersönlichkeiten genügen sollte. Es war vorgesehen, in sich abgeschlossene Wohnungen für Arbeiterfamilien mit einer sozial geprägten Infrastruktur zu verbinden. Sie hatten preiswert, gesund und bequem zu sein und sollten eine helle Küche, ein größeres und beheizbares Zimmer, zwei Schlafkammern, Keller, Bodenverschlag und ein separat abschließbares Klosett erhalten. Gute hygienische und räumliche Bedingungen waren aus der Sicht der Autoren unabdingbar, um den Menschen des unteren Standes ein würdiges und zufriedenes Leben zu ermöglichen. Nur so blieben sie in die bürgerliche Gesellschaft und den Obrigkeitsstaat integriert und hegten keine umstürzlerischen Gedanken.

Eine solche Armenstadt, für die zusätzlich eine Infrastruktur mit Werkstätten, Einkaufsmöglichkeiten, Gemeinschaftseinrichtungen wie eine Speiseanstalt, Schulen, Krankenstationen sowie eine Bank vorgesehen war, benötigte jedoch sittliche, kirchliche Begleitmaßnahmen. In einem von Wichern 1844 eigens dazu verfaßten Gutachten ist zu lesen: »das eigentlich Kirchliche als solches darf kaum genannt werden. [...] Die betreffenden Einrichtungen können zunächst nur bezwecken, solche Höhere Interessen zu wecken, und müssen dann so gestaltet sein, daß sie künftigen Gestaltungen des Geistes nicht hinderlich in den Weg treten.« Eine Möglichkeit, in dieser indirekten Weise die christlich-soziale Idee auszuformulieren, war über die bauliche Planung gegeben: »Die Schule und das Schulgebäude müßten das Zentrum des Bürgerhofes bilden; sie müßte da stehen, wohin die Jesuiten in ihren Kolonien die Kirchen, wohin Owen in seinen sozialen Bauten die Küchen stellt. Die Schule, soweit sie das kirchliche Element in sich trägt, müßte sich liturgisch gestalten.« (Wichern SW IV,1) In dieser Weise also könnte die Idee des sozialen Christentums in der pädagogisch aufgeladenen Theologie des Pietismus ihre für alle sichtbare Gestalt gewinnen.

Diakonissenmutterhaus Sarepta in Bethel, Bielefeld 1919/1920 (S.85)

Der zeitgleich und in Zusammenarbeit von Wilhelm Stier (1799-1856) mit Bettina von Arnim entstandene Entwurf einer »Stadt für die Armen« , sah einen Grundriß vor, der an eine Kathedrale im Kreuzgrundriß erinnert. Ein solcher Gesamtentwurf verweist in seiner Geschlossenheit bereits auf große Krankenhaus- und Anstaltskomplexe, die später im Kaiserreich realisiert wurden.

Für die großen Gesamtanlagen der Inneren Mission wurden solche Vorstellungen ebenfalls übernommen. Als Gegenentwurf zum Verstädterungsprozeß mit seinen vielfältigen sozialen Konfliktfeldern wurden in sich geschlossene christliche Vororte in der Nähe von Städten angesiedelt, wie dies an Bethel bei Bielefeld modellhaft nachzuvollziehen ist. Doch in der ersten Hälfte des 19. Jahrhunderts fanden sich für solche Stadtentwicklungskonzeptionen keine Geldgeber. Weder der Bürgerhof in Hamburg noch die Berliner Armenstadt wurden realisiert.

Johann Hinrich Wichern aber dachte weiterhin über die ideale diakonische Anlage nach. Für das »Johannes-Stift«, die Tochtergründung des »Rauhen Hauses« in Berlin, ist ein solcher Entwurf (1856/1858) überliefert. Auch hier ist in der Mitte das Kirchengebäude gedacht, das in diesem Falle als Zentralbau ausformuliert ist. Baptisterien oder Mausoleen waren gern als solche Zentralbauwerke den altchristlichen Basiliken angefügt worden.

Um diesen kirchlichen Zentralbau sind entlang eines kreisförmigen Arkadenganges ein Krankenhaus, ein Hospitium, eine Schule, ein Erziehungshaus für Knaben und die nötigen Gebäude für Wirtschaft und Verwaltung angeordnet – also das Grundprogramm einer Einrichtung der Inneren Mission. Die deutliche Differenzierung der einzelnen Häuser erinnert an das Familienprinzip, das Wichern seinem »Rauhen Haus« in Hamburg zugrunde legte. Das Verhältnis der einzelnen Gebäude zueinander aber wirkt in dieser streng durchkomponierten Anlage ambivalent: Die einzelnen Bereiche der Inneren Mission, die Werke der Nächstenliebe, die sich in ihrer kleinen familiären Einheit den Erfordernissen der bürgerlichen Gesellschaft des 19. Jahrhunderts anzupassen scheinen, sind zugleich einer unausweichlichen Grundlinie, der idealen geometrischen Grundform unterworfen. Die Idee des Kreises mit der Kirche im Mittelpunkt macht sichtbar, daß die soziale Hilfe unauflöslich mit dem Missionsgedanken verschmolzen ist und nur von diesem religiösen Zentrum aus gedacht werden soll. Dieser Entwurf einer Anstalt der Inneren Mission erinnert zugleich an die Entwicklung vom Verein zum Anstaltsbau und spiegelt damit auch diejenige der Inneren Mission im 19. Jahrhundert. Die Visionäre aus den Anfängen der Inneren Mission wußten für die Ausgestaltung ihrer idealen Entwürfe einer Nächstenliebe die historistische Zitierweise mit Hilfe der Baumeister hervorragend zu nutzen. Die christlich-sozialen Bauwerke späterer Jahrzehnte zeigen nicht mehr diese malerische, romantische Schönheit, sondern bevorzugten die erbauliche Strenge des Mittelalters.

Der städtische Müßiggänger des 19. Jahrhunderts verweilte gewöhnlich nicht in diesen klösterlich anmutenden Gebäuden. Der Flaneur ließ sich allenfalls vom schönen Schein (ver)leiten. Anders als dieser wollten sich die Hilfsbedürftigen nicht von der Schönheit der Bauwerke betören lassen. Sie fragten nach praktischen und realen Hilfen zur Bewältigung ihres Alltags.

Literatur

Börsch-Supan, Eva / Müller-Stüler, Dietrich, Friedrich August Stüler 1800-1865, München 1997

Brennecke, Hanns-Christof, »Eine heilige apostolische Kirche. Das Programm Friedrich Wilhelms IV. von Preußen zur Reform der Kirche«, in: Berliner Theologische Zeitschrift, 4. Jg., 2. Hft., 1987

Bunsen, Christian Carl Josias, Die Basiliken des christlichen Roms nach ihrem Zusammenhange mit Idee und Geschichte der Kirchenbaukunst dargestellt, München 1842

Franz-Duhme, Helga Nora / Röper-Vogt, Ursula, Schinkels Vorstadtkirchen. Kirchenbau und Gemeindegründung unter Friedrich Wilhelm III. in Berlin, Berlin 1991

Geist, Johann Friedrich / Kürvers, Klaus, Das Berliner Mietshaus 1740-1862, Bd. 1, München 1980

Heidenreich, Ulrich, »Basilika der Inneren Mission«, in: Diakonie 73, Jahrbuch des Diakonischen Werkes, Stuttgart 1973

Palm, G., Von welchen Principien soll die Wahl des Baustyls insbesondere Kirchenbaustyls geleitet werden. Agentur des Rauhen Hauses, Hamburg 1845.

Ranke, Leopold von, Aus dem Briefwechsel Friedrich Wilhelms IV. mit Bunsen, Leipzig 1873

Röper, Ursula, Mariane von Rantzau und die Kunst der Demut, Frömmigkeitsbewegung und Frauenpolitik in Preußen unter Friedrich Wilhelm IV., Stuttgart 1997

Wichern, Johann Hinrich, Gesammelte Schriften, Briefe und Tagebuchblätter, Hg. v. D.J. Wichern, Hamburg 1901

1848-1871

Entwicklung

Erziehung als Mission

von Juliane Jacobi

Die Erziehungsgeschichtsschreibung in Deutschland konzentriert sich für das 19. Jahrhundert üblicherweise auf den Ausbau des öffentlichen allgemeinbildenden Schulwesens und die damit verbundenen pädagogischen und bildungspolitischen Kämpfe. Nur die allgemeinbildenden Schulen waren im Prinzip für alle Kinder konzipiert, auch wenn ihre Einteilung in »niedere Schulen« und das für eine kleine männliche Elite eingerichtete Gymnasium die Struktur der Klassengesellschaft abbildete. Zwei Gebiete bleiben in fast allen »Geschichten der Erziehung« eher randständig: die Sozialpädagogik (sowie frühe Formen der Sonderpädagogik und der Kleinkinderpädagogik) und die Mädchen- und Frauenbildung, soweit sie über die Elementarerziehung hinausging. In beiden Gebieten haben Initiativen der Inneren Mission Erhebliches geleistet. Marginal für die pädagogische Geschichtsschreibung blieben und bleiben diese Aktivitäten aber nicht nur wegen ihrer quantitativ geringen Bedeutung, sondern auch deshalb, weil sie sich dezidiert nicht an den Staat als Veranstalter richteten und von daher aus dem bildungspolitischen Rahmen fallen, in dem die deutsche Bildungsgeschichte des 19. Jahrhunderts diskutiert wird. Denn die Aktivistinnen und Aktivisten der christlichen Erziehung, die aus dem Geist der Inneren Mission ihre Fürsorgeheime, Rettungshäuser, Diakonissenmutterhäuser und Ausbildungsstätten für Mädchen und Frauen organisierten, sahen ganz überwiegend in der freien Vereinstätigkeit, auf die der Staat keinen Einfluß nehmen sollte, die einzig sinnvolle sozial- und bildungspolitische Organisationsform. Es war der freiwillige Verein der Frommen und das im 19. Jahrhundert mit Rückgriff auf die alte Kirche neu geschaffene kirchliche Amt des weiblichen und männlichen Diakonats, in dessen Rahmen sie ihre Zielsetzung verwirklichen zu können glaubten. Die pädagogischen und bildungshistorischen Aspekte dieser Vereinstätigkeit und des Diakonats stehen im Zentrum meines Beitrages. Gezeigt werden sie auf dem Bogen »Missions-Welt«, dessen umlaufender Rahmentext die Gebiete nennt, auf denen in den prachtvoll dargestellten Häusern pädagogisch gearbeitet wurde: Kinder- und Jugendpflege, Armen- und Krankenpflege, Besserungs- und Gefangenenpflege, Volksbildungspflege.

Missions-Welt, vor 1863 (3.73)

Es war keineswegs politische Taktik, daß die christliche Liebestätigkeit der erweckten Kreise sich nicht an den Staat als Adressaten wandte, so eng die Beziehungen führender Personen der Inneren Mission zu einigen dynastischen Häusern in den protestantischen deutschen Staaten auch gewesen sein mögen. Vielmehr hing die privat organisierte soziale und pädagogische Tätigkeit aufs engste mit der frommen Motivation zusammen, die nur verständlich wird, wenn der Missionsgedanke ernst genommen wird. Mission heißt, die Zöglinge für den christlichen Glauben zu gewinnen, Erziehung als Rettung aus Sünde zu verstehen und »Seelenpflege« (Wichern) zu betreiben. Die Pädagogik der Inneren Mission stand unter der paulinischen Aufforderung »Lasset uns Gutes tun, allermeist aber an des Glaubens Genossen« (Gal. 6, 10); das war keine Losung für Zwangsanstalten des modernen Staates, seien es Schulen oder Gefängnisse. Auch wenn den Erzieherinnen und Erziehern daran gelegen war, die vorhandenen sozialen und politischen Ordnungen im Lot zu halten, war ihnen diese Differenz zu staatlichen Aufgaben wichtig. Mittel und Wege, Motive und Begründungen waren andere als die, mit denen der Ausbau des staatlichen Bildungswesens vorangetrieben wurde.

Die Scheunenpredigt

Es gibt im späten 19. Jahrhundert ein weit verbreitetes Bild von Johann Heinrich Pestalozzi (1746-1827), auf dem dieser gemeinsam mit seiner Frau Anna Schultheß (1738-1815) beim Unterricht in einer Dorfschule dargestellt ist. Das Bild ist vollkommen fiktiv und drückt die Vorstellung von Volksbildung

Robert Heck, Gustav Werner predigt in einer Dorfscheune, 1862 (3.60)

1848-1871

Entwicklung

aus, wie sie sich die gebildeten Stände und die für sie zuständigen Beamten und Pastoren gerne machten. Ähnlich gestaltet ist die Darstellung von Gustav Werners (1809-1887) Wirken auf dem Gemälde »Die Scheunenpredigt«: Ein begnadeter Lehrer oder Prediger – Werner war zwar Theologe, hatte aber sein Pfarramt früh verlassen – bringt den armen Kindern und Erwachsenen der ländlichen Gesellschaft offensichtlich eine frohe Botschaft. Predigt und Unterricht verbinden sich in der Mission. Erziehung bedarf als Grundlage der individuellen Ansprache durch das gesprochene und gepredigte Wort. Das ist die Vorstellung, die die christlichen Erziehungsprogramme seit den dreißiger Jahren des 19. Jahrhunderts auch in Deutschland geprägt hat. Unter politischen Gesichtspunkten werden die aufkommende politische Bewegung der proletarisierten Handwerker und ihre frühsozialistischen und liberalen intellektuellen Führer als Kontrastprogramm genannt. Betrachtet man die bildungsgeschichtliche Frontlinie zwischen christlichen Konservativen und rationalistisch-aufklärerischen Liberalen, die sich mit den Namen des preußischen Kultusministers Johann Albrecht Eichhorn (1779-1856) und des 1847 schließlich von ihm entlassenen preußischen Seminardirektors Diesterweg (1790-1866) verbindet, so gehören die christlichen Erziehungsprogramme, die aus der Erweckungsbewegung hervorgegangen sind, fraglos auf die Seite der restaurativen Tendenzen des Vormärz und der Reaktionszeit nach 1848. Für ihre Einordnung in die Geschichte der Erziehung sind jedoch auch das Kontrastprogramm der staatlich verordneten Schulbildung und die sich in diesem Umfeld entwickelnden pädagogischen Modelle aufschlußreich. So ist die Zeit, in der diese christlichen Erziehungsprogramme und Aktivitäten entstanden sind, auch Zeugin von Modernisierungsversuchen des Unterrichts, die, ganz dem ökonomisch-organisatorischen Geist der Zeit entsprechend und auf die knappen Ressourcen im Volksschulwesen reagierend, die Massenbeschulung in mechanisierter Form ermöglichen sollten: das in England entwickelte Lancastersystem, gelegentlich auch Helfersystem genannt, fand in einigen deutschen Ländern in dieser Zeit Eingang und wurde weithin diskutiert. Dagegen war die pädagogische Zuwendung zu den »verwahrlosten« Kindern und Jugendlichen der Armen ebenso wie die Kleinkinderpädagogik, die zu einem wichtigen Betätigungsfeld für junge Mädchen und unverheiratete Frauen wurde, von der Konzentration auf das einzelne Kind geprägt. Einige Ausschnitte aus der überaus breit gefächerten Geschichte christlicher Erziehungs- und Missionsprogramme sollen im folgenden genauer betrachtet werden: die Anfänge der Fürsorgeerziehung, die Entwicklung der Kleinkindererziehung im Zusammenhang mit der Mädchen- und Frauenbildung, die pädagogische Arbeit mit den randständigen Armen, das heißt den blinden, körperlich und geistig behinderten Kindern, und die christliche Volksbildung. Sie wurden ausgewählt, weil sie pädagogisch prägend gewesen sind. Hier wurden außerdem erste Schritte zu einer Verberuflichung der Fürsorge und Sozialpädagogik getan. Im Bemühen um die Volksbildung der Inneren Mission schließlich werden aber auch die Grenzen dieser Erziehungstätigkeit in der Klassengesellschaft des 19. Jahrhunderts deutlich.

Doch zunächst noch einige Sätze zur pädagogischen Grundstruktur der vor allem von Johann Hinrich Wichern (1808-1881) geprägten Erziehungsprogramme der Inneren Mission. Ein Vortrag aus dem Jahre 1863 faßt die Hauptgedanken zusammen und verdeutlicht gleichzeitig, was Wichern für grundlegend hält: Schon der Titel »Die Ursachen der so vielfach erfolglosen Bemühungen in der Kindererziehung« unterscheidet sich deutlich von der pädagogischen Programmatik des Liberalismus. Eine zutiefst pessimistische Grundstimmung durchzieht folgerichtig die daran anschließenden Überlegungen, die sich in den Topoi des Versagens der Familien, der Schulen, des verheerenden Einflusses von Gleichaltrigen und von liberaler Religionskritik ergehen. Wichern ist zutiefst davon überzeugt, daß »das Wesentliche bleibt, daß sich hier in den erziehenden Kindern zunächst eine besonders energische, nächtliche Naturmacht als Ursache der Verfehlungen in den Vordergrund stellt. Zu verwundern bleibt es dann nicht, wenn aus einer solchen Kraft, im Bunde mit jenen oben dargestellten Versuchungen, das Böse zuzeiten in dämonischer Größe hervortritt [...] Die Aufgabe aller Erziehung, in Hoffnung [im Original] zu säen, stille zu sein, zu warten – ist in solchen Fällen verdoppelt.« (Wichern SW VII) Die hier erklärte pädagogisch-programmatische Selbstbeschränkung basiert auf einer Anthropologie, für die das Böse sehr real ist. Sie muß als Ausgangspunkt für enorme sozialpädagogische Aktivitäten gesehen werden.

Erziehungsfamilie im »Rauhen Haus«, 1885 (3.22)

Christliche Heimerziehung und Familienpflege

»Die deutschen Rettungsanstalten sind ein Produkt der Neuzeit und gehören einer Kette von Instituten an, die, wie sie auch sonst zu unterscheiden sein mögen, doch darin übereinkommen, daß sie es mit einer Jugend zu tun haben, deren Erziehung aus irgendwelchen Ursachen besondere Schwierigkeiten macht und die ohne besondere Hilfe die Gesellschaft auch mit Gefahr bedrohen würden.« So begann Johann Hinrich Wichern seinen großen Artikel für die »Enzyklopädie des gesammten Erziehungs- und Unterrichtswesens« (Hg. Palmer, Wildermuth und Schmidt 1869). Die Genealogie der Erziehungsarbeit an der verwahrlosten Jugend in den Einrichtungen der Inneren Mission wird damit deutlich konstruiert: Es sind Pestalozzi, Christian Heinrich Zeller (1779-1860), Fellenberg (1771-1844) und Johannes Falk (1768-1826), auf deren Wirken Wichern mit seiner Gründung des »Rauhen Hauses« aufgebaut hat. Mit diesen Verbindungslinien zu Pestalozzi, die vor allem über die 1780 gegründete »Baseler Christentumsgesellschaft« und die Beuggener Gründung Zellers hergestellt waren, verdeckte Wichern eine zentrale Differenz zwischen den pädagogischen Programmen der Inneren Mission, namentlich seinen eigenen pädagogischen Vorstellungen, und Pestalozzis Armenerziehungsplänen. Pestalozzi nahm einen grundsätzlich anderen anthropologischen Ausgangspunkt als die im Geist der Erweckungsbewegung entstandenen sozialpädagogischen Einrichtungen, auch wenn die schöne, von Zeller berichtete Geschichte, Pestalozzi habe 1827 (seinem Todesjahr) bei einem Besuch in Beuggen ausgerufen: »Das ist's! Das ist's, was ich gewollt habe«, sicherlich stimmt. Deutlich an das Gute im Kind glaubend, entwarf Pestalozzi, dessen Frömmigkeit sich in der Nachfolge Jesu verstand, die Armenerziehung als die Entfaltung des Guten im Kinde. Die nächste Generation der Erweckten war nicht zuletzt erweckt, weil sie, bereits ernüchtert vom Traum der Menschheitsbefreiung, sich wieder stärker an der Vorstellung von der Sündhaftigkeit des Menschen in ihrer Pädagogik orientierte. Mitteleuropa war durch die napoleonischen Kriege und die Befreiungskriege gebeutelt. Die anschließenden ökonomischen und sozialen Desaster von Teuerung und Hungersnöten verstärkten das Elend der Armen. Die Folgen von Bauernbefreiung auf dem Lande und von beginnender Urbanisierung führten zum Zusammenbruch eines im Aufklärungszeitalter in Einzelfällen bereits gut ausgebauten Armenfürsorgesystems. In Hamburg forderte dieser Zusammenbruch vor allem auch von Fürsorgeeinrichtungen für Kinder in der Zeit nach den napoleonischen Kriegen neue Formen von Liebestätigkeit von den Frommen geradezu heraus. Bedeutende Gruppen innerhalb der beiden großen christlichen Konfessionen haben sich deshalb seit den Freiheitskriegen der Erziehung als Missionstätigkeit, das heißt als Errettung aus der Sünde gewidmet. Wichern selbst hat diese Traditionslinie bei der Gründung seiner Anstalt durchaus evoziert: schrieb er doch in der Vorbereitung der Gründung des »Rauhen Hauses« »Reportagen« über die bestehenden Rettungsanstalten ebenso wie über den Lutherhof Falks und verweist auch auf August Hermann Francke (1663-1724) und sein Hallesches Waisenhaus, eine Gründung des ausgehenden 17. Jahrhunderts.

Recherche und Legitimation sind wichtig, wenn man etwas Neues anfangen will – und dies wollte Johann Hinrich Wichern. Die heutige Leserin von Wicherns »Notizen über gemachte Besuche, besonders in Beziehung auf die Sonntagsschule« (1832/33), in denen er die Lebensverhältnisse der Hamburger Armen beschrieben hat, ist beeindruckt davon, wie hier ein für die soziale Situation hochsensibler Mann sehr genaue Beobachtungen in einem Milieu macht, das ihm von Herkommen und Klassenzugehörigkeit gänzlich fremd war. Er systematisierte seine Besuche, führte penibel Buch, verfolgte einzelne Kinder- und Familienschicksale. Heute bekanntere Beispiele für Sozialreportage über die Massenarmut der vierziger Jahre des 19. Jahrhunderts finden sich im Anhang von Bettina von Arnims »Königsbuch« (1843) und in Friedrich Engels »Zur Lage der arbeitenden Klassen in England« (1845). Beide wurden mit demselben politischen Ziel geschrieben. Wichern verarbeitete seine «Notizen über gemachte Besuche« in seinen Aufsätzen im »Bergedorfer Boten« 1833 mit anderer politischer Zielsetzung. Die Publikation entstand »Zum Besten der in Hamburg zu errichtenden Rettungsanstalt für sittlich verwahrloste Kinder«. Er wollte die Kinder und Jugendlichen aus ihrem Elend, das er als Sündhaftigkeit identifizierte, retten. Praktisch mündete die seelsorgerische und publizistische Aktivität in die Gründung des »Rauhen Hauses«. Es gab für Wichern kaum Vorbilder in der kirchlichen Seelsorge in Deutschland, und seine Arbeit war Pionierarbeit. Sie ermöglichte es ihm in der Folge, die sehr erfolgreichen praktischen »Interventionsstrategien« zu entwickeln. Er kannte die Nöte derer genau, deren er sich annahm.

Wie sahen diese neuen Erziehungskonzepte aus? Zwar wurden die Gruppen der Kinder und ihre Be-

1848-1871

Entwicklung

Bilderbogen »Der breite und der schmale Weg«, um 1860 (3.63)

treuer auch in den vor dem »Rauhen Haus« entstandenen Rettungshäusern »Familien« genannt, insofern griff Wichern eine in der Anstaltserziehung gebräuchliche Begrifflichkeit auf, aber das, was im »Rauhen Haus« darunter verstanden wurde, war neu. Denn im Gegensatz zu anderen Rettungshäusern, in denen Hausväter und Hausmütter jeweils bis zu vierzig Kindern in ihrer Familie betreuten, war es nicht nur Metaphorik, die im »Rauhen Haus« entwickelt wurde. Die Erziehung fand auch tatsächlich in Gruppen von einer Größenordnung statt, die mit Familien im bürgerlichen Leben vergleichbar war. Im »Rauhen Haus« wohnten immer circa 12 Kinder in einer Familie mit den jeweiligen betreuenden Brüdern oder Schwestern zusammen. Jede Familie wohnte in einem eigenen Haus. Aber es war nicht nur diese in der Sozialform bereits sehr deutliche Revision, die der Vater der Inneren Mission in seiner Einrichtung praktizierte. Auch die interne pädagogisch-pflegerische Arbeitsweise, die Wichern für sich und seine Mitarbeiter entwickelte, ging neue Wege. Sie ließ dem einzelnen Kind eine bis dahin nicht gekannte, überaus sorgfältige Beobachtung und Behandlung angedeihen. Wichern entwickelte in Kooperation mit den erziehenden »Brüdern« genaue methodische Verfahren, in denen jedes Kind individuell behandelt und begleitet wurde. Ebenso wurde die Beziehung zu den Eltern, ohne deren Einverständnis er kein Kind aufnahm, und zu den Jugendlichen, die das Haus als Lehrlinge oder Dienstmädchen verließen, aufmerksam gepflegt. 1867 wird berichtet, daß noch nicht einmal 10 % der ehemaligen Zöglinge verschollen waren und Wichern durch sein individualisiertes Erziehungskonzept in den kleinen überschaubaren Häusern überaus erfolgreich war. Die Sündhaftigkeit der Armen stand für ihn außer Frage, seine Strategie zur Rettung dieser Seelen war bezeichnenderweise »Seelenpflege«, nicht Strafe. Leben und Arbeiten im »Rauhen Haus« war zwar streng, aber abwechslungsreich gestaltet: mit Verantwortlichkeiten für die Kinder im Spiel, Turnen und viel Bewegung an frischer Luft, Feiern und Singen. Die Einrichtung muß, pädagogisch gesprochen, als stilbildend für die modernen Formen der Heimerziehung angesehen werden.

Erfolgreich konnte diese Erziehung nur sein, weil Wichern durch die Einrichtung des Bruderhauses und eine gezielte Ausbildung der Brüder gleichzeitig erste Ansätze für eine qualifizierte sozialpädagogische Tätigkeit entwickelte. Das Diakonat kann als Keimzelle der Verberuflichung von Sozialarbeit im weitesten Sinn gesehen werden. Die Abgrenzung zu anderen pädagogischen Berufen war durchaus noch nicht so klar. So wurde 1850 auch der Plan für ein Lehrerseminar im »Rauhen Haus« entwickelt, in dem nach Zellerschem Vorbild Brüder zu Armenschullehrern ausgebildet werden sollten.

Die Fähigkeiten Wicherns als Propagandist der eigenen Ideen, die Ausbreitung seines Werkes im ge-

Bilderbogen, um 1850 (3.70)

druckten Wort durch die »Fliegenden Blätter aus dem Rauhen Haus«, die seit 1844 regelmäßig erschienen, eigene Reisetätigkeit und eine große Korrespondenz taten ein übriges, das »Rauhe Haus« auch zur Keimzelle der modernen Konzeptionen von Jugendfürsorge werden zu lassen. Eine in ihren Anfängen nicht vorhandene nationale Färbung bekam die Jugendfürsorge im »Rauhen Haus« zusätzlich, nachdem dieses Erziehungs- und Missionsprogramm in die politisch national-konservativ orientierte Gründung des Central-Ausschusses der Inneren Mission einging. Die Frontstellung gegen liberale und revolutionäre Tendenzen ließ sich nahtlos aus den Anfängen entwickeln, da im Wichernschen Konzept der Christlichen Liebestätigkeit die gesellschaftspolitische Dimension des Pauperismus nicht enthalten war.

Neben der Gründung von Anstalten im Bereich der Kinder- und Jugendfürsorge war durch die christliche Vereinstätigkeit gleichzeitig auch die private Familienfürsorge für arme, verwaiste und verwahrloste Kinder organisiert worden. Damit entstand das Modell der Betreuung, das mit dem Institut der privaten Pflegestelle Eingang in die moderne staatliche Jugendhilfe des 20. Jahrhunderts gefunden hat. Zu den großen Pionieren gehörte Johannes Falk in Weimar. Auch in Württemberg entstanden unter dem Einfluß von Zeller Erziehungsvereine, die sich die Organisation der Familienpflegestellen zur Aufgabe gemacht hatten. Als bedeutendste Gründung dieser Art muß der 1835 vom Schweizer Pfarrer Andreas Bräm (1797-1882) gegründete Neukirchner Erziehungsverein gelten. Bräm entwickelte eine Kombination von Anstalt- und Familienerziehung. Der Verein breitete seine Tätigkeit, von den pietistisch-reformierten Kreisen des Niederrheins herkommend, bald über ganz Nordwestdeutschland aus.

Weibliche Frömmigkeit, Mädchen- und Frauenbildung und Kleinkinderpädagogik

Bereits 1847 erklärte Wichern in den »Fliegenden Blättern aus dem Rauhen Haus«, daß die christliche Liebestätigkeit von Frauen mit zu den bedeutendsten Indizien der sozialen Erneuerung des gegenwärtigen Zeitalters gehöre. In der Tat waren in den vorangegangenen Jahrzehnten die Anfänge von pädagogisch und sozialpädagogisch qualifizierter Tätigkeit von Frauen ganz maßgeblich im Rahmen der kirchlichen Erweckungsbewegung entstanden. Aber Wichern schrieb diese Sätze sicher auch aus der unmittelbaren persönlichen Kenntnis einer Frau aus dem Kreis der Hamburger Erweckungsbewegung. Er kannte Amalie Sieveking (1794-1859) – Malchen, wie er sie in persönlichen Notaten und Briefen an seine Frau nennt – seit seiner Studienzeit. Amalie Wilhelmine Sieveking, fünfzehnjährig früh verwaiste Tochter einer Hamburger Patrizierfamilie, konnte soziale Unabhängigkeit und vielfältige familiäre Beziehungen nutzen, nachdem sie sich auf einem schweren Weg der Selbstfindung darüber klar geworden war, daß Ehe und Familie nicht der einzige von Gott gesegnete Stand für Frauen sein könne. So jedenfalls interpretiert sie späterhin ihren Lebensweg, indem sie kritisch auf Joachim Heinrich Campes »Väterlicher Rat für meine Tochter« rekurriert, eine Schrift, die bis

Modell der Erziehungsschule in Neuendettelsau, 1950 (3.95)

1839 zu den meist gelesenen Traktaten über weibliche Erziehung gehört hat. Die Voraussetzungen für die geistige und geistliche Selbständigkeit, die das Werk dieser Frau auszeichnet, hatte sie durch die gemeinsame Erziehung mit den Brüdern erhalten, die durch den frühen Tod der Eltern abrupt abgebrochen worden war. Von daher war die Armen- und Krankenfürsorge, deren vereinsmäßiger Organisation sie dann seit 1833 ihre ganze Energie widmete, für Sieveking auch immer eng verbunden mit der Überzeugung, daß die Mädchenbildung für die Frauen der gehobenen Schichten eine wesentliche Bedingung für deren gottgefälliges Leben darstelle. Der Hamburger »Weibliche Verein für Armen- und Krankenpflege«, den Sieveking 1832 nach eigenen Erfahrungen in der Krankenpflege während der Choleraepidemie 1831 und nach gründlichen Studien von katholischen Frauenkongregationen gegründet hatte, war bewußt nicht ordensmäßig organisiert und sollte frommen evangelischen Frauen, egal ob verheiratet oder unverheiratet, die Möglichkeit zu gottgefälligem Tun eröffnen. Amalie Sieveking hat damit der weiblichen »Liebestätigkeit«, die in den Notzeiten während und nach den Befreiungskriegen von den ersten Frauenhilfsvereinen organisiert worden war, ganz im Einklang mit dem Zeitgeist, unter frommer Ägide einen neuen Impuls gegeben. Wenn in der »Allgemeinen Encyklopädie der Wissenschaften und Künste« von Brockhaus in den Ausgaben von 1834 und 1844 unter dem Stichwort »Frauenvereine« als deren Aufgabe neben der Armen- und Krankenpflege die »Erziehung armer Mädchen« und die »Unterhaltung von Kleinkinderschulen« genannt werden, dann sind damit wesentliche weibliche Tätigkeitsfelder angezeigt, auf denen fromme Frauen im Vereinsrahmen oder als Diakonissen arbeiteten.

1848-1871

Entwicklung

Sieveking hat Zeit ihres Lebens immer ein kleine Gruppe von Mädchen aus bürgerlichen Kreisen im eigenen Hause unterrichtet. Aus diesem Kreis gingen Hauslehrerinnen für einflußreiche Familien in ganz Deutschland hervor, eine Zweckbestimmung, die durchaus beabsichtigt war. Sieveking knüpfte hier im Rahmen ihrer großbürgerlichen Möglichkeiten an Praktiken des älteren Pietismus Franckes oder auch der Freifrau Henriette Katharina von Gersdorff (1648-1726) an, die zur Verbreitung der Glaubensüberzeugung die Bildung von im frommen Geist erzogenen Jungen und Mädchen betrieben. Sieveking verknüpfte diese Erziehungstätigkeit mit weiterreichenden Interessen der Eröffnung von Tätigkeitsfeldern für Frauen außerhalb von Haushaltung und Mutterschaft. Zu ihrem Kreis gehörte auch die einflußreiche Kinderbuchautorin Elise Averdiek (1808-1907), die später selbst Leiterin einer privaten Mädchenschule wurde. Bekannter ist diese, weil ihre Vorstellungen von einer frommen Kindererziehung in zwei Bestsellern über die Hamburger Bürgerkinder, »Karl und Marie« und »Roland und Elisabeth«, die sich in den Kinderbibliotheken bürgerlicher Familien noch weit bis ins 20. Jahrhundert hinein fanden, literarisch niederschlugen.

Doch zurück zu den Aufgaben der frommen Frauenvereine: Anknüpfend an die Hilfsvereine, die sich in den Befreiungskriegen gebildet hatten, entwickelte Sieveking diese Form weiblicher Organisation für die Frauenbildung innerhalb der Erweckungsbewegung weiter. Sie leistete hier Pionierarbeit, die in ähnlichen Vereinigungen vor allem in Norddeutschland nachgeahmt wurde. Sie beriet sich mit Theodor und Caroline Fliedner ebenso wie mit Wichern über die Formen, in denen die weibliche fromme Liebestätigkeit eingebettet sein sollte und zog für sich persönlich die Vereinsform den ordensähnlichen Zusammenschlüssen vor.

Das weibliche Diakonat wurde durch Theodor Fliedner (1800-1864) mit seiner Gründung des Kaiserswerther Mutterhauses institutionalisiert. Es muß als eine weitere Keimzelle evangelischer weiblicher Erziehungstätigkeit im 19. Jahrhundert gesehen werden. Die durch die Gründung von vier unterschiedlich geprägten Diakonissenanstalten bis 1850 (Kaiserswerth, Neuendettelsau, Bethanien/Berlin, Dresden) ermöglichte Beteiligung des »weiblichen Geschlechts« an dem großen Sozialprojekt kirchlicher Kreise ist als bahnbrechender Schritt zur Verberuflichung sozialpädagogischer und fürsorgerischer Arbeit anzusehen. Dies läßt sich nicht zuletzt daran ablesen, daß in den folgenden beiden Jahrzehnten 25 Neugründungen folgten. Das Diakonat eröffnete jungen Frauen aus kirchlich gebundenen Milieus biographische Alternativen zu Ehe und Mutterschaft. Insofern hatte es prägende Kraft für die Ausgestaltung von weiblichen Lebensläufen. Der chronologisch etwa parallel sich entwickelnde katholische »Ordensfrühling«, der eigentlich ein Frühling tätiger Frauenkongregationen war, unterstreicht diese Tendenz der Entwicklung spezifisch weiblicher Bildungsmilieus im 19. Jahrhundert. Der Modus weiblicher Frömmigkeit, der es verbot, die eigene Geschichte als Erfolgsgeschichte zu erzählen, mag dazu beigetragen haben, daß diese Bildungsaktivitäten wenig beachtet worden sind. Ein übriges tat die Prägung der Frauengeschichte im 19. Jahrhundert durch die kirchenkritische liberale Frauenbewegung.

Spricht man von den christlichen Erziehungsprogrammen und ihrer Bedeutung für die Frauenbildungsgeschichte, dann sind neben den allgemein- und berufsbildenden Funktionen, die sich aus der weiblichen christlichen Liebestätigkeit entwickelt haben, besonders die Einrichtungen zur Kleinkinderfürsorge hervorzuheben, an deren Entwicklung die Diakonissenanstalten maßgeblich beteiligt waren. Der bis heute in bestimmten Regionen hohe Anteil von Kindergärten in kirchlicher Trägerschaft hat hier seine Wurzeln. In Kaiserswerth wurden bereits seit 1835 Frauen als Kinderwärterinnen ausgebildet. An dieser Stelle berief man sich vor allem auf Johann Friedrich Oberlin (1740-1826) und seine Mitarbeiterin Luise Scheppler (1763-1837), die bereits seit den 1770er Jahren im elsässischen Steintal begonnen hatten, die Kleinkinder der armen Landbevölkerung um sich zu sammeln und zu deren Beschäftigung junge Mädchen anzustellen. In der pädagogischen Geschichtsschreibung sind diese frommen Frauenaktivitäten gegenüber der in den vierziger Jahren von Friedrich Fröbel (1782-1852) entwickelten Kindergartenpädagogik oft als rückständig dargestellt und als »bloße Bewahranstalten« bezeichnet worden. Letzteres war wohl auch hervorgerufen durch den Namen einer der ersten in Deutschland gegründeten Einrichtungen dieser Art, die die Fürstin Pauline von Lippe 1802 in Detmold nach Pariser Vorbild unter dem Namen »Kinderbewahranstalt« gegründet hat. Gerechter wird man diesen Einrichtungen der Kleinkinderfürsorge und -erziehung, wenn man sie zunächst im Rahmen der christlichen Erziehungs- und Missionsprogramme interpretiert. Die Kleinkinderfürsorge reagierte auf die Massenarmut der ersten Jahrzehnte nach den Freiheitskriegen. Durch christliche Unterweisung, Spiel und Stricken sollten die Kinder vor bösen Einflüssen bewahrt, die häufig erwerbstätigen Mütter und älteren Geschwister, die gar nicht recht für die Kleinen sorgen konnten, entlastet und die frühzeitige Beeinflussung im Sinne der frommen Seelenrettung gewährleistet werden. Fliedner selbst war zu dieser Gründung angeregt worden durch die Einrichtungen des Engländers Samuel Wilderspins (1792-1866), die er auf einer Englandreise kennengelernt hatte. So war auch für die Kleinkindererziehung vor der Schule eine neuartige Erziehungseinrichtung geschaffen, die für Frauen neben der Krankenpflege ein weiteres Aufgabengebiet außerhalb von Ehe und Familie eröffnete.

Auch in der Lehrerinnenausbildung engagierte sich Fliedner bereits in den 1830er Jahren. Verfolgte Wichern im »Rauhen Haus« seit den späten vierziger

Alte und neue Kinder-Lieder, Nonnenweier 1854 (3.92)

Jahren die Ausweitung der Klientel und damit auch die Errichtung eines Schullehrerseminars, so richtete Fliedner in Kaiserswerth bereits 1844 ein Seminar für Elementarschullehrerinnen ein, dessen Ausbildungsplan sich von dem der wenigen Lehrerinnenseminare der Zeit allerdings nicht wesentlich unterschied. 1855 begann ein Lehrerinnenkurs mit Fremdsprachen. Dies war ein deutliches Indiz, daß er seine Lehrerinnen für die privaten Töchterschulen ausbilden wollte, auf die bürgerliche Eltern ihre Töchter schickten. Caroline Fröhlich, deren Examenszeugnis erhalten geblieben ist, unterrichtete als provisorisch angestellte Lehrerin an einer solchen evangelischen Töchterschule in Paderborn.

1848-1871

Entwicklung

Entscheidender Unterschied zur Ausbildung an den seit den dreißiger Jahren enstandenen einzelnen Lehrerinnenseminaren war weder die Ehelosigkeit der frommen Frauen noch die konfessionell gebundene Form der Ausbildung. Erstere wurde von allen zukünftigen Lehrerinnen erwartet, letztere blieb auch in den an private oder städtische Töchterschulen angegliederten Lehrerinnenseminaren gewahrt, war doch Religion eines der wichtigsten Lehrfächer. Prägnanter allerdings als an anderen Seminaren war der fromme Geist der Einrichtung, in der nicht nur Diakonissen ausgebildet wurden. Denn der Status der Diakonissen unterschied sich von dem nicht »eingesegneter« Lehrerinnen insofern ganz erheblich, als die Diakonissen mit einem Gelöbnis in eine Gemeinschaft eintraten, die den Geist der Anstalt bestimmte.

Die Frontstellung dieser Bildungsaktivitäten zur demokratischen Bewegung des Vormärz wurde bereits erwähnt. Sieveking nahm religiös freisinnige Frauen nicht in ihren Verein auf. Zwischen christlichen Kleinkinderwarteschulen und den von Fröbel initiierten Unternehmungen, deren Trägerinnen und Träger aus dem Umfeld der demokratischen Bewegung des Vormärz und der Revolution von 1848 kamen, war gegenseitige Denunziation in den ersten Jahrzehnten der Kleinkinderpädagogik notorisch. So sah der Demokrat Theodor Hielscher in seinem Engagement für die Fröbelschen Kindergärten durchaus einen Beitrag zum »Ruin der Pfaffen«. Und auf der anderen Seite waren für Wichern und seine Mitstreiter Kinderwarteschulen und die Fürsorge für die Armenkinder im »Rauhen Haus« oder in den Rettungshäusern durchaus ein Beitrag zur Bekämpfung der revolutionären Politik.

Eine besondere Pädagogik für Kranke und Behinderte

1848-1871

Entwicklung

Außer der ordensähnlich organisierten weiblichen Erziehungstätigkeit der Inneren Mission, die vor allem in der Kleinkinderfürsorge, der Mädchenbildung und in der Qualifizierung von Frauen für die Krankenpflege ihren Ausdruck fand, gibt es einen weiteren pädagogisch bedeutsamen Bereich der christlichen Vereinstätigkeit, der sich auf vom Staat nicht beachteten Arbeitsfeldern entwickelte. Die Liebe aus dem Glauben öffnete den Blick der Frommen für die vollkommen am Rand der Gesellschaft stehenden Hilfsbedürftigen, die in Familien und den Einrichtungen der Armenfürsorge nicht angemessen betreut wurden und mit denen die öffentlichen allgemeinbildenden Schulen auch nichts zu tun haben wollten: die blinden, taubstummen, körperlich und geistig behinderten Kinder. Die pädagogische Betreuung und Förderung dieser Kinder wurde im 19. Jahrhundert zunächst fast ausschließlich von kirchlichen Kreisen im Rahmen der Vereinstätigkeit wahrgenommen. Die Gründungen von Gustav Werner waren Pioniereinrichtungen auf dem Gebiet der Erziehung von Benachteiligten gewesen. Im Rahmen ihrer weit gespannten fürsorgerischen Aktivitäten waren von Anfang an auch die sogenannten »Schwachsinnigen« mit einbezogen, und körperlich, seelisch und geistig behinderte Menschen hat Werner als sogenannte »halbe Kräfte« in seinen Anstalten betreut und beschäftigt. Die Gründer der Anstalten von Oberlengenhardt (1853) und Frutenhof (1855) machten sich in enger Verbindung mit den Stiftungen von Gustav Werner die Erziehung von Kindern, Jugendlichen, Gebrechlichen und Schwachsinnigen zur Aufgabe. Der Staat übernahm hier erst wesentlich später durch Gesetzgebung und staatlich getragene Schulen und Heime Verantwortung.

Christliche Mission als Volksbildung

In der Denkschrift zur Gründung des Central-Ausschusses der Inneren Mission maß Wichern der Bildung von Erwachsenen einen besonderen Stellenwert bei. Es war die wachsende Entfremdung der Massen von der Kirche, die den Ausgangspunkt dieser christlich-sozialen Aktivitäten bildete. Man bediente sich moderner Mittel: Die »Agentur des Rau-

Karl Philipp Rall, Farben- und Formenbrett aus Mariaberg, 1859-1869 (3.106)

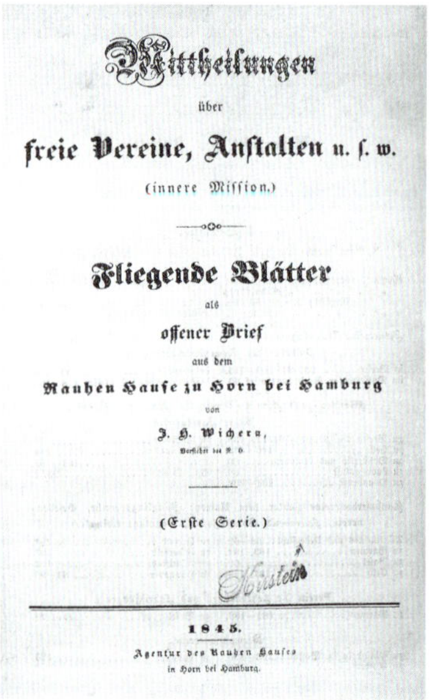

Mittheilungen
über
freie Vereine, Anstalten u. s. w.
(innere Mission.)

Fliegende Blätter
als
offener Brief
aus dem
Rauhen Hause zu Horn bei Hamburg
von
J. H. Wichern,

(Erste Serie.)

1845.
Agentur des Rauhen Hauses
in Horn bei Hamburg.

Erste Ausgabe der »Fliegenden Blätter«, 1845 (3.79)

hen Hauses« (Verlag und Vertrieb) und die Druckerei sollten Bücher und Traktate produzieren und vertreiben, die geeignet waren, christlich zu erbauen. Schon der Titel »Fliegende Blätter aus dem Rauhen Haus« signalisierte, daß man an populäre Formen des Schrifttums, dessen relativ billige technische Herstellung und Verbreitung nun möglich geworden war, anknüpfen wollte. Darüber hinaus wurden neue Formen der Propaganda aufgegriffen, wenn Wichern forderte: »Es muß das Evangelium wieder ›von den Dächern gepredigt‹, es muß auf den Märkten und Straßen frei angeboten und gepriesen werden, wenn die Massen nicht anders zu erreichen sind [...] Unsere Kirche muß in den Besitz des wandernden, oder Reise- und Straßenpredigers gelangen [...].« Das im englischen Methodismus entstandene Amt des Wanderpredigers wurde vor allem für die Missions- und Bildungsarbeit unter den verarmten Handwerkern eingerichtet. Außerdem schlug Wichern die Einrichtung von kleinen Volksbibliotheken vor. Deren Zielsetzung hatte durchaus politische Implikationen: Wichern wollte konkurrierend zum Liberalismus und zu den in den vierziger Jahren aufkeimenden frühsozialistischen Agitationen eine eigene, christlich-konservativ geprägte erzieherische und missionarische Arbeit an den der Kirche entfremdeten Massen aufbauen. Eine wirklich bedeutende eigenständige Volksbildungsbewegung, wie sie in Dänemark von dem eigenwilligen, ursprünglich romantisch-erwecklich beeinflußten Pastor Nikolaj Frederik Severin Grundtvig (1783-1872) in den dreißiger und vierziger Jahren des 19. Jahrhunderts ins Leben gerufen wurde, ist in Deutschland jedoch weder vom aufklärerischen Liberalismus noch von den christlich-missionarischen Volksbildungsbestrebungen der Inneren Mission entwickelt worden.

Pädagogik im Zeichen der Sündhaftigkeit des Menschen

Die Anthropologie, die den christlichen Erziehungsprogrammen zugrunde lag, war eine andere als diejenige, aus der die pädagogischen Fortschrittsprogramme der Aufklärung im 19. Jahrhundert hervorgegangen sind. Die Felder, in denen diese Erziehung besonders erfolgreich war, lagen außerhalb des staatlichen Bildungswesens: Kinder- und Jugendfürsorge, Mädchen- und Frauenbildung, Erziehung behinderter Kinder. Es wäre nun aber ganz falsch, hierin eine Bescheidung der christlich-sozialen pädagogischen Aktivitäten der Inneren Mission zu sehen. Vielmehr gilt es hervorzuheben, daß der Ausgangspunkt der Inneren Mission in der Sensibilität für das Massenelend des Zeitalters lag und daß die Initiativen der Inneren Mission es verstanden, ihre vielfältigen pädagogischen Aktivitäten geschickt in die politisch-sozialen Bewegungen der Zeit einzufügen. Die sich daraus entwickelnden Konzepte waren pädagogisch zum Teil neu und jedenfalls stilbildend. Ein Grund für ihren Erfolg lag sicher darin, daß die Arbeit der Inneren Mission konzeptionell und praktisch an der Ausbildung der modernen Geschlechterbilder beteiligt war. Die christliche Frauenbildung der Inneren Mission entwickelte einen eigenständigen Beitrag zur Geschichte der weiblichen Ausbildung nicht nur für die Krankenpflege, sondern auch für sozialpädagogische Tätigkeit und Kleinkinderpädagogik. Diese Bildungskonzepte waren weniger von expliziter Kritik an der »Männerwelt« als von demütiger Frauenfrömmigkeit geprägt.

Das Menschenbild der evangelisch Erweckten motivierte zwar zur Liebestätigkeit, zugleich aber forderte es auch einen dauernden Balanceakt von den Frommen. »Wir sind allzumal Sünder« war ein hartes Sprungbrett. Bemerkenswert bleibt bis heute die organisatorische und pädagogische Kraft, die sich daraus entwickelte.

1848-1871

Entwicklung

Literatur

BAADER, MEIKE SOPHIA, »›Alle wahren Demokraten tun es‹. Die Fröbelschen Kindergärten und der Zusammenhang von Erziehung, Revolution und Religion«, in: Christian Jansen / Thomas Mergel (Hg.), Die Revolutionen von 1848/49. Göttingen 1998

BRAKELMANN, GÜNTER, Die soziale Frage des 19. Jahrhunderts, Teil II: Die evangelisch-soziale und die katholisch-soziale Bewegung, Witten/Ruhr 1962

HANDBUCH DER DEUTSCHEN BILDUNGSGESCHICHTE, Bd. III, 1800-1870, hg. von Karl-Ernst Jeismann und Peter Lundgreen, München 1987

PRELINGER, CATHERINE M., Charity, Challenge and Change: Religious Dimensions of the Mid-Nineteenth-Century Women's Movement in Germany, New York, Westport / Conn., London 1987

PRIEM, KARIN, Die Geschichte der evangelischen Korrektionsinstitution Rettungshaus in Württemberg (1820-1918). Zu Sozialdisziplinierung verwahrloster Kinder, Köln/Wien 1994

SCHERPNER, HANS, Geschichte der Jugendfürsorge, 2. Aufl., Göttingen 1979

WICHERN, JOHANN HINRICH, Sämtliche Werke, hg. von Peter Meinhold, Bd. III,1; IV,1 und 2; Bd. VII, Berlin, Hamburg 1968ff.

We

1871–1900

KONSOLIDIERUNG

Die Wurzeln des Wohlfahrtsstaats im Deutschen Kaiserreich von 1871

von Florian Tennstedt

In Deutschland wurde der Sozialstaat im Zeitalter Bismarcks entwickelt. Politische Einigungsprozesse, rapide Industrialisierung und Urbanisierung hatten in der Reichsgründungszeit zu sozialen Spannungen und Auseinandersetzungen geführt, die die politsche Dimension der Arbeiterfrage zunehmend verdeutlichten. Der »Durchbruch« Deutschlands zur Industriegesellschaft, das Wachstum und die Organisation des Industrieproletariats führten zu einem sozialpolitischen Diskurs, der davon ausging, daß die soziale Frage im Deutschen Kaiserreich nicht mehr die klassische Armenproblematik war, sondern die Arbeiterfrage. Das Regierungslager reagierte auf diesen Diskurs mit Gesetzesinitiativen, die der besonderen Situation der gewerblichen Arbeiter Rechnung tragen sollten. Von Ansatzpunkt und Reichweite her kann man drei Phasen dieser Arbeitergesetzgebung unterscheiden, die sich nach und nach überlagerten und miteinander verwoben waren. Vor diesem Hintergrund entfaltete sich das Wirken der Inneren Mission – nicht nur in der tagtäglichen Hilfe und Mission, sondern auch in der Kritik gesellschaftlicher Verhältnisse und in Anregungen zu einer positiven Arbeiterpolitik.

Die erste Phase der Arbeiterpolitik war bestimmend für die Reichsgründungszeit. Sie war noch von dem Versuch getragen, die Arbeiterfrage mit den Mitteln des Gewerberechts zu gestalten. Prototyp dafür war die Gewerbeordnung von 1869, die an preußische Traditionen anknüpfte und die im Hinblick auf die ersten Betätigungsfelder der Arbeiterbewegung – Koalitionen und Hilfskassen – bedingt liberal ausgestaltet war. Außerdem versuchte der Reichstag 1871, das gemeine Recht so fortzuentwickeln, daß Arbeitsunfälle als typische Gefährdungen der Industrialisierung haftungsrechtlich entschädigt werden konnten. Gemessen an den Intentionen ihrer Initiatoren waren diese Reformen aber nicht erfolgreich, sondern problemverschärfend: Arbeitskämpfe nahmen ein zuvor nicht gekanntes Ausmaß an, die Gründung von gewerblichen Hilfskassen zur Risikoabsicherung von Krankheit, Alter und Tod (Sterbegeld) stagnierte, und erbittert geführte Haftpflichtprozesse angesichts zunehmender Arbeitsunfälle waren Anzeichen dafür, daß die privat- und gewerberechtlichen Reformen allein nicht dazu angetan waren, die mit der Arbeiterfrage einhergehenden Probleme auch tatsächlich zu »bewältigen«.

Diese Dynamik wurde verstärkt durch eine Ausbreitung der Sozialdemokratie, die einem revolutionären Gegenentwurf zum Deutschen Reich von 1871 verpflichtet war. Daraus entstand, zumindest in der bürgerlichen Öffentlichkeit, ein Gefühl des Be-

Reichsgesetz
gegen die gemeingefährlichen Bestrebungen
der
Socialdemokratie
vom 21. Oktober 1878.
Erläutert
von
Dr. Friedrich Oskar von Schwarze,
Mitglied des Reichstags und Referent der Reichstags-Commission für Vorberathung des oben bezeichneten Gesetzes.

Das »Sozialistengesetz«, 1879 (2.47)

Gesetz
betreffend die
Krankenversicherung der Arbeiter
nebst einem Anhang, enthaltend:
Das Hülfskassengesetz
vom 7. April 1876
Preis 25 Pfennig
Stuttgart
Druck und Verlag von J. H. W. Dietz
1884

Das Krankenversicherungsgesetz, 1884 (2.51)

Arbeiter-Katechismus.
Eine sozialdemokratische Antwort
auf das
Preis-Ausschreiben des Pfarrers Weber
zur Anfertigung eines
Arbeiter-Katechismus für evangelische Arbeiter
von
Richard Calwer.
Berlin 1896.
Verlag: Expedition der Buchhandlung Vorwärts
(Th. Glocke in Berlin).

Richard Calwer, Arbeiter-Katechismus, 1896 (4.52)

Fahne des Allgemeinen Deutschen Arbeitervereins Stuttgart, 1863 (4.50)

drohtseins durch die Sozialdemokratie. Dieses trieb den Prozeß einer Arbeiterpolitik voran, der unter dem Vorzeichen der Staatsintervention stand beziehungsweise auch gegen liberale Grundsätze gerichtet war. Hintergrund dieses Prozesses war, daß weder liberale Parteien noch konservativer Staat bereit waren, über die Aufhebung der Koalitionsverbote hinaus die kollektive Selbsthilfe der Arbeiter durch ein entsprechendes Arbeiter(vereins)recht zu fördern. Der Abwehr eines Ausbaues gewerkschaftlicher Rechte auf der Grundlage eines sozialen Vereinsrechts (entsprechend dem Genossenschaftsrecht auf dem ökonomischen Sektor!) folgte 1878 die bekannte politische Ausnahmegesetzgebung gegen die Sozialdemokratie. Damit wurde auf die politische Emanzipation des Arbeiterstandes, seinen Drang nach gesellschaftlicher Anerkennung und Aufstieg als Klasse, mit polizeilicher Repression reagiert.

Die sozialen Forderungen der Arbeiter waren nicht im vorstaatlichen Raum zu isolieren, ihren politischen Forderungen sollte die Agitationskraft genommen werden: Das Prinzip Sozialstaatlichkeit geriet ins politische Kalkül des Reichskanzlers Otto von Bismarck (1815-1898) – es schien gleichermaßen geeignet zu sein, soziale Konflikte zu entschärfen wie das Gemeinwesen »Reich« in seiner bestehenden Verfassung zu legitimieren.

Das Reich als »wohltätige Institution« war zugleich eine Absage an die private Wohltätigkeit, an den Glauben, der als bedrohend empfundenen Arbeiterfrage mit Privatinitiative und sozialem Engagement »beikommen« zu können. »Gewiß kann der einzelne viel Gutes tun, aber die soziale Frage lösen kann nur der Staat«, von dieser Überzeugung aus lehnte Bismarck eine politische Unterstützung von Projekten der Inneren Mission, insbesondere Friedrich von Bodelschwinghs (1831-1910), ab.

Der »Durchbruch« zum Sozialstaat

Die zweite Phase der Arbeiterpolitik im Deutschen Kaiserreich begann im Jahr 1880. Sie ging nach den Erfahrungen der Gründerkrise von 1873 (Arbeitslosigkeit!) einher mit stärkerer politischer Steuerung, einer Mobilisierung politischer Macht zugunsten ökonomischer und sozialer Fortentwicklung des Reichs. Die Eckpfeiler dieser Politik sind in unserem Zusammenhang gut benannt mit der 1878 einsetzenden Schutzzollpolitik (»Schutz der nationalen Arbeit«) und der Kaiserlichen Sozialbotschaft vom 17. November 1881, die eine obligatorische öffentlich-rechtliche, nach typischen Risiken gegliederte Sozialversicherung für Arbeiter auf Reichsebene ankündigte. Diese sollte gekennzeichnet sein durch einen »begründeten Anspruch« der Arbeiter der »Gesamtheit gegenüber«, durch ein »höheres Maß staatlicher Fürsorge« gegenüber den Risiken Krankheit, Unfall, Alter oder Invalidität. Damit wurde der Rahmen privatrechtlicher Gestaltung verlassen, die subjektiv öffentliche Berechtigung setzte die Arbeiter in den Status eines Rechtssubjekts ein. Auf lange Sicht war das ein erfolgreicher Ansatz zur Integration der Proletarier in die bürgerliche Gesellschaftsordnung und Einbindung in das Reich. Dazu trug auch die soziale Selbstverwaltung bei, die, anders als die kommunale, bei der Rechtsgestaltung die Arbeiter mitwirken ließ. Das ganze Problem des politischen Gesellschaftswandels in Deutschland schien so vom Reich aus obrigkeitlich steuerbar zu sein.

1871-1900

Konsolidierung

19.

1883

Zweite Auflage.

An die Arbeiter von Halle und Umgegend.

Die deutsche Reichsregierung will, so wenigstens gibt sie selbst an, das arbeitende Volk mit allerlei Social-Reform-Gesetzen beglücken, als da sind: ein Reichskrankenkassengesetz, ein Unfallversicherungsgesetz und ein Altersversorgungsgesetz.

Das erste dieser drei Gesetze ist schon fix und fertig und tritt endgültig am 1. December 1884 in Kraft.

Dieses Gesetz ist unter großen Mühen, nach zahlreichen Abänderungen zustande gekommen, so daß es keineswegs ein geschlossenes Ganze bildet, sondern ein durch vielerlei Meinungen entstandenes Flickwerk ist, welches in seiner Ausübung gar nicht so leicht und in seinen Folgen sehr schwer zu übersehen ist.

Da das Reichskrankenkassengesetz nun vorzugsweise die Arbeiter betrifft, so sollte man meinen, daß es den Verwaltungsbehörden, denen die Ausführung zusteht und denen dabei ob der Schwere ihrer Aufgabe dereinst noch recht sonderlich zu Muthe werden wird, ungemein lieb sein müßte, wenn den Arbeitern dieses Gesetz recht klar auseinander gelegt wird.

Dem aber scheint nicht so zu sein. Denn als Unterzeichneter über dieses Gesetz hier in Halle vor einigen Wochen einen Vortrag halten wollte, da wurde ihm von der Hallenser Polizeibehörde dies auf Grund des sogenannten Socialistengesetzes untersagt und zwar unter Hinweis darauf, daß der Einberufer und der Vortragende bekannte Socialdemokraten seien.

Wunderbar! Man hat nicht das, was gesagt werden sollte, verboten, sondern man hat einer bestimmten Person verboten, seine aufklärenden Ansichten über das Krankenkassengesetz dem Volke mitzutheilen.

Nichts hätte nun eigentlich näher gelegen, als daß die verbietende Verwaltungsbehörde ihrerseits nunmehr Gelegenheit genommen haben würde, durch eine officielle Person dem hiesigen Arbeiterstande öffentlich Aufklärungen über das in Rede stehende Gesetz zu geben. Aber das ist nicht geschehen und geschieht auch wohl nicht, deshalb nimmt der Unterzeichnete Veranlassung, dasjenige, was er in öffentlicher Versammlung den Arbeitern Halle's zu sagen hatte, hier in Kürze niederzuschreiben.

Die Grundlage des Gesetzes bildet der „Versicherungszwang"; — von diesem handelt es auch zunächst in seinem ersten Abschnitte. Es bestimmt dabei, welche Personen dem Versicherungszwange unterworfen sein sollen — und diese Personen sind lediglich die in den Bergwerken, Salinen, Aufbereitungsanstalten, Brüchen und Gruben, in Fabriken und Hüttenwerken, beim Eisenbahn- und Binnendampfschifffahrtsbetriebe, auf Werften und bei Bauten, im Handwerk und in sonstigen Gewerbebetrieben, sowie in Betrieben, in denen Dampfkessel oder durch elementare Kraft (Wind, Wasser, Gas x.) bewegte Triebwerke zur Verwendung kommen, beschäftigten Arbeiter, also mit einem Wort die industriellen Arbeiter.

Gegen den Zwang, resp. gegen die allgemeine Verpflichtung zur Versicherung habe ich nichts einzuwenden. Ich erkenne vielmehr an, daß diese Verpflichtung ebenso nothwendig als principiell gerechtfertigt ist, daß sie einen integrirenden Theil der öffentlichen Wohlfahrtspflege bildet. Dieser Thatsache gegenüber haben alle die phrasenhaften Lamentationen über „Beschränkung der persönlichen Freiheit", welche die Vertheidiger der sogenannten „liberalen" Staats- und Gesellschaftsordnung anstimmten, nicht den geringsten Werth.

Anders aber denke ich über die in dem Gesetz vorgenommene Organisation des Zwanges, über die als Hauptsache des Ganzen hingestellten „Zwangskassen."

Die moralische Natur des Zwanges besteht darin, daß er zur Erreichung seines guten Zweckes der Freiwilligkeit möglichst weiten Raum läßt; mit anderen Worten: daß er erst da eintritt, wo das freiwillige Handeln aus Pflichtgefühl fehlt, — wo die Erkenntniß mangelt, daß man einem Gebote nicht deshalb entspricht, einfach weil es Gebot ist, sondern lediglich in Rücksicht darauf, daß das, was damit erzielt werden soll, gut ist.

So schicket Ihr, Arbeiter, Eure Kinder doch gewiß nicht deshalb in die Schule, weil der gesetzliche Zwang dafür besteht, also lediglich um Euch mit dem Gesetze abzufinden und verschont zu bleiben von den Strafen, die es androht, — nein, Ihr lasset Eure Kinder die Schule besuchen in der unendlich viel höheren Rücksicht, daß sie etwas tüchtiges lernen. Eure Freiwilligkeit deckt sich also hier mit dem Zweck des Zwanges und verhütet dessen praktische Anwendung gegen Euch.

Von diesem Gesichtspunkte hätte die Gesetzgebung bei der Annahme und der Organisation des Zwanges zur Krankenversicherung sich leiten lassen müssen. Sie hat das nicht gethan! Statt den Zwangskassen den letzten und untergeordnetsten Rang in der Reihe der Versicherungs-Institutionen, ihnen den Character des äußerlichsten polizeilichen Nothbehelfs zu verleihen, hat sie diese Kassen als Hauptsache hingestellt, und dabei die höchste und beste Form der auf Gegenseitigkeit beruhenden Hülfsleistung, die berufsgenossenschaftliche Versicherung völlig ignorirt. Dementsprechend hat sie ferner zu Gunsten der Zwangskassen die Bethätigung der Freiwilligkeit für sogenannte „freie Kassen" durch verschiedene Bestimmungen außerordentlich erschwert, während es doch, in Rücksicht auf die moralische Natur des Zwanges, ihre Pflicht gewesen wäre, die Bethätigung der Freiwilligkeit zu erleichtern.

Ueber die Ungerechtigkeit, daß der Versicherungszwang lediglich auf die in der Industrie beschäftigten Lohnarbeiter ausgedehnt worden ist, brauche ich nicht viel Worte zu verlieren. Es ist damit eine Art von „Arbeiter-Polizeigesetz" geschaffen worden.

Diese Thatsache hat an und für sich schon eine sehr ernste Bedeutung; sie wird noch bedeutungsvoller, wenn man erwägt, daß von jeher es gerade die industriellen Arbeiter waren, welche freiwillig, lediglich in Erwägung ihrer moralischen Pflicht und ihres berechtigten Interesses, zur Gründung von Hülfskassen schritten und dieselben durchweg zu hoher Blüthe brachten. Man betrachte doch nur die nach Tausenden zählenden, über ganz Deutschland verbreiteten Kassen dieser Art. Unter Hinweis auf sie legen die deutschen Arbeiter vor aller Welt das Zeugniß ab, daß sie am allerwenigsten verdient hätten, vom Gesetz als diejenigen gezeichnet zu werden, für die der absolute polizeiliche Zwang ganz allein Berechtigung habe.

Flugblatt der SPD gegen das Krankenversicherungsgesetz, 1883 (2.49)

In komplizierten Gesetzgebungsverfahren, die verwoben waren in den Abbau des Kulturkampfes und des liberalen Einflusses auf die Reichspolitik, folgten das Krankenversicherungsgesetz von 1883, das 1884 in Kraft trat, das Gesetz über die gewerbliche Unfallversicherung von 1884, das seit 1885 galt (weitere Unfallversicherungsgesetze folgten), und das besonders strittige »Gesetz betreffend die Invaliditäts- und Altersversicherung« von 1889, das 1891 wirksam wurde. Diese Gesetzgebung der 80er Jahre ist nicht nur dadurch ausgezeichnet, daß ein Risiko der Arbeiterexistenz nach dem anderen obligatorisch abgesichert wurde (ausgenommen das Risiko der Arbeits- beziehungsweise Erwerbslosigkeit), sondern auch dadurch, daß der Kreis der geschützten Erwerbsgruppen von den gewerblichen bis hin zu den land- und forstwirtschaftlichen Arbeitern ausgeweitet wurde; teilweise wurden auch die Familienangehörigen ohne eigenes Arbeitseinkommen in das Arbeiterversicherungssystem eingebunden. Auch hier wurde also der Rahmen der ersten Phase der Arbeiterpolitik – die Gewerbeordnung – verlassen.

Historiker haben betont, daß dieser Durchbruch zum Sozialstaat unvollkommen gewesen sei, tatsächlich war die konkrete Absicherung der Arbeiter, was Höhe und Dauer der Leistungen betraf, gering. Die Leistungen der Arbeiterversicherung ergänzten vielfach nur die familiäre Absicherung, sie ließen auch noch Raum für gewerkschaftliche Unterstützungseinrichtungen. Unter dem reichsgesetzlichen Zwang zur Arbeiterversicherung einerseits, Abbau beziehungsweise Verbot gewerkschaftlicher Aktivitäten unter dem Sozialistengesetz andererseits erfreuten sich diese besonderen Zuspruchs, nicht zuletzt als (bis 1892 mögliche) Alternative zu den sogenannten Zwangskassen der gesetzlichen Krankenversicherung. In kritischen Fällen waren auch noch private Wohlfahrt und die diskriminierende Armenfürsorge zur Existenzsicherung gefragt.

Indessen muß aber auch gesehen werden, daß diese sozialrechtliche Gesetzgebung ein »Schritt ins Dunkle« war, ein Stück experimentell-tastender Politik: »Wir werden ein Menschenalter an dieser Gesetzgebung arbeiten« sagte Bismarck im Reichstag. Deshalb und weil sie ein kalkuliertes Stück Machtpolitik zugunsten des konservativen Staates war, war sie bei allen politischen Parteien umstritten, die gegen das »System Bismarck« opponierten. Das war zunächst bei den bürgerlichen Liberalen der Fall, wenngleich es hier Abstufungen von den »linken« Fortschrittsliberalen bis zu den »rechten« Nationalliberalen gab. Dann aber auch beim katholischen Zentrum, das sich der kulturkämpferischen Stigmatisierung als »Reichsfeind« zu erwehren hatte und seinerseits als konfessionelle Volkspartei («klassenübergreifend«!) eine beachtliche proletarische Anhängerschaft hatte. Vor allem aber opponierte die Sozialdemokratie, die als sozialistische Klassenpartei eine prinzipielle Gegnerin von kapitalistischem Wirtschaftssystem und einer Staatsform war, die Thron und Altar verband – mochte dieser Obrigkeitsstaat an Arbeitergesetzgebung bringen, was er wollte. Da die Arbeiterversicherung Reichsgesetzgebung war, war es auch nötig, die Zustimmung der süddeutschen Staaten und Sachsens zu gewinnen, die im Hinblick auf die innere Politik andere Traditionen aufwiesen als Preußen. Dieser schwierige politische Prozeß der bundesrätlichen und parlamentarischen »Durchbringung« der Gesetze bewirkte, daß der neue sozialpolitische Gestaltungswille legislatorisch nur unvollkommen zur Geltung gebracht wurde. Aber er war auf den Weg gebracht worden, und das war entscheidend.

Davon abgesehen gab es auch grundsätzliche Defizite und deutlich sichtbare Grenzen dieses staatsorientierten Weges zur Steuerung sozialer Probleme: Die Staatsintervention à la Bismarck war kein direkter Zugriff in die Arbeitsverhältnisse, das heißt in den betrieblichen Entstehungszusammenhang der Risiken, deren Schäden sie zu begrenzen suchte. Hier blieb das liberale Dogma der Vertragsfreiheit unberührt. Bismarck sah zudem darin eine Gefährdung der heimischen Industrie gegenüber dem konkurrierenden Ausland. Während Bismarcks Zeit als Reichskanzler änderte sich an den auf die preußische Gewerbegesetzgebung zurückgehenden Schutzvorschriften für Kinder, Jugendliche und Frauen nichts Wesentliches, auch wurden die bestehenden Schutzvorschriften nicht über die Fabriken hinaus ausgedehnt, etwa auf Landwirtschaft und Hausindustrie. Allerdings konnten durch die im Rahmen der Gewerbeordnungsnovelle von 1878 eingeführte obligatorische Fabrikinspektion und die rege Enthüllungstätigkeit der sozialdemokratischen Presse Fortschritte bei der Durchsetzung bestehender, bislang aber mißachteter Schutzvorschriften, insbesondere bei Kindern und jugendlichen Arbeitern, erreicht werden.

Andere, teilweise weitergehende Vorschläge einer Sozialreform wurden von den politischen Gegnern Bismarcks entwickelt. Vor allem von den sozialliberalen Protagonisten einer bürgerlichen Sozialreform, dann aber auch von katholischen Arbeitervereinen in der Rheinprovinz, Westfalen und im Saarland sowie von dem durch das Zentrum repräsentierten politischen Katholizismus. Darüber hinaus wurden von Bismarcks Vorstellungen abweichende Programme zur Lösung der sozialen Frage beziehungsweise einer weitergehenden Sozialreform auch von der christlich-sozialen Bewegung um Adolf Stoecker (1835-1909) und dem Central-Ausschuß für Innere Mission vertreten, die sich dadurch Bismarcks Gegnerschaft zuzogen. Praktisch erfolgreich waren alle diese Bestrebungen angesichts des beherrschenden »System Bismarck« nicht, indessen haben sie alle bewußt werden lassen, daß der Antagonismus der sozialen Klassen nicht natürlich sei, sondern sozial beeinfluß- und abbaubar. Hinter den Vorstellungen der sogenannten versöhnenden Arbeiterpolitik stand immer die Frage, inwieweit ein zumindest teilweises Entgegenkommen gegenüber Forderungen der sozialistischen Arbeiterbewegung – etwa im Hinblick auf Normalarbeitstag und Verbot von Frauenarbeit – sich für die eigenen konfessionellen und parteipolitischen Interessen bezahlt machen könnte. Ihre Vertreter versprachen sich davon größere Loyalität der Arbeiter gegenüber dem bestehenden sozialen und politischen System und hofften, daß so der Sozialdemokratie erfolgreicher das Wasser abgegraben werden könnte als mit Bismarcks Politik.

Dieser breite Diskurs über Sozialreform vom Katheder bis zur Tribüne des Reichstages einerseits, Ereignisse wie der große Ruhrbergarbeiterstreik von 1889 und die verdoppelten Stimmenanteile der Sozialdemokratie bei den Reichstagswahlen zwischen 1887 und 1890 andererseits, führten auch in politisch maßgeblichen Kreisen zu der Ansicht, daß Bismarcks Arbeiterpolitik nicht ausreiche, um dem prosperierenden Deutschen Reich Bürgschaften inneren Friedens zu geben.

Der christlich-sozial beeinflußte junge Kaiser Wilhelm II. (1859-1941), seit dem Dreikaiserjahr 1888 »regierend«, sah die historische Chance, sich mit Arbeiterfreundlichkeit zu profilieren und sich zugleich von Bismarcks Kanzlerschaft zu emanzipieren. In der krisenhaften Zuspitzung der Auseinandersetzung um den Arbeiterschutz suchte er die Entscheidung, die zum Rücktritt Bismarcks führte: Aus dem öffentlichen Diskurs über eine andere Sozialpolitik wurde der Allerhöchst propagierte »neue Kurs« der kaiserlichen Februarerlasse von 1890: Sozialreform wurde Programm und reichte weiter als bisher. Das betraf

Medaille auf die Arbeiterschutzgesetzgebung, 1890 (2.53)

einmal ihre Gegenstandsbereiche und zum anderen ihre Träger. Das wohlhabende Bürgertum wurde stärker als bisher sozial tätig, nach dem Scheitern sozialliberalen Einflusses auf Reichsebene wurde es auf dem ihm eigenen Tätigkeitsfeld – der kommunalen Selbstverwaltung wie der privaten Vereinspolitik – im Hinblick auf Sozialreform zum Staat ergänzend tätig. Dabei spielte – neben dem offiziellen Programm »Arbeiterfreundlichkeit« und Bismarcks Rücktritt – eine gewichtige Rolle, daß Anfang 1890 auch das Sozialistengesetz gefallen war.

Die Auswirkungen des Sozialistengesetzes waren bis in konservative Kreise hinein zunehmend skeptisch beurteilt worden, und schließlich war daran seine Verlängerung gescheitert. Aber sicher war auch, daß durch seinen Fall die Agitationsmöglichkeiten der Sozialdemokratie zunahmen, die in den 12 Jahren seiner Geltung geschlossener und sozialistischer geworden war. Das bedeutete, daß nunmehr die Sozialdemokratie, wenn überhaupt, nur noch durch tätige Abhilfe sozialer Mißstände und ernsthafte inhaltliche Auseinandersetzung an der Anwerbung weiterer Anhänger in der Arbeiterschaft gehindert werden konnte. Dabei mußten traditionelle Grenzen und Bindungen des bürgerlichen und konfessionellen Milieus überschritten werden, und sie wurden auch überschritten.

Sozialpolitik des »neuen Kurses«

Auf staatlicher Seite mündete der »neue Kurs« in die Gewerbeordnungsnovelle von 1891, die tatsächlich ein Arbeiterschutzgesetz war und zugleich die Grundlage für ein betriebliches, vom Staat geordnetes Arbeitsrecht bildete. Damit beginnt die dritte Phase der Arbeiterpolitik. Diese brachte das, was unter Bismarck als solches gefordert, nicht aber zu verwirklichen war: ein Verbot industrieller Kinderarbeit, der Nachtarbeit von Frauen sowie der Sonntagsarbeit, eine Regelung zur Festlegung von Höchstarbeitszeiten, eine Erweiterung der Fabrik- zur Gewerbeaufsicht und eine Regelung für die obligatorische Arbeitsordnung, vor deren Erlaß ein ständiger Arbeiterausschuß oder die Arbeiter anzuhören waren. Schon unmittelbar zuvor war mit der Einrichtung von Gewerbegerichten der Grundstock für eine Arbeitsgerichtsbarkeit gelegt worden. Mit diesen Reformgesetzen wurden Forderungen erfüllt, die die Sozialdemokraten seit 1869 erhoben hatten – gleichwohl verweigerte die SPD (wie schon den vorangegangenen Arbeiterversicherungsgesetzen Bismarcks) ihre Zustimmung, beschränkte sich auf eine »kritische« Mitwirkung im Gesetzgebungsverfahren – das Angebot eines »Arbeiterkaisers« lehnte sie dankend ab.

Der enttäuschte Wilhelm II. hörte bald auf, die Rolle des Arbeiterkaisers zu spielen. Gegen seinen »neuen Kurs« regte sich der energische Widerstand der Schwerindustrie, die in der Gewerbeordnungsnovelle den »schroffen Geist der Abneigung, ja der Feindseligkeit gegen die Industrie« spürte. Der Zentralverband Deutscher Industrieller sagte allen »Gewaltmitteln vom Schlage jener sozialen Reformen« den Kampf an und erzwang eine »Ruhepause« auf dem Feld sozialpolitischer Staatsintervention. Erst 1908 begann noch einmal eine neue Etappe mit Entwürfen zu einem Berufsvereinsgesetz und einem Arbeitskammergesetz, die jedoch scheiterten. Fortdauernd wirksam blieben die Reichsversicherungsordnung von 1911 und das Versicherungsgesetz für Angestellte vom gleichen Jahr – es waren die letzten großen Kodifikationen des Kaiserreichs.

In dieser Situation setzten die Arbeiter mehrheitlich auf kollektive Selbsthilfe durch Gewerkschaften, die sich so von Berufsvereinen zu Industriegewerkschaften entwickelten; vorherrschend waren die freien Gewerkschaften, die der SPD nahestanden, daneben hatte sich eine christliche Gewerkschaftsbewegung herausgebildet, die in den westlichen Industriegebieten eine beachtliche Stärke erreichte. Auch die Arbeitgeber organisierten sich in eigenen Verbänden und versuchten sogar, ihrerseits Arbeiter zu organisieren – zu den »roten« und »schwarzen« Gewerkschaften kamen die sogenannten wirtschaftsfriedlichen gelben Gewerkschaften. Im Fokus praktischer und theoretischer Auseinandersetzungen stand dabei der Streik. Die vorangegangenen Erfahrungen unter dem Sozialistengesetz wie auch die mit dem gemeinen Recht bewogen die Gewerkschaften, auf die Möglichkeit zu verzichten, die ihnen seit 1900 das Bürgerliche Gesetzbuch eröffnete: den Status rechtsfähiger Vereine zu erhalten.

Die Entwicklung des Verhältnisses von Gewerkschaften, Unternehmern und Staat von der Jahrhundertwende bis zum Vorabend des Ersten Weltkrieges war eher ein Stück Klassenkampf denn Sozialreform: Die 1869 zugestandene Koalitionsfreiheit blieb prekär, die Gewerkschaften waren nicht als Sozialpartner anerkannt, ihr Handlungsspielraum blieb begrenzt. Die Arbeitgeberverbände praktizierten mit zunehmendem Erfolg als Gegenwaffe zum Streik die Aussperrung und führten »schwarze Listen« als Mittel zur Abwehr gewerkschaftlicher Aktivität. Immerhin wurde im Schatten der großen Auseinandersetzungen und Parolen der Tarifvertrag fortentwickelt, der sich langfristig als Schritt zum sozialen Frieden erwies.

Insgesamt ergibt sich als Bilanz der Wilhelminischen Zeit, daß sie die Weichenstellungen der Bismarckzeit nur begrenzt korrigieren konnte: Die vom »neuen Kurs« inaugurierte betriebsbezogene staatliche Sozialpolitik mobilisierte Gegenkräfte, die diese Reforminitiative von 1890/91 (unter-)brechen konnten. Arbeiterschutz wie kollektive Selbsthilfe der Arbeiter blieben weniger entwickelt als in anderen Industriestaaten.

Vom Sozialstaat zum Wohlfahrtsstaat: Der Handlungsrahmen und die Betätigungsfelder der organisierten Nächstenliebe

Grundsätzlichere und folgenreichere Fortschritte wurden durch den vom »neuen Kurs« bewirkten Aufbruch innerhalb der kommunalen Selbstverwaltung sowie in den verschiedenen Milieus des Vereins- und Verbandswesens erreicht. Es wurde in den von der Gesetzgebung zugelassenen beziehungsweise bereitgestellten Spielräumen an der Abhilfe sozialer Mißstände gearbeitet, die zu mindern oder zu beseitigen waren.

Hier »vor Ort« schlugen sich die sozialen Probleme sichtbar nieder. Sie forderten ein besonderes Interesse an Gestaltung heraus. Anders als im Reich sicherten in den Städten aber auch das Mehrklassenwahlrecht und das wachsende Steueraufkommen den bürgerlichen Politikern privilegierte Einflußchancen. Unter anderem Vorzeichen wiederholte sich hier Bismarcks Modell: Aufrechterhaltung des politischen status quo durch sozialpolitische Verbesserung beziehungsweise soziale Innovation bei verweigerter Partizipation. Die kommunale Bürokratie sah sich selbst als »überparteiliche« Fachelite – die deutschen Großstädte nahmen so ein letztes Mal erfolgreich eine Vorreiterrolle in Anspruch; am meisten profitierten die städtischen Arbeiter davon, daß die Städte Modelle für die Zukunft entwickeln wollten. Andererseits muß gesehen werden, daß die Arbeiterpolitik Bismarckscher Prägung beziehungsweise die Arbeiterversicherung auch Ressourcen freigesetzt hatte (was die Krankenversicherung bezahlte, sparte die kommunale Armenkrankenpflege usw.) und Deutschland sich im ökonomischen Aufschwung befand. So bildeten sich, getrieben von den Problemen, die das rapide Städtewachstum mit sich brachte, im sozialen Klima des »neuen Kurses« Kristallisierungspunkte kommunaler Sozialreform heraus. Diese entfalteten eine erstaunliche Breitenwirkung und schlossen das wohlhabend gewordene deutsche Bildungsbürgertum zumindest zeitweilig zu einer Reformbewegung zusammen, die parteipolitische und konfessionelle Differenzen zugunsten des gemeinsamen Interesses an Kommunalentwicklung überwand.

In den Kommunen setzten die Reformer auf planvolle Organisation und Wissenschaftlichkeit als Garanten einer Milderung, wenn nicht Aufhebung der »sozialen Schäden«. Die Fortschritte der medizinischen und sozialen Wissenschaften (Hygiene und Nationalökonomie) gaben ihnen die Möglichkeiten,

1871-1900

Konsolidierung

Bericht über die Thätigkeit

der

Centralstelle

für

Arbeiter-Wohlfahrtseinrichtungen

während der ersten zehn Jahre ihres Bestehens

(1891 bis 1901).

Berlin.

Gedruckt bei Julius Sittenfeld.

1901.

Tätigkeitsbericht, 1901 (2.92)

dem sozialen Elend planmäßig entgegenzuwirken. Fachlich vorbereitet wurden diese wissenschaftlich »begründeten« Reformansätze durch »Deutsche Vereine«, die – im Umfeld nationalliberaler Kommunalpolitiker beziehungsweise Oberbürgermeister gegründet – eine reichsweite Plattform für Anregung und Innovation auf Gebieten wie Armenpflege, Wohltätigkeit, Gesundheitspflege und so weiter boten. Als Prototyp hierfür sei der 1880 gegründete »Deutsche Verein für Armenpflege und Wohltätigkeit« genannt, die von ihm entwickelten innovativen Modelle zur Reform kommunaler Fürsorge entfalteten eine besondere Prägekraft. Hier liegen die historischen Wurzeln moderner Wohlfahrtspflege in Deutschland.

Die kommunalen Fürsorgereformen setzten bei der Armenfürsorge an, sie waren aber auch auf die Arbeiterbevölkerung gerichtet und damit zugleich Arbeiterpolitik: Die Arbeiterversicherung des Reichs war nur von beschränkter Reichweite, ihre Adressatenkreise konnten durchaus auch auf Leistungen der Armenfürsorge angewiesen sein. Wo die Arbeiterversicherung mit besonderen sozialen Rechten und Selbstverwaltung operierte, um die Integration der Arbeiterbevölkerung zu erreichen, arbeiteten die bürgerlichen Sozialreformer in der Kommune mit den Mitteln fürsorgerischer Betreuung, Beratung und Kontrolle; partizipatorische Defizite und Verteilungsprobleme wurden so nicht thematisiert. Dazu rückten sie den Dienstleistungscharakter kommunaler Fürsorge in den Mittelpunkt. Dieses führte zu einer besonderen Form des Wohlfahrtsstaates in Deutschland; die materielle Sicherung des Sozialstaats auf der Grundlage von sozialen Rechten wurde durch den Ausbau (kommunaler) sozialer Dienste (Fürsorge) wirksam ergänzt; diese Wohlfahrt diskriminierte nicht mehr. Solche Reformprozesse kommunaler Wohlfahrt erfolgten – ähnlich wie der Aufbau der Arbeiterversicherung – zunächst begrenzt und experimentierend, wurden dann aber nach und nach im städtischen Bereich ausgeweitet; neben den Großstädten leisteten auch Klein- und Mittelstädte Beachtliches.

Bei den praktischen kommunalen Fürsorgereformen lassen sich drei Ebenen unterscheiden:

- die Reformen der traditionellen öffentlichen Amenfürsorge selbst;
- die Ausdifferenzierung spezifischer Armutsrisiken durch den Ausbau kommunaler Fürsorge jenseits der traditionellen Armenfürsorge;
- Reorganisationsbestrebungen der privaten Wohltätigkeit auf kommunaler Ebene.

Die Reformen der traditionellen öffentlichen Armenfürsorge betrafen zunächst nur die Form und Organisation sozialer Hilfe. Die Festlegung der Leistungsgrundsätze der Fürsorge war weitgehend Reichs- beziehungsweise einzelstaatliches Recht, das heißt, am diskriminierenden Charakter der Inanspruchnahme konnte kommunal nichts geändert werden. Um dem abzuhelfen, blieb nur – entsprechend dem Vorbild der Arbeiterversicherung – die (weitere) Ausdifferenzierung spezifischer Armutsrisiken aus der als Universalfürsorge verstandenen kommunalen Armenfürsorge. Diese Herausbildung besonderer Zweige der Gesundheits-, Jugend-, Wohnungs- und Erwerbslosenfürsorge mit einem Dienstleistungsangebot, das über die notdürftige Armenfürsorge hinausging, nannte man zeitgenössisch die »sociale Ausgestaltung der Fürsorge«. Der Reformprozeß zielte auf die planmäßige, öffentliche Gestaltung der Lebensbedingungen der städtischen Unterschichten ab und war insgesamt Teil der Entwicklung kommunaler Daseinsvorsorge, das heißt, des Ausbaus kommunaler Leistungsverwaltung in der Folge von Industrialisierung und Verstädterung, der auch Bereiche wie Abfallentsorgung, Energieversorgung, Verkehr und Wasserversorgung betraf.

Am innovativsten war die Gesundheitsfürsorge, sie wurde aus den Forderungen der Gesundheitswissenschaft, der wissenschaftlichen Hygiene, abgeleitet. Sie bezog sich einmal auf besonders gefährdete Adressatengruppen, die gerade keinen Lohnarbeitsstatus hatten: Säuglinge, Kleinkinder, Schüler, Schwangere und Wöchnerinnen; zum anderen auf besondere Krankheitstypen, von denen allerdings die Arbeiterbevölkerung in besonderem Maße betroffen war: Tuberkulose, Geschlechtskrankheiten, Alkoholismus, psychische Leiden und körperliche Behinderungen.

Die Hygiene war auch Leitdisziplin beim Ausbau der Kinder- und Jugendfürsorge; nur bei der Jugendpflege, die seit der Jahrhundertwende verstärkt aufgebaut wurde, ging es um primär erzieherische Einwirkung. Die Hygiene beziehungsweise der Grad der gesundheitlichen Gefährdung bestimmte auch die Interventionsanlässe und Standards der Wohnungsfürsorge. Hier gelangen aber nur geringe Erfolge, denn auf diesem Gebiet kollidierten die bürgerlichen Interessen: Das Besitzbürgertum bestimmte »privat« über großstädtischen Wohnungsbau und öffentlich über großstädtische Verwaltung.

Anders als diese hygienisch angeleiteten, personenbezogenen Dienstleistungen entwickelte sich die Fürsorge für Erwerbslose als arbeitsmarktbezogene und marktergänzende Steuerungsmaßnahme. Arbeits- beziehungsweise Erwerbslosigkeit zählte zu den traditionellen »Standardrisiken«, mit denen die Armenfürsorge konfrontiert wurde. Verglichen mit den heutigen Verhältnissen war die Arbeitslosigkeit im Deutschen Reich nach Abflauen der Gründerkrise und Schutzzollpolitik aber durchweg gering, in den 90er Jahren setzte ein Wirtschaftsaufschwung ein, der bis zum Ersten Weltkrieg anhielt. Das gravierendste Problem der großstädtischen Arbeitslosigkeit war die saisonale Arbeitslosigkeit, nicht zuletzt als Folge des

Fahne des Evangelischen Arbeiter-Vereins Tegel, 1912 (4.48)

in den expandierenden Städten vorherrschenden Hoch- und Tiefbaus. Die Städte reagierten daher mit saisonalen Notstandsarbeiten zur Verbesserung der Infrastruktur und dem Aufbau von eigenständigen Arbeitsnachweisämtern. Letztere waren nicht nach den Prinzipien der Armenfürsorge organisiert, sondern nach dem Modell von Gewerbegerichten, das heißt von Arbeitnehmern und Arbeitgebern paritätisch besetzt. Hinzu kamen erste Ansätze einer kommunalen Arbeitslosenversicherung, die die gewerkschaftlichen Unterstützungsleistungen ergänzten.

Die Expansion, Spezialisierung und Verwissenschaftlichung kommunaler Fürsorge seit den 90er Jahren hatte auch Auswirkungen auf die private Wohltätigkeit. Diese hatte eine lange Tradition, wurde jedoch bis dahin überwiegend individuell und von kleinen Vereinsgruppen unkoordiniert, unsystematisch und teilweise laienhaft-dilettantisch durchgeführt. Auf der Grundlage »unpolitischer« Vereine und gestiegenen Wohlstandes expandierte sie nun kräftig, wurde aber auch eingebunden in die fachlich angeleitete und koordinierte Sozialreform. Sie wurde zunehmend als geeignetes Betätigungsfeld für bürgerliche Frauen und Töchter ausgemacht, diese sollten hier ihre eigentliche Kulturaufgabe finden. Die Vorstellung von Sozialreform als ethischer Verpflichtung des Mittelstandes gegenüber den »unteren Volksschichten« wurde mit dem privaten »Gutes tun« verknüpft: Das Resultat war die Vorstellung einer besonderen Verpflichtung der bürgerlichen Frau, den sozialen Frieden durch persönliches soziales Engagement zu sichern. Aufgrund der zeitgenössischen Vorstellung ihres spezifisch mütterlichen Wesens, ihres bewahrenden, hegenden und pflegenden Geschlechtscharakters schien gerade sie aufgerufen, die Gegensätze zwischen den sozialen Klassen im direkten persönlichen Kontakt mit den Schwestern der unteren Volksschichten zu überbrücken und so an der Herstellung des »Volksganzen« zu wirken, während sich die Männer in fruchtlosen sozialen Kämpfen aufrieben, die letztlich die Spaltung der Gesellschaft nur vertieften.

Die neuen Tätigkeitsfelder in der offenen kommunalen Gesundheits-, Jugend- und Wohnungsfürsorge boten sich für private Ergänzung geradezu an und drängten sich förmlich auf, weibliches Wesen und weibliche Kultur in der patriarchalischen Industriegesellschaft auch jenseits der Familie zur Geltung zu bringen und dadurch den Frauen selbst gesellschaftliche Emanzipation zu verschaffen – im öffentlichen, jedoch unpolitischen Raum. Das setzte aber Rationalisierungsbestrebungen auf zwei Problemebenen voraus: einmal die Bestimmung und Regelung des Verhältnisses von öffentlicher und privater Fürsorge und zweitens die Binnenrationalisierung, das heißt organisatorische Koordination und Verfachlichung der Privatwohltätigkeit selbst, die Akzeptanz moderner wissenschaftlicher und säkularisierter Standards.

Diese Karte wird einer freundlichen Beachtung herzlichst empfohlen.

Pfennig-Verein

für die

armen Kranken und Kleinen

der

Kolonie für Epileptische „Bethel" bei Bielefeld.

Ordnungen des Vereins.

1. Je 10 Freunde oder Freundinnen unserer Anstalten (es können auch weniger sein), Erwachsene oder Kinder, bilden einen Pfennig-Verein.

2. Die Mitglieder dieser Pfennig-Vereine erhalten vierteljährlich unsere „Mitteilungen" (eine kleine Schrift, welche Erzählungen aus unserm Anstaltsleben ꝛc. bringt). Der Zweck dieser Vereinssache ist nicht bloß die Geldsammlung, sondern vornehmlich auch die **Weckung des Sinnes für dienende Liebe.**

3. Sie verbinden sich untereinander, nach 1. Kor. 16, 2, jeden Sonntag einen freiwilligen Beitrag von 5 Pfennigen (es darf auch weniger bis zu einem Pfennig sein) zurückzulegen. Die Namen werden in die nachstehende Liste eingetragen.

4. Durch den Ordner oder die Ordnerin werden die Vereinsschriften ꝛc. an die Mitglieder verteilt, und die Beiträge wöchentlich, monatlich und vierteljährlich **eingesammelt.**

(Fortsetzung auf der vierten Seite.)

Sammelbuch des Pfennigvereins Bethel, um 1890 (5.74)

Davon berührt und herausgefordert wurde in besonderem Maße die konfessionelle Privatwohltätigkeit, die den größten und traditionsreichsten Anteil an der Privatwohltätigkeit hatte und im Anstaltssektor dominierte. Hier zeigte es sich, daß dann, wenn die kommunale Wohlfahrtspflege koordiniert, systematisch und auf einer »wissenschaftlichen« Grundlage betrieben wurde, auch traditionsreiche Veranstaltungen und Werke wie die konfessionelle Caritas und Liebestätigkeit sich den Ansprüchen von Fachlichkeit und Rationalisierung stellen mußten. Dieser notwendige Adaptionsprozeß wurde zentral vorangetrieben – das war nicht zuletzt deshalb möglich, weil hier im 19. Jahrhundert neben der Fülle (kirchen)gemeindlicher Aktivitäten auch zentralverbandliche Strukturen bestanden und entwickelt wurden. Die konfessionelle Privatwohltätigkeit erlangte so zunehmend einen organisatorischen Vorsprung, der es ihr erlaubte, sich den kommunalen und säkularen Herausforderungen positiv zu stellen und ihre Pionierfunktion weiterhin auszuüben.

An erster Stelle und in besonderem Maße war das bei der 1848 gegründeten Inneren Mission beziehungsweise ihrem steuernden Central-Ausschuß der Fall, der auch, personell mit den Protagonisten der christlich-sozialen Bewegung verquickt, zu Problemen staatlicher Sozialreform engagiert Stellung bezog. Die Innere Mission begann in den 80er Jahren – gleichsam als konfessionelles Pendant (und Antipode) zu den weltlichen »Deutschen Vereinen« –, Fachvereine für einzelne Arbeitsbereiche und -schwerpunkte zu gründen sowie Fachbibliotheken anzulegen und Ausbildungsstätten für Frauen (Kurse und Schulen) einzurichten. Dadurch wurden die in den 80er und 90er Jahren boomhaft gegründeten zahlreichen Einrichtungen, Anstalten und Vereine fachlich so angeleitet und abgesichert wie lobbyistisch nach außen vertreten, daß dieses Netz von »Werken der rettenden Liebe« konkurrenzfähig blieb. In manchen Regionen hatte es sogar eine Vorrangstellung gegenüber ähnlichen kommunalen und staatlichen Veranstaltungen, bestimmte Arbeitsfelder (etwa die Wandererfürsorge und die Behindertenarbeit) monopolisierte sie fast. Dabei erwies es sich als förderlich, daß durch die Arbeiterversicherung und die kommunale Armenfürsorge Geld (Gründungskapital, Subventionen, Pflegegelder) bereitgestellt wurde, das es erlaubte, diakonisches Engagement einerseits auf Dauer zu sichern, andererseits es nach kommunalen oder provinziellen Vorgaben zu steuern und »einzubinden«.

Die fachlich-wissenschaftliche Fundierung und das Modell der »zentralen« Inneren Mission standen auch Pate bei der 1897 erfolgten Gründung des Caritasverbandes für das katholische Deutschland, der allerdings erst nach und nach von allen deutschen Diözesen beziehungsweise Bischöfen anerkannt wurde. Der deutsche Katholizismus, bedroht durch Liberalismus und Sozialismus sowie während des Kulturkampfes durch den protestantisch geprägten Staat, konnte weniger auf den Staat setzen als der Protestantismus. Aber dafür konnte er um so mehr in der Bevölkerung wirken und die Massen – nicht zuletzt also auch die Arbeiterbevölkerung – mobilisieren. Dieses schlug sich – neben den traditionellen Orden und Kongregationen – in einem vielfältigen religiösen und sozialen Vereinswesen nieder. Doch die katholische Wohltätigkeit geriet nun – wie die konfessionelle Liebestätigkeit auf evangelischer Seite – unter den Druck der modernen Standards der bürgerlichen Sozialreform und stellte sich diesem durch neue Formen der Organisation, die Diözesangrenzen überschritten.

Evangelische Innere Mission und katholische Caritas waren bei der Herausbildung zentraler Strukturen, bei der Mobilisierung von christlichen Frauen und Männern für soziale Dienstaufgaben und deren Verfachlichung so erfolgreich, daß sie ihre relative Eigenständigkeit gegenüber und in der säkularen kommunalen Sozialreform bewahren konnten. So konnte der konfessionelle, private Sektor der Wohlfahrtspflege im Deutschen Kaiserreich nicht nur erhalten werden, sondern im Zusammenspiel mit dem kommunalen, öffentlichen Sektor im Kontext der fortschreitenden Sozialstaatsentwicklung zukunftsweisend ausgebaut werden.

Literatur

ESER, SUSANNE F., Verwaltet und verwahrt. Armenpolitik und Arme in Augsburg. Vom Ende der reichsstädtischen Zeit bis zum Ersten Weltkrieg, Sigmaringen 1997

GATZ, ERWIN, Geschichte des kirchlichen Lebens in den deutschsprachigen Ländern seit dem Ende des 18. Jahrhunderts, Bd 5: Caritas und soziale Dienste, Freiburg 1997

KAISER, JOCHEN-CHRISTOPH / LOTH, WILFRIED, Soziale Reform im Kaiserreich. Protestantismus, Katholizismus und Sozialpolitik, Stuttgart 1997

QUELLENSAMMLUNG zur Geschichte der deutschen Sozialpolitik 1867 bis 1914, begründet von Peter Rassow. Im Auftrag der Historischen Kommission der Akademie der Wissenschaften und der Literatur herausgegeben von Karl Erich Born, Hansjoachim Henning und Florian Tennstedt, I. und II. Abteilung, Stuttgart/Darmstadt 1993 ff.

RITTER, GERHARD A., Der Sozialstaat. Entstehung und Entwicklung im internationalen Vergleich, 2. Auflage München 1991

SACHSSE, CHRISTOPH / TENNSTEDT, FLORIAN, Geschichte der Armenfürsorge in Deutschland, Bd 2: Fürsorge und Wohlfahrtspflege 1871-1929, Stuttgart 1988

SCHMIDT, MANFRED G., Sozialpolitik. Geschichte und internationaler Vergleich, Opladen 1997

TENNSTEDT, FLORIAN / WINTER, HEIDI, »Der Staat hat wenig Liebe. Die Anfänge des Sozialstaats im Deutschen Reich«, in: Zeitschrift für Sozialreform, 39. Jg., 1993

TENNSTEDT, FLORIAN / WINTER, HEIDI, »›Jeder Tag hat seine eigenen Sorgen, und es ist nicht weise, die Sorgen der Zukunft freiwillig auf die Gegenwart zu übernehmen.‹ Die Anfänge des Sozialstaats im Deutschen Reich von 1871«, in: Zeitschrift für Sozialreform, 41. Jg., 1995

ZITT, RENATE, Zwischen Innerer Mission und staatlicher Sozialpolitik. Der protestantische Sozialreformer Theodor Lohmann (1831-1905), Heidelberg 1997

Sozialpolitische Kursbestimmungen der Inneren Mission und Finanzierungsmodelle ihrer Arbeit

von Renate Zitt

Die »Hüter und Mehrer des Erbes Wicherns« (Gerhardt 1948) suchten die Arbeit der Inneren Mission in den sich verändernden sozialen und gesellschaftlichen Gegebenheiten des Kaiserreichs ab 1871 weiterzuentwickeln. Manche Strukturen waren bereits in den 1850er Jahren angelegt, vieles andere kam neu hinzu, wieder anderes bekam ein neues Gesicht. Als Ausdruck der zunehmenden Institutionalisierung verfestigte sich in dieser Zeit die Schreibweise »Innere Mission«. Die ursprüngliche Kleinschreibung »innere Mission« hatte mehr deren Charakter als Bewegung ausgedrückt.

Genauer werden im folgenden die Charakteristika der Inneren Mission im Kaiserreich, die Struktur und Arbeitsweise des Central-Ausschusses und besonders seine Richtungspolitik gegenüber der sozialen Frage in der zunehmend industriell geprägten Gesellschaft beleuchtet. Einige Finanzierungsmodelle illustrieren die Breite und Fülle der verschiedenen Bereiche, Trägerinnen und Träger der Arbeit der Inneren Mission sowie die sich allmählich verändernden finanziellen Rahmenbedingungen.

Charakteristika der Inneren Mission im Kaiserreich

Die Innere Mission, die als »freie Liebestätigkeit« in Vereinen, Genossenschaften, Stiftungen und Einrichtungen organisiert und rechtlich verfaßt war, expandierte im jungen Kaiserreich weiter. Sie konsolidierte ihre traditionellen Arbeitsfelder und entwickelte neue Tätigkeitsbereiche.

Die zunehmende Bedeutung der Großstadt als Arbeitsfeld der Inneren Mission zeigte sich in den besonders seit den 1870er Jahren entstehenden Stadtmissionen, die am Ende des Kaiserreichs fast in jeder größeren Stadt zu finden waren. 1830 war die »Evangelische Gesellschaft« in Stuttgart gegründet worden, am 10. November 1848 hatte Wichern nach englischem Vorbild die Hamburger Stadtmission gegründet, 1874 kamen etwa Bielefeld, Berlin und Dresden, 1882 Karlsruhe und 1884 Magdeburg, Nürnberg und München hinzu. 1885 zählte eine vom Central-Ausschuß zusammengestellte Übersicht 39 Stadtmissionen, davon 27 in Deutschland, sieben in der Schweiz und fünf in anderen Ländern.

Die großen Einrichtungen und Anstalten erlebten in dieser Zeit eine zweite Gründungsphase, die auch auf die veränderten staatlichen Rahmenbedingungen und die beginnende öffentliche Refinanzierung der freien Liebestätigkeit, insbesondere im Bereich der Jugendfürsorge und der medizinischen Versorgung, reagierte. Damit einher ging eine allmähliche Ausdifferenzierung und Professionalisierung der Arbeitsfelder der Inneren Mission.

Die Organisationsstrukturen der Inneren Mission bildeten sich seit den 1870er Jahren auf Landes- und Regionalebene weiter aus. Die Vereine und Einrichtungen waren durch die Mitgliedschaft in dem ebenfalls als freier Verein verfaßten »Central-Ausschuß für die innere Mission der deutschen evangelischen Kirche« locker miteinander verbunden. Als größere geographische Gliederungen und Zusammenschlüsse entstanden in dieser Zeit die Landes- und Provinzialvereine für Innere Mission, die sich als Regionalverbände an den Central-Ausschuß anschlossen. Ein zweiter Strang der Organisationsstruktur entstand durch die fachlichen Zusammenschlüsse gleicher Arbeitsgebiete und Berufe in verschiedenen »Konferenzen« und Fachverbänden. In Bezug auf die Gesamtorganisation der Inneren Mission waren daher neben dem Central-Ausschuß und den Landes- und Provinzialvereinen die Fachverbände die vernetzenden Ebenen, wie etwa die Kaiserswerther Generalkonferenz der Diakonissenmutterhäuser (1861), die Konferenz der theologischen Berufsarbeiter in der Inneren Mission (1870), die Brüderhausvorsteherkonferenz (1876) und die Rettungshauskonferenz (1895), um nur einige zu erwähnen. Auch der Gesamtverband evangelischer Arbeitervereine (1890), der Evangelisch-soziale Kongreß (1890), die Freie kirchlich-soziale Konferenz (1897), die Kommission der deutschen Bahnhofsmission (1897), das Deutsche Nationalkomitee zur Bekämpfung des Mädchenhandels (1899) und der Deutsch-evangelische Frauenbund (1899) waren Mitglieder im Central-Ausschuß.

Die im September 1899 erstmals erschienene vollständige »Statistik der Inneren Mission der deutschen evangelischen Kirche« umfaßte das ganze Gebiet der Inneren Mission. Sie unterschied die Arbeitsgebiete der Fürsorge für Kinder, für die heranwachsende Jugend, für die wandernde und heimatfremde Bevölkerung, das Feld der Unterstützung der gemeindlichen und kirchlichen Arbeit – auch in der Diaspora –, der Armen- und Krankenpflege und das christliche Schriftenwesen. Unter die Rubrik der Bekämpfung besonderer Notstände faßte man Vereine und Konferenzen für christliche Volksbildung, für Sonntagsruhe, für bessere Wohnverhältnisse, die Fürsorge für Strafentlassene und insbesondere die Bekämpfung der »Unzucht« und der »Trunksucht«. Einen breiten Raum nahmen die Organisation und die Arbeitskräfte der Inneren Mission sowie deren Ausbildung ein, besonders in den Brüder- beziehungsweise Diakonenanstalten und den Diakonissenmutterhäusern.

Struktur und Arbeitsweise des Central-Ausschusses für Innere Mission

Der Central-Ausschuß für die innere Mission der deutschen evangelischen Kirche war ein Honoratiorengremium, das sich um neue Mitglieder jeweils durch einstimmige Beschlüsse selbst ergänzte. Ihm gehörten mehrheitlich Theologen und hohe Regierungsbeamte an. Der Vorstand setzte sich aus dem Präsidenten – von 1887 bis 1896 der Theologieprofessor Bernhard Weiß (1827-1918) –, dem Vizepräsidenten, dem Geschäftsführer und dem Schatzmeister zusammen. Mitglied des Central-Ausschusses sollten nach Wicherns ursprünglicher Intention christlich engagierte Männer mit Einfluß auf das öffentliche Leben sein, die ihr christliches Ethos privat und beruflich lebten und ihre Fähigkeiten in den Dienst der Inneren Mission stellen wollten. Die Mitglieder des Central-Ausschusses rekrutierten sich daher zumeist aus einem gehobenen, eher als sozialkonservativ zu bezeichnenden Bürgertum und einem frommen beziehungsweise christlich engagierten Milieu. Durch die Mitgliedschaft der Hofprediger war die Verbindung zum Hof gewährleistet. Die zunehmende Dominanz der Geistlichen im Central-Ausschuß entsprach allerdings nicht der ursprünglichen Intention Wicherns. 1874 waren 12 Nicht-Theologen und 13 Theologen Mitglied, bis 1890 stieg der Anteil der Theologen auf 28 gegenüber 15 Nicht-Theologen.

Das revidierte Vereinsstatut, das sich der Central-Ausschuß 1878 gab und das am 28. Januar 1878 durch Kabinettsorder bestätigt wurde, spiegelt seine Ziele, Anliegen und sein Selbstverständnis wider. Als Aufgabe wurde formuliert, »durch den Dienst der inneren Mission das Reich Gottes bauen zu helfen« und »solche Gebiete, die der Wirkung des Evangeliums entzogen sind, demselben wieder zu öffnen, die Werke der christlichen Liebestätigkeit anzuregen, isolierte Bestrebungen dieser Art miteinander in Verbindung zu bringen und mit Rat und Tat ihnen zu dienen.« Sein Verhältnis zu Kirche und Staat bestimmte der Central-Ausschuß dahingehend, daß er »die kirchlichen und staatlichen Ämter und Institutionen [...] auf den ihm offenstehenden Wegen [...] unterstützen« wolle.

Die Aufgabe des Central-Ausschusses bestand insbesondere darin, die vielen Vereine, Einrichtungen und Bestrebungen der christlichen Liebestätigkeit zu koordinieren und zu vernetzen, weitere Gründungen anzuregen sowie die Kursbestimmung und Öffentlichkeitsarbeit für die Innere Mission zu leisten. Von zentraler Bedeutung für die Öffentlichkeitsarbeit der Inneren Mission waren die zunächst jährlich, seit 1881 alle zwei Jahre stattfindenden Kongresse für Innere Mission, deren Kongreßverhandlungen auch publiziert wurden. Hier debattierte man über aktuelle kirchliche, soziale, sozialpolitische und kulturelle Themen und bemühte sich um Beschlüsse zu diesen Fragen. Oft mündeten die dort aufgestellten Thesen und Resolutionen in konkrete Arbeitsaufträge an den Central-Ausschuß, der Rundschreiben, Denkschriften oder Petitionen an den Reichstag oder Bundesrat verfaßte. So nahm er Einfluß auf die gesellschaftliche Öffentlichkeit, auf staatliche Gesetzgebungsprozesse und auf Themen der kirchlichen Willensbildung. Immer wiederkehrender Schwerpunkt war besonders seit den 1880er Jahren die grundsätzliche Positionsbestimmung der Inneren Mission gegenüber den sozialen Fragen in der industrialisierten Gesellschaft und die damit zusammenhängenden Einzelfragen wie die Sonntagsruhe, der Schutz der jugendlichen Arbeiter, die Frage von Frauenarbeit und Familienwohl und die Wohnungsnot. Die Erwerbstätigkeit von Frauen wurde in den 1890er

Kurrendesänger der Stadtmission in Berlin, um 1908 (4.17)

Jahren auch im Kontext der Frauenfrage behandelt. Neben den Stadtmissionen, den Herbergen zur Heimat, der Seemannsmission und den Fragen der Evangelisation standen immer wieder auch die Themen Trunksucht und Prostitution auf der Tagesordnung.

1898 konnte man angesichts der Selbstdarstellung des Central-Ausschusses in »Fünfzig Jahre Innere Mission« und der Veröffentlichungen anläßlich der Jubiläumsfeierlichkeiten in Wittenberg sowie der in fast allen Landeskirchen genehmigten Kirchenkollekte zugunsten des Central-Ausschusses für Innere Mission ersehen, daß er sich als zentrale Vernetzungsinstanz der freien Liebestätigkeit – auch gegenüber der institutionalisierten Kirche und dem Staat – etabliert hatte.

1871-1900

Konsolidierung

Sozialpolitische Kursbestimmungen des Central-Ausschusses für Innere Mission und seiner Mitglieder

Hinsichtlich der Wirksamkeit und Richtungsbestimmung des Central-Ausschusses kann insbesondere für die Zeit seit den 1880er Jahren bis zum 50jährigen Jubiläum 1898 von der Ausbildung eines spezifischen Profils der Inneren Mission in dem sich ausdifferenzierenden Feld des sozialen Protestantismus gesprochen werden. Der Central-Ausschuß war – zumindest bis zur Gründung des Evangelisch-sozialen Kongresses 1890 – die einzige gesamtprotestantische Institution zur Diskussion der sozialen Frage und damit das entscheidende Forum sozialethischer Willensbildung. Die Innere Mission entwickelte eine sozialpolitisch orientierte Diakonie, in der Wohlfahrtspflege und Sozialpolitik, individuelle Liebestätigkeit und die Behandlung christlicher, wirtschaftlicher und sozialer Fragen zusammen gesehen wurden.

Friedrich von Bodelschwingh und Adolf Stoecker, 1907 (2.78)

Für die Kursbestimmung des Central-Ausschusses in den sozialpolitischen Umbrüchen des Kaiserreichs waren einige Mitglieder von besonderer Bedeutung. In den 1870er Jahren hatte der geschäftsführende Sekretär Friedrich Salomo Oldenberg (1829-1894) eine besonders öffentlichkeitswirksame Position, da er auch das Organ des Central-Ausschusses für Innere Mission, die »Fliegenden Blätter aus dem Rauhen Haus«, herausgab. Darin wurden einerseits polemische Auseinandersetzungen mit der Sozialdemokratie geführt und der »Dienst an den arbeitenden Klassen« als eine positive Ergänzung des Sozialistengesetzes gefordert, andererseits grenzte man sich gleichzeitig von der Strategie des Hofpredigers Adolf Stoecker (1835-1909) und seiner politischen Initiative der Gründung der »Christlich-sozialen Arbeiterpartei« (1878) ab.

Adolf Stoecker war seit 1874 Hofprediger in Berlin und hatte seit dem 9. März 1877 die Leitung der Berliner Stadtmission übernommen, durch deren kirchliche Laienhilfe er die entkirchlichten Massen in der Reichshauptstadt evangelisieren wollte. Er war Mitglied im Central-Ausschuß, empfand sich als berufener Nachfolger Wicherns, verfocht sein Konzept eines christlichen Sozialismus und beherrschte die Szene des sozialen und politischen Protestantismus. So war er 1877 an der Gründung des »Zentralvereins für Sozialreform«, 1890 des »Evangelisch-sozialen Kongresses« und 1897 der »Freien kirchlich-sozialen Konferenz« beteiligt. Stoecker wollte 1878 eine politische Bewegung der Volksmassen auf christlicher, sozialer und monarchischer Grundlage initiieren. In sein parteipolitisches Konzept integrierte er progressive staatssozialistische Forderungen. Sein politisch-agitatorisches Projekt scheiterte allerdings kläglich. Der omnipräsente Initiator und umstrittene Akteur Stoecker muß als äußerst ambivalent eingestuft werden. Einerseits löste er ein umfangreiches soziales Engagement im Vereins- und Verbandsprotestantismus aus, andererseits wirkte er

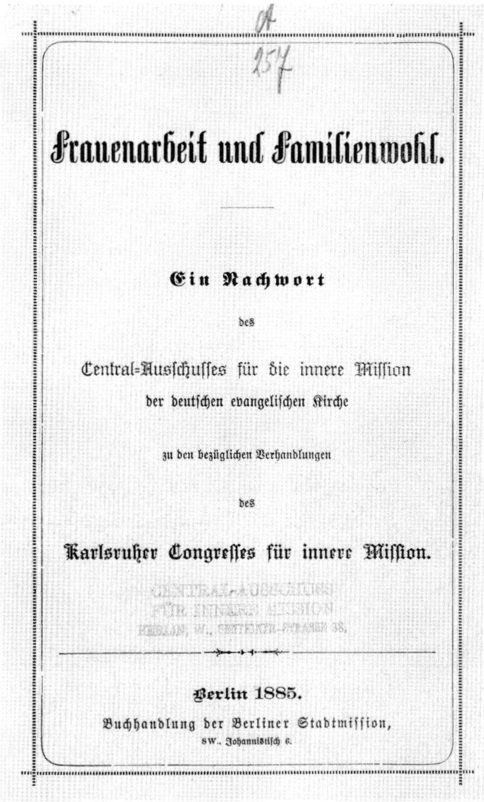
Frauenarbeit und Familienwohl.

Ein Nachwort

des

Central-Ausschusses für die innere Mission

der deutschen evangelischen Kirche

zu den bezüglichen Verhandlungen

des

Karlsruher Congresses für innere Mission.

Berlin 1885.

Buchhandlung der Berliner Stadtmission,

SW., Johannistisch 6.

Denkschrift des Central-Ausschusses für die Innere Mission, 1885 (2.66)

Theodor Lohmann, um 1890 (2.55)

polarisierend. Sein theologisch-apokalyptisch geprägtes Gesellschaftsbild mit den stereotypen Feindbildern »Sozialdemokratie« und »modernes, liberales Judentum« war ein verhängnisvoller Wegbereiter für die Ausprägung einer nationalistischen und antisemitischen Ideologie.

Anders und differenzierter prägte Theodor Lohmann (1831-1905) die Auseinandersetzung mit der sozialen Frage als industrieller Arbeiterfrage im Central-Ausschuß. Der aus Hannover stammende und mit Fragen der Inneren Mission wohl vertraute Jurist und Sozialreformer Theodor Lohmann wurde 1880 in den Central-Ausschuß gewählt. Beruflich wirkte er seit den 1870er Jahren als Ministerialbeamter und Referent für die gewerbliche Arbeiterfrage im preußischen Handelsministerium und seit den 1880er Jahren im Reichsamt des Innern. Bis 1883 war er wichtigster sozialpolitischer Mitarbeiter Bismarcks bei der Umsetzung der Kaiserlichen Sozialbotschaft vom November 1881 und der Ausarbeitung der Sozialversicherungsgesetzgebung. Während es über die Unfallversicherung 1883 zum Bruch zwischen ihm und Bismarck kam, konnte Lohmann kurz zuvor in der Krankenversicherung einige seiner Vorstellungen verwirklichen, so die Beitragsbeteiligung der Arbeiter (2/3) und der Arbeitgeber (1/3) und die damit verbundene paritätische Selbstverwaltung der Kassen.

Lohmann engagierte sich für einen wirksamen Arbeiterinnen- und Arbeiterschutz, organisierte Regierungsenquêten zur Untersuchung der Situation von Arbeiterinnen und jugendlichen Arbeitern, sprach sich für eine internationale Fabrikgesetzgebung und für Interessenvertretungsorgane der Arbeiter aus. Der Ausbau und die Verbesserung der Fabrikinspektion gehörte zu seinen Hauptanliegen. Mit Lohmann hatte der Central-Ausschuß einen christlich profilierten bürgerlichen Sozialreformer und sachkundigen Mitstreiter gefunden, der eine fundierte Kenntnis nationalökonomischer und sozialreformerischer Konzeptionen besaß und der die sozialpolitische Positionsbestimmung des Central-Ausschusses für Innere Mission gegenüber den Fragen der industriellen Arbeitswelt prägte. Exemplarisch kann dies an zwei Denkschriften veranschaulicht werden.

Nachdem eine Spezialkonferenz zum Thema »Frauenarbeit und Familienwohl« auf dem Karlsruher Kongreß für Innere Mission 1884 einen Auftrag an

den Central-Ausschuß zur Folge hatte, die dort aufgestellten Beschlüsse weiterzubearbeiten, verfaßte Lohmann im April 1885 einen Resolutionsentwurf mit folgendem Argumentationsduktus: Daß die Entwicklung der Industrie mehr gewerbliche Frauenarbeit notwendig gemacht habe, sei nicht von vornherein verwerflich. Es gelte aber, den Gefahren, die mit schlechten Löhnen oder dem Mißbrauch weiblicher Arbeitskraft verbunden seien, zu wehren. Es wurden daher Forderungen an den Staat zur gesetzlichen Regelung des Arbeiterinnenschutzes aufgestellt, wie etwa das Verbot der Nacht- und Sonntagsarbeit. Von den Arbeitgebern wurde gefordert, ungeeignete Beschäftigungen für Arbeiterinnen auch ohne gesetzliche Verpflichtung zu vermeiden. Kirche und Innere Mission wollten die Arbeitgeber an ihre Verpflichtungen erinnern, selbst tätig zu werden, indem sie durch einzelne Personen und die Gemeinden den Schutz der Frauen und der Familien unterstützten. Mit Ergänzungen Oldenbergs über den Verlauf der Karlsruher Konferenzverhandlungen und Nachrichten über bestehende Wohlfahrtseinrichtungen für Arbeiterinnen aus den amtlichen Berichten der Fabrikinspektoren versehen, wurde das Ergebnis 1885 vom Central-Ausschuß unter dem Titel »Frauenarbeit und Familienwohl« veröffentlicht. 1890 erfuhr diese Schrift mit einem Nachtrag eine zweite Auflage.

In der Geschichte der Inneren Mission erhält Lohmann seinen Platz vor allem aber durch »seine« Denkschrift von 1884 mit dem Titel »Die Aufgabe der Kirche und ihrer inneren Mission gegenüber den wirtschaftlichen und gesellschaftlichen Kämpfen der Gegenwart.« Sie stellt die grundlegende Kursbestimmung in den sozialpolitischen Umbrüchen des Kaiserreichs dar. Angeregt war diese Stellungnahme von Adolf Stoecker, der der Ansicht war, daß der Central-Ausschuß – wollte er in dieser Frage nicht jeglichen Anschluß an den Zug der Zeit verlieren – ein grundsätzliches, vom Evangelium ausgehendes Votum zur sozialen Frage abgeben müsse. Nach einigen Vorentwürfen in Form von Thesen Stoeckers und Lohmanns, Modifikationen und Erweiterungen Lohmanns und Redaktionen Oldenbergs erwies sich schließlich Lohmanns Entwurf in der Sitzung am 27. Mai 1884 im Central-Ausschuß als kompromißfähig.

Das Anliegen des Central-Ausschusses wurde in der Denkschrift dahingehend formuliert, daß er »die religiös-sittlichen Grundsätze des Christentums in ihrer besonderen Anwendung auf die heutige Gestalt des wirtschaftlichen und gesellschaftlichen Lebens zu bezeugen und zur tatsächlichen Geltung [...] bringen« wolle. Dem ökonomischen Liberalismus wie dem Sozialismus wurden Absagen erteilt, wobei der letztere als Indikator für die Notwendigkeit einer umfassenden Wirtschafts- und Gesellschaftsreform auch positiv gewertet wurde. Ziel jeder wirtschaftlichen Entwicklung war nach Meinung der Denkschrift die Gestaltung eines Erwerbslebens, das »auch den untersten Klassen die Erreichung desjenigen Maßes irdischen Gutes ermöglicht, welches [...] die Voraussetzung der Bewahrung vor wirtschaftlicher Not und der Erhaltung und Pflege der sittlichen Lebensordnungen bildet.« Dafür wurden Arbeitgeber, Arbeiter, Kirche, Staat und Innere Mission gleichermaßen in die Verantwortung genommen. Besonders die Arbeitgeber sollten in ihren Fabriken und Betrieben für menschenwürdige Verhältnisse sorgen. Die Denkschrift konstatierte jedoch auch, daß der Handlungsspielraum des einzelnen im Konkurrenzdruck der industriellen Gesellschaft begrenzt sei. Aus diesem Grund habe der Staat für die gesetzlichen Maßnahmen zum Schutz der Arbeiterinnen und Arbeiter zu sorgen: durch Beschränkung der Beschäftigung von Arbeiterinnen und jugendlichen Arbeitern, durch Vorschriften zum Schutze der Arbeiter gegen Gefahren für Leben und Gesundheit, durch Verbot der Sonntagsarbeit und Bestimmung einer Maximalarbeitszeit. Wegen der Konkurrenz waren internationale Regelungen in diesem Bereich anzustreben. Versicherungsbeiträge zum Schutz vor den wirtschaftlichen Folgen vorübergehender oder dauernder Erwerbsunfähigkeit sollten vom Staat in den Arbeiter-

Missionskasse, um 1900 (4.90)

versicherungsgesetzen zum festen Lohnbestandteil gemacht werden. Die Kirche und vor allem die Innere Mission sollten sich für diese sozialpolitischen Anliegen einsetzen.

Am 24. Juni 1884 fanden die Abschlußberatungen im Central-Ausschuß statt. Dabei wurden ein Begleitschreiben sowie der Modus des Vertriebs und der Verbreitung der Denkschrift besprochen: Sie sollte durch den Buchhandel, die Agenten des Central-Ausschusses, die Veröffentlichung in den »Fliegenden Blättern« und die Versendung an gesellschaftliche Verantwortungsträger in Regierung, Reichstag, Verwaltung, Kirche und unter den Arbeitgebern verbreitet werden. Die Redaktionen von politischen und kirchlichen Zeitungen und Zeitschriften wurden um die Besprechung der Denkschrift gebeten. Rund 10.000 Exemplare wurden in vier Auflagen zwischen 1884 bis 1886 gedruckt und verteilt. Außerdem wurde die Denkschrift ins Englische, Französische und Russische übersetzt. Sie wurde in verschiedensten Bereichen der Gesellschaft ausführlich diskutiert und gab dem Central-Ausschuß die sozialpolitische Kursbestimmung sowie die in den nächsten Jahren sukzessiv behandelten Einzelfragen aus dem Bereich der industriellen Arbeiterfrage vor. Vier Jahre nach dem Erscheinen der Denkschrift schien es auch dem profilierten Vordenker der Zukunftsaufgaben der Inneren Mission Friedrich Naumann (1860-1919) wert, sie 1889/90 in einer Aufsatzfolge auszulegen und 1891 in Buchform als »Das soziale Programm der evangelischen Kirche« zu veröffentlichen. Sie sei »aus bewährtester Feder geflossen« und »das wichtigste Aktenstück über das Verhältnis des evangelischen Christentums zur sozialen Frage«.

Unter der Mitwirkung Lohmanns wurde in der Phase des »sozialpolitischen Frühlings« der Februarerlasse Kaiser Wilhelms II. vom 4. Februar 1890 und der Demission Bismarcks eine internationale Arbeiterschutzkonferenz durchgeführt. Außerdem wurden in der Gewerbeordnungsnovelle von 1891 weitergehende Bestimmungen des Arbeiterschutzes und der Gewerbeaufsicht durchgesetzt. In der Erläuterung der Februarerlasse vor dem Staatsrat beschrieb der von den christlich-sozialen Gedanken Stoeckers geprägte Kaiser die Arbeit der freien Liebestätigkeit als »ein weites Feld segensreicher Entfaltung, durch welche die gesetzlichen Anordnungen unterstützt und befruchtet werden müssen, um zu voller Wirksamkeit zu gelangen«.

Sein Profil einer gesellschaftspolitischen Konzeptionsbildung versuchte der Central-Ausschuß auch während der schwierigen Situation der staatlichen

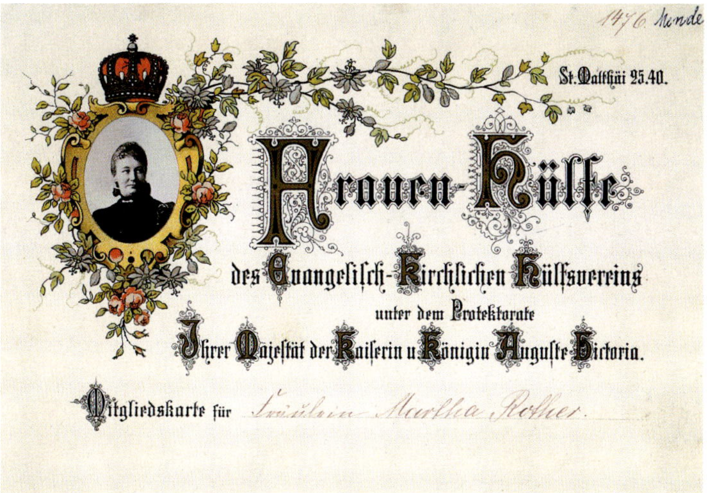

Mitgliedskarte der Frauenhilfe, um 1900 (5.36)

und kirchlichen sozialpolitischen Umbruchs- und Rückzugsphase 1896 in einem Nachwort zur Denkschrift unter dem Titel »Die Innere Mission und die sozialen Bestrebungen« zu bewahren. Die Innere Mission wollte weiterhin als überparteiliche Anregerin auf die gesellschaftlichen Rahmenbedingungen und nicht nur auf die Gesinnungen und Nöte der einzelnen einwirken.

Finanzierungsmodelle der Arbeit der Inneren Mission

Im Hinblick auf die Finanzierung ihrer praktischen Arbeit für die Notleidenden und Hilfsbedürftigen war die Innere Mission jedoch auch abhängig von den gesellschaftlichen Rahmenbedingungen, die sie mitgestalten wollte.

Die unterschiedlich geregelte Finanzierung der Inneren Mission und der Diakonie hing von den verschiedenen Organisationsformen diakonisch-sozialer Arbeit und von den sie tragenden Personenkreisen ab, von denjenigen, die diese Arbeit initiierten, die sie finanziell trugen und die die Arbeit faktisch ausübten. Zum einen wurde in dem riesigen Feld freier christlicher Liebestätigkeit in vielfältigsten Vereinsformen gearbeitet und diese Arbeit zumeist mit Spenden, Mitgliederbeiträgen, Stiftungen, Zinsen aus Stiftungen, genossenschaftlichen Zusammenschlüssen, Schenkungen, Sammlungen, königlichen Mitteln, kirchlichen Kollekten und weiteren Quellen finanziert. Zum anderen muß als weiterer Faktor gesehen werden, wieviel ehrenamtliche Arbeit von Honoratioren und insbesondere von unzähligen Frauen geleistet wurde.

Exemplarisches zum Engagement von Frauen in der Inneren Mission im Kaiserreich

Von besonderer Bedeutung war für die Innere Mission von jeher das Engagement bürgerlicher und adliger Frauen, die ihre Kompetenzen angesichts der gesellschaftlichen Nöte besonders in die Krankenpflege und die Bildungsarbeit einbrachten und Armen- und Krankenpflegevereine sowie Kinderbewahranstalten und Kleinkinderschulen gründeten.

»Als amtlich geordnete und als Beruf übernommene Ausübung der aus dem christlichen Glauben geborenen Liebe gegen alle Arten von Hilfsbedürftigen von Seiten der Frauen« (Disselhoff 1870, vgl. Schmidt) hatte sich das Fliednersche Modell der Kaiserswerther Diakonissen seit 1836 rasch verbreitet. 1891 gehörten der Kaiserswerther Generalkonferenz 63 Mutterhäuser und 8.478 Schwestern in 2.774 Arbeitsfeldern an. 1898 wurden von 49 Anstalten 23 von adligen Vorsteherinnen geleitet. Neben dieser Entwicklung des Diakonissenamtes und weiterer Modelle weiblicher Berufstätigkeit in der Inneren Mission – wie etwa dem Zehlendorfer Verband – wurde auch das weibliche Ehrenamt zunehmend organisiert.

Kaiserin Auguste Victoria (1858-1921), der die Förderung des Diakonissenwesens ein wichtiges Anliegen war, nahm sich im »Evangelisch-Kirchlichen Hilfsverein« der Gemeindepflege an. Hervorgegangen aus dem 1887 von Prinz Wilhelm und Prinzessin Auguste Victoria von Preußen gegründeten »Hilfskomitee für die Stadtmission« unterstützte der 1888 gegründete Hilfsverein die Stadtmissionen und half – mit dem Ziel, die landeskirchlichen Bestrebungen zur Bekämpfung der religiös-sittlichen Notstände in Stadt und Land finanziell zu unterstützen – beim Bau von Gemeindehäusern, bei der Anstellung von Hilfspredigern, Gemeindehelfern und Gemeindeschwestern. Er unterhielt eine Kirchenbaukommission und ab 1890 einen Kirchenbauverein. Eine Initiative des Evangelisch-Kirchlichen Hilfsvereins von 1890 versuchte Hilfskräften zu gewinnen und auszubilden, um die in der Gemeindepflege tätigen Diakonissen durch ehrenamtlich arbeitende Frauen zu unterstützen. Daraus ging 1899 die »Evangelische Frauenhilfe« hervor, ein zugkräftiges Modell verbandlich durchorganisierter, gemeindenaher ehrenamtlicher Tätigkeit von Frauen mit einer ungeheuren Breitenwirkung.

Die Finanzierung der Arbeit des Central-Ausschusses

Die Finanzierungsmodelle in der Inneren Mission waren so vielfältig wie ihre Tätigkeitsgebiete und Organisationsformen. Die Kasse des Central-Ausschusses für Innere Mission, die bis 1895 in den Händen des Berliner Buchhändlers Wilhelm Hertz lag, hatte auf der Ausgabenseite die Gehälter für die Berufsarbeiter (den geschäftsführenden Sekretär und den Reiseagenten, der die Verbindungen zu den Mitgliedsvereinen pflegte und für die Vernetzung der Aktivitäten stand), die Reiseauslagen, die Miete und die Hilfen für das Büro und später die Unterhaltung der Dienstgebäude und die Druckaufträge zu verbuchen. Sie bezog ihre Einnahmen aus einem jährlichen Beitrag des Kaisers von 4.500 Mark, des Preußischen Evangelischen Oberkirchenrats in der Höhe von 2.400 Mark und den freiwilligen Beiträgen der dem Central-Ausschuß angeschlossenen Vereine. Diese stiegen stetig bis zu einer Summe von 4.850 Mark im Jahr 1913. Die »Beiträge von Freunden«, die vor allem aus bürgerlichen Kreisen kamen, wurden in jedem Bericht des Central-Ausschusses offengelegt. Daneben finanzierte man sich aus Legaten und Zinsen aus Stiftungsfonds. In den Landeskirchen etablierten sich die jährlichen Kollekten für die Innere Mission, und wenn keine Sonderkollekte für den Central-Ausschuß vorgesehen war, so wurde ihm ein Teil der Kollekte für die Innere Mission zugeführt. Eine große Bedeutung hatte die Jubiläumskirchenkollekte im Jahr 1898, deren Ergebnis von 51.139,75 Mark im Jubiläumsfonds kapitalisiert wurde. Während des Wichernjubiläums von 1908 wurde sogar eine Kollekte in Höhe von 55.435,52 Mark erzielt.

Die Einrichtungen trugen sich durch Mischfinanzierungen. Der Phantasie bei der Beschaffung von Mitteln durch Werbung, Öffentlichkeitsarbeit, Veröffentlichung der Spender und Mitglieder in den Einrichtungs- oder Vereinsnachrichten und den regelmäßigen Basaren – insbesondere bei den Jahresfesten oder besonderen Jubiläen – waren keine Grenzen gesetzt. Die Veranstaltung von Lotterien zu wohltätigen Zwecken – wie die Anstaltslotterien in Kaiserswerth – war nichts ungewöhnliches. Die Verbindungen der Einrichtungen zum Königshof einerseits, königliche oder fürstliche Stiftungen andererseits, wie etwa das 1847 gegründete Diakonissenmutterhaus »Bethanien« in Berlin, stellten häufig die Grundfinanzierung dar. Die Pflege eines einflußreichen bürgerlichen und adligen Freundeskreises war für die finanziellen Ressourcen ebenfalls von wichtiger Bedeutung. So flossen zum Beispiel in den Evangelisch-Kirchlichen Hilfsverein, der die Mittel zur Bekämpfung der »religiös-sittlichen Notstände« in den Großstädten und Industriebezirken zur Verfügung stellen wollte, jährlich allein aus der Kaiserlichen Schatulle 10.000 Mark. Regelmäßige Zahlungen kamen auch aus dem Dispositionsfonds des preußischen Innenministers.

Im ländlichen Bereich entstand ein anderes Finanzierungsmodell in Form der »Raiffeisenschen Darlehnskassen-Vereine«. Friedrich Wilhelm Raiffeisen (1818-1888) veröffentlichte 1866 seine Schrift über »Die Darlehnskassen-Vereine als Mittel zur Abhilfe der Not der ländlichen Bevölkerung, sowie auch der städtischen Handwerker und Arbeiter. Praktische Anleitung zur Bildung solcher Vereine, gestützt auf sechzehnjährige Erfahrung als Gründer derselben«. Darin legte er die Grundsätze der Raiffeisen-Genossenschaften nieder, von denen es 1870 bereits 75 allein im Rheinland gab. Als Bürgermeister hatte Raiffeisen verschiedene Genossenschaften und Hilfsvereine in Zusammenarbeit mit den Geistlichen vor Ort gegründet. Seine 1866 niedergelegten Genossenschaftsgrundsätze waren: die Größe des Vereins auf den Kirchengemeindebezirk zu beschränken, um eine gute gegenseitige Kenntnis und wechselseitige Kontrolle zu garantieren; Mitgliedschaft von Kreditgebern, Kreditnehmern und dem Geistlichen; Ehrenamtlichkeit der Verwaltung mit geringer Vergütung des Rechners; unbeschränkte Solidarhaft aller Mitglieder; unteilbarer Stiftungsfonds, der Geschäftsanteile und Dividenden ausschloß. Das aus Gewinnen entstandene Vereinskapital wuchs so lange, bis der Verein aus eigenen Mitteln wirtschaften konnte. Die Zinsen sollten für wohltätige Zwecke verwendet werden. Durch den thüringischen Pfarrer Adolf Wuttig (1844-1929) wurden die Raiffeisenschen ländlichen Darlehnskassen, insbesondere auf dem Kasseler Kongreß 1888 der Inneren Mission, breit rezipiert.

Veränderte finanzielle Rahmenbedingungen

Aufgrund der allmählich zunehmenden staatlichen und kommunalen Initiativen im sozialen Bereich, wie etwa dem Unterstützungswohnsitzgesetz vom 6. Juni 1870, dem preußischen Zwangserziehungsgesetz von 1878 und der Sozialversicherungsgesetzgebung (Krankenversicherung 1883, Unfallversicherung 1884, Invaliditäts- und Altersversicherung 1889), änderten sich auch die finanziellen Rahmenbedingungen der Arbeit der Inneren Mission. Es

Verwaltungsrat der Stiftung Tannenhof Remscheid, 1900/1910 (4.80)

Carl Oesterley, Marie, Königin von Hannover, teilt ihren Untertanen Weihnachtsgaben aus, 1908 (4.57)

erfolgte die allmähliche Institutionalisierung des staatlichen und kommunalen Sicherungssystems. Die private Finanzierung wurde zum Teil in staatliche Refinanzierung beziehungsweise in die Erweiterung des Tätigkeitsfelds der Inneren Mission in Richtung gesetzlicher Vorgaben umgewandelt, etwa im Rahmen der staatlichen Regelung der Erziehungsfürsorge. Das am 13. März 1878 verabschiedete »Gesetz betr. die Unterbringung verwahrloster Kinder« sah die Aufnahme in Erziehungsanstalten vor, verpflichtete die Kommunalverbände und ließ eine Unterbringung in Privatanstalten, wie etwa Einrichtungen der Inneren Mission, zu. Um der staatlichen Nachfrage nachzukommen, expandierten die Rettungsanstalten und Brüderhäuser, und in den 1870er und 80er Jahren entstanden zahlreiche neue Einrichtungen. Diese Tendenz verstärkte sich mit dem 1900 verabschiedeten Fürsorgeerziehungsgesetz noch einmal. Im »Deutschen Verein für Armenpflege und Wohltätigkeit« konstituierte sich 1880 ein wichtiger Zusammenschluß aller kommunalen und freigemeinnützigen Verwaltungen beziehungsweise Organisationen.

Eine planmäßige Finanzierung privater Wohlfahrtstätigkeit durch Kommunen, Länder oder das Reich fand vor dem Ersten Weltkrieg nicht statt. Das

1900 eingeführte Bürgerliche Gesetzbuch erleichterte Vereinsgründungen jeglicher Art. Eine Umfrage des Deutschen Vereins aus dem Jahr 1912 über die Beschaffung der Geldmittel für die Bestrebungen der freien Liebestätigkeit ergab folgende prozentuale Zusammensetzung: 29,45 % Pflegegelder beziehungsweise Kostenerstattung; 18,69 % einmalige Beiträge und Schenkungen; 13,68 % Mitgliederbeiträge; 11,36 % Zinsen, die zumeist aus Stiftungen stammten; 9,99 % aus Subventionen; 4,1 % aus Erwerbsunternehmungen und 12,73 % aus Kollekten, Festen und ähnlichem.

Der um 1855 von Wichern formulierte Grundsatz, daß die Innere Mission keine »Unterstützung aus der Staatskasse oder von der Kammer« entgegennehme, weil sie sich sonst in Gefahr begebe, »den Grundsatz der Liebe zu verlassen, wenn sie ihr Bestehen und Wirken von Unterstützungen des Staats abhängig machen wollte«, verschob sich zumindest in den Bereichen der Jugendfürsorge und Krankenpflege allmählich in Richtung einer öffentlichen Refinanzierung der Arbeit der Inneren Mission.

Literatur

Baumann, Ursula, Protestantismus und Frauenemanzipation in Deutschland 1850-1920, Frankfurt / New York 1992

Die Aufgabe der Kirche und ihrer inneren Mission gegenüber den wirthschaftlichen und gesellschaftlichen Kämpfen der Gegenwart. Eine Denkschrift des Central-Ausschusses für die innere Mission der deutschen evangelischen Kirche, Berlin 1884

Frauenarbeit und Familienwohl. Ein Nachwort des Central-Ausschusses für die innere Mission der deutschen evangelischen Kirche zu den bezüglichen Verhandlungen des Karlsruher Congresses für innere Mission, Berlin 1885

Fünfzig Jahre Innere Mission. Bericht über die Thätigkeit des Central-Ausschusses für die Innere Mission der Deutschen evangelischen Kirche in den Jahren 1848-1898, Berlin 1898

Gerhardt, Martin, Ein Jahrhundert Innere Mission. 2 Bde, Gütersloh 1948

Schmidt, Jutta, Beruf Schwester. Die Entwicklung des Frauenbildes und des Berufsbildes in der Diakonie im 19. Jahrhundert, Ms. Diss. theol., Heidelberg 1994

Statistik der Inneren Mission der deutschen evangelischen Kirche. Bearbeitet und herausgegeben von dem Central-Ausschuß für die Innere Mission der deutschen evangelischen Kirche, Berlin 1899

Steinweg, Johannes, Die Innere Mission der evangelischen Kirche. Eine Einführung in ihr Wesen und ihre Arbeit sowie in ihre Zusammenhänge mit der Wohlfahrtspflege und Sozialpolitik, Heilbronn 1928

Strohm, Theodor / Thierfelder, Jörg (Hg.), Diakonie im Deutschen Kaiserreich (1871-1914). Neuere Beiträge aus der diakoniegeschichtlichen Forschung, VDWI 7, Heidelberg 1995

Zitt, Renate, »Zwischen Innerer Mission und staatlicher Sozialpolitik«. Der protestantische Sozialreformer Theodor Lohmann (1831-1905). Eine Studie zum sozialen Protestantismus im 19. Jahrhundert, VDWI 10, Heidelberg 1997

Vom Gehilfen zum Diakon

von Michael Häusler

Die Ausbreitung der Inneren Mission in Deutschland brachte nicht nur neue fürsorgerische und missionarische Arbeitsfelder, sondern auch eigene diakonische Berufe hervor. Als Vertreterinnen des wichtigsten Frauenberufs der Inneren Mission waren die Diakonissen und Diakonieschwestern wegen ihrer Tracht weithin erkennbar. Das männliche Pendant der Diakonisse war der Diakon; so wie jene stets als »Schwester« angesprochen wurde, bezeichnete man die Diakone bis zur Jahrhundertwende fast ausschließlich als »Brüder«. Die geschlechtsspezifische Parallelität der Berufsentwicklung im Bereich der Inneren Mission fand auch darin ihren Ausdruck, daß hinsichtlich der Gesamtheit der Diakonissen und der Diakone allgemein von »Weiblicher« beziehungsweise »Männlicher Diakonie« gesprochen wurde. In der Regel wird die Männliche Diakonie vereinfachend Johann Hinrich Wichern (1808-1881), die Weibliche Diakonie Theodor Fliedner (1800-1864) zugeordnet. Zweifellos gehen von Wichern die stärksten Impulse für die Schaffung eines professionellen männlichen Mitarbeiterstammes der Inneren Mission aus, aber auch Fliedner hat einen prägenden Beitrag zur Gestaltung des Diakonenberufs geleistet.

Grundlagen des Diakonenberufs

Wicherns Konzept von Männlicher Diakonie war bedarfsorientiert. Die organisatorische Umsetzung seines sozialpädagogisch-volksmissionarischen Programms war nicht ohne qualifizierte Mitarbeiter zu erreichen. Deshalb begann er, gleich nachdem er 1833 in Horn bei Hamburg seine Erziehungsanstalt »Rauhes Haus« gegründet hatte, dort mit der Ausbildung von »Gehilfen«. Dem Bild vom Diakonenberuf, das sich allmählich unter seiner Führung ausformte, lag dabei kein vorgedachtes System zugrunde, es entstand vielmehr aus den sich ergebenden Notwendigkeiten. Das dezentral organisierte Erziehungsmodell im »Rauhen Haus« erforderte von vornherein die dauerhafte Anstellung von Erziehungsgehilfen zur Betreuung der einzelnen »Familien«, zu denen Wichern die Kinder zusammengefaßt hatte. Dem Rat des Begründers der Rettungshausbewegung, Christian Heinrich Zeller (1779-1860) folgend, von dessen Lehranstalt für Armenschullehrer im südbadischen Beuggen er entscheidende Anregungen erhielt, wählte er diese Gehilfen »aus der Zahl entschieden gläubiger und bekehrter Handwerksgesellen« aus, wobei die praktische Erwägung, die Vorbildung dieser jungen Männer für die Arbeitserziehung der Kinder zu nutzen, entscheidend war. Schon bald bezeichnete Wichern seine Gehilfen als »Brüder«, was jedoch keine weiterreichenden theologischen Gründe hatte. Vielmehr handelte es sich ursprünglich um die Anrede, die die Kinder in den »Familien« gegenüber ihren Erziehern benutzten. Der »Bruder«-Name setzte sich fortan als Berufsbezeichnung durch und tauchte auch in Zusammensetzungen wie »Brüderhaus«, »Brüderlehrer« oder »Probebruder« auf.

Als Wichern 1837 von auswärtiger Seite um die Bereitstellung von Mitarbeitern für Aufgaben der Inneren Mission gebeten wurde, erweiterte sich das anfangs auf die Fürsorgeerziehung beschränkte Einsatzgebiet der Brüder. Von nun an entsandte er seine Gehilfen in alle sich neu auftuenden diakonischen Arbeitsfelder als Hausväter, Schriftenkolporteure oder Diasporabetreuer. Im Jahr 1845 zählten bereits 50 junge Männer zur Brüderanstalt, von denen sich 35 – vielfach zu Ausbildungszwecken – im »Rauhen Haus« befanden und 15 als »Sendbrüder« in auswärtigen Stellen tätig waren.

Ein Jahr zuvor hatte Fliedner in Duisburg eine »Pastoralgehilfenanstalt« gegründet, die ein anders akzentuiertes Bild von Männlicher Diakonie vertrat. Wie schon bei der Wiederbelebung des als altkirchlich angesehenen Diakonissenamtes ging es Fliedner bei der diakonischen Ausbildung junger Männer in erster Linie um die Stärkung des christlichen Lebens in den Kirchengemeinden, wohingegen Wichern vor allem Arbeitskräfte für die Anstalten und Vereine der Inneren Mission heranbilden wollte. Im reformiert geprägten Rheinland hatte sich das Amt des Diakons

J. A. Steinkamp, Diakonenhaus zu Duisburg, vor 1868 (4.4)

Evangelische Brüder- und Kinder-Anstalt

Karlshöhe

bei Ludwigsburg.

Wer freut sich nicht über unsere höchst wohlthätigen Anstalten für arme und verlassene Kinder, für Verwahrloste, Kranke, Schwachsinnige, Epileptische, Taubstumme, Blinde, über unsere Vereinshäuser mit ihren Jünglingsvereinen und den für den Arbeiterstand hochwichtigen Herbergen zur Heimat, sowie über Alles, was die Evangelische Gesellschaft thut durch ihre Stadt-Missionare und durch die Colporteure zur Verbreitung guter Schriften.

Diese Werke der inneren Mission sind bei der zunehmenden Verweltlichung in unserer Christenheit dringendstes Bedürfniß. Aber es sind dazu viele Arbeiter, Lehrer, Hausväter und Gehilfen nöthig, die bei dem großen Lehrermangel und bei dem herrschenden Zeitgeist immer schwerer gefunden werden. Zu Gewinnung solcher Kräfte müssen wir eine eigene Anstalt haben, in welcher junge Männer von christlicher Gesinnung für die bezeichneten Dienste herangebildet und brauchbar gemacht werden.

Dr. Wichern hat in dem bekannten Rauhen Haus längst eine solche Anstalt gegründet, aus der schon über 400 Männer hervorgiengen, die überall gesucht und beliebt sind, die auch im Krieg als Pfleger der Verwundeten Großes leisteten und oft auch vom Staat entsprechende Anstellungen in Gefängnissen und wohlthätigen Anstalten erhielten.

Eine solche Brüder- oder Diakonen-Anstalt fehlt uns zu unserem großen Bedauern. Dr. Werner in Ludwigsburg hat früher einen Anfang damit gemacht, er ist aber zu sehr überbürdet. So entschlossen wir uns, eine solche Anstalt zu unternehmen und zwar, was unerläßlich ist, in Verbindung mit einer unserer Kinder-Rettungs-Anstalten. Gelegenheit dazu gab der Mathildenstiftsverein in Ludwigsburg, welcher eben jetzt ein neues Anwesen für seine

Gründungsaufruf der Karlshöhe Ludwigsburg, 1876 (4.11)

seit der Reformation gehalten; es war einem der Gemeindeältesten übertragen und betraf die kirchliche Armenpflege. Weil diese ehrenamtlichen Diakone – im Hauptberuf meist Geschäftsleute – weder die Zeit noch die Kompetenz hatten, sich der komplexer werdenden Armutsproblematik in den schnell anwachsenden Stadtgemeinden im erforderlichen Ausmaß zu widmen, entwarf Fliedner den Plan, ihnen Gehilfen an die Seite zu stellen, für die er folgerichtig die Bezeichnung »Hilfsdiakone« wählte. Mit dem Auftreten hauptamtlicher Hilfsdiakone in den Gemeinden wurde allerdings die Bezeichnung »Diakon« für die ehrenamtlichen kirchlichen Armenpfleger immer ungebräuchlicher und ging bald als Berufsbezeichnung auf die Duisburger Brüder über.

Fliedner kannte das »Rauhe Haus« und holte von dort den ersten Duisburger Ausbildungsleiter. Dennoch unterschied sich sein Konzept in einigen grundsätzlichen Punkten von Wicherns Brüderhaus. Neben der stärker ausgeprägten Nähe zur Amtskirche betraf dies vor allem die besondere Betonung der pflegerischen Aspekte vor den pädagogisch-missionarischen. Duisburg war von vornherein als ein männliches Pendant zum Kaiserswerther Diakonissenhaus geplant worden, in dem die Krankenpflege im Vordergrund stand. Das Nebeneinander von Diakonissen und Diakonen entsprach nach Fliedner der Situation in der katholischen Kirche, wo neben den Barmherzigen Schwestern die Barmherzigen Brüder standen. Hier macht sich Fliedners Nähe zum Ordensgedanken bemerkbar, dessen Organisationsstrukturen er zum Teil übernahm und mit evangelischem Geist zu füllen suchte. Besonders deutlich wird dies am »Mutterhausprinzip«, der lebenslangen Bindung der Diakonissen an ihre Ausbildungsstätte und geistliche Heimat. Dieses Prinzip übertrug Fliedner nun auf die Duisburger Diakonenanstalt, die er ebenfalls als das »Mutterhaus« der Brüder bezeichnete.

Trotz der Unterschiede in der Grundlegung trafen sich Wichern und Fliedner in den entscheidenden Fragen der Ausgestaltung der Männlichen Diakonie, so daß sich eine insgesamt einheitliche Form des Diakonenberufs herausbildete. Dazu trug auch bei, daß sich Fliedners Erwartungen auf Anstellung der Brüder durch die Amtskirche nicht in der erhofften Weise erfüllten. Nur wenige Gemeinden konnten oder wollten die Kosten zur Anstellung eines Diakons aufbringen, so daß die Brüder – im Unterschied zu den Diakonissen, die sich schnell in der Gemeindekrankenpflege etablierten – bis zum Ende des 19. Jahrhunderts vom kirchlichen Arbeitsfeld ausgeschlossen blieben und sich somit ganz auf den Dienst in den Anstalten und Vereinen der Inneren Mission konzentrierten.

Arbeitsfelder der Diakone

In seiner Denkschrift an die deutsche Nation von 1849, die nicht nur Programm, sondern auch eine vorläufige Bestandsaufnahme der Inneren Mission sein wollte, zählte Wichern die Einsatzfelder auf, in denen die Brüder aus Duisburg und dem »Rauhen Haus« zu dieser Zeit tätig waren oder nach seiner Auffassung noch tätig werden sollten.

An erster Stelle nannte er den Bereich der Gefangenenfürsorge und -seelsorge, eine der frühesten Aufgaben der Inneren Mission. Die von Wichern wiederholt vehement geforderte Reform des Gefängniswesens, zu deren Durchsetzung er 1857 als Vortragender Rat ins preußische Innenministerium berufen wurde, war aufs engste mit dem Einsatz geeigneten christlichen Aufsichtspersonals verknüpft. Schon in seinem ersten Bericht über die Brüderanstalt des »Rauhen Hauses« hatte er dafür Diakone vorgesehen. Die Versorgung des neuen Zellengefängnisses in Moabit mit diakonischen Aufsehern und Betreuern war 1858 der Anlaß für die Gründung der zweiten Wichernschen Diakonenanstalt, des »Johannesstifts« in Berlin. Als gleichwertiges Arbeitsfeld neben der Gefängnisarbeit steht in der Denkschrift von 1849 die

Das Brüderhaus in Züllchow, 1900 (4.5)

Betreuung von Strafentlassenen in »Schutzvereinen«, die eine Rückkehr in die bürgerliche Gesellschaft und die Kirchengemeinde ermöglichen sollten.

Daneben wollte Wichern die Brüder als »Colporteure« bei der Verbreitung von Bibeln, Traktaten und anderer christlicher Literatur einsetzen, doch dieser Arbeitsbereich entwickelte sich nicht in der Weise wie in England und Amerika, die bei der Schriftenkolportage als Vorbild dienten.

Einige Duisburger Brüder wirkten zum Zeitpunkt der Gründung des Central-Ausschusses bereits als Diakone in Kirchengemeinden. Dieses von Wichern an dritter Stelle genannte Arbeitsfeld stagnierte allerdings bis zur Jahrhundertwende, als die Finanzierung der Gemeindediakone durch landeskirchliche Zuschüsse auf eine stabilere Basis gestellt wurde. Erfolgreicher war unter den Bedingungen des 19. Jahrhunderts die von Vereinen der Inneren Mission getragene Stadtmission, in die Wichern die Rauhhäusler Brüder seit 1848, zuerst in Hamburg und Berlin, entsandt hatte. Weil sie nicht an die Strukturen der Kirchengemeinden gebunden waren, die den sozialen Verhältnissen der rapide wachsenden Großstädte vielfach nicht mehr entsprachen, konnten die Stadtmissionare flexibel auf die Bedürfnisse einzelner Bevölkerungsgruppen reagieren. Der Stadtmissionar, dessen Tätigkeit das gesamte zwischen Wohltätigkeit und Seelsorge rangierende Spektrum der Inneren Mission umfaßte, kann als der klassische Berufsarbeiter der Inneren Mission gelten.

Als weiteres Einsatzgebiet der Brüder bezeichnete Wichern die Tätigkeit als Hausväter und Gehilfen in Einrichtungen der »rettenden Erziehung aller Art«. Die sozialpädagogische Arbeit, die seit den Anfängen den Schwerpunkt der Ausbildung im »Rauhen Haus« und in den meisten anderen Brüderhäusern bildete, entwickelte sich rasch zum größten Arbeitszweig der Männlichen Diakonie: 1877 waren von 539 voll ausgebildeten Diakonen 154 in Rettungshäusern tätig, wobei sich der weitaus größte Teil, nämlich 115, in leitender Position befand.

Schließlich plante Wichern noch den Einsatz der Brüder als Agenten der Vereine und »Führer aller sonstigen Institute« der Inneren Mission – ein weiter Bereich, zu dessen Spezifizierung er lediglich die Enthaltsamkeitsvereine näher benannte. Auch die Auswanderermission gehörte zu den Einsatzbereichen der Diakone. Sie reagierte auf die im Vormärz sprunghaft angestiegene Auswanderungsbewegung nach Amerika, die von großem sozialen Elend und innerer Desorientierung begleitet war. Bereits Anfang der 1840er Jahre hatte Wichern die ersten fünf Brüder als Kolonistenprediger in die USA gesandt, wo sie als Diasporabetreuer den Aufbau kirchlicher Strukturen voranbringen und begleiten sollten.

Zwei weitere wichtige Arbeitsbereiche der Männlichen Diakonie entwickelten sich erst als Reaktion auf die Wichernsche Denkschrift: zum einen die Wandererfürsorge, bei der die Diakone den überwiegenden Teil der Hausväter in Herbergen, später auch in Arbeiterkolonien und Wanderarbeitsstätten stellten, und zum anderen die Seemannsmission, die sowohl die seelsorgerliche und fürsorgerische Betreuung deutscher Seeleute in ausländischen Häfen als auch das Betreiben von Seemannsheimen in den Heimathäfen umfaßte.

Ausbildungs- und Standesfragen

Als Betreuer von Auswanderern, Wanderarbeitern und Seeleuten waren die Diakone im Kernbereich der Inneren Mission tätig: Denn sie standen den Menschen gegenüber, die von der Ortskirchengemeinde nicht erfaßt wurden. Zur Ausfüllung dieser Tätigkeitsgebiete bedurfte es flexibel einsetzbarer Kräfte, die leicht an neue Einsatzorte versetzt werden und sich aufgrund einer universalistischen Ausbildung schnell in neue Handlungsfelder einarbeiten konnten und die zugleich in charakterlicher wie fachlicher Hinsicht ausreichend gefestigt waren, um in oftmals abgelegenen Gebieten weitgehend auf sich gestellt mit sozial schwierigen Klientengruppen zu arbeiten.

Daß »der bloß gute Wille und die einfache Gesinnungsäußerung« angesichts dieser Anforderungen an die Berufsarbeiter der Inneren Mission bei weitem nicht ausreichten, hatte Wichern seit Beginn seiner

Hamburger Arbeit betont. In der bereits zitierten Denkschrift von 1849 forderte er daher die Errichtung weiterer großer Bildungsinstitute nach dem Vorbild des »Rauhen Hauses«, die zum Zweck der praktischen Ausbildung mit Rettungshäusern oder anderen Anstalten der Inneren Mission verbunden sein sollten. Das von Wichern ausgebreitete Ausbildungsprogramm entsprach der Praxis im »Rauhen Haus«: Praktika in den verschiedenen Arbeitszweigen der Inneren Mission wechselten ab mit Lehrgängen im Brüderhaus, in denen die angehenden Brüder auf einen gemeinsamen Ausbildungsstand in den allgemeinbildenden Fächern gebracht, bibelkundlich geschult, theoretisch in das gesamte Gebiet der Inneren Mission eingeführt und mit wirtschaftlichen und handwerklichen Fertigkeiten ausgerüstet wurden. Voraussetzung für die Aufnahme ins Brüderhaus war neben einem guten Leumund eine abgeschlossene Berufsausbildung in einem Handwerk; in geringem Umfang wurden auch Lehrer und Landarbeiter, später auch kaufmännische Angestellte zugelassen, um eine Durchmischung der früheren Berufsfelder sicherzustellen. Die Dauer der Ausbildung war unterschiedlich, in der Regel aber bemerkenswert lang, zumal die »Jungbrüder« meist schon eine Berufsausbildung hinter sich hatten; Wichern hielt eine vierjährige Ausbildungszeit für angemessen. Für die Persönlichkeitsbildung und den theoretischen Teil der Ausbildung standen ihm junge Kandidaten der Theologie als »Oberhelfer« zur Seite, die durch die Beteiligung an der Brüderschaftsleitung für eigene Führungsaufgaben im Bereich der Inneren Mission vorbereitet werden sollten.

Auf diesen Grundlagen breitete sich die Männlichen Diakonie seit 1850 (Gründung der Brüderanstalten in Züllchow/Pommern und Neinstedt/Harz) stetig aus. Die ältesten Diakonenanstalten sandten ihre Brüder noch in alle Teile Deutschlands, aber bald setzte

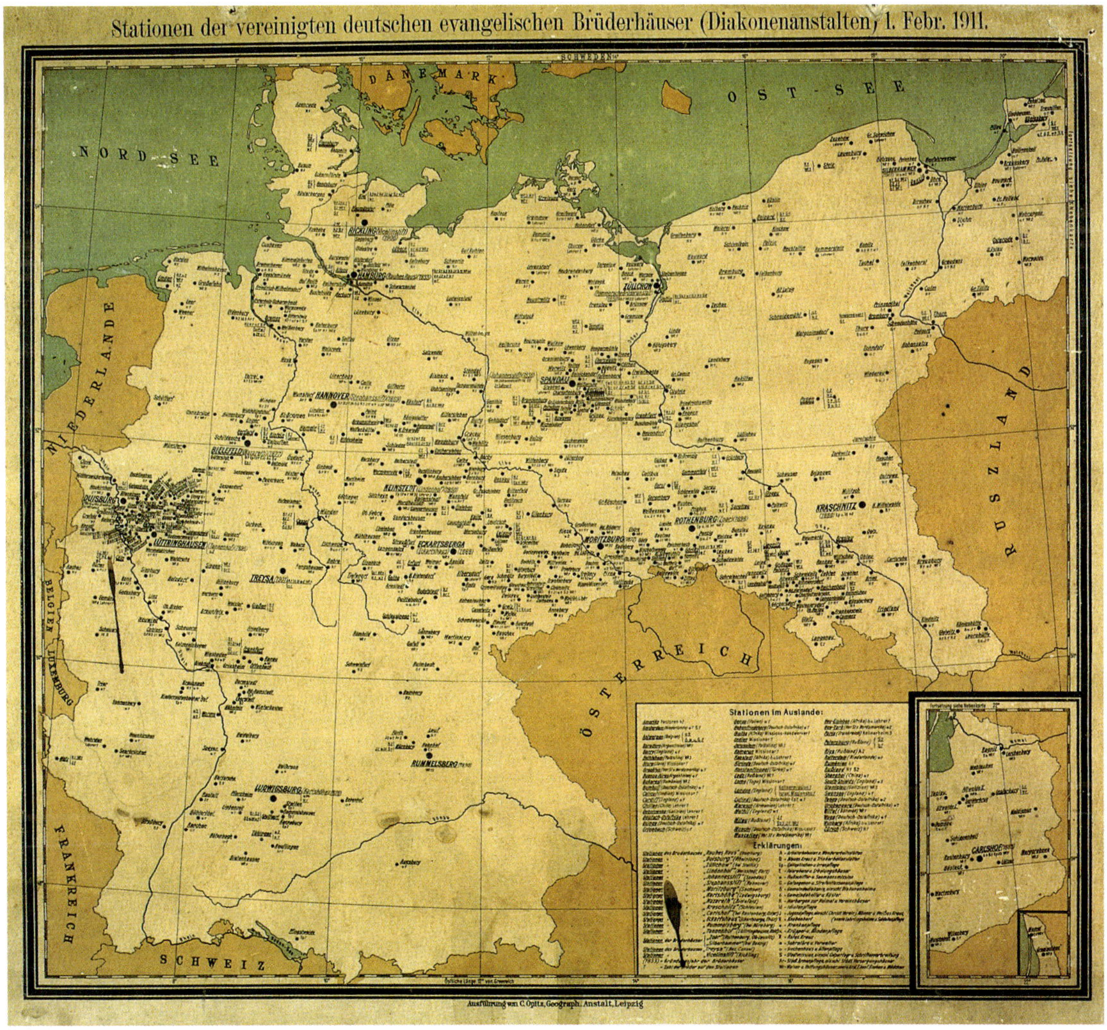

Stationen der vereinigten deutschen evangelischen Brüderhäuser, 1911 (4.8)

1871-1900

Konsolidierung

sich die Überzeugung durch, daß jede größere Landeskirche oder Kirchenprovinz ein Brüderhaus benötigte. 1877 – ein Jahr, nachdem sich die Leiter der Diakonenanstalten als »Konferenz der Brüderhausvorsteher« konstituierten – zählte die Männliche Diakonie etwa 650 Brüder aus acht Brüderhäusern. Kurz nach der Jahrhundertwende verteilten sich 17 Brüderhäuser flächendeckend über Deutschland. Mit etwa 2.500 Diakonen war ein solider Stand an männlichen Mitarbeitern der Inneren Mission erreicht; danach expandierten zwar die einzelnen Brüderschaften weiter, aber es kam nur noch vereinzelt zu Neugründungen.

Obwohl die Zahl der Diakone selten mehr als ein Zehntel der in Deutschland tätigen Diakonissen betrug, stand ihre Bedeutung nicht hinter der der Weiblichen Diakonie zurück. Entscheidend war dafür nicht ihre Zahl, sondern ihre Multiplikatorenfunktion. Die Diakone stellten fast die gesamte qualifizierte männliche Mitarbeiterschaft im kirchlich-diakonischen Bereich, soweit es sich um Nicht-Akademiker handelte, und bildeten damit die mittlere Leitungsebene innerhalb der Inneren Mission. Natürlich gab es stets auch andere männliche hauptamtlich Beschäftigte in Einrichtungen der Inneren Mission – Krankenwärter, Handwerker und Hilfsarbeiter, Sekretäre, Lehrer und verschiedene andere, christlich gesinnte Männer in Hausväter- und Verwalterstellen – doch diese hatten entweder keine diakoniespezifische Fachausbildung, oder sie verstanden sich nicht in erster Linie als Repräsentanten des Geistes der Inneren Mission. Eine wirkliche Konkurrenz zu den Diakonen stellten sie deshalb nicht dar. Erst durch das verstärkte Auftreten »freier Brüder« seit Ende des 19. Jahrhunderts, die zumeist als Sekretäre von Jünglingsvereinen, Prediger oder Schriftenkolporteure tätig waren und vielfach der pietistischen Gemeinschaftsbewegung nahestanden, wurde die Monopolstellung der Brüder innerhalb der Inneren Mission kurzzeitig in Frage gestellt. Eine Konkurrenz aus dem nicht-konfessionellen Bereich existierte hingegen im 19. Jahrhundert faktisch nicht, denn qualifizierte männliche soziale Berufsarbeit wurde bis zum Ende des Ersten Weltkriegs außerhalb der Männlichen Diakonie nur noch in katholischen Männerorden praktiziert.

Aus der Mittelstellung zwischen akademisch gebildeten Theologen und diakonischen Mitarbeitern ohne fachliche Qualifikation resultierte allerdings auch ein Standesproblem, das die Männliche Diakonie seit der Jahrhundertwende begleitete. Bis dahin waren Konkurrenzverhalten und Kompetenzkonflikte zwischen Pastoren und Diakonen in nennenswertem Umfang nicht vorgekommen – zu groß waren die Bildungsunterschiede und das soziale Gefälle gewesen. Mit zunehmender Professionalisierung des Diakonenberufs wurden Diakonen aber vor allem im Bereich der Kirchengemeinden zunehmend Funktionen übertragen, die zuvor allein Pastoren vorbehalten gewesen waren, was bei den Theologen den Verdacht schürte, daß sich die Männliche Diakonie zu einem »clerus minor«, einem Stand von Geistlichen zweiten Grades, entwickeln könnte. Die Diakone wollten ihrerseits eine Klärung ihres Status herbeiführen, indem sie von der verfaßten Kirche die Anerkennung ihres kirchlichen Aufgabenbereichs, des Diakonats, als vollwertiges kirchliches Amt neben dem Pastorenamt forderten – ein Ziel, das trotz vielfacher Anläufe bis heute nicht erreicht worden ist.

Konferenz der Hausväter an Herbergen zur Heimat im »Rauhen Haus«, 25. Juni 1890 (4.112)

Männliche und Weibliche Diakonie

Eine Abgrenzung von den Diakonissen und anderen weiblichen Berufsarbeiterinnen der Inneren Mission erschien weniger notwendig, denn die geschlechtsspezifische Rollenverteilung war bis zum Ende des Kaiserreiches eindeutig. Die getrennte Entwicklung der Männlichen und der Weiblichen Diakonie, die sowohl Parallelen als auch deutliche strukturelle und konzeptionelle Unterschiede hervorbrachte, ist keine typisch konfessionelle Erscheinung, sondern spiegelt die in der bürgerlichen Welt des 19. Jahrhunderts übliche geschlechtsspezifische Aufteilung der Arbeits- und Lebensbereiche wider.

Wesentliche Merkmale der Männlichen und der Weiblichen Diakonie sind gleich: Die Überzeugung, zum Dienst der Inneren Mission berufen zu sein, also dem Ruf in die Nachfolge Jesu zu folgen, prägte (und prägt) das Selbstverständnis der Diakone und Diakonissen gleichermaßen und markiert den entscheidenden Unterschied zu anderen, »weltlichen« Berufsauffassungen. Gemeinsam ist beiden Gruppen auch die über die Ausbildung hinausgehende, lebenslange Bindung an die diakonische Gemeinschaft, die nicht zuletzt der gegenseitigen Bestätigung und Überprüfung der Glaubens- und Lebenshaltung der Brüder und Schwestern diente. Die Bindung an die Gemeinschaft war besonders nach der Aussendung in Arbeitsstellen wichtig, in denen Diakone und Diakonissen kirchenfremden Einflüssen ausgesetzt waren. Diese Delegierung in auswärtige Stellen geschah nach dem »Sendungsprinzip«: In Unterordnung unter den Willen ihres Vorstehers übernahmen Diakone und Diakonissen die für sie ausgewählten Arbeitsstellen, wo sie auch weiterhin der ständigen geistlichen Obhut ihres Brüder- beziehungsweise Mutterhauses unterstanden. Ausschlaggebend für das Sendungsprinzip waren nicht nur disziplinarische Gründe, sondern vor allem auch der Gedanke der ständigen Verfügbarkeit und vorbehaltlosen Einsatzbereitschaft der Diakone und Diakonissen. Bei aller Strenge der inneren Führung wurde zugleich großer Wert auf die fachliche und persönliche Selbständigkeit der ausgesandten Brüder und Schwestern gelegt. Das Sendungsprinzip stellt den markantesten Baustein eines in Selbstaufopferung kulminierenden Dienstideals dar, das Männliche und Weibliche Diakonie ebenfalls verbindet. »Mein Lohn ist, daß ich darf!« lautet der zentrale Satz des Diakonissenspruchs des fränkischen Mutterhausvorstehers Wilhelm Löhe (1808-1872), der auch Generationen von Diakonen als Appell an ihr Dienstideal vorgehalten wurde.

Diese Gemeinsamkeiten bestimmten den Geist und die innere Organisation der diakonischen Berufskräfte. In wichtigen äußeren Aspekten des privaten und beruflichen Lebens bestanden hingegen gewichtige Unterschiede, die aus den verschieden definierten Geschlechterrollen resultierten: So war zu keiner Zeit daran gedacht, die Brüder zur Ehelosigkeit zu verpflichten. Dabei waren nicht theologische, sondern zeitbezogene gesellschaftliche Gründe ausschlaggebend. In einer sozialen Atmosphäre, in der der Lebensberuf einer Ehefrau in der Hingabe an ihre Familie gesehen wurde, war Frauenarbeit, die nicht über den Ehemann definiert war, nur in der Ehelosigkeit akzeptabel. Für Männer galt diese Beschränkung nicht. Zwar wurde während der Ausbildungszeit, in der die Diakonenschüler zur Unterhaltung einer Familie nicht in der Lage waren, streng auf Keuschheit geachtet und jede heimliche Verlobung mit Ausschluß aus dem Brüderkreis quittiert. Mit der Entsendung in eine feste Stelle mit ausreichender Besoldung war die Verheiratung des Diakons jedoch geradezu erwünscht, denn als Hausvater einer diakonischen Einrichtung kamen nur solche Brüder in Betracht, denen eine Ehefrau als vollberuflich tätige Hausmutter zur Seite stand.

Aus der unterschiedlichen Stellung von Diakonissen und Diakonen gegenüber Ehe und Familie ergab sich ein weiterer bedeutsamer Unterschied zwischen beiden Berufsgruppen in wirtschaftlicher Hinsicht: Im Gegensatz zu den Diakonissen, die in der Regel neben Kleidung, Kost und Logis nur ein bescheidenes Taschengeld bekamen, erhielten die Diakone grundsätzlich ein festes Gehalt, auf das mögliche Sachleistungen angerechnet wurden. Diese Ungleichbehandlung ergab sich vor allem aus der Tatsache, daß man den ausgesandten Brüdern mit der Heiratserlaubnis auch die Möglichkeit zum selbständigen Unterhalt einer Familie einräumen mußte. Als mit dem allgemeinen Anstieg des Lebensstandards das Gehalt zu mehr als dem bloßen Familienunterhalt reichte, ermöglichte diese Regelung den Diakonen eine gewisse Unabhängigkeit vom Brüderhaus, wohingegen die Diakonissen auch wirtschaftlich lebenslang an ihr Mutterhaus gebunden blieben und ihren Ruhestand im dortigen »Feierabendhaus« verbrachten.

Der geschlechtsspezifischen Aufteilung der Arbeits- und Lebensbereiche entsprechend, waren bestimmte Betätigungsfelder den Diakonissen und andere den Diakonen zugeordnet: So wie die Pflege kranker Frauen, die Gemeindekrankenpflege sowie die Kleinkinderpflege und -erziehung allein den Diakonissen vorbehalten blieb, waren die Betreuung von wandernden Arbeitern und Seeleuten, von männlichen Fürsorgezöglingen und Strafgefangenen sowie die Arbeit der Stadtmission genuine Arbeitsbereiche der Diakone. Männliche und weibliche Arbeitsfelder definierten sich dabei in erster Linie über die Klienten, deren Betreuung nach Geschlechtern getrennt erfolgte. Die Entstehungsgeschichte des Duisburger Diakonenhauses macht dies deutlich: Ein entscheidender Grund für dessen Errichtung war der Bedarf an qualifizierten Krankenpflegern zur Pflege von Männern gewesen.

Die Unterscheidung von Frauen- und Männerkrankenhäusern setzte sich aber nicht durch, und die zahlenmäßige Dominanz der Krankenschwestern führte dazu, daß auch kranke Männer von Frauen gepflegt wurden. In anderen Arbeitsfeldern, insbesondere im Bereich der Sozialfürsorge, ging die Ge-

1871-1900

Konsolidierung

schlechtertrennung aber so weit, daß bestimmte Formen gesellschaftlich abweichenden Verhaltens als typisch männlich, andere als typisch weiblich gedeutet wurden. So wie etwa die Alkoholabhängigkeit nur bei Männern wahrgenommen wurde, galt die sexuell-sittliche Gefährdung fast ausschließlich als weibliches Problem. Folglich war die »Trinkerfürsorge« eine Domäne der Diakone, während die Arbeit mit »gefallenen Frauen« im Bereich der Inneren Mission allein von Diakonissen und Fürsorgerinnen ausgeübt wurde.

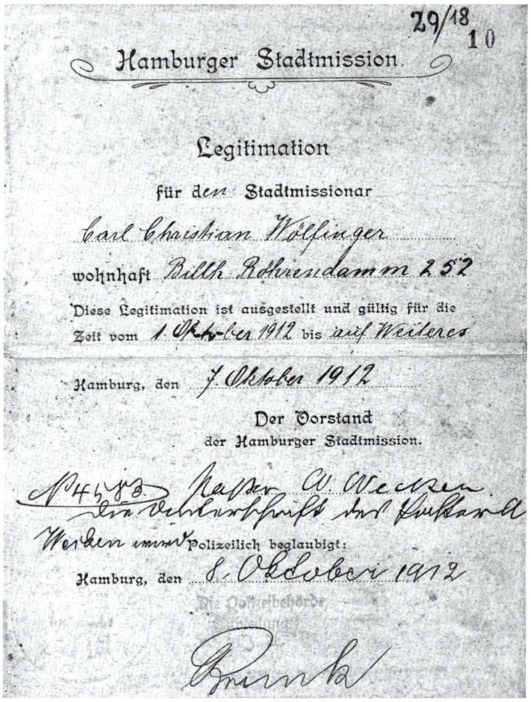
29/18
10
Hamburger Stadtmission

Legitimation

für den Stadtmissionar

Carl Christian Wölfinger

wohnhaft Billh. Röhrendamm 252

Diese Legitimation ist ausgestellt und gültig für die Zeit vom 1. Oktober 1912 bis auf Weiteres

Hamburg, den 7. Oktober 1912

Der Vorstand
der Hamburger Stadtmission.

Polizeilich beglaubigt:

Hamburg, den 8. Oktober 1912

Legitimation eines Stadtmissionars, 1912 (4.18)

»Können Männer pflegen?«

Hinter der geschlechtsspezifischen Trennung von Klienten und Arbeitskräften stand zugleich die Vorstellung unterschiedlicher Begabungen von Männern und Frauen im Bereich der missionarisch-diakonischen Tätigkeiten – ein Phänomen, das im 19. Jahrhundert allerdings nicht weiter problematisiert wurde. Erst als diese geschlechtsspezifische Rollenverteilung in Frage gestellt wurde, setzte auch innerhalb der Inneren Mission ihre Reflexion ein und erreichte ihren vorläufigen Höhepunkt in der Zeit zwischen den Weltkriegen. Aus den dreißiger Jahren stammt der Text einer »Diakonischen Lebens- und Berufsordnung«, die Diakonen zur Einsegnung mitgegeben wurde und in der es heißt: »Diakonissendienst ist wie der Dienst einer Mutter, die sich über ihr krankes Kind beugt, Diakonendienst ist wie der Dienst des Christophorus, der auszog, dem Stärksten zu dienen und im Dienst Jesu Heil und Frieden fand. [...] Männliche Diakonie erfordert ganzes Mannestum.«

Plakat des Blauen Kreuzes, um 1910 (4.41)

Solche Sätze wurden aus einer Position der Defensive formuliert, in die die Diakone nicht nur wegen des um sich greifenden Männlichkeitswahns der Nationalsozialisten geraten waren, gegenüber dem die karitative und religiöse Betätigung von Männern als Zeichen von Schwächlichkeit erscheinen mochte. Tatsächlich trieben die Nationalsozialisten lediglich eine Entwicklung auf die Spitze, die in der Gesellschaft schon weit früher Platz gegriffen hatte und im Bereich der Wohlfahrtspflege ihre besondere Ausformung fand. Die bürgerliche soziale Frauenbewegung, zu der auch die protestantischen Frauenverbände zählten, hatte seit der Jahrhundertwende mit wachsendem Erfolg das Prinzip der »geistigen Mütterlichkeit« vertreten, mit dem die weibliche Sozialarbeit exklusiv begründet wurde. Männliche Vorurteile, nach denen Frauen wegen »überbordender Emotionalität« zu vernunftgeleitetem Handeln angeblich nicht fähig seien und deshalb im Konkurrenzkampf der modernen Berufswelt nicht bestehen könnten, wurden von diesen Frauen offensiv aufgenommen und der Männerwelt mit umgekehrten Vorzeichen vorgehalten: Gerade weil die Frauen wegen ihres bewahrenden, hegenden und pflegenden Geschlechtscharakters zur Überbrückung der sozialen Gegensätze besonders geeignet seien, seien sie dazu aufgerufen, durch soziales Handeln die Schäden der Gesellschaft zu beheben, die die männlichen, kapitalistischen Prinzipien von Konkurrenz, Eigennutz, Spezialisierung und Bürokratisierung hervorgebracht hätten. »Geistige Mütterlichkeit« wurde somit zur besonderen Kulturaufgabe der Frau erhoben und fand ihren Ausdruck in sozialem Handeln, zu dem die angehenden Wohlfahrtspflegerinnen in »Sozialen Frauenschulen« zusätzlich ausgebildet wurden. Wo Mütterlichkeit zum Beruf erhoben wurde, war den Männerargumenten gegen die Erwerbstätigkeit von Frauen der Boden entzogen. Damit besetzte die bürgerliche soziale Frauenbewegung das Feld der Sozialarbeit als weibliche Domäne.

Die Konsequenzen dieser erfolgreichen Strategie, die vor allem mit dem Namen Alice Salomons verbunden ist, wurden zu Beginn der zwanziger Jahre spürbar, als die ersten hauptamtlichen Stellen im Bereich der öffentlichen Wohlfahrtspflege fast ausschließlich an Frauen vergeben wurden. Die Diakone fürchteten, von einem rasch expandierenden, gut und scheinbar sicher dotierten Arbeitsfeld von vornherein ausgeschlossen zu werden. Zugleich bedrohte die Behauptung der Sozialarbeit als typisch weiblicher Tätigkeit ihr Selbstverständnis.

Selbstbehauptung durch Modernisierung

Die Männliche Diakonie reagierte auf diese Herausforderungen des entstehenden Wohlfahrtsstaates mit einer Qualifizierungs- und Professionalisierungskampagne. Insbesondere der »Deutsche Diakonenverband«, zu dem sich sämtliche Brüderschaften 1913 zusammengeschlossen hatten, drängte auf eine intensivere und spezialisiertere Ausbildung in den Brüderhäusern unter Berücksichtigung der Fächer Pädagogik, Psychologie und Sozialrecht. Ende der zwanziger Jahre konnten die Brüder in den großen Diakonenanstalten neben der kirchlich-diakonischen Qualifikation auch die staatliche Anerkennung als Wohlfahrtspfleger erwerben. Das änderte zwar nichts daran, daß das Erscheinungsbild der öffentlichen Wohlfahrtspflege weiblich blieb, stellte aber sicher, daß die Diakone bei ihrer Stellenwahl nicht auf den Bereich von Diakonie und Kirche beschränkt waren.

Die stärkere Professionalisierung der Diakone und ihre Organisation in einem Berufsverband sorgte auch für eine zunehmende Emanzipation der Diakone von ihren Vorstehern, bei denen es sich durchweg um Theologen handelte – ein langfristiger Trend, der durch das »Dritte Reich« nur unwesentlich beeinträchtigt wurde. Das Sendungsprinzip wurde weniger streng gehandhabt, und die »Brüderräte«, wie die Selbstverwaltungsorgane der Brüderschaften hießen, erhielten allmählich mehr Mitsprache bei Entscheidungen der Brüderhausleitung. Der gesellschaftspolitische Wandel in Westdeutschland seit Mitte der sechziger Jahre beschleunigte diese Entwicklung in bis dahin ungeahnter Weise und erschütterte erstmals nachhaltig das Berufsbild der Diakone wie auch das der Diakonissen. Die geschlechtsspezifische Unterscheidung von männlicher und weiblicher Sozialarbeit fand in der Gesellschaft kaum noch Rückhalt. Nach langwierigen, tiefgreifenden Diskussionen in den Brüderschaften zeigte die Männliche Diakonie, daß sie bereit war, auf die veränderten gesellschaftlichen Bedingungen zu reagieren, und öffnete den Diakonenberuf für Frauen. Die erste Diakonin, wie sie zur Unterscheidung von den Diakonissen bezeichnet wurde, trat 1968 in Hamburg in eine Brüderschaft ein. Inzwischen bilden Frauen in etlichen Ausbildungskursen bereits die Mehrheit, und seit Mitte der achtziger Jahre werden die ausschließlich männlichen Bezeichnungen (Brüderhaus, Brüderschaft etc.) allmählich ersetzt. Heute sind etwa 10.000 Diakoninnen und Diakone aus 23 Gemeinschaften in Diakonie, Kirche und öffentlicher Wohlfahrtspflege tätig.

Literatur

BUNKE, ERNST, Die männliche Diakonie seit Wichern. Ein Überblick über ihre Geschichte, Berlin 1929

GRESCHAT, MARTIN, »Die Berliner Stadtmission«, in: Elm, Kaspar / Loock, Hans-Dietrich (Hg.), Seelsorge und Diakonie in Berlin. Beiträge zum Verhältnis von Kirche und Großstadt im 19. und beginnenden 20. Jahrhundert, Berlin 1990

HÄUSLER, MICHAEL, »Die Brüderhausvorsteherkonferenz – Beispiel für die Institutionalisierung der Inneren Mission im Kaiserreich«, in: Strohm, Theodor / Thierfelder, Jörg (Hg.), Diakonie im Deutschen Kaiserreich (1871-1918) Heidelberg 1995

HÄUSLER, MICHAEL, »Dienst an Kirche und Volk«. Die Deutsche Diakonenschaft zwischen beruflicher Emanzipation und kirchlicher Formierung (1913-1947), Stuttgart 1995

HILDEMANN, KLAUS / KAMINSKY, UWE / MAGEN, FERDINAND, Pastoralgehilfenanstalt – Diakonenanstalt – Theodor Fliedner Werk. 150 Jahre Diakoniegeschichte, Köln 1994

NICOL, KARL, Diakonische Lebens- und Berufsordnung, hg. v. d. Deutschen Diakonenschaft, Berlin o.J. [1936]

SACHSSE, CHRISTOPH, Mütterlichkeit als Beruf. Sozialarbeit, Sozialreform und Frauenbewegung 1871-1929, Frankfurt a.M. 1986

SACHSSE, CHRISTOPH / TENNSTEDT, FLORIAN, Geschichte der Armenfürsorge in Deutschland. Bd. 2: Fürsorge und Wohlfahrtspflege 1871 bis 1929, Stuttgart 1988

1871-1900

Konsolidierung

1890-1914

AUSBREITUNG

Eine Stadt für die Barmherzigkeit

von Matthias Benad

Bethel, die »Stadt der Barmherzigkeit«, galt in Kreisen der Inneren Mission jahrzehntelang als christlicher Gegenentwurf zur Verstädterung in der modernen Industriegesellschaft. Aus der 1867 gegründeten Rheinisch-Westfälischen Anstalt für Epileptische hatte sich bis 1910 eine stadtartige Großsiedlung von mehreren tausend Einwohnern entwickelt. Die »Stadt auf dem Berge« stellte beispielhaft vor Augen, wie eine Gesellschaft aussehen könnte, in der die Kräfte der Inneren Mission Säkularisierung und Entsittlichung überwunden und Familie, Kirche und politisches Gemeinwesen mit dem Geist christlichen Dienens durchdrungen hatten.

Die Entwicklung dieses Modells ist untrennbar verbunden mit der Person Friedrich v. Bodelschwinghs d.Ä. (1831-1910), der von 1872 bis zu seinem Tod Bethel leitete. Er war vierzig Jahre alt, als er die Leitung der Anstalt mit cirka 25 Epileptischen übernahm. Ein neues Pflegehaus für weitere 100 anfallskranke Menschen war im Bau. Zugleich übernahm Bodelschwingh das Amt des Vorstehers in der 1869 gegründeten Westfälischen Diakonissenanstalt, deren Mutterhaus ab 1872 neben der Anstalt für Epileptische errichtet wurde.

Wilhelm Zimmer, Friedrich von Bodelschwingh, 1906 (4.106)

Friedrich von Bodelschwinghs Herkunft

Als Sproß eines alten westfälischen Freiherrengeschlechts und Sohn beziehungsweise Schwiegersohn preußischer Minister war er kein typischer Vertreter des Pastorenstandes seiner Zeit. Er war als Knabe Spielgefährte des preußischen Kronprinzen gewesen, seine Familie stand treu zu den Hohenzollern, auch über 1918 hinaus. Zunächst hatte er den Beruf eines Gutsverwalters erlernt, für einen Adligen, der nicht darauf hoffen konnte, Land zu erben, ein standesgemäßer Beruf. In Gramenz in Hinterpommern, wo er als junger Mann ein Gut geleitet hatte, war er mit dem Elend der Landarbeiter konfrontiert worden und hatte sich ihrer in patriarchalischer Fürsorglichkeit angenommen. 1854 war die Entscheidung fürs Theologiestudium gefallen. Sieben Semester lang war es ihm in Basel, Erlangen und Berlin mehr darum gegangen, die im Elternhaus eingeübte Frömmigkeit zu vertiefen, als sich akademisch-theologischen Problemen zu widmen. Er hatte die Zeit genutzt, um »Reich-Gottes-Arbeiter« wie Christian Heinrich Zeller (1779-1860) in Beuggen, Friedrich Spittler (1782-1867) in St. Chrischona, Wilhelm Löhe (1808-1872) in Neuendettelsau oder Johann Christoph Blumhardt (1805-1880) in Bad Boll persönlich kennenzulernen. Nach dem Examen im Frühjahr 1858 ging er als Hilfsprediger nach Paris, wo er dem Elend deutscher Gastarbeiterfamilien begegnete. In diesen Jahren heiratete er seine Cousine Ida von Bodelschwingh (1835-1894). 1864 wurde er Pastor in Dellwig bei Unna in der Grafschaft Mark, wo ihn sieben Jahre später der Ruf nach Bielefeld erreichte. In die Dellwiger Jahre fiel als einschneidendes biographisches Ereignis der Tod der vier Kinder des Ehepaares Bodelschwingh im Januar 1869: Drei Jungen und ein Mädchen erlagen binnen vierzehn Tagen der Diphtherie.

Für die Epileptischenanstalt und das Diakonissenhaus bedeutete die Berufung Bodelschwinghs eine Wende in ihrer Entwicklung. Das neue, große Pflegehaus für Epileptiker, das 1873 fertiggestellt wurde, erhielt auf Bodelschwinghs Anregung hin den Namen »Bethel«, der später auf die ganze Ortschaft überging. Eigentlich sollte die Anstalt nicht mehr als 150 Kranke aufnehmen. Bis zu Bodelschwinghs Tod war jedoch eine kirchlich und kommunal selbständige Siedlung von über 4.000 Kranken und Gesunden entstanden, die kleinstädtischen Charakter hatte. Sie bestand aus mehreren Dutzend Pflege- und Krankenanstalten, in denen Diakonissen und Diakone aus zwei Mutterhäusern, die ebenfalls am Ort ihren Sitz hatten, an über 2.000 »Pfleglingen« Dienst taten. Außerdem verfügte Bethel über eigene Handwerksbetriebe, Mitarbeiterwohnhäuser, kommunale Einrichtungen, eigene Strom- und Wasserversorgung, kirchliche Versammlungsräume, Schulen, Ausbildungsstätten für angehende Pastoren und war Sitz einer Missionsgesellschaft. Hinzu kam noch eine Reihe auswärtiger Niederlassungen in der Senne und im Diepholzer Moor, außerdem die »Hoffnungstaler Anstalten« in Lobetal bei Berlin. Wie war dieses enorme Wachstum möglich?

Kaiserreich und Weimarer Republik waren die hohe Zeit der Anstaltsgründungen in Deutschland. Die Durchsetzung industrieller Produktionsweisen und großstädtischer Lebensverhältnisse führte vermehrt zur Aussonderung von Menschen, die an chronischen Erkrankungen des Leibes oder der Seele litten, die von Geburt an behindert oder sozial benachteiligt waren und für den »Kampf ums Dasein« nicht die nötigen Kräfte aufzubringen vermochten. Bethel sah sich – wie staatliche Anstalten auch – einer ständig steigenden Nachfrage gegenüber, die es zu befriedigen galt.

Pflegekräfte aus den Betheler Mutterhäusern

Hauptproblem beim Wachstum der Anstalten war überall im Deutschen Reich die Versorgung mit geeignetem Personal. Pflegerische Berufsbilder mit spezifischen Ausbildungsgängen waren noch nicht entwickelt. Wo später qualifizierte »weltliche« Pflegekräfte gegen angemessene Bezahlung arbeiteten, waren noch Schwestern und Brüder gefragt, die aufgrund eines religiösen Gelübdes zu dienen bereit waren. Bodelschwingh war als Leiter des Diakonissenhauses ein begabter »Seelenführer«, der es verstand, für seine Vorhaben junge Frauen zu gewinnen, sie zu motivieren und auf Dauer eigenverantwortlich an ihre Aufgaben zu binden. Bewarb sich eine junge Frau um Aufnahme, so nahm er ihr beim ersten Gespräch nur ein Versprechen ab: Beim Eintritt mußte sie ihm in die Hand zusagen, gegenüber den »Mutterhauseltern« – gemeint waren die Vorsteherin und er selbst – in allem offen und ehrlich zu sein und sich von nun an in seelsorgerlichen Fragen nur noch an sie beide oder im Gebet an Jesus selbst zu wenden. Ein solches »Seelsorgemonopol«, das den Einfluß von Verwandten und Freunden ebenso zurückdrängte wie den anderer Geistlicher, war eine wichtige Voraussetzung für die Formung einer homogenen, demütigen und gehorsamen Glaubens-, Lebens- und Dienstgemeinschaft im Mutterhaus.

Im dicht bevölkerten Minden-Ravensberger Land gab es viele von der Erweckung ergriffene junge Frauen, deren Lebensperspektive es gewesen wäre, entweder als Magd ledig zu bleiben oder als Ehefrau und Mutter in einfachsten Verhältnissen ihr Dasein zu fristen. Mit flammenden Aufrufen forderte Bodelschwingh sie auf, nach »Sarepta« zu kommen, wie das Mutterhaus ab 1876 hieß. In der »Schmelzhütte« des Dienstes der Barmherzigkeit sollten sie ein Leben wagen, in dem sie Jesus dienten, der »in Seinen Elenden und Armen« gegenwärtig sei. Im Mutterhaus wurden die Schwestern geistlich erzogen und erhielten eine Berufsausbildung. Ihr Einsegnungsversprechen – Bodelschwingh sprach bewußt von »Gelübde« – sollte wenn irgend möglich lebenslang gelten, weil jede Diakonisse, die ihren Dienst aufgab, ungezählte Hilfsbedürftige unversorgt zurücklasse. Viele junge Frauen, die sonst ohne Berufsausbildung geblieben wären, kamen schon als junge Schwestern in verantwortliche Positionen. Der Zuzug war enorm: Als Bodelschwingh starb, hatte das Mutterhaus über 1.300 Schwestern. Bis in die zwanziger Jahre wuchs Sarepta zur weltweit größten Diakonissenanstalt heran.

1890-1914

Ausbreitung

1877 schlossen sich unter Bodelschwinghs Anleitung auch Pfleger zu einer geistlichen Genossenschaft zusammen, die den Namen »Nazareth« annahm. 1883 wurde ein eigenes, zwischen Bethel und Sarepta gelegenes Gebäude bezogen, das als Mutter-

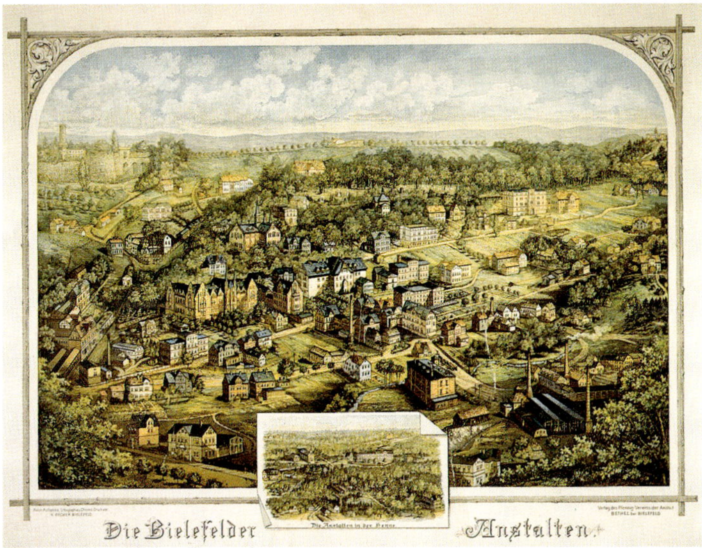

Die Bielefelder Anstalten, 1895 (S.66)

Patientinnen vor Klein-Bethel, Bielefeld 1911 (6.48)

haus der Diakone und als Pflegehaus für epileptische Knaben diente. Wie den Diakonissen wurde auch den Brüdern lebenslange Versorgung zugesagt. Obwohl Heirat nicht ausgeschlossen war, gehörten bis zur Jahrhundertwende ganz überwiegend ledige Männer zu Nazareth. Jungen Brüdern wurde mit Nachdruck davon abgeraten, auf eine Ehe zu hoffen. Da ledige Brüder und Diakonissen für Taschengeld arbeiteten, kam der Ertrag ihrer Leistung fast ungeschmälert den Patienten und dem Aufbau der Anstalten zugute. Dank des Personalangebotes der beiden Genossenschaften konnte Bodelschwingh Bethel ausbauen und Arbeitskräfte zu auswärtigem Dienst aussenden.

Staat, Kirche, Sozialpolitik

Da Epilepsie als kaum heilbar galt und oft zu frühzeitigem Tod führte, sollte den Kranken vor allem Pflege und Heimat gewährt werden. Bis Ende der 1880er Jahre wuchs um Friedhof und Kirche eine Kolonie von über 800 Kranken und Gesunden heran, die über eigene landwirtschaftliche und handwerkliche Betriebe verfügte. So konnten die Patienten einen Beitrag zum eigenen Unterhalt erarbeiten und dadurch Selbstwertgefühl entwickeln. Wie auch in anderen Anstalten üblich, wurden die Bewohner nach Geschlecht, Stand, Alter und Krankheitsgrad getrennt. In den Pflegehäusern lebten sie unter Hausmüttern und -vätern in familienartigen Gemeinschaften von 50 bis 90 Personen zusammen. Vorbild war ein bürgerlich-christliches Familienleben, wie Bodelschwingh es als Kind kennengelernt hatte.

Die Einbindung der Anstalten in das öffentliche Fürsorgesystem manifestierte sich 1893 in Verträgen über die Zuweisung von Patienten, die fünf preußische Provinzen mit Bethel schlossen. Den Provinzialbehörden war kurz vorher die Fürsorge für Gemüts-, Nerven- und Anfallskranke gesetzlich übertragen worden. Außerdem nahm in diesen Jahren, begünstigt durch die Einführung der Krankenversicherung unter Bismarck, das Medizinalwesen in Deutschland einen starken Aufschwung. Vorkommnisse in anderen Einrichtungen hatten zur Folge, daß das gesamte Anstaltswesen einer verschärften staatlichen Kontrolle unterworfen wurde. Die Aufsichtsbehörde setzte durch, daß in Bethel nur mehr hauptamtliche Ärzte arbeiteten.

Bodelschwingh brauchte nicht nur geeignete Mitarbeiter, sondern auch Geld. Deshalb warb er unablässig um Gaben. Tausende Spenderinnen und Spender wurden in Pfennigvereinen organisiert, eingehende Gaben, auch wenn sie noch so klein waren, mit Briefen oder gedruckten Mitteilungen, ab 1894 mit dem »Boten von Bethel« beantwortet.

Wie zuvor schon Wichern schienen auch Bodelschwingh die vom Staat abhängigen evangelischen Landeskirchen zu unbeweglich, um auf die religiösen und sozialen Herausforderungen der Zeit angemessen reagieren und der Säkularisierung und Entsittlichung wehren zu können. Deshalb war ihm die Unabhängigkeit der Inneren Mission von der verfaßten Kirche eine wichtige Voraussetzung erfolgreicher missionarischer Arbeit. Die Einrichtung eines Konviktes für Pfarramtskandidaten in Bethel 1890 sollte dazu beitragen, zukünftigen Pastoren durch Mitarbeit diakonische Grunderfahrungen zu vermitteln. Eine besondere Bedrohung für den Glauben sah Bodelschwingh in der liberalen Theologie, insbesondere in historischer Kritik an der Bibel. Die Gründung der Theologischen Schule 1905 war als Abwehr dagegen gedacht.

Um die soziale Frage zu entschärfen und der Sozialdemokratie den Nährboden zu entziehen, forderte Bodelschwingh vom Staat Gesetze, die die Schaffung billigen Wohneigentums für Arbeiter und die Errichtung von Wanderstationen förderten. Als seine Bemühungen wenig fruchteten, ließ er sich 1903 in den preußischen Landtag wählen, um das »Wanderarbeitsstättengesetz« durchzubringen, was 1907 zwar gelang, aber nicht den erhofften längerfristigen Erfolg brachte. Bodelschwinghs vielfältiger Einsatz begleitete die Herausbildung des deutschen Sozialstaates. Er war jedoch kein politisch-strategischer Kopf. Jahrzehntelang orientierte er sich an seinem Freund, dem politisierenden Hofprediger Adolf Stoecker, dessen demagogischem Antisemitismus er sich aber nicht anschloß. Bodelschwingh war konservativ, antiliberal, antisozialistisch, beileibe kein Demokrat, vielmehr Anhänger patriarchalisch-autoritärer und ständischer Ordnungsvorstellungen. Der soziale Charakter des Königtums der Hohenzollern stand ihm außer Zweifel. Aber in praktischen Fragen war er immer wieder zu überraschenden Schritten fähig. Als er 1907 für seine Gesetzesinitiative Unterstützung suchte, ging er auch zu August Bebel, dem Führer der Sozialdemokraten, und legte ihm seine Argumente dar.

Eine »Gemeinde der Sterbenden«

Weil Epilepsie im ausgehenden 19. Jahrhundert zu einem frühzeitigen Tod führte, stand für Friedrich von Bodelschwingh im Zentrum der Arbeit die Sammlung einer »unter nicht geringen Leiden dem Tode zueilenden« Gemeinde der frühzeitig Sterbenden. Zwar war man in Bethel auf gute Pflege und angemessene ärztliche Versorgung der Kranken bedacht. Sie sollten in den Anstalten eine »irdische Heimat« bekommen und sich wohlfühlen. Gleichwohl meinte Bodelschwingh, das wichtigste Ziel sei, in Bethel nicht nur leiblich gesund zu werden. Medizin könne man überall einnehmen. Bethels Ziel reiche in die Ewigkeit. Er hielt es keineswegs für ein Unglück, daß erheblich mehr Patienten in den Anstalten starben als gebessert oder geheilt nach Hause entlassen wurden: »das müssen wir freilich sagen, daß unsere Freude friedevoller ist und ohne Enttäuschung bei der weitaus größeren Schar, die nicht in die irdische Heimat, sondern nur in die obere Heimat heimkehrt!« Bei jenen, die nach Hause entlassen wurden, sah er die Gefahr, daß sie von der in Bethel praktizierten Frömmigkeit wieder abrückten und damit ihre Seele in Gefahr brachten.

Stärker als für andere führende Persönlichkeiten der Inneren Mission war die Begleitung von Sterbenden für Bodelschwingh eine ihn persönlich tief befriedigende, spirituelle Erfahrung, die er immer wieder zu erleben trachtete. Daß die Orientierung aufs selige Sterben zum zentralen Motiv seiner Frömmigkeit wurde, hängt mit frühen Erfahrungen zusammen. Die Mutter hatte oft Sterbenskranke ins Haus genommen und bis zum Ende gepflegt. Der Vater war infolge einer Verwundung aus den Befreiungskriegen anfällig für Lungenentzündungen. »Die Franzosenkugel, die meinen Vater traf [...]«, diktierte Friedrich von Bodelschwingh in seinem letzten Lebensjahr, »hatte uns alle, Vater und Mutter und Kind, beten gelehrt. Achtmal waren wir um den lieben Vater versammelt, der an der durch diese Kugel hervorgerufenen Verwundung immer wieder todkrank darniederlag. Achtmal nahmen wir von ihm Abschied, und achtmal hat Gott uns auf das heiße Flehen der Mutter und der Kinder den Vater erhalten. Diese Erfahrung, was gläubiges Gebet vermag, hat uns begleitet durch unser Leben.« Durch den Tod seiner vier Kinder im Januar 1869 hatte seine mit Krankheit und Sterben verbundene Frömmigkeit eine nachhaltige existentielle Vertiefung erfahren.

Die Sterbeerlebnisse der ersten Lebenshälfte prägten sein weiteres Wirken. Schon bald nach seiner Berufung erhielten die Anstalten einen eigenen Friedhof. Die 1884 eingeweihte Anstaltskirche bekam Kammern für Kranke, die während der Gottesdienste Anfälle erlitten – und mitunter daran starben. Der Name »Zionskirche« nimmt den 126. Psalm auf, der an Bodelschwinghschen Sterbelagern gebetet worden war. Der Eingangsvers des Psalmes wurde als Beschreibung seligen Sterbens verstanden und 1884 über den Triumphbogen der neuerbauten Anstaltskirche geschrieben: »Wenn der Herr die Gefangenen Zions erlösen wird, werden wir sein wie die Träumenden [...].« Die beiden Mutterhäuser Bethels wurden nach familialen Prinzipien organisiert, ebenso die Pflegehäuser. Seliges Sterben im Familienkreis sollte allen möglich sein.

Heilige Berge und Wasser des Lebens

Die von Bodelschwingh inspirierte Frömmigkeit hat im Ortsbild viele Spuren hinterlassen. Zwar ist Bethel nicht nach einem einheitlichen »städtebaulichen« Konzept errichtet worden. Die innere Aufteilung der Häuser und ihre Plazierung im Anstaltsgelände hingen vor allem von finanziellen und praktischen Erwägungen ab. Aber die Häuser erhielten Namen, die gedeutet wurden. Bodelschwingh sah die Anstalten als Station auf dem Weg zur Ewigkeit. Vor der Errichtung der Zionskirche 1884 geschah das in Anknüpfung an die Namen der Gebäude Sarepta (Schmelzhütte) und Bethel (Haus Gottes). Bethel war jener Ort im Alten Testament, an dem der Erzvater Jakob von der Himmelsleiter geträumt und gesagt hatte, hier seien wahrlich die Pforten des Himmels. Das Leben in den Anstalten sollte Bodelschwingh zufolge für Kranke und Gesunde ein Weg durch »das Schmelzfeuer der Trübsal« zu den Pforten des Himmels sein, zum »ewigen Vaterhaus, [...] in welchem sich alles Seufzen und Klagen der Schmelzhütte in ewigen Lobgesang auflöst.«

Sammelbüchse für Bethel, um 1880 (4.87)

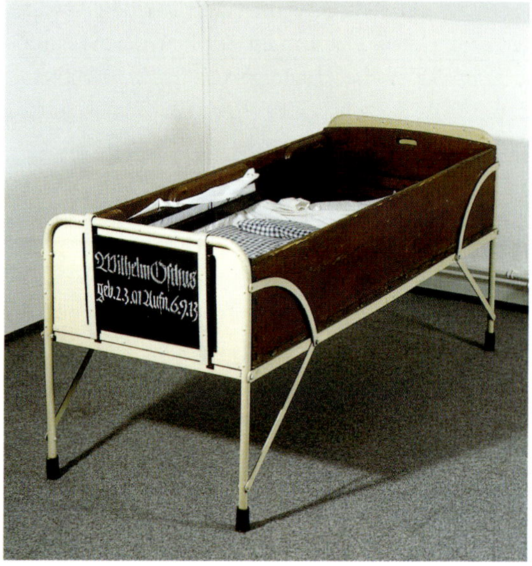

Betheler Torfbett, um 1910 (5.55)

Mitten im Friedhof, an der damals höchsten Stelle des Anstaltsgeländes, stand ein aus Steinen aufgeschichteter Kegel, der ein Sandsteinkreuz trug mit den Worten »Christus ist mein Leben und Sterben mein Gewinn«: Das Kreuz als Wegweiser in die Ewigkeit, als Himmelsleiter, als Achse des Kosmos.

Durch die Errichtung der Zionskirche, die ab 1884 den neuen geistlichen Mittelpunkt der Anstalten bildete, bekam die biblische Symbolik einen anderen Akzent, ohne daß der Inhalt wesentlich verändert worden wäre: Der Weg durch die Reinigungsschmelze wurde fortan als Wallfahrt zum heiligen Berg Zion beschrieben, auf dessen Gipfel, der Ewigkeit am nächsten, auch weiterhin der Friedhof lag. Die Kirche bekam ihren Platz etwas unterhalb des Friedhofs. Auf das Heil in Zion wird seit 1909 jeder, der die Anstalt von Bielefeld her betritt, durch den Spruch am Pförtnerhaus am Betheleck hingewiesen, dessen Kegeldach seinerseits den heiligen Berg symbolisiert: »Zion hat der Herr gegründet, und daselbst werden die Elenden seines Volkes Zuversicht haben.« (Jesaja 14,32)

Friedhof und Zionskirche wurden umgeben von Kranken- und Pflegehäusern, die die Namen heiliger Berge der Bibel tragen: Tabor, Hermon, Gibeon, Nebo, Garizim, Morija, Libanon, Karmel, Salem. So wurde zum Beispiel das Anstaltskrankenhaus »Nebo« nach jenem Berg benannt, auf den Mose stieg, als er sich auf den Tod vorbereitete. Wer ins Krankenhaus kam, sollte nicht zuerst die Wiederherstellung der Gesundheit im Auge haben, sondern sein Ende bedenken.

Den heiligen Bergen korrespondieren die Wasser- und Quellorte der Bibel, die im Tal oder am Hang gelegenen Pflege- und Arbeitshäusern ihre Namen geben, zum Beispiel Bersaba, Bethesda, Bethabara, Siloah und Enon, später Kidron und Mara. Zu einigen dieser Gebäude gehörten Quellen, die für die Trinkwasserversorgung der Anstalten dringend gebraucht wurden, ein Haus diente als Anstaltswäscherei. Die Namen wiesen hin auf Tauf- und Heilungsorte, auf das Abwaschen von Sünde, Schuld und allem Schmutz und erinnerten daran, daß für alle genug »Wasser des Lebens« vorhanden sei.

Hinzu treten biblische Ortsnamen, die – wie Patmos, Pniel oder Emmaus – an himmlische Schau und Gottesbegegnung erinnern, an Auferweckung vom

R. Rothgießer, Panorama von Bethel, 1910 (5.62)

Tod – wie zum Beispiel Nain – oder an Heilungswunder – zum Beispiel Bethanien. Die Pfarrhäuser erhielten ihre Namen nach Psalmversen, die auf die tröstliche und stärkende Kraft des Wortes Gottes hinzuweisen geeignet erschienen: Burg, Trutz, Zuversicht, Schild. Gebäude, die nicht als Pflege- oder Pfarrhäuser dienten, erhielten weltliche Namen: So hieß ein Arzthaus »Sanitas«, Wohnhäuser für Anstaltsbeamte trugen Namen wie »Treue« und »Pflicht«; christlich-soziale Ambitionen schlugen sich nieder in »Volkswohl«, »Vorwärts« oder »Volksheil«.

Indem sie den Häusern solche Namen gaben und diese deuteten, begleiteten Bodelschwingh und seine Mitstreiter den von harten arbeitspraktischen, ökonomischen und medizinischen Notwendigkeiten geprägten Anstaltsalltag mit einer reich variierenden Melodie religiöser Deutungen. Sie entfalteten eine christliche Poesie, in der Mensch und Natur, Arbeit und Feier, Gesundheit und Krankheit, Immanenz und Transzendenz als Teile ein und derselben, den Menschen positiv zugewandten gottbestimmten Wirklichkeit begriffen wurden. Hierin unterscheidet sich Bethel von vergleichbaren staatlichen Einrichtungen. Die beiden Täler im Teutoburger Wald wurden zur biblischen Heilslandschaft, zum irdischen Kanaan. Und so wie im biblischen Land Kanaan die irdische Stadt Jerusalem liegt, über der der Visionär der Apokalypse ein ewiges, himmlisches Jerusalem schaute, so wurde über dem irdischen Bethel mit seinen kranken und gesunden, durchweg jedenfalls sterblichen Bewohnern in Andachten und Gottesdiensten, bei Beerdigungen und Jahresfesten, in Ansprachen, Umzügen und Zionsliedern die ewige Stadt gefeiert. Die »Stadt auf dem Berge«, deren Mütter und Väter über sich die ewige Stadt wußten, sollte ein Zeichen sein für die diesseitige Welt.

Bethel als Vorbild

Ein Zeichen ist Bethel in verschiedener Hinsicht gewesen. Zum einen hat es für zahlreiche ähnliche Einrichtungen im In- und Ausland als Modell gedient. Insbesondere hat Bodelschwingh die Gründung weiterer Anstalten für Epileptische angeregt, etwa in Telgte bei Münster, in Klein-Wachau bei Dresden, in Budapest oder in Nebraska. Die Stadt auf dem Berge verstand sich zugleich aber auch als ein Gegenentwurf zu den Städten des heraufziehenden Industriezeitalters. Vor den Toren der prosperierenden Industriestadt Bielefeld mit ihren zahlreichen liberalen Bürgern und sozialdemokratischen Arbeitern, mit ihrer politischen und weltanschaulichen Vielfalt, stellte Bethel ein konfessionell einheitliches, ständisch gegliedertes christliches Gemeinwesen vor Augen, in dem soziale Gegensätze nicht ausgefochten, sondern im Geist dienender Liebe überwunden werden sollten.

Das große Bethelpanorama

wurde 1910 in der Manier der wilhelminischen Industriemalerei von dem Hamburger Maler H. Rothgießer angefertigt. Es vermittelt ein insgesamt zuverlässiges Bild der Ortschaft Bethel beim Tode Friedrich von Bodelschwinghs.

1890-1914

Ausbreitung

Ihren Anfang nahm die Anstaltsentwicklung von der am linken Bildrand gelegenen Stelle, wo sich die beiden Anstaltstäler in das hintere Kantensiek- und in das vordere Betheltal trennen. Dort ist, inmitten der Häusergruppe am Talboden, an seinem Dachreitertürmchen der Steinkampsche Hof, das Gründungshaus zu identifizieren, in das 1867 die ersten Anfallskranken aufgenommen wurden. Zwischen 1870 und 1874 wurden an dem Weg, der von dort aus nach rechts am Waldsaum steil ansteigt (Am Jägerbrink, später Sareptaweg), die beiden großen Neubauten des Diakonissenmutterhauses und der Epileptischenanstalt errichtet. Bevor der Besucher das Mutterhaus erreichte, passierte er das von Bodelschwingh bewohnte älteste Pfarrhaus Bethels, bei dem das erste Pfortenhäuschen stand. Das Diakonissenhaus wird in seiner Mitte von zwei schlanken Glockentürmen markiert, die die neugotische Apsis der bis 1912 dort gelegenen Sareptakapelle begleiten. (Groß-)Bethel, das neue Pflegehaus der Epileptischenanstalt, ist weiter rechts im Bild oben am Sareptaweg festgehalten. Es ist an seinem deutlich hervortretenden Mitteltrakt und zwei Rauchfahnen zu erkennen, die sich vom Dunkel des Waldes abheben. Wie Sarepta ist das Haus mit seinem Eingang zum Berg hin orientiert. Unterhalb des dem Betrachter zugewandten Seitengiebels von Haus Bethel liegt, in der Hauptachse zum Sareptaweg 90° gedreht, Nazareth, das 1883 bezogene Mutterhaus der Diakone, das zugleich als Werkstatt und Pflegehaus für fallsüchtige Knaben diente.

Bereits 1874 wurde auf dem Höhenrücken des Teutoburger Waldes, der von rechts her kommend fast den ganzen Bildmittelgrund durchzieht, der anstaltseigene Friedhof angelegt. Er ist links von der Bildmitte auf dem Kamm als Lichtung erkennbar und wird optisch zerteilt vom pyramidenförmigen Dach der Leichenkapelle von 1891, dessen Spitze die Horizontlinie des hinter dem Friedhof gelegenen Laubwaldes durchstößt.

In geraumem Abstand links davon liegt auf der Höhe mitten im Wald, ihrer Bedeutung wegen vergrößert und erhöht abgebildet, die Zionskirche von 1884. Kirche und Begräbnisstätte bilden zusammen mit der zwischen ihnen gelegenen Waldkapelle (vor 1880) das kultische Zentrum der Ortschaft, deren Siedlungsschwerpunkt unterhalb im Eingangbereich des Betheltales liegt.

Der rasche Ausbau der Anstalten führte seit den 1880er Jahren zur Ausbreitung im Betheltal. Den Anfang machten einige an der Peripherie gelegene landwirtschaftliche Stationen. Einen Schwerpunkt bildete die Handwerkerstraße, die ab Mitte der achtziger Jahre errichtet wurde. Sie nimmt ihren Ausgang von dem fast in der Bildmitte wiedergegebenen großen Backsteingebäude des erst 1897 fertiggestellten Gemeinde- und Versammlungshauses Assapheum, das sich mit seinem geräumigen Dachgarten unterhalb von Groß-Bethel ausbreitet. In Verlängerung der Seitenwand dieses Gebäudes führt die Handwerkerstraße nach rechts den Berg hinab auf die beiden großen Ziegeleien zu, die zusammen mit der elektrischen Zentrale, der Waschanstalt – mit dicht behängten Wäscheleinen –, dem Badehaus und der Schlachterei an einem großen, zum Teil als Materiallager genutzten Platz liegen, der im Vordergrund der rechten Bildhälfte dargestellt ist. An der unteren Bildkante öffnet sich eine Lehmgrube, weiter rechts führt eine dampfbetriebene Lorenbahn Lehm aus Lagerstätten weiter hinten im Tal heran. Oberhalb der Ziegeleien dienen mit Wasser gefüllte Teiche als Reservoir für den Betrieb der Badeanstalt und der Anstaltswäscherei. Die Ziegeleien sind nach links über den Lastweg an die nicht mehr abgebildete (damalige) Gütersloher Straße angebunden, über die der Transport von Backsteinen nach Bielefeld abgewickelt wurde. Der Komplex von Industriebauten, der unterhalb von Nazareth in der linken Bildhälfte vorn um einen hohen Schlot zu erkennen ist, beherbergt die *Brockensammlung*, die »Tiberias-Werke« zur Herstellung von Haushaltsgegenständen, die Bäckerei und die *Mühle*. Die Brockensammlung als Sammelstelle, Reparaturwerkstatt und Kaufhaus für Gebrauchtwaren erhielt ihren Namen nach der Aufforderung Jesu bei der Speisung der 5.000: »Sammelt die übrigen Brocken, daß nichts umkomme.« Hinter dem Schlot ist die zum Tal hin gelegene Rückseite des Postamtes zu erkennen, vor der die Rauchfahne abzieht (1907). Zwischen Pflegehäusern und Betrieben waren ab 1903 verstärkt Wohnhäuser für Anstaltsbeamte und -arbeiter errichtet worden.

Durch das Anwachsen der Anstalten war nicht mehr der Sareptaweg, sondern der weiter unten gelegene Königsweg Hauptverkehrsachse der Ortschaft. 1909 wurde an der Abzweigung des Königsweges vom Kantensiek ein neues Pförtnerhaus errichtet, das mit seinem charakteristischen Kegeldach nahe dem linken Bildrand festgehalten ist. Von dort steigt der Königsweg – im Bild nach rechts – moderat an, bis er auf den von oben heranbiegenden Bethelweg stößt, der dann oberhalb von Gärten und Feldern den hinteren Teil des Tales erschließt. 1910 lagen am Königsweg folgende zentrale Einrichtungen der Anstalten: Pforte, Druckerei, Buchhandlung und Antiquariat, das neue Pfarrhaus des Anstaltsleiters mit der Haupt-

Die Colonien und Anstalten der inneren Mission bei Bielefeld, um 1884 (S. 67)

kanzlei, die Bethelkanzlei, zwei Hospize für auswärtige Gäste, Hauptkasse und Post, weiterhin Nazareth, das Vereinshaus Assapheum mit dem Festsaal, das Kaufhaus »Ophir«, die Öffentlichkeitsarbeit »Dankort« und das zentrale Bauamt.

Weiter hinten im Tal waren, neben einigen Wohnhäusern, bis 1910 unter anderem eine Grundschule, das erste Seminargebäude der Theologischen Schule, ein Studentenheim, das sogenannte Vogeldorf für Anstaltsarbeiter – zugleich Musterkolonie für den Arbeiterwohnungsbau –, der Sitz der Bethelmission sowie einige große, seit den 1890er Jahren erbaute Anstaltspflegehäuser errichtet worden. Als vorletzte Baugruppe am rechten Bildrand unterhalb des Waldes signalisiert die erst 1911 fertiggestellte Männerpsychiatrie »Neu-Morija« den beschleunigten Ausbau des medizinischen Bereiches kurz vor dem Ersten Weltkrieg.

In diesen Zusammenhang gehört auch, ganz am linken Bildrand, das erst 1913 in Betrieb genommene öffentliche Krankenhaus »Gilead« unterhalb der Sparrenburg. Um seiner Darstellung willen ist dem Bild ein 8,5 cm breites Stück angesetzt worden. Die nachträgliche Einfügung hat den Anachronismus zur Folge, daß in dem laut Signatur 1910 fertiggestellten Panorama zwar der Anbau der 1912 eingeweihten neuen Sareptakapelle ans Mutterhaus fehlt, die ein Jahr jüngere, ebenfalls zu Sarepta gehörige Klinik Gilead aber abgebildet ist.

Die Errichtung Gileads stand am Anfang einer grundlegenden Umgestaltung des Kantensieks. Bis zur Jahrhundertwende wurde das kleinere der beiden Anstaltstäler in den Bethelführern, zeitgenössischem Sprachgebrauch folgend, als »Blödental« bezeichnet, weil neben einigen zu Sarepta gehörenden Pensionen für nervenkranke Frauen die dort gelegenen Häuser und Gärten vor allem geistig stark behinderten Bethelpatienten Lebensraum und Arbeitsmöglichkeiten boten. Die Gärten mit blühenden Bäumen am Taleingang zeugen noch davon. Das starke Anwachsen der Diakonissenschaft und die zunehmenden Anforderungen an die medizinische und pflegerische Ausbildung und Versorgung führten ab cirka 1910 zur Verlegung der Pflegehäuser für Anfallskranke aus dem Kantensiek ins Betheltal. So wurde Platz geschaffen für die Kette von Krankenhäusern, die sich seit den zwanziger Jahren dort aneinanderreiht.

1890-1914

Ausbreitung

Literatur

BODELSCHWINGH, FRIEDRICH VON, Ausgewählte Schriften, 2 Bde, hg. v. Alfred Adam, Bethel bei Bielefeld 1964

DERS., Briefwechsel, 2 Bde, hg. v. Alfred Adam, Bethel bei Bielefeld 1975

BENAD, MATTHIAS, »Frömmigkeit und Familie in Bethel, Sarepta und Nazareth«, in: Inter Legem et Evangelium, THEION III, Jahrbuch für Religionskultur, Frankfurt a. M. 1994

DERS., »Friedrich v. Bodelschwingh d.J. und die Betheler Anstalten«, in: Frömmigkeit und Weltgestaltung, hg. von Matthias Benad, Stuttgart 1997

DERS., »Bethel als historischer Gegenstand. Vorschlag zur strukturierten Annäherung an die Geschichte der v. Bodelschwinghschen Anstalten«, in: Diakonie der Religionen 1, THEION VII, Jahrbuch für Religionskultur, Frankfurt am Main 1996

DERS., »Heilsanstalt Bethel: Sterbefrömmigkeit im Boten von Bethel 1894 bis 1900«, ebd.

DERS., »›Und wenn du dich gleich mit Lauge wüschest …‹ – Reinwerden zum seligen Sterben im frühen Bethel«, in: Wege zum Menschen 49. 1997

GERHARDT, MARTIN / ADAM, ALFRED, Friedrich von Bodelschwingh: ein Lebensbild aus der deutschen Kirchengeschichte, 2 Bde, Bethel 1980

HOCHMUTH, ANNELIESE, Spurensuche: Eugenik, Sterilisation, Patientenmorde und die v. Bodelschwinghschen Anstalten, Bielefeld-Bethel 1997

»Die Unzucht – das Grab der Völker«

von Isabell Lisberg-Haag

Ist es charakteristisch für ein ausgehendes Jahrhundert, eine Zeitenwende, einen Umbruch, daß von einem Verlust aller moralischen Maßstäbe gesprochen und die Nichtigkeit scheinbar ewig gültiger Normen beklagt wird? Die postmoderne Gesellschaft jenseits aller verbindlichen Normen ähnelt kurz vor der Jahrtausendwende in ihrem Krisenbewußtsein den Klagen des deutschen Kaiserreichs am Ende des letzten Jahrhunderts. Auch damals wurden tiefgreifende Veränderungen – verunsichert – beobachtet, die »Moderne« mit ihren Begleiterscheinungen rief Ängste hervor. Die Schlagworte haben sich geändert, einstige Reizthemen wie Moral und Anständigkeit haben zwar heute ihre Brisanz verloren, dennoch wird der Ruf nach verbindlichen Normen wieder laut. Vor hundert Jahren wurde der Kampf gegen die Veränderung von Sexualität und Fortpflanzungsverhalten unter dem Banner der »Sittlichkeit« geführt, es ging jedoch um weit mehr.

»Und doch verheert jene Pest namentlich unsere Städte und macht den Boden zur Revolution vielleicht so fruchtbar, wie irgendetwas anderes.« (Wichern SW 1) Eine Infektion hatte den deutschen Volkskörper befallen, hatte ihn – wie Johann Hinrich Wichern (1808-1881), der Begründer der Inneren Mission, deutlich unterstrich – anfällig gemacht für politische Fieberstürze und bedrohliche Krankheitsbilder – gemeint war die Prostitution. Unmoral implizierte in den Augen von Wichern und seinen Mitstreitern politische und religiöse Instabilität, sie sahen in der Prostitution nicht nur ein Symptom der allgemein festgestellten Abkehr vom Glauben, sondern auch eine Hauptursache derselben. In der nachrevolutionären Zeit wollten sie die Arbeiter wieder für die Kirche gewinnen und damit politischen Veränderungen vorbeugen. Deshalb gehörte es in ihren Augen auch zu den kirchlichen Aufgaben, gegen die »gewerbliche Unzucht« zu kämpfen: »Das Wirksamste wird geschehen durch alle die Mittel, welche entweder das Laster verhüten können oder den Reuigen erbarmungsvoll Hilfe bieten.« (Wichern SW 1) Diese präventive und »rettende« Arbeit wurde in der Folgezeit immer notwendiger. Die durch die Industrialisierung schnell gewachsenen Großstädte hatten viele Menschen aus ihren gewohnten, ländlich-überschaubaren Lebensumfeldern angezogen. Der »Moloch«, in dem nach Meinung vieler Zeitgenossen ein »Dickicht der Unsittlichkeit« wucherte und ein sich stetig ausbreitender »Sumpf« die Menschen in den Strudel der Amoralität zog, war zugleich die »Brutstätte« der gefährlichen Krankheit Prostitution.

Als Krisenhauptstadt galt fortan Berlin. Seit 1857 offiziell die Bordelle geschlossen worden waren, die allerdings unter anderen Namen weiterhin existierten, ließen sich Prostituierte im gesamten Stadtgebiet nieder. Die freie, unkontrollierte Prostitution, die es schon immer neben der polizeilich beaufsichtigten gegeben hatte, gehörte zum Straßenbild, das Symbol der Unsittlichkeit wurde in zunehmendem Maße öffentlich. Die Berliner Stadtmission wurde immer häufiger mit »gefallenen Mädchen« konfrontiert, und der Central-Ausschuß für Innere Mission ergriff nach einer eigens durchgeführten statistischen Erhebung zum ersten Mal öffentlich das Wort. In der im März 1869 dem Reichstag des Norddeutschen Bundes vorgelegten Petition und Denkschrift forderte der Central-Ausschuß, »die bestehenden Gesetze durch die Verwaltungsbehörden mit Ernst und Nachdruck zur Ausführung zu bringen« und gegebenenfalls die Polizei- und Strafgesetzgebung zu verändern. (Die öffentliche Sittenlosigkeit, 1869) Es wurde klargemacht, daß der Central-Ausschuß den Kampf gegen die Unsittlichkeit auf den unterschiedlichsten Ebenen führen wollte: »Unsere Petition hat keineswegs nur die niedrigste Gestalt der Sittenlosigkeit, die gewerbsmäßige Unzucht, im Auge.« Er

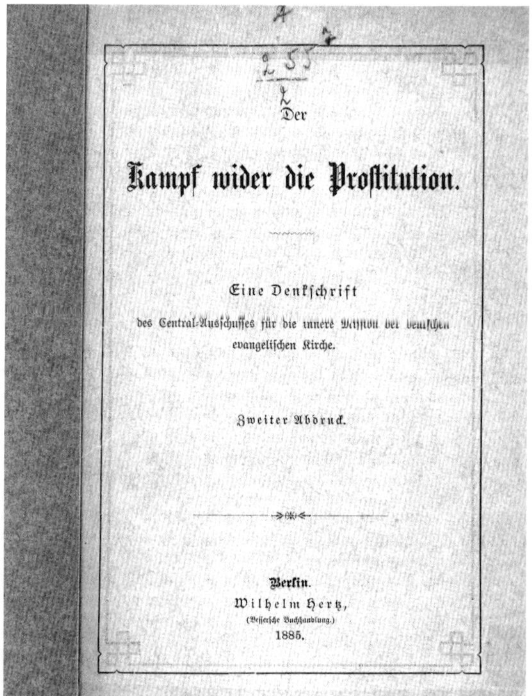
Der
Kampf wider die Prostitution.

Eine Denkschrift
des Central-Ausschusses für die innere Mission der deutschen evangelischen Kirche.

Zweiter Abdruck.

Berlin.
Wilhelm Hertz,
(Besser'sche Buchhandlung.)
1885.

Denkschrift des Central-Ausschusses für die Innere Mission, 1885 (2.69)

wandte sich ebenso gegen die »Glorifizierung der Liederlichkeit auf der Bühne«, gegen »frivole Gesang- und Tanzvorstellungen« und nahm die Presse und die sogenannte Schmutz- und Schund-Literatur aufs Korn. Dieser Frontalangriff auf den gesamten Kulturbereich zeigt bereits ein Dilemma, das alle Bemühungen der Protestanten und Protestantinnen auf diesem Gebiet begleiten sollte: Mit dem sicherlich von breiten Kreisen getragenen Anspruch, nicht die Erscheinungen, sondern die Ursachen der Prostitution beheben zu wollen – in der Petition werden unter anderem die niedrigen Frauenlöhne angesprochen –, ging ein Begriff von »(Un) Anständigkeit« einher, der an gesellschaftlichen Entwicklungen vorbeilief und ganz andere Motive vermuten ließ.

Die Entstehung der evangelischen Sittlichkeitsbewegung

Der Central-Ausschuß konnte sich bei seiner »bewahrenden« und »rettenden« Arbeit auf verschiedene schon vorhandene Einrichtungen und Persönlichkeiten wie zum Beispiel die Magdalenenanstalt Berlin, den Geistlichen des Berliner Frauengefängnisses und nicht zuletzt auf die Stadtmission stützen, die bereits in der gesamten Stadt aktiv waren. Die Stadtmission Berlin zeigte sich allerdings anfangs nicht sehr begeistert, diese neue und umfangreiche Arbeit zu übernehmen. Das Vorhaben, Kaiserswerther Diakonissen dafür zu gewinnen, scheiterte daran, daß man sich dort außerstande sah, dafür entsprechende Kräfte zu entsenden. 1883 wurde die Arbeit mit Prostituierten aufgenommen, und zwar dergestalt, daß die Sittenpolizei die Adressen der neu aufgegriffenen Prostituierten einem Stadtmissionsinspektor übermittelte. Der Erfolg dieser »aufsuchenden Hilfe« war gering, denn meistens wohnten die Frauen längst an einem anderen Ort, wenn die kirchlichen »Liebesarbeiter« und »Liebesarbeiterinnen« zur angegebenen Anschrift kamen. Um weitere Kräfte für diese mühsame Tätigkeit zu rekrutieren, gründete die Berliner Stadtmission 1883 den Frauenbund »Zum treuen Hirten«, in dem Frauen die »Rettung« der »Gefallenen« übernehmen sollten. Diese Tätigkeit war scheinbar so frustrierend, daß viele Freiwillige nicht lange durchhielten oder wegen eines Verbotes ihrer Männer nicht mehr weiterarbeiteten. Ein weiterer Grund dürfte das Aufeinanderprallen zweier völlig unterschiedlicher Welten und das damit verbundene Unverständnis gewesen sein: auf der einen Seite die wohltätig engagierte Frau aus behüteten Verhältnissen mittlerer

Hans Baluschek, Tingeltangel, 1900 (5.2)

oder höherer Gesellschaftsschichten, auf der anderen Seite eine von der Sittenpolizei aufgegriffene und als »unzüchtig« bezeichnete Geschlechtsgenossin mit einer völlig anderen Lebensgeschichte. Daher wurde beschlossen, diese Tätigkeit den professionelleren Stadtmissionsschwestern zu überlassen. Dennoch sollten die freiwilligen Helferinnen weiterarbeiten, und es wurde ihnen zugesichert, daß sie nicht »in die Höhlen des Lasters hinabsteigen«, sondern die Pflege und Betreuung eines »empfänglichen, gefallenen Mädchens« übernehmen sollten.

Neben dieser traditionellen Arbeit gingen die protestantischen Sittlichkeitskämpfer Ende der achtziger Jahre auch neue Wege. Dazu zählten öffentlich abgehaltene Männer- und Frauenversammlungen über Sittlichkeitsthemen, die meistens vom Vorsteher der Berliner Stadtmission, Hofprediger Adolf Stoecker, organisiert und geleitet wurden. Dieser initiierte 1887 auch die Gründung des »Berliner Männerbundes zur Bekämpfung der Unsittlichkeit«, der mit dem »Westdeutschen Verein zur Hebung der Sittlichkeit« (1885 gegründet) die Hauptstütze der deutschen Sittlichkeitsbewegung bildete. Nach seiner

43. bis 47. Jahresbericht
(1920—1924)
der
Bethabara-Sozial-Arbeit
zu Berlin-Weißensee
begonnen im Jahre 1877, bestätigt durch Erlaß vom 17. Juni 1881.

Am Scheidewege!

Psalm 93, V. 4.
Die Wasserwogen im Meer sind groß und brausen mächtiglich — der Herr aber ist noch größer in der Höhe!

Jahresbericht der Bethabara-Sozial-Arbeit, Berlin 1925 (5.12)

Konstituierung übernahm der Männerbund die bisherige Publikation des Frauenbundes, titelte fortan unter dem Namen »Correspondenzblatt der Berliner Vereine zur Bekämpfung der öffentlichen Unsittlichkeit« und schloß Frauen aus seiner Organisation aus.

Der Großteil der Mitglieder dieser Vereine kam entweder aus dem kirchlichen Milieu, wie zum Beispiel Pastoren und Mitarbeiter der Inneren Mission, oder es waren Männer im Staatsdienst und in gut abgesicherten »freien« Berufen, die sich zu christlichen Grundsätzen bekannten. Die in zahlreichen Städten entstandenen Vereine arbeiteten zunächst unorganisiert und lokal begrenzt. Sie schlossen sich 1889 zur »Allgemeinen Konferenz der deutschen Sittlichkeitsvereine« (im folgenden Konferenz genannt) zusammen. Dieser selbständige Verein hatte die Aufgabe, »die Sittlichkeit zu heben und die örtlichen deutschen Sittlichkeitsvereine bei der Lösung der Aufgabe als Zentralstelle zu fördern«. Er »verwirft und bekämpft insbesondere jede gesetzgeberische oder polizeiliche Ermächtigung, welche eine staatliche Billigung der Konzessionierung der Unzucht in sich schließt oder auch nur diesen Schein erwecken könnte«. (Hennig 1912) Dieser Anspruch legt sowohl die Struktur als auch die Motivation der deutschen evangelischen Sittlichkeitsbewegung offen. Diverse, lokal verstreute und bislang unkoordiniert arbeitende Ortsvereine schufen sich damit ein nationales Forum, um das aktuellste Problem effektiv bekämpfen zu können: die Prostitution. Die Konstituierung der Konferenz brachte nach Aussagen der Beteiligten die Bewegung erst »in Fluß«, denn nun reagierte auch die Presse auf die Sittlichkeitsarbeit, allerdings meistens mit vernichtender Kritik. Da war von »moralischer Heilsarmee« und »Sittlichkeitsmuckern« (Kladderadatsch) die Rede, »aber gleichviel, die öffentliche Aufmerksamkeit war erregt und die Behandlung der Frage ist seitdem nicht wieder von der Tagesordnung verschwunden«. (Korrespondenzblatt, 1898) Das war eine Argumentation, die die gesamte Tätigkeit der Aktivisten begleitete: Zunächst noch verlacht und verspottet, meinten sie, früher oder später anerkannt zu werden, weil sie die Probleme offen und ihrer Meinung nach »ohne Scham« diskutierten und somit zur Lösung der Gegenwartsprobleme beitrugen. »So haben die christlichen Vereine in diesem Sinne gewiß keine dankbare Aufgabe. Und gleichwohl eine sehr fruchtbare [...]. Es ist nicht die Art der Inneren Mission, Massenerfolge und Massenbeifall zu erzielen, sie ist das Gewissen des Volkes, darum unbequem, darum unentbehrlich und heilsam.« (Kirchliches Jahrbuch, 1908)

Moderne Öffentlichkeitsarbeit und konservative Ziele

Für die evangelische Sittlichkeitsbewegung war der Kampf gegen die Prostitution nur ein Anfang. Die Unsittlichkeit hatte ihrer Meinung nach unzählige schädliche Erscheinungsformen, die den Bestand der Gesellschaft gefährden konnten: sittliche Gefahren des Seemanns- und Studentenlebens (außerehelicher Geschlechtsverkehr und Geschlechtskrankheiten), die Homosexuellenfrage, die Rolle und Aufgabe der Frau, Großstadt und Unsittlichkeit, Schmutz- und Schundliteratur, Theater und öffentliche Belustigungen, Kellnerinnenfrage, ledige Mütter und uneheliche Kinder, Geburtenrückgang. Außerdem ging es bei der Ausweitung des Themenkanons um die Existenz der Bewegung, wie der Pastor aus Mönchengladbach und Vorsitzender der Konferenz, Ludwig Weber (1846-1922), bereits früh erkannte. Er wies 1900 darauf hin, »daß die Sittlichkeitsbewegung neuer Impulse und neuer Kräfte bedarf; man darf sich nicht darüber täuschen, daß eine Gefahr der Erlahmung vorliegt, wenn lediglich die Sittlichkeitsfrage im engeren Sinn des Wortes behandelt wird«. (Weber 1900) Die Sittlichkeitsbewegung konzipierte ein Stufenmodell von unsittlichem Verhalten, nach dem dieses zunächst harmlos beginnen, sich aber zu ungeahnten Folgen auswachsen konnte. »Die Unkeuschheit ist das Verderben der Jugend, die Unsittlichkeit – eine Quelle menschlicher Leiden, die Unzucht – das Grab der Völker« – so formulierte es der Generalsekretär der Konferenz 1897 in einem Zwischenbericht. (Henning 1897)

Wie traten die einzelnen Vereine an die Öffentlichkeit, und welchen Charakter hatten ihre Schriften? Der Berliner Männerverein skizzierte acht Jahre nach seiner Gründung einen Forderungskatalog, der bei der Mitgliederwerbung eingesetzt wurde. Mit diesem Programm wurden ebenso öffentliche Instanzen wie Privatpersonen aufgefordert, ihren Beitrag zur Problemlösung zu leisten. Die Presse sollte künftig weder anstößige Anzeigen noch Schilderungen oder Novellen, »welche das Leben der Halbwelt oder der modernen Großstadt in sinnlich verführerischer Weise zur Darstellung bringen«, abdrucken und die Schule die Lektüre ihrer Schutzbefohlenen beaufsichtigen. (Korrespondenzblatt, 1895) Als wichtigste Aufgabe galt dem Verein die »Pflege des religiös sittlichen Lebens«. Von Polizei und Gesetzgebung erwartete er hauptsächlich restriktive Maßnahmen: Neben der Beaufsichtigung von Cafés, Bahnhofsbuchhandlungen, Theatern und Tanzbelustigungen verlangte er härtere

Allen nach Berlin kommenden

Jungen Mädchen

bieten wir

Schutz vor Ausbeutung und Verführung.

Junge Mädchen aller Berufsarten werden nach vorheriger Meldung stets vom Bahnhof abgeholt und in ein christliches Heim geleitet. An den Quartalstagen sind die Helferinnen der Bahnhofsmission (Bureau: Borsigstr. 5), kenntlich an einer weissen Armbinde mit rosa Kreuz und der Aufschrift: „Fürsorge für die weibliche Jugend", auf allen Berliner Bahnhöfen bereit, den ankommenden jungen Mädchen unentgeltlich zu raten und zu helfen.

Die Vorstände folgender Heime:

Marienheim I. N., Borsig-Strasse 5.

Amalienhaus. W., Motz-Strasse 11.

„Heimat für Mädchen und Frauen gebildeter Stände".
(Internationaler Verein der Freundinnen junger Mädchen.)
W. 9, Köthener Strasse 42/43.

Marienheim II. S., Wasserthor-Strasse 35.

Marthashof. N., Schwedter Strasse 37/40.

Marienheim III. W., Marburger Strasse 4.

Aufruf zum Schutz junger Mädchen, um 1900 (5.5)

Strafbestimmungen bei unsittlichen Schriften und Abbildungen, Zwangserziehung bei sittlich gefährdeten Kindern und körperliche Züchtigung bei rückfällig gewordenen Sittlichkeitsverbrechern. Mit mehr oder weniger großen Abweichungen waren dies die klassischen Forderungen evangelischer Sittlichkeitsvereine, wobei der Schwerpunkt je nach Problemlage vor Ort unterschiedlich gelagert sein konnte.

Überregional versuchte die Bewegung, sich neben jährlich stattfindenden Kongressen durch eine ausgedehnte organisierte Öffentlichkeitsarbeit Gehör zu verschaffen: Der Generalsekretär der Konferenz bereiste das ganze Land, es wurden Flugblätter für verschiedene Zielgruppen (zum Beispiel Soldaten, Akademiker) und Broschüren zu Spezialgebieten veröffentlicht. Um auch auf die Gesetzgebung Einfluß nehmen zu können, verfaßte die Konferenz zahlreiche Petitionen an den Reichstag und versuchte, Mitarbeiter in den entsprechenden Kommissionen zu plazieren. Aber selten fanden ihre Anliegen Gehör, zu unrealistisch waren ihre Forderungen. 1896 richtete die Konferenz eine Petition an den Kriegsminister und schlug Maßnahmen gegen die Verbreitung der Geschlechtskrankheiten in der Armee vor. So sollte jeder infizierte Soldat – gleich welchen Ranges – bestraft werden. Die Zeit, die er durch seine Erkrankung ausfiel, hatte er nach Ansicht der Sittlichkeitskämpfer nachzudienen. Außerdem sollten die Vorgesetzten »anstößige Lieder und Redensarten« untersagen, disziplinarisch ahnden und durch verminderte Urlaubserteilung in der Abend- und Nachtzeit die »Gelegenheit zur Unzucht« minimieren. Es nimmt nicht wunder, daß die Antwort des Kriegsministers abschlägig ausfiel und von »nicht geeigneten Maßnahmen« sprach. (Korrespondenzblatt, 1896)

Ein anderes Arbeitsmittel war die »Schriftenagitation«. Diese Kleinbroschüren und Flugblätter behandelten die zentralen Themen der Sittlichkeitsbewegung und wurden häufig mehrmals aufgelegt. Die Titel lauteten unter anderem »Der Staat und die Prostitution«, »Sittlichkeitsbestrebungen an der schulentlassenen Jugend«, »Gesundheit und Keuschheit im Lichte der Wissenschaft« (mehrere Auflagen mit insgesamt 20.000 Exemplaren) und »Der Mann als Familienvater«, eine Broschüre, die als besonders wertvoll eingestuft wurde. »Das ist eine Schrift, die außerordentlich wirksam geschrieben ist. Sie behandelt Verlobung, Ehe und Kindererziehung auf Grund reicher persönlicher Erfahrungen und im Lichte des göttlichen Wortes.« (Konferenz, 1899) Diese Anforderungen – volkstümlich, nicht zu direkt formuliert und gleichzeitig auf religiöser Grundlage fußend –

Das erste Magdalenenasyl in Dresden, 1869/1892 (5.13)

Ankunft im Dresdner Magdalenenasyl, um 1910 (5.53)

erachteten die Sittlichkeitsaktivisten als absolut notwendig und verfaßten deshalb ihr gesamtes zu verteilendes Schrifttum selbst.

Die beiden Publikationen der Konferenz – ab 1893 das Korrespondenzblatt und die Frauenblätter – hatten mit Schwierigkeiten zu kämpfen. Die Abonnentenzahlen (1900: 3.900 und 1.200) stagnierten, und das Interesse der Leser schien nicht sehr groß zu sein. Das Korrespondenzblatt hatte das Problem, »Langeweile einerseits und zu deutliches Eingehen auf die sexuellen Dinge andererseits zu vermeiden«. Es wurde eine Erweiterung des Themenkreises auf Kunst- und Literaturthemen ins Auge gefaßt, und dafür sollte »die religiöse Einleitung eingeschränkt werden. Das Blatt wird in so streng evangelischem Sinne redigiert, daß eine erbauliche Einleitung in jeder Nummer nicht erforderlich scheint«. (Konferenz, 1900) In der Tat ist das Korrespondenzblatt nicht sehr abwechslungsreich gestaltet, die Themen wiederholen sich von Nummer zu Nummer, und es hat eher den Charakter eines Mitteilungsblattes der einzelnen Vereine und ihrer Versammlungen als den einer Zeitschrift. Auch die Mitgliederzahlen hielten sich in Grenzen: Bei seiner Gründung gehörten dem Westdeutschen Sittlichkeitsverein 397 Personen an, 1918 waren es 1.800. Der Berliner Männerbund zählte 1894 332 Adherenten, 15 Jahre später 1.000.

Aus der massiven Kritik nach Vorträgen und Kongressen wird deutlich, daß Thesen und Vorschläge von der Öffentlichkeit – wenn auch meist negativ – wahrgenommen wurden. Der Vorsitzende der Konferenz, Weber, mußte 1895 in seiner Begrüßungsansprache zur 7. Konferenz der Vereine eingestehen: »Die Sittlichkeitsbewegung hat alle edeldenkenden Männer für sich, die öffentliche Meinung indes noch gegen sich.« (Konferenz, 1895) Anstatt sich mit der Kritik auseinanderzusetzen und eventuelle Modifikationen im Programm vorzunehmen, wurden die Gegner mit deutlich antisemitischen Untertönen abqualifiziert: »Die meisten geistigen Träger dieser Presserichtung haben ihrer Rasse nach kein Interesse an dem sittlichen Erstarken und Gesunden des deutschen Volkes.« (Bohn 1905) Das hieß in der Konsequenz: Wer sich gegen die deutsche evangelische Sittlichkeitsbewegung stellte, war ein Feind des deutschen Volkes.

Die evangelische Sittlichkeitsbewegung blieb trotz ihrer großen Bemühungen in der Öffentlichkeit letztendlich immer eine kleine Gruppe, die in Übereinstimmung mit anderen konservativen Kreisen gegen die Forderungen von Sozialdemokraten, Sexualreformern und der radikalen Frauenbewegung agitierte. Sie versuchte, mit den Mitteln moderner Öffentlichkeitsarbeit ihre Ziele und Forderungen zu propagieren, konnte damit aber nie große Anhängerscharen mobilisieren. Die konkreten Erfolge der Sittlichkeitsarbeit beschränkten sich auf wenige Ergebnisse. Ludwig Weber konnte 1897 in einem Vortrag zwei Punkte nennen: Das Verbot, Kinder unter 16 Jahren in gewissen Theatern zuzulassen, und die Einrichtung von christlichen Heimen für junge Soldaten in Metz, Straßburg und Koblenz. 26 Jahre später sah die Bilanz nicht viel besser aus. Als Erfolge der Bewegung wurden eine Anklage gegen den »Simplizissimus« wegen Abdrucks »pornographischer« Anzeigen, der Kampf gegen unmoralische »Witzblätter«, die Verbreitung von »guten«, preiswerten »Volksbüchern«, die Einrichtung von Kinderlesehallen und die Förderung einer »vernünftig arbeitenden Kinozensur« genannt. Dieser Arbeitsrückblick berichtet nur vom Kampf gegen »Schmutz und Schund«, bei anderen Themen, wie zum Beispiel Prostitution, konnten keine Erfolge vermeldet werden. (Bohn 1923)

Auch die Unterstützung durch die evangelische Kirche scheint sich nur auf oberer, offizieller Ebene abgespielt zu haben. Eine allgemeine Kirchenkollekte ermöglichte 1894 der Konferenz, ihre finanziellen Schwierigkeiten zu überwinden und wieder an die Anstellung eines Generalsekretärs zu denken. Die Pommersche Provinzialsynode und das Konsistorium der Provinz Pommern sprachen sich 1900 für einen verstärkten Kampf gegen »das Laster der Unzucht« aus: »[Die] Provinzial-Synode spricht ihre volle Anerkennung und ihre warme Teilnahme für die segensreiche Wirksamkeit der Sittlichkeitsvereine und ähnlicher Bestrebungen aus und hält deren Förderung [...] für erwünscht.« (Konferenz, 1900) Aber die Kräfte vor Ort, Pastoren und Gemeindekirchenräte, schienen sich nicht immer für eine Zusammenarbeit mit den ortsfremden Sittlichkeitskämpfern erwärmen zu können. So berichtete das Kirchliche Jahrbuch über ein nur geringes Interesse der Geistlichen an zugesandtem Schriftmaterial, und Generalsekretär Bohn forderte die Pastoren immer wieder auf, mehr Engagement im Sittlichkeitskampf zu zeigen und viel stärker darauf hinzuarbeiten, örtliche Vereine zu gründen.

Besserung im Arbeitshaus

Die Prostitution gab den Anstoß zum organisierten »Kampf gegen die Unzucht«, wobei sich die evangelische Sittlichkeitsbewegung von Anfang an gegen das staatliche Reglementierungs-, Kasernierungs- und Bordellierungssystem wandte. Es handelte sich bei diesem System um folgendes: Grundsätzlich war die Prostitution nach § 361,6 strafbar, nur wenn sich die betreffende Frau polizeilich registrieren ließ und sich bestimmten Verhaltensmaßregeln fügte, blieb sie unbehelligt. Es lag im Ermessen der örtlichen Polizeibehörden, welche Bedingungen eine eingeschriebene Prostituierte zu befolgen hatte, damit sie sich nicht strafbar machte. In Hamburg war es ihr verboten, »in einem Hause [zu] wohnen, das die Polizeibehörde als für sie zur Wohnung ungeeignet bezeichnet, in einem anderen Hause als in ihrer Wohnung zu übernachten [...] sich in anstandsverletzender Weise oder in auffälliger Kleidung zu zeigen, sich von 11 Uhr abends bis 6 Uhr morgens an einem anderen Orte als ihrer Wohnung aufzuhalten«. (Flexner 1922) Sie durfte bestimmte Straßen, Lokale und Cafés nicht betreten, weder Theater, Museen oder andere öffentliche Veranstaltungen besuchen und mußte sich regelmäßigen ärztlichen Untersuchungen unterziehen. Beobachteten die Sittenpolizisten eine in ihren Augen »verdächtige« Frau, konnten sie diese festnehmen und eine Zwangsuntersuchung anordnen. Es kam nicht selten vor, daß Frauen ohne männliche Begleitung auf der Straße völlig zu Unrecht von der Sittenpolizei angesprochen oder sogar abgeführt wurden. Die Reglementierungspraxis war bestimmt durch polizeiliche Willkür, schränkte weibliche Freiheit und Sicherheit in der Öffentlichkeit ein und bestritt das Recht von Frauen, sich auf der Straße frei zu bewegen. Nur die polizeilich beaufsichtigten Prostituierten sollten das Recht haben, sich (eingeschränkt) zu bewegen, der Platz der »unbescholtenen« Frauen war innerhalb des Hauses.

Die Sittlichkeitsbewegung kritisierte die »Konzessionierung des Lasters« durch den Staat, und zwar in mehrfacher Hinsicht. Zum einen sahen die Sittlichkeitskämpfer das Gefühl für Sitte und Anstand gefährdet, besonders anfällig waren in ihren Augen die männliche Jugend und die »ungebildeten Schichten« des Volkes, also die potentiellen Kunden und die nachwachsenden Prostituierten und Zuhälter. Zum anderen waren sie der Meinung, »daß alle Volkserziehung keinen durchschlagenden Erfolg haben kann, so lange der Staat und seine Gesetze in ihrer Wirkung der Unsittlichkeit Vorschub leisten«. (Korrespondenzblatt, 1904) Die gesetzgeberischen Gewalten konterkarierten ihrer Ansicht nach die Bestrebungen zur Hebung der Moral, und der Staat konnte die gewünschte Vorbildfunktion als »ethischer Kulturstaat« und »sittlicher Organismus für das ganze Volk« nicht mehr ausfüllen. Denn wenn die Prostitution sich behördlichen Auflagen zu fügen hatte und damit offiziell als Gewerbe geduldet wurde, griff die gesamte Argumentation der Sittlichkeitsbewegung nicht mehr, die das Verwerfliche und Sündhafte der »gewerbsmässigen Unzucht« anprangerte und deren vollständige Beseitigung forderte.

Die Reglementierung der Prostituierten wurde zudem von den Sittlichkeitskämpfern als unberechtigter Eingriff in die bürgerliche Freiheit der einzelnen gesehen, da die Einschreibung in die polizeilichen Listen zwangsweise vonstatten ging. Es war die Rede von »reglementierten Kultursklavinnen«, die ihre Gesundheit riskierten, und den staatlichen Behörden wurde vorgeworfen, nachzuprüfen, »ob die menschliche Ware sich noch zum Konsum des männlichen Publikums eignet«. (Korrespondenzblatt, 1904) Diese Textpassage hätte auch aus der Feder einer fortschrittlichen Frau stammen können, so eindeutig scheint die Parteinahme zu sein. Auch den Begriff der »individuellen Geschlechtsehre« nahmen die Sittlicheitskämpfer auf und verwandten damit eine Ka-

tegorie der Frauenbewegung. Dennoch zeigen die vorgeschlagenen »Erziehungsmaßnahmen«, daß es zwar darum ging, den Frauen ihre Ehre wiederzugeben, aber zu ganz anderen Bedingungen, als es beispielsweise die Abolitionistinnen vorsahen.

Die bereits »Gefallenen« sollten wieder in die Gesellschaft eingegliedert werden und nicht für immer in ihrer erniedrigenden Existenz verbleiben: »Die [...] wünschenswerte Wiederherstellung und Besserung geistig und körperlich verkommener Individuen ist [...] nur dadurch herbeizuführen, daß dieselben längere Zeit zur Ordnung, Arbeitsamkeit und zu einem regelmäßigen Leben angehalten zu dem Behufe in ein Arbeitshaus eingesperrt werden.« (Korrespondenzblatt, 1904) Es ging also darum, den »vom Weg Abgekommenen« die grundlegenden Werte der bürgerlichen Gesellschaft zu vermitteln und sie damit wieder aufnahmefähig für christliche Prinzipien zu machen. Erst eine christlich motivierte Lebensführung der einzelnen und staatliches Handeln auf derselben Basis versprachen eine Beseitigung des »Übels«. Daher schlug die Sittlichkeitsbewegung einen ganzen Katalog flankierender Maßnahmen vor und bemühte sich, selbst die entsprechenden Schritte einzuleiten. 1894 stellte der Berliner Männerbund einen Geistlichen ein, dem die erstmals unter Prostitutionsverdacht aufgegriffenen Frauen vorgeführt wurden. Er sollte sich bemühen, im seelsorgerlichen Gespräch die Betroffenen zur Umkehr zu bewegen und sie eventuell wieder in ihre Familie zurückzuführen. In den ersten acht Monaten seiner Tätigkeit sah der Geistliche 718 »gefallene Mädchen«. Einige aus seiner Sicht besonders ergiebige Gespräche wurden von ihm veröffentlicht, und er berichtete von reuevollen Mädchen, die nach der Beratung geläutert waren. In den meisten Fällen versagte allerdings der geistliche Beistand, denn die Wünsche der jungen Frauen standen den Forderungen nach einem »sittenreinen« Leben diametral entgegen.

1903 wandte sich der Berliner Sittlichkeitsverein an die Synodalkommissionen und bat um Mithilfe. Sobald die Gemeindevertreter die Adressen von etwaigen Prostituierten erhielten, sollten sie unverzüglich die Vermieter aufsuchen und diese dazu bewegen, den Mietvertrag der Betreffenden zu kündigen. Ebenso war es vorgesehen, die Hausbesitzer zu informieren und an ihr sittliches Ehrgefühl zu appellieren. Diese im Bedarfsfalle zu wiederholenden Visiten verfolgten einen Zweck: »Die Prostituierten merken schon jetzt, daß sie nicht so unbehelligt wie bisher wohnen können, sie werden es immer mehr merken, unstät und flüchtig, von einer Straße zur andern ziehend, [...] und viele werden überhaupt Berlin verlassen.« (Korrespondenzblatt, 1903) Abgesehen davon, daß sich die Prostituierten dadurch nicht aus der Stadt vertreiben ließen und sich eher in bestimmten Stadtteilen konzentrierten, zeigt sich auch hier, daß die Sittlichkeitsbewegung die Realität verkannte und die grundlegenden gesellschaftlichen Ursachen nicht berücksichtigte. Sie forderte – gemäß ihrem Selbstverständnis –, daß christlich-sittliche Grundsätze in der Gesellschaft und bei der Gesetzgebung als Richtschnur dienen sollten, konnte aber mit diesem Postulat bereits Ende des 19. Jahrhunderts nicht mehr durchdringen.

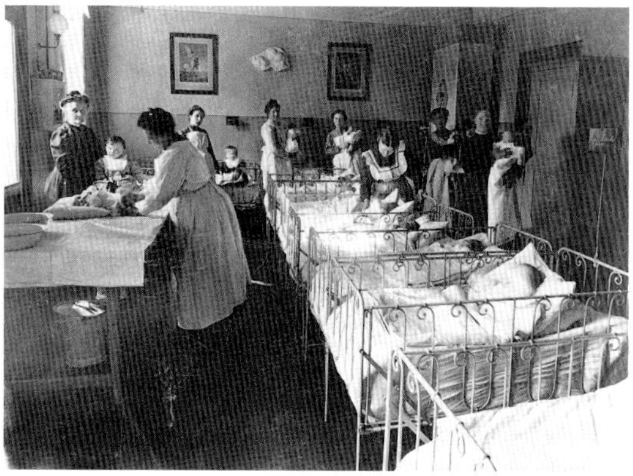

Kindersaal in Beth-Elim, Berlin 1911 (6.46)

In verschiedenen Vorträgen und Schriften wurde auch der Mann getadelt, der – ebenso wie das junge Mädchen – das Gebot der vorehelichen Keuschheit befolgen sollte. Er wurde allerdings lediglich als unsittlich statt als unzüchtig qualifiziert und entsprechend gemahnt: »Und denkst du, Jüngling, nicht auch daran, daß du selbst einmal das Haupt einer Familie werden sollst? Wie willst du befehlen, wenn du dir selber nicht befiehlst? Wie willst du regieren und herrschen, wenn du dich selbst nicht regieren und beherrschen kannst?« (Weitbrecht 1889) Denn mit dem männlichen Verhalten stand auch der Ruf des Landes auf dem Spiel, nur durch ein unverdorbenes »starkes Geschlecht« ließen sich Kriege gewinnen und das Ansehen der Nation hochhalten. Als besonders gefährlich galt die »Verweichlichung«, das heißt die Auflösung traditionellen männlichen Verhaltens und damit die Verwischung der Geschlechtergrenzen. Den jungen Männern wurde mit auf den Weg gegeben, ihre »Augen, Ohren und Zungen zu hüten« und auch ihre Gedanken stets zu kontrollieren, damit sich die Unsittlichkeit nicht im Inneren des Individuums ausbreiten konnte. Die sich prostituierende Frau hingegen galt es zu bestrafen, da die Sittlichkeitsbewegung grundsätzlich an einer geschlechtsspezifi-

schen Bewertung von Unsittlichkeit festhielt. »Man kann nicht ohne weiteres jeden Mann, der sich gelegentlich mit der Prostitution einläßt in Parallele stellen mit der gewerbsmäßigen Unzucht, so verwerflich ein solcher Fehltritt ist und so wenig der Redner wünscht, daß das sittliche Urteil über diese Männer abgeschwächt wird.« (Philipps 1904)

Dieses Beharren auf der doppelten Moral wurde vor allem von den Abolitionistinnen beklagt, die für dasselbe Ziel – Abschaffung der staatlichen Reglementierung und Bordellierung – eintraten, allerdings mit völlig anderen Konzepten. Sie machten vor allem Kapitalismus, Industrialismus und Militarismus für die moderne Prostitution verantwortlich und prangerten die sexuelle Unfreiheit und Abhängkeit der Frauen an. Für die Sittlichkeitskämpfer bedeutete dieser Ansatz die Untergrabung der staatlichen Autorität, die für sie unabdingbar zu einer christlichen und moralisch einwandfreien Gesellschaft gehörte. Die Prostituierten bedrohten in ihren Augen die Ordnung der Gesellschaft und der Geschlechter, aber auch ganz konkret die Männer als die entscheidenden Stützen einer gesunden, christlich geprägten Nation. Der Schriftführer des Westdeutschen Sittlichkeitsvereins machte das Ausmaß der Bedrohung von jungen Männern klar: »In wie jugendlichem Alter schon so mancher sittlich durch den Verkehr mit Dirnen völlig verdorben wird, dafür sind die Lebensläufe der Gefangenen und Zuchthäusler der beste Beweis.« (Ellger 1910)

Dienet einander!
Als die lebendigen Steine bauet euch zum geistlichen Hause und zum heiligen Priestertum!
1. Petri 4, 10 1. Petri 2, 5
Dem Evangelischen Jungfrauen-Verein
als Zeichen der Zugehörigkeit zu den unterzeichneten Verbänden.
Weltbund der Jungfrauen-Vereine.
Datum:
Verband der Evangelischen Jungfrauen-Vereine Deutschlands. Der Vorsitzende:

Urkunde des Verbandes der Evangelischen Jungfrauenvereine Deutschlands, 1911 (5.14)

Der Kampf um Sittlichkeit hieß also für diese kirchlich geprägte, konservative Gruppierung Kampf gegen Sozialdemokratie, gegen die Frauenbewegung, gegen größere Freiheiten des Individuums, gegen Debatten um Sexualwissenschaft und Psychoanalyse, gegen eine Demokratisierung der Gesellschaft. Die Aktivisten dieser Bewegung wurden durch die neuen Strömungen verunsichert, denn in ihrem Verständnis existierte eine sauber geschiedene Welt: mit einer männlichen und einer weiblichen Sphäre, in denen unterschiedliche Spielregeln galten. Diese Welt galt es »gegen die heranflutende Unsittlichkeit« zu bewahren, und der Schutzwall hieß »Kampf für Sittlichkeit«.

Literatur

BOHN, FRIEDRICH, »Der gegenwärtige Stand des Kampfes gegen die Unsittlichkeit«, in: Monatsschrift für Innere Mission 25. 1905

BOHN, FRIEDRICH, »Die Arbeit des deutschen Sittlichkeitsvereins in den letzten 20 Jahren«, in: Die Innere Mission 18. 1923

DIE ÖFFENTLICHE SITTENLOSIGKEIT mit besonderer Beziehung auf Berlin, Hamburg und die andern großen Städte des nördlichen und mittleren Deutschlands. Petition und Denkschrift des Centralausschusses für die Innere Mission der deutschen evangelischen Kirche, Berlin 1869

ELLGER, PETER, »Die Gefährdung unserer Jugend durch die öffentliche Unsittlichkeit«, in: Die Innere Mission 5. 1910

FLEXNER, ABRAHAM, Die Prostitution in Europa, Berlin 1922

HENNIG, MARTIN, Quellenbuch zur Geschichte der Inneren Mission, Hamburg 1912

HENNING, A., Die öffentliche Sittenlosigkeit und die Arbeit der deutschen Sittlichkeitsvereine, Berlin 1897

KORRESPONDENZBLATT zur Bekämpfung der öffentlichen Sittenlosigkeit. Verbandszeitung der deutschen Sittlichkeitsvereine, Berlin 1891-1907

PHILIPPS, P., »Der Kampf gegen die Kontrolle«, in: Die 16. allgemeine Konferenz der deutschen Sittlichkeitsvereine, Köln 1904

VERHANDLUNGEN der Allgemeinen Konferenz der deutschen Sittlichkeitsvereine. 1890-1900, 1902-1906, 1910-1917

WEITBRECHT, G., Die Sittlichkeit des Mannes Ehre, Stuttgart 1889

WICHERN, JOHANN HINRICH, Sämtliche Werke, hg. von, Peter Meinhold, Bd. I, Die Kirche und ihr soziales Handeln, Berlin/Hamburg 1962

»Die Frau hat ein Recht auf die Mitarbeit am Werke der Barmherzigkeit«

von Jutta Schmidt

Frauen haben wesentlich zu dem Aufschwung beigetragen, den die Diakonie und die Innere Mission im 19. Jahrhundert genommen haben. Ihre Leistungen, ihre Ansprüche auf Amt und Würden und ihre Gestaltungsideen blieben allerdings oft unberücksichtigt oder verhüllt im Schatten männlicher Macht. Die Geschichtsschreibung der Inneren Mission ist hinsichtlich der Teilhabe der Frauen sehr ambivalent. Als die Innere Mission 1898 ihr fünfzigjähriges Jubiläum feierte, standen einigen hundert Diakonen 6.369 Diakonissen allein in den Mutterhäusern des Kaiserswerther Verbandes gegenüber. Knapp 12.000 Frauen waren in den Schwesternschaften der Diakonissenmutterhäuser in verschiedenen sozialen Arbeitsgebieten tätig. Daneben gab es noch die Schwestern des Zehlendorfer Diakonievereins und die von diesem Verein ausgebildeten Pflegerinnen.

Hans Heinrich Porth, Amalie Sieveking, 1841 (1.47)

Frauen prägten und prägen bis heute das Erscheinungsbild der Diakonie. Sie stellten und stellen nach wie vor die Mehrheit der haupt- und ehrenamtlichen Mitarbeiterschaft. Dabei war es für Frauen in den Anfängen der Diakonie nicht selbstverständlich, daß sie jenseits der Familie in der sozialen Arbeit, in der Krankenpflege oder in der Kindererziehung tätig werden konnten. Ermöglicht wurde den Frauen dieser Schritt hin zu einem öffentlichen sozialen Wirken durch das Umfeld der Erweckungsbewegung. Hier machten sich Frauen auf die Suche nach einem selbstbestimmten Leben, wobei dieser Wunsch verbunden war mit einer sehr altruistischen Haltung: Soziale Arbeit, Hilfe für Waisen, Kranke und Arme waren die Arbeitsfelder, die Frauen mitgestalten wollten.

Die Initiativen der Amalie Sieveking

Am Beispiel der Amalie Sieveking soll zunächst gezeigt werden, wie schwierig eine Berufskarriere für eine Frau in der Gesellschaft im 19. Jahrhundert sein konnte. Sieveking (1794-1859) durchlief die Stationen einer bürgerlichen Mädchenerziehung. Früh verwaist, hatte sie wenig Aussichten auf eine Heirat, sondern wollte sich zur Gouvernante ausbilden lassen. Sie engagierte sich in jungen Jahren bereits in der Armenpflege und in der Kindererziehung. Motiviert durch die Erweckungsbewegung lotete Amalie Sieveking ihre Gestaltungsspielräume aus. Zum einen überschritt sie die den Frauen zugewiesene Sphäre des Privaten, indem sie einige ihrer Schriften zu Pädagogik und Theologie veröffentlichte. Darüber hinaus entwickelte Amalie Sieveking für sich alternative Lebensperspektiven.

Sie konzeptionierte eine Lebensordnung für eine »Barmherzige Schwesternschaft«, eine Frauenkommunität, angeregt durch die katholischen Schwesternschaften und ermutigt von bedeutenden Theologen ihrer Umgebung. Sie wollte sich und anderen unverheirateten Frauen eigenständige Lebensentwürfe ermöglichen und nahm damit die Gestaltungsmacht für ihr Leben in die eigenen Hände. Mit der kommunitären Organisationsform erhoffte sie Handlungsfreiheit für sich und andere Frauen: »Wie sehr sehen die meisten sich gehemmt von allen Seiten durch Beschränkung der Vermögensumstände, durch Abhängigkeit von fremden Willen, oder wenn das nicht, doch durch das Urteil der Welt, durch tausend lästige Conventionen. Glaubt es mir, in hundert Fällen dürfen wir unverheirateten das Gute nicht thun, wozu un-

Otto Mengelberg, Theodor Fliedner, um 1857 (3.32)

Roland Risse, Caroline Fliedner, um 1857 (3.33)

ser Herz uns treibt, weil uns das Ansehen eines entschiedenen, geheiligten, auch von der Welt anerkannten Berufes fehlt. Die heilige Gemeinschaft soll uns nun schützende Aegide werden.« schrieb Amalie Sieveking 1823 an ihren Bruder (Bestand Familie Sieveking III). Die Kommunität dachte sie sich ohne die Beteiligung von Männern. Aufgabe der Schwestern sollte die Betreuung von und vor allem Seelsorge an Kranken und der Unterricht von Kindern sein. Sie selbst wollte die Kommunität leiten.

Mit diesen Plänen verließ sie die bis dahin vorstellbaren Lebensformen für evangelische Frauen. Ein kommunitäres Leben war für evangelische Frauen nicht vorgesehen und eine Leitungsfunktion einer Frau hier undenkbar. Es war auch nicht vorgesehen, daß eine unverheiratete bürgerliche Frau eine sozialpflegerische Erwerbstätigkeit in einer öffentlichen Institution ausübte, denn Krankenpflege war im Bürgertum vorwiegend privat organisiert. Krankenpflege im Hospital wurde von Lohnwärtern und Lohnwärterinnen übernommen, Leitungsfunktionen im Pflege- und Wirtschaftsbereich oblagen Ehepaaren. Amalie Sieveking wollte während der Choleraepidemie 1831 in Hamburg im Hospital arbeiten. Dieser Weg war ihr jedoch verwehrt, weil nach der »Hospitalordnung gar keine Oberkrankenwärterin angestellt, sondern alle Wärterinnen gleichmäßig der Oekonomin untergeordnet werden sollten; Oekonomin aber könnte ich nicht werden, weil das immer die Frau des Oekonoms sein müßte«, wie sie 1831 ihrem Bruder mitteilte (ebd.).

Unverheirateten bürgerlichen Frauen waren also Leitungspositionen in diesem Bereich verschlossen. Aber auch die Leitung einer Schwesternschaft war zu dieser Zeit für eine Frau nicht möglich. Ihren Plan konnte Amalie Sieveking nicht umsetzen. Immer wieder hoffte sie, aber sie scheiterte an dieser Stelle an gesellschaftlichen Grenzen, die sie selbst verinnerlicht hatte und die ihr von außen immer wieder deutlich gesetzt wurden. So gründete Amalie Sieveking 1832 den »Weiblichen Verein für Armen- und Krankenpflege«, den sie mit Erfolg bis zu ihrem Tod 1859 leitete. Er wurde zum Vorbild für viele andere Vereinsgründungen und wird als Keimzelle der Evangelischen Frauenhilfe bewertet. Mit dem Vereinsvorsitz wählte sie eine Leitungsarbeit, die Frauen um die Jahrhundertmitte auch an anderer Stelle zugestanden wurde. Der Vorsitz bedeutete eine nach heutigen Definitionen ehrenamtliche Leitungsarbeit.

Amalie Sieveking wünschte sich neue Lebensperspektiven für Frauen und sprach von einer Emanzipation im christlichen Sinn, die aus heutiger Perspektive sehr zweischneidig anmutet. »Ich wünsche eine Emancipation unseres Geschlechtes, aber nicht fürwahr in dem Sinne mancher Neuerer, die, alle göttliche und menschliche Ordnung umstoßend, auch die vom Herrn selber bestimmte Unterordnung des schwächeren Geschlechts unter das stärkere aufheben möchten. Was ich für die Frau in Anspruch nehme, das ist [...] die Berechtigung zu einer geregelten, Geist und Herz befriedigenden, ihre Zeit wirklich ausfüllenden Thätigkeit, die Berechtigung, wo das Haus ihnen keinen genügenden Spielraum darbietet für das Maß ihrer Kräfte, sich einen würdigen Lebensberuf zu suchen auch außer Haus.« (ebd. 1849)

Diakonissenmutterhäuser

Während Amalie Sieveking vergeblich versuchte, ihre Idee einer Schwesternschaft in die Tat umzusetzen, gelang dies an anderer Stelle um so erfolgreicher. An vielen Orten entstanden im 19. Jahrhundert Mutterhäuser für Diakonissenschwesternschaften. 1898 waren es bereits 49 Häuser, die zur »Kaiserswerther Generalkonferenz« zählten, sowie zwölf weitere Diakonissenmutterhäuser und drei Häuser, die Schwestern ausschließlich für die Kinderpflege ausbildeten. Viele dieser Mutterhäuser entstanden nach dem Vorbild oder direkt auf Initiative des Kaiserswerther Mutterhauses, das 1836 von Pastor Theodor Fliedner (1800-1864) und seiner ersten Frau Friederike (1800-1842) in dem kleinen Ort Kaiserswerth am Rhein gegründet worden war. Theodor Fliedner gilt als der »Erneuerer des apostolischen Diakonissenamtes«. Er bezeichnete die Schwestern, die er zur Krankenpflege und zur Erziehung ausbilden wollte, als Diakonissen. Er begründete seine Initiative aus dem Neuen Testament und mit Berichten von Diakonissen in den Gemeinden der ersten Jahrhunderte. Außerdem orientierte er sich bei der Gestaltung des Kaiserswerther Mutterhauses auch an den katholischen Barmherzigen Schwestern und an ähnlichen Vereinsinitiativen. Fliedner sollte es nicht gelingen, daß das Diakonissenamt als kirchliches Amt neben dem des Pfarrers anerkannt wurde.

1890-1914

Ausbreitung

Fliedner erkannte den zunehmend größeren Bedarf an qualifizierten Arbeitskräften in der Krankenpflege, in der Arbeit mit sozial gefährdeten Frauen und mit Kindern sowie in der Erziehung. Und er war der Überzeugung, daß bürgerliche Frauen, die sich nicht verheiraten konnten oder wollten und denen Erwerbsarbeit nicht zugebilligt wurde, das Recht auf eine sinnvolle Arbeit hatten. Fliedner gestaltete das Mutterhaus als Bildungsstätte, in der Auszubildende und Ausbildende sich als Familie verstehen sollten. Der Vorstand mit dem Vorsteher bildeten die Spitze der Hierarchie, dann kam die Vorsteherin, der wiederum die Aufseherin für die Probeschwestern sowie die Pflegerinnen und das Hauspersonal unterstanden. Die Männer vertraten die Interessen der Einrichtung nach außen, die Frau leitete im Inneren, wobei diese Leitungsarbeit in einer detaillierten Instruktion für die Vorsteherin niedergelegt wurde. Leitung von Frauen war hier unaufhebbar gekoppelt an eine nachgestellte Position in der inneren Hierarchie. Diese geschlechtshierarchische Arbeitsteilung in der Hausleitung wurde wie die Machtverteilung in der Ehe der Fliedners von Theodor Fliedner mit dem Verweis auf die Schöpfungsordnungen legitimiert: Wenn Uneinigkeit zwischen den Ehepartnern herrschte, so war Fliedner der Auffassung, »daß der Wille des Mannes vorzugsweise gelte und die Frau nachgeben müsse, nach menschlichem und göttlichem Recht, wenn das Wort anders irgendeinen Sinn hat, daß die Weiber ihren Männern untertan sein sollen«. Diese Arbeitsteilung blieb bei Friederike Fliedner nicht ohne Kritik: »Der Vorsteher kann nur mit Männeraugen merken, was mit Frauenaugen geschehen müßte. So kann er das Gute viel zu hoch anschlagen [...] er kann auch die Mängel zu hart richten«. (Archiv Diakoniewerk Kaiserswerth) Auch wenn das Ehepaar Fliedner die Leitung des Mutterhauses ausübte, so war die Form der Ehe eher ungewöhnlich für eine Hausleitung. In anderen Häusern wurden unverheiratete Vorsteherinnen berufen, überall aber galt die familiale Konstruktion mit Hausvater und Hausmutter, unter deren Leitung die Schwestern wie Töchter im Haus leben und hier oder auf auswärtigen Stationen arbeiten sollten. Obwohl Fliedner dem protestantischen Idealbild der Frau, das nur die Rolle als Ehefrau, Hausfrau und Mutter vorsah, eine neue Perspektive hinzufügte, war sein Konzept patriarchal, konservativ und autoritär. Als Diakonissen blieben die Frauen in einer Tochterrolle, eine Emanzipation um ihrer selbst willen war nicht vorgesehen. Fliedner stellte sich vor, daß vor allem junge Frauen aus bürgerlichen Familien in die Schwesternschaft eintreten und als Diakonissen arbeiten sollten. Pfarrer und Pfarrfamilien standen deshalb im Mittelpunkt des Werbeinteresses von Fliedner und seinem Nachfolger. Das Pfarrhaus als Vorbild der christlichen Familie sollte mit gutem Beispiel der Gemeinde vorangehen und eine Tochter zum Diakonissendienst erziehen. Explizit wandte man sich an die Pastorentöchter selbst, aber auch an ihre Eltern: »Wollet ihr denn wirklich dem Gott und Vater Euer Kind verweigern, der für euch seinen eingebornen Sohn dahingegeben hat? Wir möchten Euch diese Frage in's Gewissen schieben, ehe der gerechte Richter es thun wird, namentlich aber Euch, liebe Pastoren-Aeltern, die Ihr von Selbstverläugnung und Aufopferung auf der Kanzel und unter der Kanzel predigen müsset«; und Fliedners Nachfolger schrieb 1874: »Für eine rechte Pfarrerstochter dürfte es, sollte man meinen, kein lieblicheres Ideal geben, als das eine treue Diakonissin zu werden.« (Archiv Diakoniewerk Kaiserswerth) Die Werbung hatte bei den sehnlich gewünschten Pfarrerstöchtern allerdings nur mäßigen Erfolg. Das Mühen um neue Schwestern blieb eine Aufgabe, die sich durch die ganze Geschichte der Mutterhäuser hindurchziehen sollte.

Mit der Gründung des Diakonissenhauses beabsichtigte Fliedner in erster Linie, den gesellschaftlichen Notständen abzuhelfen. In diesem Sinn ist das Diakonissenmutterhaus eine wesentliche Institution der Inneren Mission, bevor es das Programm der Inneren Mission durch Wichern gab. Die religiöse Lebensgemeinschaft, in der Frauen selbstbestimmt zusammenleben und -arbeiten konnten und die durch Frauen auch selbst verwaltet wurde, entsprach nicht seinem Konzept. Darin unterschied sich die Mutterhausdiakonie Kaiserswerther Prägung wesentlich von den Ansätzen Amalie Sievekings. Aber auch einige andere Mutterhausgründungen sahen für Frauen größere Spielräume vor, wie etwa das Diakonissenmutterhaus in Straßburg. Hier verwaltete die Schwesternschaft sich selbst. Das Zusammenleben in einer Frauengemeinschaft war wesentliches Ziel dieser Schwesternschaft.

Wollte also eine bürgerliche protestantische Frau, wenn sie nicht heiraten konnte oder wollte, etwas anderes tun, als Gouvernante zu werden, so stand ihr nun eine Berufstätigkeit mit der Einbindung in eine Schwesternschaft offen. Das weibliche Berufsbild jenseits der Lohnarbeit von Unterschichtsfrauen war zu dieser Zeit durch drei unumgängliche Bedingungen geprägt: 1. mögliche Berufe waren im sozialpflegerischen Bereich angesiedelt; 2. berufstätige Frauen unterstanden der männlichen Leitung und Kontrolle; 3. äußere Legitimation für weibliche Berufsarbeit war ausschließlich durch religiöse »Berufung« gegeben.

Welche Frauen wurden Diakonissen, und wie lebten sie? Die Motive, in eine Schwesternschaft einzutreten, waren sehr vielfältig. Es konnte zum Beispiel sein, daß eine junge Frau von der Arbeit der Diakonisse in ihrer Gemeinde oder in einer Privatpflege sehr beeindruckt war. Es konnte sein, daß Frauen aufgrund familiärer Notstände nicht mit einer Aussteuer rechnen konnten und so keine Chance auf eine Heirat bestand. Es fällt auf, daß in der Mehrzahl Frauen aus solchen Familien in das Mutterhaus eintraten, in denen ein oder beide Elternteile bereits verstorben waren. Das belegt die These, daß vor allem statusunsichere Frauen in das Mutterhaus gingen. Viele Frauen waren auch auf der Suche nach einem kommunitären Leben und einer sinnvollen sozialen Tätigkeit im Schutz einer anerkannten Institution. Und genau dies bot das Mutterhaus.

Für Frauen aus der unteren Mittelschicht bot der Eintritt in die Schwesternschaft eine Aufstiegsperspektive. Denn als Diakonisse trug die Frau eine Tracht, die der Kleidung des Bürgertums gleichgestaltet war. Das »Häubchen« war ursprünglich das Kennzeichen der verheirateten bürgerlichen Frau. Die unverheiratete Diakonisse war also »unter die Haube« gebracht. Auch die Ausbildung und die soziale Sicherheit, die durch die Zugehörigkeit zur Schwesternschaft vermittelt wurde, machten den Beruf attraktiv.

Für die Frauen aus der Mittelschicht konnte der Diakonissenberuf eine Abstiegsbremse bedeuten. Sie verloren den bürgerlichen Rahmen nicht, übten eine soziale Tätigkeit in einem familienähnlichen, jedenfalls nicht industriellen Raum aus und waren zugleich materiell abgesichert. Aus diesen Umständen läßt sich die eigentümliche Mischung in der Soziostruktur des Kaiserswerther Mutterhauses erklären: An der Grenze zwischen Aufstieg und Abstieg, zwischen Unterschicht und Mittelschicht fanden sich Frauen sehr verschiedener Ausgangspositionen in der Schwesternschaft zusammen. Die Leitungspositionen wurden allerdings vorwiegend von gebildeten Frauen eingenommen, die zudem meist adligen Standes waren. Einige Adlige kamen nur kurzfristig nach Kaiserswerth, um dort zu hospitieren und dann Vorsteherin eines anderen Diakonissenmutterhauses zu werden. 1898 wurden von 49 bestehenden Diakonissenanstalten 23 von Vorsteherinnen mit Adelstitel geleitet.

Abstiegsgefährdung, häufiger Stellenwechsel und die Erfahrung von Arbeitslosigkeit wurden in vielen

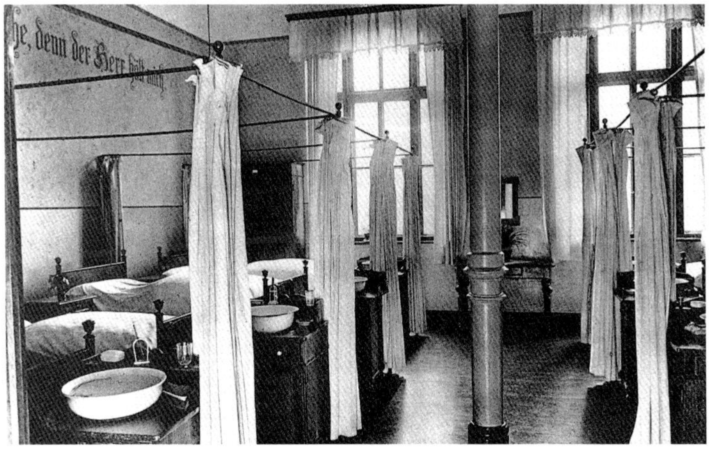

Ein Schlafsaal der Probeschwestern in Witten, 1920/1930 (3.35)

Was will ich? Dienen will ich!
Wem will ich dienen?
Dem HErrn in Seinen Elenden und Armen!
Und was ist mein Lohn?
Ich diene weder um Lohn noch um Dank, sondern aus Dank und Liebe;
mein Lohn ist, daß ich darf!
Und wenn ich dabei umkomme?
Komme ich um, so komme ich um, sprach Esther, die doch Ihn nicht kannte,
dem zuliebe ich umkäme und der mich nicht umkommen läßt!
Und wenn ich dabei alt werde?
So wird mein Herz grünen wie ein Palmbaum,
und der HErr wird mich sättigen mit Gnade und Erbarmen.
Ich gehe mit Frieden und sorge nichts!
Wilhelm Löhe

»Löhe-Spruch«, um 1900 (5.23)

Bewerbungsschreiben von Kandidatinnen als Gründe für den Eintritt genannt. Die theologische Interpretation, daß die Diakonisse Mitarbeiterin am Reich Gottes sei, und die Bestimmung ihres Status als Amt förderten die Attraktivität des Modells. Das Selbstverständnis der Diakonissenanstalt als Teil der Kirche ließ sie moralisch integer erscheinen. Angesichts einer Gesellschaft, die eigenständige, lebenslange Berufsarbeit bürgerlicher Frauen nicht akzeptierte, bot das Diakonissenmutterhaus eine Alternative, deren unverzichtbarer Bestandteil ihre religiöse Legitimierung war.

Zusammenfassend kann von einem bestimmten Muster bei den Eintrittsmotiven ausgegangen werden: Krisenerfahrungen (Tod nahestehender Personen, persönliche Krisen, Arbeitslosigkeit, sozialer Abstieg) und Suchbewegungen über die pure materielle Absicherung hinaus waren Ausgangspunkte für das Interesse an einem Platz in der Schwesternschaft. Es wird deutlich, daß die eintretenden Frauen von vielen Normen, die in der Gesellschaft für christliche Frauen galten, geprägt waren: dazu gehörten Selbstlosigkeit, Demut, Hingabe bis zum als Übergang und Erlösung interpretierten und deshalb willig erduldeten Tod. Es gab jedoch auch Beispiele für die Suche nach Anerkennung der persönlichen Leistung, was zumindest von Fliedner und seinen Nachfolgern eher negativ sanktioniert wurde.

Eine junge Frau trat mit durchschnittlich 22 bis 23 Jahren in das Kaiserswerther Mutterhaus ein. Sie durchlief dann eine Probezeit von einem bis anderthalb Jahren. In dieser Zeit erhielt sie eine Grundausbildung und konnte mit dem Leben, der Arbeit und den Regeln der Schwesternschaft vertraut werden. Entschloß sie sich zum Eintritt und wurde als Kandidatin von der Schwesternschaft und dem Vorstand akzeptiert, so wurde sie mit einer feierlichen Einsegnung als Diakonisse eingeführt. Sie unterschrieb einen Vertrag, der sie auf fünf Jahre zum Dienst verpflichtete und dann alle fünf Jahre verlängert werden konnte. Sie konnte auf verschiedenen Arbeitsfeldern eingesetzt werden. Zum einen arbeitete sie im Krankenhaus des Mutterhauses, in auswärtigen Krankenhäusern oder in Gemeinden als Krankenpflegerin. Dann gab es die Arbeitsbereiche auf dem Gebiet der Inneren Mission wie Mägdeherbergen, Magdalenenasyle, Arbeiterinnenheime. Ferner arbeiteten Diakonissen in Kindertageseinrichtungen und in Waisenhäusern.

Diakonissen, die nicht in den Einrichtungen, die zum Mutterhaus selbst gehörten, arbeiteten, wurden durch einen Gestellungsvertrag, der zwischen Mutterhaus und auswärtiger Einrichtung geschlossen wurde, an diese Institution »ausgeliehen«. So traten sie auch an auswärtigen Einsatzorten nicht aus der unmittelbaren Zuständigkeit des Mutterhauses heraus. Das Mutterhaus wollte den Schwestern Heimat sein. Für die auswärts arbeitenden Frauen gab es strenge Regeln für alle Außenkontakte. Kontakte mit Männern aber, »wenn es auch christliche Brüder sind«, durften nicht angeknüpft werden: »Sie haben daher, vor Allem auf den auswärtigen Stationen, die Gemeinschaft mit den Schwestern, die mit ihnen zusammen arbeiten, besonders zu pflegen, und dieselben als den von Gott ihnen zunächst angewiesenen Umgang anzusehen. Sie haben nur mit einander zu essen, nicht andre weibliche oder männliche Personen mit sich essen zu lassen, und mit letzteren keinen Umgang anzuknüpfen, wenn es auch christliche Brüder sind. Sie haben auch weder solche weibliche, noch männliche Personen in ihrem Hause zu logiren, und nur ihre Mütter oder Schwestern, mit Erlaubniß ihrer Vorstände. Sie müssen also vermeiden, Bekanntschaften nach außen anzuknüpfen, nicht Besuche von außen annehmen, noch solche zu machen, ohne Erlaubniß von der Vorsteherinn einzuholen. Die Besuche, welche die Schwestern in ihrem Berufe zu machen und anzunehmen haben, [...] sind natürlich davon ausgenommen«, wurde 1864 festgelegt (Archiv Diakoniewerk Kaiserswerth). Die Diakonissen sollten sich auf ihre Mitschwestern beziehen. Das Prinzip, Diakonissen jeweils zu zweit zu entsenden, damit die beiden Frauen sich gegenseitig stützen konnten, wurde nicht überall aufrechterhalten, weil Kaiserswerth den Ehrgeiz hatte, möglichst vielen Anfragen nach Schwestern nachzukommen.

Für die Kaiserswerther Diakonissen gab es eine Tagesordnung, die ihren Arbeitstag genau regelte. Diakonissen sollten um fünf Uhr aufstehen, sie arbeiteten zehn bis zwölf Stunden, unterbrochen von

Kaffeegedeck der »Evgl. Frauenhülfe Brambauer«, um 1910
(5.46)

Mahlzeiten und dreimal täglich einer Andacht. Neben der Krankenpflegetätigkeit sollten sie jeden Tag anderthalb Stunden Handarbeiten erledigen. Der Sonntag war bis auf die notwendigen Arbeiten in Hauswirtschaft und Pflege frei. Den Schwestern wurden Erholungsreisen zugestanden. Auch eine Arbeitsschutzregelung war vorgesehen: keine Schwester sollte zwei Nächte hintereinander wachen. Für alle Schwestern wurde im Mutterhaus im Alter weitgehend gesorgt. Dort verbrachten sie in der Regel ihren Lebensabend, den »Feierabend«.

Jede verstorbene Diakonisse erhielt dann einen Nachruf im Mitteilungsblatt des Mutterhauses, dem »Armen- und Krankenfreund«. Die Nachrufe dienten weniger dazu, ein detailliertes Portrait der jeweiligen Diakonisse zu zeichnen, als einen genauen Bericht ihres Sterbens zu geben. Im ruhigen, Gott zugewandten Sterben sah man die Bestätigung des gewählten Lebensweges und konnte zugleich den Mitschwestern die Glaubensgewißheit der Verstorbenen als erbauliches Beispiel vor Augen führen.

Viele der Frauen, die sich für den Diakonissenberuf interessierten, stellten schon in ihrer Probezeit fest, daß hier keine Perspektive für sie lag. Einige Frauen wurden auch vom Vorstand als ungeeignet abgelehnt. Trotzdem kam es auch nach der Einsegnung häufiger vor, daß Frauen die Schwesternschaft verließen, obwohl sich die Leitung des Mutterhauses eigentlich wünschte, eine Diakonisse bliebe für ihr ganzes Leben im Mutterhaus. Die Gründe für den Austritt waren verschieden. Heirat, auch in höherem Alter, war der häufigste Austrittsgrund. Daneben kam es vor, daß eine Diakonisse sich eine andere berufliche Existenz, etwa als Lehrerin, Kindergärtnerin oder freie Schwester, suchte. Konflikte mit dem Mutterhaus über Fragen der Arbeitsweise, der Lebensführung oder Unzufriedenheit über eine Versetzung an einen anderen Einsatzort waren weitere Gründe für die Frauen, die Schwesternschaft zu verlassen. Es konnte auch sein, daß die Diakonissen durch ihre Familien zurückgerufen wurden. Das geschah beispielsweise, wenn in der Familie ein Pflegefall auftrat oder die Mutter verstarb und nun Hilfe bei der Betreuung der Geschwister und der Hausarbeit gebraucht wurde.

Hostieneisen, Hannover, um 1890/1900
(5.25)

Die Frauenhilfe

Da die Nachfrage nach Diakonissen das Angebot an Arbeitskräften weit überstieg, begannen in den achtziger Jahren des 19. Jahrhunderts Überlegungen, wie eine ehrenamtliche Hilfe für die Schwestern organisiert werden könnte.

Diese Überlegungen waren auch durch Kaiserin Auguste Viktoria (1858-1921) mitgetragen. Man er-

Anna Margarethe van Delden, um 1920
(4.121)

Ein Freiwilligenjahr für Frauen
in der Krankenpflege

Erfahrungen und Urteile von Schwestern des Ev. Diakonievereins

Heimathaus des Ev. Diakonievereins

3. Auflage

Berlin-Zehlendorf 1907
Verlag des Ev. Diakonievereins

Ein Freiwilligenjahr für Frauen in der Krankenpflege, 1907
(5.33)

hoffte sich von der Arbeit der Diakonissen die Milderung sozialer Spannungen. Auch in Kreisen der Diakonissenmutterhäuser teilte man diese Überzeugung: »Die rechte Diakonissin findet ungesucht die Anknüpfungspunkte zur Hülfe. Sei es, daß Krankheit in des Armen Haus eingekehrt ist, sei es, daß Armuth, Laster oder Fehler des Mannes oder der Frau die Familienverhältnisse derangiert haben; eine Diakonissin, welche dem armen Mann sein krankes Weib pflegt, ihm sein Hauswesen bestellt, für ihn kocht und wäscht, ihm seine Kinder versorgt, während er auf die Arbeit muß, löst durch ihr stilles, liebevolles Walten im Hause sehr oft die Eiskruste der Verbitterung, welche sich um das Herz des armen Mannes gelegt hatte, und söhnt ihn wieder aus mit seinem Schicksal, seinem Gotte, der menschlichen Gesellschaft und der Kirche«, hieß es in einem Vortrag zur sozialen Frage auf der Kaiserswerther Generalkonferenz bereits 1875. Die Mutterhausdiakonie wollte stets zur Milderung der sozialen Spannung beitragen und die als systemgefährdend eingeschätzte sozialdemokratische Bewegung abwehren helfen.

Nun sollten die Diakonissen in der Gemeindepflege durch ehrenamtlich arbeitende Frauen unterstützt werden. Nachdem eine Berliner Gemeinde schon Frauen für die Unterstützung der Diakonissen gewonnen hatte, organisierte 1890 der »Evangelisch-Kirchliche Hilfsverein« in Berlin eine »Frauenhülfe«. Der Verein wollte die Bestrebungen zur »Bekämpfung der religiös-sittlichen Notstände in Berlin und anderen großen Städten und in den Industriebezirken unterstützen«. Das bedeutete vor allem Hilfe für die Stadtmissionen in Berlin und an anderen Orten. Frauen sollten für die Arbeit und den Erhalt der Diakonissenstationen mitarbeiten, indem sie Geld spendeten und sammelten, Schwestern mit Wäsche und Pflegemitteln versorgten oder als freiwillige Helferinnen im Haushalt, bei Nachtwachen oder für andere Arbeiten zur Verfügung standen. Als der »Hülfsverein« mit seiner sonstigen Arbeit ins Stocken geriet, versuchte er, das in Berlin gut angelaufene Modell der Frauenhilfe auf das gesamte Reich zu übertragen. Unter der Protektion von Auguste Viktoria wurde die Frauenhilfe ausgeweitet. 1900 zählten 86 Vereine mit 13.634 Frauen zur Frauenhilfe, 1912 waren es bereits 2.409 Vereine mit 249.000 Mitgliedern. Ohne die Gründung der Evangelischen Frauenhilfe wäre der »Evangelisch-Kirchliche Hilfsverein« am Ende seiner Möglichkeiten gewesen. Frauenhilfe verstand sich als »evangelische, freiwillige, geschulte und organisierte Diakonie der Frauen aus der Gemeinde für die Gemeinde«. Mit dieser Massenorganisation waren die karitativen Aktivitäten von Frauen in Einzelinitiativen wirkungsvoll

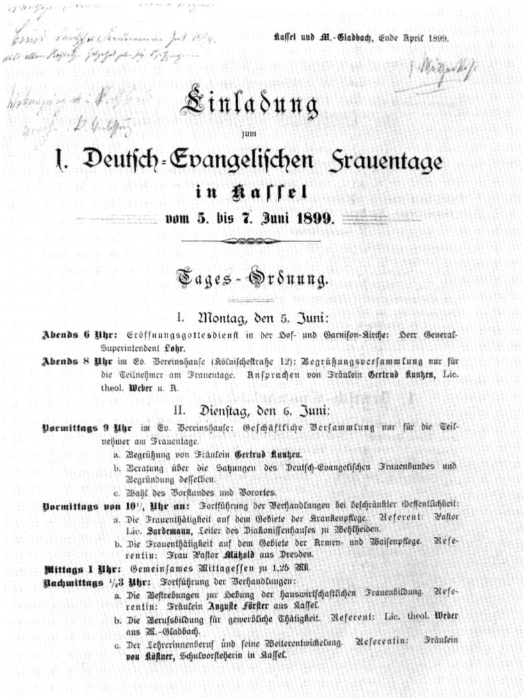

Kassel und M.-Gladbach, Ende April 1899.

Einladung

zum

I. Deutsch-Evangelischen Frauentage

in Kassel

vom 5. bis 7. Juni 1899.

Tages-Ordnung.

I. Montag, den 5. Juni:

Abends 6 Uhr: Eröffnungsgottesdienst in der Hof- und Garnison-Kirche: Herr General-Superintendent **Lohr**.

Abends 8 Uhr im Ev. Vereinshause (Kölnischestraße 12): Begrüßungsversammlung nur für die Teilnehmer am Frauentage. Ansprachen von Fräulein **Gertrud Knutzen**, Lic. theol. **Weber** u. A.

II. Dienstag, den 6. Juni:

Vormittags 9 Uhr im Ev. Vereinshause: Geschäftliche Versammlung nur für die Teilnehmer am Frauentage.

a. Begrüßung von Fräulein **Gertrud Knutzen**.
b. Beratung über die Satzungen des Deutsch-Evangelischen Frauenbundes und Begründung desselben.
c. Wahl des Vorstandes und Vorortes.

Vormittags von 10 1/4 Uhr an: Fortführung der Verhandlungen bei beschränkter Oeffentlichkeit:

a. Die Frauenthätigkeit auf dem Gebiete der Krankenpflege. Referent: Pastor Lic. **Sardemann**, Leiter des Diakonissenhauses zu Wehlheiden.
b. Die Frauenthätigkeit auf dem Gebiete der Armen- und Waisenpflege. Referentin: Frau Pastor **Mäholb** aus Dresden.

Mittags 1 Uhr: Gemeinsames Mittagessen zu 1,25 Mk.

Nachmittags 1/2 3 Uhr: Fortführung der Verhandlungen:

a. Die Bestrebungen zur Hebung der hauswirtschaftlichen Frauenbildung. Referentin: Fräulein **Auguste Förster** aus Kassel.
b. Die Berufsbildung für gewerbliche Thätigkeit. Referent: Lic. theol. **Weber** aus M.-Gladbach.
c. Der Lehrerinnenberuf und seine Weiterentwickelung. Referentin: Fräulein **von Kästner**, Schulvorsteherin in Kassel.

Einladung zum 1. Deutsch-Evangelischen Frauentag, April 1899 (5.50)

Komm mit!

Wochenschrift für junge Mädchen.

In Verbindung mit Frieda Ufer geb. Held u. A. redigiert von Frau H. Burckhardt.

Nr. 25. Berlin, den 19. Juni 1910. 18. Jahrgang.

Frau v. Trott zu Solz (1), die Gattin des Kultusministers, hält eine Begrüßungsansprache an die Kaiserin (2).

Die Kaiserin in der Konferenz des Weltbundes der Jungfrauenvereine.

Der Eröffnung der Hauptverhandlungen der Weltkonferenz der christlichen Jungfrauenvereine im großen Festsaale des Berliner Lehrervereinshauses am Alexanderplatz wohnte die Kaiserin bei. An Stelle der erkrankten Ehrenvorsitzenden Frau von Bethmann Hollweg hielt Frau v. Trott zu Solz die Eröffnungsansprache.

Titelblatt, 19. Juni 1910 (5.17)

zusammengefaßt. Denn rund 600 Vereine, die zum Verband der Frauenhilfe gehörten, existierten bereits vor 1898. Auch die auf Anregung von Amalie Sieveking reichsweit gegründeten Armen- und Krankenpflegevereine schlossen sich der Frauenhilfe an. Anziehend auf Frauen in den Gemeinden wirkte, daß es keinen Mindestbeitrag gab und Auguste Viktoria die Patronin der Initiative war. Am wichtigsten war, daß hier eine Möglichkeit gegeben war, außerhalb des Hauses mit anderen Frauen gemeinsam tätig zu werden. Die Aufgabe der Frauenhilfe bestand vor allem darin, die Pastoren bei ihrer karitativ-seelsorgerlichen Arbeit zu unterstützen. Das konnte die Betreuung der jungen Mädchen in der Gemeinde sein oder auch das Dekorieren des Gemeindesaales. Die einzelnen Frauenhilfen waren direkt dem Gemeindepastor unterstellt.

Ein Ziel der Frauenhilfe wie der Diakonissenmutterhäuser war es, den Prozeß der Entkirchlichung durch soziale Arbeit aufzuhalten, also Innere Mission zu betreiben. Den Frauen sollte dabei eine besondere Rolle zukommen. Schon Johann Hinrich Wichern (1808-1881) erhoffte sich von ihnen einen guten Einfluß auf die Familie und besonders die Männer. Er stand allen Ansätzen, Frauen jenseits der Familien eine Lebensperspektive zu eröffnen, ablehnend gegenüber. Deshalb beurteilte er auch die weibliche Diakonie eher zurückhaltend. In seiner Schrift »Der Dienst der Frau in der evangelischen Kirche« hatte er 1856 seine Auffassung dargelegt (Wichern SW III,1).

Für Wichern fand mit der Geburt Jesu die Gründung der heiligen Familie statt, in der Maria als die erste christliche Mutter zugleich die Erlösung der Frau aus der heidnischen Sklaverei verkörperte und in der die Frau ihrem »ursprünglichen Berufe wiedergegeben« war. Die Familie hatte einen Anteil am Weiterbau des Reiches Gottes. Der »Beruf der Frau in der Kirche und für die Kirche« lag in der Familie: »Die Frau in der Familie ist die Mutter, die angewiesen ist, das Heiligtum des Herrn im Hause zu pflegen.« – »Dieser heilige Gottesdienst des Weibes im Hause ist sein vornehmster und eigentümlichster Beruf geworden, seit es aus der Finsternis der heidnischen Welt in die Gemeinschaft des Lichtes und Friedens in der Gemeinde Christi eingegangen und seit in der Heiligung und Erneuerung des Weibes in Gottes Bild die irdische Familie selbst zum Abbild der großen Gottesfamilie geheiligt worden.« In diesem Rahmen ordnete er den Frauen höherer Stände die Rolle der Hausfrau im umfassenden, traditionellen Sinn zu. Sie trugen die Verantwortung für die christliche Erziehung der Kinder und der Dienstboten, aber auch für die Mission an ihren eventuell »ungläubigen« Ehegatten und für die Armenfürsorge. Mit diesem

Diakonissentracht (Tupfenkleid) aus Kaiserswerth, 1860/1880 (3.57)

Mullhaube zur Diakonissentracht, 1860/1880 (3.57)

Dienst sollten Frauen »still und verborgen, aber tief und heilsam [...] in das öffentliche Leben« wirken. Zu den Möglichkeiten, die die Frauen außerhalb des Hauses hatten, zählte Wichern die »Diakonie im engeren Sinne«, die »freie Liebespflege«, die getan werden konnte, wenn sie nicht mit der Arbeit im Haus kollidierte. Auf jeden Fall rangierte sie in seinen Augen vor nichtigen gesellschaftlichen Verpflichtungen. Diese Ansicht vertrat er bereits in seiner Denkschrift von 1849. Die Frauen sollten jedoch keinen Zugang zur Verkündigung haben. Als unverheiratete Frau konnte sie als Diakonisse arbeiten, auf diese Berufsmöglichkeit hatten die Mütter ihre Töchter hinzuweisen. Dennoch war dies nicht die einzige Möglichkeit des beruflichen Engagements für ledige Frauen: Wenn Witwen und Jungfrauen nicht Diakonisse werden wollten, sollten sie »in Pfarrhäuser gehen und von dort aus unter Leitung der Pfarrer in den Gemeinden Kranken und Armen dienen und helfen«. Wichern sah in Kaiserswerth zu viel Bezugnahme auf die Barmherzigen Schwesternschaften, er hielt Fliedners Ableitung des Diakonissenamtes für verfehlt und wollte auf die Bezeichnung »Diakon« und »Diakonisse« verzichten. Wichern wies also auf den Diakonissendienst hin, er öffnete auch die »Fliegenden Blätter« für Berichte aus und über Kaiserswerth, er trat jedoch nicht aktiv für den Diakonissenberuf ein.

Der Zehlendorfer Diakonieverein

Erst in der Auseinandersetzung der Diakonie mit der ersten deutschen Frauenbewegung und der Frauenerwerbsfrage am Ende des 19. Jahrhunderts kamen auch in der Inneren Mission andere Konzeptionen für die Teilhabe von Frauen in den Blick. Während die Mutterhausdiakonie in Abwehr gegen die Frauenerwerbsfrage an der patriarchalen Leitungsstruktur auch gegen Reformversuche von innen festhielt und die Gestaltungsräume der Schwestern weiterhin klein blieben, gab es andere Gründungen, in denen Frauen mehr Macht und Verantwortung bekamen oder sich nehmen konnten. Die Gründung des Evangelischen Diakonievereins 1894 und seiner Schwesternschaft 1895 durch Friedrich Zimmer (1855-1919) eröffnete Frauen neue Partizipationsmöglichkeiten. Friedrich Zimmer kannte die Diakonissenarbeit und die Suche von Frauen nach Bildung und Ausbildung aus seiner bisherigen Arbeit. Zimmers Ideal war die gut gebildete evangelische Pfarrfrau, die er als die »geborene Gemeindediakonisse« bezeichnete. Er wollte Frauen eine Ausbildung ermöglichen, ohne sie lebenslang an ein Mutterhaus zu binden. Er konzipierte deshalb eine Schwesternschaft ohne Mutterhaus. Seine Zielgruppe waren die gebildeten höheren Töchter; der Frauenbewegung gegenüber war er offen. Dem Diakonieverein ging es um die Vermittlung von kirchlicher Wohlfahrtspflege und Frauen(erwerbs)frage.

Das Kaiserswerther Mutterhaus, das zunächst vorsichtige Zustimmung zur Gründung des Diakonievereins bekundet hatte, kritisierte ihn später heftig. Über viele Jahre grenzten sich beide Institutionen voneinander ab. Kaiserswerth warf dem Diakonieverein vor, »Gottesreich und Weltreich, Diakonie und Erwerbsfrage für die Frauenwelt werde in ein trübes Gemisch zusammengebracht und Versprechungen gemacht, welche schwerlich verwirklicht werden könnten« (1894, Archiv Diakoniewerk Kaiserswerth). Zimmer dagegen warf den Mutterhäusern vor, eine Institution für »unmündige Töchter« zu sein.

Mit der Gründung des Diakonievereins zeigte sich die Ablösung des sozialpflegerischen Berufsbildes von einer familialen Organisationsstruktur. Die Tendenz zur Professionalisierung von Frauenberufen auch in der Diakonie zeichnete sich ab. Die Möglichkeit, berufstätig zu sein, koppelte sich damit ab von Ehe, Ehrenamt oder Kommunität. Bildung und Ausbildung sowie Erwerb rückten in den Blick.

In Kreisen der Inneren Mission hatte man erkannt, daß man die Frauenfrage, also die Frage nach der Stellung und der Rolle der Frauen in der Gesellschaft des Kaiserreiches, nicht unbeachtet lassen konnte. Dazu trug auch die Kritik an der Mutterhausdiakonie bei, die von verschiedenen Seiten und vor allem von Frauen in den neunziger Jahren geäußert wurde. Elisabeth Malo (1855-1930) veröffentlichte ihre Kritik in der »Christlichen Welt«, und auch in der Zeitschrift des »Allgemeinen Deutschen Frauenvereins«, dem Publikationsorgan der weltlichen bürgerlichen Frauenbewegung, wurde zum Diakonissenwesen Stellung genommen. Die Kritik bezog sich auf die schwierigen Arbeitsbedingungen und den unzureichenden Arbeitsschutz der Diakonissen. Ferner wurde die Ausbildung als unzulänglich bewertet, die Mutterhausstruktur als patriarchal und entmündigend empfunden. Ein weiterer Kritikpunkt war die Beschränkung der individuellen Freiheit der Diakonisse durch die Kontrolle, die über Freundschaften, Bildung, Ehewünsche und durch die mangelhafte materielle Absicherung ausgeübt wurde. Die Kritikerinnen forderten statt des Taschengeldes einen Lohn. Auch die theologische Grundlegung der Mutterhausdiakonie geriet in den Blick. Die Nähe der Schwesternschaftsstruktur zu den Barmherzigen Schwesternschaften brachte den Mutterhäusern den Vorwurf ein, sie seien »unevangelisch«. Und schließlich wurde auch die gesellschaftliche Einordnung einer Diakonisse angesprochen: »Es ist vielfach noch von Seiten mancher Kranken und Ärzte die Behandlung der Diakonissen wie die von dienstlich und sozial untergebenen und nicht wie der zur Hilfe beigegebenen aus den selben Gesellschaftskreisen. So hat wohl dieser schwere Beruf die sociale Stellung der Schwestern aus dem Arbeiterstande gehoben, aber die anderen fühlen sich aus der gewohnten Lebenssphäre häufig durch die Art der Behandlung zu sehr herabgedrückt«, kritisierte Mathilde Weber (*1829), die dem »Allgemeinen Deutschen Frauenverein« angehörte, 1893. Die Kaiserswerther Generalkonferenz wehrte diese Kritik ab. 1894 hieß es auf der 11. Generalkonferenz: »Die Theoretiker unter den Kritikern verges-

Heinrich Fette, Christus bei Maria und Martha, 1903 (5.3)

1890-1914

Ausbreitung

sen, daß das Diakonissenamt nicht dazu erneuert worden ist, um an der Lösung der Frauenfrage mitzuarbeiten, um dem weiblichen Geschlechte ein neues Erwerbsfeld zu eröffnen, sondern um dem Elende zu dienen.«

Im Bereich der Inneren Mission gab es dazu inzwischen auch andere Positionen. Die Frage, wie einerseits die Arbeiterinnen, die Erwerbsarbeit und Hausarbeit miteinander verbinden mußten, entlastet und andererseits den bürgerlichen Frauen der Zugang zu Erwerbsberufen geöffnet werden könnte, mußte gelöst werden. Nahezu alle Verbände und Netzwerke im Bereich der Diakonie, sei es die Kaiserswerther Generalkonferenz der Diakonissenmutterhäuser oder der Central-Ausschuß für Innere Mission, setzten sich mit der Frauenfrage auseinander. Der Central-Ausschuß der Inneren Mission diskutierte 1884 über die Frage der Vereinbarkeit von Familie und Beruf für Arbeiterinnen. 1893 beriet er über Fragen der Bildung und Ausbildung für Mädchen und Frauen und befürwortete ein breites Spektrum an Berufsmöglichkeiten für Frauen. Damit verabschiedete sich der Central-Ausschuß von einer Position, die (bürgerliche) Frauen allenfalls in diakonischen Berufen sehen wollte. 1897 stand ein Referat über das Verhältnis von Frauenbewegung und Evangelium auf dem Programm. Der Referent kritisierte alle Ansätze zur Emanzipation von Frauen heftig, fand aber bei den Mitgliedern des Central-Ausschusses keine Zustimmung. Infolgedessen veröffentlichte der Central-Ausschuß 1899 sechs Thesen zu der Frage »Welche Ziele und Schranken sind der Frauenbewegung durch das Evangelium gesetzt?« In diesen Thesen wurde den Frauen Erwerbsarbeit grundsätzlich zugestanden und ihre Beteiligung am öffentlichen Leben positiv bewertet. Diese Haltung entsprach auch den Ansichten Adolf Stoeckers (1835-1909), der 1895 äußerte, er ersehnte seit 20 Jahren die Stunde, »daß die Frauenbewegung an die Thür der evangelischen Kirche klopft, daß evangelische Christen die Frage ernsthaft behandeln nicht bloß durch Männer, sondern auch durch Frauen.« Der Anlaß zu diesen euphorischen Worten war die erste öffentliche Rede einer Frau auf einer evangelischen Verbandstagung. Auf dem Evangelisch Sozialen Kongreß 1895 durfte Elisabeth Gnauck-Kühne (1850-1917) zur sozialen Lage der Frauen sprechen. Sie beklagte, daß Proletarierinnen zu viel und Bürgerinnen zu wenig Arbeit hätten. Ledige Frauen ohne Beruf wären elend, da nichts ihrem Leben Sinn und Ziel gäbe. Elisabeth Gnauck-Kühne vertrat die These von der Andersartigkeit von Frau und Mann bei Annahme ihrer Gleichwertigkeit. Sie betonte: »Die Naturaufgabe des Weibes ist die Mutterschaft.« Mütterlichkeit sollte die Grundhaltung der Frauen sein. Sie forderte, die Bildung für Frauen zu verbessern und Frauen für bestimmte mütterliche Berufe (zum Beispiel Kinderärztin) auch zum Studium zuzulassen. »Mädchen sollen so erzogen werden, daß sie heiraten können, aber nicht heiraten müssen, um untergebracht zu sein.« Für Arbeiterinnen forderte sie verbesserte Schutzbestimmungen, Lohnerhöhung und eine Verkürzung der Arbeitszeit. Trotz aller emanzipatorischen Ansätze blieb Gnauck-Kühne bei einem Konzept geschlechtsspezifischer Arbeitsteilung. Mit dem Verweis auf eben diese Geschlechterdifferenz konnten an diesem Diskurs Beteiligte jedoch auch sehr frauenfeindlich argumentieren. Adolf Stoecker befürwortete in seinem an Gnauck-Kühne anschließenden Vortrag auf dem Evangelisch Sozialen Kongreß zwar auch den Zugang von Frauen zu sozialen Berufen. Er lehnte aber Gymnasialbildung und Hochschulstudium ab. Dem Evangelisch Sozialen Kongreß kam eine Vorreiterrolle bei der Diskussion um die Gestaltungsspielräume von Frauen in Kirche und Diakonie zu. Auch in den folgenden Jahren war die Frauenfrage dort immer wieder Thema, wozu die unter Federführung von Gnauck-Kühne 1894 gegründete Frauengruppe des Evangelisch Sozialen Kongresses wesentlich beitrug. Hier versuchten Frauen, die Lage von Frauen in der Gesellschaft zu analysieren und Reformentwürfe zu entwickeln. Dabei hatten sie vor allem die Situation der Arbeiterinnen im Blick.

Pragmatischer war die Herangehensweise der Frauengruppe der »Freien kirchlich-sozialen Konferenz«, einer Abspaltung des Evangelisch Sozialen Kongresses um Adolf Stoecker. 1899 fand im Anschluß an die 4. Hauptversammlung der kirchlich-sozialen Konferenz eine Vortragsreihe über die Frauenfrage unter christlichen Gesichtspunkten statt. Nach diesem »Kirchlich sozialen Frauenkursus« gründete Stoecker die kirchlich-soziale Frauengruppe.

1899 wurde auch der »Deutsche Evangelische Frauenbund« gegründet, der sich ebenfalls die Lösung der Frauenfrage auf die Fahnen geschrieben hatte. Auch der »Deutsche Evangelische Frauenbund« forderte Rechte für die Frauen ein, wollte die Bildungschancen von Frauen verbessern und mehr Teilhabe von Frauen in den Gemeinden und bei der Gestaltung der kirchlichen Wohlfahrtspflege erkämpfen. Der Deutsche Evangelische Frauenbund trat 1909 dem Bund deutscher Frauenvereine bei und gehörte dort zum konservativen Lager. Trotzdem steht er in der innerkirchlichen Auseinandersetzung für die Anerkennung der Rechte von Frauen auf Selbstentfaltung.

Im Bereich der Inneren Mission war deutlich geworden, daß die soziale Arbeit vor Ort nicht nur von Diakonissen und ehrenamtlich tätigen Frauen geleistet werden konnte: Frauen sollten für die Mitarbeit in der Wohlfahrtspflege ausgebildet werden. Damit erhofften Frauen sich eine neue Berufsmöglichkeit und die Innere Mission eine Verbesserung ihrer Wohlfahrtspflege. 1902 trafen sich deshalb Vertreter des Kaiserswerther Mutterhauses, des Deutschen Evangelischen Frauenbundes, der Inneren Mission und der Evangelischen Jungfrauen-Vereine, um einen Berufsverband zu gründen. Diesem Verband der Berufsarbeiterinnen der Inneren Mission gehörten 1903 90 Mitglieder an, 1908 waren es bereits 665.

Der Verband setzte sich für die Aus- und Weiterbildung der Berufsarbeiterinnen ein. Kirchennahe Ausbildungsmöglichkeiten bestanden zunächst in den Kursen zur Ausbildung für christliche Liebestätigkeit im Kapellenheim in Berlin, sie waren durch Adolf Stoecker angeregt worden. Aus diesen Kursen entstand in Kooperation mit dem Deutschen Evangelischen Frauenbund die Frauenschule der Inneren Mission. Diese Ausbildungsmöglichkeit bewirkte einen erheblichen Professionalisierungsschub. Innere Berufung allein genügte nicht mehr, Kenntnisse in Bibelkunde und Religion, Pädagogik, Volkswirtschaft und Gesundheitslehre qualifizierten die neue Generation der Berufsarbeiterinnen der Inneren Mission.

Erst mit der Überwindung der Hierarchisierung der geschlechtsspezifischen Arbeitsteilung wären die Bedingungen für eine gleichwertige Partizipation gegeben gewesen. Diese Überwindung bedingte jedoch, den Frauen den Zugang zu allen Professionen zu ermöglichen. Indem nun aber für Frauen andere Ausbildungsgänge geschaffen wurden als für Männer und ihnen der Zugang zum Universitätsstudium nur zögerlich und zu Ämtern in der Kirche bis auf weiteres gar nicht ermöglicht wurde, blieb ihre gleichberechtigte Teilhabe weiterhin behindert: Frauen mußten aus der zweiten Reihe agieren.

Die Vorkämpferin der deutschen Frauenbewegung, Luise Otto (1819-1895), hatte 1849 ihre emanzipatorischen Vorstellungen am Beispiel der neutestamentlichen Geschichte von Maria und Martha in der von ihr herausgegebenen »Frauen-Zeitung« beschrieben und als christlichen Grundsatz begründet: »die Frau soll nach dem Höheren streben, ihre Seele den Lehren erhabener Menschen öffnen und ihren Geist nähren mit geistiger Speise – das ist ihr besseres Teil, das nicht von ihr genommen werden soll.«

Die Frauen in der Inneren Mission mußten sich mühsam ihre Gestaltungsmacht und ihr Recht auf Bildung und Teilhabe erkämpfen. Der »Marthadienst« war ihnen zugewiesen worden, die Position der Maria mußte immer wieder erstritten werden.

Literatur

Baumann, Ursula, Protestantismus und Frauenemanzipation in Deutschland 1850 bis 1920, Frankfurt a.M. 1992

Kaiser, Jochen-Christoph, Frauen in der Kirche. Evangelische Frauenverbände im Spannungsfeld von Kirche und Gesellschaft 1890-1945, Düsseldorf 1985

Kerchner, Brigitte, Beruf und Geschlecht. Frauenberufsverbände in Deutschland 1848-1908, Göttingen 1990

Markert-Wizisla, Christiane, Elisabeth Malo: Anfänge feministischer Theologie im wilhelminischen Deutschland, Pfaffenweiler 1997

Mybes, Fritz, »Kirchliche Frauenarbeit«, in: TRE 11, S. 470f.

Mybes, Fritz, Geschichte der Evangelischen Frauenhilfe in Quellen, Gladbeck 1975

Schmidt, Jutta, Beruf: Schwester. Die Entwicklung des Frauenbildes und des Berufsbildes in der Diakonie im 19. Jahrhundert, Heidelberg 1994 (Diss.masch.)

Schmidt, Jutta, »Die Diakonissenfrage im Deutschen Kaiserreich«, in: Strohm, Theodor; Thierfelder, Jörg (Hg.), Diakonie im Deutschen Kaiserreich (1871-1918), Heidelberg 1995

Schneider-Ludorff, Gury, »›Zu gleichwertigen aber andersartigen Aufgaben geschickt‹. Die Frauenfrage auf dem Evangelisch Sozialen Kongreß 1895-1910«, in: Strohm, Theodor, Thierfelder, Jörg (Hg.), ebd.

Sticker, Anna, Friederike Fliedner und die Anfänge der Frauendiakonie. Ein Quellenbuch, Neukirchen-Vluyn 1961

Weber, Mathilde, Warum fehlt es an Diakonissinnen und Pflegerinnen? Der Diakonissin- und Pflegerinberuf. Ein wichtiger Teil der Frauenfrage, Berlin 1893

Wendt, Wolf Rainer, Geschichte der sozialen Arbeit, 3. überarb. Aufl., Stuttgart 1990

Wichern, Johann Hinrich, Sämtliche Werke II-X hg. von Peter Meinhold, Hamburg/Berlin 1958-1988

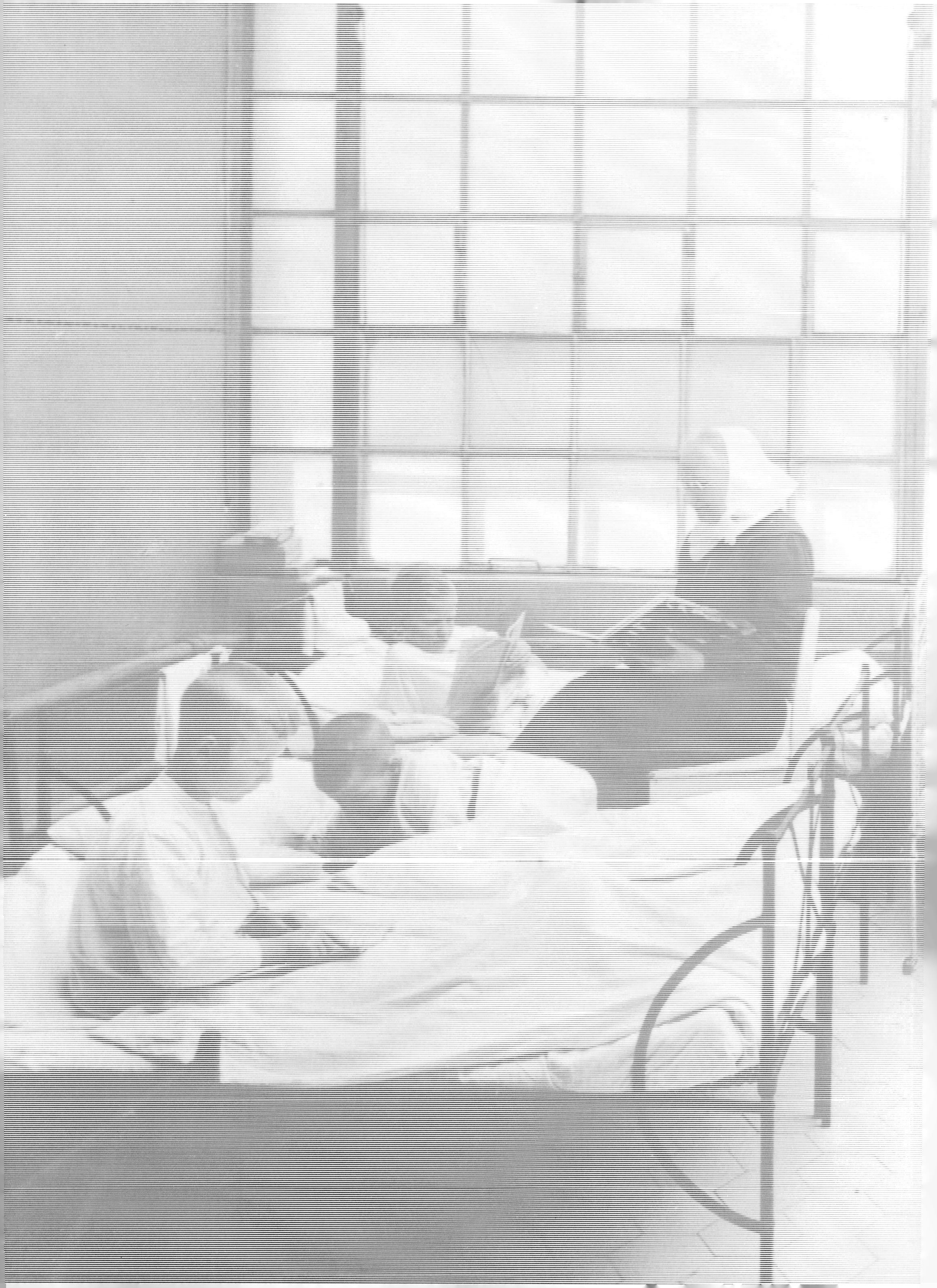

1880 - 1930

NÄCHSTENLIEBE

Die Krankenpflege

von Liselotte Katscher

Vorgeschichte

Um zu verstehen, warum die Krankenpflege im 19. Jahrhundert einen Neuanfang erlebte und welchen Anteil die Schwesternschaften im Raum der Inneren Mission daran hatten, muß ein kurzer Blick auf die Situation im vorangegangenen Jahrhundert geworfen werden.

Im Mittelalter war das Motiv der Hospitalpflege der aus christlicher Barmherzigkeit stammende Wunsch, die Leiden der Kranken zu lindern und sie im Sterben zu begleiten. Später, vor allem im 18. Jahrhundert, verwahrlosten die Spitäler. Berichte aus dieser Zeit malen ein düsteres Bild von ihnen und den Pflegenden. Die Betten standen in den Krankensälen aufgrund von Überbelegung oft so dicht beieinander, daß eine Reinigung des Bodens und der Wände kaum möglich war; in den hölzernen Bettstellen nisteten die Wanzen. Die Krätze war eine nicht zu vertreibende Hausinfektion mit bösartigem, eitrigem Charakter. Die Ausdünstungen, vor allem der Wunden, verpesteten die Luft. Den Geruch versuchte man mit Essenzen zu überdecken. Die Ärzte konnten die Pflegenden nicht dazu bewegen, die Fenster zu öffnen. Damals herrschte noch die Ansicht, frische Luft, vor allem des Nachts, sei schädlich. Die Wärter und Wärterinnen, die die Kranken versorgten, stammten weitgehend aus den untersten Volksschichten. Sie hatten keinerlei Vorbildung für ihre pflegerischen Aufgaben. Die wenigsten wurden von dem Willen geleitet, den Kranken zu helfen. Manche gaben ihren Pflegebefohlenen Essen und Medikamente nur gegen ein Trinkgeld. Da sie zudem der Willkür der Hospitalleitung ausgesetzt waren und schlecht bezahlt wurden, waren angesehene Frauen und Männer in der Regel nicht bereit, die Pflege auszuüben.

Krankenhaus zu Kaiserswerth, 1843 (1.80)

Zur gleichen Zeit kam es in der Medizin durch die Entwicklung der Naturwissenschaften zu einem enormen Aufschwung mit beeindruckenden Behandlungs- und Heilungsmöglichkeiten. So erlaubten Asepsis, Narkose und schmerzstillende Mittel immer größere operative Eingriffe. Die Ärzte legten ihr Wirkungsfeld mehr und mehr in die Hospitäler. Vorher waren diese meist vom Stadtarzt nebenbei betreut worden. Aus dem Hospital wurde allmählich ein Krankenhaus, in dem die ärztliche Behandlung in den Mittelpunkt rückte.

Die anfangs geschilderte Situation in der Pflege behinderte diese Entwicklung. Der Erfolg von Operationen blieb oft durch das gefürchtete Wundfieber, bezeichnenderweise Hospitalbrand genannt, aus.

Daher verlangten die Ärzte seit dem 18. Jahrhundert immer dringender nach geschulten Krankenpflegepersonen. In den Zentren ihrer Tätigkeit, den großen Krankenhäusern, wurden Versuche unternommen, durch ärztliche Vorlesungen geeignetes Personal heranzubilden. Zu einer allgemein befriedigenden Krankenpflege kam es dadurch jedoch nicht. Der Versuch der Ärzte, einen gesellschaftlich anerkannten medizinischen Hilfsberuf zu schaffen, schlug fehl.

Es war wiederum das Motiv christlicher Verantwortung für Notleidende, das zur Erneuerung der Krankenpflege führte.

Anfang des 19. Jahrhunderts kamen Angehörige französischer katholischer Krankenpflegeorden in die von Napoleon besetzten deutschen Gebiete. Sie fanden über Trier und Koblenz nach und nach Eingang in preußische Spitäler, so 1846 in das St. Hedwigshospital in Berlin. Die erste auf deutschem Boden gegründete Kongregation entstand schon 1808 durch den Bischof Clemens Droste zu Vischering (1773-1845) in Münster in Westfalen. Die erste Oberin, Maria Alberti (1765-1812), war die zum Katholizismus übergetretene Tochter eines evangelischen Pfarrers in Hamburg.

Die Pflegegenossenschaften, die in Deutschland unter dem Namen »Barmherzige Schwestern« bekannt wurden, machten damals aus den von ihnen betreuten Krankenhäusern Musteranstalten, die manche Krankenhausreform anstießen.

Schwesternschaften im Raum der Inneren Mission: Diakonissenmutterhäuser

In den protestantischen Ländern war man ebenfalls auf die schlechte Versorgung der Kranken in den Spitälern aufmerksam geworden. Es wurde gefragt: »Wo bleiben unsere Barmherzigen Schwestern?« Darauf gaben Theodor Fliedner (1800-1864) und Friederike Fliedner (1800-1842) die Antwort mit der Gründung des ersten Diakonissenmutterhauses in Kaiserswerth. Die Diakonissenarbeit war für soziale Aufgaben in ganzer Breite gedacht. Der Bedarf der Krankenhäuser an geeigneten Pflegerinnen und die auf Gemeinsamkeit angelegte pflegerische Aufgabe ließen das Diakonissenwesen sehr schnell für die Erneuerung der Krankenpflege bedeutsam werden. Schon 1839 schloß Fliedner einen sogenannten Gestellungsvertrag mit dem Bürgerkrankenhaus in Elberfeld. Dadurch waren die Diakonissen keine Angestellten der Krankenhäuser, sie arbeiteten vielmehr im Auftrag ihres Mutterhauses und standen damit auch unter seinem Schutz. Bald darauf schlossen auch andere Hospitäler mit Fliedner Verträge zur Gestellung von Schwestern. Durch die Gründung weiterer Mutterhäuser nach Kaiserswerther Vorbild verbreitete sich die Diakonissenarbeit über ganz Deutschland und auch im Ausland. Wie sehr sich die Diakonissenanstalten der Krankenpflege zugewandt hatten, zeigen Zahlen von 1910: Damals wurden in Deutschland 16.090 arbeitende Diakonissen gezählt. Davon waren nur 2.637 nicht in der Krankenpflege tätig. Mit den Diakonissen übernahm ein Personenkreis die Pflege, der sich durch gute Arbeitsleistung und einwandfreie Lebensführung ein hohes Ansehen in der Gesellschaft erworben hatte. Dazu kam, daß die Diakonissen auf ihre Aufgaben vorbereitet wurden. Meist geschah dies in dem zum Mutterhaus gehörenden Krankenhaus. Es waren die ersten Anfänge einer geregelten Krankenpflegeausbildung. Vor allem aber wurden vom Evangelium her berufsethische Grundlagen geschaffen. Daß die Diakonissen einen Teil ihrer Selbstbestimmung, zum Beispiel die Wahl des Arbeitsplatzes, an das Mutterhaus abgaben, gab diesem die Möglichkeit, ausgewählte Gruppen in die unterschiedlichen Krankenanstalten zu vermitteln. Die vom Mutterhaus versorgten Schwestern konnten sich ungeteilt ihren Aufgaben widmen. Überall da, wo sie arbeiteten, zog mit ihnen eine gut organisierte Pflege und eine wohltuende Atmosphäre ein. Sie übernahmen meist auch die Leitung und Arbeit in der Küche und Waschküche und tätigten den Einkauf. Dadurch kam es zu einer geordneten und sparsamen Wirtschaftsführung.

Neben den Diakonissen arbeiteten in den Krankenhäusern bald auch evangelische Schwestern mit, die zwar nicht in das Mutterhaus eintraten, aber in seinem Geiste als freie Schwestern ihre Aufgabe erfüllen wollten. Erst 1939 wurden sie zur Kaiserswerther Verbandsschwesternschaft zusammengeschlossen, um eine Vereinnahmung durch den NS-Staat abzuwehren. Heute sind sie unter dem Namen »Diakonische Schwesternschaften« bekannt.

Schwesternname und Schwesterntracht

Die Diakonissen brachten auch die Anrede »Schwester« und die Tracht in die Krankenpflege. Beides hatte vom Ursprung her nichts mit dieser zu tun. Sie waren Zeichen christlicher Gesinnungsgemeinschaft und dienten außerdem ganz praktisch der Überwindung der im 19. Jahrhundert noch stark ausgeprägten Standesunterschiede. Die Diakonissen waren teils einfache Landmädchen, teils kamen sie aus dem Bürgertum. Das Landmädchen trug damals eine andere Kleidung als die Bürgerstochter, es wurde mit dem Vornamen und mit »Du« angeredet, letztere mit Fräulein, »Sie« und dem Nachnamen. Es war keine leichte Aufgabe, durch Schwesternnamen und -tracht diese Unterschiede verschwinden zu lassen. Die Tracht war aber zugleich auch Schutz. Damals war einer ehrbaren, unverheirateten Frau nur in Begleitung gestattet, das Haus zu verlassen und fremde Familien zu besuchen. Das hätte die Diakonisse, vor allem in der Privat- und Gemeindepflege, dienstunfähig gemacht. Daher wurde als gemeinsames Kleid dasjenige der verheirateten Bürgersfrau gewählt, die als Zeichen ihrer ehelichen Würde eine Haube trug. Im Krankenhaus weckten Schwesternname und Tracht das Vertrauen der Kranken und verhalfen gleichzeitig zu der nötigen Distanz.

1880-1930

Nächstenliebe

Schwesternnamen und Tracht wurden durch das Wirken der Diakonissen in der Bevölkerung untrennbar mit der Vorstellung von Krankenpflege verbunden. Sie waren zum Gütezeichen geworden für eine von der Gesellschaft respektierte außerhäusliche Tätigkeit von Frauen. Die Anerkennung erstreckte sich allerdings weitgehend nur auf diejenigen, die einem Mutterhaus mit seiner familienähnlichen Struktur angehörten. Dadurch sah man den damals für Frauen nötig gehaltenen Schutz gewährleistet. Positiv wurden auch die Altersversorgung und die geordnete Aus- und Fortbildung bewertet.

Alle Versuche des ausgehenden Jahrhunderts, aus der Krankenpflege einen sich selbst bestimmenden, sogenannten freien Beruf zu machen, mündeten immer wieder in schwesternschaftlichen Formen einschließlich Schwesternnamen und Tracht. So übernahmen die in der zweiten Hälfte des 19. Jahrhunderts entstehenden Pflegegemeinschaften des Roten Kreuzes weitgehend den Mutterhauscharakter. Obwohl das Rote Kreuz sich als interkonfessionell verstand, waren die Lebensgemeinschaften seiner Schwestern je nach Landesteil katholisch oder evangelisch geprägt. Die gegen Ende des 19. Jahrhunderts entstehenden Städtischen Schwesternschaften übernahmen ebenfalls Schwesternnamen und Tracht. Als Agnes Karll (1868-1927) 1903 die Berufsorganisation der Krankenpflegerinnen Deutschlands gründete, wehrten sie und die Mitbegründerinnen entsetzt den Vorschlag der Ärzte ab, Schwesternnamen und Tracht aufzugeben.

Friedrich Zimmer, um 1905 (5.31)

1880-1930

Nächstenliebe

Schwesternschaft des Evangelischen Diakonievereins, Berlin-Zehlendorf

Im letzten Jahrzehnt des 19. Jahrhunderts ergänzte im Raum der Inneren Mission die neu entstehende Schwesternschaft des Evangelischen Diakonievereins die Arbeit der Diakonissen. Sie brachte vor allem den Städtischen Krankenhäusern die so dringend gewünschten, gut ausgebildeten Krankenpflegerinnen. Dem Gründer, Friedrich Zimmer (1855-1919), gelang es, Frauen der gehobenen Bürgerschichten für seine Neugründung, das Diakonieseminar, zu gewinnen. In diesen Seminaren, die städtischen Krankenhäusern angeschlossen waren, wurde eine gut organisierte Krankenpflegeausbildung angeboten.

Zimmer war mit der bürgerlichen Frauenbewegung in Berührung gekommen und bejahte deren Ziele, daß Frauen eine bessere Erziehung und Ausbildung brauchten und daß ihnen ein selbständiges Berufsleben Inhalt und Unterhalt geben sollte. In dem Bedarf an Krankenpflegerinnen vor allem in den städtischen Krankenhäusern sah er die Möglichkeit, dies zu verwirklichen. Der Idee des Diakonieseminares – das erste entstand 1894 im Städtischen Krankenhaus in Elberfeld – lag das Vorbild des damaligen Lehrerinnenseminares zugrunde. Dieses wurde von vielen jungen Frauen besucht, die eine Erweiterung ihrer Allgemeinbildung anstrebten, ohne schon zur Berufsausübung entschlossen zu sein.

Denn eine Bindung auf Lebenszeit, eine Erwartung, die sich gegen Ende des 19. Jahrhunderts in den Diakonissenanstalten herausbildete, schreckte diese Gruppe von Frauen eher ab. Die anfangs auf ein Jahr begrenzte Ausbildung im Diakonieseminar ohne weitere Verpflichtung, dazu noch kostenlos angeboten, lockte sie. Zimmers in verschiedenen Zeitungen erscheinender Aufruf an die »Damen der gebildeten Stände« zu einem »Freiwilligenjahr in der Krankenpflege« brachte eine solche Fülle von Meldungen, daß sie das Elberfelder Seminar nicht alle aufnehmen konnte. Zimmer vermittelte in sieben Monaten etwa 150 junge Frauen an die Hamburger Staatskrankenanstalten, die heutige Universitätsklinik in Eppendorf. Er half damit der Stadt Hamburg, einen eigenen Schwestern-Verein aufzubauen, der bis nach dem Zweiten Weltkrieg existierte. Dem ersten Zimmerschen Seminar in Elberfeld folgten bis zur Jahrhundertwende fünf andere in den städtischen Krankenhäusern in Danzig, Erfurt, Stettin, Magdeburg und Zeitz. Weitere kamen im 20. Jahrhundert hinzu.

Der Erfolg der Idee Zimmers lag darin, daß er dem Bedürfnis der Frauen nach persönlicher Freiheit, Selbstbestimmung und Selbstverantwortung Rechnung trug. Die Diakonieschwester hatte die Möglichkeit, jederzeit aus dem Verein auszuscheiden. Innerhalb des Vereins konnte sie ihren Arbeitsplatz selbst bestimmen. Sie erhielt neben Wohnung und Verpflegung ein Gehalt. Zimmer hatte keine Scheu vor der Einführung dieser Merkmale eines Berufes in eine bis dahin im Raum der Inneren Mission vom Mutterhaus her rein als »Liebestätigkeit« verstandene Aufgabe. Zum einen hatte er erkannt, daß die Krankenpflege auf dem Wege war, sich zu einem Beruf zu entwickeln. Zum anderen war er der Meinung: »Nicht die honorierte Diakonie, sondern nur diejenige Arbeit hört auf, Liebestätigkeit zu sein, die das Honorar, sei dies Geld oder Anerkennung, zum eigentlichen Ziel sich setzt.«

Zimmer ging aber über die Forderungen der Frauenbewegung nach Lebensinhalt und -unterhalt durch einen Beruf hinaus. Er gab den Schwestern auch einen Rückhalt, und zwar in einer Gesinnungsgemeinschaft auf evangelischer Grundlage. Daraus entstand die Schwesternschaft des Evangelischen Diakonievereins. Diese wurde wiederum von den ersten Schwestern selbst gestaltet. Sie selbst entschieden sich für den Schwesternnamen, ebenso für eine Tracht, die der Kleidermode der Jahrhundertwende entsprach. Es war die erste Schwesternschaft, die sich durch aus ihrer Mitte gewählte Gremien selbst verwaltete. Zimmer schreibt in seinen Erinnerungen: »[...] die Schwesternschaft des Evangelischen Diakonievereins [hat] wohl erstmals den Gedanken einer völligen Selbstverwaltung und Selbstregierung der Frau durchgeführt. Wer Pflichten hat, muß auch Rechte haben – auf diesem Grundsatz hat unser Werk von Anfang an gestanden.« Außerdem hatten die Schwestern in der Mitgliederversammlung des Vereins volles Stimmrecht. Sie saßen dort neben den Vertretern der Städtischen Krankenhäuser, in denen Diakonieschwestern arbeiteten. Bis nach dem Ersten Weltkrieg waren diese ebenfalls Mitglieder des Diakonievereins. Mit den Schwesternregeln und -ordnungen schufen sich die Schwestern einen Verhaltenskodex gegenüber den Kranken und untereinander. Die Jüngeren wuchsen in der Gemeinschaft mit den Älteren unter deren Vorbild in diese Regeln hinein. Das Klima im ganzen Hause wurde dadurch geprägt.

Anna Margarethe van Delden (1858-1938), Oberin des ersten Diakonieseminars, gestaltete die anfangs einjährige Ausbildung. Diese war systematisch in Theorie und Praxis darauf ausgerichtet, zur Pflege zu befähigen. Die Verantwortung für die gesamte Ausbildung lag bei der Oberin, der praktische Teil war den Stationsschwestern anvertraut. Sie wurden später vom Vorstand des Evangelischen Diakonievereins offiziell als »Seminarstationsschwestern« in dieses Amt berufen. Die Ausbildung schloß mit einem Hausexamen in Theorie und Praxis. Die 1907 in Preußen eingeführten Vorschriften über die staatliche Prüfung von Krankenpflegepersonen entstanden nach diesem Muster.

Der Diakonieverein und mit ihm ähnlich strukturierte, um die Jahrhundertwende entstehende evangelische Schwesternschaften erfreuten sich neben den Mutterhäusern einer hohen Akzeptanz in der Bevölkerung. Sie ermöglichten den Frauen des Bürgertums eine Ausbildung und, falls sie unverheiratet blieben, ein durch einen Beruf ausgefülltes Leben. Darüber hinaus galt die Krankenpflege als beste Vorbereitung für Ehe und Familie.

Motivation und Zielsetzung der Pflege im Raum der Inneren Mission

An dem bislang Ausgeführten wird deutlich, daß die Krankenpflege als solche, wie wohl jede Tätigkeit, immer bestimmt wird von den Anschauungen und Gegebenheiten der jeweiligen Zeit. Was war aber das Eigene, das Unaustauschbare der Pflege im Raum der Inneren Mission? Die evangelischen Schwestern hatten ein Menschenbild, das von ihrem Christsein geprägt war. Das zeigte ihnen den Menschen, auch den elendesten, als ein unverwechselbar einmaliges Geschöpf Gottes, das von seinem Schöpfer geliebt wurde, so wie sie selbst. Aus dieser Anschauung wuchsen Motiv und Zielsetzung der Pflege. Die Schwestern versuchten, nach dem Vorbild und der Aufforderung Christi sich derer, die der Hilfe bedurften, anzunehmen und ihnen zu dienen. Dienen, das hieß, nicht nur das Nötigste, sondern das Notwendige, das buchstäblich »Not Wendende« zu tun. Das hieß auch, sich für die aufgetragene Aufgabe voll verantwortlich einzusetzen.

Nächstenliebe

Brosche des Evangelischen Diakonievereins Zehlendorf, 1895 (5.29)

1880-1930

Nächstenliebe

Als ein praktisches Beispiel soll die Bekämpfung der Infektionsgefahr herausgestellt werden: Von der eingangs beschriebenen Situation der Hospitäler her ist verständlich, daß die Schwestern in den Häusern, in die sie einzogen, erst einmal für Sauberkeit sorgen mußten. In der zweiten Hälfte des 19. Jahrhunderts wurde die Reinlichkeit dann zu einem therapeutischen Mittel. In dieser Zeit wurden die Erreger als Infektionsverursacher und der Schmutz als einer der Übertragungswege bekannt. Damit wurde neben der Isolierung der Infektionskranken in abseits gelegenen Pavillons oder Baracken äußerste Sauberkeit zu einer der Waffen gegen Ansteckung. Im Krankenhaus hatte damals alles weiß zu sein. Die Metallbettstellen, die anstatt der Holzbetten eingeführt wurden, ebenso wie die Wäsche, dazu jegliches Mobiliar, Wände, Türen, nicht zuletzt die Kittel der Ärzte und die Schürzen der Schwestern. Dadurch sollte auch das kleinste Schmutzfleckchen sofort entdeckt und beseitigt werden. Die Kranken erhielten Anstaltswäsche und, wenn sie aufstehen konnten, Kleider oder Anzüge aus kochbarem Stoff. Die Schwestern stellten sich der Notwendigkeit der strikten Beachtung der damaligen Hygienemaßnahmen, die viel Putzarbeit mit sich brachten. Sie nahmen damit eine der wichtigsten pflegerischen Aufgaben wahr: Sie verhüteten, daß der Kranke im Krankenhaus Schaden erlitt. Sie taten mit den damals zur Verfügung stehenden bescheidenen Mitteln etwas »Not Wendendes«. Der gefürchtete Hospitalbrand verschwand allmählich, viele Menschenleben konnten gerettet werden. Diese Entwicklung trug neben den Fortschritten der medizinischen Behandlung dazu bei, daß die Furcht der Bevölkerung vor dem Krankenhaus als Sterbehaus der Armen abnahm. Dieses entwickelte sich langsam zu einer Institution, der auch Begüterte sich anvertrauten, weil dort immer mehr Operationen gelangen und früher dem Tod geweihte Menschen geheilt entlassen wurden. Wohlhabende Bürger hatten sich bis dahin durch Privatpflegerinnen zu Hause pflegen lassen oder eine Privatklinik aufgesucht.

Im Zuge der Infektionsbekämpfung wurden im letzten Viertel des 19. Jahrhunderts neue Hospitäler im Pavillonstil gebaut. Sie bestanden aus vielen einzelnen, meist nur ebenerdigen Gebäuden. Da diese Bauart sehr aufwendig war und auch weite Wege mit sich brachte, kehrte man um die Wende zum 20. Jahrhundert wieder zu einer kompakteren Bauweise zurück, zumal die Übertragungsgefahr durch die geschilderten Maßnahmen verringert werden konnte.

Wenn auch die Stationen dieser Krankenhäuser nach und nach kleinere Zimmer erhielten, so hatten

In der Wäschekammer des Mutterhauses Rotenburg (Wümme), 1910/1920 (5.26)

sie bis nach dem Zweiten Weltkrieg oft noch einen Saal mit 12 bis 20 Betten. Diese heute nicht mehr vorstellbare Art der Unterbringung hatte einen Vorteil: Die Tätigkeit der Schwestern spielte sich weitgehend im Kreis der Patienten ab. Da sich zudem deren Krankenhausaufenthalt meist über eine lange Zeit erstreckte, lernten sich beide Seiten recht gut kennen, und es kam oft ein vertrauensvolles Gemeinschaftsgefühl auf.

Die Pflege war schwer. Sie erforderte eine gute körperliche und seelische Konstitution der Schwester. Es fehlten noch alle kräftesparenden Hilfsmittel, Wasserleitungen und einen Anschluß an die Kanalisation gab es weitgehend erst gegen Ende des Jahrhunderts, ebenso elektrischen Strom. Viele Aufgaben waren auch ekelerregend. Die Schwestern nahmen diese Dienste auf sich, weil es »Notwendigkeiten« waren, die dem Patienten zur Genesung verhalfen.

Die Arbeitszeit war lang. Sie begann am frühen Morgen und endete am Abend erst, wenn alle Patienten versorgt waren. Mittags gab es eine Pause von meist zwei Stunden. So gering diese Freizeit Heutigen erscheinen mag, sie war anfangs ein Privileg, auf das Fliedner zur Gesunderhaltung der Diakonissen großen Wert gelegt hatte. Ein Teil der Freizeit sollte an der frischen Luft verbracht werden.

Auf die Einhaltung der Schutzmaßnahmen vor Ansteckung wurde streng geachtet. Eine um 1900 ausgebildete Diakonieschwester schrieb: »Wir wurden in Bazillenfurcht erzogen.« Doch eine Anstekkung ließ sich nicht immer vermeiden. Vor allem war die Tuberkulose gefürchtet, die Krankheit der Armen, die aber auch die Reichen nicht verschonte. Manche Schwester mußte wegen dieser Erkrankung aus dem Pflegedienst ausscheiden. Hier gab es in den Schwesternschaften damals die Möglichkeit, in eine weniger anstrengende Arbeit zu wechseln. So konnte eine Tätigkeit an der Pforte, im Büro oder in einem anderen Nebenbetrieb des Krankenhauses übernommen werden.

Die Pflegearbeit war aber auch befriedigend: Nicht nur durch die dankbare Anerkennung durch Kranke und ihre Angehörige. Die Schwestern standen in einer umfassenden und vielseitigen Aufgabe. Da anfangs alle Berufsgruppen fehlten, die heute an Diagnostik und Therapie beteiligt sind, waren Arzt und Schwester allein für alles zuständig, was mit den Kranken zusammenhing. Das bedeutete, daß sich die Schwestern gemeinsam mit den Ärzten all den Neuerungen zu stellen hatten, die in rascher Folge Einzug ins Krankenhaus hielten. Einige davon seien als Beispiele aufgeführt, vor allem solche, die die Pflege beeinflußten.

Je weiter Wissen und Können in der Medizin fortschritten, desto stärker kam es zu einer Aufteilung in einzelne Disziplinen. Aus der Chirurgie heraus entwickelten sich Einzelfächer wie die Orthopädie oder die Augen- und die Ohrenheilkunde. Die Innere Medizin orientierte sich weitgehend an den einzelnen Organen. So entstanden Fachgebiete für Erkrankungen zum Beispiel des Herzens, der Lungen und der Nieren. Die Patienten wurden nach Krankheiten getrennt untergebracht. Die Spezialisierung der Medizin bedeutete auch den Anfang einer Spezialisierung in der Pflege.

Durch immer neue Erkenntnisse in der Ernährungslehre wurde die bis dahin gleichförmige Krankenkost zu einem Therapeutikum. Der Arzt verordnete bei bestimmten Erkrankungen Diätkost. Die Schwester mußte wissen, was Patienten mit solchen Krankheiten essen durften und hatte streng darüber zu wachen, daß jeder das Richtige in der richtigen Menge bekam und daß niemand etwas Verbotenes zu sich nahm. Vieles davon wurde in der Stationsküche zubereitet.

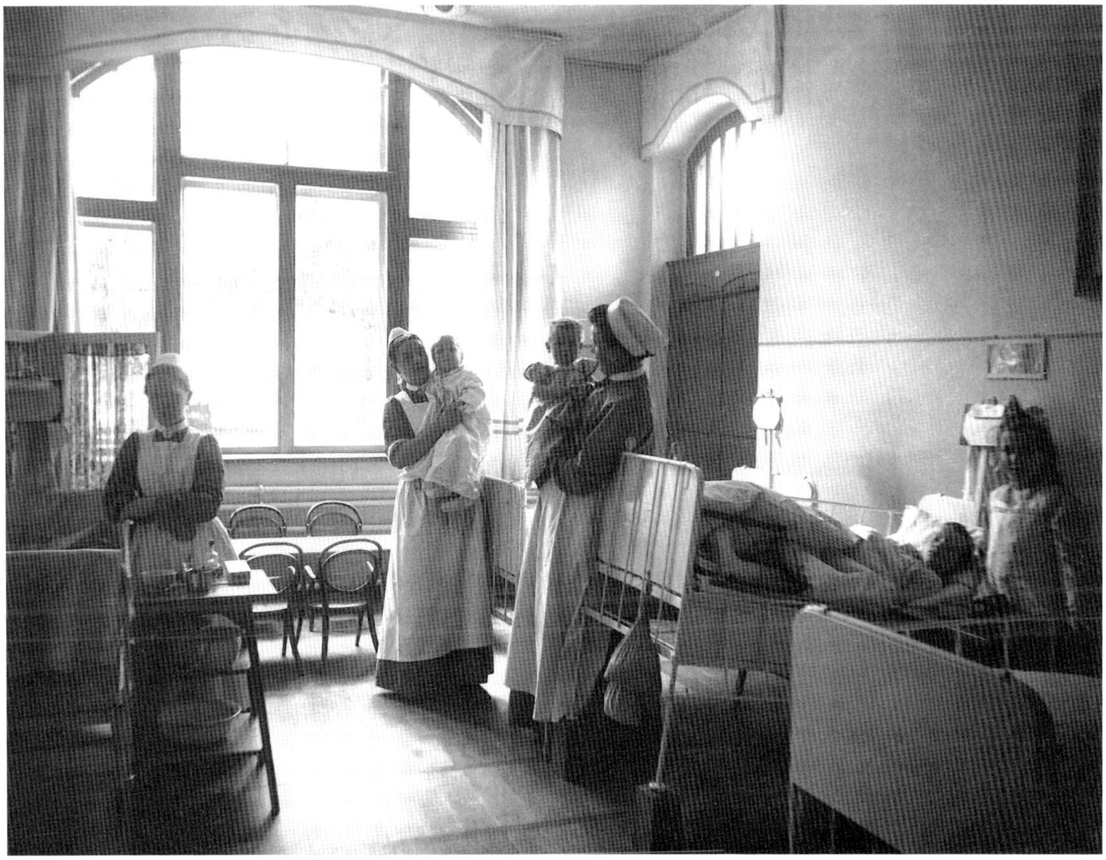

Kinderkrankenstation des Sophienhauses Weimar, 1904 (6.12)

Siechenhaus des Henriettenstifts Hannover, um 1910 (6.37)

Noch stärker wirkte sich die Entwicklung in der Pharmakologie auf die Tätigkeit in der Krankenpflege aus. Immer neue Medikamente standen in rascher Folge den Ärzten zur Verfügung. Die Anforderung dieser Mittel aus der Apotheke, ihre sichere Aufbewahrung und die gewissenhafte Verabreichung, teilweise auch die endgültige Zubereitung wurden zum Aufgaben- und Verantwortungsbereich der Schwester. Als die Arzneimittelgabe durch Einspritzung möglich wurde, mußte sie die Spritzen nach Gebrauch sterilisieren und unter strengen sterilen Bedingungen aufbewahren. Sie zog die Medikamente in die Spritzen auf, auch diejenigen, deren Verabreichung sich der Arzt vorbehielt. Die Entwicklung neuer chemischer Methoden erlaubte es dem Arzt, in immer größerem Umfang Untersuchungen der Körperflüssigkeiten des Kranken durchzuführen. Diese fanden erst einmal im Stationszimmer statt, bis es zur Einrichtung von Laboratorien kam. Auch dann noch wurden einfache Blut- und Urinproben von den Schwestern auf Station untersucht.

Als um 1850 die Fiebermessung eingeführt wurde, waren es wiederum die Schwestern, die die Thermometer bei den Patienten einlegten und die Ergebnisse in die Fieberkurven eintrugen. Und aus Berichten von Schwestern um 1900 geht hervor, daß sie mutig an der Seite der Ärzte bei den ersten Röntgenaufnahmen mitwirkten.

Die Pflegenden übernahmen bei den Kranken die Rehabilitationsübungen zur Erhaltung oder zur Wiederherstellung der Beweglichkeit, eine Tätigkeit, die heute Physiotherapeuten vorbehalten ist. Sie sorgten für Beschäftigung genesender Patienten, eine Aufgabe, auf die schon Fliedner großen Wert gelegt hatte. Sie betätigten sich als Gesundheitserzieherinnen, wenn sie die Patienten zur Sauberkeit anhielten. So ließe sich noch vieles anführen. Nicht zuletzt waren die Schwestern Seelsorgerinnen ihrer Kranken und der Angehörigen der Schwerkranken und Sterbenden.

Die evangelischen Schwestern brachten christliches Leben in das Krankenhaus. Sie feierten die Feste des Kirchenjahres mit ihren Patienten. Sie hielten abends Andachten für die Kranken und beteten mit ihnen. Sie halfen mit bei den Tauffeiern für die Neugeborenen, die lange Zeit gleich in den Krankenhäusern stattfanden. Am Samstag Abend sangen sie auf allen Stationen geistliche Lieder.

Diese umfassende Pflege weckte und förderte alle Fähigkeiten, die eine Schwester mitbrachte. Sie lernte nicht nur Pflegetätigkeiten, sie lernte außerdem mit Menschen in Sondersituationen umzugehen. Dabei konnte sie ihre Sensibilität, ihr Einfühlungsvermögen und ein Offensein für verschiedenartige Kranke entwickeln. Sie lernte zum einen in der gemeinsamen Arbeit mit den anderen Schwestern, zum andern im Handeln selbst. Das bedeutete oft, aus den eigenen Fehlern die richtigen Schlüsse zu ziehen. Wenn diese harte Schulung glückte, dann erwarb sich die Schwester einen umfassenden Überblick und einen reichen Erfahrungsschatz an Menschen- und Sachkenntnis. Die Ruhe und Gelassenheit, die evangelische Schwestern oft auszeichnete, kam aus ihrem Glauben. In gemeinsamen Andachten, Gottesdiensten, Abendmahlsfeiern, aber auch in Gesprächen miteinander und im vergnügten Zusammensein schöpften sie immer wieder Kraft für ihre Arbeit.

So brachte dieser Werdegang viele reife, pflegeerfahrene Frauenpersönlichkeiten hervor. Als Stationsschwestern bildeten sie die tragende Gruppe des Krankenhauses. Sie waren der für alles verantwortliche, aber auch bestimmende Mittelpunkt »ihrer« Station, sie sorgten dafür, daß alles »Notwendige« für die Patienten, vor allem für die Schwerkranken, getan wurde. Mit den ihnen zugeordneten Schwestern und Schülerinnen bildeten sie die »Stationsfamilie«. Daran wird deutlich, daß das Vorbild für ihre Zusammenarbeit die damals noch bestehende Großfamilie war. Sie verstanden es meist, die Ärzte in die Stationsgemeinschaft wie selbstverständlich einzubeziehen. Das Verhältnis von Arzt und Schwester war nicht immer ohne Spannungen. Die Zusammenarbeit vollzog sich jedoch im allgemeinen auf der Basis freundlicher Distanz und gegenseitigen Respektes. Solange dem Arzt noch nicht die heutigen chemischen und physikalischen Mittel für Diagnose und Therapie zur Verfügung standen, war er weitgehend auf das angewiesen, was er mit Hilfe seiner Sinne am Kranken wahrnehmen konnte. Da er die Patienten nur zeitweise sah, brauchte er die Beobachtungsgabe der Schwester und ihren genauen Bericht. Bei vielen Krankheiten konnte er selbst nicht viel anordnen, sondern mußte die daran Leidenden der pflegenden Obhut der Schwester überlassen. Diese richtete im allgemeinen ihre Pflege gewissenhaft nach den Anordnungen des Arztes aus, der ja wie sie das »Not Wendende« wollte. Mit »blindem Gehorsam gegenüber dem Arzt«, wie heute manchmal angenommen wird, hatte dies wenig zu tun. Wo die Schwester meinte, der Kranke sei von seiten des Arztes nicht in der rechten Weise versorgt, meldete sie sich zu Wort. Sie war es auch, die den Arzt auf die besonderen psychischen und sozialen Befindlichkeiten der einzelnen Kranken hinwies. Nur wenige Ärzte ignorierten den Rat einer erfahrenen Stationsschwester.

Als solche erfahrenen Praktikerinnen schätzten sich die Schwestern auch selbst ein. Dabei unter-

1880-1930

Nächstenliebe

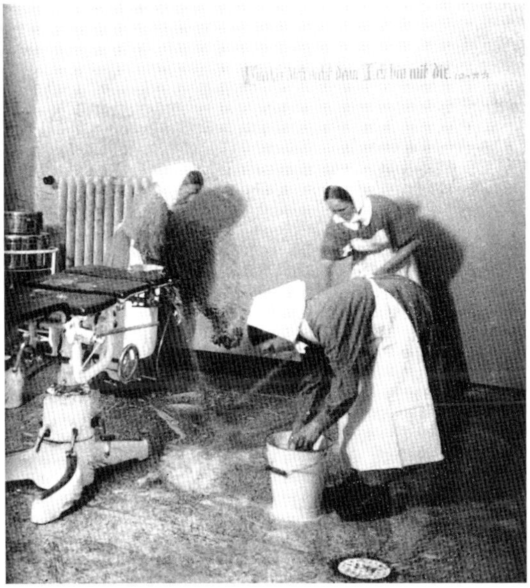

Schwestern säubern den Operationssaal, Rotenburg (Wümme), um 1900 (6.44)

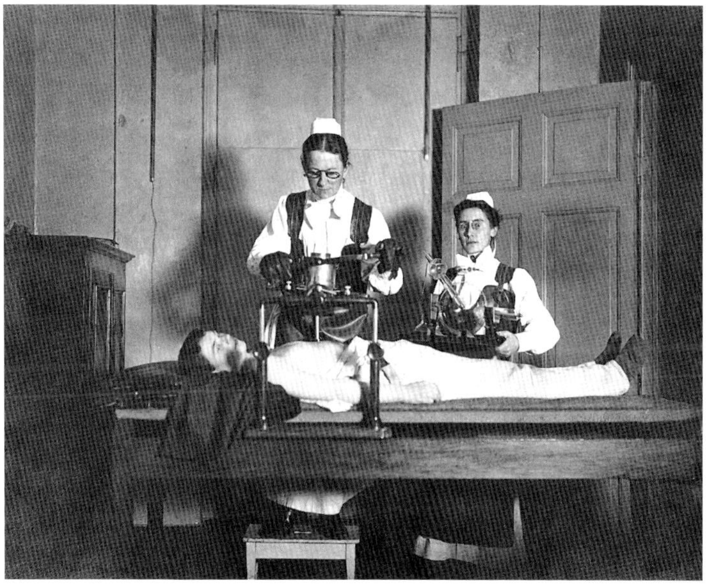

Diakonieschwestern beim Röntgen, 1912 (6.14)

Krankensaal im Bürgerhospital Frankfurt/M., um 1920 (6.13)

schätzten sie die Denkarbeit, die sie bei der Durchführung ihrer Aufgaben leisteten. Das führte dazu, daß sie alles im Kopf hatten, aber wenig aufschrieben. Auch das Schreiben von Pflegelehrbüchern überließen sie bis in die Mitte des 20. Jahrhunderts den Ärzten. Damit beraubten sie sich einer der Möglichkeiten, der Öffentlichkeit den Umfang, die Vielschichtigkeit und die Eigenverantwortung ihres Berufes nahezubringen.

Aufstiegsmöglichkeiten, wie sie heute im Krankenpflegeberuf gesucht und angeboten werden, gab es über die Stationsleitung hinaus wenig. Mit der Ausweitung der Operationsmöglichkeiten und der Einrichtung von Operationssälen entstand die Spezialaufgabe der Operationsschwester. Sie wurde systematisch, anfangs nur praktisch, später auch theoretisch in dieses Sondergebiet eingeführt. Manuell geschickte und geistig wendige Schwestern wurden meist leitende Operationsschwestern. Neben dem Allgemein-Krankenhaus gewann im 19. Jahrhundert das Kinderkrankenhaus an Bedeutung. Hier wurde eine gesonderte Ausbildung in Kinder- und Säuglingspflege angeboten. Auch Krankenschwestern ließen sich zusätzlich darin ausbilden. In der ersten Hälfte des 20. Jahrhunderts durchliefen eine Reihe von Schwestern die Ausbildung zur Fürsorgerin. Oft war dies die Vorstufe zur Übernahme eines leitenden Amtes im Krankenhaus oder in einer Schwesternschaft.

Außerdem gab es eine wichtige Aufgabe, die evangelische Schwestern häufig anstrebten. Das war die Gemeindepflege. Sie wurde von vielen als die »Krone der Diakonie« angesehen. Die Gemeindepflege hatte sich im 19. Jahrhundert ebenfalls aus den Vorstellungen der Schwesternschaften im Raum von Caritas und Innerer Mission entwickelt. Meist waren die in ihr tätigen Schwestern von den Kirchengemeinden angestellt. Sie leisteten eine umfassende Pflege der Familie, die sich nicht allein auf die Versorgung der Kranken beschränkte, sondern sowohl Elemente der Vorbeugung und der Gesundheitserziehung im damaligen Rahmen enthielt, als auch Tätigkeiten, die in den Bereich dessen fielen, was heute Sozialarbeit genannt wird. Dazu kamen seelsorgerliche Aufgaben und die Mitarbeit in der Kirchengemeinde, sei es im Kindergottesdienst oder in der kirchlichen

Frauen- und Jugendarbeit bis hin zum Organistendienst. Die Gemeindeschwester, vor allem auf dem Dorf oder in kleineren Orten, kannte das soziale Umfeld der ihr Anvertrauten bis in Einzelheiten hinein. Sie war gewissermaßen immer im Dienst, hatte unregelmäßige Arbeitszeiten und trotzdem manches Erholsame innerhalb dieser Zeit. Ihr Tätigkeitsfeld war abwechslungreich, es gab und verlangte Selbständigkeit. Der einzelnen wurde innerhalb der Vielfalt ihrer Aufgaben ermöglicht, die in ihr angelegten Begabungen und Neigungen zu entfalten und sinnvoll einzusetzen.

Die hier geschilderte Pflege prägte bis weit nach dem Zweiten Weltkrieg über den Raum der Diakonie hinaus den gesamten Beruf. Bis heute versehen evangelische Schwesternschaften, zusammen mit freiberuflich arbeitenden evangelischen Krankenschwestern und -pflegern, ihren Dienst am Kranken. Trotz aller radikalen Veränderungen im Krankenpflegeberuf wollen sie weiterhin nach dem Vorbild Jesu Christi für Kranke das jeweils »Not Wendende« tun. Wenn sie sich mit dieser Motivation und mit all dem heute verfügbaren Wissen und Können Tag für Tag dieser Aufgabe stellen, erleben sie nicht nur die schweren, sondern auch die beglückenden Seiten der Pflege.

Literatur

Katscher, Liselotte, Geschichte der Krankenpflege, Ein Leitfaden für den Schwesternunterricht, Berlin 1960

May, Franz, Unterricht für Krankenwärter zum Gebrauch öffentlicher Vorlesungen, Mannheim 1782

Nutting, M. Adelaide / Dock, Lavinia L., Geschichte der Krankenpflege, übersetzt von Agnes Karll, Berlin 1910

Seidler, Eduard, Geschichte der Medizin und der Krankenpflege, Stuttgart 1993

Sticker, Anna, Die Entstehung der neuzeitlichen Krankenpflege, Stuttgart 1960

Sticker, Anna, Friederike Fliedner und die Anfänge der Frauendiakonie, Neukirchen 1961

Stürzbecher, Manfred, »Aus der Geschichte des Städtischen Krankenhauses Moabit«, in: 125 Jahre Krankenhaus Moabit, Berlin 1997

Zimmer, Friedrich, Nach 25 Jahren. Ein Gedenk- und Dankblatt für die Schwesternschaft des Ev. Diakonievereins von ihrem Gründer, als Handschrift gedruckt, 1919

1880-1930

Nächstenliebe

Die konfessionelle Körperbehinderten-fürsorge

von Klaus-Dieter Thomann

Die letzten zwei Jahrzehnte des 19. Jahrhunderts waren die Zeit eines sozialen Aufbruchs: Mit der Einführung der Kranken-, Unfall- und Invalidenversicherung erhielten große Teile der Bevölkerung erstmals einen Rechtsanspruch auf medizinische und soziale Fürsorge. Ausgeklammert blieb unter anderem eine Gruppe, die der medizinischen Behandlung und Wiedereingliederung in die Gesellschaft in besonderem Maße bedurft hätte, die Körperbehinderten. Zu dieser Zeit prägten Menschen mit Körperbehinderungen das Bild der Städte und Dörfer: Die Tuberkulose war weit verbreitet, mehr als ein Drittel aller Kinder litt an krankhafter Knochenerweichung, der Rachitis. Im Verlauf von bakteriellen Infektionskrankheiten siedelten sich Krankheitskeime in den Knochen und Gelenken ab, zerstörten sie, hinterließen Formveränderungen und Bewegungseinschränkungen. Angeborene Leiden wie der Klumpfuß, die Wirbelsäulenverkrümmung (Skoliose) und die Hüftgelenkverrenkung hatten eine weitaus größere Bedeutung als heute. Kinder aus Familien ärmerer Schichten wurden nur in seltenen Fällen behandelt, meist führte das Leiden zu einer bleibenden Verkrüppelung, die ein normales Leben erschwerte oder sogar unmöglich machte.

Heute können wir uns das Ausmaß und die Verbreitung von Körperbehinderungen kaum noch vorstellen. Die Verbesserung der Wohn-, Arbeits- und Lebensbedingungen, die Überwindung elementarer Not hat der Tuberkulose und der Rachitis den Boden entzogen. Klumpfuß und Hüftgelenkverrenkung werden schon bei der Geburt diagnostiziert und völlig geheilt, und die betroffenen Kinder führen ein ebenso unbeschwertes Leben wie ihre gesunden Alterskameraden. Im Rahmen von Vorsorgeuntersuchungen werden selbst geringfügige Behinderungen oder Krankheitsanlagen im Kleinkindalter entdeckt und gezielt behandelt. Bakterielle Infekte haben ihren Schrecken dank Antibiotika und einer verbesserten Abwehrkraft der Kinder verloren.

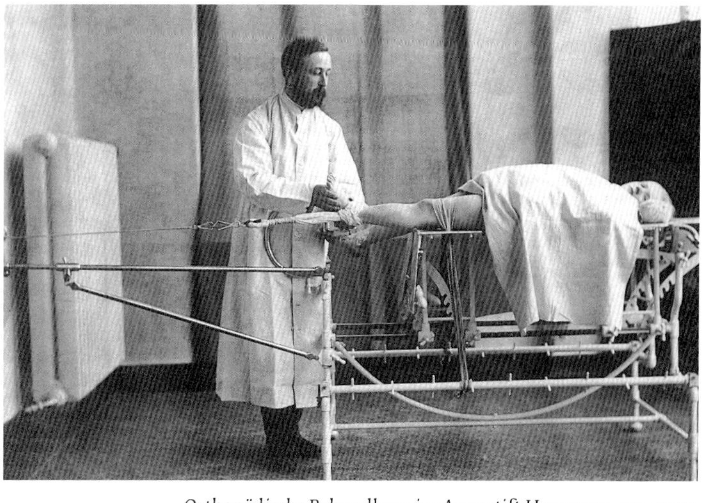

Orthopädische Behandlung im Annastift Hannover, um 1910 (6.38)

Orthopädische Krankheiten sind heilbar

Obwohl in der Vergangenheit wesentlich mehr Menschen körperbehindert waren als heute, nahm die Gesellschaft an ihrem Schicksal kaum Anteil. Eine Behinderung wurde bis in die zweite Hälfte des 19. Jahrhunderts als gottgewollt angesehen. Nur wenige Ärzte kümmerten sich um die Behandlung von Körperbehinderten. In Deutschland entstand die erste orthopädische Heilanstalt im Jahre 1816 in Würzburg. Johann Georg Heine (1770-1838) gründete dort das Carolinen-Institut, in dem er angeborene oder erworbene Fehlbildungen des Körpers mit sehr gutem Erfolg korrigierte. Aufgenommen wurden vor allem Kinder und Jugendliche, deren Wachstum mit stellungsverbessernden Apparaten, Bandagen und Korsetts in einen normalen Verlauf gelenkt wurde. Die Therapie war sehr zeitaufwendig, die Insassen blieben im allgemeinen mehr als ein Jahr in der Anstalt. Die damit verbundenen Kosten konnten nur von den reichsten Familien aufgebracht werden.

Die guten Ergebnisse Heines ermutigten Ärzte in anderen Städten Deutschlands zur Gründung von privaten Heilanstalten, die allerdings, abgesehen von wenigen Ausnahmen, nur selbstzahlende Patienten aufnahmen. Allein das 1845 in Stuttgart gegründete Paulinen-Institut, eine »Armen-Anstalt für Verkrümmte«, widmete sich vor allem den unbemittelten orthopädisch Kranken. Allerdings waren die Kapazitäten begrenzt. In den ersten 25 Jahren des Bestehens wurden 468 Kranke behandelt. Angesichts der weiten Verbreitung von Körperbehinderungen war diese Einrichtung nur ein »Tropfen auf den heißen Stein«. Allerdings bewies das Paulinen-Institut, daß die Rehabilitation armer Patienten nicht nur wünschenswert war, sondern sich auch verwirklichen ließ. Ihre Gründer, die beiden Ärzte Johann Wilhelm Camerer (1806-1862) und Carl Heller (1801-1878), strebten nicht nur eine medizinische Heilung an, ihr Ziel war es, die Körperbehinderten wieder in den Beruf und die Gesellschaft zu integrieren. Sie hatten den Nutzen für den einzelnen im Auge, vergaßen dabei aber auch nicht das Interesse der Gemeinden: Ein Behinderter, der in seinem Beruf arbeiten konnte, war nicht auf Almosen und städtische Unterstützung angewiesen.

Weit vorausschauend, hatten sie das Problem der unversorgten Körperbehinderten als sozialen Zündstoff erkannt. Sie wiesen darauf hin, daß bei den Armen »bittere Gefühle« entstünden, wenn sie erkennen müßten, daß »das Kind des Wohlhabenden geheilt wird, während das Seinige aus Mangel an den nöthigen Mitteln ein Krüppel bleiben« sollte.

Trotz ihrer Bemühung, den stationären Aufenthalt durch eine intensive konservative und operative Behandlung zu verkürzen, lassen sich die Verweilzeiten nicht mit unseren heutigen Maßstäben messen. Immer noch blieb die Mehrheit der Behinderten länger als sechs Monate in der Klinik. 70 Prozent der Patienten wurden erst nach 6 bis 18 Monaten aus der Klinik entlassen.

»500.000 Krüppel im Lande«

Das Beispiel der Stuttgarter Armenheilanstalt machte keine Schule, erst 45 Jahre später, im Jahre 1899, wurde in Münster mit der »Hüfferstiftung« eine zweite orthopädische Klinik für arme Patienten in Deutschland gegründet. Dabei hatten die Chirurgie, die Heilgymnastik und die Orthopädietechnik in den vorangegangenen Jahrzehnten durchaus erhebliche Fortschritte in der Beseitigung von Körperbehinderungen machen können. Die neuen Erkenntnisse blieben auf den Kreis derjenigen Patienten beschränkt, die in der Lage waren, die Kosten der Behandlung aufzubringen.

Der Münsteraner Orthopäde und Gründer der erwähnten Hüfferstiftung, Christoph Temmink (1827-1910), schätzte, daß etwa eine halbe Million Menschen in Deutschland an Körperbehinderungen litten und nicht orthopädisch behandelt wurden:

«Diese Zahlen weisen aber mit einer erschreckenden Deutlichkeit auf eine erste Gefahr hin, von welcher das sozialpolitische Leben des Volkes bedroht ist, sie zeigen den Grad der Reduktion an, welchen die Volkskraft erlitten hat, eben sowohl in der Arbeit des Friedens, als in der Wehrhaftigkeit im Kriege. Gewiss, ein Heer von 500.000 Krüppeln im Lande, von denen der zwanzigste Teil zugleich arm und arbeitsunfähig ist, muss als ein Übel schlimmster Art, als ein Krebsschaden für Staat und Gesellschaft angesehen werden, geeignet, die Macht und den Wohlstand des Volkes tief zu schädigen. Was hilft einem solchen geradezu kolossalen Material gegenüber der winzige Heilapparat von 23 orthopädischen Privatheilanstalten? Während nur der Wohlhabende die Kosten in einer solchen Anstalt zu erschwingen vermag, muss der Arme von vornherein hoffnungslos auf Heilung verzichten. [...] Wenn man doch wenigstens begreifen möchte, um wieviel klüger es ist, die einmaligen Kurkosten für einen arbeitsunfähigen Menschen herzugeben, als die Unterhaltskosten für die Dauer eines Lebens zu zahlen.« (Temmink 1888)

In wenigen Worten umriß Temmink die Grundlage der späteren »Krüppelfürsorge«, die medizinische Behandlung und berufliche Eingliederung, die unproduktive Ausgaben einsparen und den Staat wirtschaftlich stärken sollte.

Die orthopädischen Chirurgen hatten bewiesen, daß sie in der Lage waren, einzelne Kranke zu heilen oder ihr Leid zu bessern. Der großen Mehrheit der Behinderten konnte sie nicht helfen. Die »Krüppel« waren ein Teil der mit der Industrialisierung entstandenen sozialen Frage. Die bestmögliche gesundheitliche Wiederherstellung der Behinderten, ihre Wiedereingliederung in die Gesellschaft und die Prophylaxe neu entstehender Erkrankungen waren weniger ein medizinisches als ein sozialpolitisches Problem. Lange bevor der Staat die Bedeutung der unversorgten Körperbehinderten erkannte, nahm sich die Innere Mission dieser vernachlässigten und am untersten Ende der Gesellschaft stehenden Außenseiter an. Die konfessionelle Körperbehindertenfürsorge nahm ihren Ausgang in Berlin.

Die erste Einrichtung für arme Körperbehinderte, das Oberlinhaus in Nowawes bei Potsdam

Pfarrer Theodor Hoppe (1847-1934), der Leiter des Oberlinhauses, nahm am 6. Mai 1886 auf Wunsch des Berliner Armenamtes den gelähmten elfjährigen Ludwig Gerhardt auf. Hoppe war sich zu diesem Zeitpunkt noch nicht über die künftige Bedeutung der Fürsorge für Körperbehinderte im klaren. Für das rasche Wachstum des neuen, anfangs »ungewollten Aufgabengebietes« war die Gemeindepflege des Oberlinhauses verantwortlich, die 1886 von 107 Schwestern versehen wurde. 70 von ihnen arbeiteten auf den Außenstationen, vorwiegend in Berlin. Bei ihren fast 2.500 jährlichen Hausbesuchen versuchten sie die Auswirkungen von »Armut, Elend, Not und Krankheit, besonders [...] Kinderkrankheit« zu lindern. In Abstimmung mit der Berliner Armenverwaltung überwiesen sie mehr und mehr behinderte Kinder zur Pflege in das Oberlinhaus. Der ständige Stadtschulrat empfahl den Rektoren der Schulen, verkrüppelte Kinder im Oberlinhaus unterzubringen.

Obwohl das neue Arbeitsgebiet anfangs nicht öffentlich bekannt gemacht wurde, lebten Ende 1892 bereits 35 körperbehinderte Kinder im Heim. Die bisherige Unterbringung in zwei kleinen Weberhäusern erwies sich als unzureichend. Hoppe verfaßte ein Flugblatt, in dem er um milde Gaben für einen geplanten Neubau bat. Die Reaktion der Öffentlichkeit war unerwartet positiv: Die Provinz Brandenburg, die Stadt Berlin, der Kommunallandtag der Kurmark, die Kaiserin und viele wohlhabende Bürger spendeten für den Neubau. Weitere Gelder wurden durch Kollekten aufgebracht. Der bekannte Erfinder mediko-mechanischer Geräte, Dr. Hönig, stellte die ersten Bewegungsapparate zur Verfügung. Am 1. Juli 1894 fand die Einweihung des neuen Krüppelheims statt, und mit Recht konnte Hoppe feststellen, daß diese Anstalt die erste in Preußen sei, »welcher in vollem Umfange die Aufgabe gestellt worden ist, den verkrüppelten Kindern, unseres Volkes nach Leib und Seele zu dienen«. (Hoppe 1886)

1880-1930

Nächstenliebe

Bereits während der ersten Jahre des Nowaweser Krüppelheims wurde die soziale und wirtschaftliche Ausrichtung der »Krüppelpflege« erkennbar. Während die meist gehunfähigen Kinder zu Hause vom Schulunterricht ausgeschlossen waren, wurden sie im Heim nach dem »gewöhnlichen Volksschulplan« unterrichtet. Hoppe sah es als wesentliche Aufgabe an, die »Kinder zu irgend einer nutzbringenden Beschäftigung auszubilden, die ihnen einst zum Erwerb dienen« könne. (Hoppe 1899) Er orientierte sich an dem Begründer der dänischen Krüppelfürsorge, Pastor Hans Knudsen, der 1872 mit Ärzten und Kopenhagener Bürgern den »Verein, der sich gelähmter und verkrüppelter Kinder annimmt« gegründet hatte. Knudsen legte den Grundstein für eine Einrichtung, in der behinderte Kinder medizinisch behandelt wurden und gleichzeitig eine Schul- und Berufsausbildung erhielten. Hoppe stand bereits vor der Aufnahme des ersten behinderten Kindes mit dem Kopenhagener Heim in Verbindung und erhielt von dort wichtige Anregungen für seine Arbeit.

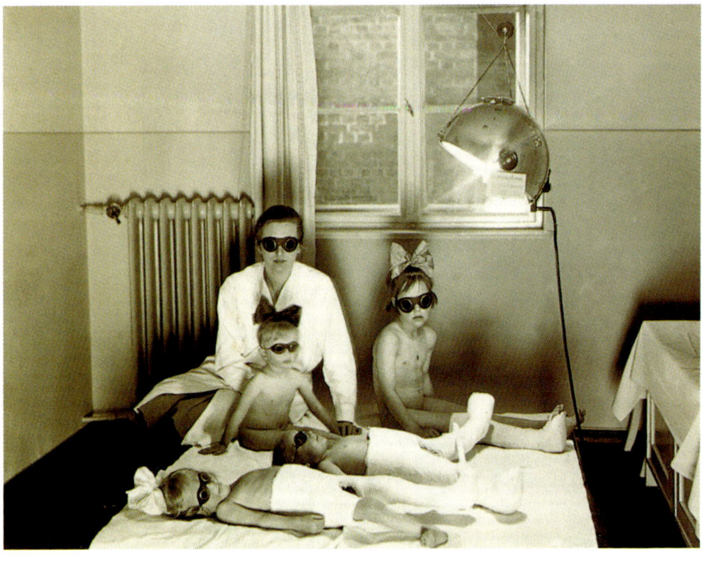

Unter der Höhensonne, Oberlinhaus Nowawes, 1920/1930 (6.39)

Das Nowaweser Heim wurde rasch bekannt und nahm bereits innerhalb der ersten Jahre Patienten aus Hamburg, Magdeburg, Frankfurt/Main, Sachsen, Pommern und der Rheinprovinz auf. Das Hauptkontingent bildeten weiterhin die von der Stadt Berlin zu Lasten des Armenamtes überwiesenen Kinder. Ende 1898 lebten 105 Kinder in der Einrichtung. Weil die stationäre Betreuung der Behinderten fast ausschließlich auf Veranlassung der öffentlichen Armenpflege erfolgte und die Nachfrage nach Heimplätzen das Angebot überstieg, konnte die Leitung des Oberlinhauses den Behörden mit 486 Mark pro Jahr einen kostendeckenden Pflegesatz in Rechnung stellen. Die anderen preußischen, sächsischen und württembergischen Krüppelheime befanden sich in einer wesentlich ungünstigeren Situation, ihr Pflegegeld schwankte zwischen 60 Mark und 450 Mark.

In den ersten Flug- und Werbeblättern wies Hoppe auf die interdisziplinäre Betreuung der Behinderten durch »Schwestern, Arzt und Bandagist« hin. Im Oberlinhaus waren ein Chefarzt und ab 1895 ein zusätzlicher Assistent angestellt. Der Arzt sollte »sein Hauptaugenmerk auf die körperliche Kräftigung und die Hebung des Allgemeinbefindens, gymnastische Übungen und zweckentsprechende orthopädische Mittel« richten, während es die Aufgabe des Bandagisten war, das Leiden durch »Ersatzglieder, Gehmaschinen, Bandagen und Anleitung in der Gebrauchsübung derselben« zu beeinflussen.

Für die berufliche Ausbildung bedürften »die Mädchen einer unermüdlichen, mit erfinderischer Liebe ausgerüsteten Arbeitslehrerin, die Knaben eines Handwerksmeisters«. Mit der Zeit bildete sich ein feststehendes Konzept heraus, in dem die orthopädische Behandlung gleichberechtigt neben der schulischen und beruflichen Wiedereingliederung stand.

Hoppe stellte die Fürsorge für die Körperbehinderten mit dem im November 1896 gegründeten »Krüppelpflege-Verein für Berlin und die Provinz Brandenburg« auf eine breitere Grundlage. Obwohl das Oberlinhaus im Vergleich mit den später entstehenden Krüppelheimen relativ klein war, wirkte es in den deutschen Staaten beispielgebend. Hoppe hatte nachgewiesen, daß die Innere Mission mit Erfolg ein neues Arbeitsgebiet erschließen konnte, das von der Kommune finanziert wurde. Im Gegensatz zur »Paulinenhilfe«, die über Jahrzehnte keine Nachahmer fand, war die Einrichtung der Behindertenfürsorge im Oberlinhaus der Auslöser für eine breite sozial- und gesundheitspolitische Bewegung, die von der Diakonie und der Caritas getragen wurde und einen tiefgreifenden Einfluß auf Medizin und Gesetzgebung haben sollte.

Hoppe stand mit den Leitern der anderen Fürsorgeeinrichtungen der Inneren Mission in engem Kontakt und war bereit, seine Erfahrungen bei der Betreuung von Behinderten weiterzugeben. Diejenigen Pfarrer der Inneren Mission, die die Gründung von Körperbehindertenheimen planten, entsandten Diakonissen zur Ausbildung nach Nowawes.

Friedrich Moritz, Theodor Hoppe, 1925 (S.88)

1880-1930

Nächstenliebe

Das »Jahrbuch für Krüppelfürsorge«, Sprachrohr der Körperbehindertenfürsorge

Die rasche Ausbreitung der Körperbehindertenfürsorge wäre ohne die Werbetätigkeit des Hamburger Pfarrers Theodor Schäfer (1845-1914) nicht denkbar gewesen. Er gab die »Monatsschrift für Innere Mission« heraus, die ihre Leser bereits vor Gründung des ersten Krüppelheims auf das Schicksal der unversorgten Körperbehinderten aufmerksam gemacht hatte. Nachdem Hoppe die ersten praktischen Schritte eingeleitet hatte, setzte Schäfer seine ganze Kraft in Bewegung und wurde ihr unermüdlicher Propagandist. Er gründete 1898 das »Krüppelheim zu Altona, Heil-, Erziehungs- und Pflege-Anstalt für verkrüppelte Kinder«. Mit dem von 1899 bis 1908 herausgegebenen »Jahrbuch der Krüppelfürsorge« schuf er das erste Publikationsorgan für die Rehabilitation Körperbehinderter in Deutschland. Da Schäfer mitten in der praktischen Arbeit stand, spiegelten sich in seinen redaktionellen Beiträgen die eigenen Erfahrungen und die Diskussionen mit Vertretern anderer Behinderteneinrichtungen, Sozialpolitikern, Ärzten, Diakonissen und Erziehern. Das Jahrbuch enthielt Beiträge zur nationalen und internationalen Entwicklung der Körperbehindertenfürsorge, der schulischen und beruflichen Ausbildung und zu ethisch-philosophischen Themen, wie etwa der Frage nach dem Wert behinderten Lebens und der moralischen Verpflichtung, es zu beschützen. In aller Schärfe wurde jeder Gedanke an eine »Euthanasie« zurückgewiesen.

Der »Krüppel«: Vom Schimpfwort zum Kampfbegriff

Schäfer lenkte das Augenmerk der Leser nicht nur auf die wissenschaftliche Seite der Körperbehindertenfürsorge, er war mindestens ebenso stark an ihrer Darstellung und Propagierung in der Öffentlichkeit interessiert. Da die Körperbehinderten kein gesetzliches Anrecht auf Ausbildung und Behandlung hatten, mußten Privatpersonen, kommunale und staatliche Institutionen erst von der Bedeutung des Problems

Therapie im Annastift Hannover, um 1910 (6.28)

1880-1930

Nächstenliebe

und dem Umfang des Bedarfs überzeugt werden. Schäfer hoffte, mit dieser Information die Voraussetzungen zu schaffen, um die finanziellen Mittel für die teure und langwierige Behandlung der Behinderten aufzubringen. Er rüttelte die Öffentlichkeit auf, indem er den Begriff »Krüppel« in die Umgangssprache einführte, das Leid der Behinderten immer wieder in grellen Farben ausmalte und mit Hilfe regionaler Krüppelzählungen nachwies, daß es sich um ein sozialpolitisches Problem ersten Ranges handelte.

Mit der Wortwahl »Krüppel« und einer aus der Statistik abgeleiteten Kosten-Nutzen-Rechnung stellte Schäfer Weichen, die die künftige Entwicklung der Körperbehindertenfürsorge prägten. Ohne es zu ahnen, bahnte er damit der Orthopädie einen Weg und wies die Ärzte auf eine von ihnen vernachlässigte Klientel hin, die die Zahl der bisherigen orthopädischen Patienten bei weitem übertraf. Heute stößt uns das Wort »Krüppel« ab, wir empfinden es als diskriminierend und haben den Eindruck, es müsse sich um einen historischen Ausdruck handeln, der früher wertneutral benutzt wurde. Aber diese Annahme täuscht. Das Wort »Krüppel« war niemals wertfrei, es handelte sich um einen in hohem Maße negativ belegten Ausdruck der Volkssprache, bei dem sich Assoziationen von sozialer Not, körperlichem Elend, Hilflosigkeit und Abscheu einstellten. In der industriellen Gesellschaft, in dem sich der Wert eines Menschen nach seiner Arbeitskraft bemaß, galt der Behinderte wenig. Der Wert des »Krüppels« war gering, unter wirtschaftlichen Aspekten handelte es sich um eine »Ballastexistenz«, einen »Minderwertigen«. »Krüppel« war ein Schimpfwort und wurde erst durch die diakonischen Pfarrer in die karitative Fachsprache eingeführt und später in die medizinische Terminologie übernommen.

Die konservativen und operativen Orthopäden des 19. Jahrhunderts wären niemals auf den Gedanken gekommen, ihre Patienten als »Krüppel« zu bezeichnen. Sie sprachen von »orthopädisch Kranken«. Da keine feststehende orthopädische Terminologie existierte, verwendeten die Leiter der privaten Institute eine ganze Anzahl von Umschreibungen, sie sprachen von Patienten mit »Haltungs- und Formmängeln«, »normwidrigen Bildungen«, »Formgebrechen«, »körperlicher Missgestaltung«, »Gebrechen«, »Schiefwuchs« und »Abnormitäten der Haltung«. Daneben wurden medizinische Diagnosen wie Skoliose, Schiefhals und Klumpfuß benutzt. Da sich die Klientel dieser Privatkliniken hauptsächlich aus wohlhabenden Bevölkerungsschichten zusammensetzte, hätte eine negativ besetzte Bezeichnung abschreckend gewirkt und den wirtschaftlichen Erfolg der orthopädischen Einrichtungen verhindert. Außerdem traf der Kern des Begriffs »Krüppel«, die soziale Bedürftigkeit, auf diese Patienten nicht zu. Während die Insassen der später entstehenden Krüppelheime bewußt aus schlechten sozialen Verhältnissen herausgelöst werden sollten, blieb das gesellschaftliche Umfeld der wohlhabenden Patienten in den privaten Heilanstalten erhalten. Zum Teil wurden sogar begleitende Familienangehörige und Hilfspersonal mit in die Einrichtungen aufgenommen. Aber auch die wenigen mittellosen Patienten, die die von den Kommunen oder dem Staat zur Verfügung gestellten Freiplätze in Anspruch nahmen, wurden nicht als »Krüppel« bezeichnet. Die Gründer der bereits erwähnten Paulinenhilfe, Johann Wilhelm Camerer und Carl Heller, sprachen von »Kranken«, »Verkrümmten«, »Hilfsbedürftigen« und »Pfleglingen«. Die Bezeichnung »Krüppel« sucht man vergebens.

Allerdings benutzten manche Orthopäden gelegentlich den Begriff »Krüppel«, wenn sie mit Nachdruck auf die Diskrepanz zwischen den orthopädischen Behandlungserfolgen und der noch eingeschränkten Anwendung wissenschaftlicher Erkenntnisse auf die breite Masse der Bevölkerung hinweisen wollten. Dabei vermieden sie es aber, mit »Krüppel« einzelne Kranke zu bezeichnen. Der abwertende Charakter des »Krüppels« diente ihnen nur zur plakativen Darstellung des Elends. Dem Königsberger Arzt Julius Konrad Werner (1798-1852) fiel 1837 der »Anblick vieler Krüppel« in den »volkreichen Städten der gesitteteren Völker [...] unangenehm auf.« Die Aufgabe der Orthopädie sei es, zu vermeiden, daß »die Kinder zu elenden, siechen Krüppeln« würden. Der praktische Arzt Johann August Schilling verglich

1860 die unzureichende Betreuung von Patienten mit »orthopädischen Gebrechen« mit den Leiden psychisch Kranker, die ein »elendes Dasein fristeten«, obwohl sie »durch Umsicht und Einsicht als brauchbare Glieder dem Staate noch hätten erhalten werden können.«

Doch warum wurde das von den Ärzten gemiedene Wort »Krüppel« immer wieder von den Vertretern der Kirchen in die Diskussion gebracht? Es handelte sich weder um einen Zufall noch um die unüberlegte Wahl eines falschen Wortes. Die Diskriminierung der Behinderten wurde bewußt in Kauf genommen, um die Öffentlichkeit zu mobilisieren. Die Bezeichnung »Krüppel« wurde zu einem sozialpolitischen Kampfbegriff.

Da sich die Einrichtungen der Inneren Mission überwiegend durch private Spenden finanzieren mußten, stellte Pastor Schäfer den Begriff des »Krüppels« in das Zentrum der auf breite Schichten gerichteten Werbetätigkeit. Der »Krüppel« sei ein sozial tiefstehendes und verachtetes Individuum, das sich außerhalb der menschlichen Gesellschaft befinde. Immer wieder beschrieb Schäfer die Situation des Behinderten als elend. Die körperliche Ungestaltheit schließe den Betroffenen aus, verbittere ihn und führe zu einer seelischen Deformierung, die der körperlichen ebenbürtig sei. Intrigantentum, Verbrechen und die Ablehnung sittlich-moralischer Wertvorstellungen sei Teil des Krüppeltums. Schäfer kritisierte, daß man es bisher vermieden habe, das Wort »Krüppel« im Namen orthopädischer und karitativer Heime zu benutzen. Die bereits seit Mitte des 19. Jahrhunderts in Württemberg entstandenen Einrichtungen trügen »neutrale« Bezeichnungen, »Kinderheilanstalt«, »Maria-Marthastift«, »Wilhelmsstift«, »Paulinenhülfe« und »Samariterhaus«. Zwar klängen diese Namen »für viele angenehmer«, aber die öffentliche Wirkung sei gering. Schäfer fuhr fort:

»[...] man entbehrte auch der aufrufenden Kraft, der propagandistischen in weiteste Kreise dringenden Wirkung, welche jenes deutliche Wort hat. Wir verkennen nicht den Wert jener Gemüts-Motive, welche die württembergische Handlungsweise für sich hat. Für uns, die wir an anderen Orten und erst später in die gleiche Special-Arbeit eingetreten sind, scheint der Name ›Krüppelheim‹ nicht entbehrt werden zu können«. (Schäfer 1900)

Schäfer bestätigte, daß der Name »Krüppelheim« nicht gebräuchlich war und der negative Unterton von Anfang an die Verbreitung der Bezeichnung erschwerte. Er mußte feststellen, daß ein erheblicher Widerstand »von seiten des Publikums, ja wohl gar

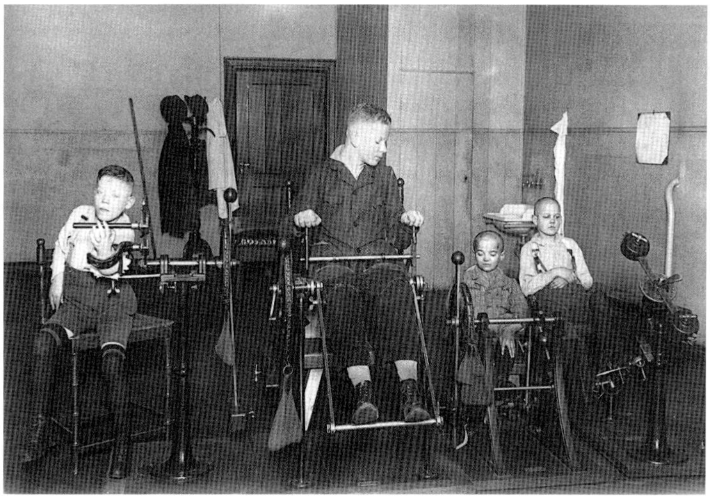

Behandlung im Oberlinhaus Nowawes, 1910/1930 (6.15)

von seiten der näheren Freunde« gegen die Benutzung des Namens geleistet wurde. In anonymen und unterzeichneten Briefen erhob man den Vorwurf der »Hartherzigkeit gegen die Elenden«. Bereits in der zweiten Ausgabe des Jahrbuchs der Krüppelfürsorge nahm Schäfer erneut zum Namen der diakonischen Behinderteneinrichtungen Stellung. Er wies die vielfach vorgebrachte Kritik mit Nachdruck als unbegründet zurück. Wenn der Krüppel der Inbegriff menschlichen Elends sei, dann verhieße das Krüppelheim die Rettung:

»[...] der Name ›Krüppelheim‹ ist das kürzeste und zugleich deutlichste Zeugnis dafür, daß nun endlich auch dieser Klasse von Elenden in einem Land, in einer Provinz Hülfe angeboten und geleistet

1880-1930

Nächstenliebe

Prothesenwerkstatt des Oberlinhauses Nowawes, 1910/1930 (6.40)

wird. [...] Nun giebt es gar keinen Namen, der klarer und unmißverständlicher das Wesen und die Absicht unserer Anstalten bezeichnet, als ›Krüppelheim‹. Daß er gebraucht wird, ist Dank wert, statt Anfeindung. Ich möchte den Namen der Fahne der Genfer Konvention vergleichen, dem roten Kreuz im weißen Feld. Wo sie in der Nähe eines Schlachtfeldes weht, ist sie ein Zeichen für jeden, der sie sieht: hier ist Hülfe für Verwundete. So sagt es der Name Krüppelheim jedem, der ihn hört: hier ist Hülfe für Verkrüppelte.« (ebd.)

Die unnachgiebige Haltung Schäfers wurzelte außer in taktischen und wirtschaftlichen Erwägungen in seiner Auffassung kirchlicher Sozialarbeit. Die zu betreuenden Behinderten wurden vorwiegend als Objekt humanitären Handelns angesehen, denen erst durch die karitative Hilfe ein Leben in der menschlichen Gemeinschaft erschlossen werde.

Die von den evangelischen Pfarrern verfolgte Taktik erwies sich als erfolgreich, doch die Unterstützung der Öffentlichkeit wurde mit einer Diskriminierung der Behinderten erkauft.

Die Schätzung des Bedarfs

Bevor weitere Heime für Körperbehinderte errichtet werden konnten, mußte der Bedarf nachgewiesen werden. Die Diakonie organisierte mehrere regionale Zählungen, die Auskunft über die Anzahl der erforderlichen Heimplätze geben sollten. Schäfer interessierte sich nur am Rande für den wissenschaftlichen Wert der Zählungen. Zwar wollte er sich selbst »über den Umfang des Notstandes klar« werden, aber Zweifel an der Notwendigkeit der Einrichtung von Krüppelheimen hatte er längst nicht mehr. Die zehnjährige praktische Erfahrung von Pastor Hoppe in Nowawes waren für ihn Beweis genug. Er wollte dem Argument entgegentreten, daß die gesunde und kräftige Bevölkerung Schleswig-Holsteins keiner besonderen Fürsorge bedürfe. Schäfer bat die Regierung in Schleswig, eine Zählung der Behinderten durchzuführen, um eine Grundlage für die Planung eines Krüppelheimes zu erhalten. Sein Anliegen fand die bereitwillige Unterstützung der Verwaltung. Die Erhebung gab gleichzeitig Aufschluß über die Ursache und die Art der Behinderungen. Schäfer erhielt »23 gewichtige Aktenstücke« und wertete die Statistik tabellarisch aus. Das Ergebnis erstaunte ihn:

»Ich erschrak über das Resultat der Zählung. Eine solch hohe Zahl hatte ich nicht erwartet. Nimmt man auch an, daß von den Aufgenommenen nur die Hälfte oder der dritte Teil an schweren Gebrechen leiden – welch ein großes Elend ist schon dies!« (Schäfer 1899)

Die Statistik ermöglichte einen guten Einblick in die regionale Verteilung der Körperbehinderten der 23 Schleswig-Holsteinischen Kreise, ihre Altersstruktur, die Ursache und Art der Verkrüppelung, die begleitenden neurologischen oder Sinnesbehinderungen, die familiäre Betreuung, die schulische Ausbildung und die soziale Situation. Auffällig war, daß die Behinderungen nur zum geringen Teil angeboren waren und die Zahl der Krüppel bis zum 12. Lebensjahr stetig zunahm, um im frühen Jugendalter auf einem hohen Niveau zu verharren. Damit hatte Schäfer den Nachweis erbracht, daß die überwiegende Zahl der Krüppelleiden erworben war.

Während die typischen Fehlbildungen wie Klumpfüße und Gliedmaßenverlust nur einen geringen Anteil an der Entstehung von Behinderungen hatten, überwogen die Folgezustände nach verschiedenen Krankheiten, die Versteifung oder Verkrüppelung von Extremitäten und die Lähmungen. Eine wichtige Rolle spielten die Verkrümmungen, zu denen die Wirbelsäulenverbiegungen gerechnet wurden.

Die Ursachen kindlicher Körperschäden lagen überwiegend in Erkrankungen, die mit den ungünstigen Lebens- und Umweltbedingungen in Zusammenhang standen. Rachitis und Tuberkulose waren Zeichen von materieller Not und sozialem Elend. Rhetorisch fragte Schäfer in dem einleitenden Aufsatz zum ersten Band des »Jahrbuch für Krüppelfürsorge«:

»Doch woher kommt all solcher Jammer [...] Verkrüppelung ist in den meisten Fällen ein Leid der Armut, auf schlechter leiblicher Pflege schon der Eltern, oder der Kinder von früher Jugend an, oder sonstigen ungünstigen Lebensbedingungen beruhend. Ausnahmen, daß auch in wohlhabenden Familien körperliche Verunstaltungen vorkommen, bestätigen nur die Regel. – Und jene Thatsache der Armut als Ursache der Verkrüppelung birgt wieder andere Nöte in sich. Armut verschärft jedes Krankheitsleid.«

Auch in anderen Teilen Deutschlands wirkte die Diakonie auf eine Zählung von Behinderten hin. In Mecklenburg-Schwerin wurden mehr als 1.000 Körperbehinderte gezählt, in Schlesien waren es 2.204 behinderte Kinder, in der Rheinprovinz betrug die Zahl der unter 16jährigen Körperbehinderten sogar 8.580. Mit ihren Umfragen hatten die Pfarrer einen »Zipfel des Leichentuches der Vergessenheit« von den Behinderten weggezogen und waren dem Argument entgegengetreten, es handele sich nur um ein quantitativ unbedeutendes Problem. Für die Innere Mission war die Statistik ein wichtiges Mittel, um die Notwendigkeit der Krüppelfürsorge innerhalb der Gemeinden und der Öffentlichkeit zu begründen und die notwendigen Spendengelder aufzubringen.

Das »Vollkrüppelheim«: Ein modernes Rehabilitationszentrum

Die Gründerjahre wurden von den Leitern der Körperbehinderteneinrichtungen intensiv genutzt, um Erfahrungen auszutauschen und sich auf ein gültiges Modell der stationären Betreuung der Behinderten zu einigen. Zur wichtigsten Einrichtung für die Koordinierung der Fürsorge wurde die »Konferenz der deutschen Anstalten für Krüppelpflege«, die erstmals am 22. und 23. Mai 1901 in Nowawes zusammentrat. Auf diesen Konferenzen wurde ein gültiges Modell für den Neuaufbau von Rehabilitationseinrichtungen für Körperbehinderte entwickelt. In diesen Zentren ergänzten sich Schule und orthopädische Klinik, die Jugendlichen sollten im Heim eine Berufsausbildung erhalten. Für diejenigen Körperbehinderten, die auf dem allgemeinen Arbeitsmarkt nicht konkurrenzfähig waren, wurden Werkstätten für eine dauerhafte Beschäftigung vorgesehen.

Das erfolgreiche Konzept der diakonischen Körperbehindertenfürsorge bewährte sich in den folgenden Jahren. Die Körperbehindertenfürsorge war eine bisher unberücksichtigte »Nische« der Sozialpolitik, die von den konfessionellen Institutionen erfolgreich besetzt wurde. Die »Krüppelheime« wurden ihrerseits zum Vorbild für orthopädische Kliniken, die von Bürgervereinen, Kommunen oder dem Staat gegründet wurden. Fast einhundert Jahre nach ihrer Gründung bilden sie noch heute die Grundlage für die orthopädische Versorgung der Bevölkerung. Mit dem Verschwinden der Rachitis und Tuberkulose und der Früherkennung angeborener Behinderungen veränderte sich auch das Spektrum des orthopädischen Therapieangebotes. Geblieben ist der Wunsch, Menschen mit Erkrankungen oder Behinderungen ein normales Leben zu ermöglichen und sie in die Gesellschaft zu integrieren.

Die folgende Tabelle gibt einen Überblick über die von die von 1886 bis 1908 eröffneten Einrichtungen für Körperbehinderte.

Übersicht über die von 1886 bis 1908 eröffneten Krüppelheime

Name und Ort der Anstalt	Jahr	Plätze
Krüppelheim des Oberlinhauses, Nowawes b. Potsdam	1886	204
Pfeiffersche Stiftungen, Cracau-Magdeburg	1889	231
Erziehungs- und Pflegeanstalt Bethanien, Ketschendorf bei Fürstenwalde	1892	30
Westdeutsche Heil-Werk und Heimstätte für Verkrüppelte Bethesda, Kreuznach	1893	94
Anstalten Hephata bei Treysa, Bez. Kassel	1893	60
Sächsisches Krüppelheim (Königin Carola-Stiftung), Dresden	1896	38
Kinderkrüppelheim u. Kinderhilfe Angerburg, Ostpreußen	1897	350
Krüppelpflegeanstalt »Annastift«, Hannover-Kleefeld	1897	72
Krüppelheim »Alten-Eichen«, Stellingen bei Altona	1898	104
Krüppelheim für Knaben, Alt-Colziglow, Kr. Rummelsburg, Pommern	1899	25
Landeskrüppelanstalt »Elisabeth-Heim«, Rostock	1899	38
Krüppelheim der Diaspora-Anstalten Bischofswerder, Westpreußen	1899	39
Krüppelheim Bethesda, Marklissa, Ober-Lausitz	1900	31
Pommersches Krüppelheim Bethesda, Züllchow b. Stettin	1900	23
Anna-Louisenstift zu Blankenburg (Schwarzatal)	1901	24
Schlesisches Krüppelheim zu Rothenburg, Ober-Lausitz	1903	76
Krüppelheim, Zwickau-Marienthal	1904	102
Johanna-Helenenheim, Volmarstein, Westfalen	1904	80
Josefs-Krüppelheim, Bigge i. Westfalen	1904	108
Marienstift, Arnstadt	1905	53
Vinzenz-Krüppelheim, Aachen-Burscheid	1905	58
Berlin-Brandenburgische Krüppel-Heil- und Erziehungsanstalt, Berlin	1906	103
Marien-Krüppelheim, Bigge i. Westfalen	1907	17
Krüppelheim, Braunschweig	1908	10
Krüppelheim Georgstift, Beuthen, Oberschlesien	1908	28

1880-1930

Nächstenliebe

Wer trägt die Kosten? Der Ruf nach gesetzlicher Regelung der Krüppelfürsorge

Obwohl nun innerhalb weniger Jahre ein ausgedehntes Netz von Rehabilitationseinrichtungen für Körperbehinderte entstand, war die Bezahlung der Behandlungskosten nicht geregelt. Die Krankenkassen kamen nicht für die Therapie der behinderten Kinder auf. Während bereits 1891 den Landarmenverbänden durch ein ergänzendes Gesetz zum Unterstützungswohnsitz die Pflicht auferlegt wurde, »für die Bewahrung, Kur und Pflege der hilfsbedürftigen Geisteskranken, Idioten, Epileptischen, Taubstummen und Blinden« zu sorgen, hatten die Körperbehinderten keinen gesetzlichen Anspruch auf Unterstützung. Die »Krüppelheime« erhielten die Unterhaltskosten für ihre Pfleglinge durch das freiwillige Entgegenkommen der Kommunen, des Staates und der Armenverbände. Je nach Interessenlage der Kostenträger variierte die Höhe der Zuschüsse. Einige Gemeinden zahlten kostendeckende Sätze (wie die Stadt Berlin für das Oberlinhaus), während andere nur geringe Zuschüsse leisteten und damit die Behandlung behinderter Kinder der Privatwohltätigkeit überließen.

1880-1930

Nächstenliebe

Auf der dritten »Konferenz der deutschen Anstalten für Krüppelpflege« 1905 forderten die Teilnehmer erstmals, daß die Körperbehinderten anderen Gruppen gesetzlich gleichzustellen seien. Sie verabschiedeten sieben Thesen, die die künftige Entwicklung der Körperbehindertenfürsorge antizipierte:

1. Dem Krüppel ist ebenso wie den anderen Anormalen (Blinden, Taubstummen) ein gesetzliches Recht auf Versorgung und Ausbildung zuzugestehen.

Mädchen an Strickmaschinen im Annastift Hannover, um 1910 (6.41)

2. Dem Krüppel ist sowohl Gelegenheit zu geben, einen seinen Verhältnissen angemessenen Schulunterricht zu genießen, als auch die Möglichkeit zu bieten, einen ihm zusagenden Beruf zu ergreifen.

3. Das Netz der bestehenden Krüppelanstalten ist auszubauen, daß in der Tat allen Krüppeln, soweit dies nach dem Stande der heutigen Pädagogik und Orthopädik möglich ist, Hilfe geleistet werde.

4. Von einer Verstaatlichung der bestehenden Krüppelanstalten ist abzusehen, weil der Krüppelpflege der ihr eigene Charakter zu ihrem Nachteile genommen werden würde.

5. Es ist eine ärztliche Kontrolle der Kinderpflege einzurichten, durch die vorhandene Schäden aufgedeckt und Wege zur Abhilfe gewiesen werden.

6. Die finanziellen Lasten der Krüppelpflege sind, soweit sie nicht durch private Wohltätigkeit gedeckt werden können, den Kreisen und den Provinzen aufzuerlegen.

7. Eine ausreichende Krüppelfürsorge ist nicht nur vom humanitären, sondern auch vom ökonomischen Standpunkte aus wichtig; denn sie bedeutet bei scheinbarem Mehraufwande in der Gegenwart eine bedeutende Verminderung der Armenlasten in der Zukunft.

Die Leitsätze orientierten sich an den sozialpolitischen Gegebenheiten und berücksichtigten die Fortschritte bei der pädagogischen und medizinischen Betreuung der Behinderten. Der Hinweis auf die ärztliche Kontrolle der Kinderpflege und den wirtschaftlichen Wert der Krüppelfürsorge ließ die sozialmedizinische Ausrichtung des neuen Fürsorgezweiges erkennen.

Dem unermüdlichen Einsatz der Diakonissen in den Heimen und der geschickten Politik der Leiter der »Krüppelheime« ist es zu verdanken, daß diese Forderungen auch von der breiten Öffentlichkeit, den Parteien und der Ärzteschaft übernommen wurden. So dauerte es nur 15 Jahre, bis die Kernaussage des Thesenpapiers, der gesetzliche Anspruch auf eine optimale und kostenlose Behandlung körperbehinderter Kinder, mit der Verabschiedung des Preußischen Krüppelfürsorgegesetzes im Jahre 1920 verwirklicht wurde.

Späte Gründung, rasches Wachstum: Die katholischen Einrichtungen

1904 ging von dem katholischen Rektor Heinrich Sommer (1872-1918) die Initiative zur Gründung der »Josefs-Gesellschaft, charitativer Verein für Heilung,

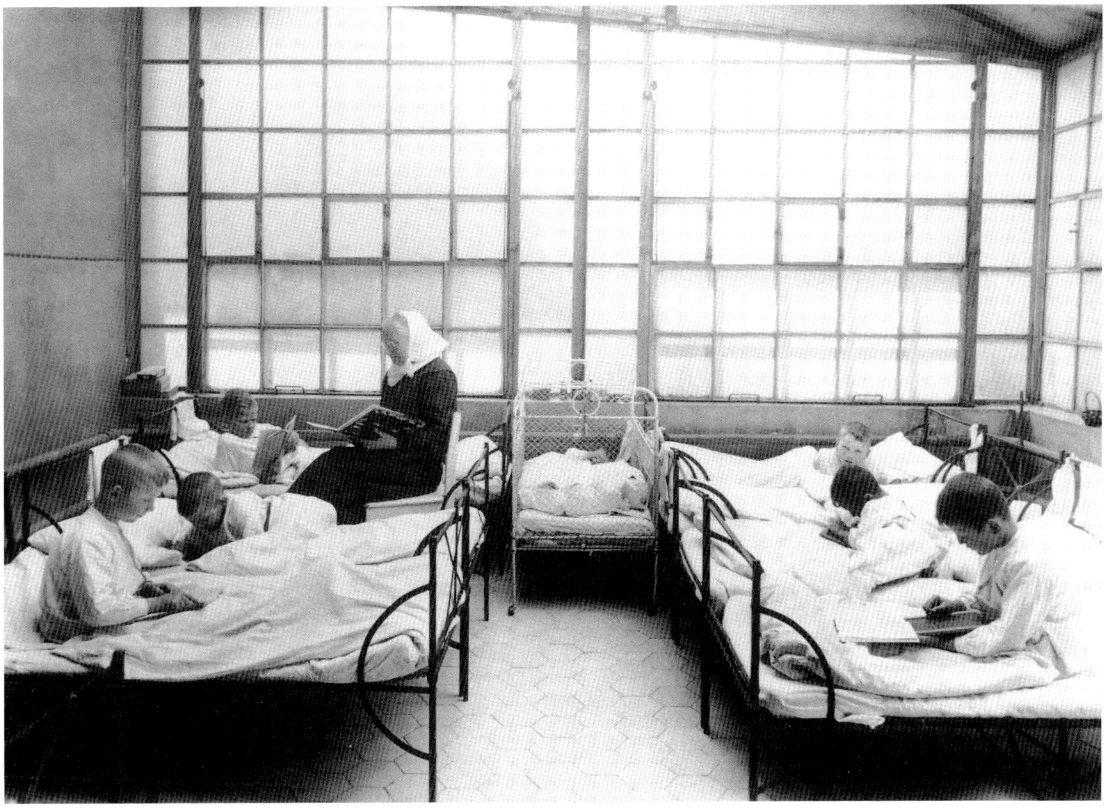

Bettunterricht im Oberlinhaus Nowawes, um 1910 (6.42)

1880-1930

Nächstenliebe

Pflege und Ausbildung krüppelhafter Personen« aus. Sommer wollte »den großen Vorsprung, den die Liebestätigkeit der protestantischen Kirche auf diesem Gebiet errungen« hatte, einholen. Er machte für die lange Verzögerung den »unglücklichen Kulturkampf« verantwortlich, »in dessen Zeit die ersten evangelischen Krüppelheime Deutschlands gegründet wurden, während die katholische Kirche in jenen Jahren auf karitativem Gebiete vollständig lahmgelegt« gewesen sei. Auf der 50. Generalversammlung der Katholiken Deutschlands im Jahre 1903 legte der beigeordnete Bürgermeister der Stadt Köln die folgende, einstimmig verabschiedete Resolution vor:

»Im Hinblick auf die Tatsache, daß mit körperlichen Gebrechen behaftete Kinder infolge der Schwierigkeit, innerhalb ihrer Familien eine ihren Fähigkeiten entsprechende Ausbildung zu erlangen, vielfach der Gefahr ausgesetzt sind, körperlich und geistig zu verwahrlosen, empfiehlt es sich, auf die Errichtung von Anstalten für krüppelhafte Kinder Bedacht zu nehmen.«

Die Entwicklung der katholischen Krüppelfürsorge verlief nach 1904 um so stürmischer. Bereits 1908 konnte Sommer berichten, daß die Josefs-Gesellschaft mehr als 20.000 Mitglieder zählte und damit zum größten Krüppelfürsorgeverein Europas angewachsen war. Zwei Jahre später gehörten ihr »annähernd 30.000 Personen« an. Die Konzeption der Josefs-Gesellschaft unterschied sich von der evangelischen Krüppelfürsorge durch die zentrale Leitung verschiedener Anstalten. Um für katholische Körperbehinderte eine ausreichende Behandlungskapazität zur Verfügung zu stellen, mußten »mehrere tausend Plätze« geschaffen werden. Eine so hohe Konzentration von Krüppeln erschien dem Verein »bedenklich«, und so beschloß man, mehrere geographisch getrennte Heime zu errichten und den Anstalten spezielle Aufgaben zu übertragen. Sahen die evangelischen Heime eine Integration von schulischer und beruflicher Bildung, geschützter Werkstätte und medizinischer Heilbehandlung unter einem Dach vor, so bevorzugte die Josefs-Gesellschaft eine stärkere Spezialisierung, »damit die Leiter derselben auf jeden Fall wüßten, welches Ziel ihnen bei der Versorgung ihrer Zöglinge in erster Linie vorschweben müßte«. Wichtiger dürfte das Argument gewesen sein, daß die Einheitlichkeit der Krüppelfürsorge es ermöglichte, rascher den Rückstand zu den evangelischen Heimen aufzuholen und »alljährlich große Summen für denjenigen Zweig der Krüp-

Pfleglinge der Pfeifferschen Anstalten Magdeburg, um 1900 (6.20)

pelfürsorge bereitzustellen, welcher gerade am meisten der Unterstützung« bedurfte.

Innerhalb sehr kurzer Zeit erfolgte die Gründung einer ganzen Anzahl katholischer Anstalten: 1904 wurde das Josefs-Krüppelheim für gewerbliche Ausbildung krüppelhafter Knaben in Bigge errichtet. 1905 folgte das Vinzenz-Krüppelheim für Erziehung und Schulunterricht krüppelhafter Knaben und Mädchen unter 14 Jahren in Aachen-Burtscheid und 1907 das Marienkrüppelheim für gewerbliche Ausbildung krüppelhafter Mädchen in Bigge. 1910 wurde eine große Villa in Hochheim am Main erworben, das spätere Antoniushaus, das der gewerblichen Ausbildung verkrüppelter Mädchen diente. Die gezielte Spezialisierung trug bald Früchte, und auf dem ersten deutschen Krüppelfürsorgekongreß führte Sommer aus:

»Der Erlös für fertige Waren beziffert sich deshalb auch nicht auf nur 3.000, 5.000, oder 7.000 Mk., sondern wir rechnen schon heute mit einem Umschlag von 60.000 Mk., der, wenn die Anstalt ganz ausgebaut sein wird, den letzteren Betrag um vier- bis fünfmal übersteigen wird. Der Umschlag lehrt zugleich, daß im Josephs-Krüppelheim, obwohl dasselbe erst fünf Jahre alt ist, bereits heute reichlich soviel Waren produziert werden als in allen evangelischen Krüppelheimen zusammen.« (Sommer 1910)

Die Ärzte erkennen die Bedeutung der konfessionellen Körperbehindertenfürsorge

Die Orthopäden nahmen die Gründung der ersten »Krüppelheime« kaum wahr. Selbst als sich bereits die Grundstrukturen eines neuen Versorgungssystems für unbemittelte Behinderte erkennen ließen und die Zahl der in den Heimen vorhandenen Betten die der orthopädischen Privatheilanstalten überstieg, erkannten sie nicht die zukünftige Bedeutung des neuen Fürsorgezweiges. Hieran änderten auch die Äußerungen der diakonischen Leiter der Einrichtungen nichts, die die orthopädische Behandlung in das Programm der Heime aufnehmen wollten. Für die auffällige Distanz der Orthopäden zur Krüppelfürsorge dürften verschiedene Gründe verantwortlich gewesen sein:

- Die Wahl des Begriffs »Krüppel«: Das von Hoppe und Schäfer gewählte Schimpfwort »Krüppel« als Bezeichnung für Körperbehinderte erschwerte die

Annäherung der Ärzte an die Heime. Den Orthopäden wäre die Entwicklung nicht entgangen, wenn die Innere Mission Anstalten für unbemittelte »äusserlich Kranke« oder »körperlich Deformierte« gegründet hätte, aber mit dem »Krüppel« verbanden sich Assoziationen von Siechtum und Unheilbarkeit. Einrichtungen für diese Gruppe von Menschen hatten nur einen bewahrenden Charakter.

▪ Die Verbesserung der medizinischen Diagnostik und Therapie: Die 90er Jahre waren ein Jahrzehnt des Umbruchs in der Orthopädie. Die Entwicklung der Therapie und Diagnostik machte rasche Fortschritte. Das keimarme Operieren verringerte die Risiken der Eingriffe und ermöglichte eine weitere Indikationsstellung bei komplizierten Eingriffen. Sichtbare Zeichen der aufblühenden orthopädischen Chirurgie waren die blutige Einrenkung der sogenannten angeborenen Hüftluxation, die Gelenkversteifung, die Knochendurchtrennung und die Sehnentransplantation. Die 1895 entdeckten X-Strahlen durch Konrad Röntgen und ihr rascher Einsatz in der Praxis waren für die Orthopädie von grundsätzlicher Bedeutung.

▪ Die steigende Nachfrage nach orthopädischen Leistungen: Da die Zahl der orthopädischen Chirurgen gering war, überstieg die Nachfrage der zahlenden Patienten das Angebot bei weitem. Aus den orthopädischen Praxen entstanden innerhalb kurzer Zeit leistungsfähige Privatkliniken. Die Orthopäden waren nicht darauf angewiesen, ihr Patientenklientel aus wirtschaftlichen Erwägungen zu erweitern. Diese Konzentration bedeutete nicht, daß die Ärzte sich dem Wunsch einzelner unbemittelter Kranker nach Behandlung versagten, sie waren zudem bereit, sich in populärer Form an der Volksaufklärung zu beteiligen.

▪ Die Erstversorgung von Unfallverletzten in den chirurgischen Kliniken war gesichert, da die chirurgischen Kliniken die Akutversorgung der Unfallverletzten übernahmen und Patienten mit ernsthaften orthopädischen Erkrankungen, zum Beispiel Tuberkulose der Knochen und Gelenke, versorgten. So bestand keine Notwendigkeit, mittellose Patienten in größerer Zahl aufzunehmen.

▪ In der Ärzteschaft waren antikirchliche Tendenzen verbreitet: Viele im letzten Drittel des 19. Jahrhunderts tätigen Ärzte waren durch ein naturwissenschaftliches Weltbild geprägt. Der kirchliche Einfluß auf Krankenhäuser wurde mit Unbehagen betrachtet.

Allerdings wich das Desinteresse der Ärzte innerhalb weniger Jahre. Es war ihnen nicht verborgen geblieben, daß die konfessionelle Körperbehindertenfürsorge innerhalb weniger Jahre einen gewaltigen Aufschwung genommen und der Medizin eine wichtige Rolle zugewiesen hatte. Ab 1900 unterstützten mehr und mehr Ärzte die Ziele dieser karitativen Bewegung. Als die von dem Berliner Orthopäden Konrad Biesalski (1868-1930) initiierte nationale »Krüppelzählung« vom 10.Oktober 1906 ergab, daß 50.000 körperbehinderte Kinder einer stationären Behandlung bedurften, war die Betroffenheit in ganz Deutschland groß. Die Öffentlichkeit stellte sich ohne Zögern hinter die Ziele, die die konfessionelle Körperbehindertenfürsorge seit 20 Jahren propagierte und die vom Oberlinhaus in Nowawes ihren Ausgang nahmen.

Literatur

Hoppe, Theodor, Bericht über das Oberlinhaus nebst einer tabellarischen Übersicht von dem augenblicklichen Stande der Außen-Stationen, Nowawes 1886

Hoppe, Theodor, Die ersten 25 Jahre. Geschichte der Diakonissenanstalt »Oberlinhaus« zu Nowawes vom 30.11.1874 bis 30.11.1899, Nowawes 1899

Paul, Uwehorst, 150 Jahre Berliner Orthopädie. Wissenschaftliche Schriftenreihe der Humboldt-Universität zu Berlin 1985

Rütt, August, Geschichte der Orthopädie im deutschen Sprachraum, Stuttgart 1993

Rüttimann, Beat, »Zur Geschichte der Krüppelfürsorge«, in: Gesnerus 37. 1980

Schäfer, Theodor, »Der Name unserer Anstalten«, in: Jahrbuch für Krüppelfürsorge, Bd. 1-6, 1899-1905

Sommer, Heinrich, »Katholische Krüppelanstalten«, in: caritas 15. 1910

Temmink, Christoph, Aus meiner orthopädischen Praxis, Münster 1888

Thomann, Klaus Dieter, Das Behinderte Kind. Krüppelfürsorge und Orthopädie in Deutschland 1886-1920, Stuttgart/Jena/New York 1995

Valentin, Bruno, Geschichte der Orthopädie, Stuttgart 1961

1880-1930

Nächstenliebe

»Die wandernde Bevölkerung«

von Jürgen Scheffler

Innere Mission und Migration

Die Existenz von Arbeitswanderungen und die sozialen Probleme, die dadurch aufgeworfen wurden, fanden früh die Aufmerksamkeit der Inneren Mission. Waren es um die Mitte des 19. Jahrhunderts die wandernden Handwerksgesellen, die als Zielgruppe christlicher Hilfe wahrgenommen wurden, so kümmerte man sich in den 1860er Jahren um die Hollandgänger, die Ziegler, die Auswanderer sowie die wandernden Arbeiter. Mit der Gründung der Herbergen zur Heimat und der Arbeiterkolonien entstanden Institutionen, die sich der Fürsorge für wandernde arbeits- und obdachlose Handwerker und Arbeiter annahmen. Sie wurden getragen von Vereinen und Verbänden, die sich innerhalb der Inneren Mission als Wandererfürsorge konstituierten. Damit entstand in der zweiten Hälfte des 19. Jahrhunderts ein Hilfesystem, das bis in die Gegenwart hinein – heute in Gestalt der Bundesarbeitsgemeinschaft Wohnungslosenhilfe e. V. – eine Domäne der freien Wohlfahrtspflege geblieben ist.

Die Entdeckung der »wandernden Bevölkerung« durch die Innere Mission war eine Reaktion auf den sozialen Wandel, der mit der Industrialisierung und der Verstädterung verbunden war. Die vorindustriellen Arbeitswanderungen, in denen neben der Gesellenwanderung im Handwerk die Saisonarbeit eine große Rolle spielte, veränderten sich im Zeichen der gestiegenen Nachfrage nach Arbeitskräften, die durch das Anwachsen der Städte, die Ausweitung der Fabriken und den Eisenbahnbau bewirkt wurde. Auch im Handwerk verlor die tradierte Form der Gesellenwanderung im Gefolge der Gewerbefreiheit sowie der Krisensituation in zahlreichen Handwerkszweigen, die durch Überbesetzung und Unterbeschäftigung geprägt waren, an Bedeutung. In der Landwirtschaft stieg dagegen im Zuge der Mechanisierung der Landarbeit in einigen Agrarregionen der Bedarf an landwirtschaftlichen Saisonarbeitern stark an.

Wanderarbeitsstätte Bethel bei Bielefeld, um 1905 (4.37)

Die Veränderungen in den Formen der Arbeitswanderung führten zu wachsenden Problemen der wandernden Arbeiter, die Gefahr liefen, mit den Bettlern und Vagabunden, der Unterklasse des Ancien régime, auf eine Ebene gestellt und damit zum Objekt der Verfolgung durch Polizei und Justiz zu werden. Die Beschäftigung mit den Folgen der Arbeitswanderung war nicht nur eine Reaktion auf die Notlage einer sozialen Gruppe, sondern sie war zugleich Ausdruck einer spezifischen Problemwahrnehmung durch die Innere Mission. Die Existenz der »wandernden Bevölkerung«, mit der sich Johann Hinrich Wichern in seinem Vortrag auf dem ersten Kongreß für innere Mission im Jahre 1849 beschäftigte, galt als Zeichen für die Auflösung tradierter sozialer Ordnungen und Bindungen. Mit dem Aufbau eines christlichen Hilfesystems sollte nicht nur praktische Unterstützung, sondern auch ein Beitrag zur Stabilisierung der sozialen Ordnung geleistet werden. Die Fürsorge für die wandernden Arbeiter zielte auf eine umfassendere christlich-konservative Sozialreform.

Fürsorge für wandernde Handwerksgesellen: Die Herbergen zur Heimat

Der politischen und sittlichen Gefährdung der wandernden Handwerksgesellen hatte Wichern seine besondere Aufmerksamkeit gewidmet. Die vorhandenen Herbergen waren für ihn »Pflanzschulen für das Vagabundengeschlecht«, an deren Stelle christliche Herbergen treten sollten (Wichern SW II). Zum Vorbild für die von Wichern propagierte Reform des Herbergswesens wurde die »Neue Gesellenherberge zur Heimath«. Ihre Gründung im Jahre 1854 ging auf das Engagement des Bonner Universitätsprofessors Clemens Theodor Perthes (1809-1867) zurück, der seit der Gründung im Jahre 1849 Vorsitzender des leitenden Ausschusses im Bonner Gesamtverein für Innere Mission war. Durch seine Vereinsarbeit war er auf die Notlage der wandernden Handwerksgesellen aufmerksam geworden, die er ähnlich wie Wichern durch die Einrichtung von christlich geprägten Herbergen verändern wollte. »Das Wandern wird Handwerksbrauch in Deutschland auch künftig bleiben, und die Aufgabe unserer Zeit wird sein, ihm den Stachel des Bösen zu nehmen, so viel es möglich ist.« (Perthes 1856)

In der Bonner Herberge wurden Aufenthalts- und Schlafräume sowie Reinigungsmöglichkeiten für die wandernden Gesellen angeboten. Darüber hinaus gab es Räumlichkeiten für Versammlungen, die vom Bonner Gesellenverein genutzt wurden. Die christliche Prägung des Herbergslebens fand in der Morgenandacht sowie im Gottesdienst am Sonntag ihren Ausdruck. Um eine Trennung der wandernden Handwerksgesellen von den als Vagabunden verdächtigten Wanderern zu erreichen, wurden die Pässe und Wanderbücher der Herbergsgäste der Polizei zur Kontrolle vorgelegt. Von den Gesellen wurde ein gesittetes Benehmen erwartet, und die Einhaltung des Alkoholverbotes wurde vom Herbergsvater streng überwacht.

Angeregt durch das Bonner Beispiel, kam es in den 1850er und 1860er Jahren zur Gründung zahlreicher Herbergen, die von lokalen Vereinen getragen wurden. Während in Süddeutschland und in den preußischen Ostprovinzen nur in den größeren Städten Herbergen gegründet worden waren, entstanden sie in Nord- und Westdeutschland auch in kleineren Städten. Entsprechend ihrer Verbreitung begann auch der organisatorische Zusammenschluß der Herbergen im Rheinland und in Westfalen. Im Jahre 1875 wurde in Düsseldorf der Westdeutsche Verband gebildet, der die Gründung neuer Herbergen finanziell und organisatorisch unterstützen sollte. Zehn Jahre später begann mit der Gründung des »Westfälischen Herbergsverbandes« (1885) und des »Deutschen Herbergsvereins« (1886) eine neue Phase der Herbergsarbeit, die zu einer Reorganisation nach dem Modell der Wandererfürsorge und ihrem Leitprinzip »Arbeit statt Almosen« führte.

In zahlreichen Städten hatte sich in den 1860er Jahren die Verbindung von Herberge, Hospiz, das allen Reisenden offenstand, und evangelischem Vereinshaus durchgesetzt. Geleitet wurden die Herbergen von Herbergs- und Hausvätern, so daß sich das Herbergswesen zu einem wichtigen Arbeitsbereich für die männliche Diakonie entwickelte. Allerdings ließ sich die Absicht nicht realisieren, die Herbergen ähnlich wie die katholischen Gesellenhäuser, deren Gründung Adolph Kolping (1813-1865), der Präses des Kölner Gesellenvereins, mit der Einrichtung des Gesellen-Hospitiums in Köln im Jahre 1852 angeregt hatte, zu einem Kristallisationskern der evangelischen Handwerker- und Arbeiterbewegung auszubauen. Zu stark waren die Herbergen durch ihr christlich-patriarchalisches Gründungskonzept geprägt. Sie waren keine Einrichtungen, die von Handwerksgesellen oder Arbeitern selbst gegründet worden waren, sondern sie waren Gründungen von christlichen Vereinen für die Gesellen und Wanderer, wobei in der Regel Pfarrer sowie kirchlich engagierte Bürger die Initiatoren waren. Die Möglichkeit einer Mitwirkung von Gesellen und Arbeitern an der Verwaltung der Herbergen und der Gestaltung des Herbergslebens sahen die Statuten der christlichen Herbergsvereine nicht vor.

»Bewahrung der Gefährdeten«: Reiseprediger und Auswanderermission

Zu den frühen Arbeitsfeldern der Inneren Mission gehörte die Betreuung der Saisonarbeiter, die in der Landwirtschaft tätig waren, sowie der Eisenbahn-, Kanal- und Straßenbauarbeiter. Zu den landwirtschaftlichen Saisonarbeitern gehörten die Sachsengänger, die meist aus den preußischen Ostprovinzen stammten und als Schnitter in der Landwirtschaft Nord- und Mitteldeutschlands beschäftigt waren. Ähnliche Arbeiten hatten die Hollandgänger übernommen, die in der Regel aus Nordwestdeutschland kamen und in Holland als Grasmäher und Torfstecher arbeiteten. Die zahlenmäßige Bedeutung dieser Form der Wanderarbeit, die im vorindustriellen Europa eine der großen Arbeitswanderungen darstellte, ging in der zweiten Hälfte des 19. Jahrhunderts stark zurück. Auch die als Ziegler tätigen Wanderarbeiter aus dem Fürstentum Lippe hatten bis in die zweite Hälfte des 19. Jahrhunderts hinein zu den Hollandgängern gehört. Seit Mitte des 19. Jahrhunderts aber verlagerten sie ihre Arbeitsorte in das Umland der expandierenden Großstädte, an die Unterelbe, nach Brandenburg und nach Sachsen.

1880-1930

Nächstenliebe

Die Innere Mission entwickelte ein Hilfe- und Betreuungsprogramm für die Saison- und Wanderarbeiter, das aus zwei Bausteinen bestand. Zum einen wurden Reiseprediger ausgesandt, die die kirchliche Betreuung der Wanderarbeiter übernahmen. Zum anderen bemühte man sich um den Bau und die Einrichtung von Menagen, in denen Wirtschafts- und Schlafräume vorhanden waren. Bei den Reisepredigern handelte es sich in der Regel um Pfarrer aus den Heimatgemeinden der Wanderarbeiter, die nach einem festen Reiseplan die Wanderarbeiter auf ihren Arbeitsstellen besuchten und seelsorgerlich betreuten. Im Jahre 1861 waren die ersten Reiseprediger im Auftrag des Central-Ausschusses nach Holland gereist; zwei Jahre

Schild einer Herberge zur Heimat, 1907 (4.20)

Hausordnung der Herberge zur Heimat, um 1880 (4.21)

1880-1930

Nächstenliebe

später unternahm erstmals ein lippischer Pfarrer eine solche Reise. Bis 1887 wurden Predigtreisen zu den in Holland tätigen Zieglern unternommen; danach beschränkten sich die Pfarrer auf Reisen zu den in Deutschland gelegenen Arbeitsstellen der Ziegler. Zu ihren Aufgaben gehörte vor allem die Abhaltung von Gottesdiensten. Sie erkundigten sich aber auch nach den Arbeitsbedingungen, den Unterkünften sowie den (in der Regel kaum vorhandenen) Freizeitmöglichkeiten, um Mißstände aufzudecken und zur Reform der Arbeits- und Unterkunftssituation beizutragen. Den lippischen Pfarrern, die Predigtreisen zu den Zieglern unternahmen, ging es auch darum, die Wanderarbeiter in christlich-konservativem Sinne zu beeinflussen und sie davon zu überzeugen, gegenüber der Sozialdemokratie und den Gewerkschaften Distanz zu wahren. Neben den Saison- und Wanderarbeitern galt die Fürsorge der Inneren Mission den Auswanderern, deren Zahl in der zweiten Hälfte des 19. Jahrhunderts, vor allem in den Jahren 1880 bis 1893, stark angestiegen war. In Hamburg hatte der Verein für Innere Mission auf Anregung von Johann Hinrich Wichern in den Jahren 1852/53 begonnen, auf den Auswandererschiffen sowie in den Logierhäusern Bibeln zu verteilen oder zu verkaufen. Im Jahre 1867 wurden erstmals Gottesdienste für Auswanderer angeboten, die teilweise von über 200 Personen besucht wurden. Im Jahre 1870 konnte ein Hafenmissionar angestellt werden. Zu seinen Aufgaben gehörten neben der Verteilung von Bibeln und Traktaten die Beratung von Auswandererfamilien sowie der Besuch von Seeleuten auf Übersee-, Fluß- und Küstenschiffen. Auf den Auswandererschiffen selbst sollte sich ein Schiffsprediger um die Auswanderer kümmern. Allerdings unternahm der im Jahre 1868 vom Hamburger Verein in Zusammenarbeit mit dem Central-Ausschuß angestellte Schiffsprediger nur drei Fahrten nach Amerika; danach wurde diese Form der Auswanderermission auf Grund der Kosten und anderer Probleme wieder aufgegeben.

»Rettung der Verlornen«: Die Arbeiterkolonien

In den 1870er Jahren waren neben den Handwerksgesellen, den Wanderarbeitern und den Auswanderern die wandernden Arbeiter ins Blickfeld der Inneren Mission gerückt. Im Zuge der Binnenwanderung waren in den 1860er und 1870er Jahren zahlreiche Männer in die Industriestädte gekommen, die mit der Abwanderung ihre sozialen Bindungen in den Heimatorten verloren hatten. Verloren sie ihre Arbeitsstelle, bevor sie durch einen zweijährigen Aufenthalt am

Zielort ihrer Wanderung einen neuen Unterstützungswohnsitz erworben hatten, konnten sie von der kommunalen Armenfürsorge keine Hilfe erwarten. Zwar war die tradierte Armenfürsorge, die auf dem Heimatprinzip beruhte, durch das Gesetz über den Unterstützungswohnsitz (1870) reformiert worden, aber diejenigen, die im Zuge der Binnenwanderung ihren alten Unterstützungswohnsitz verloren und aufgrund einer zu kurzen Aufenthaltsdauer keinen neuen erworben hatten, hatten kein Anrecht auf eine Unterstützung.

Viele Arbeiter, die arbeits- und damit häufig auch obdachlos geworden waren, begaben sich ähnlich wie die Handwerksgesellen auf die Wanderschaft, um eine neue Arbeitsstelle zu suchen. Was sich aus der Sicht von Handwerkern und Arbeitern als Rückgriff auf ein tradiertes Muster der handwerklichen Gesellenkultur darstellte, wurde von den Verwaltungsbehörden, der Justiz und der Öffentlichkeit als Bettelei und Vagabundage wahrgenommen. Mit der Etikettierung als Bettler oder Vagabund aber lief der arbeits- und obdachlose Wanderer Gefahr, mit der Polizei und der Justiz in Berührung zu kommen. Die Verwaltungsbehörden und die Justiz reagierten auf die Zunahme der Zahl arbeits- und obdachloser Wanderer mit der rigideren Anwendung der verfügbaren ordnungs- und sicherheitspolizeilichen Maßnahmen. So konnten Personen, die als Bettler oder Landstreicher angetroffen wurden, nach § 361 des Reichsstrafgesetzbuches zu einer Haftstrafe bis zu sechs Wochen verurteilt und im Wiederholungsfall an die Landespolizeibehörde überwiesen werden, die eine Arbeitshausstrafe bis zu zwei Jahren, die korrektionelle Nachhaft, verhängen konnte.

Die Gefahr, daß ein arbeits- und obdachloser Wanderer auf Grund von Betteleidelikten sowie einer länger andauernden Wanderschaft zum Vagabunden abgestempelt und damit sozial stigmatisiert werden konnte, gab den Anstoß für philanthropische und kirchliche Hilfebemühungen. In zahlreichen Städten entstanden Vereine gegen Bettelei: Die Vereinsmitglieder wollten mit ihren Beiträgen arbeits- und obdachlose Wanderer unterstützen. Zugleich aber sollten die Vereine dazu beitragen, daß die Vereinsmitglieder Wanderer, die an den Haus- oder Wohnungstüren bettelten, mit dem Hinweis auf die Vereinsunterstützung abweisen konnten. Die Vereinsfürsorge blieb in der Regel ohne nachhaltigen Erfolg, da eine Kooperation und Koordination unter den Vereinen sowie zwischen den Vereinen und der Armenfürsorge nur selten zustande kam.

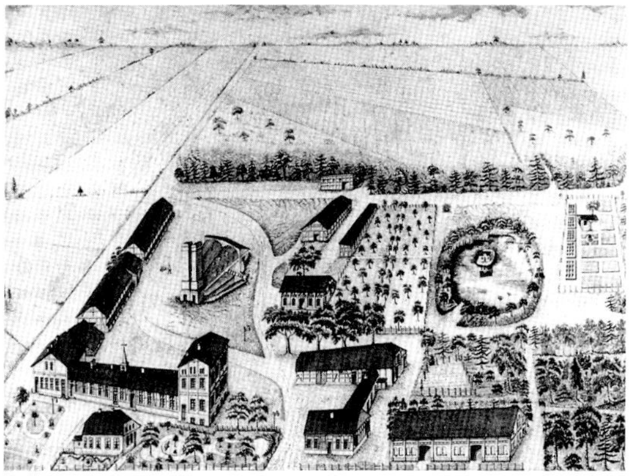

Arbeiterkolonie Kästorf, Zeichnung eines Bewohners, um 1890 (4.36)

Ein anderes Modell der Hilfe für arbeits- und obdachlose Wanderer entstand im Kontext der Inneren Mission. Im Jahre 1879 hielt der Frankfurter Pfarrer Gustav Schlosser auf der Jahreskonferenz des Vereins für Innere Mission in Minden-Ravensberg und Lippe einen Vortrag über die »Vagabunden-Noth«, der im Anschluß an die Konferenz von der Anstalt Bethel publiziert und in großer Zahl vertrieben wurde. Für ihn war die Zunahme der Zahl arbeits- und obdachloser Wanderer nicht nur die Folge einer wirtschaftlichen, sondern auch einer religiösen und moralischen Krisensituation. »Man hat mit Recht gesagt: das Stromerthum ist der Bodensatz der Bevölkerung; aber: wie muß das Wasser beschaffen sein, welches Schmutzschichten von solcher Mächtigkeit fallen läßt? Das Stromerthum ist das Ergebniß unserer ungesunden Verhältnisse, und zwar der gewerblichen und socialen nicht blos, sondern der sittlichen und religiösen.« (Schlosser 1879) Zur Behebung der »Vagabunden-Noth« schlug er die Gründung einer landwirtschaftlichen Kolonie für arbeits- und obdachlose Wanderer vor. Aus den Diskussionen auf der Jahreskonferenz entstand das Projekt der Arbeiterkolonie Wilhelmsdorf, die von Friedrich von Bodelschwingh (1831-1910), dem Leiter der Anstalt Bethel, im Jahre 1882 in der Senne bei Bielefeld gegründet wurde. Dem Vorstand des Trägervereins gehörten Pfarrer, Verwaltungsbeamte und Kaufleute an, die in dem durch die Erweckungsbewegung geprägten christlich-konservativen Milieu der Stadt Bielefeld und im östlichen Westfalen beheimatet waren.

1880-1930

Nächstenliebe

Der Aufenthalt in der Arbeiterkolonie sollte es dem arbeits- und obdachlosen Wanderer ermöglichen, in ein seßhaftes Arbeiterleben zurückkehren zu können. Die Hilfe, die er in der Arbeiterkolonie erhielt, beruhte auf dem Grundprinzip »Arbeit statt Al-

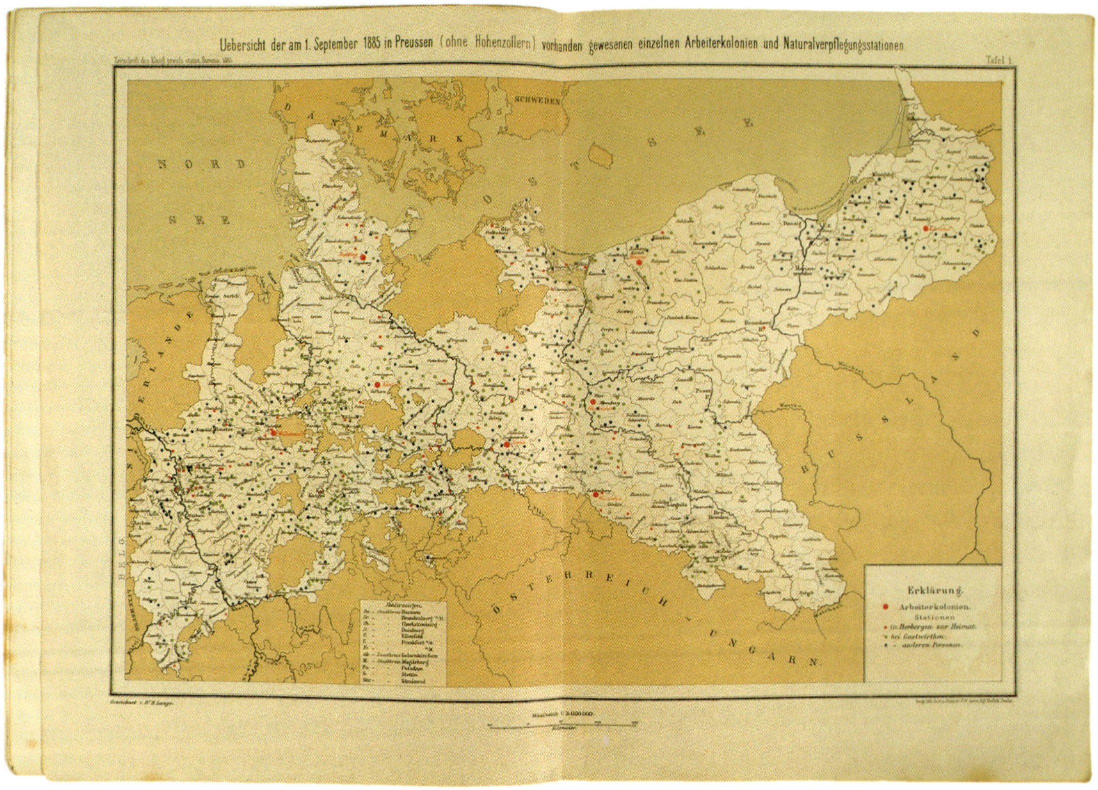

Karte der Naturalverpflegungsstationen und Arbeiterkolonien in Preußen, 1886 (4.33)

mosen«. Die Pflicht zur Arbeit galt als Test für die Arbeitswilligkeit und sollte damit der Unterscheidung von Wanderer und Vagabund dienen. Der Eintritt in die Kolonie bedeutete den Bruch mit der bisherigen Lebensweise auf der Straße. Die Kolonisten erhielten neue Kleidung, und zwar einen Arbeits- und einen Sonntagsanzug, und es bot sich ihnen die Möglichkeit einer gründlichen körperlichen Reinigung. Zwischen dem Vorstand der Arbeiterkolonie und dem neuen Kolonisten wurde ein Arbeiter-Kontrakt geschlossen. Mit seiner Unterschrift erklärte der Kolonist seine Bereitschaft, die Hausordnung und die Bedingungen für den Kolonieaufenthalt anzuerkennen. Er bestätigte, wie es im Kontrakt formuliert war, »daß er, ohne andere Arbeit finden zu können, aus Barmherzigkeit in der Kolonie Wilhelmsdorf aufgenommen worden ist und daß er durch seinen Aufenthalt in derselben keinerlei rechtlichen Anspruch erwirbt, daß er zufrieden ist, wenn er nur für die Kost und Obdach arbeiten kann, und daß alles, was ihm mehr als dieses gewährt wird, freie Güte des Vorstandes von Wilhelmsdorf ist.« (Wilhelmsdorf 1983)

Die Kleidungsstücke, die der Kolonist bei seinem Eintritt in die Arbeiterkolonie erhalten hatte, gingen erst in sein Eigentum über, wenn er sie abbezahlt hatte. Verließ er die Kolonie vorzeitig und nahm die Anzüge mit, so wurde dies als Diebstahl angezeigt. Der Arbeitslohn der ersten vierzehn Tage in der Kolonie wurde mit Kost und Logis verrechnet. In den darauf folgenden vier Wochen betrug der Verdienst 25 Pfennige pro Tag, danach konnte er auf 40 Pfennige erhöht werden. Hatte der Kolonist gegen die Hausordnung verstoßen oder sich eine Rüge wegen schlechten Betragens eingehandelt, konnte er vom Hausvater entlassen werden, ohne daß ihm der noch ausstehende Verdienst ausgezahlt werden mußte. Die Hausordnung regelte den Alltag in der Kolonie vom Aufstehen über die Arbeit bis zum Schlafengehen. Der Kolonist durfte seinen Arbeitsplatz sowie das Koloniegelände nur mit Genehmigung des Hausvaters verlassen. Besonderen Wert legte der Koloniegvorstand auf die Teilnahme der Kolonisten an den Gottesdiensten und an den Hausandachten, die »ohne besonderen Grund und ohne Erlaubniß des Hausvaters« (ebd.) nicht versäumt werden durften. Die Kolonisten wurden in der Arbeiterkolonie Wilhelmsdorf bei landwirtschaftlichen Arbeiten sowie bei der Kultivierung brachliegender Flächen eingesetzt. Die Arbeit in der Landwirtschaft, die »für Leib und Seele stärkend wirkt«, wie es Friedrich von Bodelschwingh in seiner Schrift »Die Ackerbau-Colonie ›Wilhelmsdorf‹ nach ihren bisherigen Erfahrungen« (1882) formuliert hatte, wurde zugleich als eine Alternative zur gewerblich-industriellen Arbeitswelt in den großen Städten verstanden, die als eine der Ursachen für die »Vagabunden-Noth« angesehen wurde.

Das Modell der Arbeiterkolonien fand in den 1880er und 1890er Jahren rasche Verbreitung. In zahlreichen preußischen Provinzen sowie in anderen Bundesstaaten wurden Arbeiterkolonien gegründet, die von Vereinen getragen wurden. Die Kolonien wurden von einem Vorstand geleitet, dem der sogenannte Hausgeistliche angehörte. Ihm oblag die seelsorgerliche Betreuung und »die Oberleitung der erziehlichen Einwirkungen«. (Schäfer 1893) Die praktische Leitung der Kolonie war die Aufgabe des Hausvaters, bei dem es sich um »eine zur erziehlichen Beeinflussung erwachsener Männer geeignete christliche Persönlichkeit« mit landwirtschaftlichen Kenntnissen handeln sollte und der in der Regel aus einer Diakonenanstalt kam. Die überwiegende Zahl der Arbeiterkolonien wurde auf dem Lande eingerichtet; nur in Magdeburg, Hamburg und Berlin entstanden auch städtische Arbeiterkolonien, in denen die Kolonisten mit gewerblichen Arbeiten beschäftigt wurden. Im Jahre 1892 gab es 25 Arbeiterkolonien mit 3.039 Plätzen sowie die Heimatkolonie Friedrich-Wilhelmsdorf, in der Kolonisten die Möglichkeit hatten, ein kleines Haus zu erwerben. Unter dem Namen »Frauenheim« oder »Frauenasyl« wurden auch Arbeiterinnenkolonien gegründet, die sich als Arbeitsanstalten für obdachlose Frauen verstanden. Die Arbeiterkolonien finanzierten sich aus den Erträgen der landwirtschaftlichen Arbeit, aus Mitgliedsbeiträgen der Vereinsmitglieder, aus privaten Spenden und Kirchenkollekten, aber auch aus freiwilligen Zuwendungen von seiten des Staates, der Provinzen und der Kommunen. Allerdings blieb die wirtschaftliche Basis vieler Arbeiterkolonien angesichts oft nur geringer Erträge aus der Landwirtschaft prekär.

Das Modell der Arbeiterkolonien fand auch über die Konfessionsgrenzen hinweg Resonanz. Im Jahre 1888 war der »Verein für Katholische Arbeiterkolonien in Westfalen« gegründet worden, und in Berlin-Weissensee wurde im Jahre 1902 eine jüdische Arbeiterkolonie gegründet. Während die Konfessionsgrenzen für die Rezeption des Koloniemodells durchlässig waren, erwies sich die Klassengrenze als nur schwer zu überwindende Barriere für die Popularisierung des Wilhelmsdorfer Fürsorgemodells. Die sozialdemokratische Presse hatte die Gründung Wilhelmsdorfs mit kritisch-polemischen Artikeln kommentiert, und der Aufenthalt in der Kolonie wurde noch in den 1890er Jahren mit einer »Dressur pastoraler Kultur« gleichgesetzt, wie es 1895 in einem Artikel im »Vorwärts« hieß.

1880-1930

Nächstenliebe

Wanderschein, 1886 (4.22)

»Arbeit statt Almosen«: Der Auf- und Ausbau der Wandererfürsorge

Die Arbeiterkolonie Wilhelmsdorf war nach dem Konzept von Friedrich von Bodelschwingh eine Gründung »der freien christlichen und kirchlichen Vereinsthätigkeit, welche hierbei von den Behörden und den Provinzialständen zu unterstützen ist.« (Bodelschwingh 1882) Die staatlichen und kommunalen Verwaltungen sollten die Arbeiterkolonien nicht nur durch den Beitritt zu den Trägervereinen unterstützen, sondern der Staat sollte die Kommunen und die Kreise dazu anregen, Verpflegungsstationen einzurichten und zu unterhalten. In ihnen konnte der arbeits- und obdachlose Wanderer Unterkunft und Verpflegung erhalten, war aber zu einer Arbeitsleistung (meist im Holzstall oder beim Steineklopfen) verpflichtet. Die Verpflegungsstation als kommunale Einrichtung sollte möglichst einer Herberge zur Heimat angeschlossen sein. Im westfälischen Regierungsbezirk Minden entstanden in den Jahren 1881 bis 1883 insgesamt 35 Verpflegungsstationen in den

Trägerschaften von Städten, Gemeinden und Kreisen, so daß in dieser Region die Verbindung von Unterstützung (Verpflegungsstation) und Fürsorge (Arbeiterkolonie) für arbeits- und obdachlose Wanderer quasi Modellcharakter angenommen hatte.

Das Konzept der Wandererfürsorge war in den Vereinen der Inneren Mission entstanden. Als Träger der Arbeiterkolonien hatten sich, ähnlich wie bei den Herbergen zur Heimat, eigene Vereine gebildet, die sich in den 1880er Jahren überregional zusammenschlossen. Zunächst auf regionaler Ebene (Gründung des Westfälischen Herbergsverbandes im Jahre 1885) und im Anschluß daran auf Reichsebene entstanden die Verbände der Wandererfürsorge. Zu ihnen gehörten der Central-Vorstand deutscher Arbeiterkolonien (1883/84), der Deutsche Herbergsverein (1886) und der Gesamt-Verband deutscher Verpflegungsstationen (Wanderarbeitsstätten) (1892), die ihren Verbandssitz in der Regel in der Anstalt Bethel hatten. Im Jahre 1885 erschien in Bethel das erste Heft der Zeitschrift »Die Arbeiter-Kolonie« (ab 1897: Der Wanderer), die zu den ersten Fachzeitschriften innerhalb der Wohlfahrtspflege gehörte. In ihren Artikeln wurden verbandspolitische und fachbezogene Themen erörtert, und es wurden Berichte aus der praktischen Arbeit der Einrichtungen sowie aus der Verbandsarbeit publiziert.

Ausgehend vom Regierungsbezirk Minden, konnte sich das Modell der Zusammenarbeit von freier Wohlfahrtspflege, Kommunen, Provinzialbehörden und Staat in der Wandererfürsorge in der gesamten Provinz Westfalen durchsetzen. Um die Verpflegungsstationen und Wanderarbeitsstätten, wie sie seit den 1890er Jahren genannt wurden, dauerhaft etablieren zu können, war es nach Ansicht der Wandererfürsorge notwendig, eine einheitliche Wanderordnung für die Provinz zu erlassen. Sie bestand in der Durchsetzung der Arbeitspflicht in den Verpflegungsstationen (Arbeit statt Almosen) sowie in der Einführung des Wanderscheins als Legitimationspapier für den Wanderer. Nur wer über einen gültigen Wanderschein verfügte, konnte sich gegenüber Polizei und Verwaltungsbehörden als Wanderer ausweisen, der sich auf Arbeitssuche befand. Bei der Durchsetzung der Wanderordnung bewährte sich in Westfalen die enge Zusammenarbeit von Verwaltungsbehörden und Wandererfürsorge. Die Zusammenarbeit von Staat, Kommunen, Provinz und freier Wohlfahrtspflege wurde mit der Gründung des »Westfälischen Stationsverbandes« (1887/88) institutionalisiert, dem Landräte, Oberbürgermeister, Beamte aus den staatlichen Verwaltungsbehörden und Repräsentanten der Wandererfürsorge angehörten. Auf regionaler Ebene war damit eine frühe Form der Verbindung von öffentlichen und privaten Trägern in der Wohlfahrtspflege entstanden.

Allerdings wurden in der Provinz Westfalen in den 1890er Jahren auch die Grenzen des Konzeptes der Wandererfürsorge deutlich. Im Regierungsbezirk Münster waren mehr als die Hälfte aller Verpflegungsstationen in Gastwirtschaften und nicht in Herbergen zur Heimat untergebracht. Da die finanzielle Unterstützung der Verpflegungsstationen durch die Kommunen und Kommunalverbände auf freiwilliger Grundlage erfolgte, kam es angesichts finanzieller Engpässe zur Reduzierung der Beiträge oder gar zur Aufgabe der Station, was zur Ausdünnung des gesamten Stationsnetzes beitrug. So sah sich der Bielefelder Bürgermeister Ernst Bansi im Jahre 1893 zu einem eher pessimistischen Resumée über den Zustand der Wandererfürsorge in Westfalen veranlaßt: »Eine ganze Reihe von Kreis- und Gemeinde-Vertretungen strichen oder kürzten in ihren Etats die Summe, die sie bisher zum Unterhalt der Stationen verausgabt hatten, weil sie sich mit Recht sagten, warum sollen wir das leisten, während der Nachbarkreis nichts thut, aber doch den ganzen Nutzen mit hat, ja sogar seine Stromer uns noch dazu auf den Hals schickt.« (Verhandlungen des 17. Westfälischen Städtetages, 1893)

Die Wandererfürsorge und die Wohlfahrtspflege im Kaiserreich

Der Aufbau der Wandererfürsorge, der mit den Herbergen zur Heimat um die Jahrhundertmitte begann, war eine Reaktion des Protestantismus auf die sozialen Probleme, die mit den Wanderungsbewegungen in der Zeit der Industrialisierung und Urbanisierung verbunden waren. Vor allem die arbeits- und obdachlosen Wanderer, deren Zahl sich im Gefolge der Wirtschaftskrise der 1870er Jahre stark vermehrt hatte, waren der Gefahr ausgesetzt, von den Behörden und der Justiz zu Bettlern und Vagabunden stigmatisiert zu werden. Mit der Gründung der Herbergen, der Arbeiterkolonien und Verpflegungsstationen entstand ein Hilfesystem, das sich der besonderen Notlagen dieser Wanderer annahm. Die Hilfe beruhte auf dem Gedanken der christlichen Nächstenliebe, aber sie war zugleich von bürgerlichen Ordnungsvorstellungen geprägt. Dem arbeits- und obdachlosen Wanderer wurde die Rolle des Objektes der Fürsorge zugewiesen, dem eine Mitwirkung an der Verwaltung der

Einrichtung oder gar eine Beeinflussung der Ziele der Fürsorge nicht eingeräumt wurde. Von seiten der Arbeiterbewegung stieß das Wilhelmsdorfer Fürsorgemodell auf Grund seines patriarchalischen Zuschnitts deshalb auf heftige Kritik.

Die Herbergen, Arbeiterkolonien und Verpflegungsstationen waren nach dem Konzept, das maßgeblich auf Friedrich von Bodelschwingh zurückging, Bestandteile eines Fürsorgesystems, das sich mit eigenen Vereinen und Verbänden und einer eigenen Fachzeitschrift in der freien Wohlfahrtspflege der 1880er Jahre konstituierte. Zur Modellprovinz der Wandererfürsorge entwickelte sich die preußische Provinz Westfalen. Auch in anderen preußischen Provinzen, wie in Hannover, Sachsen und in Schlesien, sowie in anderen Bundesstaaten, wie in Württemberg, wurde der Aufbau der Wandererfürsorge nach dem westfälischen Modell vollzogen. Allerdings sahen sich die Verbände in den 1890er Jahren mit einer Krise des Fürsorgesystems konfrontiert: Auch in Westfalen wurde eine Reihe von Verpflegungsstationen aufgegeben und damit das Stationsnetz ausgedünnt. Die Verknüpfung der neugegründeten Arbeitsnachweise mit den Einrichtungen der Wandererfürsorge, die in den 1890er Jahren in den Städten Bielefeld und Herford durchgeführt wurde, konnte sich dauerhaft nicht durchsetzen. In Bielefeld wurde die Verbindung von Wandererfürsorge und Arbeitsvermittlung mit der Gründung eines kommunalen Arbeitsnachweises im Jahre 1907 wieder aufgehoben. Das von den Verbänden angestrebte Wandererfürsorgegesetz, das eine reichsgesetzliche Regelung der Wandererfürsorge ermöglichen sollte und für das sich Bodelschwingh als Abgeordneter im preußischen Abgeordnetenhaus einsetzte, fiel im Jahre 1914 dem Kriegsbeginn zum Opfer.

Die Übernahme des Konzeptes der Wandererfürsorge durch die katholische und die jüdische Wohlfahrtspflege zeigt die Resonanz, die das Wilhelmsdorfer Modell auch außerhalb des Protestantismus fand. Mit dem Berliner »Asylverein für Obdachlose«, in dem der Sozialdemokrat Paul Singer an leitender Stelle tätig war, war allerdings ein Modell für die großstädtische Obdachlosenfürsorge entstanden, das zentralen Prinzipien der Wandererfürsorge entgegengesetzt war. Auf Grund dieser Herausforderung verstärkte Bodelschwingh nach der Jahrhundertwende sein Engagement für die Reform der großstädtischen Obdachlosenfürsorge (Gründung der Arbeiterkolonie Hoffnungstal bei Bernau, 1905). In einem Brief, den er im Jahre 1907 an Paul Singer schrieb, kündigte er seine Entschlossenheit an, sich für die Reform der Obdachlosenfürsorge in Berlin nach dem Modell der Wandererfürsorge einzusetzen: »Ich bin fest entschlossen, die begonnene Arbeit nicht aufzugeben, bis beide Asyle [das städtische und das Vereinsasyl, d.V.] in echte Wanderarbeitsstätten umgewandelt sind als Vorbild für ganz Deutschland.« (Hauptarchiv Bethel)

1880-1930

Nächstenliebe

Literatur

BODELSCHWINGH, FRIEDRICH VON, Die Ackerbau-Colonie »Wilhelmsdorf« nach ihren bisherigen Erfahrungen, Bielefeld 1882

BODELSCHWINGH, FRIEDRICH VON, Unsere Brüder von der Landstraße, Bethel 1904

FRIE, EWALD, »Fürsorgepolitik zwischen Kirche und Staat. Wanderarmenhilfe in Preussen«, in: Jochen-Christoph Kaiser / Wilfried Loth (Hg.), Soziale Reform im Kaiserreich. Protestantismus, Katholizismus und Sozialpolitik, Stuttgart/Berlin/Köln 1997

KOLLING, HUBERT, Vom »Armenhaus« zur »Wanderarbeitsstätte«. Ein Beitrag zur Sozialgeschichte der Stadt Marburg im 19. und 20. Jahrhundert, Marburg 1989 (= Marburger Stadtschriften zur Geschichte und Kultur, Bd. 29)

PERTHES, CLEMENS THEODOR, Das Herbergswesen der Handwerksgesellen, Gotha 1856

SCHÄFER, THEODOR, Leitfaden der inneren Mission, Hamburg 1893

SCHEFFLER, JÜRGEN, Bürger & Bettler. Materialien und Dokumente zur Geschichte der Nichtseßhaftenhilfe in der Diakonie. Bd. 1: 1854 bis 1954. Vom Herbergswesen für wandernde Handwerksgesellen zur Nichtseßhaftenhilfe, Bielefeld 1987

SCHLOSSER, GUSTAV, Die Vagabunden-Noth, Bielefeld-Bethel o. J. (1879)

WICHERN, JOHANN HINRICH, Sämtliche Werke, hg. von Peter Meinhold, Bd. II, Die Kirche und ihr soziales Handeln, Hamburg 1965

WILHELMSDORF. Die erste deutsche Arbeiterkolonie, Bielefeld-Bethel 1983

ZADACH-BUCHMEIER, FRANK, »Anstalten, Heime und Asyle: Wohnen im institutionellen Kontext«, in: Jürgen Reulecke (Hg.), Geschichte des Wohnens. Bd. 3. 1800-1918. Das bürgerliche Zeitalter, Stuttgart 1997

ZENTRALVERBAND DEUTSCHER ARBEITERKOLONIEN (HG.), Ein Jahrhundert Arbeiterkolonien. »Arbeit statt Almosen« – Hilfe für Obdachlose Wanderarme 1884-1984, Bielefeld 1984

Zwischen Rettungshaus und »Fürsorgehöllen«

von Carola Jüllig

Im April 1930 ging vor dem Landgericht Kiel ein Prozeß gegen vier Erzieher zu Ende. Die Angeklagten wurden wegen »fortgesetzter gefährlicher Körperverletzung« zu Gefängnisstrafen zwischen zwei Wochen und vier Monaten verurteilt – begangen hatten sie die Taten in einem der Inneren Mission zugehörigen Heim für Fürsorgezöglinge. Der »Ricklinger Prozeß« war kein Einzelfall und markierte einen Höhepunkt in der öffentlichen Debatte um die Fürsorgeerziehung. Das älteste und traditionsreichste Arbeitsgebiet der Inneren Mission mußte um mehr als nur um seinen guten Ruf bangen: Die gesamte evangelische Erziehungsarbeit schien in ihrem Bestand gefährdet.

Von Wichern zum »Zwangserziehungsgesetz«

Kirchliche Kreise in Süddeutschland hatten schon zu Beginn des 19. Jahrhunderts »Rettungshäuser« gegründet, in denen ausgesetzte, verwahrloste und verwaiste Kinder, für die kaum staatliche Hilfsangebote existierten, nach christlichen Grundsätzen erzogen wurden.

Erst als Johann Hinrich Wichern (1808-1881) 1833 in Horn bei Hamburg die Rettungsanstalt »Das Rauhe Haus« gründete, legte er den Grundstein für eine breite Bewegung der Inneren Mission. Wichern betrachtete das »Rauhe Haus« als »das freie christliche Asyl, eine Frucht christlicher Barmherzigkeit, die als Ergänzung des christlichen Hauses diesem für seine sittlich am meisten gefährdeten oder schon schwer verletzten Glieder zu Hilfe kommt, um sie vom zeitlichen und ewigen Verderben mit der Kraft des Evangeliums zu erretten.« (Wichern SW IV) In familienähnlichen Gruppen organisiert, sollten die Zöglinge durch die Vermittlung des Evangeliums und durch die brüderliche Liebe der Erzieher – die Wichern in der angeschlossenen Brüderanstalt ausbildete – an Seele und Leib gesunden. Im »Rauhen Haus« begann für die Kinder ein neues Leben: Der Kontakt zu ihrer früheren Umwelt sollte weitgehend abgebrochen, die Vergangenheit ausgelöscht werden. Nur so konnte die Rettung des Kindes für Gott und seine Rückführung in die Gemeinschaft gelingen. Erziehung hieß für Wichern Resozialisierung und war Teil eines Rettungsfeldzuges gegen Elend und Sünde. Sein Kampf gegen die säkularisierte Gesellschaft sollte bei den Kindern beginnen.

In der Entchristlichung der Gesellschaft und nicht in den sich wandelnden Produktionsverhältnissen lag nach Wicherns Ansicht – und sie wurde von den Anhängern und Mitarbeitern der Inneren Mission geteilt – das eigentliche Übel der Zeit.

Wicherns Vorbild machte bald Schule: Zwischen 1849 und 1871 wurden 234 Rettungshäuser gegründet, die seinen Erziehungsprinzipien folgten. Diese Einrichtungen waren vom Staat unabhängig, da die Eltern die Kosten der Unterbringung zu tragen hatten. Spenden und Kollektenerlöse sicherten den Finanzbedarf der Häuser. Die Kinder wurden entweder direkt von den Eltern in die Anstalt gegeben, oder der Gesetzgeber ordnete die Einweisung ins Rettungshaus anstelle einer Gefängnisstrafe an, wenn ein Kind unter 16 Jahren eine Straftat begangen hatte. Ohne Eingriffe von außen und weitgehend ohne staatliche Kontrollinstanzen konnte sich so das pädagogische Konzept einer evangelischen Anstaltserziehung ausbilden.

Neue Strukturen im Umgang mit straffälligen Kindern schuf das 1878 erlassene preußische »Gesetz betreffend die Unterbringung vewahrloster Kinder«, das sogenannte »Zwangserziehungsgesetz«. Es regelte die Einweisung der sechs- bis zwölfjährigen straffällig gewordenen Kinder in Fürsorgeerziehungsheime oder Pflegefamilien durch Vormundschaftsgerichte und sah gleichzeitig die staatliche Erstattung der Unterbringungskosten vor. Das Gesetz rief in den Kreisen der Inneren Mission ambivalente Reaktionen hervor. Einerseits konnte man es als staatliche Anerkennung der bisher geleisteten Arbeit betrachten, bangte aber um die bisherige Unabhängigkeit und befürchtete eine »immer weiter um sich

Kinderanstalt »Der Anker« im »Rauhen Haus«, 1885 (6.4)

greifende Erschlaffung der freien Liebesthätigkeit für die Anstalten«, wie die Zeitschrift »Der Rettungshausbote« 1881 kommentierte. Andererseits konnte die finanzielle Sicherheit zur Konsolidierung der Arbeit beitragen, was sich schließlich auch in steigenden Belegungszahlen widerspiegelte. Allerdings kamen jetzt mehr Zöglinge wegen ihrer Straftaten in die Einrichtungen, die, so kritisierte der »Bote«, »den Charakter von Straf- und Zuchtanstalten annehmen, welche Wandlung zu vollziehen einige Rettungshäuser auf dem besten Wege sich befinden.« Zwischen Oktober 1880 und September 1882 wurden 5.306 Kinder in die Zwangserziehung überwiesen, von denen 3.557 in privaten, also größtenteils konfessionellen Anstalten untergebracht waren. Von den 179 Erziehungsheimen, die 1882 gezählt wurden, waren allein 96 in evangelischer Trägerschaft. Diese Zahlenverhältnisse blieben bis zum Ende der Weimarer Republik konstant (1926: 776 Erziehungsheime, davon 420 evangelisch, 240 katholisch, 8 jüdisch, 97 staatlich).

Die Erziehungsmethoden in den evangelischen Anstalten hatten sich seit Beginn der Arbeit nur wenig verändert. Ziel der Erziehung war die »Versittlichung« des Kindes durch Religion und damit seine Rückführung in die Gesellschaft, wo es den seiner sozialen Stellung gemäßen Platz einnehmen sollte. Die Ursachen für die Straftaten, die schließlich zur Einweisung der Jugendlichen führten, wurden zwar auch in der sozialen Situation, dem gesellschaftlichen Umfeld des Kindes gesehen. Abhilfe sollte aber nicht die Umstrukturierung der Gesellschaft schaffen, sondern es galt, die Kinder aus dem schädlichen Milieu zu entfernen. Man versuchte, sie »aus ihrer Verkommenheit herauszureißen, durch die allein wirksame, neu gebärende Kraft des Wortes Gottes sittlich zu bessern, und durch Anhalten zum Fleiß, wie durch Unterricht in verschiedenen Handwerken zu brauchbaren Gliedern der menschlichen Gesellschaft heranzubilden«, wie es bereits 1847 der Gründungsaufruf des westfälischen Rettungshauses Schildesche bei Bielefeld formulierte. Grundlagen der Anstaltserziehung waren und blieben die religiöse Unterweisung, die Gewöhnung an Disziplin, Ordnung, Gehorsam, Sauberkeit und vor allem Arbeit, meist in der anstaltseigenen Landwirtschaft. »Die Kinder müssen körperlich arbeiten und sich viel im Freien bewegen, damit sie vor dem Hinbrüten bewahrt und geistig wie körperlich gesund werden. Die Arbeit ist neben dem Unterricht das wichtigste gottgewollte Erziehungsmittel«, hieß es 1883 im Jahresbericht von Schildesche.

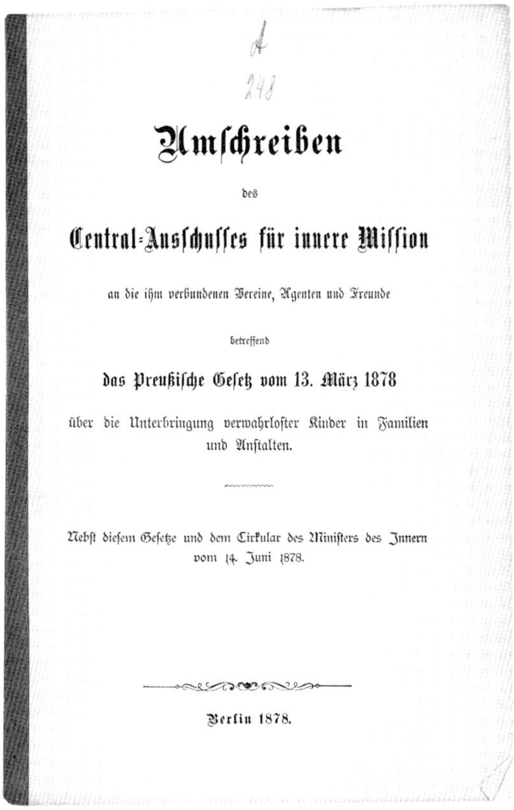
Umschreiben

des

Central-Ausschusses für innere Mission

an die ihm verbundenen Vereine, Agenten und Freunde

betreffend

das Preußische Gesetz vom 13. März 1878

über die Unterbringung verwahrloster Kinder in Familien und Anstalten.

Nebst diesem Gesetze und dem Cirkular des Ministers des Innern vom 14. Juni 1878.

Berlin 1878.

Denkschrift des Central-Ausschusses für Innere Mission, 1878 (2.59)

Ein typischer Anstaltstag begann um 5.30 Uhr mit dem Aufstehen, Waschen und einem Gebet, danach folgte häufig eine Lernstunde, nach Frühstück, Hausarbeit und Andacht folgten vier Stunden Unterricht, nach 90 Minuten Mittagessen und Freizeit schloß sich bis zum frühen Abend die vierstündige Arbeitszeit an, unterbrochen von einer kurzen Kaffeepause. Auf die abendliche Körperpflege folgte noch eine Lernstunde, und nach Abendbrot und Freizeit beschloß eine Abendandacht um 20 Uhr den Tag. Gerade der Rhythmus eines immer gleichen Tagesablaufes sollte die Kinder an Regelmäßigkeit gewöhnen, wobei die christlichen Feste den Kindern immer wieder Gelegenheit zum Feiern boten und ihr Leben strukturierten – auch dies eine Forderung Wicherns.

Je stärker die Erziehungsanstalten expandierten, desto schwerer ließen sich jedoch Wicherns grundlegende Erziehungsprinzipien durchhalten: So war es in vielen Häusern auf Grund knapper Finanzmittel und unzureichender Personaldecke nicht möglich, mit nur je zwölf Kindern und einem Erzieher eine »Familie« zu bilden; häufig umfaßte eine Gruppe zwanzig oder mehr Kinder. Auch die räumliche Anlage vieler Einrichtungen wich von der Idealform der

Wichernschen Familienhäuser ab. Große Anstaltsgebäude mit Schlafsälen entstanden an ihrer Stelle.

Trotz der neuen gesetzgeberischen Grundlagen erlebte die anstaltliche Ersatzerziehung ihre erste Krise in den neunziger Jahren. Mehr und mehr gingen die staatlichen Stellen dazu über, Kinder statt in Anstalten in die preiswertere Familienpflege zu überweisen. So meldeten zum Beispiel die brandenburgischen Rettungshäuser 1893 eine nur 60prozentige Auslastung. Gleichzeitig wandte sich die Innere Mission zunehmend neuen Arbeitsfeldern – wie der Behindertenarbeit – zu. Die Vertreter der Erziehungsanstalten reagierten mit verstärkter Institutionalisierung und Kooperation der Einrichtungen. Seit 1880 erschien die Zeitschrift »Der Rettungshausbote«, in der vor allem die Hausväter Anregungen fanden und sich Gelegenheit zum Erfahrungsaustausch bot. 1891 richtete der Central-Ausschuß eine »Rettungshauskommission« ein, die Konferenzen vorbereitete, Statistiken zusammenstellte und die Zusammenarbeit der verschiedenen Gebiete der Erziehungsarbeit förderte. Sie wurde 1913 durch das »Evangelische Erziehungsamt« ersetzt, das 1920 Teil des neuen »Evangelischen Reichs-Erziehungs-Verbandes« (EREV) wurde.

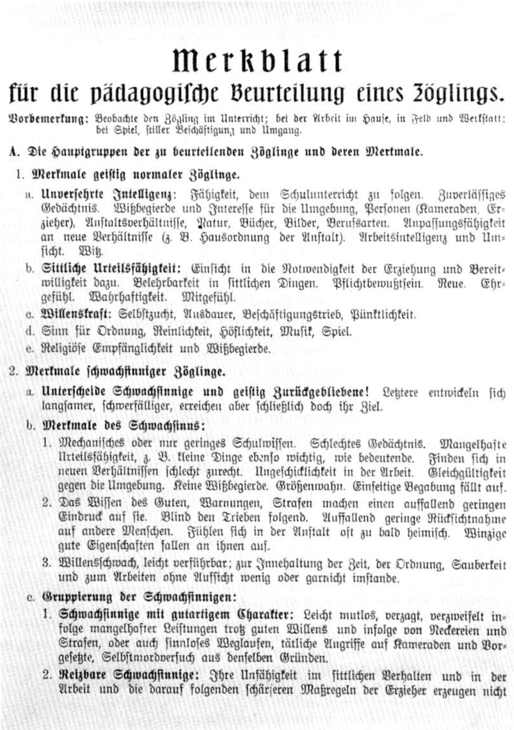

Merkblatt

für die pädagogische Beurteilung eines Zöglings.

Vorbemerkung: Beobachte den Zögling im Unterricht; bei der Arbeit im Hause, in Feld und Werkstatt: bei Spiel, stiller Beschäftigung und Umgang.

A. Die Hauptgruppen der zu beurteilenden Zöglinge und deren Merkmale.

1. **Merkmale geistig normaler Zöglinge.**
   a. **Unversehrte Intelligenz:** Fähigkeit, dem Schulunterricht zu folgen. Zuverlässiges Gedächtnis. Wißbegierde und Interesse für die Umgebung, Personen (Kameraden, Erzieher), Anstaltsverhältnisse, Natur, Bücher, Bilder, Berufsarten. Anpassungsfähigkeit an neue Verhältnisse (z. B. Hausordnung der Anstalt). Arbeitsintelligenz und Umsicht. Witz.
   b. **Sittliche Urteilsfähigkeit:** Einsicht in die Notwendigkeit der Erziehung und Bereitwilligkeit dazu. Belehrbarkeit in sittlichen Dingen. Pflichtbewußtsein. Reue. Ehrgefühl. Wahrhaftigkeit. Mitgefühl.
   c. **Willenskraft:** Selbstzucht, Ausdauer, Beschäftigungstrieb, Pünktlichkeit.
   d. Sinn für Ordnung, Reinlichkeit, Höflichkeit, Musik, Spiel.
   e. Religiöse Empfänglichkeit und Wißbegierde.

2. **Merkmale schwachsinniger Zöglinge.**
   a. **Unterscheide Schwachsinnige und geistig Zurückgebliebene!** Letztere entwickeln sich langsamer, schwerfälliger, erreichen aber schließlich doch ihr Ziel.
   b. **Merkmale des Schwachsinns:**
      1. Mechanisches oder nur geringes Schulwissen. Schlechtes Gedächtnis. Mangelhafte Urteilsfähigkeit, z. B. kleine Dinge ebenso wichtig, wie bedeutende. Finden sich in neuen Verhältnissen schlecht zurecht. Ungeschicklichkeit in der Arbeit. Gleichgültigkeit gegen die Umgebung. Keine Wißbegierde. Größenwahn. Einseitige Begabung fällt auf.
      2. Das Wissen des Guten, Warnungen, Strafen machen einen auffallend geringen Eindruck auf sie. Blind den Trieben folgend. Auffallend geringe Rücksichtnahme auf andere Menschen. Fühlen sich in der Anstalt oft zu bald heimisch. Winzige gute Eigenschaften fallen an ihnen auf.
      3. Willensschwach, leicht verführbar; zur Innehaltung der Zeit, der Ordnung, Sauberkeit und zum Arbeiten ohne Aufsicht wenig oder garnicht imstande.
   c. **Gruppierung der Schwachsinnigen:**
      1. **Schwachsinnige mit gutartigem Charakter:** Leicht mutlos, verzagt, verzweifelt infolge mangelhafter Leistungen trotz guten Willens und infolge von Neckereien und Strafen, oder auch sinnloses Weglaufen, tätliche Angriffe auf Kameraden und Vorgesetzte, Selbstmordversuch aus denselben Gründen.
      2. **Reizbare Schwachsinnige:** Ihre Unfähigkeit im sittlichen Verhalten und in der Arbeit und die darauf folgenden schärferen Maßregeln der Erzieher erzeugen nicht

Merkblatt, um 1920 (7.78)

Haus Moorburg in Freistatt, vor 1930 (7.79)

Vorbeugung statt Zwangserziehung

Als 1900 das Bürgerliche Gesetzbuch in Kraft trat, betonte es in seinem § 1666 besonders die Erziehungsgewalt der Eltern. Nur wenn ihnen »schuldhaftes Verhalten« nachgewiesen war, konnte das Kind aus der Familie entfernt werden. Das Einführungsgesetz zum BGB bestimmte jedoch, daß landesgesetzliche Regelungen zur Zwangserziehung bestehen blieben beziehungsweise Vorrang hatten. Diesen Freiraum nutzte Preußen mit dem schon im Juli 1900 erlassenen »Gesetz über die Fürsorgeerziehung Minderjähriger«. Es erweiterte die Zugriffsmöglichkeiten des Staates von den straffälligen auf die verwahrlosten Kinder und Jugendlichen »zur Verhütung des völligen sittlichen Verderbens«. Die Ausführungsbestimmungen erklärten dazu deutlicher: »Die Unterbringung in Anstalten erscheint vorzugsweise angebracht für Minderjährige, die zu geschlechtlichen Ausschweifungen, zum Landstreichen und Verbrechen neigen oder in anderer Weise sittlich verwahrlost sind.« Gleichzeitig konnte das Gesetz auf Jugendliche bis zum Alter von 18 Jahren und solche, die bereits die Schule beendet hatten, angewandt werden. Erstmals hatte der Staat nun die Möglichkeit, vorbeugend in die Familienerziehung einzugreifen und Kinder auch ohne eine vorangegangene Straftat aus einer Familie herauszunehmen. Damit war das Erziehungsmonopol der Eltern durchbrochen. Ähnliche Gesetze galten nach preußischem Vorbild bald auch in anderen deutschen Staaten. Mit diesen Regelungen waren nun die Forderungen erfüllt, die aus den Kreisen der Inneren Mission schon länger gestellt worden waren. Der »Rettungshausbote« begrüßte das neue Gesetz: Endlich konnte nun »in kräftiger Weise schon der Anfang des Verderbens bekämpft« werden.

Das Gesetz führte zwischen 1900 und 1914 zur Gründung von 80 neuen Erziehungsheimen. In den

Jahren bis zum Ersten Weltkrieg zeigte sich, daß der Staat von seiner Eingriffsmöglichkeit in die Familie zunehmend Gebrauch machte: Der Anteil der nach § 1 Ziffer 3 (sittliches Verderben wegen Unzulänglichkeit der Erziehung) in die Fürsorgeerziehung Eingewiesenen stieg von 43,9 Prozent im Jahr 1901 auf 68,7 Prozent im Jahr 1912; gleichzeitig wurden mehr 14- bis 18jährige eingewiesen.

Das Fürsorgeerziehungsgesetz brachte den Staat und die Anstalten in ein noch engeres Verhältnis: Der Staat nutzte die vorhandene Infrastruktur und delegierte die Ersatzerziehung an die privaten Einrichtungen, die sich wiederum finanziell konsolidieren und ihre Arbeit ausbauen konnten.

Trotz der allgemeinen Zustimmung, die das Fürsorgeerziehungsgesetz in den evangelischen Kreisen fand, sahen sich die Anstalten mit neuen Schwierigkeiten konfrontiert: Immer mehr Kinder kamen aufgrund ihrer Straftaten ins Heim. Die gemeinsame Erziehung der Zöglinge und dieser Straftäter warf andererseits pädagogische Probleme auf: Als die Zahl der Fürsorgezöglinge und der älteren Kinder proportional immer stärker anstieg, nahmen die Chancen weiter ab, die Kinder tatsächlich zu beeinflussen und zu bessern. Der Aufenthalt in einer Fürsorgeerziehungsanstalt bekam immer mehr strafenden Charakter und stigmatisierte die Betroffenen. Im Gegensatz zu einer Gefängnisstrafe war bei der Fürsorgeerziehung die Dauer nicht abzusehen; die Entlassung konnte wegen Besserung, aber auch nur wegen des Erreichens der Altersgrenze von 21 Jahren erfolgen. Diese Unklarheit über die tatsächliche Dauer der Heimunterbringung war für die Zöglinge zusätzlich belastend.

Je mehr die Fürsorgezöglinge in den Heimen dominierten, desto härter wurden auch die Methoden, die zur Disziplinierung der widerspenstigen oder aufrührerischen Zöglinge eingesetzt wurden: Isolierzellen, Fußketten, sogenannte »Springhosen«, deren Hosenbeine am Knie verbunden waren, und der traditionelle Rohrstock bildeten das Repertoire der Züchtigungsmaßnahmen, mit denen Ungehorsam oder Fluchtversuche geahndet wurden. In vielen Heimen waren eigene Strafabteilungen eingerichtet worden, in denen Einzelhaft, Sprechverbot und Essensentzug die Zöglinge disziplinieren sollten. Vergitterte Fenster machten deutlich, daß Wicherns Postulat »Hier ist keine Mauer, kein Graben, kein Riegel, nur mit einer schweren Kette binden wir dich hier [...]; diese heißt Liebe und ihr Maß ist Geduld.« keine Gültigkeit mehr hatte. Ein durchorganisierter Tagesablauf mit dem Marsch zur Kirche, Exerzieren, Appellen und Arbeitsverteilung und ein entsprechend militärisch gehaltener Umgangston war in vielen Anstalten üblich.

Viele norddeutsche Heime waren in abgelegenen Moorgegenden angelegt worden, die den Zöglingen das »Entweichen« erschwerten. Ihre Arbeit bestand darin, den Moorboden für die landwirtschaftliche Nutzung zu kultivieren, während gleichzeitig der Torfverkauf zur wirtschaftlichen Sicherung und Versorgung der Anstalten beitrug. Die Jugendlichen wurden aus dem großstädtischen, also »verderblichen« Milieu herausgenommen und aufs Land gebracht. Dieses agrarische Leben prägte die Fürsorgeerziehung und dominierte bis in die 50er Jahre. Damit koppelte sie sich letztlich von den realen gesellschaftlichen Verhältnissen ab: Natur und Landwirtschaft wurden gegen die »Moderne« aufgeboten. Die meisten Zöglinge arbeiteten in der anstaltseigenen Landwirtschaft, sie wurden zu Gärtnern oder Knechten ausgebildet oder zu Bauernfamilien in Dienst gegeben. Eine Umorientierung auf die tatsächlichen Lebensverhältnisse in einer weitgehend industriell organisierten Gesellschaft fand nicht statt.

1880-1930

Nächstenliebe

Gleichzeitig klagten die Verantwortlichen in den Einrichtungen immer häufiger über das »minderwertige Zöglingsmaterial«, das besonders der religiösen Erziehung ablehnend gegenüberstand. So hatten zum Beispiel in der Anstalt Rickling in den Jahren 1902 bis 1904 über 60 Prozent der Zöglinge eine Gefängnisstrafe verbüßt. Für die Verwahrlosung der Kinder wurden meist die Eltern verantwortlich gemacht. Wenn es in den Zöglingsakten oft nur heißt, das die Eltern »liederlich« sind, war damit, wie zu Zei-

Plätt-Lehrstube der Berliner Bethabara-Stiftung, 1912 (6.6)

Torfmieten in Freistatt, 1932/1937 (7.75)

Holzschuhe mit Lederschaft, Freistatt, vor 1950 (7.72)

ten Wicherns, nichts über die gesellschaftlichen Ursachen der Probleme gesagt. Die Gesellschaftsordnung wurde weiterhin nicht in Frage gestellt. Die Anstaltserziehung sollte zu ihrer Stabilisierung beitragen, denn Patriotismus war ebenso Erziehungsziel wie die Hinführung zur Religion: Das Bündnis zwischen Thron und Altar bildete die gesellschaftliche Grundlage, auf der die evangelische Pädagogik ruhte.

Damit waren Konflikte mit den Fürsorgezöglingen vorprogrammiert. Zeitgenössische Statistiken belegen, daß ein Großteil der Jugendlichen aus der Unterschicht stammte. Ihnen galt seit dem Ende des 19. Jahrhunderts das besondere Interesse der Pädagogen: Auf die Entdeckung des »Jugendlichen« war bald die Erforschung und wissenschaftliche Behandlung des Phänomens Jugend gefolgt. Das ständig wachsende großstädtische jugendliche Fabrikproletariat galt als »zuchtlos« und sittlich gefährdet, junge Männer mit eigenem Verdienst in der »Kontrollücke zwischen Schulbank und Kasernentor« (Peukert 1986) und ihr unbotmäßiges Verhalten wurden als Symptome sozialer Bedrohung empfunden, zumal es mit politischer Aufsässigkeit und »verderblichen« Neigungen zur Sozialdemokratie gekoppelt war. Das großstädtische Milieu, aus dem viele Fürsorgezöglinge stammten, galt den Mitarbeitern der Inneren Mission als das Missionsfeld schlechthin. Unehelich geborene Kinder füllten die Heime, Eltern, die tranken, in »ungelernten Berufen« arbeiteten oder von der Armenunterstützung lebten, gaben ihre Kinder also der »Verwahrlosung« preis. Dieser Begriff, mit dem eine Einweisung in die Fürsorgeerziehung gerechtfertigt werden konnte, umschrieb unscharf viele Aspekte: sei es nach bürgerlichen Maßstäben unangepaßtes und abweichendes Verhalten, Straftaten oder eben die politische »Auffälligkeit«. Auch der Begriff der »Minderwertigkeit« fiel häufig bei der Kategorisierung von Fürsorgezöglingen oder deren Eltern.

Das bisher Gesagte gilt im überwiegenden Maße für die Arbeit mit männlichen Kindern und Jugendlichen. In einigen Erziehungsheimen der Inneren Mission wurden Jungen und Mädchen gemeinsam, allerdings nach Geschlechtern getrennt, untergebracht; doch gab es auch reine Mädchenheime, in denen für die »gefährdeten oder gefallenen« Mädchen gesorgt wurde. Seit 1901 blieb jedoch der Anteil der weiblichen Fürsorgezöglinge im Vergleich zu den männlichen relativ konstant bei rund 35 Prozent.

Ebenso klar wie bei der Jungenerziehung war das Erziehungsziel bei den Mädchen. Ehefrau und Mutter zu sein, galten hier immer noch als die erstrebenswerten Lebensziele. Ausgebildet wurden die weiblichen Fürsorgezöglinge vor allem in den Bereichen, die sie als Ehefrauen und Mütter gebrauchen konnten: in der Haus-, Garten- und Landwirtschaft, im Nähen und Sticken. Ihre Aufgaben in den Anstalten umfaßten meist das Schneidern, Waschen und Flicken der Anstaltskleidung. Berufliche Möglichkeiten hatten die Mädchen mit solchen Voraussetzungen nur als Dienstmädchen. Eine Statistik von 1912 belegt, daß die überwiegende Zahl der entlassenen männlichen Fürsorgezöglinge in der Industrie, also in Fabriken, arbeitete. Ein gleich hoher Anteil an Mädchen arbeitete in Industrie und häuslichen Diensten, die höchste Zahl ermittelten die Statistiker jedoch in der Sparte »Ohne Berufsangabe«, unter der sie erstaunlicherweise sowohl Ehefrauen als auch der »Gewerbsunzucht nachgehende Frauenzimmer« subsummierten.

Der Erste Weltkrieg verschärfte die bereits angeführten Probleme. Galt es zunächst als Erfolg der Anstaltserziehung, wenn sich Zöglinge freiwillig zum Kriegsdienst meldeten oder zur Front ausrissen, so wurde bald klar, daß die Anstalten vor neuen Schwierigkeiten standen: Die Kriegssituation traf die ohnehin schon gefährdeten Unterschichtjugendlichen besonders hart. Die Väter wurden einberufen, die Mütter mußten für den Lebensunterhalt sorgen, Lehrlinge wurden entlassen; dafür fanden viele Jugendliche Arbeit in der Kriegsproduktion, die jedoch keine beruflichen Qualifikationen vermittelte. Steigende Jugendkriminalität und ein höherer Anteil der Fürsorgezöglinge (1914/15: 55.229; 1917/18: 63.395) waren die Folgen. Für die Anstalten brachten die Kriegsjahre vor allem Finanz- und Versorgungsprobleme. Die männlichen Erzieher fehlten, während die Zöglingszahlen anstiegen, und in einigen Heimen mußten zudem Gebäude als Lazarette zur Verfügung gestellt werden, so daß hier die Überbelegung besonders spürbar wurde. Wie insgesamt im Deutschen Reich, verschlechterte sich auch in den Heimen der Fürsorgeerziehung die Versorgungslage. Unterernährung und Krankheiten waren die Folge.

Das Recht auf Erziehung

Im Krieg wurden verschiedene Bereiche der Kinder- und Jugendfürsorge ausgebaut (wie zum Beispiel die Unterstützungsberechtigung nichtehelicher Kinder). Versuche, die Jugendfürsorgegesetze zu reformieren und zu vereinheitlichen, scheiterten jedoch zunächst, bis schließlich 1922 das »Reichsgesetz für Jugendwohlfahrt« verabschiedet wurde. Aufgrund der politischen und wirtschaftlichen Schwierigkeiten der Inflationszeit konnte es allerdings erst 1924 in reduzierter Form in Kraft treten. Immerhin galten nun reichsweite Grundsätze, deren erster das Recht jedes deutschen Kindes auf Erziehung zur »leiblichen, seelischen und gesellschaftlichen Tüchtigkeit« war. Die Fürsorgeerziehung sollte der »Verhütung oder Beseitigung der Verwahrlosung« dienen und »in einer geeigneten Familie oder Erziehungsanstalt unter öffentlicher Aufsicht und auf öffentliche Kosten« durchgeführt werden. Weiterhin legte das Gesetz die Einrichtung von Jugendämtern fest, an deren Besetzung die Vertreter der freien Verbände beteiligt werden sollten, und es betonte die Eigenständigkeit der freien Verbände. Damit waren deren Befürchtungen entkräftet, der säkularisierte Staat wolle die konfessionelle Dominanz in der Jugendfürsorge einschränken. Das Gegenteil war der Fall: Der Staat delegierte wie bisher – und aus denselben Gründen – die Erziehungsaufgaben an die Wohlfahrtsverbände und erhöhte gleichzeitig die staatlichen Zuwendungen. So entstand eine paradoxe und schließlich zur Krise führende Situation: Der Staat, der die Trennung von Kirche und Staat vollzogen hatte, legte die Resozialisierung seiner unangepaßten Kinder in die Hände einer konfessionellen Institution, die ihm kritisch gegenüberstand und ein Weltbild vermittelte, das in Teilen der Gesellschaft keinen Rückhalt mehr hatte.

Das 1922 von den Pastoren Johannes Steinwachs (1862-1923), Wilhelm Backhausen (1869-1924) und Johannes Voigt herausgegebene Standardwerk »Die evangelische Anstaltserziehung« definiert deren Ziel: »Sie will den Zögling zur christlichen Persönlichkeit bilden, indem sie ihn zum Glauben erzieht und den ganzen Menschen mit seinen natürlichen Anlagen für den Dienst der Liebe, der Auswirkung des Glau-

1880-1930

Nächstenliebe

Peter Martin Lampel, Revolte im Erziehungshaus, 1929 (7.80)

Carl Meffert, Schlafsaal, 1929/1930 (7.84)

bens ist, emporbildet. So ist die evangelische Pädagogik grundsätzlich Religionspägagogik, d. h. Religion ist Weg und Ziel für ihr gesamtes Wirken.«

Die in den evangelischen Anstalten geübten Erziehungsmethoden gerieten im politisch aufgeladenen Klima der Weimarer Republik zunehmend in die Diskussion. Nicht zum ersten Mal erhoben kritische Pädagogen ihre Stimmen und bezeichneten die konfessionellen Heime als »Bet- und Prügelanstalten«. In Diskussionsforen wie dem »Allgemeinen Fürsorgeerziehungstag« (AFET) betonten die Teilnehmer zwar ihre Toleranz gegenüber den pädagogischen Grundsätzen der anderen; letztlich wurde aber die Unvereinbarkeit der Standpunkte von Reformpädagogen einerseits und den Vertretern konfessioneller Verbände andererseits immer wieder deutlich.

1928 erregten die »Berichte von Fürsorgezöglingen« Aufsehen, die der Schriftsteller Peter Martin Lampel (1894-1965) unter dem Titel »Jungen in Not« veröffentlichte. Sie beruhten auf Aussagen, die er während seiner Zeit als Praktikant in einem Berliner städtischen Erziehungsheim gesammelt hatte. Die Bühnenfassung »Revolte im Erziehungshaus« wurde 1929 in Berlin gespielt. Das Theaterstück sorgte für eine weitere Verbreitung des Stoffes und regte die Diskussionen über Sinn und Methoden der Fürsorgeerziehung weiter an. Schon vor Lampels Buch hatte es in mehreren Erziehungsheimen »Revolten« gegeben – die jugendlichen Heiminsassen zerschlugen Mobiliar, bedrohten Erzieher, prügelten sich mit anderen Zöglingen und versuchten, den repressiven Bedingungen zu entfliehen. So rebellierten schon 1927 und 1928 Fürsorgezöglinge in Göttingen, Berlinchen (dem Vorbild von Lampels Heim) und Klein-Camin, 1929 in Lindenhof bei Berlin und im württembergischen Schönbühl, und 1930 fanden in Scheuen, Rickling und Templin die Revolten statt, die schließlich zu Prozessen und zur Verurteilung von Erziehern und Zöglingen führten. Diese Skandale lenkten die Blicke von Politikern und Pädagogen auf die Zustände in den Fürsorgeerziehungsanstalten – und dies betraf nicht nur die evangelisch geführten Heime. Daß hier noch nach den Grundsätzen und pädagogischen Methoden des 19. Jahrhunderts »verwahrloste« oder straffällig gewordene Kinder und Jugendliche für das bürgerliche Leben vorbereitet werden sollten, stand im Mittelpunkt der Kritik. Die Prügelstrafe wurde 1926 und 1929 durch Ministerialerlasse stark eingeschränkt – eine Reaktion auf die öffentliche Aufregung um die Fürsorgeerziehung. Sie hatte in vielen Einrichtungen zu den bewährten Erziehungsmitteln gehört: »Es gibt Grenzfälle [...] wo nur die Prügelstrafe die einzig richtige Antwort auf die Haltung des Jungen darstellt«, referierte Pastor Klessmann, und als Pastor Büchsel, der Leiter der evangelischen Erziehungsanstalt Neinstedt, 1926 über »Anstaltsdisziplin« sprach und dabei die Alternativen »Monarchie oder Demokratie in der Anstalt« zur Wahl stellte, war seine Entscheidung einfach und klar, »daß ich mich als evangelischer Pädagoge [...] rückhaltlos zu dem Prinzip des Patriarchalismus bekenne.« Für ihn sei die Erziehung in der Familie das Vorbild, und hier herrsche die gottgegebene patriarchalische Ordnung: »die Eltern sind zur Leitung berufen; und sie versündigen sich, wenn sie ihre Autorität, ihre überlegene Vernunft und Lebenserfahrung nicht geltend

Erich Birnbaum, Fürsorgehöllen, 1932 (7.81)

machen. ›Der Vater herrscht‹ und die Kinder gehorchen. [...] Der Vorsteher (Vorstand, Hausvater, Hausmutter) hat die Leitung, und die Zöglinge gehorchen.« (AFET 1927)

Klagen der Fürsorgezöglinge über schlechte Ernährung, zu harte Arbeit und religiöse Indoktrination mobilisierten nicht nur die Reformpädagogen, sondern auch die Linksparteien der Weimarer Republik. Neben einem im Juni 1931 gebildeten »Kampfausschuß gegen Fürsorgeerziehung«, dem vor allem Vertreter verschiedener kommunistischer Organisationen angehörten, bildete sich ein »Arbeitskreis zur Reformierung der Fürsorgeerziehung«, und 1929 war das Thema Gegenstand einer Aussprache im Preußischen Landtag.

Die kommunistische Kritik an den Zuständen in den Anstalten der Inneren Mission war seit Mitte der zwanziger Jahre in der Presse erschienen: So berichtete die »Rote Fahne« vom 7. Juli 1926 unter der Überschrift »Bambusstock, Psalmen und Schweinekartoffeln« über drakonische körperliche Bestrafungen, mangelhafte Ernährung, unzulängliche medizinische Betreuung und religiöse Zwangserziehung der Fürsorgezöglinge. Ähnliche Vorwürfe finden sich zuhauf. Konfessionelle Anstaltserziehung galt ihren linken Gegnern vor allem als Maßnahme des Kapi-

1880-1930

Nächstenliebe

tals, Proletarierkindern kirchlichen und nationalistisch-kapitalistischen Geist zu vermitteln. »Bürgerlich-ideologisch wird ihnen erst einmal, und wenn es sein muß mit Prügel, das Bewußtsein eingeimpft, daß sie mit Gottes Willen zu Knechten geboren sind und ihr Leben lang zu bleiben hätten. [...] Ihre Besserung wird bemessen nach dem Maße der Reue, des Minderwertigkeitsgefühls und der freiwilligen Anerkennung der bestehenden Gesellschaftsverhältnisse. So ist der Widerstand gegen ihre Ausbeuter, gegen ihre Entrechtung mit Hilfe der christlichen oder jüdischen Religion [...] gebrochen«, begründete ein weiterer Artikel die Forderung nach staatlichen, bekenntnisfreien Erziehungseinrichtungen.

Doch erst aus der aufgeladenen Stimmung heraus begann sich unter den Jugendlichen, die sich plötzlich im Mittelpunkt des Interesses sahen, vermehrt Widerstand zu regen: Die öffentliche Aufmerksamkeit für ihr Anliegen war ihnen nun gewiß. Mit den Revolten äußerte sich ein lange aufgestauter Unmut über die Lebensbedingungen in den Heimen: schlechte Behandlung, körperliche Züchtigungen oder unzureichende Ernährung. Gleichzeitig verteilten jugendliche Kommunisten Flugblätter vor den Heimen und riefen die Insassen der »Fürsorgehöllen« zum Kampf gegen diese Unterdrückung (und Unterdrücker) auf. Erstmals erlebten Fürsorgezöglinge, daß sie nicht abgeschottet und hilflos den anstaltlichen Autoritäten ausgeliefert waren.

Weitere Angriffspunkte lieferten die teilweise pädagogisch nur unzureichend ausgebildeten Erzieher, die mit der Betreuung schwererziehbarer Jugendlicher oft überfordert waren. Diakone, deren klassisches Berufsfeld die Fürsorgeerziehung war, kamen oft ungenügend vorbereitet in die Fürsorgeerziehungsanstalten oder bildeten die Minderheit unter dem Personal. In der stark landwirtschaftlich und handwerklich ausgerichteten Anstaltserziehung wurden häufig Handwerksmeister oder Männer mit landwirtschaftlicher Ausbildung als Erzieher eingesetzt, die erst in der Anstalt selbst pädagogisch »ausgebildet« wurden – ein Umstand, den schließlich der AFET 1931 zugeben und verurteilen mußte.

Die Krise der Fürsorgeerziehung manifestierte sich nicht nur in der öffentlichen Diskussion über deren Methoden und Erfolge. Je weiter die Wirtschaftskrise um sich griff und große Teile der Bevölkerung an der Armutsgrenze lebten, erschienen auch die erheblichen finanziellen Aufwendungen für die Fürsorgeerziehung als nicht mehr gerechtfertigt – kamen sie doch gerade den »Minderwertigen« und »Schwer«- oder sogar »Unerziehbaren« zugute. Die Notverordnung vom 23. Dezember 1931 verfügte daher eine 40prozentige Kürzung der Staatszuschüsse zur Fürsorgeerziehung von 25 auf 15 Millionen RM. Dies führte zu einer Unterbelegung der Heime, zumal die volljährigen Fürsorgezöglinge entlassen werden mußten – auch dies verfügte die Notverordnung. Die Pflegesätze beispielsweise betrugen nach diesen einschneidenden Maßnahmen nur noch zwischen 1,75 bis 2,30 RM für schulpflichtige und 2,50 bis 3,00 RM für schulentlassene Jungen (Berlin-Brandenburg). Ob es den Heimen gelang, an Zöglingskleidung, -verpflegung und Heizmaterial zu sparen, wurde zur Überlebensfrage. Gerade die schon an der unteren Grenze wirtschaftenden Heime der Inneren Mission waren von den Sparmaßnahmen besonders schwer betroffen: Zwischen 1928 und 1932 mußten 10 bis 15 Prozent der konfessionellen Anstalten schließen.

Gleichzeitig wurde auch in evangelischen Kreisen über ein »Bewahrungsgesetz« nachgedacht, mit dessen Hilfe die sogenannten »unverbesserlichen Elemente« von denen getrennt werden sollten, die noch »Aussicht auf Erfolg« erkennen ließen, denn Teile der Inneren Misson sahen ihre Anstalten in der Gefahr, »Bewahrungsheime für Unerziehbare zu werden« (Bannert 1997). Im November 1932 reagierte die Regierung mit einer »Notverordnung zur Fürsorgeerziehung« auf die Krisensituation. Sie legte fest, daß die Fürsorgeerziehung nicht angeordnet werden dürfe, »wenn sie offenbar keine Aussicht auf Erfolg bietet« und erlaubte die vorzeitige Enlassung »nach Vollendung des 18. Lebensjahres wegen Unausführbarkeit der Fürsorgeerziehung aus Gründen, die in der Person des Minderjährigen liegen«, oder schon vorher, »wenn der Minderjährige an erheblichen geistigen oder seelischen Regelwidrigkeiten leidet.« In jedem Fall »endigt sie mit der Vollendung des 19. Lebensjahres« (Peukert 1986). Damit war de facto die Aussonderung ermoglicht.

Vom Machtantritt der Nationalsozialisten erhofften sich die Mitarbeiter der evangelischen Fürsorgeerziehung eine Rückbesinnung auf strengere Erziehungsmethoden. Sie glaubten, christliche und nationalsozialistische Erziehungsziele verbinden zu können und begrüßten großenteils die Trennung der »Unerziehbaren« von den »Erziehungsfähigen« nach rassebiologischen Gesichtspunkten. Auch in Heimen der Inneren Mission mußten sich Fürsorgezöglinge auf der Grundlage des »Gesetzes über die Verhütung erbkranken Nachwuchses« der Sterilisation unterziehen – noch konnte man sich mit den Zielen des neuen Staates identifizieren.

Literatur

BANNERT, CLAUDIA, Zwischen Helfen und Strafen: Evangelische Jugendfürsorge in der Weimarer Republik am Beispiel des Rettungshauses Schildesche in Bielefeld (Manuskript), Münster 1997 (Schriftliche Hausarbeit, vorgelegt im Rahmen der Ersten Staatsprüfung für das Lehramt für die Sekundarstufe II/I)

DIE FÜRSORGEERZIEHUNG in ihren Beziehungen zur modernen Pädagogik, Psychologie und Soziologie. Berufsprobleme der Fürsorgeerziehung, Hannover 1927 (Schriftenreihe des Allgemeinen Fürsorgeerziehungstages Heft 6, 1927)

GRÄSER, MARCUS, Der blockierte Wohlfahrtsstaat. Unterschichtenjugend und Jugendfürsorge in der Weimarer Republik, Göttingen 1995

HÄUSLER, MICHAEL, Dienst an Kirche und Volk. Die Deutsche Diakonenschaft zwischen beruflicher Emanzipation und kirchlicher Formierung 1913-1947, Stuttgart/Berlin/Köln 1995

HARVEY, ELIZABETH, »Die Jugendfürsorge in der Endphase der Weimarer Republik«, in: Otto, Hans-Uwe / Sünker, Heinz (Hg.), Soziale Arbeit und Faschismus, Frankfurt a.M. 1986

JENNER, HARALD, »›In unserer Anstalt wird fortgesetzt der Kampf zwischen Licht und Finsternis gekämpft.‹ Fürsorgeerziehung in Rickling zwischen 1902 und 1918«, in: Strohm, Theodor / Thierfelder, Jörg (Hg.), Diakonie im Deutschen Kaiserreich, Heidelberg 1995

KUHLEMANN, CAROLA, Erbkrank oder erziehbar?, Weinheim/München 1989

PEUKERT, DETLEV J., Grenzen der Sozialdisziplinierung, Köln 1986

STEINWACHS, JOHANNES / BACKHAUSEN, WILHELM / VOIGT, JOHANNES, Die evangelische Anstaltserziehung mit besonderer Berücksichtigung der Fürsorgeerziehung, Hannover 1922

TALAZKO, HELMUT, »Vom ›Rettungshausboten‹ zur ›Sozialpädagogik‹«, in: Sozialpädagogik 25. 1983

THAU, BÄRBEL, »Das Rettungshaus in Schildesche von 1852 bis 1877. Christliche Anfänge der Jugendfürsorge«, in: Moser, Josef / Krull, Regine / Hey, Bernd / Geißelmann, Roland (Hg.), Frommes Volk und Patrioten. Erweckungsbewegung und soziale Frage im östlichen Westfalen 1800 bis 1900, Bielefeld 1989

VIERTEL, GERLINDE, »Vom Rettungshaus zum Unternehmen. Die Düsselthaler Anstalten unter Johannes Karsch (1891-1913)«, in: Strohm, Theodor / Thierfelder, Jörg (Hg.), Diakonie im Deutschen Kaiserreich, Heidelberg 1995

WICHERN, JOHANN HINRICH, Sämtliche Werke, hg. von Peter Meinhold, Bd.IV, 2, Schriften zur Sozialpädagogik, Berlin 1959

1914–1933
UMBRÜCHE

Von der Kriegsfürsorge zum republikanischen Wohlfahrtsstaat

von Christoph Sachße

Der Weltkrieg als »Schrittmacher der Sozialpolitik«

Der Erste Weltkrieg bedeutete einen zentralen Einschnitt für die Entwicklung des Wohlfahrtsstaates in Deutschland. Die Auswirkungen des Krieges führten zu einer tiefgreifenden Umgestaltung der ökonomischen, sozialen und politischen Verhältnisse im Deutschen Reich. Unter dem Druck des Krieges wurden staatliche Eingriffe in allen gesellschaftlichen Bereichen ausgedehnt. Die Ausdehnung staatlicher Gesellschaftsregulierung betraf vor allem das Gebiet der Sozialpolitik. Vielfältige Ansätze und Maßnahmen, die in der Vorkriegszeit erst keimhaft vorhanden waren, wurden nun planmäßig und flächendeckend weiterentwickelt. Die klassische staatliche Eingriffsverwaltung wurde durch eine sozialstaatliche Leistungsverwaltung ergänzt. Der Staat wurde zum Wohlfahrtsstaat.

Ein moderner Dauer- und Verschleißkrieg, wie ihn die Welt zwischen 1914 und 1918 zum erstenmal erlebte und erlitt, bedarf der Mobilisierung aller gesellschaftlichen Ressourcen. Er konnte nicht gegen die eigene Arbeiterschaft geführt werden. Politische und soziale Zugeständnisse waren deshalb unvermeidlich. Und diese waren notwendig mit einer Stärkung der Gewerkschaften, der ökonomischen Interessenvertretung der Arbeiterschaft verbunden. Im Verlauf des Krieges wurden daher eine ganze Reihe sozialpolitischer Forderungen der Gewerkschaften aus der Vorkriegszeit zumindest teilweise verwirklicht: Koalitionsfreiheit, Anerkennung der Gewerkschaften als Tarifpartner, Anerkennung von Tarifverträgen und Ausweitung ihrer Geltung. Bereits seit 1914 kam es in einzelnen Branchen zur Zusammenarbeit von Unternehmern und Gewerkschaften in Form von »Kriegsarbeitsgemeinschaften«, den Vorläufern der berühmten »Zentralarbeitsgemeinschaft« vom November 1918, die faktisch den Gründungskonsens der Weimarer Republik bildete. Vor allem aber waren es die Militärbehörden, die den gewerkschaftlichen Interessen zur Durchsetzung verhalfen und damit ein für den Krieg typisches, politisch paradoxes Bündnis von Militär und Gewerkschaften gegen Unternehmer und Zivilverwaltung bildeten.

Mit der zunehmenden Dauer des Krieges und der Größe der Menschenopfer, die er forderte, verschärfte sich die Lage auf dem Arbeitsmarkt. Die Lücken, die der Kriegsdienst in die Belegschaften der heimischen Industriebetriebe riß, wurden zwar zu guten Teilen mit weiblichen und jugendlichen Arbeitskräften gefüllt. Staatliche Interventionen waren dennoch unabweisbar. Die Organisation des Arbeitsmarktes wurde als Staatsaufgabe anerkannt.

Bereits seit Beginn des Krieges war die zersplitterte Arbeitsvermittlung zentralisiert und rationalisiert worden. Die staatliche Regulierung des Arbeitsmarktes kumulierte dann im »Gesetz über den Vaterländischen Hilfsdienst« vom 5. Dezember 1916, das eine Dienstpflicht für alle Männer zwischen dem 17. und dem 60. Lebensjahr vorsah. Das Gesetz ist ein Musterbeispiel für die Politik der regulierenden Zugeständnisse, die die wohlfahrtsstaatliche Entwicklung im Ersten Weltkrieg kennzeichnet: Von der Obersten Heeresleitung war das Gesetz ursprünglich konzipiert als Einschränkung der Vertragsfreiheit und der Freizügigkeit der Arbeiterschaft und als Instrument der optimalen Verteilung der Arbeitskräfte, das aber den Unternehmern möglichst geringe Beschränkungen auferlegen sollte. Im Gesetzgebungsverfahren wurde der Entwurf jedoch tiefgreifend verändert und fand erst in völlig revidierter Form im Reichstag eine Mehrheit. Arbeiter- und Angestelltenausschüsse (die Vorläufer der späteren Betriebsräte) sowie Schlichtungsausschüsse unter behördlicher Leitung, die bei arbeitsrechtlichen Streitigkeiten angerufen werden konnten, wurden vorgesehen. Die Möglichkeit, den Arbeitsplatz zu wechseln, blieb unter bestimmten Voraussetzungen erhalten. Gewerkschaften und SPD war es gelungen, immerhin einen Teil ihrer Forderungen in der Endfassung des Gesetzes zur Geltung zu bringen. Die grundsätzliche Einschränkung der Freizügigkeit konnte nur um den Preis gesteigerter Partizipationsmöglichkeiten der Arbeiterschaft durchgesetzt werden.

Für die Sozialversicherung bedeutete der Krieg eine starke Belastung. Durch die Einziehung von Tausenden von Versicherungspflichtigen zum Kriegsdienst wurden ihre Beitragseinnahmen erheblich geschmälert. Zahlreiche Verordnungen und Erlasse paßten Versicherungsleistungen und -beiträge immer wieder an die Kriegsverhältnisse an, hatten darüber hinaus aber keine grundsätzliche Bedeutung. Lediglich die Herabsetzung der Altersgrenze in der Rentenversicherung von 70 auf 65 Jahre durch ein Gesetz vom Juni 1916 sollte von dauerhafter Bedeutung für die gesetzliche Alterssicherung bleiben.

Die kommunale Fürsorge dagegen erfuhr durch den Weltkrieg einen tiefgreifenden Modernisierungsschub. Ihr Aktionsradius wurde massiv erweitert. Völlig neue Gruppen von Bedürftigen wurden von öffentlicher Unterstützung abhängig.

Die Familien der zum Kriegsdienst Eingezogenen blieben überwiegend ohne ausreichenden Unterhalt zurück. Für sie wurden neue Formen der »Kriegsfürsorge« eingerichtet, die explizit außerhalb der traditionellen Armenfürsorge angesiedelt waren. Die Leistungen der Kriegsfürsorge waren reichlicher bemessen als die herkömmlichen Fürsorgeleistungen, um zu verhindern, daß die Empfänger »in eine tiefere soziale Schicht oder in die Kreise der öffentlichen Armenpflege« absanken, wie der Fürsorgeexperte Wilhelm Polligkeit (1876-1960) 1917 formulierte. Im Verlauf des Krieges traten die Kriegsopfer als weitere Gruppe von Bedürftigen neben die »Kriegerfamilien«. Für die Kriegsbeschädigten wurden Rehabilitationsmaßnahmen, für die Kriegerwitwen und -waisen Beratungs- und Betreuungseinrichtungen geschaffen, die allesamt ein neues Niveau öffentlicher Fürsorge signalisierten. Neuartige Unterstützungsleistungen wurden für die Gruppen von Angehörigen des Mittelstandes vorgesehen, die besonders von den Auswirkungen des Krieges betroffen waren: Hausbesitzer und Selbständige in Handwerk und freien Berufen. Mit den zunehmenden Versorgungsschwierigkeiten im Verlaufe des Krieges fiel den Kommunen schließlich die Aufgabe zu, die Lebensmittelversorgung für ihre Einwohner sicherzustellen, und im Rahmen der »Ernährungsfürsorge« wurde ein Großteil der Gesamtbevölkerung zum Adressaten kommunaler Fürsorgeleistungen.

All diese neuen Gruppen von Fürsorgeempfängern hatten kaum noch etwas mit der herkömmlichen Armutsbevölkerung gemeinsam. Und auch die vielfältigen neuen Maßnahmen und Leistungen der Kriegsfürsorge hoben sich deutlich von der traditionellen Armenfürsorge ab. Die Sozialreformerin Helene Simon (1862-1947) sprach von einer »Veredelung der Klangfarbe« im Rahmen der Kriegsfürsorge. Sie meinte damit nicht nur das gehobene finanzielle Niveau, sondern auch die intensivierte persönliche Betreuung und Beratung. Und sie meinte vor allem die neuen, nicht-diskriminierenden und weniger herablassenden Umgangsformen mit den »neuen Armen«, deren Bedürftigkeit ja gerade darauf beruhte, daß sie oder ihre Angehörigen existenzielle Opfer für das Vaterland erbracht hatten, für die sie nun eine gerechte Entschädigung erwarteten.

Verbesserung des Leistungsniveaus und Ausweitung von Zuständigkeiten sind also charakteristische Merkmale der Fürsorgeentwicklung im Weltkrieg.

Gartenarbeit in Neuerkerode, 1911 (6.1)

Die punktuelle Fürsorge für spezifische Armutsgruppen wurde zur umfassenden Wohlfahrtspflege weiterentwickelt; einer Wohlfahrtspflege, in der viele der Grundsätze verwirklicht waren, deren Realisierung Fürsorgereformer in der Vorkriegszeit seit langem vergeblich gefordert hatten.

Diese Errungenschaften hatten jedoch ihren Preis. Die Organisation der Kriegsfürsorge blieb zwar Sache der Kommunen, aber sie beruhte zu guten Teilen auf reichsgesetzlichen Grundlagen, und auch die Kosten wurden größtenteils vom Reich getragen. Die staatliche Zentralinstanz trat damit erstmals als regulierende und finanzierende Institution der Fürsorge in Erscheinung, die in der Vorkriegszeit ausschließlich in der Zuständigkeit der lokalen Ebene öffentlicher Gewalt gelegen hatte. Erstmals wurden im Laufe des

Karlshöher Diakone und Diakonissen im Lazarett, 1914/1918 (7.11)

Krieges auch eigene Reichsämter für spezifische Fürsorgeaufgaben eingerichtet: das Kriegsernährungsamt, das Reichswirtschaftsamt und bei Kriegsende das Reichsarbeitsamt, der direkte Vorläufer des späteren Reichsarbeitsministeriums. Bürokratisierung und Zentralisierung bilden also notwendige Begleiterscheinungen von Ausdehnung und Aufwertung der Fürsorge. Zudem vertiefte der Ausbau der Kriegsfürsorge eine interne Spaltung der kommunalen Fürsorge, die sich in den städtischen Sozialreformen der 1890er Jahre bereits angedeutet hatte. Die »Veredelung der Klangfarbe« betraf ja nicht die Fürsorge schlechthin, sondern nur den gehobenen, kriegsbedingten Bereich. Die traditionelle Fürsorge verlor zwar während des Krieges an Bedeutung, aber sie bestand dennoch weiter fort. Und die Existenz einer gehobenen Kriegsfürsorge ließen die repressiven Grundstrukturen des traditionellen Sektors nur um so deutlicher und demütigender hervortreten. Die »Veredelung« der Kriegsfürsorge wurde mit einer Binnenhierarchisierung der Wohlfahrtspflege insgesamt erkauft, in der sich der aus der Geschichte der Armenfürsorge sattsam bekannte Gegensatz von »würdigen« und »unwürdigen« Armen in neuer Form reproduzierte; ein Gegensatz, der für die Weiterentwicklung der Wohlfahrtspflege in der Weimarer Republik von großer Bedeutung sein wird.

Marie Juchacz und Johanna Heymann, Die Arbeiterwohlfahrt, 1924 (7.24)

Der Weltkrieg führte zu einem Entwicklungsschub nicht nur in der öffentlichen, sondern auch in der privaten Fürsorge und veränderte vor allem das Verhältnis beider Bereiche zueinander.

Der Krieg wurde zum Anlaß der Einführung einer öffentlichen Kontrolle privater Wohltätigkeitsbestrebungen. Er wurde aber auch zum Anlaß der Intensivierung und der Systematisierung der Zusammenarbeit von öffentlichem und privatem Sektor. Die herkömmliche private Fürsorge in der Vielfalt ihrer lokalen Organisationen erwies sich dafür als schlecht gerüstet. Zwar kam es durchaus zu Kooperationen von Organisationen lokaler Privatwohltätigkeit mit den örtlichen Kommunalverwaltungen in der Kriegsfürsorge. Weitergehenden Bestrebungen nach überörtlicher und überregionaler Vereinheitlichung setzte die Zersplitterung der lokalen Vereinskultur jedoch strukturelle Hindernisse entgegen.

In dieser Situation gewannen die gesellschaftlichen Gruppierungen an Bedeutung, die schon in der Vorkriegszeit überregionale Zentralorganisationen herausgebildet hatten.

Da waren zum einen die deutschen Frauenorganisationen – seit Jahrzehnten im »Bund Deutscher Frauenvereine« reichsweit zentralisiert. Für sie bot der Krieg ungeahnte Entfaltungsmöglichkeiten. Er erschloß neue Wirkungskreise und neue Verantwortung für die brachliegenden Kräfte der Frauen. Jetzt konnten sie zeigen, daß sie bereit und in der Lage waren, ihre »nationalen Pflichten« zu erfüllen. Jetzt war die Zeit gekommen, »vaterländischen Frauendienst« an der »Heimatfront« zu leisten. Die Frauen sollten kriegsbedingte Not lindern und damit die eigene Emanzipation vorantreiben. Das jedenfalls war die Position des konservativen Vorstandes des Bundes Deutscher Frauenvereine mit Gertrud Bäumer (1873-1954) an der Spitze. Von ihr ging die Initiative zur Gründung des »Nationalen Frauendienstes« aus, der dieses Konzept in die Tat umsetzen sollte. Schon in den ersten Kriegswochen entstanden in allen größeren deutschen Städten Ortsgruppen dieser neuen reichsweiten Frauenorganisation. Sie entwickelten enge Kooperationsformen mit den öffentlichen Instanzen der Kriegsfürsorge und wurden fest in diese integriert. Der Nationale Frauendienst wurde so gleichsam zum Hilfsorgan der kommunalen Kriegsfürsorge. Öffentliche und private Fürsorge wurden zu einem einheitlichen Gesamtkomplex verschweißt.

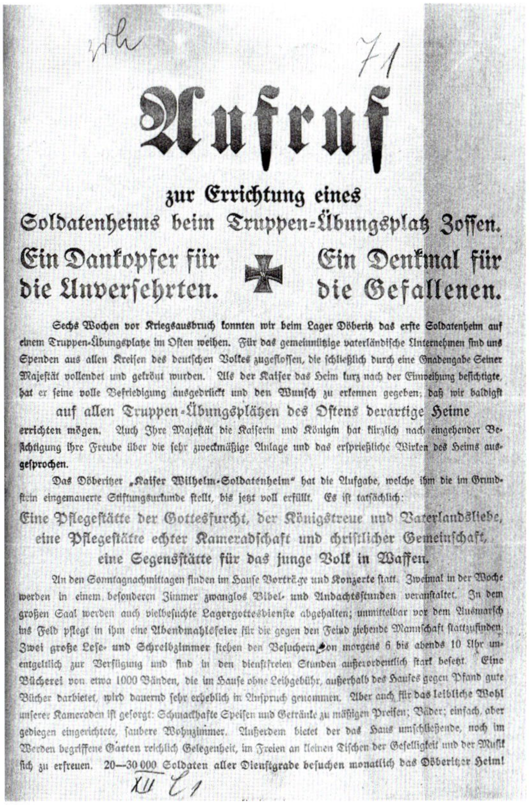

Aufruf

zur Errichtung eines
Soldatenheims beim Truppen-Übungsplatz Zossen.

Ein Dankopfer für die Unversehrten. **Ein Denkmal für die Gefallenen.**

Sechs Wochen vor Kriegsausbruch konnten wir beim Lager Döberitz das erste Soldatenheim auf einem Truppen-Übungsplatze im Osten weihen. Für das gemeinnützige vaterländische Unternehmen sind uns Spenden aus allen Kreisen des deutschen Volkes zugeflossen, die schließlich durch eine Gnadengabe Seiner Majestät vollendet und gekrönt wurden. Als der Kaiser das Heim kurz nach der Einweihung besichtigte, hat er seine volle Befriedigung ausgedrückt und den Wunsch zu erkennen gegeben, daß wir baldigst

auf allen Truppen-Übungsplätzen des Ostens derartige Heime

errichten mögen. Auch Ihre Majestät die Kaiserin und Königin hat kürzlich nach eingehender Besichtigung ihre Freude über die sehr zweckmäßige Anlage und das ersprießliche Wirken des Heims ausgesprochen.

Das Döberitzer „Kaiser Wilhelm-Soldatenheim" hat die Aufgabe, welche ihm die im Grundstein eingemauerte Stiftungsurkunde stellt, bis jetzt voll erfüllt. Es ist tatsächlich:

Eine Pflegestätte der Gottesfurcht, der Königstreue und Vaterlandsliebe,
eine Pflegestätte echter Kameradschaft und christlicher Gemeinschaft,
eine Segensstätte für das junge Volk in Waffen.

An den Sonntagnachmittagen finden im Hause Vorträge und Konzerte statt. Zweimal in der Woche werden in einem besonderen Zimmer zwanglos Bibel- und Andachtsstunden veranstaltet. In dem großen Saal werden auch vielbesuchte Lagergottesdienste abgehalten; unmittelbar vor dem Ausmarsch ins Feld pflegt in ihm eine Abendmahlsfeier für die gegen den Feind ziehende Mannschaft stattzufinden. Zwei große Lese- und Schreibzimmer stehen den Besuchern von morgens 6 bis abends 10 Uhr unentgeltlich zur Verfügung und sind in den dienstfreien Stunden außerordentlich stark besetzt. Eine Bücherei von etwa 1000 Bänden, die im Hause ohne Leihgebühr, außerhalb des Hauses gegen Pfand gute Bücher darbietet, wird dauernd sehr erheblich in Anspruch genommen. Aber auch für das leibliche Wohl unserer Kameraden ist gesorgt: Schmackhafte Speisen und Getränke zu mäßigen Preisen; Bäder; einfach, aber gediegen eingerichtete, saubere Wohnzimmer. Außerdem bietet der das Haus umschließende, noch im Werden begriffene Garten reichlich Gelegenheit, im Freien an kleinen Tischen der Geselligkeit und der Musik sich zu erfreuen. 20—30 000 Soldaten aller Dienstgrade besuchen monatlich das Döberitzer Heim!

Aufruf zur Errichtung eines Soldatenheims, 1915 (7.3)

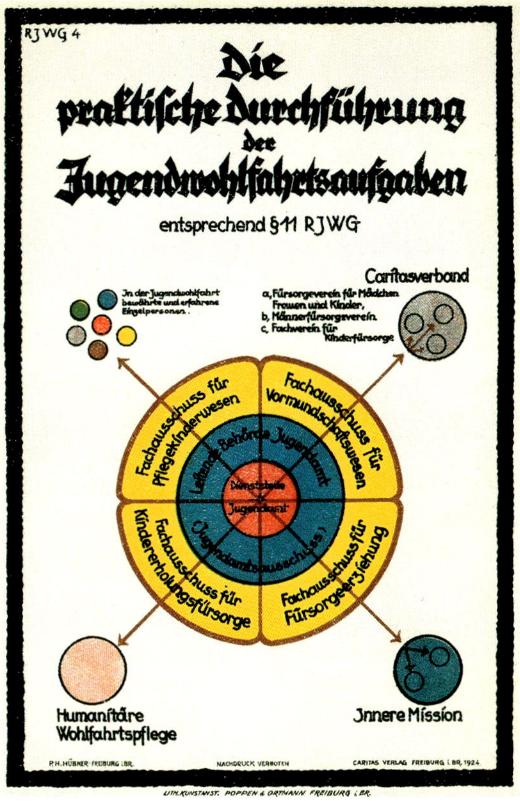

Lehrtafel zum RJWG, 1924 (7.40)

Wie die Arbeiterschaft erfuhren im Weltkrieg auch die Frauen gesellschaftliche Aufwertung; eine Aufwertung, die mit der Integration in die Kriegsmaschinerie erkauft wurde.

Da waren zum andern die großen Konfessionen, die ihre Wohltätigkeitsbestrebungen schon im 19. Jahrhundert verbandlich organisiert hatten. Die verstärkte öffentliche »Beaufsichtigung der freien Liebestätigkeit« ließ die evangelische »Innere Mission« und den »Caritasverband für das katholische Deutschland« um ihre Selbständigkeit fürchten und enger zusammenrücken.

Lokale Mitgliedsorganisationen der Inneren Mission arbeiteten in der kommunalen Kriegsfürsorge mit und praktizierten ihrerseits die neuen Kooperationsformen öffentlicher und privater Fürsorge. Aber die Reichszentrale des Verbandes, der Central-Ausschuß, verstand den Krieg primär als seelsorgerische und sittliche Herausforderung und konzentrierte ihre organisatorischen Anstrengungen auf diesen Bereich. Im übrigen aber machte die Verbandsentwicklung keine entscheidenden Fortschritte.

Anders beim Caritasverband. Der Ausbau der Kriegsfürsorge und die Herausforderungen, die sich daraus für die Caritasarbeit ergaben, bildeten für Lorenz Werthmann (1858-1921), den Begründer des Verbandes, die Grundlage dafür, den Caritasverband organisatorisch auszuweiten, zu straffen und auf eine sichere finanzielle Grundlage zu stellen. Wichtige neue Diözesanverbände wurden im Laufe des Krieges gegründet. Und 1916 wurde der Zentralverband von der Deutschen Bischofskonferenz ausdrücklich als legitimer Zusammenschluß der karitativen Diözesanverbände anerkannt.

Zur Bildung eines zentralen Spitzenverbandes führte der Weltkrieg schließlich auch in der bislang hochgradig dezentralisierten und zersplitterten jüdischen Fürsorge: Im September 1917 wurde die Zentralwohlfahrtsstelle der deutschen Juden gegründet.

Die kriegsbedingte Entwicklung eines einheitlichen Gesamtkomplexes kommunaler Fürsorge, in dem die Unterscheidung von »öffentlich« und »privat« nurmehr formale Bedeutung hatte, veränderte auch die Finanzierung der privaten Fürsorge. Zwar hatte es kommunale Zuschüsse an private Wohltätigkeitsorganisationen gelegentlich auch schon vor dem Kriege gegeben. Jetzt aber wurde der privaten Wahrnehmung öffentlicher Aufgaben durch eine systematische öffentliche Subventionierung privater Organisationen Rechnung getragen. Auch insoweit bereitete die Kriegsfürsorge die spätere Entwicklung in der Republik bereits vor.

Der Erste Weltkrieg hat die kommunale Fürsorge in Deutschland nachhaltig umgestaltet. Ihr gesellschaftlicher Zugriffsbereich expandierte drastisch. Gänzlich neue Bevölkerungsgruppen wurden zu Adressaten von Fürsorgeleistungen. Die Fürsorge wurde zur Wohlfahrtspflege ausgebaut. Erstmals übernahm auch das Reich finanzielle und regulative Verantwortung auf diesem Gebiet. Der Zentralisierung der Kompetenzen entsprach die Differenzierung der administrativen Organisation. Neue Behörden und Ämter wurden eingerichtet. Neue Formen der Kooperation von öffentlichem und privatem Sektor wurden erprobt; Kooperationsformen, in denen das für die Wohlfahrtspflege in Deutschland bis heute so charakteristische »duale System« bereits angelegt ist. Auch und gerade in der Wohlfahrtspflege erwies sich der Krieg als »Schrittmacher der Sozialpolitik« (Preller 1949).

Der Ausbau des Wohlfahrtsstaates in den Jahren der Republik

In der Weimarer Republik wurde der Ausbau des Wohlfahrtsstaates zum Verfassungsauftrag. Mit dem Untergang der Monarchie war auch die dynastische Legitimation staatlicher Herrschaft zerbrochen. Die Berufung auf »das Volk« als neue Quelle staatlicher Macht alleine genügte nicht als Legitimationsgrundlage für die weithin ungeliebte, von rechts und links bekämpfte Republik. Die Integrationschancen des »neuen Volksstaates« lagen daher vor allem in der Übernahme staatlicher Sozialverantwortung. Neben den klassischen liberalen Freiheitsrechten sah die Weimarer Verfassung auch eine Reihe sozialer Leistungsrechte vor, die dieses neue Staatsverständnis in Verfassungsrang erhoben. Die neue Verantwortung des Staates für das Wohlergehen seiner Bürger war allerdings mit einer Massenarmut konfrontiert, die weit über das in der Vorkriegszeit bekannte Maß hinausging. Zugleich hatten sich die ökonomischen Rahmenbedingungen gegenüber der Vorkriegsperiode drastisch verschlechtert. Der Aufbau des Weimarer Wohlfahrtsstaates vollzog sich daher nicht planvoll und kontinuierlich. Er war vielmehr von ökonomischen und politischen Krisen überschattet, von aktueller Massennot diktiert, von Unzufriedenheit und Kritik begleitet. Er bot jedoch auch Aufstiegs- und Entfaltungschancen, vor allem für die sozialen Gruppen, die in der Zeit des Kaiserreiches systematisch diskriminiert und benachteiligt, im Laufe des Krieges aber schon gesellschaftlich aufgestiegen waren: für die Vertreter der Arbeiterschaft in Gewerkschaften und Sozialdemokratie, für die Repräsentanten des politischen und sozialen Katholizismus und – quer zu allen Konfessionen und politischen Richtungen – für die Frauen.

Grundsätzlich neue sozialpolitische Institutionen hat der Weimarer Wohlfahrtsstaat nicht hervorgebracht. Er knüpfte weitgehend an die Strukturen und Impulse an, die – bereits im Kaiserreich erdacht und erprobt – im Weltkrieg weiterentwickelt worden waren. In Ausbau und Ausweitung wohlfahrtsstaatlicher Sozialverantwortung lag seine Bedeutung, nicht in der Entwicklung neuer Formen der Sozialpolitik. Dabei setzte sich der im Weltkrieg begonnene Prozeß der Zentralisierung sozialpolitischer Zuständigkeiten weiter fort. Die Kompetenzen von Reich und Einzelstaaten nahmen zu. Neue Sozialministerien wurden gebildet, von denen das Reichsarbeitsministerium (RAM) und das Preußische Ministerium für Volkswohlfahrt die bedeutendsten waren.

Kernstück staatlicher Sozialpolitik blieb auch in der Weimarer Republik die »Arbeiterpolitik«, die staatliche Absicherung gegen spezifische Risiken der Lohnarbeiterexistenz. Hier knüpfte die Arbeiterbewegung an ihre Erfolge im Weltkrieg an und versuchte, sie nun auf der Grundlage politischer Gleichberechtigung und gesteigerter Partizipationschancen weiter auszubauen.

An erster Stelle standen Arbeiterschutz und kollektives Arbeitsrecht. In der schon erwähnten »Zentralarbeitsgemeinschaft« vom 15. November 1918 und den zu ihrer Durchführung erlassenen Verordnungen wurden die Gewerkschaften als »berufene Vertretung« der Arbeiterschaft anerkannt, die jahrzehntealten Forderungen der Gewerkschaften nach umfassenden Tarifverträgen und Schlichtungsausschüssen in vollem Umfang verwirklicht. Der Achtstundentag wurde eingeführt. 1920 wurde das Betriebsrätegesetz erlassen, das die innerbetrieblichen Mitbestimmungsrechte der Arbeiter regelte. Der Kündigungsschutz wurde 1922 und 1926 ausgebaut. 1926 schließlich wurde eine einheitliche und umfassende Arbeitsgerichtsbarkeit eingerichtet.

Im Bereich der Sozialversicherung wurden die bereits in der Vorkriegszeit entwickelten Versicherungssysteme weiter ausgebaut. Konzepte der Einführung einer Einheitsversicherung oder gar einer allgemeinen Staatsbürgerfürsorge wurden in Teilen der Sozialdemokratie zwar diskutiert, ihre Verwirklichung vom zuständigen RAM aber nie ernsthaft erwogen.

Stattdessen wurden die bestehenden Systeme demokratisiert, die rechtliche Stellung der Arbeitnehmervertreter in der Selbstverwaltung ausgebaut. In der Krankenversicherung wurde der Versicherungsschutz auf Familienangehörige ausgedehnt. Eine Krankenversicherung für Seeleute wurde eingeführt. In der Rentenversicherung mußte die Finanzierung 1924 in der Folge der Hyperinflation vom Kapitaldeckungsverfahren auf das Umlageverfahren umgestellt werden.

Seinen Höhepunkt erreichte der Ausbau der Sozialversicherung mit dem Erlaß des Gesetzes über die Arbeitsvermittlung und die Arbeitslosenversicherung (AVAVG) im Juli 1927, mit dem ein gänzlich neuer Versicherungszweig geschaffen wurde. Die Erwerbslosenfürsorge, die seit der Demobilmachung zunehmend vom Reich geregelt, finanziert und ausgebaut worden war, wurde nun durch eine Zwangsversicherung mit der »Reichsanstalt für Arbeit« als eigenem Träger abgelöst.

Mit »Arbeiterpolitik« alleine konnten indes die sozialen Probleme der Weimarer Republik nicht gelöst werden. Zu sehr hatte der Krieg das soziale Gefüge in Deutschland verändert. Von den Kriegsopfern und dem im Krieg verarmten Mittelstand war bereits die Rede. In den Nachkriegsjahren kamen die Opfer der Inflation als neue Armutsgruppe hinzu. Der Verlust der angesparten, sozialen oder privaten Alterssicherung machte sie von öffentlicher Fürsorge abhängig – ein Zustand, den sie für völlig unangemessen hielten. Sie verstanden ihre Armut als politisch verursacht und verlangten politische Kompensation. Sie formierten sich zu verbandlichen Interessengruppen, die die Fürsorgepolitik der Republik in ihrem Sinne zu beeinflussen suchten. Zumindest Teile des verarmten Mittelstandes orientierten sich an den Kräften der politischen Rechten, die die Republik ablehnten und bekämpften. Die »neue Armut« bedeutete also eine ernste Belastung für die neue, ohnehin instabile politische Ordnung im Deutschen Reich.

Der Reichsgesetzgeber, bei dem sich gemäß Artikel 7 und 9 Weimarer Verfassung die Zuständigkeiten für das gesamte Gebiet von Fürsorge und Wohlfahrtspflege konzentrierten, reagierte auf die Notstände im Gefolge des Krieges zunächst mit der Einführung spezifischer Sonderfürsorgebereiche, die an die im Weltkrieg entwickelten Formen der Kriegsfürsorge anknüpften: Die Fürsorge für die Kriegsopfer – die Kriegsbeschädigten und Kriegshinterbliebenen –

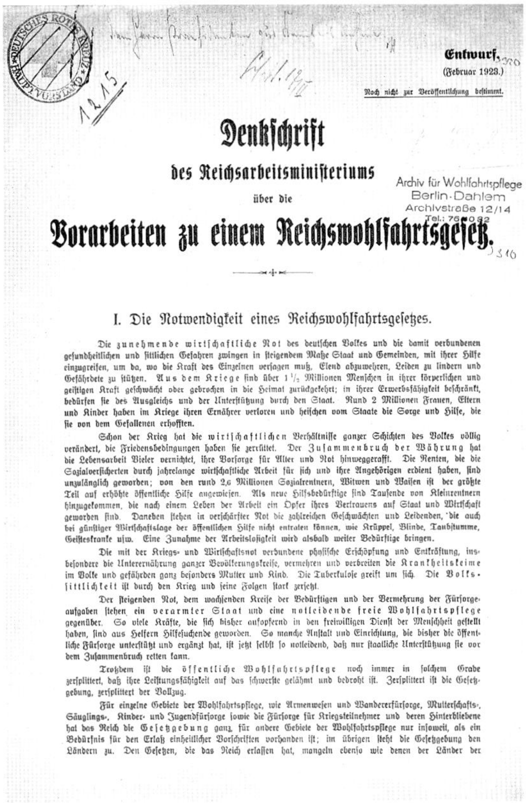
Deutsches Rotes Kreuz Hauptvorstand

Entwurf.
(Februar 1923.)
Noch nicht zur Veröffentlichung bestimmt.

Archiv für Wohlfahrtspflege
Berlin-Dahlem
Archivstraße 12/14

Denkschrift
des Reichsarbeitsministeriums
über die
Vorarbeiten zu einem Reichswohlfahrtsgesetz.

I. Die Notwendigkeit eines Reichswohlfahrtsgesetzes.

Die zunehmende wirtschaftliche Not des deutschen Volkes und die damit verbundenen gesundheitlichen und sittlichen Gefahren zwingen in steigendem Maße Staat und Gemeinden, mit ihrer Hilfe einzugreifen, um da, wo die Kraft des Einzelnen versagen muß, Elend abzuwehren, Leiden zu lindern und Gefährdete zu stützen. Aus dem Kriege sind über 1 1/2 Millionen Menschen in ihrer körperlichen und geistigen Kraft geschwächt oder gebrochen in die Heimat zurückgekehrt; in ihrer Erwerbsfähigkeit beschränkt, bedürfen sie des Ausgleichs und der Unterstützung durch den Staat. Rund 2 Millionen Frauen, Eltern und Kinder haben im Kriege ihren Ernährer verloren und heischen vom Staate die Sorge und Hilfe, die sie von dem Gefallenen erhofften.

Schon der Krieg hat die wirtschaftlichen Verhältnisse ganzer Schichten des Volkes völlig verändert, die Friedensbedingungen haben sie zerrüttet. Der Zusammenbruch der Währung hat die Lebensarbeit Vieler vernichtet, ihre Vorsorge für Alter und Not hinweggerafft. Die Renten, die die Sozialversicherten durch jahrelange wirtschaftliche Arbeit für sich und ihre Angehörigen erdient haben, sind unzulänglich geworden; von den rund 2,6 Millionen Sozialrentnern, Witwen und Waisen ist der größte Teil auf erhöhte öffentliche Hilfe angewiesen. Als neue Hilfsbedürftige sind Tausende von Kleinrentnern hinzugekommen, die nach einem Leben der Arbeit ein Opfer ihres Vertrauens auf Staat und Wirtschaft geworden sind. Daneben stehen in verschärfter Not die zahlreichen Geschwächten und Leidenden, die auch bei günstiger Wirtschaftslage der öffentlichen Hilfe nicht entraten können, wie Krüppel, Blinde, Taubstumme, Geisteskranke usw. Eine Zunahme der Arbeitslosigkeit wird alsbald weiter Bedürftige bringen.

Die mit der Kriegs- und Wirtschaftsnot verbundene physische Erschöpfung und Entkräftung, insbesondere die Unterernährung ganzer Bevölkerungskreise, vermehren und verbreiten die Krankheitskeime im Volke und gefährden ganz besonders Mutter und Kind. Die Tuberkulose greift um sich. Die Volkssittlichkeit ist durch den Krieg und seine Folgen stark zersetzt.

Der steigenden Not, dem wachsenden Kreise der Bedürftigen und der Vermehrung der Fürsorgeaufgaben stehen ein verarmter Staat und eine notleidende freie Wohlfahrtspflege gegenüber. So viele Kräfte, die sich bisher aufopfernd in den freiwilligen Dienst der Menschheit gestellt haben, sind aus Helfern Hilfesuchende geworden. So manche Anstalt und Einrichtung, die bisher die öffentliche Fürsorge unterstützt und ergänzt hat, ist jetzt selbst so notleidend, daß nur staatliche Unterstützung sie vor dem Zusammenbruch retten kann.

Trotzdem ist die öffentliche Wohlfahrtspflege noch immer in solchem Grade zersplittert, daß ihre Leistungsfähigkeit auf das schwerste gelähmt und bedroht ist. Zersplittert ist die Gesetzgebung, zersplittert der Vollzug.

Für einzelne Gebiete der Wohlfahrtspflege, wie Armenwesen und Wandererfürsorge, Mutterschafts-, Säuglings-, Kinder- und Jugendfürsorge sowie die Fürsorge für Kriegsteilnehmer und deren Hinterbliebene hat das Reich die Gesetzgebung ganz, für andere Gebiete der Wohlfahrtspflege nur insoweit, als ein Bedürfnis für den Erlaß einheitlicher Vorschriften vorhanden ist; im übrigen steht die Gesetzgebung den Ländern zu. Den Gesetzen, die das Reich erlassen hat, mangeln ebenso wie denen der Länder der

Denkschrift des Reichsarbeitsministeriums, 1923 (7.37)

wurde neu geregelt und auch weiterhin außerhalb der traditionellen Armenfürsorge angesiedelt. Die Fürsorge für die Klein- und Sozialrentner – also die Bevölkerungsteile, die ihre Ersparnisse beziehungsweise Sozialrenten in der Inflation verloren hatten – war ebenfalls außerhalb der traditionellen Armenfürsorge organisiert, sah gehobene Leistungen und teilweise einklagbare Rechtsansprüche vor. Die Leistungen blieben allerdings von einer Bedürfnisprüfung abhängig, so daß die Nähe zur traditionellen Armenfürsorge gewahrt blieb – sehr zum Mißfallen der Betroffenen, die nicht soziale Fürsorge, sondern Wiederherstellung ihres früheren sozialen Status verlangten.

Im übrigen waren die Anfangsjahre der Weimarer Republik gekennzeichnet durch einen Ausbau der »klassischen« Sektoren kommunaler Sozialpolitik: der Jugend-, Wohnungs- und Gesundheitsfürsorge. Die Jugendfürsorge erhielt in Gestalt des »Reichsjugendwohlfahrtsgesetzes« (RJWG) von 1922 erstmals eine reichseinheitliche gesetzliche Grundlage. In den anderen Bereichen wurden neue einzelstaatliche Gesetze geschaffen. Durchweg aber knüpften Gesetzgebung und Verwaltung – wie erwähnt – an Konzepte an, die in den Großstädten des Wilhelminischen

Deutschland bereits in Ansätzen entwickelt worden waren und jetzt flächendeckend verwirklicht wurden. Grundsätzlich nahm die gesetzgeberische und finanzielle Verantwortung des Reiches als staatlicher Zentralinstanz zu. Dabei beschränkte sich die Reichsgesetzgebung nicht auf Rahmenregelungen, sondern ging durchaus ins Detail. Der Konflikt mit den Gemeinden war damit programmiert. Durch die große Reichsfinanzreform, die Finanzminister Matthias Erzberger (1875-1921) in den Jahren 1919 und 1920 durchgeführt hatte, waren sie bereits eigener Steuereinnahmen weitgehend beraubt, von finanziellen Zuwendungen des Zentralstaates abhängig und damit zu »Kostgängern« des Reiches gemacht worden. Nun wurden ihre Selbstverwaltungsrechte auf einem angestammten Sektor kommunaler Politik, der Fürsorge und Wohlfahrtspflege, auch inhaltlich beschränkt.

Die Resultate dieser Entwicklung waren ambivalent. Einerseits wurde das Leistungsangebot kommunaler Wohlfahrtspflege ausgeweitet, intensiviert und unter dem Druck der Reichsgesetzgebung in gewissem Umfang auch vereinheitlicht. Andererseits führte der sporadische Ausbau der Nachkriegsfürsorge zu einer hochgradigen Zersplitterung der kommunalen Wohlfahrtspflege. Die einzelnen Fürsorgebereiche folgten verschiedenen Prinzipien im Hinblick auf Trägerschaft, Verwaltungsorganisation und Finanzierung. Und die Hierarchie unterschiedlicher Statusgruppen von Fürsorgeempfängern, die sich in der Kriegsfürsorge herausgebildet hatte, verfestigte sich. In Gestalt der Klein- und Sozialrentner gab es neben den Kriegsopfern neue Gruppen privilegierter Fürsorgeempfänger, die die traditionelle Armenfürsorge nach dem immer noch geltenden »Reichsgesetz über den Unterstützungswohnsitz« von 1871 immer mehr als unzeitgemäßen Restbestand erscheinen ließ, der dringend der Reform bedurfte.

Diskussionen um eine Reform der gesetzlichen Grundlagen der Armenfürsorge im Deutschen Reich wurden in Fachkreisen schon seit der Vorkriegszeit geführt. Unter der Geltung der neuen demokratischen Verfassung intensivierte sich die Debatte. Der »Deutsche Verein für öffentliche und private Fürsorge« – wie der 1880 gegründete »Verein für Armenpflege und Wohlthätigkeit« sich seit 1919 nannte – machte das Thema zum Gegenstand seiner Jahrestagung im September 1920 und verabschiedete im März 1922 »Leitsätze« für eine Reform. Anfang 1923 griff das RAM – seit 1922 zuständig für die Gesetzgebung des Reiches auf dem Gebiet der Wohlfahrtspflege, die zuvor beim Innenministerium gelegen hatte – die Problematik in seiner berühmt gewordenen »Denkschrift« auf. Im Laufe des Jahres 1923 machten der galoppierende Währungsverfall und der daraus resultierende Zusammenbruch der Finanzierungsgrundlagen der öffentlichen Fürsorge eine rasche Neuregelung unumgänglich. Das Ergebnis der forcierten Neuordnung waren die »Reichsverordnung über die Fürsorgepflicht« vom 13. Februar 1924 (RFV) und die »Reichsgrundsätze über Voraussetzung, Art und Maß der öffentlichen Fürsorge« vom 4. Dezember 1924 (RGr).

Die RFV war im wesentlichen ein Organisationsgesetz. Sie faßte die zersplitterten Spezialfürsorgen und die allgemeine Armenfürsorge organisatorisch zusammen. Sie vereinheitlichte die Trägerstruktur der öffentlichen Fürsorge und ersetzte im Hinblick auf die örtliche Zuständigkeit das unzeitgemäße Prinzip des »Unterstützungswohnsitzes« durch das Prinzip des »gewöhnlichen Aufenthaltes«.

Voraussetzungen, Art und Ausmaß der Unterstützung waren in der RFV selbst nicht geregelt. Insoweit sah sie den Erlaß einer besonderen Regelung vor, der schon erwähnten RGr. Diese unterschieden drei Gruppen von Leistungsempfängern: die Hilfsbedürftigen im allgemeinen, also gleichsam die »normalen« Armen, denen der »notwendige Lebensunterhalt« gewährt wurde; die Opfer von Krieg und Inflation als privilegierte Gruppe, die »gehobene« Leistungen erhielten; schließlich die »arbeitsscheuen« und »unwirtschaftlichen« Hilfsbedürftigen, denen nur »das zur Fristung des Lebens Unerläßliche« zustand. Die seit der Einführung der Kriegsfürsorge etablierte Hierarchisierung der Fürsorge war also durch die gesetzlichen Reformen nicht beseitigt, sondern durch eine neue »Unterstock«-Gruppierung verstärkt worden. Das interne Spannungsgefüge der öffentlichen Fürsorge wurde damit weiter verschärft. Die schon damals von seiten des »Deutschen Vereins« vertretene Forderung, die Differenzierung der Unterstützung nach Art und Schwere der jeweiligen Notlage an die Stelle der Differenzierung nach unterschiedlichen Statusgruppen treten zu lassen, konnte sich gegen die einflußreiche Interessenvertretung vor allem der Kriegsopfer und die Position des RAM nicht durchsetzen. Sie wurde erst mit dem Erlaß des Bundessozialhilfegesetzes im Jahre 1961 verwirklicht.

Eine prominente Rolle bei der Neuregelung der Fürsorgegesetzgebung spielte das Verhältnis von öffentlicher und privater Fürsorge sowie das Verhältnis beider Sektoren zueinander.

Die Etablierung des Wohlfahrtsstaates, die Parlamentarisierung des politischen Systems und die De-

Plakat der Bahnhofsmission, 1926/1929 (7.32)

mokratisierung der Gesellschaft führten zu einem Bedeutungsverlust der klassisch-bürgerlichen Organisationen privater Wohltätigkeit und Sozialreform. Sie waren allesamt dem Organisationsmilieu des Kaiserreichs verhaftet und verloren nun rapide an Bedeutung. Viele der lokalen Wohltätigkeitsvereine hatten in Krieg und Inflation ihr Vermögen verloren. Der bürgerliche Mittelstand war großenteils verarmt. Aus einstigen Helfern und Spendern waren selbst Hilfsbedürftige geworden.

In dieser Situation erwiesen sich die von der konfessionellen Wohlfahrtspflege bereits in der Vorkriegszeit entwickelten und im Weltkrieg gefestigten Ansätze einer Spitzenverbandsbildung als zukunftsweisend. Reale oder vermutete Gefährdungen der freien Wohlfahrtspflege durch Kommunalisierungsbestrebungen motivierten einen festeren Zusammenschluß. Das Reich hatte als regulierende und finanzierende Instanz in der Wohlfahrtspflege erheblich an Bedeutung gewonnen. In Gestalt des RAM bestand jetzt ein zentraler Ansprechpartner für die Wohlfahrtsverbände, der seinerseits zentrale Ansprechpartner suchte. Und schließlich setzte das Weimarer Verfassungssystem generell Gratifikationen auf Verbandsbildung und zentrale Interessenvertretung. So adaptierte auch die freie Wohlfahrtspflege unter Führung der bereits bestehenden konfessionellen Verbände Lobbyismus-, Zentralisierungs- und Kartellierungstendenzen, die in der Wirtschaft schon vor 1914 entwickelt worden waren, und übertrug sie auf das Gebiet der Wohlfahrtspflege.

Die konfessionellen Spitzenverbände wurden organisatorisch gestrafft und gefestigt. Und neue Wohlfahrtsverbände wurden geschaffen. Bereits im Laufe des Weltkriegs war – wie erwähnt – die »Zentralwohlfahrtsstelle der deutschen Juden« in Berlin gegründet worden. Auch die Sozialdemokratie, die der privaten Wohltätigkeit grundsätzlich kritisch gegenüberstand, gründete 1919 – im Widerspruch zur eigenen Ideologie – einen Wohlfahrtsverband, den »Hauptausschuß der Arbeiterwohlfahrt«. 1921 wurde – gewissermaßen als Gegenstück zur sozialistischen Arbeiterwohlfahrt – der »Zentralwohlfahrtsausschuß der christlichen Arbeiterschaft« ins Leben gerufen. Am 7. April 1924 wurde die »Vereinigung der freien gemeinnützigen Wohlfahrtseinrichtungen Deutschlands« gegründet, die aus der »Vereinigung der freien gemeinnützigen Kranken- und Pflegeanstalten Deutschlands« hervorging und seit 1932 den Namen »Deutscher Paritätischer Wohlfahrtsverband« führt. Das »Deutsche Rote Kreuz«, das die existierenden Vereine vom Roten Kreuz in Deutschland zusammenfaßte, konstituierte sich – jenseits seiner traditionellen Aufgaben – im Jahre 1921 als Spitzenverband der freien Wohlfahrtspflege.

Diese Spitzenorganisationen gewannen besondere Bedeutung dadurch, daß sie sich ihrerseits in verschiedenen Dach- und Fachverbänden zusammenschlossen und eigene »Selbsthilfeorganisationen« gründeten: Hier sind vor allem der »Wirtschaftsbund gemeinnütziger Wohlfahrtseinrichtungen Deutschlands« (Wibu) und die »Hilfskasse gemeinnütziger Wohlfahrtseinrichtungen Deutschlands« (Hika) zu nennen. Der Wibu war 1921 vom »Reichsverband freier, gemeinnütziger Kranken- und Pflegeeinrichtungen Deutschlands« gegründet worden, einem Dachverband von Vereinigungen von Kranken- und Pflegeanstalten, der vor allem die personellen und arbeitsrechtlichen Interessen der Anstaltsträger vertrat. Der Wibu hatte die Funktion einer Einkaufsgenossenschaft, die ihre Mitglieder vor allem mit preisgünstigem Anstaltsbedarf versorgte und in wirtschaftlichen Fragen beriet. Die Hika wurde 1923 als eigene Wohlfahrtsbank gegründet. Ihre Träger waren der Caritasverband, die Innere Mission, die Zentralwohlfahrtsstelle der deutschen Juden, das Deutsche Rote Kreuz, die Vereinigung der freien gemeinnützigen Wohlfahrtseinrichtungen und der Wibu. Ihr Gewicht erhielt sie vor allem durch die Verwaltung der vom Reich im Rahmen der inflationsbedingten Finanznot der freien Wohlfahrtspflege ausgeschütteten Subventionen. Der Zugriff auf die öffentlichen Finanzmittel und die Bank zu ihrer Verwaltung stärkten naturgemäß den Einfluß der Spitzenverbände gegenüber ihren Mitgliedsorganisationen.

Das »Wohlfahrtshaus« in Berlin, nach 1925 (7.29)

Den Schlußstein des Formierungsprozesses der freien Wohlfahrtspflege bildete die Gründung der »Deutschen Liga der freien Wohlfahrtspflege« im Dezember 1924, eines Dachverbandes der Spitzenverbände der freien Wohlfahrtspflege. Die konfessionellen Wohlfahrtsverbände waren die wichtigsten Träger der »Liga«. Der Caritasverband stellte mit Hugo Graf von Lerchenfeld (1871-1944) den Präsidenten, die Innere Mission mit Gotthilf Vöhringer (1881-1955) den Geschäftsführer. Die Arbeiterwohlfahrt hielt sich bewußt abseits. Die »Liga« sollte den Erfahrungsaustausch ihrer Mitglieder vermitteln, wissenschaftliche Forschung zu Armut und Armutsbekämpfung fördern und ganz generell die Stellung der freien Wohlfahrtspflege im öffentlichen Leben festigen – nicht zuletzt durch Einflußnahme auf die einschlägige Gesetzgebung.

Modell der »Wohlfahrtsstadt« auf der Düsseldorfer Gesolei, 1926 (7.41)

Vorangetrieben und gefördert wurde der Prozeß der Formierung der freien Wohlfahrtspflege durch die Politik des RAM. Unter Führung von Reichsarbeitsminister Heinrich Brauns (1868-1939, Zentrum) wirkte hier eine gleichermaßen zentrumsnahe wie fachlich qualifizierte Ministerialbürokratie. Diese betrieb eine gezielte Politik der Förderung und Aufwertung der freien, vor allem der konfessionellen Wohlfahrtspflege zu Lasten der Kommunen, die sie als Verwirklichung des Subsidiaritätsprinzips der katholischen Soziallehre verstand. Die »Liga« wurde vom RAM systematisch gefördert, da sie als Verteiler staatlicher Subventionen der freien Wohlfahrtspflege neben der Hika von strategischer Bedeutung war. »Die Liga wurde zum Stützpunkt für die ministerielle Wohlfahrtspolitik«, wie der Chronist der Inneren Mission, Martin Gerhardt (1894-1952), diese Politik später charakterisiert hat. Das RAM richtete außerdem regelmäßige »Sprechtage« für die Vertreter der Spitzenverbände im Ministerium ein und bot damit der verbandlich organisierten freien Wohlfahrtspflege ein privilegiertes Forum der Interessenvertretung im politischen Zentrum des Weimarer Wohlfahrtsstaates. Auch wenn die Kontakte zwischen Ministerium und Caritasverband naturgemäß besonders eng waren, profitierte doch durchaus auch die Innere Mission – sozusagen im Windschatten – von der verbandsfreundlichen Politik des RAM.

Die Bildung und Vernetzung der Spitzenverbände der freien Wohlfahrtspflege ist als Korrelat zur Zentralisierung von Gesetzgebungsbefugnissen und finanziellen Ressourcen auf Reichs- und Landesebene zu verstehen, als Entwicklung eines verbandlichen Pendants zum zentralisierten Wohlfahrtsstaat. Sie bedeutete eine Angleichung an die Strukturen öffentlicher Verwaltung, die nicht mehr primär auf die Erbringung sozialer Dienste und Leistungen bezogen war, sondern auf die Beschaffung von Finanzmitteln und die Beeinflussung der Gesetzgebung. Der Prozeß des Zusammenschweißens von öffentlicher und freier Wohlfahrtspflege zu einem einheitlichen Gesamtkomplex, der im Weltkrieg begonnen hatte, wurde jetzt vollendet. Die Weimarer Republik war also die Geburtsstunde des korporatistischen Aushandlungssystems, das die deutsche Wohlfahrtspflege bis heute kennzeichnet.

Durch das RJWG von 1922, die RFV und die RGr von 1924 sowie die entsprechende Länderausführungsgesetzgebung wurde dieses Kooperationsmuster in Form spezifischer Bestandssicherungsklauseln offiziell in den gesetzlichen Grundlagen der Wohlfahrtspflege verankert. Formale gesetzliche Anerkennung schließlich fanden die sieben damals existierenden Reichsspitzenverbände der freien Wohlfahrtspflege schließlich durch die »3. Verordnung zur Durchführung des Gesetzes über die Ablösung öffentlicher Anleihen« vom 4. Dezember 1926, die sie namentlich aufführte und ihnen gewisse Rechte einräumte. Damit war jene spezifische »duale« Struktur entwickelt, die das System der Wohlfahrtspflege in Deutschland bis heute bestimmt: die gesetzliche Bestands- und Eigenständigkeitsgarantie der freien bei gleichzeitiger Förderungsverpflichtung und Gesamtverantwortung der öffentlichen Träger.

Dieser massive Reorganisations- und Modernisierungsschub der freien Wohlfahrtspflege war – das soll nicht vergessen werden – von nicht minder massiven Problemen begleitet. Formierung, Zentralisierung und Bürokratisierung wurden schon von zeitgenössischen Beobachtern als »Riesenvertrustung der freien Liebestätigkeit« kritisiert. Und sie hatten eine Reihe aufsehenerregender Skandale zur Folge, von denen der »Hika-Skandal« 1930 und der Skandal um die »Devaheim«, eine zur Inneren Mission gehörige Bausparkasse, in den Jahren 1931/32 die bedeutendsten waren. In beiden Fällen ging es um leichtsinniges Finanzierungsgebaren, dilettantische Verwaltung und die Unterschlagung von Geldern. Und in beiden Fällen konnte der Konkurs nur durch eine Intervention der Reichsregierung verhindert werden. Die bewegten Jahre der Weimarer Republik haben also nicht nur das bis heute existierende »duale« System der Wohlfahrtspflege hervorgebracht, sondern mit diesem auch all die Probleme, die es bis heute begleiten.

Bis zum Ende der 20er Jahre hatte sich in Deutschland ein hochkomplexes System der Wohlfahrtspflege herausgebildet. Es beruhte auf vielfältigen gesetzlichen Grundlagen, sah vielzählige unterschiedliche Leistungen vor und war auf unterschiedlichen politischen Ebenen – von der Gemeinde bis zum Reich – angesiedelt. Die Weimarer Wohlfahrtspflege hatte gegenüber der Vorkriegszeit nicht nur enorme quantitative Ausdehnung, sondern auch eine tiefgreifende qualitative Umgestaltung erfahren. Deren charakteristische Merkmale waren die Bürokratisierung und Professionalisierung von Einrichtungen, Maßnahmen und Leistungen. Die Bürokratisierung erfaßte nicht nur die öffentliche, sondern auch die freie Wohlfahrtspflege, die sich in Großverbänden organisierte, zunehmend in den Apparat kommunaler Sozialpolitik integriert wurde und damit den Vorkriegscharakter der »freien Liebestätigkeit« zu verlieren drohte.

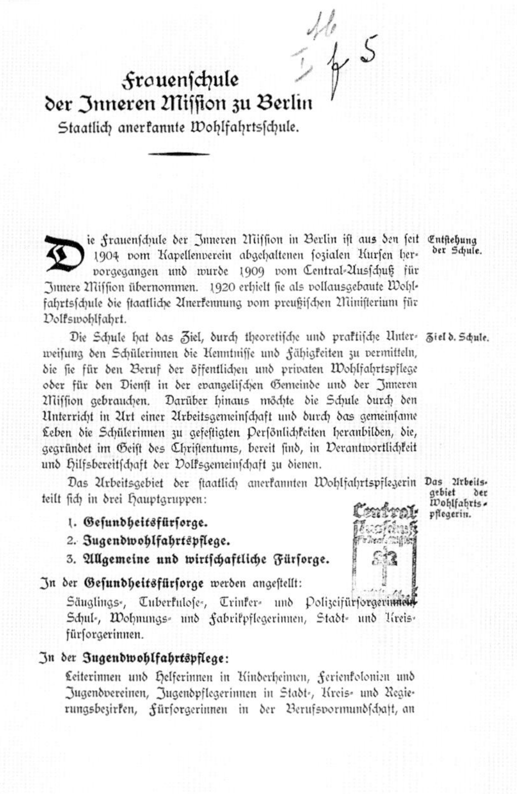

Frauenschule der Inneren Mission zu Berlin
Staatlich anerkannte Wohlfahrtsschule.

Die Frauenschule der Inneren Mission in Berlin ist aus den seit 1904 vom Kapellenverein abgehaltenen sozialen Kursen hervorgegangen und wurde 1909 vom Central-Ausschuß für Innere Mission übernommen. 1920 erhielt sie als vollausgebaute Wohlfahrtsschule die staatliche Anerkennung vom preußischen Ministerium für Volkswohlfahrt. *Entstehung der Schule.*

Die Schule hat das Ziel, durch theoretische und praktische Unterweisung den Schülerinnen die Kenntnisse und Fähigkeiten zu vermitteln, die sie für den Beruf der öffentlichen und privaten Wohlfahrtspflege oder für den Dienst in der evangelischen Gemeinde und der Inneren Mission gebrauchen. Darüber hinaus möchte die Schule durch den Unterricht in Art einer Arbeitsgemeinschaft und durch das gemeinsame Leben die Schülerinnen zu gefestigten Persönlichkeiten heranbilden, die, gegründet im Geist des Christentums, bereit sind, in Verantwortlichkeit und Hilfsbereitschaft der Volksgemeinschaft zu dienen. *Ziel d. Schule.*

Das Arbeitsgebiet der staatlich anerkannten Wohlfahrtspflegerin teilt sich in drei Hauptgruppen: *Das Arbeitsgebiet der Wohlfahrtspflegerin.*

1. **Gesundheitsfürsorge.**
2. **Jugendwohlfahrtspflege.**
3. **Allgemeine und wirtschaftliche Fürsorge.**

In der **Gesundheitsfürsorge** werden angestellt:

Säuglings-, Tuberkulose-, Trinker- und Polizeifürsorgerinnen, Schul-, Wohnungs- und Fabrikpflegerinnen, Stadt- und Kreisfürsorgerinnen.

In der **Jugendwohlfahrtspflege:**

Leiterinnen und Helferinnen in Kinderheimen, Ferienkolonien und Jugendvereinen, Jugendpflegerinnen in Stadt-, Kreis- und Regierungsbezirken, Fürsorgerinnen in der Berufsvormundschaft, an

Prospekt der Frauenschule der Inneren Mission in Berlin, 1920/1930 (7.45)

Die »großbürokratische« Organisation öffentlicher wie freier Wohlfahrtspflege konnte auf hauptberuflich tätiges, fachlich ausgebildetes Personal immer weniger verzichten. Die traditionellen Formen ehrenamtlicher Wohlfahrtsarbeit wurden immer mehr von beruflicher Sozialarbeit abgelöst. Hier eröffnete sich ein neues, breites Tätigkeitsfeld vor allem für Frauen. Von der Frauenbewegung des ausgehenden 19. Jahrhunderts als Konzept weiblicher Emanzipation entwickelt, wandelte sich soziale Arbeit in den Jahren der Republik zu einem Frauenberuf auf den unteren Stufen der kommunalen Sozialverwaltung. Der Nationale Frauendienst hatte im Weltkrieg den Weg bereitet. Die Verarmung großer Teile des bürgerlichen Mittelstandes, dessen weibliche Angehörige die zentralen Träger ehrenamtlicher sozialer Arbeit im kaiserlichen Deutschland waren, hatte das ihre getan, um den Bedarf nach beruflicher Fürsorgearbeit zu erhöhen. Während die Zahl der Juristinnen und Ärztinnen relativ klein blieb, belief sich die Zahl beruflicher Sozialarbeiterinnen am Ende der Republik auf immerhin ca. 30 000. Die Zahl der Frauen in leitenden Ämtern war jedoch auch im sozialen Bereich verschwindend.

Die Demontage des Wohlfahrtsstaates in der Krise

Mit dem Ausbau wohlfahrtsstaatlicher Sicherung und der Ausdehnung ihres gesellschaftlichen Zugriffsbereiches wurden auch die internen Widersprüche des Wohlfahrtsstaates deutlicher. Der Abstand zwischen den hochgespannten, wohlfahrtsstaatlich erzeugten Erwartungen sozialer Sicherheit und den demgegenüber stets als ungenügend empfundenen Leistungen; die Kluft zwischen dem hohen Anspruch lebensweltlich-gemeinschaftsbezogener, persönlicher Hilfe und der prosaischen Alltagsrealität anonymer, bürokratisch und professionell organisierter Fürsorgeapparate: diese Spannungen erzeugten auch in den Jahren der Konsolidierung nach 1924 ein krisenhaftes Unbehagen am Wohlfahrtsstaat – gleichermaßen bei seinen Agenten wie seinen Klienten.

Konnten die bescheidenen Ansätze der kommunalen Sozialreform in der Zeit des Kaiserreichs stets auf Beifall von allen Seiten rechnen, so ging der nachhaltige Ausbau des Wohlfahrtsstaates in den Jahren der Republik einher mit Ablehnung, Kritik und Polemik.

Mit der Weltwirtschaftskrise begann dann eine Zeit umfassender sozialpolitischer Demontage, die gleichermaßen die Kürzung materieller Leistungen, die Schwächung der Rechtsposition der Betroffenen, die Einschränkung der Selbstverwaltung und den Abbau demokratischer Partizipationschancen betraf. Der obligatorische Achtstundentag war bereits seit 1923 nicht mehr verbindlich. Auch in den Jahren wirtschaftlicher Stabilisierung nach 1924 hatten die Klagen der Unternehmer über die ihrer Ansicht nach unzumutbaren Kosten der sozialen Sicherung nicht aufgehört. Seit dem Ruhreisenstreik Ende 1928 wurde die Opposition gegen die staatliche Sozialpolitik militanter. Die große Krise bot dann die Gelegenheit zur Befreiung von den Kosten des Wohlfahrtsstaates.

Die Massenarbeitslosigkeit entzog dem Wohlfahrtsstaat den materiellen Boden. Vor allem die Beitragsfinanzierung der erst 1927 eingeführten Arbeitslosenversicherung, die von Anfang an problematisch gewesen war, brach jetzt vollends zusammen. Immer mehr Arbeitslose wurden wieder von kommunalen Wohlfahrtsleistungen abhängig. Aber auch die übrigen Versicherungssysteme gerieten in den Strudel von Arbeitslosigkeit und Beitragsausfall. Die Sozialversicherung als Kernelement des Weimarer Wohlfahrtsstaates setzte implizit einen funktionierenden Arbeitsmarkt voraus und erwies sich gegenüber den Problemen eines strukturellen Marktversagens als hilflos. Das in den Jahren der Republik zur umfassenden Wohlfahrtspflege ausgebaute Fürsorgesystem hatte zwar die in Krieg und Inflation entstandenen Gruppen der »neuen Armut« zunächst integrieren können, allerdings um den Preis wachsender interner Spannungen, die das aus dem Kaiserreich überkommene Institutionengefüge der Fürsorge schon seit den Anfängen der Republik erheblich strapazierten. Der Zusammenbruch des Arbeitsmarktes sprengte die Verarbeitungskapazität des Systems der Wohlfahrtspflege dann endgültig. Die Krise der Wohlfahrtspflege fand in der Figur des »Wohlfahrtserwerbslosen« gleichsam persönliche Gestalt. Arbeitsfähig, arbeitswillig und ohne jedes Verschulden arbeitslos, bildete er einen Fremdkörper in der kommunalen Fürsorgeadministration, die für seine Unterstützung nicht konzipiert und von der Massenarbeitslosigkeit gleichermaßen finanziell wie moralisch überfordert war. So wurde der »Wohlfahrtserwerbslose« zum Symbol des Scheiterns von Wohlfahrtsstaat und Republik.

Die Überforderung der öffentlichen Fürsorge wie der staatlichen Sozialpolitik überhaupt führten einerseits zu einem Bedeutungszuwachs der freien Wohlfahrtspflege. Die in den Krisenjahren lauter werdende Kritik an den »seelenlosen Apparaten« des Wohlfahrtsstaates, an übertriebenem Ausbau und überzogenen Ansprüchen, die Betonung von Selbsthilfe und Selbstverantwortung bedeutete zugleich eine Aufwertung der traditionellen Formen des Helfens. Andererseits hatten die Hika- und Devaheim-Skandale unübersehbar gemacht, daß auch die verbandlich organisierte, öffentlich subventionierte freie Wohlfahrtspflege den eigenen Anspruch der »freien Liebestätigkeit« kaum mehr einlöste. Das Unbehagen an den verselbständigten Apparaten richtete sich zu guten Teilen gegen die freie Wohlfahrtspflege selbst. Zudem gestaltete sich die ursprünglich fast intime Zusammenarbeit zwischen Verbänden und RAM distanzierter, seit der langjährige, dem Zentrum angehörige Arbeitsminister Heinrich Brauns nach den Reichstagswahlen 1928 von dem Sozialdemokraten Rudolf Wissell (1869-1962) abgelöst wurde. Auch die unbedingte Unterstützung seitens des Ministeriums konnte jetzt nicht mehr fraglos vorausgesetzt werden. Das Zusammentreffen dieser Ereignisse in der Endphase der Weimarer Republik führte zu einer tiefgreifenden Identitätskrise und einem Prozeß konservativer Reorientierung der freien Wohlfahrtspflege. Die Organisation eines großen »Hilfswerks«, das alle Kräfte bündelte und die Handlungsfähigkeit der Privatwohltätigkeit angesichts der

Plakat der Winterhilfe, 1932 (7.36)

schreienden Massennot demonstrierte, schien der geeignete Ausweg aus der Misere. Die Initiative ging vor allem vom Deutschen Roten Kreuz aus, die Organisation lag bei der Liga: Im Winter 1932/33 wurde das erste »Winterhilfswerk« durchgeführt. Tatsächlich war also die freie Wohlfahrtspflege Schöpfer dieses Hilfswerkes, das später von den Nationalsozialisten gewaltig ausgebaut, aufgebauscht und ganz für sich in Anspruch genommen wurde.

Den Zerfall des Weimarer Wohlfahrtsstaates konnte auch diese Initiative nicht aufhalten. Je mehr die soziale Sicherung in der Krise gefordert war, um so weniger Sicherheit konnte sie bieten. Der Wohlfahrtsstaat erschien vielen nurmehr als aufgeblähter bürokratischer Apparat, der mehr mit seiner Selbsterhaltung als mit dem Schutz der notleidenden Bevölkerung befaßt war. Von der Integrationsformel wurde er nun selbst zum Konfliktherd, an dem sich die politischen Kräfte polarisierten. Nicht von ungefähr bot ein Dissens über die Finanzierung der Arbeitslosenversicherung im Frühjahr 1930 den Anlaß zur politischen Demontage der Republik. Wie ihre Entstehung, so war auch die Zerstörung der Weimarer Republik untrennbar mit dem Schicksal des Wohlfahrtsstaates verbunden.

Literatur

ABELSHAUSER, WERNER (HG.), Die Weimarer Republik als Wohlfahrtsstaat, Stuttgart 1987

KAISER, JOCHEN-CHRISTOPH / GRESCHAT, MARTIN (HG.), Sozialer Protestantismus und Sozialstaat. Diakonie und Wohlfahrtspflege in Deutschland 1890-1938, Stuttgart 1996

KAISER, JOCHEN-CHRISTOPH, »Freie Wohlfahrtsverbände im Kaiserreich und der Weimarer Republik«, in: Westfälische Forschungen 43. 1993

KAISER, JOCHEN-CHRISTOPH, Sozialer Protestantismus im 20. Jahrhundert. Beiträge zur Geschichte der Inneren Mission 1914 bis 1945, München 1989

KOCKA, JÜRGEN, Klassengesellschaft im Krieg, 2. Auflage, Göttingen 1978 (Taschenbuch-Neuausgabe Frankfurt a. M. 1988)

PEUKERT, DETLEV J., Die Weimarer Republik, Frankfurt a. M. 1987

PRELLER, LUDWIG, Sozialpolitik in der Weimarer Republik, Düsseldorf 1949 (Neudruck Kronberg/Düsseldorf 1978)

SACHSSE, CHRISTOPH, »Verein, Verband und Wohlfahrtsstaat. Entstehung und Entwicklung der dualen Wohlfahrtspflege«, in: Rauschenbach, Thomas / Sachße, Christoph / Olk, Thomas (Hg.), Von der Wertgemeinschaft zum Dienstleistungsunternehmen. Jugend- und Wohlfahrtsverbände im Umbruch, 2. Aufl., Frankfurt a. M. 1996

SACHSSE, CHRISTOPH, Mütterlichkeit als Beruf. Sozialarbeit, Sozialreform und Frauenbewegung 1871 bis 1929, 2. Auflage, Paderborn 1994

SACHSSE, CHRISTOPH / TENNSTEDT, FLORIAN, Geschichte der Armenfürsorge in Deutschland, Bd. 2, Fürsorge und Wohlfahrtspflege 1871 bis 1929, Stuttgart 1988

Publizistischer »Angriffskrieg«

von Matthias Pöhlmann

Öffentliche Mission und Apologetik

Bereits zu Lebzeiten Wicherns hatte der Central-Ausschuß gefordert, daß »von der Inneren Mission geredet und geschrieben, gepredigt und gedruckt werden [müsse], daß auch die Gleichgültigen sich des Klanges nicht erwehren können und fragen müssen: Was ist es mit der Inneren Mission?« 1857 schrieb Wichern über das Programm der Inneren Mission: Sie müsse »die Glaubens- und Lebenskräfte der ganzen wahrhaftigen Christenheit in Kirche, Staat und allen Gestalten des sozialen Lebens« zur Geltung bringen und alles »Unchristliche und Antichristliche« überwinden, »was in Haus und Gemeinde, in Sitten und Gesetzgebung, in Wissenschaft und Kunst, in allen Zweigen des materiellen und geistigen Lebens des Volkes und der Völker innerhalb der Christenheit Raum sucht oder Raum gefunden hat.« (Wichern SW III. 1) Der Central-Ausschuß griff dieses Anliegen unter dem Stichwort »öffentliche Mission« auf. Das Programm, das sich eng mit dem Namen Adolf Stoecker (1835-1909) verband, richtete sich auf »Durchdringung des gesamten Volkslebens und seiner kulturellen Verhältnisse mit den Kräften des Evangeliums«. Als Mission im engeren Sinne, als Dienst des Wortes galt die Volksmission. Sie sollte Evangelisation (Glauben weckende Rede) und Apologetik (gedankliches Klären und Bewußtmachen) umfassen. Die Begegnung von Christentum und Moderne schloß die Verwendung moderner Kommunikationsmedien ausdrücklich mit ein. Sie wurden dem missionarischen wie dem apologetischen Anliegen gleichermaßen dienstbar gemacht. Aus der öffentlichen Mission sollte »ein frontal angelegter, mit allen Mitteln neuzeitlicher Technik und Taktik geführter Angriffskrieg« werden. Die Agitation und Militanz der Sprache spiegeln einschlägige Flugblätter und Broschüren am Ausgang der Weimarer Republik wider.

Noch am Ende des 19. Jahrhunderts begannen Apologetik und Publizistik sich als Spezialfelder der Inneren Mission herauszukristallisieren. Die Arbeit an den Gebildeten, wie sie Wichern von jeher gefordert hatte, richtete sich nicht nur auf das Pressewesen, sondern schloß in wachsendem Maße auch die umfassende Auseinandersetzung mit »christentumsfeindlichen Strömungen«, Weltanschauungen, Sekten und Ersatzreligionen mit ein. Doch erst in der Weimarer Republik gelang es dem Central-Ausschuß, die Öffentlichkeitsarbeit und die Apologetik als Sonderarbeitsbereiche in seiner Verbandsstruktur zu institutionalisieren. So rief der Central-Ausschuß 1921 die »Apologetische Centrale« und drei Jahre später den »Propagandadienst« ins Leben.

Apologetische Centrale

24

* Universität / Hörsaal B *

Vom religiösen Leben der Gegenwart

Vortragsfolge 16. bis 21. Oktober 1922, 7 1/2 Uhr

1. Der Monismus als Religion — Universitätsprof. D. Lütgert, Halle a. d. S.
2. Moderne Mystik — Universitätsprof. D. Lütgert, Halle a. d. S.
3. Arthur Dinter und das Alte Testament — Dr. Schreiner, Hamburg
4. Religion und Ethik in Waldemar Bonsels' Weltanschauung — Dr. Schreiner, Hamburg
5. Graf Keyserling und die vergleichende Religionswissenschaft — Lic. M. Schlunk, Hamburg
6. Graf Keyserling und das Christentum — Lic. M. Schlunk, Hamburg

Nach jedem Vortrag freie Aussprache

Karten für die gesamte Folge Mk. 30,– (Studenten Mk. 20,–)

Verkauf ab 15. Sept.: Konzertagentur Joh. Aug. Böhme, Alterwall 44; Herold'sche Buchhandlung, Paulstr. 2; Buchhandlung des Rauhen Hauses, Gänsemarkt 51–52; Verein für innere Mission, Beim Strohhause 6.

* Vorausbestellungen beim Verein für innere Mission, Alster 3416 *

Vortragsfolge der »Apologetischen Centrale«, 1922 (7.119)

Die »Apologetische Centrale« (1921-1937)

»Die geistige Not des Volkes« erforderte für Wichern eine gezielte Auseinandersetzung mit »christentumsfeindlichen Strömungen«, insbesondere mit säkularen, liberalen und kommunistischen Einflüssen auf breite Schichten der Bevölkerung. Mit Hilfe von christlicher Volkspresse, Flugschriften und Flugblättern sollten die kirchlich Entfremdeten zurückgewonnen werden. An diesen Vorgaben orientierte sich auch die apologetische Arbeit des Central-Auschusses in den Folgejahren. Noch im 19. Jahrhundert brachte der Verbandsprotestantismus eine Vielzahl regionaler apologetischer Organisationen und Vereine hervor. Der Ruf nach einer Zentralstelle wurde laut. 1904 richtete das Leitungsgremium der Inneren Mission schließlich die »Kommission für Apologetik und Vortragswesen« ein, die Vorträge und Schulungskurse über »christentumsfeindliche« Strömungen (Materialismus, Philosophie Friedrich Nietzsches, Monismus Ernst Haeckels) organisieren und die vielfältigen apologetischen Initiativen der Landesvereine koordinieren sollte. Mit dieser Kommission wurde die organisatorische Basis für die spätere »Apologetische Centrale« gelegt.

Die Weimarer Republik stellte die Evangelische Kirche vor eine neue Situation: Das Bündnis von Thron und Altar war endgültig zerbrochen, und die Staatskirche bestand nicht mehr. Noch während des Ersten Weltkrieges mußte die Evangelische Kirche zur Kenntnis nehmen, daß Deutschland aus ihrer Sicht zum Missionsland geworden war. Es konnte nicht mehr geleugnet werden, »daß große Massen mehr oder minder entkirchlicht, ja entchristlicht sind«. Der Rostocker Theologieprofessor Gerhard Hilbert (1868-1935) forderte ein neues »volksmissionarisches« Programm, das den deutschen Missionsverhältnissen Rechnung tragen sollte. Sein Ziel sollte die freie Verkündigung des Wortes und die Evangelisierung der Massen sein. Volksmission als neue Devise sollte Evangelisation und Apologetik umfassen. Als publizistische Mittel forderte Hilbert Vorträge, Seminare, Flugschriften, Broschüren, Bücher und Bibliotheken. Es sollte eine Zentrale geschaffen werden, »die systematisch die Bewegungen im Lager der Gegner verfolgt und ihre Bekämpfung im vollen Umfange auf sich nimmt«. (Hilbert 1916) 1921 hatte sich Hilberts Forderung verwirklicht, als auf dem Boden dieser Konzeption der Central-Ausschuß die »Apologetische Centrale« als neue Abteilung innerhalb des volksmissionarischen Zweiges eingerichtet hatte. Ihr erster Leiter wurde Pfarrer Dr. Carl Gunther Schweitzer (1889-1965), der seine Arbeit am 1. Januar 1922 aufnahm. 1932 übernahm diese Position sein bisheriger Assistent, der bayerische Theologe Walter Künneth (1901-1997). Seit dem 1. August 1926 befand sich die Stelle – abgesehen von kurzzeitigen Unterbrechungen – im Evangelischen Johannesstift in Spandau. Hier ergaben sich für die »Apologetische Centrale« im Rahmen der Bildungsarbeit vielfältige Mitwirkungsmöglichkeiten (zum Beispiel mit der Evangelisch-sozialen Schule und der Fichte-Gesellschaft). Das Institut, das 1926 über fünf Mitarbeiter verfügte – 1936 war ihre Zahl auf zwölf angewachsen –, diente als »Materialsammelstelle für alle religiösen, weltanschaulichen, sektiererischen Bewegungen« sowie als »Auskunfts- und Austauschzentrale für alle apologetischen Organisationen und Einzelpersonen, die apologetisch arbeiten«.

Wohin steuern wir...?

Ein Wort über Kulturbolschewismus und Gottlosen-Hetze.

Ist denn die **Hölle** los? Man möchte es fast meinen, wenn man täglich neue Feinde offen oder versteckt auf das zerrissene und zerschlagene deutsche Volk sich stürzen sieht! Zu den **äußeren** Feinden, die uns die Freiheit rauben und auf Generationen zu Sklaven machen, zu den **inneren** politischen Kämpfen, die unser Volk zerreißen, gesellen sich **neue Feinde** als die Vertreter einer „weltlichen", „gottfreien", „sittlich ungebundenen" Denk- und Lebensweise; sie wollen unserm Volke die Religion, den Glauben und den letzten Rest von innerem Halt rauben.

Willst du, deutsches evangelisches Volk diesem drohenden Unheil ruhig zuschauen?

oder gar davor die Augen verschließen? Willst du tatenlos diesem Treiben gegenüberstehen?

Kulturbolschewismus –

kein nichtssagendes Schlagwort, nein eine **grauenhafte Wirklichkeit**, eine **große Gefahr** für unser deutsches Volk! **Kulturbolschewismus** heißt **Kampf!** Aber nicht nur Kampf gegen die Kirche, ihre Diener und Glieder, sondern Kampf gegen das Christentum, gegen jede Religion! Offen hat es der Russe **Stalin** auf dem Moskauer Parteitag im Juni 1930 verkündet:

„Das Gesamtprogramm muß in längstens drei Jahren zu Ende geführt sein; dann darf es keinen Besitz, keine Ehe, keine Kirche und keinen anderen Glauben in Rußland mehr geben als den Glauben an den Kommunismus. Alles, was diesem Endziele im Wege ist, muß physisch vernichtet werden."

Ein anderer Russe hat erklärt:

„Wir hassen das Christentum und die Christen; sogar die Besten unter ihnen sollen als unsere schlimmsten Feinde betrachtet werden!"

„Der Triumph des Christentums"

Dies Bild stammt aus einer russischen bolschewistischen Zeitschrift, die sich „Der Gottlose" nennt, weil sie alles in den Kot zieht, was Christen hoch und heilig ist. Das Bild muß genau betrachtet werden, troß seiner abstoßenden Widerlichkeit. Nicht nur in der Verspottung des heiligen Kreuzeszeichens liegt das Furchtbare, sondern mehr noch darin, daß das Bild zu behaupten wagt, der Kapitalismus, den der auf dem Kreuz hockende Kerl vorstellen soll, dürfe sein unsauberes Menschenschinderhandwerk im Namen und unter dem Deckmantel des Kreuzes betreiben. Eine satanische Hand hat hier den Griffel geführt, Wahrheit in Lüge verdreht und die Botschaft des Christentums in raffinierten Volksbetrug umgefälscht. Wehe dem Land, wo die Saat des Bolschewismus aufgeht! — (Das Bild ist mit freundlicher Erlaubnis des Eckartverlages dem „Notbuch der russischen Christenheit" entnommen. Kart. 6.20 M., geb. 7.20 M.)

Und **Lenin** hat das Wort geprägt:

„Religion ist Opium für das Volk, eine Art geistiger Schnapsfusel."

Ein Leben nicht nur **ohne** Gott, sondern **gegen** Gott, nicht nur **gottlos**, sondern **gottfeindlich**, ein Leben ohne sittliche Einschränkung, in brutaler Auswirkung der Lust — das ist **das Ziel des Kulturbolschewismus**. Und

Nr. 10. Flugblatt des Evangelischen Bundes (Berlin W 10).

Flugblatt des Evangelischen Bundes, 1930/1933 (7.121)

Weltanschaulicher und religiöser Pluralismus

Im weltanschaulichen und religiösen Leerraum der Weimarer Republik begann sich neben den Kirchen eine Vielzahl von politischen Ersatzreligionen, okkultistischen, völkisch-religiösen, freidenkerischen und esoterischen Bewegungen zu etablieren. Über Vorträge, Flugschriften, Broschüren und Flugblätter verbreiteten sie ihre Lehren. Das von Schweitzer ent-

Schulungskursus der »Apologetischen Centrale« in Berlin, um 1929 (7.118)

Gesolei-Eintrittskarte von Wilhelm Engelmann, 1926 (7.42)

Zeitschrift »Internationale Proletarischer Freidenker«, 1932 (7.123)

wickelte Programm einer praxisorientierten Apologetik sollte den vielfältigen Weltanschauungen und religiösen Bewegungen (Freidenkern, Okkultismus, Spiritismus, Anthroposophie und Sekten) in der Weimarer Republik die »Antwort des Glaubens« entgegenstellen. Die Einrichtung eines eigenen Pressearchivs und die Erstellung einer Bibliothek mit entsprechender Literaturkartothek ermöglichten den Mitarbeitern des Spandauer Instituts eine kontinuierliche Beobachtungs- und Auskunftstätigkeit. In den 15 Jahren ihres Wirkens war es der »Apologetischen Centrale« gelungen, vielfältige publizistische Aktivitäten zu entfalten. Hierunter fallen insbesondere die zahlreichen Flugblätter und Flugschriften, die in Tausenden von Exemplaren in Zusammenarbeit mit dem Evangelischen Preßverband die evangelische Kirche, aber auch die Öffentlichkeit über die Hintergründe damaliger religiöser und weltanschaulicher Bewegungen informierte. Nicht zuletzt deshalb gilt die »Apologetische Centrale« in der evangelischen Presseforschung als eines der bedeutendsten Zentren der evangelischen Flugschriftenpublizistik. Nach zeitgenössischen Einschätzungen verfügte die Stelle mit ihrer Bibliothek und der umfangreichen Materialsammlung, die Zeitschriften, Hefte und Broschüren umfaßte, über die wohl umfassendste Stoffsammlung für die weltanschauliche Auseinandersetzung. Ihre apologetische Publizistik umfaßte neben einzelnen Beiträgen in Tageszeitungen, kirchlicher Presse und theologischen Fachzeitschriften größere literarische Veröffentlichungen der Mitarbeiter sowie Vorträge im damalig neuesten Medium, dem Hörfunk. Die eigens gegründete Fachzeitschrift »Wort und Tat« berichtete mit Hauptartikeln und Hintergrundberichten regelmäßig über neuere religiöse und geistige Strömungen. Die Arbeitsschwerpunkte der Referenten der »Apologetischen Centrale« bildeten neben der Vortragstätigkeit die Organistion und Durchführung sogenannter »Weltanschauungswochen«. Hinzu kam die Schulungsarbeit durch Kurse und Freizeiten »für die einzelnen Stände innerhalb der Bildungsarbeit des Evangelischen Johannesstiftes«.

Totaler Weltanschauungsstaat

Mit Beginn des Nationalsozialismus wurden die publizistischen Möglichkeiten der »Apologetischen Centrale« zunehmend eingeschränkt. Zunächst blieb die Hoffnung lebendig, daß der »nationale Aufbruch« den Weimarer Weltanschauungspluralismus überwinden und der Kirche zur Festigung ihrer Position in der Öffentlichkeit verhelfen könne. Bereitwillig stellten die Mitarbeiter der »Apologetischen Centrale« unmittelbar nach der Machtergreifung Hitlers dem Reichsinnen- und Propagandaministerium sowie der Geheimen Staatspolizei Material über die politische Haltung verschiedener religiöser Gemeinschaften zur Verfügung. Dadurch erwies sich die Spandauer Stelle – zumindest für kurze Zeit – als Erfüllungsgehilfin im Kampf des Nationalsozialismus gegen vermeintliche Feinde des »neuen Staates«. Mit Beginn der dreißiger Jahre zeichneten sich für die »Apologetische Centrale« neue Aufgabenfelder ab. Hierzu zählten der einsetzende Kirchenkampf und die Auseinandersetzung mit politisch-religiösen Bewegungen (Freidenker). Die Abwehr der völkisch-religiösen Propaganda bildete einen weiteren Arbeitsschwerpunkt der »Apologetischen Centrale« in jenen Jahren.

Am 4. Mai 1933 formierte sich unter der Leitung von Hanns Lilje (1899-1977), Martin Niemöller (1892-1984) und Künneth die »Jungreformatorische Bewegung«, die ihr freudiges Ja zum neuen deutschen Staat bekannte, sich aber im Unterschied zu den Deutschen Christen für ein unpolitisches Reformwerk aus dem inneren Wesen der Kirche heraus einsetzte und für die Kandidatur Friedrich von Bodelschwinghs d. J. (1877-1946) zum Reichsbischof eintrat. Die »Apologetische Centrale« diente kurzzeitig als Geschäftsstelle der Jungreformatoren. Am 24. Juni 1933 drangen die »Deutschen Christen« in die Organisationsstruktur des Verbandsprotestantismus ein. Künneth wurde zunächst von den »kommissarischen Bevollmächtigten für den Central-Ausschuß« zwangsbeurlaubt, konnte aber kurze Zeit später seine Tätigkeit wieder aufnehmen. Nach der Wahl Ludwig Müllers (1883-1945) zum Reichsbischof wollte der Leiter die »Apologetische Centrale« aus der Verbandsstruktur der Inneren Mission herauslösen und sie unmittelbar der neuen Reichskirchenregierung unterstellen. Die Spandauer Stelle sollte zur »Reichszentrale für Apologetik« ausgebaut werden – ein Plan, den Künneth allerdings wenige Wochen später wieder verwarf. Im Herbst 1934 knüpfte die »Apologetische Centrale« erste Kontakte zur Bekennenden Kirche. Schon bald geriet auch das Spandauer Institut wegen seines kirchenpolitischen Kurses in das Visier der Gestapo: Broschüren wurden beschlagnahmt und Schulungskurse verboten. Zunehmend wurde die »Apologetische Centrale« publizistisch isoliert. Am 10. Dezember 1937 erfolgte nach 15jähriger intensiver publizistischer Tätigkeit ihre gewaltsame Schließung. Dies hing zum einen mit Künneths kritischen Veröffentlichungen zu den Schriften des NS-Ideologen Alfred Rosenberg zusammen, der 1935 das Werk »Der Mythus des 20. Jahrhunderts« verfaßt hatte. Zum anderen gibt es Hinweise, die darauf hindeuten, daß den neuen Machthabern die »Apologetische Centrale« als illegale Fortbildungsstätte der Bekennenden Kirche zunehmend lästig wurde. In dem offiziellen Schreiben der Gestapo an Künneth hieß es: »Im Einvernehmen mit dem Herrn Reichs- und Preussischen Minister für die kirchlichen Angelegenheiten wird die Apologetische Centrale Berlin-Spandau, Johannesstift, auf Grund des § 1 der Verordnung des Herrn Reichspräsidenten zum Schutz von Volk und Staat vom 28. Februar 1933 aufgelöst und verboten.« (Archiv des Diakonischen Werkes [ADW], CA/AC) Damit ging der Bekennenden Kirche nicht nur ein wichtiges Archiv für das Sektenwesen, sondern auch eine bedeutende kirchliche Schulungsstätte für Weltanschauungsfragen verloren. Der Versuch des Central-Ausschusses, die apologetische Arbeit 1938 mit der Gründung des Wichern-Institutes wieder aufzunehmen, blieb ohne Erfolg.

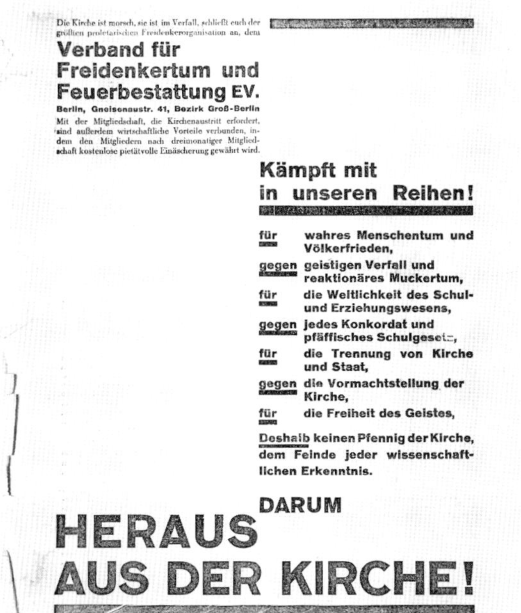
Die Kirche ist morsch, sie ist im Verfall, schließt euch der größten proletarischen Freidenkerorganisation an, dem

Verband für Freidenkertum und Feuerbestattung EV.

Berlin, Gneisenaustr. 41, Bezirk Groß-Berlin

Mit der Mitgliedschaft, die Kirchenaustritt erfordert, sind außerdem wirtschaftliche Vorteile verbunden, indem den Mitgliedern nach dreimonatiger Mitgliedschaft kostenlose pietätvolle Einäscherung gewährt wird.

Kämpft mit in unseren Reihen!

für wahres Menschentum und Völkerfrieden,
gegen geistigen Verfall und reaktionäres Muckertum,
für die Weltlichkeit des Schul- und Erziehungswesens,
gegen jedes Konkordat und pfäffisches Schulgesetz,
für die Trennung von Kirche und Staat,
gegen die Vormachtstellung der Kirche,
für die Freiheit des Geistes,

Deshalb keinen Pfennig der Kirche, dem Feinde jeder wissenschaftlichen Erkenntnis.

DARUM HERAUS AUS DER KIRCHE!

Verantwortlich: Fritz Schmidt, Berlin. Druck: Vorwärts Buchdruckerei, Berlin.

Flugblatt des Verbandes für Freidenkertum und Feuerbestattung, 1920/1933 (7.122)

Der Propagandadienst des Central-Ausschusses für die Innere Mission (1924-1945)

Bei einer Sammlung zum 75jährigen Bestehen mußte der Central-Ausschuß feststellen, daß das Werk der Inneren Mission in der Öffentlichkeit weitgehend unbekannt war. Er richtete eine Kommission ein, die Vorschläge für eine systematische Propagandatätigkeit erarbeiten sollte. Sie schlug die Errichtung einer »Propagandazentrale« vor. So beauftragte der Central-Ausschuß am 8. Juli 1924 seine Wirtschaftsabteilung mit der Durchführung dieser Ar-

beit. Die Aufgabe der neu errichteten Stelle sollte es sein, »durch das gedruckte und gesprochene Wort, durch Bilder und durch die Vermittlung persönlicher Anschauung (Besichtigung, Kurse) möglichst weite Kreise über die Leistungen der Inneren Mission für das Volkswohl aufzuklären.« (ADW, CA/PD) Mit der Intensivierung der Propagandatätigkeit wollte der CA darüber hinaus die öffentliche Spendenbereitschaft für die Innere Mission wecken und gegenüber anderen Verbänden (Caritas, Rotes Kreuz) die evangelischen Interessen vertreten.

Zum Leiter der Propagandastelle, die bis 1929 organisatorisch der Wirtschaftsabteilung des Central-Ausschusses angegliedert war und 1930 selbständig wurde, ernannte das Führungsgremium den aus Achim bei Bremen stammenden Pastor Wilhelm Engelmann (1894-1973). 1926 erhielt er mit Gertrud Grunz (1896-1963) für die Betreuung des Archivs eine engagierte Mitarbeiterin.

1925 wurde Engelmann zum 2. Direktor und Mitglied des Central-Ausschusses berufen. 1930 übernahm der Berliner Propagandadienst unter seiner Leitung die Geschäftsführung des Fachausschusses für Propaganda des Internationalen Verbandes für Innere Mission und Diakonie, der auf internationaler Ebene theoretische und praktische Propagandaaufgaben übernehmen und hierzu ein Korrespondentennetz in den einzelnen Ländern errichten sollte. 1931 wurde Engelmann dann vom Hauptausschuß »mit der Bearbeitung der allgemeinen Fragen und des Referats Statistik« beauftragt.

Gelang es dem Propagandadienst, während der Weimarer Republik vielfältige publizistische Aktivitäten zu entfalten, so setzte diesem Wirken der aufkommende Nationalsozialismus und sein Programm einer »Entkonfessionalisierung des öffentlichen Lebens« enge Grenzen. Die öffentliche evangelische Liebestätigkeit und damit auch die Innere Mission sollte auf längere Sicht ausgeschaltet werden. Sonderveranstaltungen für die Innere Mission wurden verboten, öffentliche Sammlungen wegen des wachsenden Drucks der Nationalsozialisten empfindlich eingeschränkt. Nach 1945 wurde der Propagandadienst nicht wieder aufgenommen.

Das Kronenkreuz als Abzeichen der Inneren Mission

Als identitätsstiftend erwies sich in den Anfangsjahren die Schaffung und der Vertrieb des Abzeichens der Inneren Mission, das der Berliner Professor Richard Boehland (1868-1935) entworfen hatte. Nach mehreren Vorarbeiten wurde es schließlich vom Central-Ausschuß in seiner Sitzung vom 13. Januar 1925 offiziell angenommen. Das gesetzlich geschützte Abzeichen, das »das zu Kreuz und Krone verschlungene I und M« zeigte und sich bis in unsere Tage als Symbol für Diakonie erhalten hat, sollte »alle im Centralverband zusammengefassten Arbeiten der Inneren Mission auch äusserlich als zusammengehörig hervortreten« lassen und »das Gemeinschaftsgefühl der Inneren Mission in den eigenen Kreisen« stärken. (ADW, CA/PD) Der Propagandadienst sorgte mit der Herstellung von Nadeln und Broschen, Armbinden und Kollektenbüchsen für eine rasche Verbreitung

Koje der Inneren Mission auf der Düsseldorfer Gesolei, 1926 (7.43)

Spendenbüchse, 1925/1935 (7.55)

Hermann Sandkuhl, Wärmestube, 1927 (7.19)

des Kronenkreuzes. Der Sohn Boehlands, Johannes Boehland (1903–1964), sorgte für die weitere Ausgestaltung und Verwendung des Kronenkreuzes in der publizistischen Arbeit. Ende 1925 konnte Engelmann feststellen, »dass das Abzeichen bereits von zahlreichen Verbänden und Anstalten gebraucht wird, so dass volle Hoffnung besteht, dass es als Abzeichen für Innere Mission überall sich einbürgern wird.« (ADW, CA/PD) Auf der Tagung des Internationalen Verbandes für Innere Mission und Diakonie in Upsala im Herbst 1930 wurde das Kronenkreuz als internationales Abzeichen anerkannt.

»Multimediale« Öffentlichkeitsarbeit

Daneben entwickelte die Propagandaabteilung in der zweiten Hälfte der zwanziger Jahre weitere publizistische Aktivitäten. So empfahl ein internes Strategiepapier Engelmanns neben Ausstellungswesen und Vorträgen auch Flugblätter, Zeitschriften, Bücher, Photos, Grafiken, Lichtbilder, Rundfunk und Film.

Engelmann betrachtete das Ausstellungswesen für die Innere Mission als zukunftsweisendes Medium, »weil die Ausstellung wie kein anderes Werbemittel geeignet ist, in leichtfasslicher Form grösseren Kreisen Uebersichten und Zusammenhänge deutlich zu machen.« Seit 1925 beteiligte sich der Propagandadienst nach ersten, eher zaghaften Versuchen (1925 Polizei-Ausstellung in Karlsruhe; Ausstellung des evangelischen Vereins Hannover sowie Ausstellung des Archivs für Jugendwohlfahrt auf dem Internationalen Kinderkongreß in Genf) erstmals in größerem Rahmen an verschiedenen Ausstellungen und Messen, zum Beispiel 1926 im Rahmen der Liga der freien Wohlfahrtspflege an der Ausstellung für Gesundheitspflege, soziale Fürsorge und Leibesübungen in Düsseldorf (»Gesolei«), 1927 an der Ausstellung der freien Wohlfahrtspflege in Stuttgart, 1928 an der »Pressa« in Köln sowie 1929 an der Ausstellung »Dienst an der Jugend« in Berlin. Die schon von Wichern geforderte und bei Kongreßtagungen des Central-Ausschusses gelegentlich angemahnte Verbindung von Innerer Mission und religiöser Kunst wurde in der Weimarer Republik neu aufgegriffen und umgesetzt. Die religiöse Kunst sollte direkt in den Dienst der Inneren Mission gestellt werden. Deshalb pflegte Engelmann ständigen Kontakt zu Künstlern und kirchlichen Stellen, die sich mit religiöser Kunst befaßten. Im Rahmen der Juryfreien Kunstschau Berlin fand 1927 erstmals eine Sonderausstellung über religiöse Kunst statt. Gezeigt wurde ein Gemälde des Künstlers Richard Boehland, das den Gekreuzigten mit einer weinenden Frau und einem Arbeiter darstellte; der Berliner Professor Hermann Sandkuhl (1872-1936) hatte zudem ein »Beratungszimmer der Inneren Mission« entworfen. An den Wänden führten seine drei großen Gemälde dem Betrachter das soziale Elend und die soziale Hilfe vor Augen. Sie wurden ein Jahr später, anläßlich der Presse-Ausstellung 1928 in Köln, bei der Darstellung der »evangelischen Liebesarbeit« nochmals gezeigt. Engelmann notierte hierzu: »Die drei Gemälde stellen also die Not, die innere und äussere Hilfe dar und

EINIGES AUS DER LIEBESARBEIT DER INNEREN MISSION

Die Innere Mission ist Dienst der helfenden Liebe in Wort und Tat

Viele tausend Männer und Frauen haben ihr ganzes Leben in den Dienst evangelischer Liebesarbeit gestellt. Wohl jedem sind die Schwestern und Diakonissen bekannt. Heute haben wir 40 000 Schwestern, die 106 Schwesternschaften angehören. Die wichtigsten Schwesternverbände sind:

A. Der Kaiserswerther Verband deutscher Diakonissenmutterhäuser mit 66 Mutterhäusern und 27400 Schwestern.
B. Die Zehlendorfer Konferenz mit 12 Schwesternschaften und etwa 5000 Schwestern.
C. Der Deutsche Gemeinschaftsdiakonieverband mit 3 Mutterhäusern und etwa 2000 Schwestern.
D. Der Verband der Evang.-freikirchlichen Diakonissenmutterhäuser Deutschlands mit 8 Mutterhäusern und etwa 1800 Schwestern.
E. Der Bund Deutscher Gemeinschaftsdiakonissenmutterhäuser mit 5 Mutterhäusern und über 1000 Schwestern.
F. Außerdem bestehen noch 12 Schwesternverbände mit über 2700 Schwestern.

Die Arbeit, die eine Schwester zu leisten hat, ist sehr verschiedenartig. Der Hauptberuf der Schwester liegt überall da, wo sie für ihre Mitmenschen mütterlich sorgen kann. An den Betten der Kranken und Siechen versieht sie unermüdlich ihren Dienst. Von früh bis spät ist sie unterwegs, um für ihre Schutzbefohlenen zu sorgen und für sie einzutreten. Man hat berechnet, daß allein die Gemeindeschwestern des Kaiserswerther Verbandes neben vielerlei anderem Dienst jährlich etwa 2 Millionen Kranke pflegen. Deren Betten würden aneinandergereiht eine Strecke von 4000 Kilometer, die Länge der Landesgrenzen von Deutschland ohne Ostpreußen, ergeben.

Im besonderen widmet die Schwester der Jugend ihre Kraft, sie arbeitet als Erzieherin, als Pflegerin in Krippen, Säuglingsheimen, Kindergärten und Kinderhorten, Waisenhäusern, Kinderheilstätten und Erholungsheimen. Auch im Schulwesen findet die Schwester häufig ihren Beruf. Sie unterrichtet in sozialen Frauenschulen, Lehrerinnenseminaren, Lyzeen und Volksschulen, in Handarbeits- und Haushaltungsschulen.

Die evangelische Liebesarbeit braucht neben den weiblichen die männlichen Kräfte. Im Jahre 1833, um dieselbe Zeit, in der Theodor Fliedner das Diakonissenamt wieder belebte, nahm Johann Hinrich Wichern im Rauhen Haus in Hamburg die ersten Brüder auf. Heute stehen 3600 in der Arbeit.

Die Arbeitsgebiete, auf denen die Diakonen tätig sind, sind so mannigfaltig wie die der Schwestern. In der Pflege und in der Erziehung, vor allem als Hausväter und Stadtmissionare stehen sie in der Liebesarbeit. Eine treue Gehilfin ihres Mannes ist die Diakonenfrau; sie führt in den Heimen die Wirtschaft und hilft mit Rat und Tat.

Einiges aus der Liebesarbeit der Inneren Mission, um 1926 (7.53)

Der Rundfunkhörer, 8. Juli 1932 (7.110)

wollen in ihrer Gesamtheit zur Nachahmung auffordernd auf den Besucher wirken.« (ADW, PD)

Von Anfang an verzichtete der Propagandadienst auf eine eigenständige Pressearbeit. Er wollte nicht in Konkurrenz zu anderen evangelischen »Preßbestrebungen« geraten. Engelmann beschränkte sich statt dessen auf die Zusammenarbeit mit dem 1910 gegründeten »Evangelischen Preßverband für Deutschland« (EPD) und mit den regionalen Preßverbänden, die sich bereits um die Jahrhundertwende aus der Verbandsstruktur der Inneren Mission heraus entwickelt hatten. Schwerpunkte der Propaganda-Arbeit im Pressebereich bildeten die Organisation von Kongressen und Tagungen des Central-Ausschusses sowie die Berichterstattung hierüber. Darüber hinaus wurden größere Zeitungen mit thematischen Artikeln beliefert, so etwa über die Bahnhofsmission, Kindererholung und zu Auswandererfragen. Engelmann war bemüht, ständig Kontakt zur Berliner Presse zu halten. Dadurch gelang es, regelmäßig größere Artikel über das Arbeitsgebiet der Inneren Mission in der »Kreuz-Zeitung« unterzubringen.

Der Propagandadienst bearbeitete einen großen Teil der Werbefragen für die Evangelische Versicherungszentrale. Hierzu zählte auch die Schriftleitung des vierteljährlich erscheinenden Mitteilungsblattes der Evangelischen Versicherungszentrale »Die Vorsorge«, dessen Gesamtauflage 1931 etwa 1,4 Millionen Exemplare betrug.

Mit der Herstellung und Verbreitung von Flugblättern, die zum Teil ins Englische und Französische übersetzt wurden und über die Arbeit der Inneren Mission informierten, wandte sich der Propagandadienst an die deutsche und internationale Öffentlichkeit. 1931 konnte Engelmann dem Central-Ausschuß mitteilen, daß das Flugblatt »Einiges aus der Liebesarbeit der Inneren Mission«, das dem Leser und der Leserin die Zielsetzung und die Arbeitsschwerpunkte der Inneren Mission vor Augen führen sollte, eine Gesamtauflage von 550.000 Stück erzielt hatte.

Im August 1924 wandte sich die evangelische Publizistik dem neuen Medium Rundfunk zu. Die Federführung für die Koordination der kirchlichen Rundfunkarbeit hatte der Evangelische Preßverband für Deutschland unter der Leitung August Hinderers (1877–1945) mit der Gründung der »Evangelischen Arbeitsgemeinschaft für Rundfunk« übernommen. Diesem Gremium gehörten neben Vertretern des Evangelischen Preßverbandes auch Mitarbeiter des Central-Ausschusses und des Gustav-Adolf-Vereins an. Durch die Schaffung eines Systems von Vertrauensleuten in

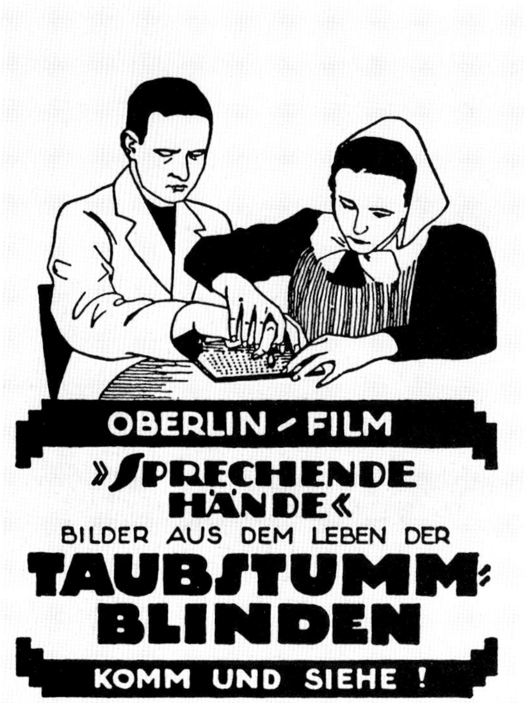

Werbeblatt, 1925 (7.117)

den einzelnen Landesverbänden sollte Einfluß auf die Programmgestaltung der einzelnen Sender genommen werden. Gleichzeitig bemühte sich Engelmann, geeignete Redner für evangelische Rundfunksendungen des Berliner Senders zu vermitteln. Einmal im Monat stand darin dem Central-Ausschuß am Sonntag eine Morgenfeier für »religiöse Ansprachen über Themen aus dem Gebiete der Inneren Mission« zur Verfügung. Hinzu kamen gelegentliche Abendvorträge im Radio. So hielt am 14. April 1924 der Präsident des Central-Ausschusses, Reinhold Seeberg (1859-1935), einen Vortrag in der Funkstunde AG. Besonders setzte sich der Propagandadienst für die evangelische Radiozeitschrift »Der Rundfunkhörer« ein.

Der Propagandadienst bezog auch Lichtbild und Film in seine Arbeit mit ein. In den ersten Jahren seiner Tätigkeit rief Engelmann mit der »Evangelischen Bildkammer des Evangelischen Preßverbandes für Deutschland« eine Arbeitsgemeinschaft ins Leben. Die Vereinbarung sah vor, daß die inhaltliche Bearbeitung von Lichtbildserien dem Propagandadienst vorbehalten blieb. Der Vertrieb von kostengünstigen Lichtbildapparaten sollte dem Medium in Anstalten und in den Landesvereinen der Inneren Mission zum Durchbruch verhelfen. 1931 verfügte der Propagandadienst über ein Bildarchiv mit einer Sammlung von etwa 4.650 Abzügen, 500 Diapositiven und rund 900 Negativen.

Erst nach 1918 wurde eine eigenständige evangelische Filmarbeit systematisch in Angriff genommen. Auch der Verbandsprotestantismus nutzte das neue Medium zur Selbstdarstellung und zur Werbung für die Belange der Kirche. Die Eigenproduktion von Filmen erwies sich jedoch für die Innere Mission als zu kostspielig, statt dessen arbeitete der Propagandadienst auf diesem Sektor mit dem Preßverband unter der Leitung seines Direktors August Hinderer zusammen. So konnten 1925 in Zusammenarbeit mit der Evangelischen Bildkammer zwei Filme fertiggestellt werden: Das Werk »Sprechende Hände« behandelte die Taubstumm-Blinden-Arbeit des Oberlinhauses in Nowawes, der Film »Das unsichtbare Königreich« gab – zum Teil im Rahmen einer Spielhandlung – einen Einblick in die vielfältigen Arbeitsbereiche der Inneren Mission, insbesondere Schwesternarbeit, Altenfürsorge, Erziehungswesen, Erholungsfürsorge, Gefährdetenfürsorge und Bahnhofsmission.

Mitwirkung im »Kampf gegen Schund und Schmutz«

Gleichzeitig versuchte der Propagandadienst die Einflußmöglichkeiten der Inneren Mission auf das allgemeine Filmwesen im Rahmen des am 12. Mai 1920 erlassenen »Lichtspielgesetzes« zu verstärken. Letzteres sah vor, daß jeder zur öffentlichen Vorführung bestimmte Film einer amtlichen Genehmigung bedurfte. Sie wurde verweigert, wenn der jeweilige Film das religiöse Empfinden verletzte, eine »entsittlichende« oder »verrohende« Wirkung zeigte, das

Bücherbude der Schundkampfstelle in Berlin, 1924 (7.139)

Filmplakat, 1930 (7.113)

Filmplakat, 1931 (7.115)

»deutsche Ansehen« schädigte oder die öffentliche Sicherheit gefährdete. 1927 richtete der Kirchlich-soziale Bund in Absprache mit dem Central-Ausschuß, dem Evangelischen Preßverband für Deutschland und anderen evangelischen Vereinen eine »Evangelische Hauptstelle gegen Schund und Schmutz« ein, dessen 2. Vorsitz Pastor Engelmann übernahm. Die Evangelische Hauptstelle schloß sich 1929 mit anderen am sogenannten »Schundkampf« beteiligten Verbänden zur »Reichsarbeitsgemeinschaft der Schundkampfzentralen« zusammen. Engelmann wurde auch zum Beisitzer in der Berliner Prüfstelle bestellt. Damit gelang es dem Central-Ausschuß, Beisitzer in alle drei »Schundprüfstellen« zu entsenden, wodurch die Kirchen entgegen den Absichten des Gesetzgebers schließlich doch noch direkt an dem Indizierungsverfahren beteiligt waren. Wie sich anhand einschlägigen publizistischen Materials nachweisen läßt, trug die Evangelische Hauptstelle gegen Schund und Schmutz mit der Verbreitung völkischer, biologistischer und dezidiert antirepublikanischer Positionen nicht unwesentlich zur Destabilisierung der Weimarer Republik bei. Der aufkommende Nationalsozialismus wurde in diesen Kreisen zunächst als willkommener Partner im »Kampf gegen Schund und Schmutz« begrüßt. Doch die Hoffnungen protestantischer Kreise erfüllten sich nicht. Der »totale Staat« schränkte die Mitwirkungsmöglichkeiten der evangelischen Kirche am öffentlichen Leben zunehmend ein und beseitigte sie schließlich ganz. 1933 wurde Engelmann aus der Filmprüfstelle, der Schundprüfstelle und aus seinem Amt als Beisitzer der Gutachterkommission des Zentralinstituts für Erziehung und Unterricht entfernt.

Filmplakat, 1931 (7.114)

Literatur

ENGELMANN, WILHELM, »Die Öffentliche Mission«, in: Schweitzer, Carl (Hg.), Das religiöse Deutschland der Gegenwart, Band 2, Berlin 1929

ILBERT, GERHARD, Kirchliche Volksmission, Leipzig 1916

IBER, HARALD, »Die Apologetische Centrale und der Central-Ausschuß. Zur Geschichte der Apologetischen Centrale bis 1934«, in: Strohm, Theodor / Thierfelder, Jörg (Hg.), Diakonie im »Dritten Reich«. Heidelberg 1990

NÜRNBERG, KASPAR, Der protestantische »Kampf gegen Schund und Schmutz« am Beispiel der Zeitschrift »Der Schundkampf« (1924 - 1939), Magisterarbeit im Fach Neue Geschichte an der FU Berlin 1997

PETERSEN, KLAUS, Zensur in der Weimarer Republik, Stuttgart/Weimar 1995

PÖHLMANN, MATTHIAS, »Presse / Publizistik: Evangelische Publizistik im 20. Jahrhundert«, in: Theologische Realenzyklopädie, Bd. 27, Berlin/New York 1997

PÖHLMANN, MATTHIAS, Kampf der Geister. Die Publizistik der »Apologetischen Centrale«, Konfession und Gesellschaft 16, Stuttgart/Berlin/Köln 1998

SCHWEITZER, CARL GUNTHER, Antwort des Glaubens. Handbuch der neuen Apologetik, Schwerin 1929

STROHM, THEODOR, » Innere Mission, Volksmission, Apologetik. Zum soziokulturellen Selbstverständnis der Diakonie. Entwicklungslinien bis 1937«, in: Kaiser, Jochen-Christoph / Martin Greschat (Hg.), Sozialer Protestantismus und Sozialstaat. Diakonie und Wohlfahrtspflege in Deutschland 1890 bis 1938, Stuttgart/Berlin/Köln 1996

TALAZKO, HELMUT, »Aus der Geschichte der Öffentlichkeitsarbeit von Innerer Mission und Diakonie«, in: Zeiten ändern sich ... Wir auch! Plakate aus der Inneren Mission und der Diakonie. Hg. von der Presse- und Informationsabteilung des Diakonischen Werkes der EKD, Berlin 1993

WICHERN, JOHANN HINRICH, Sämtliche Werke, hg. von Peter Meinhold, Bd. III, 1, Die Kirche und ihr soziales Handeln, Berlin 1968

»Das geht Dich an!« Volksmission in der ersten Hälfte des 20. Jahrhunderts

von Volker Herrmann

Zur Vorgeschichte

Für Johann Hinrich Wichern (1808-1881) hatten die Kirchen in der ersten Hälfte des 19. Jahrhunderts den Kontakt zu großen Teilen der Bevölkerung – nicht nur zur entstehenden Arbeiterschaft – nicht intensiv genug gepflegt und inzwischen gar verloren. Da die Predigt in den Kirchen die Menschen nicht mehr erreichte, sollte eine mehr am Alltag der Leute orientierte Verkündigung auch außerhalb der Kirchenmauern gestärkt werden. Den getauften, aber dem Christentum entfremdeten Mitmenschen galt sein Programm der Inneren Mission. Letztlich an einer Rechristianisierung der Gesellschaft interessiert, wollte er den Auswirkungen einer fortschreitenden Säkularisierung entgegenwirken. Die Innere Mission entwickelte im Laufe der Zeit verschiedene Wege zur Umsetzung dieses Anliegens: So wurden zum Beispiel Bibeln und kleine christliche Druckschriften verteilt (Schriftenmission), oder Straßenprediger zogen durch die Lande. Das Bemühen galt der Evangelisierung, der Verbreitung der christlichen Botschaft. Dies geschah nicht losgelöst, sondern im Verbund mit sozialer Arbeit, so etwa in den Stadtmissionen. Die verkündigende Dimension unterlag dem zeitlichen Wandel wie die gesamte Tätigkeit der Inneren Mission. Perioden intensiven Bemühens folgten Zeiten der Stagnation.

Die »Förderung christlichen Volkslebens« (1908-1918)

Neue Impulse erhielt die Arbeit zu Beginn des 20. Jahrhunderts, konkrete Auswirkungen zeigten sich jedoch erst im Ersten Weltkrieg. Anläßlich des 100. Geburtstags von Wichern 1908 gegründet, nahm die Arbeit der »Wichern-Vereinigung zur Förderung christlichen Volkslebens« 1914 einen rasanten Aufschwung. Ihr Vorsitzender, der Direktor des »Rauhen Hauses« in Hamburg, Martin Hennig (1864-1920), war wie nahezu der gesamte deutsche Protestantismus von der Begeisterung erfaßt, mit der sich die in Schichten, Parteien und Interessengruppen gegliederte Bevölkerung für ein gemeinsames Ziel, den Krieg, mobilisieren ließ. Dem »Geist von 1914« war nach Hennig die Einigung des »zersplitterten« deutschen Volkes zu verdanken: In diesem Volk, das sich seiner nationalen Stärke und Aufgabe an den anderen Völkern bewußt war, sollte auch der christliche Glaube wieder an Bedeutung gewinnen. Deutlich waren bei Hennig Christentum sowie deutsches Sendungsbewußtsein und Großmachtstreben miteinander verbunden. Die christliche Botschaft von Frieden und Versöhnung, wie sie etwa von der »Internationalen Konferenz der Kirchen für Frieden und Freundschaft« 1914 in Konstanz vertreten wurde, rückte für Hennig in den Hintergrund. Er verstand Jesus als Helden, der die Soldaten in ihrem »Dienst für das Vaterland« im Kampf für »eine gerechte Sache« stärkte. Darüber hinaus lag ihm und der Wichern-Vereinigung an einer »Förderung christlichen Volkslebens«. Doch war nicht er es, sondern Gerhard Hilbert (1868-1935), der 1916 die entscheidende Formulierung prägte. Mit seiner Forderung einer »kirchlichen Volksmission« nahm der Rostocker Professor für Praktische Theologie für den Bereich des Protestantismus das Programm einer Rechristianisierung des deutschen Volkes erneut auf. Er sah Deutschland angesichts der Krisensituation des Krieges nicht vor einer »Aufwärtsbewegung des religiös-sittlichen Lebens [...], wie nach den Befreiungskriegen vor 100 Jahren«, sondern »vor Verhältnissen, die denen auf den Missionsgebieten« glichen. Dies kam einer Initialzündung gleich:

Broschüre von Martin Hennig, 1914/1918 (7.5)

Noch im Krieg nahmen sich Landes- und Provinzialvereine der Inneren Mission ebenso wie Landes- und Provinzialkirchen der Volksmission an. »Volksmission« bildete nun den Sammelnamen »für alle Arbeiten der Kirche, die die Missionierung unseres evangelischen Volkes bezwecken, und umfaßte die besonderen Arbeiten des geordneten Pfarramtes, der Evangelisation, der Apologetik und der sogenannten öffentlichen Mission«. In den Richtlinien der »Kommission für Volksmission« im Central-Ausschuß für Innere Mission, die sich 1917 konstituierte, wurde Volksmission bestimmt als »die erweckliche Predigt zur Gewinnung der der Kirche Entfremdeten und zur Belebung der kirchlichen Kreise«. Die Arbeit der Volksmission, die möglichst »im Anschluß an das Pfarramt« erfolgen sollte, war eine vierfache: »a) Evangelisationsversammlungen (am Abend), b) Bibelstunden (am Nachmittag), c) Versammlungen für bestimmte Gruppen (Stände, Geschlechter, Lebensalter), d) Sprechstunde zwecks persönlicher Seelsorge.«

Für das Volk und seine christliche Weltanschauung (1919-1925)

Die politischen Ereignisse 1918/19 verunsicherten den Protestantismus und mit ihm die Innere Mission und Volksmission zutiefst. Mit der Absetzung der Fürsten verloren die evangelischen Landeskirchen zugleich ihre obersten Bischöfe. Wie sollte man sich verhalten? Der Central-Ausschuß etablierte sich alsbald in der sich stabilisierenden Weimarer Republik als Verband der freien Wohlfahrtspflege. Für die Volksmission zeichnete im Central-Ausschuß Gerhard Füllkrug (1870-1948) verantwortlich. Er überführte 1919 die zwei Jahre zuvor gegründete Kommission in eine feste »Abteilung für Volksmission« im Central-Ausschuß. In dem ebenfalls 1919 von ihm herausgegebenen »Handbuch für die Volksmission« wird deutlich, daß die Volksmission sich eher aus äußerer Notwendigkeit und wegen der Möglichkeit der Mission denn aus innerer Überzeugung in den neuen politischen Verhältnissen in Deutschland einrichten wollte. Die Bedeutung der Volksmission für die Bestimmung des Verhältnisses von Staat und Kirche brachte Füllkrug 1920 auf folgende Wendung: »Entweder wird unsere evangelische Kirche eine Missionskirche, oder sie sinkt zum Anhängerwagen im Zuge der katholischen Kirche herab, oder sie wird eine nur widerwillig geduldete, vom Staat aber nicht sonderlich geachtete Kultureinrichtung, ein notwendiges Übel. Entweder wird die Innere Mission jetzt innerste Mission an unserem Volke, oder sie bleibt eine ewig mit Geldmangel kämpfende Summe von Wohlfahrtseinrichtungen und Liebestätigkeit: ein großer Lazarettzug.« (Kühne 1949) Die Volksmission stand damit auf der Seite derer, die nicht den demokratischen Staat, sondern vielmehr das Volk als neuen Bezugsrahmen wählten. Hatten sich evangelische Kreise noch 1914 vehement gegen eine Verwendung des katholischen Begriffs »Volksmission« gewehrt, erschien er nun äußerst aktuell, modern und programmatisch, nicht nur im Vergleich mit den Begriffen »Schriftenmission« oder »Plakatmission«. Vor dem Hintergrund der Volksmission zeigt sich die Ambivalenz der Inneren Mission in den ersten Jahren der Weimarer Republik: Mit dem entstehenden Sozialstaat arbeitete der Central-Ausschuß als Wohlfahrtsverband konstruktiv zusammen und hatte somit Anteil an der Stabilisierung der Republik. Der pluralistisch-demokratischen Grundordnung stand die Volksmission reserviert gegenüber und wirkte ihr insofern entgegen, als sie eine fehlende christlich-sittliche Durchdringung der Gesellschaft bemängelte.

Zur Koordination des ständig wachsenden Arbeitsfeldes gründeten 18 Träger der Volksmission am 19. September 1925 den »Deutschen Evangelischen Verband für Volksmission«. Bereits im folgenden Jahr gehörten ihm schon 34 Organisationen an. Nach seiner Satzung war er »ein Zusammenschluß evangelischer Vereinigungen, die unter den dem Christentum und der Kirche innerlich und äußerlich entfremdeten Gliedern unseres Volkes Mission treiben.« Einer knappen statistischen Aufstellung zufolge fanden in den Jahren 1919 bis 1926 im deutschen Raum über 5.100 Volksmissionsveranstaltungen in nahezu 2.900 Orten statt. Für einzelne Regionen liegen detailliertere Zusammenstellungen vor, die auch nach der Art der Veranstaltungen differenzieren: Volksmissionsvorträge, Bibelstunden, Bibelbesprechungsstunden, Konfirmandenstunden, Kindergottesdienste, Schulstunden, Sonderveranstaltungen für Vereine, Gruppen und Jugendbewegung, Predigten, Abendmahlsfeiern, Diskussionen und Vorlesungen.

Ausgewählte Arbeitsformen: Plakatmission, Wagenmission, Schriftenmission

In den urbanen Zentren leisteten die Stadtmissionen soziale Hilfe. Zugleich zogen Mitarbeiter der Posaunenmission durch die Arbeiterviertel und in die Hinterhöfe, um für Gottesdienste und andere Veranstaltungen zu werben. Die in Stuttgart ansässige Plakat-

Plakat, 1920/1930 (7.99)

Plakatmission, um 1925 (7.100)

mission wandte sich offensiv an die gesamte Öffentlichkeit, indem sie jede Woche ein neues Plakat der Reihen »Goldene Worte berühmter Männer« oder »Goldene Worte zum Nachdenken« herausbrachte. Wurden die Plakate in Stuttgart an rund »150 öffentlichen Plakatstellen« angeschlagen, so suchte man andernorts passende Plätze: »Fabriken, Aufgänge und Vorräume in öffentlichen oder Privatgebäuden (besonders Häuserfronten an belebten Straßen oder Plätzen), Vorzimmer von Kanzleien, Wartezimmer von Ärzten, Krankenhäuser, Erholungsheime, Herbergen, Volksspeisehäuser, Schaufenster, Schulen, Kasernen, Lazarette, Bahnhöfe und Postanstalten«. »Durch das Aufhängen solcher Plakate [...] sollen die in den ›Goldenen Worten‹ niedergelegten Wahrheitsschätze in die weitesten Volkskreise hineingetragen werden. Ein hehrer Chor von Zeugen soll so unserem Volk Richtlinien geben in sittlich-religiöser und sozialer Beziehung und zugleich davon Zeugnis ablegen, daß die großen Wahrheiten des Christentums zu allen Zeiten von vielen der bedeutendsten Geister vertreten worden sind. Dadurch möchten wir einerseits die auf religiöser Grundlage ruhende sittliche Tüchtigkeit unseres Volkes stärken, andererseits dem einzelnen Volksgenossen behilflich sein, den Weg zum Frieden im Heil Gottes zu finden, besonders auch solchen, die sonst nicht mehr unter den Schall des Evangeliums kommen.« (Archiv des Diakonischen Werkes [ADW], CA)

Auch auf dem Lande wollte die Volksmission möglichst viele Menschen erreichen, so fuhren zum Beispiel die Wichern-Vereinigung oder die Heimatmission des Kreises Teltow »von Dorf zu Dorf im Evangeliumswagen«. Diese waren auch noch nach 1933 und nach 1945 im Dienst. Mit der Vorankündigung »Der Evangeliumswagen kommt! Das geht Dich an!« blieben die Volksmissionare meist eine Woche im Dorf, standen im Dorfmittelpunkt und bestimmten den Gesprächsstoff. Sie belebten das religiöse Leben, standen für seelsorgerliche Beratung zur Verfügung, verteilten christliche Kleinschriften, hielten Predigten für Frauen und Mädchen, für Männer und Jünglinge sowie Vorträge wie etwa »Unseres Volkes Schicksalsstunde«, »Können wir der Bibel noch Vertrauen schenken?«, »Wo sind unsere Toten? (Totenbefragen und Spiritismus)«, »Hat das Leben einen Sinn?«, »Wo sind die Quellen unserer Kraft?«

Die Menschen in Stadt und Land wollte man mit einer zeitgemäßen christlichen Verkündigung ansprechen. Dieses Anliegen verfolgte auch die katholische Kirche mit ihrer »heiligen Mission«, wie etwa ein Faltblatt aus dem Jahr 1928 verdeutlicht: »›Wie bleibe ich jung und schön?‹ Das ist die Frage, die auf den modernen Menschen eine geradezu suggestive Gewalt ausübt. Wieviel Zeit und Geld wird heute der Körper- und Schönheitspflege geopfert! Den Leib frisch und sehnig und gesund zu erhalten – das ist das einzige große Lebensziel Abertausender geworden. Spaltenlang berichten die Tageszeitungen von Leichtathletik und Gymnastik, von Fußball und Schwimmen, von Rudern und Wandern. So manch einer darbt und spart das ganze Jahr, um zwei oder drei Wochen Ferien vom Ich machen zu können, um eine kurze Spanne Zeit am Meeresufer oder in würziger Gebirgsluft auszuruhen und den Leib für den Kampf des Lebens zu stählen. ›Wenn ich nur gesund bin, dann ist alles gut!‹ Das oft gehörte Wort ist allzu wahr. [...] So gewiß, wie der gesunde Leib zeitweiliger Erholung bedarf und der sieche einer nützlichen Kur, so gewiß bedarf die Seele einer heiligen Mission. Sie wird dir helfen, daß du dir klar machst, ob der Kurs, den dein Lebensschifflein eingeschlagen hat, auch der richtige ist, damit du im Lichte der ewigen Wahrheiten Ordnung bringst in dein Leben.« (ADW, BP)

Ökumene oder deutsches Volkstum (1925-1931)

In der Zeit der »Goldenen Zwanziger« und im krisengeschüttelten Übergang zu den 30er Jahren erhielt die Volksmission zwei neue Impulse. Zum einen erweiterte die ökumenische Bewegung den kirchlichen Horizont, zudem wurde die Volksmission auch als übernationale Aufgabe verstanden. Damit weitete sich das Blickfeld über die spezifisch deutsche Situation auf diesem Arbeitsgebiet aus. Die »Kontinentale Konferenz für Innere Mission und Diakonie« verabschiedete auf ihrem Amsterdamer Kongreß im Juni 1926 eine Resolution, die den Gedanken der Volksmission auf eine ökumenische Grundlage stellte und alle angeschlossenen Verbände veranlaßte, »in ihren Kirchen und Ländern dahin zu wirken, daß angesichts des immer weiteren Abfalls vom christlichen Glauben und christlicher Sittlichkeit und im Hinblick auf die erschreckliche Steigerung der religiösen Gleichgültigkeit und Gottlosigkeit das Werk der Evangelisierung und Missionierung in jedem Volk und Land kräftig und energisch begonnen und fortgeführt wird, sowohl von den evangelischen Kirchen, als auch von den freien Vereinen der Inneren Mission.« (Füllkrug 1926) Gleichzeitig wurde eine »Kommission für Volksmission« im »Kontinentalen Verband für Innere Mission und Diakonie« eingerichtet.

Einen anderen, wenn nicht gegenläufigen Akzent brachten der »Vaterländische Kirchentag« in Königsberg 1927 und seine Nachwirkungen für das Verständnis der Volksmission mit sich. Durch die völkische Bewegung sahen sich Theologie und Kirche zur Stellungnahme herausgefordert. Eine Antwort war die politische Theologie, die nun auch das »Volk« als

Volksmission
in Fraustadt
vom 15. bis 22. Januar 1928.
Evangelisationsvorträge
des Volksmissionars Johannes Hölzel
vom Zentral-Ausschuß für Innere Mission, Berlin, über das Thema:
„Menschenfragen und Gottesantworten."

Sonntag, den 15. Januar 1928, Vorm. 9½ Uhr Eröffnungsgottesdienst im „Kripplein Christi". Pastor Hölzel.
Jungmädchenversammlung Sonntag, den 15. Januar, Nachmittags 5 Uhr in Liche's Saal: „Das Geheimnis des Glücks" (nur für junge Mädchen)
Abends 8 Uhr Evangelisationsvortrag: „Lohnt sich's zu leben?"
Montag, den 16. Januar 1928, Abends 8 Uhr: „Wozu bin ich auf der Welt?"
Dienstag, den 17. Januar 1928, Abends 8 Uhr: „Wie werde ich Sieger im Lebenskampf?"
Jungmännerversammlung Mittwoch, den 18. Januar 1928, Abends 8 Uhr in Liche's Saal: „Gesprengte Fesseln."
Donnerstag, den 19. Januar 1928, Abends 8 Uhr: „Sterben — und dann?"
Freitag, den 20. Januar, Abends 8 Uhr: „Wo finde ich Ruhe für meine Seele?"
Sonnabend, den 21. Januar 1928, Abends 8 Uhr im „Kripplein Christi": „Wovon hängt das Glück der Ehe ab?" (Nur für Eheleute)
Sonntag, den 22. Januar 1928, Vorm. 9½ Uhr: Abschlußgottesdienst im „Kripplein Christi" mit anschließender Feier des hl. Abendmahls. Pastor Hölzel.
Nachm. 5 Uhr: Jugendgottesdienst für die Mitglieder der kirchlichen Jugendvereine. Pastor Hölzel.
Abends 8 Uhr: Evangelisationsvortrag: „Was sollen wir jetzt tun?"

Die Gottesdienste und Evangelisationsvorträge finden, wenn keine anderen Angaben beigefügt sind, im „Kripplein Christi" statt. Die Kirchstuhlplätze stehen zur allseitigen freien Benutzung zur Verfügung. Volksmissionar Hölzel ist täglich, außer Sonntags, von 11 bis 12 Uhr Vorm. im Johanniter-Krankenhause, ebenso Abends gleich nach den Versammlungen am Ort der Versammlung zu sprechen. Von Montag bis Freitag finden Nachm. 5 Uhr Bibelstunden zur Vertiefung des inneren Lebens im Saale des Bürgerheims statt.

Jedermann ist herzlichst willkommen und hat freien Eintritt.

Evangelischer Gemeinde-Kirchenrat Fraustadt-Altstadt.

Ankündigung der Volksmission, 1928
(7.93)

Broschüre der Volksmission, 1933
(7.98)

»neuen ethischen Bezugspunkt« entdeckte und die »unmittelbare Verantwortung der Kirche für Volk und Volkstum« hervorhob. Ihr erschien die völkische Bewegung grundsätzlich als eine gute, eine wichtige, eine bejahenswerte Erscheinung. Seit 1924 war dies die Grundstimmung der meisten Beiträge zum Thema völkische Bewegung und Kirche. Im Anschluß an den Vortrag des Erlanger Professors für Systematische Theologie Paul Althaus (1888-1966), »Kirche und Volkstum«, übernahmen die evangelischen Kirchen diese Position, wie zum Beispiel die »Vaterländische Kundgebung des Königsberger Kirchentags« zeigt: »Wir sind Deutsche und wollen Deutsche sein. Unser Volkstum ist uns von Gott gegeben. Es hochzuhalten ist Pflicht [...] in einer Lage wie der gegenwärtigen. Ein Weltbürgertum, dem das eigene Volk gleichgültig ist, lehnen wir ab.« Der im folgenden Jahr ebenfalls in Königsberg stattfindende 42. Kongreß für Innere Mission nahm diese Linie auf. So wurde das Verhältnis zu den Begriffen »Volk« und vor allem »Volkstum«, der die angenommene Höherwertigkeit deutscher Abstammung und deutschen Erbes stilisierte, immer enger und produktiver. Es fand rasch Aufnahme, Umsetzung und Verbreitung auch in der volksmissionarischen Arbeit.

1931 gab Füllkrug ein neues Handbuch der Volksmission heraus: »Vom Werk des Glaubens«. Hierin spiegeln sich beide Entwicklungen: Neben der Darstellung der deutschen Volksmissionsarbeit enthielt es 18 Länderberichte über die »Volksmission im Ausland«. Zugleich wurden »Freidenkertum, Bolschewismus und Okkultismus«, die durch ihre »gottlose und vaterlandslose Gesinnung« die Weiterentwicklung einer christlichen Gesellschaft gefährdeten, aber auch nationalistisch gesinnte Kräfte, »denen das Vaterland oft über dem Christentum und der evangelischen Kirche« stand, als »gegnerische Bestrebungen« bezeichnet. »Wir wissen nicht, was schwerer ist, den ersten oder den zweiten das biblisch reformatorische Evangelium zu verkündigen. Aber beiden müssen wir es sagen, daß Gott jeden Menschen in sein Volk hineingestellt hat und ein Vaterland ihm gegeben, daß wir darum Pflichten gegen Volk und Vaterland haben.« Im Arbeitsalltag der internationalen wie der »das deutsche Volkstum und seine Eigenarten« beachtenden Volksmission ließ die gemeinsame »Front« gegen die gegnerischen Bestrebungen die möglichen Unterschiede und Reibungspunkte in den Hintergrund treten. Das neue Handbuch der Volksmission spiegelt auch durch seinen im Vergleich zur Ausgabe von 1919 erheblich größeren Gesamtumfang sowie die vermehrte Anzahl der Einzelbeiträge und deren Differenzierung das starke Anwachsen sowie die verstärkte Auffächerung der Einzelaufgaben wider. Zugleich mußten sich die Beiträge des Handbuchs vermehrt mit Anfragen an die Volksmission auseinandersetzen und diese erneut legitimieren.

Christliche Gemeinde oder nationaler Aufbruch (1932-1933)

Tatsächlich hatten sich die inhaltlichen Deutungen von Volksmission bis zum Anfang der 30er Jahre so vielfältig und teilweise gegensätzlich entwickelt, daß die ursprünglich erkannte Notwendigkeit einer zeitgemäßen Neuorientierung christlicher Verkündigung als Grundlage gemeinsamer Arbeit nicht mehr ausreichte. Wo lag das Schwergewicht der Volksmission? Zog eine verstärkte politische Besinnung auf die gemeinschaftsbildende Funktion, also das »Volkstum«, automatisch die Mission nach sich? Oder lag der Akzent auf der Missionierung des einzelnen und bildete dadurch erst die Grundlage für ein (christliches) Volk?

»Von Volksmission können wir nur richtig sprechen und Volksmission können wir nur recht treiben, wenn wir der zweiten Hälfte des Wortes den ersten Rang geben. In der Volksmission handelt es sich um eine missio, d.h. eine Sendung.« Der neue Direktor des Central-Ausschusses der Inneren Mission, Walter Jeep (1878-1964), legte damit im Dezember 1932 in der Zeitschrift »Innere Mission« wieder einen Schwerpunkt auf »die Gemeinde in der Volksmission« und setzte »die Gemeinde im Sinne des Neuen Testaments als [...] Leib Jesu Christi« in den Mittelpunkt, »um den sich unsere Überlegung und unsere Arbeit in Kirche und Volksmission zu bewegen hat, soll alle Mühe nicht umsonst sein und soll wirklich unsere evangelische Kirche die Rettung für unsere bedrohte Zeit und auseinanderbrechende Welt werden.« Die Gemeinde zeigte dabei »ihren Unterschied von allen anderen soziologischen Formen menschlichen Zusammenlebens«.

Es gab aber auch die andere Position. Der rasche Aufstieg der Nationalsozialisten wirkte beflügelnd und ließ die kühnsten Hoffnungen für eine wahre Mission des Volkes entstehen: Für Theodor Ellwein (1897-1962), Studienrat in Augsburg, hatte das Wort Volksmission einen »fatalen Beigeschmack«, den er im Dezember 1933 in derselben Zeitschrift formulierte: »[...] Sind wir denn irgend ein afrikanischer Negerstamm, unter dem die Kirche Mission treiben will? [...] Das Ende des Volkstums und damit auch der

Volkskirche schien in greifbare Nähe gerückt. [...] Da geschah das unbegreifliche Wunder [...] Adolf Hitler hat unser Geschlecht wieder zur Ordnung zurückgerufen.«

Orientierung zur Bekennenden Kirche und äußere Einschränkungen (1933-1945)

Nach der Machtergreifung erhob die »Glaubensbewegung Deutsche Christen« ungestüm den Anspruch, die wahre Volksmission im »Dritten Reich« zu vertreten. Bei ihnen war evangelisches Christentum eng mit einem Deutschtum nationalsozialistischer Prägung verbunden. Vom und für das »Dritte Reich« erhofften sie sich die Möglichkeit zu großangelegter Volksmission mit dem Ziel einer evangelischen Reichskirche. Der Druck der Deutschen Christen auf die bisherige Volksmissionsarbeit wuchs ständig. Ziel der deutsch-christlichen Volksmissionsarbeit war »die Verlebendigung der Gemeinde, die die alte Kirche nicht erreichen konnte. [...] Denn die alte Art der Volksmission hat ihre Unzulänglichkeit bewiesen. [...] Sie hatte keine Beziehung zu den Weltanschauungskämpfen, die das Volk bewegten, keine Beziehung zu den großen Ereignissen, zu den Kämpfen und Nöten der Menschen.« Nun gehe es um »die Verbundenheit mit Blut und Boden«. Dieses Votum aus der Zeitschrift »Evangelium im Dritten Reich« löste starken Protest in der »alten« Volksmissionsbewegung aus. Mehrere Versuche, die volksmissionarische Arbeit in deutsch-christliche Bahnen zu lenken, scheiterten. Die volksmissionarische Arbeit verband sich nun stärker mit der Bekennenden Kirche. Wurden von den Nationalsozialisten zunächst zum Beispiel die Fahrten der Evangeliumswagen oder in den Jahren 1935/36 mit den »Evangelischen Wochen« noch öffentlichkeitswirksame Großveranstaltungen erlaubt, verringerte sich der Freiraum immer mehr. Der Verlust der Volksmissionsarbeit an die Reichskirche konnte zwar verhindert werden, aber bereits die Verlagerung in bekenntniskirchliche Kreise wurde im Central-Ausschuß als schmerzlich empfunden, da auf diese Weise die Innere Mission ihren missionarischen Arbeitsbereich verlor. Nach 1945 hat die Innere Mission diesen Bereich nicht wieder im bisherigen Umfang in ihre Arbeit aufgenommen. Insgesamt führte die Entwicklung der Volksmission in der ersten Hälfte des 20. Jahrhunderts zur Verselbständigung dieses Arbeitsfeldes. Damit einher ging eine allmähliche Loslösung von der sozialen Arbeit der Inneren Mission.

Literatur

Beyreuther, Erich, Kirche in Bewegung. Geschichte der Evangelisation und Volksmission, Berlin 1968

Füllkrug, Gerhard (Hg.), Handbuch für die Volksmission, Schwerin 1919

Füllkrug, Gerhard, Verhandlungen des Ersten Kontinentalen Kongreßes für Innere Mission und Diakonie vom 31. Mai bis 4. Juni 1926 in Amsterdam, Berlin 1926

Füllkrug, Gerhard (Hg.), Vom Werk des Glaubens. Neues Handbuch der Volksmission, Schwerin 1931

Gerhardt, Martin, Ein Jahrhundert Innere Mission, Bd. 2, Gütersloh 1948

Herrmann, Volker, »Von der ›Inneren Mission‹ zur ›Volksmission‹. Martin Hennig und die Wichern-Vereinigung zur Förderung christlichen Volkslebens«, in: Strohm, Theodor / Thierfelder, Jörg (Hg.), Diakonie im Deutschen Kaiserreich (1871-1918), Heidelberg 1995

Herrmann, Volker, »Walter Birnbaum und die Volksmission (1932-1935)«, in: Diakonie 19. 1993

Hilbert, Gerhard, Kirchliche Volksmission, Leipzig 1916

Kühne, Johannes, Vom Aufbruch echter Liebe. Zum Gedächtnis an die Gründung des Zentralausschusses für die Innere Mission der Deutschen Evangelischen Kirche, Tübingen 1949

Mahling, Friedrich, Die Innere Mission, Bd. 1, Gütersloh 1937

Strohm, Theodor, »Innere Mission, Volksmission, Apologetik. Zum soziokulturellen Selbstverständnis der Diakonie. Entwicklungslinien bis 1937«, in: Kaiser, Jochen-Christoph / Greschat, Martin (Hg.), Sozialer Protestantismus und Sozialstaat. Diakonie und Wohlfahrtspflege in Deutschland 1890 bis 1938, Stuttgart 1996

1933-1945

VERSTRICKUNG

Zwischen Anpassung und Selbstbehauptung

von Jörg Thierfelder

Am Vorabend der Machtergreifung

Breit wahrgenommen wurde der Nationalsozialismus in der Inneren Mission erst mit dem Wahlsieg der NSDAP bei der Reichstagswahl vom 14. September 1930, mit dem sie zur zweitstärksten Fraktion im deutschen Reichstag emporstieg. Die NSDAP begann jetzt mit einem wahren Vertrauensfeldzug in Richtung auf die Kirchen, wußte sie doch, daß sie ohne die kirchentreuen Wähler die Macht in Deutschland nicht erringen konnte. In Wahlreden und Flugblättern verwies die NSDAP auf Punkt 24 ihres Parteiprogramms: »Die Partei als solche vertritt den Standpunkt eines positiven Christentums.« Der Kampf gegen das Freidenkertum, den »Kulturbolschewismus« und die Arbeitslosigkeit wurde als besonders christlich herausgestellt. In den »Richtlinien« der von Nationalsozialisten gegründeten »Deutschen Christen« für die Kirchenwahlen in Preußen 1932 wird »das lebendige Tat-Christentum« der »Inneren Mission« gewürdigt. Hitlers Vertrauensfeldzug verfehlte seine Wirkung bei den überwiegend national und konservativ eingestellten kirchentreuen Protestanten nicht. In der evangelischen Kirche wie auch in der Inneren Mission beschäftigte man sich von 1930 an intensiv mit dem Nationalsozialismus. Bei den »Vereinstagen für Innere Mission« in Dresden im April 1931 lautete das Thema »Was haben wir als evangelische Christen zum Rufe des Nationalsozialismus zu sagen?« Der märkische Provinzialjugendpfarrer Walter Wilm (1893-1957), der 1930 die »Christlich-deutsche Bewegung« mitgegründet hatte, und der bayerische NS-Reichstagsabgeordnete und spätere bayerische Kultusminister Hans Schemm (1891-1935) warben ohne Hemmungen für den Nationalsozialismus und lösten bei den meisten Zuhörern »Begeisterungsstürme« aus. Der spätere Leiter der »Apologetischen Centrale« des Central-Ausschusses für Innere Mission, Walter Künneth (1901-1997), der sich von Amts wegen um die weltanschaulichen Bewegungen zu kümmern hatte, trug ein Für und Wider zum Nationalsozialismus vor. Er sagte ein Ja zum nationalsozialistischen »Dienst am Volk«, seinem »Willen zur sozialen Neugestaltung« und seinem »Willen zum Christentum«. Kritische Fragen stellte er gegenüber der Rassenideologie, der nationalsozialistischen Kulturpolitik und der politischen Praxis der Partei. Sein Vortrag fand Anerkennung. Er dürfte mit seinem Pro und Contra zum Nationalsozialismus die Meinung der Mehrheit in der Inneren Mission wie im deutschen Protestantismus insgesamt wiedergegeben haben.

Soweit Vertreter der Inneren Mission in den letzten Jahren der Weimarer Republik überhaupt Wahlempfehlungen abgaben, so sprachen sie sich im allgemeinen für die Rechtsparteien aus. Das wird deutlich in der Verlautbarung des Vorstehers des Kaiserswerther Verbandes, Siegfried Graf von Lüttichau (1877-1965), vom 6. November 1932: »Wir geben solchen Kandidaten unsere Stimme, von denen wir zu wissen glauben, daß sie nicht nur den Staat und das Volkstum schützen und den nationalen Gedanken pflegen, sondern auch das Evangelium verteidigen und die Heilige Schrift unverkürzt und unvermengt mit menschlicher Weisheit als Richtschnur und Regel unseres persönlichen und unseres Gemeinschaftslebens anerkennen und durchsetzen wollen.« (Lauterer 1994)

Wenn sich in den Kreisen der Inneren Mission Hoffnungen auf eine Übernahme der Regierungsgewalt durch die nationalen Parteien regten, so hängt

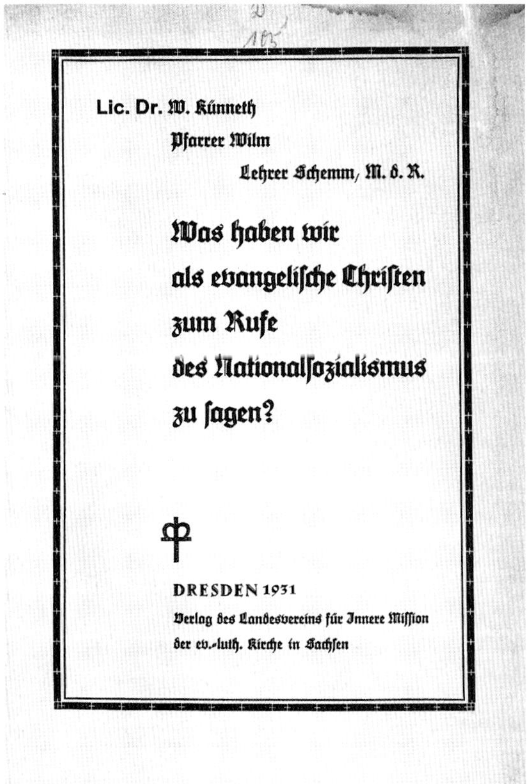

Lic. Dr. W. Künneth
Pfarrer Wilm
Lehrer Schemm, M. d. R.

Was haben wir
als evangelische Christen
zum Rufe
des Nationalsozialismus
zu sagen?

DRESDEN 1931
Verlag des Landesvereins für Innere Mission
der ev.-luth. Kirche in Sachsen

Was haben wir als evangelische Christen zum Rufe des Nationalsozialismus zu sagen?, 1931 (7.125)

Karlshöher Jungzug am 1. Mai 1934 (8.15)

dies nicht zuletzt mit der außerordentlich schwierigen Situation zusammen, in der sich die Innere Mission befand. Sie litt einerseits, wie die deutsche Gesellschaft überhaupt, an den Folgen der Weltwirtschaftskrise, andererseits an den Auswirkungen des »Devaheim-Skandals« von 1931, bei der die Devaheim, die Bausparkasse der Inneren Mission, Konkurs anmelden mußte, wobei Tausende von Sparern ihre Einlagen verloren. Die Kirche und der Weimarer Staat hatten sich zwar schließlich an der Sanierung der finanziell angeschlagenen Inneren Mission beteiligt, doch die Innere Mission hatte einen großen Teil des Vertrauenskredits in Gesellschaft und Kirche verloren. Zudem waren alle Direktoren des Central-Ausschusses zurückgetreten. Auch Präsident Reinhold Seeberg (1888-1945) erklärte sich nach anfänglichem Zögern bereit, sein Amt zur Verfügung zu stellen. Die neue Leitung wurde erst am 27. Januar 1933 durch den neuen Präsidenten Emil Karow (1871-1954) vervollständigt.

Die Anstaltsrevolten und Prügelskandale, die von der linken Presse scharf beobachtet wurden, sowie das Drängen der staatlichen Fürsorgepolitik auf pädagogische Reformen verunsicherten die Männliche Diakonie. Die Diakone waren empört über die fachliche Abqualifizierung und soziale Zurücksetzung der evangelischen Heimerzieher. Angesichts dieser Erfahrungen äußerte auf der Brüderhausvorsteherkonferenz von 1932 Friedrich Happich (1883-1951), Vorsteher des Hessischen Brüderhauses und Leiter der Anstalten Hephata in Treysa, die Hoffnung, »daß unter einer wesentlich von den Nationalsozialisten bestimmten Regierung wieder eine stärkere konfessionelle Erziehung mit Zucht und Ernst sich durchsetzen würde«, wobei Happich gleichzeitig vor übertriebenen Hoffnungen warnte, weil der Nationalsozialismus ebenfalls großen Einfluß auf die Erziehung der Jugend nehmen würde.

Das Jahr 1933

Die führenden Männer der Inneren Mission hielten sich nach der »Machtergreifung« zunächst mit öffentlichen Äußerungen zurück. Noch war nicht erkennbar, welchen Kurs die neue Regierung gegen-

Karlshöher Diakone in SA-Uniform, Juni 1934 (8.2)

über den Kirchen und den freien Werken einschlagen würde. Dies änderte sich dann nach den Märzwahlen. Die Eröffnung des Reichstags in der Potsdamer Garnisonskirche am 21. März 1933 mit dem sichtbaren Anknüpfen an preußisch-protestantische Traditionen und vor allem Hitlers Regierungserklärung mit seinen großen Zusicherungen an die Kirchen (»Die nationale Regierung sieht in den beiden christlichen Konfessionen wichtigste Faktoren der Erhaltung unseres Volkstums«) beeindruckten die Mitglieder des Central-Ausschusses und die Mitarbeiter der Inneren Mission. Direktor Walter Jeep (1878-1964) schrieb in der Aprilnummer der »Inneren Mission« einen Artikel zum Thema »Wir evangelischen Christen im neuen Deutschland«. Er erhoffte sich vom Nationalsozialismus einen starken Staat, der die Kirchen und ihre Werke ungehindert arbeiten lasse, den Freidenkerverbänden aber das Handwerk lege. Die notwendige Aufgabe der Kirchen und ihrer Werke sollte vor allem der »Durchdringung des ganzen Volkes mit christlichem Geist« dienen. Das nütze auch dem neuen Staat, denn: »Erst wenn zu der politischen Bekehrung diese innerliche religiöse Umwandlung der Masse kommt, ist der neue Staat wirklich fest gegründet.« Hellsichtig wiesen freilich einzelne Vertreter der Inneren Mission auf die Gefahr hin, daß der Nationalsozialismus zum Religionsersatz werden könnte.

In den einzelnen Einrichtungen der Inneren Mission wurde die politische Wende vielfach euphorisch begrüßt. Mit »Und ein neuer Frühling folgt dem Winter nach« überschrieb das »Nickelblättchen« der Heil- und Pflegeanstalt Kork (Baden) einen Artikel, in dem es die Freude der Anstaltsbewohner über das Kommen des »Dritten Reichs« zum Ausdruck brachte. In Diakonenanstalten wie der Karlshöhe in Ludwigsburg entstanden SA-Trupps und Jungvolkzüge. Der traurige Höhepunkt der Arbeit von Diakonen in der SA war die Entsendung von vier Ausbildungsbrüdern des Stephansstifts in Hannover als Wachmänner der SA in die Gefangenenlager im Emsland.

Eine große Anziehungskraft übte die seit Januar 1933 im ganzen Reich bestehende »Glaubensbewegung Deutsche Christen« aus, die evangelisches Christentum und Nationalsozialismus miteinander verbinden wollte. In den Leitungsgremien der Inneren Mission saßen auf Reichsebene nicht wenige Deutsche Christen und Parteigenossen. Vertreter der Inneren Mission übernahmen Positionen bei den Deutschen Christen, wie beispielsweise der Vorsteher des »Rauhen Hauses« von Hamburg, Pastor Fritz Engelke (1878-1956), der später unter Reichsbischof Ludwig Müller (1883-1945) Reichsvikar wurde. Eine besondere Begeisterung für das neue Reich war auf dem 9. Deutschen Diakonentag im September 1933 in Hamburg zu spüren. Da wurde »dem Führer unseres Volkes und Retter unseres Vaterlandes« von 1.000 Diakonen ein Telegramm geschickt mit dem »Gelöbnis alter deutscher Mannestreue und des Einsatzes aller ihrer Kräfte für den Aufbau und die Vollendung des Dritten Reiches«. In einer Erklärung versicherten die 1.000 Diakone »der Reichsleitung der Glaubensbewegung ›Deutsche Christen‹ ihre Treue«. Dagegen regte sich freilich auch Kritik in der Diakonenschaft. Der Karlshöher Diakon und Leiter der Heidelberger

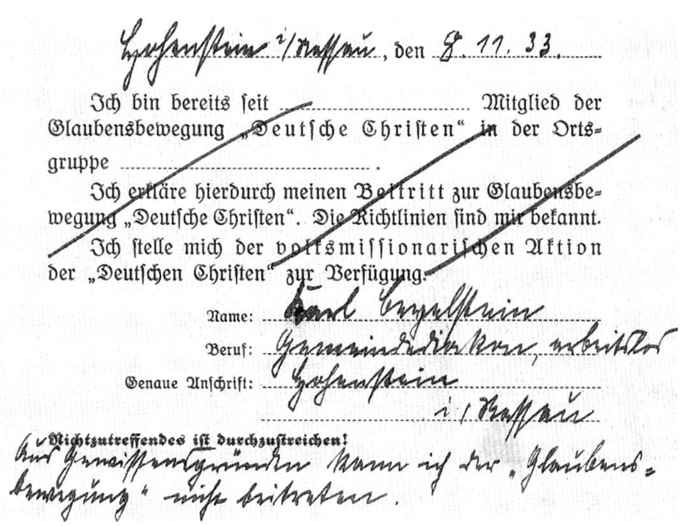

Hohenstein i/Nassau, den 8. 11. 33.

Ich bin bereits seit ...... Mitglied der Glaubensbewegung „Deutsche Christen" in der Ortsgruppe ......

Ich erkläre hierdurch meinen Beitritt zur Glaubensbewegung „Deutsche Christen". Die Richtlinien sind mir bekannt.

Ich stelle mich der volksmissionarischen Aktion der „Deutschen Christen" zur Verfügung.

Name: Karl Engelstein

Beruf: Gemeindediakon, [illegible]

Genaue Anschrift: Hohenstein i/Nassau

Nichtzutreffendes ist durchzustreichen!

Aus Gewissensgründen kann ich der „Glaubensbewegung" nicht beitreten.

Karte der Deutschen Diakonenschaft, November 1933 (8.5)

Karl Themel und Horst Schirmacher, 1933 (8.8)

Stadtmission, Immanuel Rieker (1897-1969), kritisierte die Treueerklärung zu den Deutschen Christen und prägte den beachtlichen Satz: »Wir wollen doch nicht nur das Rauschen der Zeit, sondern auch die Stimme und den Willen unseres Gottes hören.«

Im Frühjahr 1933 wurde die Innere Mission in die überstürzte Kirchenverfassungsreform einbezogen, die durch die Forderung der Deutschen Christen nach einer einheitlichen Reichskirche ausgelöst worden war. Noch bevor die neue Reichskirchenverfassung fertiggestellt war, wurde von den Vertretern der Landeskirchen schon der künftige Reichsbischof gewählt. Nicht der Favorit Adolf Hitlers und der Deutschen Christen, der Königsberger Marinepfarrer Ludwig Müller, wurde in einer Kampfabstimmung zum neuen Reichsbischof designiert, sondern der hochangesehene Anstaltsleiter von Bethel, Friedrich von Bodelschwingh d. J. (1877-1946). Er hatte das Amt freilich nur wenige Wochen lang inne, bis er angesichts des Widerstands von Partei und Deutschen Christen sowie der schwindenden Unterstützung derer, die ihn gewählt hatten, resigniert zurücktrat. Kurz zuvor war der damals führende Mann des deutschen Protestantismus, der preußische Oberkirchenratspräsident Hermann Kapler (1867-1941), zurückgetreten. Die Nachfolgeregelung wurde vom zuständigen Reichsminister Bernhard Rust (1883-1945) nicht akzeptiert. Er setzte einen Staatskommissar für die Preußische Landeskirche ein. Dies war für Bodelschwingh der Anlaß zum Rücktritt. Nun war der Weg frei für Ludwig Müller, der im September 1933 schließlich zum Reichsbischof gewählt wurde. Im Zuge dieses Staatseingriffs setzte der neue Staatskommissar August Jäger (1887-1949) durch, daß auch das größte »freie Werk« in der Evangelischen Kirche, die Innere Mission, unter die Leitung von Kommissaren gestellt wurde. Die bisherige Leitung wurde entmachtet. Der Berliner Pfarrer Karl Themel (1890-1973), der von der Volksmission kam und 1933 Mitglied der Reichsleitung der Deutschen Christen wurde, und Pfarrer Horst Schirmacher (1892-1956), früher Vereinsgeistlicher des schleswig-holsteinischen Landesvereins der Inneren Mission und Mitbegründer der ostpreußischen Deutschen Christen, vollzogen die »Machtergreifung« der Deutschen Christen im Central-Ausschuß. Die Amtszeit dieser Kommissare dauerte nur etwa einen Monat. Sie behielten aber ihren Einfluß, weil sie den danach wieder eingesetzten Direktoren gleichgestellt wurden. Inzwischen war die Verfassung der Reichskirche – sie erhielt den Namen »Deutsche Evangelische Kirche« (DEK) – fertiggestellt worden. Die Innere Mission wurde in der neuen Verfassung folgendermaßen verankert: »Die freie kirchliche Arbeit von gesamtkirchlicher Bedeutung, insbesondere auf dem Gebiete der inneren und äußeren Mission, nimmt sie [die Deutsche Evangelische Kirche, d.V.] unter ihre fördernde Obhut«. (Art. 4,3) In dem Rahmenabkommen vom 18. Oktober 1933 wurden die Beziehungen zwischen Reichskirche und Central-Ausschuß geregelt. Danach wurden beide eng verzahnt und auch bei der Inneren Mission das Führerprinzip eingeführt. Die Reichskirchenleitung richtete zwei Abteilungen für allgemeine und spezielle Diakonie ein, an deren Spitze je ein Referent stand. Den Referenten der ersten Abteilung sollte der Central-Ausschuß zum Präsidenten und Reichsführer der Inneren Mission bestellen, den anderen zum Direktor des Central-Ausschusses. Themel und Schirmacher wurden am 18. Oktober 1933 in die beiden führenden Positionen gewählt. Die vollständige Eingliederung der Inneren Mission in die Reichskirche, wie ihn das Reichskirchenregiment und Präsident Themel wünschten, wurde freilich wegen der jetzt mit aller Schärfe einsetzenden Auseinandersetzungen der Deutschen Christen mit der Bekennenden Kirche nicht erreicht.

Innere Mission zwischen Deutschen Christen und Bekennender Kirche

Die rigide Kirchenpolitik der Deutschen Christen wie ihre zunehmende theologische Radikalisierung führten ab Herbst 1933 zu einer neuen Entwicklung. Die von Reichsbischof Müller unter arglistiger Täuschung der Vertreter des Evangelischen Jugendwerks vereinbarte Eingliederung der Evangelischen Jugend in die Hitlerjugend empörte auch viele Vertreter der Inneren Mission, die ja mit diesem Werk eng verbunden waren. Die Sportpalastkundgebung vom 19. November 1933 mit ihrer Forderung nach Abschaffung alles »Undeutschen aus Gottesdienst und Bekenntnis«, darunter auch das »Alte Testament«, hatte einen massenhaften Exodus aus der deutschchristlichen Bewegung zur Folge, auch von Vertretern der Inneren Mission.

In den Kreisen der Inneren Mission, die den zunehmenden Druck der Deutschen Christen im Central-Ausschuß beklagten, regten sich Hoffnungen auf eine Änderung der Führungsstruktur des Central-Ausschusses. In den Führungsgremien wurde über personelle Veränderungen nachgedacht, die dann allerdings erst ein ganzes Jahr später realisiert werden konnten. Inzwischen formierte sich in den Landeskirchen eine kirchliche Opposition gegen die Deutschen Christen. Sie gab sich auf der 1. Reichsbekenntnissynode von Barmen (29. bis 31. Mai 1934) ihr theologisches Fundament und nannte sich von da ab »Bekennende Kirche«. Auf der 2. Reichsbekenntnissynode von Berlin-Dahlem (19./20. Oktober 1934) bildete die Bekennende Kirche eigene Kirchenleitungen, die Bruderräte.

1933-1945

Verstrickung

Diakonisse schmückt Hitlerbild, 1934 (8.13)

Diejenigen Vertreter der Inneren Mission, die sich innerlich der Bekennenden Kirche zugehörig fühlten, vertraten bei den Auseinandersetzungen zwischen Bekennender Kirche und Deutschen Christen einen strikten Neutralitätskurs, um dem Staat keine Handhabe zu möglichen Eingriffen zu geben. Man befürchtete eine Sperrung der staatlichen Fürsorgesätze, was für die Heime und Anstalten der Inneren Mission gewiß katastrophale Auswirkungen gehabt hätte. Dies bedeutete, sich nicht offiziell der von der Bekennenden Kirche herausgestellten 1. Vorläufigen Kirchenleitung zu unterstellen, freilich auch Distanz zu den deutschchristlichen Gremien zu halten. Deshalb beschlossen nun auch die der Bekennenden Kirche nahestehenden Vertreter im Central-Ausschuß, gegen den klaren DC-Kurs von Präsident Themel anzugehen. Sie konnten aber Themel und Schirmacher nicht davon abhalten, an der feierlichen Amtseinführung des schwer angeschlagenen Reichsbischofs Ludwig Müller im Berliner Dom am 24. September 1934 teilzunehmen. Am 24./25. Oktober 1934 schlossen sich die Werke und Verbände, die der Bekennenden Kirche nahestanden, ohne sich ihr offiziell angeschlossen zu haben, zur »Arbeitsgemeinschaft missionarischer und diakonischer Werke und Verbände« zusammen. Dazu gehörten neben den evangelischen Jugendverbänden, dem Deutschen Evangelischen Missionsrat, dem Evangelischen Frauenwerk auch Werke und Verbände der Inneren Mission. Mit Friedrich von Bodelschwingh und Hans Lauerer (1884-1953) vom Kaiserswerther Verband waren zwei von drei Führungspositionen der Arbeitsgemeinschaft mit Vertretern der Inneren Mission besetzt. Laut den Richtlinien der neuen Gruppierung wollte man »darum ringen, [...] den missionarischen und diakonischen Auftrag an unserem Volke und an der Völkerwelt inmitten des Kirchenstreites im Geist unseres Herrn mit ganzer Hingabe zum Segen für Kirche und Volk fortsetzen [zu] können«. Als »Zweck der Arbeitsgemeinschaft« formulierten ihre Mitglieder »die Wahrung der lebensnotwendigen Grundlage und der ebenso lebensnotwendigen Freiheit der zu ihr gehörenden Verbände und Werke«. (Kaiser 1989) Die Arbeitsgemeinschaft nahm nun Verbindung mit Themel und Schirmacher auf, mit dem Ziel, Themel zum Rücktritt zu bewegen. Dazu war dieser nur nach längerem Zögern bereit. Schließlich wurde der Leiter des Bremer Diakonissenmutterhauses, Constantin Frick (1877-1949), zum neuen Präsidenten gewählt. Unter den führenden Vertretern der Inneren Mission zählte Frick zur älteren Generation. Er vertrat einen eher vermittelnden Kurs gegenüber dem NS-Staat und seinen Organisationen, um dem Staat keine Handhabe zu Eingriffen in die Arbeit der Inneren Mission oder gar zur Übernahme der Inneren Mission zu geben. Anderen theologischen Berufsarbeitern der Inneren Mission ging der vermittelnde Kurs von Frick immer wieder zu weit. Es ist heute im einzelnen nicht immer leicht auseinanderzuhalten, ob bei diesem vorsichtigen Kurs der führenden Vertreter der Inneren Mission berechtigte Sorge um den Erhalt der Institution die entscheidende Rolle spielte oder überzeugte Anpassung.

Wie sehr den leitenden Vertretern der Inneren Mission an einem neutralen Kurs lag, wurde noch einmal deutlich, als es 1936 zu Verhandlungen zwischen dem vom Reichskirchenministerium eingerichteten Reichskirchenausschuß unter dem früheren Generalsuperintendenten Wilhelm Zoellner (1860-1937) und dem Central-Ausschuß kam. Streitpunkt in der geplanten Erklärung war der von Zoellner gewünschte Passus: »Sie [die Innere Mission, d.V.] steht in enger Verbindung mit der Leitung der Deutschen Evangelischen Kirche.« Daß der Reichskirchenausschuß »Leitung« sei, wurde von großen Teilen der Bekennenden Kirche aber nicht anerkannt. So befürchtete man seitens des Central-Ausschusses, in die kirchenpolitischen Kämpfe hineingezogen zu werden. Schlußendlich konnte sich Zoellner doch durchsetzen. Der umstrittene Satz wurde in die gemeinsame Erklärung vom 18. April 1936 aufgenommen. Der Reichskirchenausschuß trat jedoch schon zu Beginn des Jahres 1937 zurück.

Werbeplakat der NSV, um 1934 (8.23)

Innere Mission und Nationalsozialistische Volkswohlfahrt – Zusammenarbeit und Auseinandersetzung

Die konfessionellen Fürsorgeorganisationen Innere Mission und Caritas spielten eine wichtige Rolle bei der sozialen Sicherung in der Weimarer Republik. Mit der 1924 gegründeten »Deutschen Liga der freien Wohlfahrtspflege«, zu der außer den christlichen Wohlfahrtsverbänden die Zentralwohlfahrtsstelle der deutschen Juden, der Fünfte Wohlfahrtsverband (der spätere Paritätische Wohlfahrtsverband) und ab 1926 das Deutsche Rote Kreuz gehörten, hatte die freie Wohlfahrtspflege ein bewährtes politisches Instrument. Die »Machtergreifung« wurde von den der Liga angeschlossenen Verbänden mit Ausnahme des ausgegrenzten jüdischen Verbands zum Teil begeistert begrüßt.

Das Ziel der Nationalsozialisten, die freien Wohlfahrtsverbände wie alle anderen Organisationen gleichzuschalten, wurde sehr bald in Angriff genommen, und zwar durch die »Nationalsozialistische Volkswohlfahrt« (NSV). Sie war 1932 als Verein von Tempelhofer Nationalsozialisten mit dem Ziel gegründet worden, bedürftige Parteigenossen zu unterstützen, und im November 1932 dem Gau Groß-Berlin der NSDAP angeschlossen worden. Erich Hilgenfeldt (1897-1945) baute die NSV nach der »Machtergreifung« in wenigen Monaten zu einer Reichsorganisation aus, deren Leitung er selbst übernahm. Die NSV beanspruchte für sich im »Dritten Reich« den Erziehungs- und Vorsorgebereich. Den kirchlichen Verbänden sollten die Alten- und Gebrechlichenfürsorge sowie die Anstalten für geistig und körperlich Schwerstbehinderte überlassen bleiben.

Die Gleichschaltung der Liga vollzog sich in mehreren Stufen. Die erste Besprechung der führenden Vertreter der NSV mit der Liga am 9. Mai 1933 verlief zwar in freundschaftlicher Form. Hilgenfeldt ließ freilich keine Zweifel daran, daß die Reorganisation der freien Wohlfahrtsverbände unter seiner Führung zu erfolgen habe. Am 27. Juli 1933 wurde die »Reichsgemeinschaft der freien Wohlfahrtspflege Deutschlands« gegründet, im Januar 1934 das »Hauptamt für Volkswohlfahrt« als Untergliederung der NSDAP gebildet. Das Führungspersonal dieses

Hauptamts war identisch mit der NSV, die offiziell als eingetragener Verein und Spitzenverband der freien Wohlfahrtspflege fungierte. Ende Januar 1934 legte die NSV den Entwurf einer Vereinbarung zwischen den Spitzenverbänden der Wohlfahrtspflege vor. An die Stelle der Reichsgemeinschaft sollte eine Arbeitsgemeinschaft »unter Führung und Leitung der N.S.-Volkswohlfahrt« treten. Diese wurde schließlich am 23. März 1934 gegründet. Die Reichsgemeinschaft spielte neben der neuen Arbeitsgemeinschaft keine tragende Rolle mehr. Aber auch diese und ihr Führerrat tagten selten; Hilgenfeldt zog es vor, mit den Spitzenverbänden direkt zu verhandeln, und auch die Innere Mission suchte durch direkte Kontakte mit der NSV ihre Ziele durchzusetzen. Bevorzugter Gesprächspartner Hilgenfeldts blieb die Innere Mission, während die Kontakte zum Deutschen Caritasverband eher nachließen. Nachdem Constantin Frick Präsident des Central-Ausschusses geworden war, verteidigte dieser zunehmend die gemeinsamen Interessen von Innerer Mission und Caritas gegenüber der NSV.

Das angestrebte Ziel der NSV war zweifellos die Konzentration der gesamten Wohlfahrtspflege des »Dritten Reichs« in einem Verband. Darum mußte Hilgenfeldt mißtrauisch werden, als er von Bestrebungen der Inneren Mission erfuhr, die eine stärkere Einbindung der Inneren Mission in die Deutsche Evangelische Kirche zum Ziel hatte. Die Gespräche mit der Deutschen Evangelischen Kirchenkanzlei führten im Sommer 1940 zu einer stärkeren juristischen Bindung der Inneren Mission an die Weisungskompetenzen der Kirchenkanzlei. Hilgenfeldt ließ zunächst durch Gestapobeamte die Räume des Central-Ausschusses in Berlin besetzen, um belastendes Material zu finden. Schließlich löste er am 16. März 1940 die Arbeitsgemeinschaft der freien Wohlfahrtspflege auf; Proteste des Central-Ausschusses konnten dies nicht verhindern. Die völlige Einverleibung der Inneren Mission und der Caritas in seine Organisation wagte Hilgenfeldt freilich während des Krieges nicht.

Im Vordergrund der Auseinandersetzungen zwischen NSV und Innerer Mission standen Schwesternfragen, Sammlungswesen und Kindergärten. Im Januar 1934 wurde Hilgenfeldt vom »Stellvertreter des Führers« mit der »Bildung einer einheitlichen Schwesternschaft« beauftragt. Bald darauf kursierte in der staatlich gelenkten Presse die Behauptung, daß in Zukunft nur noch »braune Schwestern« in Einrichtungen der Krankenpflege beschäftigt werden dürften. Zwar wurde die Meldung vom Hauptamt der NSV nach einem scharfen Protest der Inneren Mission dementiert. Doch blieb bei den Diakonissenmutterhäusern eine tiefe Verunsicherung, zumal die NSV in Ermangelung ausgebildeter »brauner Schwestern« evangelische Krankenschwestern, ja sogar Diakonissen abzuwerben begann, freilich mit geringem Erfolg.

Die Auseinandersetzungen verschärften sich 1937, als den beiden Kirchen von seiten der NSV bestritten wurde, auf dem Gebiet der »Gesundheitsführung« tätig zu sein. Nur die »braunen Schwestern« seien dazu geeignet, weil sie ihren Dienst als »Dienst am Volk« verstünden und nicht wie die konfessionellen Schwestern als »Ausfluß caritativen Mitleids«. Die Leitung der Inneren Mission, vor allem Präsident Constantin Frick, wies die Angriffe auf die konfessionellen Schwestern zurück. Schließlich ließen die Angriffe nach, nicht zuletzt deshalb, weil die Zahl der »braunen Schwestern« trotz Propagierung eines attraktiven Berufsbilds beschränkt blieb. Ohne die kirchlichen Kräfte wäre das gesamte Wohlfahrtswesen zusammengebrochen.

Während in der Weltwirtschaftskrise die Werke und Verbände der Inneren Mission aus ökonomischen Gründen immer weniger öffentliche Gelder erhielten, drosselten später die Nationalsozialisten aus gesellschaftspolitischen Gründen den Zufluß dieser Gelder. So war die Innere Mission auf die Spenden, die bei öffentlichen Sammlungen zusammenkamen, besonders angewiesen. 1935 und 1936 konnte sie an den vom Staat erlaubten »Volkstagen der Inneren Mission« größere Einnahmen tätigen. 1937 wurden entsprechende Aktionen vom Staat nicht mehr erlaubt. In Verhandlungen wurde erreicht, daß Anstalten der freien Wohlfahrtspflege, die für das »Volksganze« wichtig waren, eine Ausgleichszahlung aus Mitteln des »Winterhilfswerks« (WHW) erhielten. Deutlich war die Zielsetzung, die konfessionellen Wohlfahrtsverbände in ihrer Eigenständigkeit einzuengen und vom Staat abhängig zu machen. Vor allem wollte man mit Hilfe von Ausgleichszahlungen die Innere Mission auf die ihr zugedachten Aufgaben, nämlich Betreuung von Siechen und Behinderten, festlegen. Doch schlug diese Absicht fehl, weil die Landeskirchen im September 1937 einen »Tag der Inneren Mission« beschlossen, der immerhin die Hälfte des 1936 erzielten Spendenaufkommens erbrachte. Bei der NSV rief dieser Erfolg der Inneren Mission starke Verärgerung hervor. Die Innere Mission ging dennoch in den Folgejahren den 1937 eingeschlagenen Weg weiter. Sie beantragte keine öffentlichen Sammlungen mehr, sondern konzentrierte sich auf landeskirchliche Opfertage.

Karikatur gegen konfessionelle Kindergärten, 1936 (8.28)

Schon 1933 begannen die Versuche der NSV, die Evangelische Kinderpflege, diesen bedeutenden Arbeitszweig der Inneren Mission mit 185.000 Plätzen, 3.600 pädagogischen Kräften und 11.000 Hilfskräften (Zahlen von 1937), zu übernehmen. Unter dem Schlagwort »Entkonfessionalisierung des öffentlichen Lebens« wurde auf der Ebene der Landeskirchen und Einzelgemeinden eine Vielzahl von Eingriffen und Übergriffen in die Kindergartenarbeit vorgenommen. Angestrebt wurde die Übergabe von kirchlich betriebenen Kindergärten an die NSV: 1937 allerdings waren erst 96 Einrichtungen an die NSV übergegangen. Zu Beginn des Jahres 1937 war klar, daß die zuständigen Behörden keine Neueinrichtungen evangelischer Kindergärten mehr genehmigen würden, und dies, obwohl zu dieser Zeit ein erheblicher Bedarf bestand.

Eine besonders kritische Situation ergab sich zu Beginn des Zweiten Weltkriegs. Präsident Frick versicherte Erich Hilgenfeldt für den Fall einer längeren Dauer des Krieges die volle Einsatzbereitschaft der dem Central-Ausschuß angehörenden Verbände und schlug einen Kriegsausschuß der Verbände unter dem Vorsitz von Hilgenfeldt vor. Damit sollten, wie 1914, alle Kräfte zu gemeinsamer Anstrengung gebündelt werden. Hilgenfeldt benutzte dieses Angebot Fricks nach kurzem Zögern dazu, seinem eigentlichen Ziel näher zu kommen. Er bat Frick, im Hinblick auf Kindergärten, Kinderkrippen und Säuglingsheime »sämtlichen Stellen der Inneren Mission Anweisung [zu] erteilen [...], die vorhandenen Einrichtungen der bezeichneten Art umgehend der Verfügungsgewalt des zuständigen Gauleiters der NS-Volkswohlfahrt zu unterstellen«. Schon im Oktober 1939 wurden in Pommern und Westfalen einige Einrichtungen der NSV unterstellt. Doch gelang es dann der Kirchenkanzlei und dem »Geistlichen Vertrauensrat« durch Verhandlungen vor Ort, die Selbständigkeit der Einrichtungen zu bewahren. Zu Beginn des Jahres 1940 hielt der Vorsitzende der »Vereinigung Evangelische Kinderpflegeverbände Deutschlands«, Pfarrer Hermann von Wicht (1879-1942), die Gefahr für »im Augenblick« gebannt. Ende 1940 unternahm die NSV den letzten Versuch, die Kindergärten in ihre Hände zu bekommen. Durch die zuständigen Behörden wurden in Sachsen und Thüringen die Kindergärten der evangelischen Kinderpflege entzogen. Nach einem Runderlaß vom 21. März 1941 ordnete das Reichsinnenministerium an, daß bestehende Einrichtungen bei ihren bisherigen Trägern bleiben sollten; Neueinrichtungen sowie »die Übernahme sonstiger Kindertagesstätten sei ausschließlich Aufgabe der NSV«. Wenig später bestätigte das Reichsinnenministerium die bisherigen Beschlagnahmungen in Sachsen und Thüringen. Auf der Mitgliederversammlung der »Vereinigung evangelischer Kinderpflegeverbände Deutschlands« Ende Mai 1941 wurde festgestellt, daß in Thüringen, Sachsen und Hessen schon 150 Kindergärten verlorengegangen waren. Ende September desselben Jahres geschah dann eine Wende. Der Reichsinnenminister setzte den Runderlaß vom 21. März 1941 außer Kraft: Alle gegen konfessionelle Kindergärten eingeleiteten Maßnahmen sollten eingestellt werden; bereits überführte kirchliche Einrichtungen sollten jedoch bei der NSV verbleiben. Die NSV erreichte ohne Zweifel ihr angestrebtes Ziel nicht, sämtliche Kindergärten in ihre Hand zu bringen. Von einem Sieg der Inneren Mission zu sprechen, verbietet sich jedoch. Insgesamt 1.300 Kindergärten fielen von 1933 bis 1942 an die NSV, davon allein 800 seit dem Frühjahr 1941. Dies bedeutete einen Verlust von 50 Prozent der Einrichtungen.

Die Innere Mission und die Juden

Mit der »Machtergreifung« begann eine immer stärker eskalierende Verfolgung der Juden in Deutschland. Die Werke und Verbände der Inneren Mission waren dadurch in vielfältiger Weise herausgefordert.

Adolf Stoeckers national-konservativ und religiös geprägte Judenfeindschaft spielte in der Vorstellungswelt der Vertreter der Inneren Mission in der Zeit des Nationalsozialismus keine geringe Rolle.

Bereits am 10. August 1933 stellte der Vorstand des Central-Ausschusses fest, daß der staatliche »Arierparagraph« auch für seine Mitglieder zu gelten habe. Dies war mehrere Wochen, bevor die »braune« Synode (so genannt wegen der Braunhemden ihrer deutschchristlichen Abgeordneten) der altpreußischen Union am 6. September 1933 den »Arierparagraphen« für den Bereich der preußischen Landeskirche einführte. In den ersten Monaten nach der »Machtergreifung« wandten sich Betroffene an einzelne Stellen und Persönlichkeiten der Inneren Mission. Unzählige Briefe erhielt beispielsweise der Leiter von Bethel, Friedrich von Bodelschwingh, meist von getauften Juden, die sich, abgelehnt von den Glaubensjuden und ungeliebt von ihren Mitchristen, »zwischen allen Stühlen« befanden. Bodelschwingh beantwortete alle Briefe, tröstete und konnte zuweilen auch Hilfe leisten. Arbeit konnte er freilich denen nicht geben, die, vom staatlichen »Arierparagraph« betroffen, ihre Anstellung verloren hatten: »Bei Ärzten z.B. ist man heute auch in den Anstalten einfach an das gebunden, was die gesetzlichen Vorschriften fordern«, schrieb er an einen Betroffenen. Trotzdem wurde in einem Krankenhaus in Bethel 1934 eine »Vierteljüdin« als Neurologin angestellt, die in einem staatlichen oder städtischen Krankenhaus wie auch in einer Universitätsklinik keine Chance gehabt hätte.

Viele Betroffene wandten sich an die Wohlfahrtsämter der Inneren Mission. Besondere Hilfe fanden sie beim Evangelischen Bezirkswohlfahrtsamt Berlin-Zehlendorf und dessen Leiterin Marga Meusel (1897-1953). Dort arbeitete als unbezahlte Mitarbeiterin Charlotte Friedenthal (1892-1973), die selbst von den antisemitischen Maßnahmen betroffen war. Sie entwickelte 1934 den Plan eines »Hilfsbüros für nichtarische Christen«. Bodelschwingh wurde gebeten, die Schirmherrschaft für diesen »Liebesdienst« zu übernehmen. Doch dieser fühlte sich überfordert und verwies Charlotte Friedenthal an Pastor Theodor Wenzel (1895-1954) vom Brandenburgischen Provinzialverband für Innere Mission. Wenzel bemühte sich um eine entsprechende Beratungsstelle. Doch der Central-Ausschuß, an den Wenzel sich wandte, konnte sich nicht zu einer Förderung des Vorhabens entschließen. Direktor Schirmacher hatte schon im August 1934 die Bitte des Propstes von Rheinhessen, daß der Central-Ausschuß oder eine seiner Unterorganisationen Hilfsmaßnahmen für »nichtarische« Christen in die Wege

Marga Meusel, 1935/1940 (8.18)

leiten möge, nicht positiv beantworten können. Offensichtlich fürchtete man im Central-Ausschuß auch jetzt die Gefährdung der Arbeit, wenn man sich auf dem Gebiet der Hilfe für gefährdete »Judenchristen« betätigte. So kam es erst im Jahr 1938 zur Bildung einer zentralen Hilfsstelle für evangelische Christen jüdischer Herkunft. Katholische »Nichtarier« konnten seit 1933 mit einer intensiven Unterstützung durch die Caritas und den St. Raphaelsverein rechnen.

Ernüchternde Erfahrungen machte auch Marga Meusel bei einer Befragung von Ausbildungseinrichtungen der Inneren Mission. Als sie im Auftrag von Superintendent Martin Albertz (1883-1956), Berlin-Spandau, 1935 eine »Denkschrift über die Aufgaben der Bekennenden Kirche an den evangelischen Nichtariern« verfaßte, wollte sie wissen, welche Ausbildungsstätten der Inneren Mission für »nichtarische« Bewerberinnen und Bewerber offen wären. Kurz vor dem Erlaß der »Nürnberger Rassegesetze« befragte Marga Meusel die dem Kaiserswerther Verband angeschlossenen Mutterhäuser, ob bei ihnen ein »Eintritt in das Mutterhaus« beziehungsweise eine »Aufnahme in die Ausbildungsstätten« möglich sei. 16 Häuser antworteten mit Nein, fünf gaben ausweichende Antworten, nur fünf, darunter die »Westfälische Diakonissen-Anstalt Sarepta«, antworteten mit einem bedingten Ja.

Knapp ein Jahr später, im Februar 1936, also nach dem Erlaß der Nürnberger Gesetze, befragte Meusel die 18 Diakonenanstalten,»ob Sie auch Diakonenanwärter aufnehmen, die nicht rein arisch, aber sonst geeignet sind«. Dreizehn Anstalten sahen sich dazu nicht in der Lage, zwei gaben eine ausweichende Antwort, drei erklärten sich zur Aufnahme bereit, darunter das »Rauhe Haus« in Hamburg und die »Westfälische Diakonenanstalt Nazareth« in Bethel. Die »Arbeitsgemeinschaft der missionarischen und diakonischen Werke und Verbände« empfahl dagegen im Oktober 1936 ein Sechspunkteprogramm, in dem die Aufnahme »nichtarischer« Patienten in Anstalten der Inneren Mission empfohlen wurde sowie die grundsätzliche Aufnahme christlicher »Nichtarier« zur Vorbereitung auf den kirchlichen Dienst.

Im Herbst 1938 spitzte sich das Problem der »Nichtarier« für die Einrichtungen der Inneren Mission erneut zu. Den Anstalten drohte der Verlust der Anerkennung als gemeinnützig, wenn sie weiterhin »nichtarische« Patienten betreuten. Zum anderen gab es handfeste Proteste von »arischen« gegen »nichtarische Patienten« in den verschiedenen Heimen. In diesem Zusammenhang verfaßte der Vizepräsident des Central-Ausschusses, Paul Gerhard Braune (1887-1954), eine Denkschrift über die prekäre Lage der evangelischen »Nichtarier«, die er am 7. Dezember 1938 Reichsminister Lammers von der Reichskanzlei zuleitete. Braune erreichte, daß in den Einrichtungen der Inneren Mission weiterhin »nichtarische« Patienten aufgenommen werden konnten, ohne daß diese Anstalten Repressionen zu erleiden hatten. Doch der zentrale Vorschlag, die Schaffung eines staatlich anerkannten Hilfsvereins für die evangelischen »Nichtarier«, konnte nicht realisiert werden.

Seit Mitte 1938 baute der (Berlin-)Kaulsdorfer Pfarrer und frühere Leiter der Templiner Anstalt Heinrich Grüber (1891-1975) in Berlin ein Hilfswerk für evangelische »Nichtarier« auf. Beauftragt wurde er hierzu nicht von der Inneren Mission, sondern von der Bekennenden Kirche. Bei den Vertrauensstellen, die das »Büro Pfarrer Grüber« in mehreren deutschen Städten unterhielt, waren freilich auch Mitarbeiter der Inneren Mission tätig.

Beschämend war die Haltung der Leitungsgremien der Inneren Mission zum »Büro Pfarrer Grüber«. Jede Zusammenarbeit mit ihm lehnte der Landesverband der Inneren Mission in Hannover unter Pfarrer Alfred Depuhl (1892-1957) ab, solange dieses nur eine »halbamtliche Anerkennung« genoß und nicht offiziell »im Auftrag des Central-Ausschusses der Inneren Mission« arbeitete. Dieser dachte nicht an eine solche Beauftragung, ja er wollte die Arbeit von Grübers Hilfswerk nicht einmal finanziell unterstützen. Er sprach sich für eine Finanzierung »aus kirchlichen Mitteln« aus. Das hielt einzelne Vertreter der Inneren Mission nicht ab, das neu gegründete Hilfswerk finanziell zu unterstützen; dies gilt für Pastor Wenzel vom brandenburgischen Provinzialverein und Oberkirchenrat Hans Greifenstein (1883-1959) für die bayerische Innere Mission. In der bayerischen Landeskirche begannen zwei Geistliche des Vereins für Innere Mission, Johannes Zwanzger (geb. 1905) in München und Werner Jordan (1908-1978) in Nürnberg, die selbst von den Auswirkungen der Nürnberger Gesetze betroffen waren, mit einer Hilfsarbeit für »nichtarische« Christen. Sie wurden von der Landeskirche großzügig unterstützt und standen in engem Kontakt mit dem »Büro Pfarrer Grüber«.

Tatkräftige Hilfe aus den Reihen der Inneren Mission erfuhr Grüber durch Vizepräsident Paul Gerhard Braune, den Leiter der Hoffnungstaler Anstalten im brandenburgischen Lobetal. Dieser gehörte dem Beirat des »Büro Pfarrer Grüber« an. Als dann Anfang 1941 Grübers Hilfswerk endgültig durch die Geheime Staatspolizei geschlossen wurde, scheute Braune nicht vor illegalen Schritten zurück. Er versteckte gefährdete Juden in Lobetal und fälschte Papiere, um Spuren zu verwischen.

1933-1945

Verstrickung

Die Innere Mission im Krieg

Um alle Kräfte für den »Endsieg« zu mobilisieren, ließ Hitler zu Beginn des Krieges darauf hinweisen, daß er für die Dauer des Kriegs »jede Aktion gegen die katholische und evangelische Kirche« ablehne. Auch die Innere Mission profitierte von diesem »Burgfrieden«. Doch blieb dieser unsicher; denn die NSDAP war keineswegs bereit, ihre gegen die Kirchen gerichtete Politik grundsätzlich aufzugeben. Vor allem seit Beginn des Jahres 1941 verstärkte sich der Druck gegen die Kirchen und kirchliche Einrichtungen. Hunderte von Kindergärten wurden von der NSV übernommen, zwei Diakonenanstalten, die Kückenmühler Anstalten in Stettin und die ostpreußische Anstalt Carlshof, wurden beschlagnahmt, letztere um Hitlers Leibstandarte zu beherbergen, die in der nahegelegenen »Wolfsschanze« Dienst zu tun hatte. Von den 151 Einrichtungen der Inneren Mission in Hamburg mit 7.275 Betten im Jahr 1933 gingen zwischen 1933 und 1945 16 Einrichtungen mit 1.350 Betten durch Beschlagnahme und Willkürakte verloren. 39 Einrich-

Kundgebung der Diakoniegemeinschaft in Berlin, 15. November 1933 (8.34)

tungen mit 1.354 Betten wurden durch Kriegseinwirkungen zerstört. In einem Erlaß vom 9. April 1941 ordnete das Reichsinnenministerium an, daß Seelsorge am Krankenbett nur noch auf ausdrücklichen Wunsch der Patienten erlaubt sei.

Was die Innere Mission im ganzen bei einem möglichen »Endsieg« zu befürchten gehabt hätte, zeigen die 13 Punkte, die den Kirchenführern des Reichsgaues Wartheland, kurz »Warthegau« genannt, von Reichsstatthalter Greiser mündlich bekanntgegeben wurden. Sie stammten aus der Feder des früheren Rechtswalters der Deutschen Evangelischen Kirche, August Jäger. Der Warthegau galt als NS-Modellgau, in dem die radikalen Kirchenfeinde in der NS-Spitze wie Reichsleiter Martin Bormann ungehindert durch das Reichskonkordat, das ja nur für das »Altreich« abgeschlossen worden war, ihre kirchenpolitischen Vorstellungen in die Praxis umsetzen konnten. Die Kirchen waren keine »Körperschaften öffentlichen Rechts«, sondern Vereine (1). Jede Bindung an die Reichskirche wurde gekappt (4). »Alle konfessionellen Untergruppen, Nebenorganisationen (Jugendgruppen) sind aufgehoben und verboten.« (6). Den Vereinen durften »außer dem Vereinsbeitrag keine finanziellen Zuschüsse geleistet werden« (9). Im Sinne der geheimen Zielsetzung der NSV hieß es in Punkt 12: »Die Vereine dürfen sich nicht in der Wohlfahrtspflege betätigen, dies steht einzig und allein der NSV zu.« (Röhm/Thierfelder 1990) Der NS-Staat konnte die 13 Punkte im Warthegau nur ansatzweise durchsetzen. Eine völlige Realisierung dieses Konzepts einer radikalen Trennung von Staat und Kirche scheiterte an dem massiven Widerstand der Kirchenführer und Gemeinden. Die zunehmende »Totalisierung« des Krieges gab darüber hinaus den NS-Ideologen immer weniger Möglichkeiten, ihre Neuordnungspläne durchzusetzen.

Angesichts der Bedrohung der Arbeit der Inneren Mission in der Kriegszeit war es verständlich, daß sich die Innere Mission um eine verstärkte Absicherung durch die Institution Kirche bemühte. Diesem Wunsch kam der Erlaß der Deutschen Evangelischen Kirchenkanzlei vom 12. Juli 1940 entgegen, wonach die der Inneren Mission angeschlossenen Einrichtungen der evangelischen Liebestätigkeit und der Volksmission zu einem »Bestandteil der Deutschen Evangelischen Kirche« erklärt wurden. Das war erheblich mehr als die Aussage der DEK-Verfassung vom 23. Juli 1933, nach dem die DEK die Innere Mission unter »ihre fördernde Obhut« nahm. Zwar verwaltete die Innere Mission auch weiterhin ihre Angelegenheiten selbständig, die Kirchenkanzlei konnte jedoch Einfluß auf ihre Arbeit nehmen; ein Mitglied der Kirchenkanzlei gehörte zum Vorstand des Central-Ausschusses. Die Innere Mission konnte so verhindern, daß ihre Einrichtungen an die NSV ausgeliefert wurden. Deutlich wurde die Tendenz zur »Verkirchlichung« der Inneren Mission auch im Bereich der Männlichen Diakonie. Dort bemühte man sich um eine verstärkte Einbindung der Diakone in den kirchlichen Dienst sowie um eine gesetzliche Absicherung des Diakonenamts durch die Kirchenbehörden. In einzelnen Landeskirchen wie Bayern, Altpreußen, Hamburg und Württemberg wurde an Diakonengesetzen gearbeitet. In Württemberg wurde am 27. Juni 1944 eine »Verordnung über das Amt des Diakons (Diakonenordnung)« verabschiedet. Darin erkannte die Landeskirche die Diakonenanstalt Karlshöhe als kirchliche Ausbildungsstätte an. Der Arbeitsbereich des Diakons wurde durch eine Dienstordnung geregelt. Um den kirchlichen Charakter des Diakonenamts herauszustellen, sollte der Diakon in einem Gottesdienst eingeführt werden. Ausdrücklich stellte die neue Ordnung fest, daß Gemeinde- und Anstaltsdiakone unter der Aufsicht und Fürsorge der Landeskirche stehen.

Zusammenfassend kann man sagen, daß es dem NS-Staat nicht gelang, die Arbeit der Inneren Mission in der Zeit des »Dritten Reichs« lahmzulegen. Nicht einmal sein Ziel, die Arbeit der Inneren Mission auf die Alten- und Gebrechlichenfürsorge und auf die Anstalten für körperlich und geistig Schwerstbehinderte zu reduzieren, erreichte er. Die Verluste freilich waren beträchlich. Viele Einrichtungen wurden geschlossen und Zehntausende von Patienten in Einrichtungen der Inneren Mission im Verlauf der »Euthanasiemaßnahmen« ermordet. Angesichts der vielfältigen ideologischen und tatsächlichen Verstrickungen der Inneren Mission in die nationalsozialistische Wohlfahrtspolitik wurde das Ende des »Dritten Reichs« von den Vertretern der Inneren Mission nicht nur mit Gefühlen der Erleichterung, sondern auch mit solchen der Schuld gesehen. Klarer als andere diakonische Verbände hat dies die Männliche Diakonie in ihrer Treysarer Erklärung von 1946 so zum Ausdruck gebracht: »Wir hörten auf die Stimme der Fremden, anstatt auf das Wort des Herrn Christus.«

Literatur

Bookhagen, Rainer, »Evangelische Kinderpflege im Nationalsozialismus – Die Krisenjahre 1939-1941«, in: Strohm, Theodor / Thierfelder, Jörg (Hg.), Diakonie im »Dritten Reich«, Heidelberg 1990

Fischer, Hans u.a. (Hg.), Das Rauschen der Zeit und die Stimme unseres Gottes. Die Karlshöher Brüderschaft in der Zeit des Dritten Reiches. Eine Dokumentation, Reutlingen 1996

Häusler, Michael, »Dienst an Kirche und Volk«. Die Deutsche Diakonenschaft zwischen beruflicher Emanzipation und kirchlicher Formierung (1913-1947), Stuttgart 1995

Kaiser, Jochen-Christoph, »NS-Volkswohlfahrt und Innere Mission im ›Dritten Reich‹«, in: Strohm, Theodor / Thierfelder, Jörg (Hg.), Diakonie im »Dritten Reich«, Heidelberg 1990

Kaiser, Jochen-Christoph, »Protestantismus, Diakonie und Judenfrage 1933-1941«, in: Vierteljahreshefte für Zeitgeschichte 37. 1989

Kaiser, Jochen-Christoph, Sozialer Protestantismus im 20. Jahrhundert. Beiträge zur Geschichte der Inneren Mission 1914-1945, München 1989

Künneth, Walter / Wilm, Walter / Schemm, Hans, Was haben wir als evangelische Christen zum Rufe des Nationalsozialismus zu sagen?, Dresden 1931

Lauterer, Heide-Marie, Liebestätigkeit für die Volksgemeinschaft. Der Kaiserswerther Verband deutscher Diakonissenmutterhäuser in den ersten Jahren des NS-Regimes, Göttingen 1994

Röhm, Eberhard / Thierfelder, Jörg, Juden – Christen – Deutsche, bisher 5 Bände erschienen, Stuttgart 1991ff.

Röhm, Eberhard / Thierfelder, Jörg, Evangelische Kirche zwischen Kreuz und Hakenkreuz, Stuttgart 4. Auflage 1990

Scholder, Klaus, Die Kirchen und das Dritte Reich. Bd 1: Vorgeschichte und Zeit der Illusionen, Frankfurt a.M. 1977

Strohm, Theodor / Thierfelder, Jörg (Hg.), Diakonie im »Dritten Reich«, Heidelberg 1989

Thierfelder, Jörg, »Wo bringt ihr uns hin? Deportation und Ermordung behinderter Menschen aus der Anstalt Kork 1940«, in: Glaube und Lernen 6. 1991

Eugenik, Zwangssterilisation und »Euthanasie«

von Kurt Nowak

Erbbiologie und Wohlfahrtspflege

In den Jahren vor 1933 verfügte die Innere Mission über ein weitgespanntes Netz von allgemeinen Krankenhäusern, Psychiatrieanstalten, Krüppel- und Siechenheimen. Zusammen mit ihren weiteren karitativen Einrichtungen bildete sie einen »sozialen Konzern« im Spannungsfeld von Kirche und Gesellschaft. Durch die wirtschaftliche Depression seit 1929 geriet die Innere Mission, wie auch alle anderen Institutionen der staatlichen und freien Wohlfahrtspflege, in erhebliche Finanzierungsprobleme. Sie war zu einschneidenden Rationalisierungsmaßnahmen genötigt. Außerdem sahen sich die Anstaltsgeistlichen und Wirtschaftsdirektoren mit kritischen Fragen der Öffentlichkeit nach dem therapeutischen und sozialen Sinn ihrer Fürsorge für psychisch Kranke und geistig Behinderte konfrontiert.

Hans Harmsen, um 1930 (7.107)

»Je stärker die wirtschaftliche Verelendung in Erscheinung tritt«, hieß es im Frühjahr 1931, »um so eher gewinnen die radikalen Forderungen auf Beseitigung alles krankhaften Lebens an Bedeutung« (Archiv des Diakonischen Werkes [ADW] / CA/G 1800/1).

Die wirtschaftlichen Zwänge begünstigten die Bestrebungen, die evangelische Fürsorgepolitik auf neue Fundamente zu stellen. Beredtester Anwalt war der Mediziner und Nationalökonom Dr. med. Dr. phil. Hans Harmsen (1899-1989). Seit 1926 leitete er beim Central-Ausschuß das neugegründete Fachreferat IV »Gesundheitsfürsorge und Kranken- und Pflegeanstalten«. Der einstige Assistent Alfred Grotjahns (1869-1931) am Sozialhygienischen Institut der Universität Berlin sorgte in der Inneren Mission für einen »Professionalisierungsschub« auf der Basis einer als zukunftsträchtig geltenden jungen Wissenschaft, der »Erbgesundheitslehre«. Harmsen gründete die Zeitschriften »Gesundheitsfürsorge« und »Dienst am Leben« und betreute die »Mitteilungen der Arbeitsgemeinschaft für Volksgesundung«. 1931 rief er das »Archiv für Bevölkerungspolitik, Sexualethik und Familienkunde« ins Leben.

Bereits durch die Anstellung Harmsens hatte die Innere Mission ein Zeichen der Offenheit für die Erbgesundheitslehre gesetzt. Sie verstärkte es durch Bekundungen angesehener Anstaltsgeistlicher. 1929 fragte Friedrich von Bodelschwingh d. J. (1877-1946), Leiter der von Bodelschwinghschen Anstalten in Bethel bei Bielefeld, in einem öffentlichen Vortrag in der Hansestadt Lübeck, ob die von den Erbbiologen festgestellten degenerativen Prozesse aufgehalten werden könnten. »Schon rechnet man damit, daß gegenwärtig in Deutschland 2,5 Prozent aller Menschen schwachsinnig seien und etwa der zehnte Teil zu den sogenannten Psychopathen gehöre.« Von Bodelschwingh forderte zu sorgfältiger Beachtung der Erbbiologie auf: »Ich stehe in tiefer Ehrerbietung vor dieser Forschung.« (Kaiser/Nowak/Schwarz 1992)

1931 veröffentlichte Hans Harmsen den programmatischen Aufsatz »Eugenetische Neuorientierung unserer Wohlfahrtspflege«. Im Vorstand des Central-Ausschusses hatte Harmsen wesentliche Teile seiner Ausarbeitung bereits vorgetragen und lebhafte Zustimmung gefunden. Die Bildung einer »Evangelischen Fachkonferenz für Eugenik« am 31. Januar 1931 geht wohl auf Harmsens Impulse zurück. Freilich wäre sie kaum möglich gewesen, hätte das erbbiologische Paradigma nicht bereits seine eigene, scheinbar unwiderlegbare Logik entfaltet. Auch in der internationalen Diakonie gewann die Erbgesundheitslehre an Boden, wie die Tagung des »Internationalen Verbandes für Innere Mission und Diakonie« vom August 1930 in Uppsala belegt. Harmsen stellte drei Forderungen auf: 1. Die richtungs- und planlose Fürsorge sei in Anbetracht der Wirtschaftskrise, der hohen Arbeitslosenziffern und der sozialen Benachteiligung der Gesunden auf ein vertretbares Maß zurückzuschrauben. 2. Die »positive Eugenik« (insbesondere der Mutterschutz und die Kindererholungsfürsorge) seien zu fördern. 3. Die Vererbungswissenschaft habe Eingang in die evangelische Gesundheitspolitik zu finden, insbesondere der Ausschluß erblich »Minderwertiger« von der Fortpflanzung. (Gesundheitsfürsorge, 1931)

Harmsens Aufsatz war gleichermaßen an den Konzepten der Erbbiologen wie an den Kosten-Nutzen-Rechnungen der Ökonomen ausgerichtet. Erschienen ist er im Umfeld der ersten Sitzung der »Evangelischen Fachkonferenz für Eugenik«. Sie fand vom 18. bis 20. Mai 1931 in der evangelischen Heil- und Pflegeanstalt Hephata (Treysa/Hessen) statt. Zusammengekommen war ein Kreis von dreiundzwanzig Experten. Um sich in der Phase einer neuen Kursbestimmung nicht der öffentlichen Meinung auszusetzen, hatte man den etwas abgelegenen Tagungsort gewählt und die Zahl der Teilnehmer begrenzt. Eigens eingeladen war Dr. Otmar Freiherr von Verschuer (1896-1969), Leiter der Abteilung »Menschliche Erblehre« am »Kaiser-Wilhelm-Institut für Anthropologie, menschliche Erblehre und Eugenik«. Offenbar wollten sich die Anstaltsgeistlichen, Ärzte und Wirtschaftsleiter der Inneren Mission der Beratung eines führenden Forschers versichern, bevor sie ihren neuen Kurs fixierten. Auf der Tagesordnung der Treysaer Konferenz standen zwei aktuelle Themen: die Tötung unheilbar kranker Menschen und die Unfruchtbarmachung »erblich Minderwertiger«. Bei der »Euthanasie« votierten die Teilnehmer ablehnend. Die für die Öffentlichkeit bestimmte »Erklärung von Treysa« enthielt ein entschiedenes »Nein« gegen die Auslöschung »lebensunwerten Lebens«. »Gottes Gebot ›Du sollst nicht töten‹ ist uns auch dieser Gruppen von Menschen gegenüber unverbrüchlich auferlegt.« Um die These des Juristen Karl Binding (1841-1920) und des Psychiaters Alfred E. Hoche (1865-1943) zu entkräften, bei »schwer Blödsinnigen« sei das Seelenleben erloschen, regte die Fachkonferenz empirische Studien an, die in Harmsens »Archiv für Bevölkerungspolitik, Sexualethik und Familienkunde« veröffentlicht werden sollten. Dazu ist es freilich kaum gekommen.

»Revolutionär« war die Treysaer Konferenz durch ihre Befürwortung der »Unfruchtbarmachung erblich Schwerbelasteter«. Dieses Votum war um so bemerkenswerter, weil der Hauptredner, Otmar Freiherr von Verschuer, und sein Koreferent, der Chefarzt der von Bodelschwinghschen Anstalten Dr. Carl Schneider (1891-1946) – der 1933 als Ordinarius in Heidelberg seinen Standpunkt revidierte und später als Obergutachter an den Krankenmorden mitwirkte –, vor den Unsicherheitsfaktoren bei der erbbiologischen Indikationsstellung und dem zweifelhaften bevölkerungspolitischen Nutzen von Sterilisationen gewarnt hatten. Gleichwohl hielt die Treysaer Fachkonferenz es für »dringend wünschenswert, daß die ohne Einspruch des Betroffenen vorgenommene Sterilisierung nicht als Körperverletzung im strafrechtlichen Sinne anzusehen ist, sofern sie aus eugenetisch-sozialer Indikation vorgenommen und nach den Regeln ärztlicher Kunst durchgeführt wird«. Den Abortus aus eugenischer Indikation lehnte die Fachkonferenz jedoch ab. (Kaiser 1989)

Die Fachkonferenz von Treysa markierte eine Scheidelinie zwischen alter und neuer Diakonie, zwischen Fürsorge aus dem Geist der christlichen Nächstenliebe und der Vorsorge unter dem Vorzeichen der Erbgesundheitslehre. Zusammengeflossen sind bei den im nachhinein schicksalshaften Treysaer Entscheidungen mehrere Gesichtspunkte: der wirtschaftliche Krisendruck, die szientistische Faszination durch die »neue Wissenschaft« und die protestantische Denk- und Verhaltensfigur der Sorge um das bonum commune. Der »Standpunkt des Gemeinwohles« verbot nach Ansicht der Konferenz Krankenmord und Schwangerschaftsabbruch, nicht aber Maßnahmen der »negativen Eugenik«. Die Sterilisation schien einen ethisch vertretbaren Platz bei der »eugenetischen Neuorientierung« der öffentlichen und freien Wohlfahrtspflege beanspruchen zu können.

Die Bekundungen der Inneren Mission im folgenden Jahr stellten eine Vertiefung der Treysaer Erklärung von 1931 dar. Harmsen mißbilligte zwar die »Beschlüsse des preußischen Staatsrats zu eugenetischen Fragen« von 1932, weil er hier eine »rein utilitaristische Ethik« mit laienhaften Begründungen dominieren sah. Dennoch hielten er und weite Teile der Inneren Mission an der Überzeugung von der Brauchbarkeit des erbbiologischen Instrumentariums fest, sofern es besonnen gehandhabt werde und nicht dem Druck vordergründiger Kosten-Nutzen-Rechnungen unterliege. 1932 erfuhr die »Fachkonferenz für Eugenik« ihre Umwidmung zu einem »Ständigen Ausschuß für eugenetische Fragen«.

Innere Mission und NS-Zwangssterilisationen

Die nationalsozialistische Erb- und Rassenpolitik konnte bei der Unfruchtbarmachung »erblich Minderwertiger« an einen breiten Konsens anknüpfen. Nach den zeitgenössischen Berechnungen des Direktors der Pfeifferschen Anstalten in Magdeburg, Pfarrer Martin Ulbrich (1863-1935), waren bis zum Jahr 1933 313 Bücher und Broschüren zur Sterilisation erschienen, davon 214 mit bejahender Stellungnahme. Dennoch bildete die NS-Biologiepolitik keine lineare Fortsetzung der eugenischen Bewegung der Weimarer Republik. Ihr wohnte die Tendenz zur systematischen Ausgrenzung der »Lebensuntüchtigen« unter rassenpolitischen Prämissen inne. Wenige Monate nach der nationalsozialistischen Machtübernahme verabschiedete die NS-Reichsregierung am 14. Juli 1933 das »Gesetz zur Verhütung erbkranken Nachwuchses«. Es unterschied sich von allen vorherigen Gesetzesinitiativen durch die Verabsolutierung des Vererbungsdogmas (auch bei Krankheiten, derer hereditärer Charakter äußerst umstritten war) und durch die in § 12 vorgesehene Zwangssterilisation. Hatte ein Erbgesundheitsgericht auf Unfruchtbarmachung entschieden, war die Sterilisation auch gegen den Willen des Betroffenen durchzuführen. »Der beamtete Arzt hat bei der Polizeibehörde die erforderlichen Maßnahmen zu beantragen.« 1935 verschärfte das NS-Regime seinen Zugriff auf die erblich »Minderwertigen« zusätzlich durch Einfügung des § 10a in das Gesetz vom 14. Juli 1933. Fortan konnte bei schwangeren Frauen, die unter das »Gesetz zur Verhütung erbkranken Nachwuchses« fielen, auch die Leibesfrucht getötet werden. (Bock 1986)

Die Radikalität der NS-Sterilisationspraxis ist bereits statistisch belegbar. Bei cirka 500.000 als »erbkrank« geltenden Personen sind in den Jahren 1934 bis 1945 etwa 350.000 Menschen durch chirurgischen Eingriff ihrer Fortpflanzungsfähigkeit beraubt worden. Die Reduzierung der Unfruchtbarmachungen durch die »Erbpflegeverordnung« vom 31. August 1939 war kriegswirtschaftlich bedingt: Man wollte Verwaltungs- und Gerichtskosten sparen. Die Gesundheitsämter waren aber weiterhin zur Sammlung der Unterlagen verpflichtet. »Dringende Fälle« erledigte man weiterhin. Ernst Rüdin (1874-1952), amtlicher Kommentator des »Gesetzes zur Verhütung erbkranken Nachwuchses«, stellte 1942 fest, das Gesetz habe seinen Zweck »in beachtlichem Maße« bereits erfüllt, »trotzdem der Krieg störend dazwischengetreten ist und ein feinerer Ausbau des Gesetzes und seiner Durchführung der Friedenszeit vorbehalten bleiben muß«. (Archiv für Rassen- und Gesellschaftsbiologie, 1942)

Die Innere Mission sah im »Gesetz zur Verhütung erbkranken Nachwuchses« keinen prinzipiellen Konfliktstoff. Bei oberflächlicher Betrachtung lag es auf der Linie der Treysaer Erklärung von 1931. Der »nationale Aufbruch« von 1933 schwemmte Bedenken im Detail hinweg. Kritisch beurteilten die Experten der Diakonie lediglich die Zwangssterilisation (§ 12). Hier versagte die Innere Mission ihre Mitarbeit, allerdings nur insoweit, als Zwangssterilisationen in evangelischen Einrichtungen nicht durchgeführt wurden. Die Patienten waren »rechtzeitig« an öffentliche Anstalten abzugeben. Im übrigen hatte man in Treysa Freiwilligkeit und Zwang im Bereich der Anstaltspsychiatrie weithin als Scheinproblem bewertet. Die »Macht des Faktischen« in der psychiatrischen Praxis folge anderen Maximen als die Theorie. Ähnlich schillernd und pragmatisch war die Haltung zur Tötung der Leibesfrucht bei »erbkranken« Frauen. Man kritisierte die gesetzliche Bestimmung von 1935, sah aber in ihr keinen hinreichenden Grund, die Mitarbeit an den Unfruchtbarmachungen grundsätzlich zu verweigern.

Am 1. Januar 1934 trat das »Gesetz zur Verhütung erbkranken Nachwuchses« in Kraft. Der »Ständige

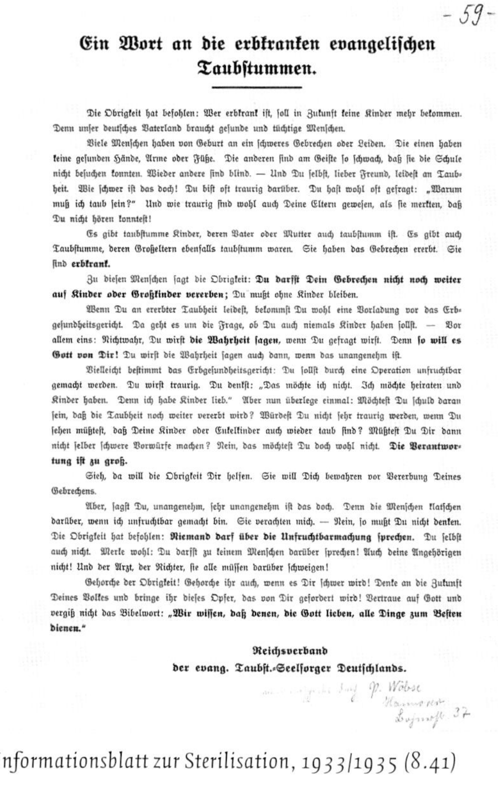

- 59 -

Ein Wort an die erbkranken evangelischen Taubstummen.

Die Obrigkeit hat befohlen: Wer erbkrank ist, soll in Zukunft keine Kinder mehr bekommen. Denn unser deutsches Vaterland braucht gesunde und tüchtige Menschen.

Viele Menschen haben von Geburt an ein schweres Gebrechen oder Leiden. Die einen haben keine gesunden Hände, Arme oder Füße. Die anderen sind am Geiste so schwach, daß sie die Schule nicht besuchen konnten. Wieder andere sind blind. — Und Du selbst, lieber Freund, leidest an Taubheit. Wie schwer ist das doch! Du bist oft traurig darüber. Du hast wohl oft gefragt: „Warum muß ich taub sein?“ Und wie traurig sind wohl auch Deine Eltern gewesen, als sie merkten, daß Du nicht hören konntest!

Es gibt taubstumme Kinder, deren Vater oder Mutter auch taubstumm ist. Es gibt auch Taubstumme, deren Großeltern ebenfalls taubstumm waren. Sie haben das Gebrechen ererbt. Sie sind **erbkrank.**

Zu diesen Menschen sagt die Obrigkeit: **Du darfst Dein Gebrechen nicht noch weiter auf Kinder oder Großkinder vererben;** Du mußt ohne Kinder bleiben.

Wenn Du an ererbter Taubheit leidest, bekommst Du wohl eine Vorladung vor das Erbgesundheitsgericht. Da geht es um die Frage, ob Du auch niemals Kinder haben sollst. — Vor allem eins: Nichtwahr, Du wirst **die Wahrheit sagen,** wenn Du gefragt wirst. Denn **so will es Gott von Dir!** Du wirst die Wahrheit sagen auch dann, wenn das unangenehm ist.

Vielleicht bestimmt das Erbgesundheitsgericht: Du sollst durch eine Operation unfruchtbar gemacht werden. Du wirst traurig. Du denkst: „Das möchte ich nicht. Ich möchte heiraten und Kinder haben. Denn ich habe Kinder lieb.“ Aber nun überlege einmal: Möchtest Du schuld daran sein, daß die Taubheit noch weiter vererbt wird? Würdest Du nicht sehr traurig werden, wenn Du sehen müßtest, daß Deine Kinder oder Enkelkinder auch wieder taub sind? Müßtest Du Dir dann nicht selber schwere Vorwürfe machen? Nein, das möchtest Du doch wohl nicht. **Die Verantwortung ist zu groß.**

Sieh, da will die Obrigkeit Dir helfen. Sie will Dich bewahren vor Vererbung Deines Gebrechens.

Aber, sagst Du, unangenehm, sehr unangenehm ist das doch. Denn die Menschen klatschen darüber, wenn ich unfruchtbar gemacht bin. Sie verachten mich. — Nein, so mußt Du nicht denken. Die Obrigkeit hat befohlen: **Niemand darf über die Unfruchtbarmachung sprechen.** Du selbst auch nicht. Merke wohl: Du darfst zu keinem Menschen darüber sprechen! Auch deine Angehörigen nicht! Und der Arzt, der Richter, sie alle müssen darüber schweigen!

Gehorche der Obrigkeit! Gehorche ihr auch, wenn es Dir schwer wird! Denke an die Zukunft Deines Volkes und bringe ihr dieses Opfer, das von Dir gefordert wird! Vertraue auf Gott und vergiß nicht das Bibelwort: **„Wir wissen, daß denen, die Gott lieben, alle Dinge zum Besten dienen.“**

Reichsverband
der evang. Taubst.-Seelsorger Deutschlands.

Informationsblatt zur Sterilisation, 1933/1935 (8.41)

Ausschuß für eugenetische Fragen« war mittlerweile in »Ständiger Ausschuß für Fragen der Rassenhygiene und Rassenpflege« umbenannt. Durch die veränderte Nomenklatur trug er dem Geist des Nationalsozialismus Rechnung. Am 18. Juli 1934 veröffentlichte der »Ständige Ausschuß« offizielle »Richtlinien« zur Durchführung des Gesetzes. Unter Berufung auf die Treysaer Erklärung stellten die Unterzeichner Karl Themel (1890-1973) und Hans Harmsen fest: »Bei der grundsätzlichen Bejahung der Notwendigkeit der Sterilisierung und aus der Verantwortung, die uns nicht nur für die gewordene, sondern auch für die künftige Generation auferlegt ist [...], haben sich alle Stellen der Inneren Mission nachdrücklichst für die Durchführung des Gesetzes zur Verhütung erbkranken Nachwuchses vom 14. Juli 1933 einzusetzen und alle erlassenen Vorschriften und Anordnungen genau zu befolgen.« (Gesundheitsfürsorge, 1934) Themel und Harmsen forderten gutes Einvernehmen mit den staatlichen Stellen und stellten die Sterilisationen unter den Gesichtspunkt des »Opfers für die Volksgemeinschaft«. Da nach dem Willen des Gesetzgebers die Betroffenen den Antrag zu ihrer Unfruchtbarmachung möglichst selbst stellen sollten, legte die Innere Mission großen Wert auf die entsprechende Beeinflussung ihrer Pfleglinge. »Die einsichtigen Pfleglinge sind meist die besten Wegbereiter für die glatte Durchführung des Verfahrens bei allen.« Daß das Gesetz einen schweren und irreversiblen Eingriff in die Unverletzlichkeit des Körpers und die Integrität der Person darstellte, scheint den Verantwortlichen kaum in den Sinn gekommen zu sein. Zur effektiven und zügigen Gestaltung des Verfahrens bei Patienten in evangelischen Heil- und Pflegeanstalten ließ der »Ständige Ausschuß« Vordrucke für Sammelanzeigen anfertigen. Er empfahl die Einrichtung einer besonderen Rubrik, in der zu vermerken war, ob die Sterilisation dringlich, nicht dringlich oder erst bei Anstaltsentlassung notwendig sei. Zur Anzeige ihrer Pflegebefohlenen waren die evangelischen Anstaltsleiter gesetzlich verpflichtet (Ausführungsverordnung vom 5.12.1933). Als Ermessensfrage galt, ob man die Anzeige mit dem Antrag auf Unfruchtbarmachung beim Erbgesundheitsgericht verbinden wollte. Der »Ständige Ausschuß« empfahl eine Delegierung an den zuständigen Amtsarzt, regte aber weitestgehende Unterstützung an, »um dem Amtsarzt die mit der Antragstellung verbundene Schreibarbeit zu erleichtern«. (Gesundheitsfürsorge, 1934)

Höchst fragwürdig war das den Betroffenen zugemutete Ansinnen, die Anträge zu ihrer Unfruchtbarmachung selbst auszufüllen. Der Betroffene hätte zu erklären gehabt: »Ich – Der – Die – Genannte leide(t) an [...]« Sollte also der Antragsteller schreiben, er leide an »angeborenem Schwachsinn«? Das NS-Reichsinnenministerium sah deshalb vor – und die Innere Mission stimmte diesem Verfahren zu –, daß der Betroffene die Angabe in allgemeiner Form eintragen könne (Nervenleiden, Erbkrankheit). Bei Entmündigten plädierte man gleichfalls für eine »weitherzige Praxis«. Diese Optionen fügten der Willkür des Gesetzgebers den Voluntarismus der Ärzte und Anstaltsdirektoren hinzu. Auf welch schwankenden Fundamenten das Gesetz ruhte, zeigte das Stichwort »angeborener Schwachsinn«. Unter den Indikationen zur Unfruchtbarmachung rangierte es an erster Stelle. Der Gesetzeskommentar führte hierzu aus: »So wird man auch viele Psychopathen, Hysteriker, Verbrecher, Prostituierte usw., die gleichzeitig debil sind, mit Fug und Recht [...] der Unfruchtbarmachung zuführen können.« (Gütt/Rüdin/Ruttke 1934) Anders gesagt: man handhabte Erbprognosen als Sozialdiagnosen und Sozialdiagnosen als Erbprognosen. Den kraß sozialsanitär-ordnungspolitischen Aspekt des Gesetzes nahmen die Verantwortlichen der Inneren Mission, geblendet von der Erbbiologie und fragwürdigen Visionen des »Dienstes am Volksganzen«, nur unzureichend wahr.

Unter den Einrichtungen, die durch Runderlaß des Preußischen Ministers des Innern vom 13. März 1934 zur Ausführung der Sterilisationen ermächtigt waren, fanden sich viele evangelische Krankenhäuser, Diakonissen- und Diakonenanstalten, beispielsweise die Diakonissenkrankenhäuser in Goldberg, Grünberg, Niesky, Liegnitz (= Regierungsbezirk Liegnitz), die Johanniter-Krankenhäuser in Stendal und Genthin (= Regierungsbezirk Magdeburg), die von Bodelschwinghschen Anstalten in Bethel bei Bielefeld und die Evangelische Westfälische Pflege- und Erziehungsanstalt Wittekindshof in Volmerdingen (= Regierungsbezirk Minden). Allein im Betheler Krankenhaus Nebo sind zwischen 1934 und 1944 289 Frauen (= 26,5 %) und 803 Männer (= 73,5 %) sterilisiert worden. In nicht wenigen Fällen scheinen die gutgläubigen Patienten von den Ärzten und vom Pflegepersonal hintergangen worden zu sein. Eine Betheler Patientin berichtete, daß die Operationsvorbereitung zur Unfruchtbarmachung unter der Suggestion erfolgte, ihr werde der Blinddarm entfernt. »Daran waren mir auch keine Zweifel gekommen, als Schwester X die Narben meiner Mitpatientinnen als Blinddarmnarben erklärte [...] Daß die Operation eine Sterilisation war, erklärte mir eine Mitpatientin, eine Diakonisse, die

nach einem schweren Autounfall schon lange hier lebte. Sie hatte mir selbstgebundene Blumenkränze ans Krankenbett gebracht. Ohne sie hätte ich in diesem Haus wohl überhaupt nichts erfahren.« (Pörksen 1997)

Auf der anderen Seite fehlte den Ärzten, Anstaltsgeistlichen und dem Pflegepersonal der Inneren Mission weithin das Unrechtsbewußtsein. Man sah keinen Hinderungsgrund, in der Fachliteratur über die Unfruchtbarmachung in evangelischen Anstalten zu berichten. H. Hisgen berichtete über die Unfruchtbarmachung von 660 Frauen im Evangelischen Krankenhaus in Trier. Aus der Heil- und Pflegeanstalt für Schwachsinnige und Epileptiker in Neinstadt (Ostharz) legte Dr. Wittenberg einen Erfahrungsbericht vor. Für den Zeitraum vom 1. Januar 1934 bis zum 30. Juni 1935 wies die evangelische Gesamtstatistik folgende Zahlen aus: In den Pflegeanstalten (total 32.401 Betten) erfolgten 3.317 Unfruchtbarmachungen. In den Krankenhäusern (total 37.516 Betten) betrug die Zahl 5.539. Das ergab im Zeitraum von eineinhalb Jahren die Gesamtziffer von 8.856 Sterilisationen. (Nowak 1985)

Es scheint, daß die Innere Mission mit ihrer flexiblen Anpassung an die nationalsozialistische Politik der (Zwangs-)Sterilisationen sich eine bessere Ausgangsposition im Kampf gegen die »Vernichtung lebensunwerten Lebens« schaffen wollte. Einige Indizien sprechen für diese Deutung, was aber nicht heißt, die Innere Mission habe sich contre cœur an der Durchführung des »Gesetzes zur Verhütung erbkranken Nachwuchses« beteiligt. Schon im Vorfeld der seit dem 1. Januar 1934 geübten Praxis hatte die

Kinderabteilung 6 des Katharinenhofes in Großhennersdorf, 1940 (8.64)

»Fortbildungsschule des Evangelischen Gesundheitsdienstes« vom 2. bis 7. Oktober 1933 einen Lehrgang über »Bevölkerungspolitik und Rassenpflege« angeboten. Unter den 105 Teilnehmern aus der Inneren Mission befanden sich 50 Diakonissen und 51 Wohlfahrtspflegerinnen. Hauptreferent war Dr. Leonardo Conti (1900-1945), wenige Jahre später einer der Verantwortlichen für die Ermordung der Geisteskranken. Pfarrer Ernst Kleßmann (Eckardtsheim) meinte 1934/35, jetzt schon mit Kenntnis der erbbiologischen Praxis: »Im Gedanken der Verantwortlichkeit der Gemeinschaft liegt eine starke Berührung des Nationalsozialismus mit dem Evangelium.« (Kaiser/Nowak/Schwarz 1992)

Die Hauptsorge der Inneren Mission galt den psychischen Begleiterscheinungen der Unfruchtbarmachungen. Die Seelsorge an Sterilisierten und Sterilisanden war deshalb ein Thema des »Ständigen Ausschusses für Fragen der Rassenhygiene und Rassenpflege« auf seiner Sitzung vom 13. Juli 1934 in Berlin. Die mittlerweile vorliegenden Berichte von Anstaltsärzten und -leitern machten klar, daß der Eingriff häufig traumatische Folgen nach sich zog. Manche Betroffene wählten den Freitod, um ihrer Unfruchtbarmachung zu entrinnen. Junge Frauen protestierten gegen ihre Sterilisation durch »Trotz-Schwangerschaften« – ein Ausweg, der durch die Gesetzeserweiterung vom 26. Juni 1935 legislatorisch unwirksam gemacht wurde. In den Heil- und Pflegeanstalten vollzog sich ein Klimawechsel, den die Anstaltsleiter mit Sorge registrierten. Da lediglich Verwahrung in geschlossenen Anstalten vor der Sterilisierung zu bewahren vermochte, verwandelten sich die Heil- und Pflegeanstalten unversehens in Gefängnisse. Überdies waren die Angehörigen der Pflegebefohlenen nicht sicher, daß der Eingriff nicht dennoch vollzogen wurde.

Gerda Lucas von der Gefährdetenfürsorge entwickelte Gesichtspunkte zur »seelsorgerlichen Betreuung Sterilisierter und zu Sterilisierender«. Hans Harmsen verbreitete sie 1935 im Rahmen einer »Handreichung für die Schulung der in unseren Anstalten und in der Wohlfahrtspflege wirkenden Kräfte«. Die Überlegungen zur begleitenden Seelsorge ließen das Bemühen erkennen, die nationalsozialistische Erbpflegepolitik in den Geist des Christentums einzubetten. »Unsere Aufgabe nach dieser Richtung kann nicht ernst genug genommen werden; wir haben andere Wertmaßstäbe zu verkünden, damit fortan nicht biologische Fähigkeiten oder der Mangel für die Bewertung eines Menschen ausschlaggebend sind, sondern die Gesamthaltung als Mensch, als Christ,

100/1

EHESCHLIESSUNG
STERILISIERTER

Vom evangelischen und rechtlichen Standpunkt aus gesehen

Herausgegeben von
HANS HARMSEN
Dr. med. Dr. phil.
Referent im Central-Ausschuß für Innere Mission

VERLAG DIENST AM LEBEN, G. m. b. H., BERLIN-GRUNEWALD
1935

Broschüre zur Eheschließung Sterilisierter, 1935 (8.40)

als Volksgenosse, gleich ob dieser Mensch sterilisiert ist oder nicht.« (Harmsen 1935) Den NS-Behörden war selbst diese Form der Deutung ihrer Erb- und Rassenpolitik unerwünscht. Teilweise untersagten sie zur Enttäuschung der Veranstalter Lehrgänge der Inneren Mission zum Sterilisationsgesetz.

In den Jahren nach 1935 nahm die Seelsorge an Sterilisierten immer breiteren Raum ein. Umfang und Ergebnisse dieser spezifischen Seelsorge sind schwer zu beurteilen. Nahezu unmöglich war die »nachgehende Seelsorge« an anstaltlich nicht mehr betreuten Opfern des Gesetzes. Sie hätte Informationen an die örtlichen Pfarrer und damit die Durchbrechung der staatlich verhängten Schweigepflicht erfordert. Am 10. September 1936 mußte Hans Harmsen mitteilen, daß eine »eingehende Aussprache« im Reichsinnenministerium ergebnislos verlaufen sei. »Es wurde zum Ausdruck gebracht, daß man zwar die Haltung und Mitwirkung der Evangelischen Kirche bei der Durchführung des Gesetzes durchaus begrüßt und anerkennt. Man glaubt sich jedoch im Ministerium nicht berechtigt, die auch von uns angestrebte Auflockerung der Schweigepflicht [...] befürworten zu können.« (Evangelisches Zentralarchiv in Berlin C 3/102) Im Klartext hieß das: Betroffene außerhalb des Anstaltsbereichs blieben ohne seelsorgerliche Begleitung.

Doch auch im Anstaltsbereich ließ die Seelsorge viel zu wünschen übrig. Höchst aufschlußreich ist der Bericht eines Betheler Patienten über seine Sterilisation im Jahr 1936: »Entweder ja, ich stimme zu, oder ich würde zeitlebens der Öffentlichkeit entzogen. Am 29. Januar wurde also dann die Sterilisation gemacht. Ich bekam einen Ätherrausch und weg war ich.« (Kaiser/Nowak/Schwarz 1992) Pfarrer Ludwig Schlaich (1871-1964), Leiter der Heil- und Pflegeanstalt Stetten i. R. (Württemberg), hatte auf der Konferenz des württembergischen Verbandes der Evangelischen Erziehungsanstalten vom 1. Februar 1934 die Feststellung treffen zu können geglaubt: »Insbesondere bin ich immer wieder überrascht, wie gerne unsere Kranken bereit sind, wenn man sie dazu anleitet, den großen bevölkerungspolitischen Sinn des Gesetzes zu erfassen.« (Kalusche 1996) Diese irrige Meinung hatte seelsorgerliche Blockaden erzeugt. Durch die bald als notwendig erkannte Seelsorgetätigkeit an den Betroffenen sind sie nur notdürftig niedergelegt worden. Die Bemühungen um Ehevermittlung für Sterilisierte – Thema einer Sonderkonferenz des »Ständigen Ausschusses« vom April 1935 und seither ständig auf der Tagesordnung – änderte an der Sachlage wenig. Die Zahl der Ehevermittlungen für Sterilisierte durch die Innere Mission ist nicht bekannt.

Krankenmorde

Ihre Mitwirkung an den Sterilisationen hatte die Innere Mission teils als Beitrag zur Erbgesundheitspflege, teils als Abwehr weitergehender Maßnahmen verstanden. Sie bejahte den Ausschluß »Erbuntüchtiger« von der Fortpflanzung, um – wie sie meinte – desto wirksamer der Vernichtung »lebensunwerten Lebens« widersprechen zu können. Die »Euthanasie« lehnte sie strikt ab. Ihr »Nein« gegen die Tötung kranker Menschen fußte auf Prämissen, deren Preisgabe die Diakonie um ihre Legitimation gebracht hätte. Außerdem raubte die »Euthanasie« der operativen Unfruchtbarmachung ihren erbbiologischen Sinn. Die Kranken waren eine res sacra, über die Gott selbst seine Hand hielt. »Das Schicksal dieser Elenden«, hatte Hans Harmsen 1934 dem Leiter des »Rassenpolitischen Amtes« der NSDAP, Dr. Walter Groß (1904-1945), entgegengehalten, »weckt unfaßbar reiche Ströme der Hilfsbereitschaft, Aufopferungskraft, Hingabe und Liebe und schafft und erhält damit geistige und seelische Kräfte und Werte, die für die Zukunft unseres Volkes entscheidender als die in Frage stehenden finanziellen Aufwendungen sind.«

(Gesundheitsfürsorge, 1934) Wiewohl einige Anstaltsgeistliche und Anstaltsärzte sich in den 1930er Jahren dazu bereitfanden, bestimmten Formen der »Euthanasie« eine gewisse Akzeptanz zuzubilligen, gab es am prinzipiellen »Nein« der Inneren Mission keinen Zweifel. Bestärkt in dieser Haltung fanden sich die Verantwortlichen durch die Auffassung maßgeblicher Eugeniker von der erbbiologischen Nutzlosigkeit der »Euthanasie«.

In der historischen Rückschau stellt sich die Frage, ob das Abgleiten in die Uferlosigkeit des Verbrechens nicht dennoch von der Inneren Mission mitverursacht wurde. Der »Ständige Ausschuß« war mit seiner Taktik der Einhegung und Abdämpfung der staatlichen Gesetzesmaschinerie bei den Sterilisationen schwerlich gut beraten. Seine Bedenken gegen die zwangsweisen Unfruchtbarmachungen waren ebensowenig gehört worden wie die Kritik am Schwangerschaftsabbruch aus eugenischer Indikation. Die Sterilisation zu bejahen, um die »Euthanasie« zu verhindern, war eine problematische Strategie. Nur wenige Verantwortliche der Inneren Mission sahen die »schiefe Ebene«, auf der es alsbald kein Halten mehr gab. Zu ihnen gehörte Pastor Paul Gerhard Braune (1887-1954), Vizepräsident des Central-Ausschusses und Leiter der Hoffnungstaler Anstalten in Lobetal bei Berlin-Bernau.

Die Krankenmorde der Jahre 1939 bis 1945 bildeten ein verzweigtes System mehrerer Verbrechenskomplexe. Von den Mordaktionen, die unter strenger, freilich bald durchbrochener Geheimhaltung abliefen, nahm die Innere Mission nur begrenzt Kenntnis. Ihre Aufmerksamkeit richtete sich auf die Geisteskrankenmorde der Jahre 1940/41 im Altreich (»Aktion T 4«) sowie auf die Krankenmorde nach Beendigung der »Aktion T 4«, das heißt auf die dezentralen Anstaltstötungen und auf die »Aktion Brandt« während der Jahre 1941-1945. Bei den Krankenmorden bestand das Problem der Inneren Mission nicht, wie gelegentlich angenommen wird, in einer grundsätzlichen Preisgabe des Tötungsverbots. Es bestand in der Ohnmacht der Verantwortlichen, dem Grundsatz der Unantastbarkeit gerade auch des kranken Lebens in der Praxis Geltung zu verschaffen. Wie war die Mordmaschine aufzuhalten? Über dieser Frage spalteten sich die Meinungen. Die Entscheidungen, die den Meinungen folgten, führten in Grauzonen der Kollaboration – partiell selbst bei jenen Strategien, denen das Prädikat des (Teil-)Widerstands zukommt.

Die Krankenmorde im »Altreich« 1940/41

Am Anfang dieses Verbrechenskomplexes, der für die Innere Mission die größte Herausforderung darstellte, stand die auf den 1. September 1939 rückdatierte geheime Weisung Hitlers an Reichsleiter Philipp Bouhler (1899-1945) und Dr. med. Karl Brandt (1904-1948) vom Oktober 1939, »die Befugnisse namentlich zu bestimmender Ärzte so zu erweitern, daß nach menschlichem Ermessen unheilbar Kranken bei kritischster Beurteilung ihres Krankheitszustandes der Gnadentod gewährt werden kann«. (Bundesarchiv Koblenz R 22/4209) Vorausgegangen war im Juli 1939 eine Besprechung Hitlers mit Martin Bormann (1900-1945), Reichsminister Heinrich Lammers (1879-1962) und Reichsgesundheitsführer Dr. Leonardo Conti zwecks Ausdehnung der »Kinder-Euthanasie« – sie lief seit 1938/39 – auf erwachsene Patienten. Der Organisationsaufbau der Morde an den erwachsenen Kranken vollzog sich in mehreren Schüben aus der »Kanzlei des Führers«. Der administrative Apparat umfaßte bald etwa 100 Personen. Zunächst war er im »Columbushaus« am Potsdamer Platz in Berlin, seit April 1941 in der Tiergar-

Paul Gerhard Braune, um 1945 (8.50)

Theophil Wurm, um 1935
(8.52)

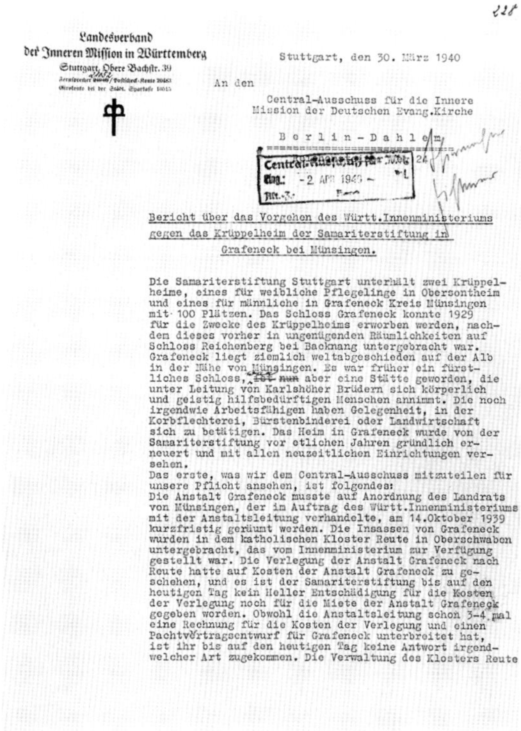

228

Landesverband
der Inneren Mission in Württemberg
Stuttgart, Obere Bachstr. 39

Stuttgart, den 30. März 1940

An den

Central-Ausschuss für die Innere
Mission der Deutschen Evang.Kirche

B e r l i n - D a h l e m

Central-Ausschuß für I.M.
Eing.: -2 APR 1940

Bericht über das Vorgehen des Württ.Innenministeriums gegen das Krüppelheim der Samariterstiftung in Grafeneck bei Münsingen.

Die Samariterstiftung Stuttgart unterhält zwei Krüppelheime, eines für weibliche Pflegelinge in Obersontheim und eines für männliche in Grafeneck Kreis Münsingen mit 100 Plätzen. Das Schloss Grafeneck konnte 1929 für die Zwecke des Krüppelheims erworben werden, nachdem dieses vorher in ungenügenden Räumlichkeiten auf Schloss Reichenberg bei Backnang untergebracht war. Grafeneck liegt ziemlich weltabgeschieden auf der Alb in der Nähe von Münsingen. Es war früher ein fürstliches Schloss, ~~ist nun~~ aber eine Stätte geworden, die unter Leitung von Karlshöher Brüdern sich körperlich und geistig hilfsbedürftigen Menschen annimmt. Die noch irgendwie Arbeitsfähigen haben Gelegenheit, in der Korbflechterei, Bürstenbinderei oder Landwirtschaft sich zu betätigen. Das Heim in Grafeneck wurde von der Samariterstiftung vor etlichen Jahren gründlich erneuert und mit allen neuzeitlichen Einrichtungen versehen.
Das erste, was wir dem Central-Ausschuss mitzuteilen für unsere Pflicht ansehen, ist folgendes:
Die Anstalt Grafeneck musste auf Anordnung des Landrats von Münsingen, der im Auftrag des Württ.Innenministeriums mit der Anstaltsleitung verhandelte, am 14.Oktober 1939 kurzfristig geräumt werden. Die Insassen von Grafeneck wurden in dem katholischen Kloster Reute in Oberschwaben untergebracht, das vom Innenministerium zur Verfügung gestellt war. Die Verlegung der Anstalt Grafeneck nach Reute hatte auf Kosten der Anstalt Grafeneck zu geschehen, und es ist der Samariterstiftung bis auf den heutigen Tag kein Heller Entschädigung für die Kosten der Verlegung noch für die Miete der Anstalt Grafeneck gegeben worden. Obwohl die Anstaltsleitung schon 3-4 mal eine Rechnung für die Kosten der Verlegung und einen Pachtvertragsentwurf für Grafeneck unterbreitet hat, ist ihr bis auf den heutigen Tag keine Antwort irgendwelcher Art zugekommen. Die Verwaltung des Klosters Reute

Bericht über die Vorgänge in Grafeneck, 30. März 1940
(8.49)

1933-1945

Verstrickung

tenstraße 4 untergebracht. Nach außen war die Zentraldienststelle durch Tarnorganisationen vertreten. Sie sorgten für Erfassung der Kranken durch Meldebogen und für gutachterliche Auswertung, für den Transport der Mordopfer über »Zwischenanstalten« in die Tötungsanstalten (Schloß Grafeneck, Zuchthaus Brandenburg, Schloß Hartheim bei Linz, Sonnenstein bei Pirna, Bernburg, Hadamar), kurz, für die Logistik der Morde einschließlich der Ausfertigung von Sterbeurkunden mit fingierten Todesursachen. Nach einer 1945 in der Tötungsanstalt Schloß Hartheim aufgefundenen Liste fielen der »Aktion T 4« bis zum 24. August 1941 70.273 Menschen zum Opfer. Als wirksamste Tötungsmethode hatte sich die Vernichtung durch Kohlenmonoxyd in als Duschräumen getarnten Gaskammern erwiesen.

Die Zentrale verschickte unter dem Vorwand »planwirtschaftlicher Maßnahmen« seit Oktober 1939 Meldebogen an die Anstalten von Berlin, Brandenburg, Württemberg, Sachsen, Thüringen, Baden und Bayern. Die Anstalten im Norden und Westen des Deutschen Reichs erhielten die Meldebogen später, teilweise erst im Juli/August 1940. Die ungleiche Streuung erzeugte unterschiedliche Informationsniveaus und wirkte sich auf das Verhalten in den Anstalten der Inneren Mission aus. Der Central-Ausschuß erhielt erstmals im März 1940 Nachrichten von den Krankenmorden. Er beauftragte daraufhin seinen stellvertretenden Vorsitzenden Pastor Paul Gerhard Braune, die Indizien zu sammeln und zu einer »Denkschrift« zu verarbeiten. Braunes »Denkschrift« ging hervor aus Beratungen mit Friedrich von Bodelschwingh, aus eigenen Recherchen zur Aufklärung des unter höchster Geheimhaltungsstufe ablaufenden Geschehens und aus Zuarbeiten von Vertrauenspersonen, etwa der Pastoren Funke (Brandenburg) und Schadeberg (Dresden) sowie Hans von Dohnanyis (OKW/Abwehr). Bereits in der Konzeptionsphase der »Denkschrift« drangen von Bodelschwingh und Braune in Berlin zu Funktionsträgern und Repräsentanten des NS-Regimes vor. Sie legten die Tatsachen auf den Tisch und forderten die Beendigung der Morde. Die Gespräche verliefen ergebnislos. Braunes »Denkschrift« – sie war allein von ihm unterzeichnet – nahm am 16. Juli 1940 mit einem Begleitschreiben des Central-Ausschusses und einem Brief des »Geistlichen Vertrauensrates« der Deutschen Evangelischen Kirche den Weg zum Chef der Reichskanzlei, Reichsminister Lammers. (Nowak 1989) Ob ihr eigentlicher Adressat, Adolf Hitler, sie je zu Gesicht bekam, ist fraglich. Einen Monat nach Einreichung der »Denkschrift« war Braune verhaftet,

Vor dem Abtransport von Patienten nach Grafeneck, 1940 (8.58)

1933-1945

Verstrickung

kam aber bald wieder frei. Das Regime konnte keinen Märtyrer gebrauchen. Da Braune sich bei seiner Entlassung aus Sorge um die »Hoffnungstaler Anstalten« zur Unterzeichnung der üblichen Loyalitätserklärung bereit erklärt hatte, waren ihm fortan die Hände gebunden. Seine »Denkschrift« war ein Bulletin der Verbrechensenthüllung, das zu den klassischen Dokumenten des Widerstandes zählt.

Ein weiterer Fundamentalprotest gegen die Krankenmorde war der Brief des württembergischen Landesbischofs D. Theophil Wurm (1868-1953) an Reichsinnenminister Wilhelm Frick (1877-1946). Er datiert vom 19. Juli 1940. Zustande gekommen ist er durch das Zusammenspiel der Inneren Mission und der Landeskirche von Württemberg. Wurm erneuerte seine Proteste im Herbst 1940 wie auch späterhin und versuchte, die »kirchliche Basis« zu mobilisieren. Er ermunterte die Dekane und Pfarrer, das Reichsinnenministerium mit Beschwerden der Angehörigen von Opfern zu konfrontieren.

Die Zusammenarbeit zwischen Verantwortlichen der Inneren Mission und einigen Kirchenführern, wie sie bei der Lancierung der »Denkschrift« Braunes und den Protestschreiben Wurms erfolgte, blieb Episode. Grosso modo war die Innere Mission auf sich allein gestellt; sie wollte es aus strategischen Gründen auch kaum anders. Von Bodelschwingh wehrte eine Unterstützung durch die Bekennende Kirche regelrecht ab. Sie stiftete seiner Meinung nach mehr Schaden als Nutzen. Erheblich ins Wanken gerieten die Reihen der Inneren Mission im Herbst 1940 durch das zwielichtige Taktieren von Pastor Constantin Frick (1877-1949), Präsident des Central-Ausschusses. In Erwartung eines »Euthanasie-Gesetzes« (das 1940 in der Tat geplant war, doch das Stadium des Entwurfs nicht verließ), hatte er sich zu untragbaren Zusicherungen hinreißen lassen. Sein Kalkül, »Rechtssicherheit« sei im Vergleich mit dem legislatorisch ungebremsten Mordapparat das kleinere Übel, entsprach einer Mentalität, die sich in der Inneren Mission rasch verbreitete – ein Ausdruck ihrer Ohnmacht im Krieg des Regimes gegen die psychisch Kranken. Zentral koordinierte Einsprüche und Proteste der Inneren Mission kamen seit Sommer 1940 nicht mehr zustande. Die Last der Verantwortung ruhte weitestgehend auf den Schultern der Anstaltsleiter und der Landesverbände der Inneren Mission. Die Tagung des Central-Ausschusses und des »Verbandes Deutscher Evangelischer Heilerziehungs-, Heil- und Pflegeanstalten« vom 3. Dezember 1940 in Berlin warf ein bedrückendes Schlaglicht auf die Situation: »[...] [man] ging mit der niederschmetternden Erkenntnis auseinander, daß keiner dieser führenden Männer der Inneren Mission, die sich seit Monaten mit dieser Frage abgequält hatten, Mittel und Wege gefunden hatte, wie man diesem verbrecherischen Treiben wehren konnte.« (Schlaich 1947)

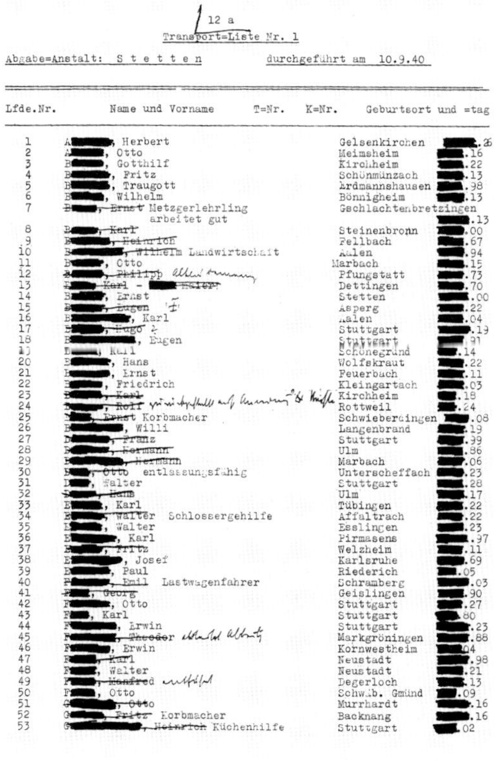

12 a

Transport=Liste Nr. 1

Abgabe=Anstalt: S t e t t e n durchgeführt am 10.9.40

Lfde.Nr.	Name und Vorname	T=Nr.	K=Nr.	Geburtsort und =tag
1	A[redacted], Herbert			Gelsenkirchen [redacted].26
2	A[redacted], Otto			Meimsheim [redacted].16
3	B[redacted], Gotthilf			Kirchheim [redacted].22
4	B[redacted], Fritz			Schönmünzach [redacted].13
5	B[redacted], Traugott			Erdmannshausen [redacted].98
6	B[redacted], Wilhelm			Bönnigheim [redacted].13
7	B[redacted], Ernst Metzgerlehrling arbeitet gut			Gschlachtenbretzingen [redacted].13
8	B[redacted], Karl			Steinenbronn [redacted].00
9	B[redacted], Heinrich			Fellbach [redacted].67
10	B[redacted], Wilhelm Landwirtschaft			Aalen [redacted].94
11	B[redacted], Otto			Marbach [redacted].15
12	B[redacted], Philipp			Pfungstatt [redacted].73
13	B[redacted] Karl - [redacted] [illegible]			Dettingen [redacted].70
14	B[redacted], Ernst			Stetten [redacted].00
15	B[redacted], Eugen			Asperg [redacted].22
16	B[redacted], Karl			Aalen [redacted].04
17	B[redacted], Hugo			Stuttgart [redacted].19
18	B[redacted], Eugen			Stuttgart [redacted].91
19	B[redacted], Karl			Schönegrund [redacted].14
20	B[redacted], Hans			Wolfskraut [redacted].22
21	B[redacted], Ernst			Feuerbach [redacted].11
22	B[redacted], Friedrich			Kleingartach [redacted].03
23	B[redacted], Karl			Kirchheim [redacted].18
24	B[redacted], Rolf			Rottweil [redacted].24
25	B[redacted], Ernst Korbmacher			Schwieberdingen [redacted].08
26	B[redacted], Willi			Langenbrand [redacted].19
27	D[redacted], Franz			Stuttgart [redacted].99
28	D[redacted], Hermann			Ulm [redacted].86
29	D[redacted], Hermann			Marbach [redacted].06
30	D[redacted], Otto entlassungsfähig			Unterscheffach [redacted].23
31	D[redacted], Walter			Stuttgart [redacted].28
32	D[redacted], Hans			Ulm [redacted].17
33	E[redacted], Karl			Tübingen [redacted].22
34	E[redacted], Walter Schlossergehilfe			Affaltrach [redacted].22
35	E[redacted], Walter			Esslingen [redacted].23
36	E[redacted], Karl			Pirmasens [redacted].97
37	E[redacted], Fritz			Welzheim [redacted].11
38	E[redacted], Josef			Karlsruhe [redacted].69
39	E[redacted], Paul			Riederich [redacted].05
40	F[redacted], Emil Lastwagenfahrer			Schramberg [redacted].03
41	F[redacted], Georg			Geislingen [redacted].90
42	F[redacted], Otto			Stuttgart [redacted].27
43	F[redacted], Karl			Stuttgart [redacted].80
44	F[redacted], Erwin			Stuttgart [redacted].23
45	F[redacted], Theodor			Markgröningen [redacted].88
46	F[redacted], Erwin			Kornwestheim [redacted].04
47	F[redacted], Karl			Neustadt [redacted].98
48	F[redacted], Walter			Neustadt [redacted].21
49	F[redacted], Manfred			Degerloch [redacted].13
50	F[redacted], Otto			Schwäb. Gmünd [redacted].09
51	G[redacted], Otto			Murrhardt [redacted].16
52	G[redacted], Fritz Korbmacher			Backnang [redacted].16
53	G[redacted], Heinrich Küchenhilfe			Stuttgart [redacted].02

Krankentransportliste aus Stetten/Württemberg, September 1940 (8.61)

Die Repräsentanten der Inneren Mission verließen 1940 innerhalb weniger Monate ihre Position kompromißloser Ablehnung der Krankenmorde. Sie wären wohl – einer ultima ratio des ethischen Konflikts folgend – bereit gewesen, eine Minderheit von Schwerstkranken zu opfern, um die Mehrheit der Patienten zu retten. Ende 1940 teilte der Chefarzt von Bethel, Dr. Gerhard Schorsch (1900-1992), die Patienten in sieben Kategorien der Leistungsfähigkeit ein, um auf diese Weise eine Art »Maginot-Linie« zu errichten. Im übrigen galt für die Anstalten als Mittel der Wahl beim Kampf gegen die Krankenmorde die Verschleppung der administrativen Anordnungen, insbesondere bei der Ausfüllung der berüchtigten Meldebogen. Einige Anstalten verweigerten jede Form der Zuarbeit.

Die phasenverschobene Abfolge der »Aktion T 4« und die regionalen Besonderheiten des Anstaltswesens machen generalisierende Aussagen bei der Beurteilung des Verhaltens der diakonischen Einrichtungen nahezu unmöglich. Die Grade und Formen der Resistenz hingen von vielen Faktoren ab. Eine erhebliche Rolle spielte in der Anfangszeit das Überraschungsmoment. Man begegnete den angeblich »planwirtschaftlichen Maßnahmen« zunächst noch ohne Mißtrauen. Allerdings wandelte sich das Bild dramatisch nach Durchsickern der ersten Todesmeldungen im Februar 1940. Die Festigkeit der Anstaltsleiter bei den Schutzmaßnahmen für ihre Pfleglinge stieg oder fiel mit dem Ausmaß der subjektiv und objektiv empfundenen Bedrohung. Wer mit Beschlagnahmung seiner Anstalt rechnete, taktierte anders als jene Anstaltsleiter, die eine »Lobby« hinter sich wußten. In Hessen ging die regionale NS-Elite mit besonderer Schärfe vor, während die Innere Mission des Rheinlandes und Westfalens in ein günstigeres gesellschaftliches und politisches Umfeld eingebettet war. In Bethel traten von Bodelschwingh und seine Ärzte beim Besuch der für die Selektion zuständigen Ärztekommissionen an den Betten der Kranken als deren »Anwälte« auf – ein Modell, das auf andere Anstalten ausstrahlte. Mitunter führte man Einzelverhandlungen noch an den mit grauer Tarnfarbe gestrichenen Omnibussen der Reichspost, welche die Kranken abtransportierten. Ein Teil der Anstaltsleiter setzte sich mit den Angehörigen in Verbindung, damit sie ihre kranken Angehörigen in den bergenden Schoß der Familie zurückholten. Nicht immer mit Erfolg. Weitgehend machtlos waren sie bei Patienten der kommunalen Fürsorge. Hier besaßen sie keine geeignete Handhabe, um die Verlegung in staatliche Psychiatrieanstalten zu verhindern – nach Lage der Dinge bedeutete dies das Todesurteil für die Betroffenen. Noch katastrophaler gestalteten sich die Verhältnisse bei Anstaltsauflösungen. Der »Katharinenhof« in Großhennersdorf (Sachsen), Pflegeanstalt für schwachsinnige Kinder, wurde am 17. September 1940 beschlagnahmt. Man verlegte die 156 Kinder in die »Zwischenanstalt« Großschweidnitz. Bei 134 Kindern erfolgte der Weitertransport in die Tötungsanstalt Sonnenstein. Der »Katharinenhof« steht als Beispiel für zahlreiche weitere Auflösungen von Psychiatrieanstalten mit tödlichen Folgen für deren Patienten.

Ein besonders düsteres Kapitel ist die Ermordung jüdischer Patienten. Die jüdischen Anstaltspatienten – ihre Zahl lag bei schätzungsweise 2.000 (Minimum) bis 5.000 Personen (Maximum) – bildeten im nationalsozialistischen Deutschland eine Sondergruppe. Seit Frühjahr 1940 zog man sie systematisch in Sammelstellen zusammen, um sie von dort in die Tötungsanstalten zu überführen: eine Sonderaktion neben der »Aktion T 4«. Die Anstalten der Inneren Mission unternahmen nur mäßige Anstrengungen, sich schützend vor die jüdischen Psychiatriepatienten zu stellen. Man bemühte sich um ihre Entlassung in die Familie oder versuchte, den Status »Volljude« zu vertuschen. Gelegentlich beschleunigten die Anstalten die Übergabe der »nichtarischen« Pfleglinge an staatliche Einrichtungen, um nicht den Rechtstitel der Gemeinnützigkeit zu verlieren. Die erste Nachricht von der Ermordung eines jüdischen Patienten – auf Schloß Grafeneck – stammt vom 7. Februar 1940. Die »Endlösung« der Judenfrage war im Keim sichtbar. Der Salvierung des Gewissens diente die Suggestion, die Verlegung der jüdischen Patienten bedeute zwar Ausgrenzung, doch nicht Mord, weil in ihrem Fall die »Meldebogen« nicht ausgefüllt werden mußten.

Kinderabteilung 10 des Katharinenhofes in Großhennersdorf, 1940 (8.66)

Kinderabteilung 7 des Katharinenhofes in Großhennersdorf, 1940 (8.65)

1933-1945

Verstrickung

Die Krankenmorde von August 1941 bis 1945

Am 15. Januar 1942 vermerkte der in Bernburg an den Krankenmorden beteiligte Dr. Irmfried Eberl (1910-1942): »Die Arbeit [...] ruht seit dem 24. August 1941.« (Aly 1987) Rivalitäten in der NS-Führung und wachsender Unmut in der Bevölkerung, der die Stimmung an der »Heimatfront« und bei der kämpfenden Truppe beeinträchtigte, hatten Hitler am 24. August 1941 zu der mündlichen Anweisung an seinen Begleitarzt Dr. Brandt veranlaßt, die »Aktion T 4« zu stoppen. Andere Mordaktionen – die »Kinder-Euthanasie« und die Morde an invaliden KZ-Insassen (»Aktion 14 f 13«) – liefen ungebremst weiter. Doch auch die Abstoppung vom 24. August 1941 bedeutete nicht das Ende der Anstaltsmorde im »Altreich«. Man hob die Mordmaschinerie lediglich in andere Schienen. Brandt benutzte für diesen Vorgang im Nürnberger Ärzteprozeß das Wort »wilde Euthanasie«. Gemeint war die Tötung von Patienten in der Eigenverantwortung der Anstalten durch Nahrungsmittelentzug und Überdosen von Medikamenten. Die T 4-Zentrale arbeitete zwischenzeitlich an einer Zentralkartei aller Patienten und der Erfassung des gesamten Strukturgefüges der Anstalten. 1943 ging die »wilde Euthanasie« in die »Aktion Brandt« über, in eine neuerliche Phase zentraler Planung, diesmal unter dem Vorzeichen kriegstechnischer Bewirtschaftung der Heil- und Pflegeanstalten.

Die Einrichtungen der Inneren Mission erlebten die Phase der »wilden Euthanasie« seit Herbst 1941 als beunruhigendes Auftreten von »Planungskommissionen«. Um in den psychiatriepolitischen Reformplänen der Zukunft verankert zu bleiben, arbeitete man unter der Zusicherung, die Krankenmorde seien beendet, an den Strukturerhebungen mit. Nachrichten über die »wilde Euthanasie« in den staatlichen Anstalten (ihr fielen nochmals Zehntausende Patienten zum Opfer) veranlaßten neuerliche Nachfragen, Interventionen und Briefe von Bodelschwinghs an den Reichsinnenminister vom 23. Januar 1943 und an Dr. Herbert Linden vom 6. Februar 1943. Tatsächlich traf sich im August 1943 in Berlin eine Ärztegruppe, um über eine zentralisierte Neuauflage der »Euthanasie« zu beraten.

Von Herbst 1941 bis 1945 waren die Einrichtungen der Inneren Mission vor allem von der Beschlagnahmung oder Enteignung von Gebäuden oder ganzen Anstalten betroffen. Die evakuierten Patienten gingen einem ungewissen, nicht selten tödlichen Schicksal entgegen. Man ermordete sie in den staatlichen Verlegungsanstalten durch Nahrungsmittelentzug und Medikamente. Häufig führte schon die Verlegung selbst zum Tod. Zu einem Vernichtungsschwerpunkt entwickelte sich Meseritz-Obrawalde. Die historiographische Rekonstruktion des Verlegungsschicksals der Patienten aus Anstalten der Inneren Mission ist gegenwärtig im Gange. (Jenner/Klieme 1997)

Schlußbetrachtung

Von den eugenischen Debatten der Weimarer Republik führte eine wenn auch nicht ungebrochene Linie zum »Gesetz zur Verhütung erbkranken Nachwuchses« und zu einer erbbiologischen Praxis, die in den Jahren von 1934 bis 1939 etwa 350.000 Menschen die Fortpflanzungsfähigkeit raubte. Trotz ihrer Bedenken gegen die in § 12 des Gesetzes festgeschriebene Zwangssterilisation und trotz ihrer Kritik an der Gesetzeserweiterung vom 26. Juni 1935 (Schwangerschaftsabbruch aus erbbiologischen Gründen) arbeitete die Innere Mission an der massenhaften Unfruchtbarmachung deutscher Bürger »freudig« (Hans Harmsen) mit. Auch in der Inneren Mission glaubte man, die »negativen Erbströme« stoppen zu müssen, um die künftige Zahl behinderter Menschen in wirtschaftlich vertretbaren Größenordnungen halten zu können. Im Vergleich mit dem älteren Ethos der Diakonie folgte die Innere Mission im »Dritten Reich« einem veränderten Paradigma. Der individual-ethische Ansatz der selbstlosen Liebe war abgelöst durch das kollektive Konzept der effizienten Sozialhygiene. Ihren theologischen Rahmen erhielt diese »eugenetische Neuorientierung« durch die Idee des »Dienstes am Ganzen«, demgegenüber das Recht des Individuums zurückzustehen habe. Einerseits ließen sich in diesen Gedankengängen Volks- und Gemeinschaftsmotive der Inneren Mission des 19. Jahrhunderts erkennen, andererseits spiegelte die biologische Sicht des Volkes den massiven Einfluß der Erb- und Rassenpolitik wider.

Bei den Krankenmorden lenkte die Innere Mission in die Individualethik zurück. Bei der Vernichtung des »lebensunwerten Lebens« ließ sie volksbiologische und ökonomische Kategorien nicht gelten. Sie betrachtete die kranken und hilflosen Menschen als Geschöpfe unter Gottes besonderem Schutz. Nach dem Bekanntwerden der Krankenmorde im »Altreich« (Aktion T 4) bemühten sich Verantwortungsträger in den Spitzengremien der Inneren Mission im Sommer 1940, die Mordmaschinerie anzuhalten. Nachdem dieser Versuch gescheitert war, unterlagen die Anstaltsleiter den Uneindeutigkeiten eines Kurses der Abwehr in staatsloyalen und flexiblen Formen. Die Taktik der hinhaltenden Verzögerung vermochte nur dort einigermaßen zu greifen, wo die Innere Mission Rückendeckung außerhalb ihres eigenen Milieus erhielt.

Die freiwillige Einordnung der Inneren Mission in die Erbgesundheitspolitik des »Dritten Reiches« (Sterilisationen) und die – widerständige – Hinnahme der Vernichtung »lebensunwerten Lebens« (Krankenmorde) verweisen auf ein Strukturproblem von grundsätzlicher Bedeutung. So erfolgreich die Innere Mission nach 1918 als »sozialer Konzern« war, so sehr wurde ihre Fürsorge- und Wohlfahrtspolitik von den in dieser Entwicklung liegenden Zwängen bestimmt. Der Erfolg trug einen Januskopf. Je mehr sich die Verantwortlichen der Inneren Mission als staats- und gesellschaftstragende Funktionselite begriffen, desto schwerer fielen ihnen Kursbestimmungen gegen den politischen und gesellschaftlichen mainstream. Eugenik, Zwangssterilisation und die Krankenmorde bieten für diesen Befund bedrückendes Anschauungsmaterial.

Literatur

ALY, GÖTZ, »Medizin gegen Unbrauchbare«, in: Aussonderung und Tod. Die klinische Hinrichtung der Unbrauchbaren, 2. Aufl. Berlin 1987

BECK, CHRISTOPH, Sozialdarwinismus, Rassenhygiene, Zwangssterilisation und Vernichtung »lebensunwerten« Lebens. Eine Bibliographie zum Umgang mit behinderten Menschen im Dritten Reich – und heute, 2. Aufl. Bonn 1995

BOCK, GISELA, Zwangssterilisation im Nationalsozialismus. Studien zur Rassenpolitik und Frauenpolitik, Opladen 1986

GESUNDHEITSFÜRSORGE. Zeitschrift der evangelischen Kranken- und Pflegeanstalten (Jg. 1931 ff.)

GÜTT, ARTHUR / RÜDIN, ERNST / RUTTKE, FALK, Das Gesetz zur Verhütung erbkranken Nachwuchses vom 14. Juli 1933, München 1934 (2. Auflage 1936)

HARMSEN, HANS (HG.), Das Gesetz zur Verhütung erbkranken Nachwuchses. Eine Handreichung für die Schulung der in unseren Anstalten und in der Wohlfahrtspflege wirkenden Kräfte, Berlin 1935

JENNER, HARALD / KLIEME, JOACHIM (HG.), Nationalsozialistische Euthanasieverbrechen und Einrichtungen der Inneren Mission – Eine Übersicht, Reutlingen 1997

KAISER, JOCHEN-CHRISTOPH, Sozialer Protestantismus im 20. Jahrhundert. Beiträge zur Geschichte der Inneren Mission 1914-1945, München 1989

KAISER, JOCHEN-CHRISTOPH / NOWAK, KURT / SCHWARZ, MICHAEL (HG.), Eugenik, Sterilisation, »Euthanasie«. Politische Biologie in Deutschland 1895-1945. Eine Dokumentation, Berlin 1992

KALUSCHE, MARTIN, »Die ideologische Begündung der Zwangssterilisierung in der Heil- und Pflegeanstalt Stetten i. R.«, in: Frühjahrstagung 1996 des Arbeitskreises zur Erforschung der Geschichte der »Euthanasie« und »Zwangssterilisation« (als Manuskript gedruckt), o. J.

NOWAK, KURT, »Der deutsche Protestantismus und die Unfruchtbarmachung der Erbkranken«, in: Van Norden, Günther (Hg.), Zwischen Bekenntnis und Anpassung, Köln 1985

NOWAK, KURT, »Sterilisation, Krankenmord und Innere Mission im ›Dritten Reich‹«, in: Thom, Achim / Caregorodcev, Genadij Ivanovic (Hg.), Medizin unterm Hakenkreuz, Berlin 1989

PÖRKSEN, NIELS, »Zwangssterilisation in Bethel«, in: Benad, Matthias (Hg.), Friedrich v. Bodelschwingh d. J. und die Betheler Anstalten, Stuttgart/Berlin/Köln 1997

SCHEUING, HANS WERNER »... als Menschenleben gegen Sachwerte gewogen wurden.« Die Geschichte der Erziehungs- und Pflegeanstalt für Geistesschwache Mosbach/ Schwarzacher Hof und ihrer Bewohner 1933-1945, Karlsruhe 1997

SCHLAICH, LUDWIG, Lebensunwert? Kirche und Innere Mission Württembergs im Kampfe gegen die Vernichtung »lebensunwerten« Lebens, Stuttgart 1947

HIER SPEIST DAS HILFSWERK
DER EVANGELISCHEN KIRCHEN
IN VERBINDUNG MIT DER
MÄRKISCHEN VOLKSSOLIDARITÄT
AUS MITTELN DER LUTHERISCHEN
KIRCHEN KANADAS-BRASILIENS
UND DER
MÄRKISCHEN VOLKSSOLIDARITÄT

1945-1990
BRÜCKEN

Vom Evangelischen Hilfswerk zum Diakonischen Werk

von Johannes Michael Wischnath

»Der Hunger klopft an die Türen. Durch die Häuser, durch die Städte, von Jammer verfolgt, schreitet das Unglück. Obdachlose, verlassene, verzweifelte Menschen rufen um Hilfe. [...] Ohne Dach und ohne Brot, sich betten auf einen Stein, bei Winterskälte im dünnen Kleid, die bloßen Füße im Schnee – dies darf und soll nicht das Los von Millionen unserer Brüder und Schwestern werden.« (Zentralbüro 1955)

Dies sind die Eingangssätze der wortgewaltigen Proklamation, mit der im Herbst 1945 das Evangelische Hilfswerk an die Öffentlichkeit trat. In einer beispiellosen Notsituation mit Problemen zuvor ungekannter Dimension wurde hier die ganze Kirche, jeder Amtsträger, jede Gemeinde, jeder einzelne Christ zur Hilfe aufgerufen. Die Innere Mission mit ihren Anstalten und Einrichtungen sollte Teil, nicht Träger des Hilfswerks sein.

Was als karitative Generalmobilmachung der evangelischen Christenheit gedacht war, entwickelte sich unter der tatkräftigen Leitung Eugen Gerstenmaiers (1906-1986), des späteren CDU-Politikers und Präsidenten des Deutschen Bundestages, in kurzer Zeit zu einer rasch expandierenden Großorganisation neben und auch in Konkurrenz zur Inneren Mission. Es sollte zwölf Jahre dauern, bis die soziale Arbeit der evangelischen Kirche mit dem Zusammenschluß von Hilfswerk und Innerer Mission zum heutigen Diakonischen Werk wieder eine einheitliche Spitzenvertretung erhielt.

In der breiten Öffentlichkeit wurde das Hilfswerk zwar vor allem als Vermittler ausländischer Liebesgaben wahrgenommen, doch reichte sein Anspruch viel weiter. Im entschlossenen Schritt auf das Gebiet der Sozial- und Gesellschaftspolitik sah Gerstenmaier nicht nur das Gebot der Stunde, sondern auch die Erfüllung des von der Inneren Mission mit ihrer Konzentration auf Anstaltsdiakonie und Einzelfürsorge erst in seinem »ersten Teil« verwirklichten Wichernschen Programms. Schon 1948, in seiner großen Rede auf der Jahrhundertfeier der Inneren Mission, rückte er das Hilfswerk in diese säkulare Perspektive und nahm Wicherns eigene Worte für seine Überzeugung in Anspruch, daß nunmehr »der Grenzstein aufgerichtet ist zwischen der bisherigen und einer künftigen Epoche der christlich rettenden Liebesarbeit.« (Gerstenmaier 1956) Die später von ihm geprägte Formel »Wichern zwei« war die bündigste Zusammenfassung dieser Vorstellungen.

Entstehung

Das Hilfswerk hatte eine deutsche und eine ökumenische Wurzel. Einerseits ging es auf Vorarbeiten des damals in Gründung begriffenen Ökumenischen Rates der Kirchen in Genf für eine großangelegte Nachkriegshilfe zum »Kirchlichen Wiederaufbau« in den vom Krieg betroffenen Ländern zurück. Im Unterschied zu entsprechenden Plänen der alliierten Regierungen sollte dabei Deutschland nicht ausgeklammert werden, denn die Verbundenheit der Ökumene mit der deutschen Bekennenden Kirche hatte auch der Krieg nicht grundsätzlich in Frage gestellt. Gerstenmaier, der damals als Konsistorialrat im »Kirchlichen Außenamt der Deutschen Evangelischen Kirche« weitreichende Auslandskontakte unterhielt, hatte auf die Genfer Pläne mit der Konzeption eines »Selbsthilfewerkes der Deutschen Evangelischen Kirche« reagiert, die er seit dem Frühjahr 1943 in engem Kontakt mit dem württembergischen Landesbischof Theophil Wurm (1868-1953) entwickelte.

Die Zielvorstellungen beider Seiten waren keineswegs deckungsgleich. Die Ökumene wollte die materiellen Voraussetzungen für Verkündigung und Seelsorge sichern helfen, während es Gerstenmaier darum ging, das Hilfspotential der Kirche in der sich abzeichnenden nationalen Katastrophe zu mobilisieren. Er war im Sommer 1942 als Verbindungsmann Wurms zum Kreisauer Kreis gestoßen und gehörte dort zu denjenigen, die für die gewaltsame Beseitigung Hitlers plädierten. Von daher stand im Hintergrund seiner Pläne für ein »Selbsthilfewerk« auch die Vorstellung, der »Apparat« der beiden großen Kirchen könne vorübergehend auch Aufgaben einer handlungsunfähigen staatlichen Verwaltung übernehmen.

Gerstenmaier, am 20. Juli 1944 wegen der Beteiligung am Umsturzversuch inhaftiert, konnte den Selbsthilfeplan erst wieder aufnehmen, als er im Mai 1945 freigekommen war. Er orientierte sich inhaltlich und organisatorisch jetzt stärker an den Vorstellungen der Ökumene, ohne deren Hilfe und Vermittlung eine erfolgreiche Arbeit kaum möglich schien. Andererseits bezog nun auch der Ökumenische Rat unter dem Eindruck des rapide anwachsenden Flüchtlingselends im Osten die »Allgemeine Nothilfe« in sein Programm ein.

Eugen Gerstenmaier, um 1950 (9.17)

Plakat des Evangelischen Hilfswerks, 1946 (9.4)

Der »Arbeitsgrundriß« des Hilfswerks, der endgültig im Herbst 1945 fixiert wurde, macht dies deutlich:

I. Allgemeine Nothilfe
I.1 Notsorge
- a) Nahrung
- b) Kleidung
- c) Wohnung
- d) Medikamente

I.2 Geldgaben
I.3 Flüchtlingshilfe
- a) Flüchtlingsausgleich (Transporthilfe)
- b) Flüchtlingsheimat
- c) Suchdienst

I.4 Gefangenendienst
- a) Kriegsgefangenen- und Internierten-Betreuung
- b) Gefangenenseelsorge

II. Kirchlicher Wiederaufbau
II.1 Literatur und Kultgegenstände
II.2 Finanzhilfe
- a) für Gemeinden, Kirchenschulen etc.
- b) Stipendien

II.3 Gemeindedienst (Verkehrs- und Arbeitshilfe)
II.4 Heimstätten der Kirche
- a) Kirchen und Gemeinderäume
- b) Kirchliche Anstalten.

(Wischnath, Kirche, 1986)

Als Ende August 1945 im hessischen Treysa bei der ersten Zusammenkunft von Vertretern der Landeskirchen und der Bekennenden Kirche die »Evangelische Kirche in Deutschland« ihre vorläufige Ordnung erhielt, wurde auch das »Hilfswerk der Evangelischen Kirche in Deutschland« offiziell ins Leben gerufen. Zum »Leiter« wurde Gerstenmaier bestellt; Präsident des Leitungsgremiums, des nach Genfer Vorbild aus »Bevollmächtigten« der Landeskirchen gebildeten »Wiederaufbau-Ausschusses«, wurde Landesbischof Wurm, der als Integrationsfigur des deutschen Protestantismus auch den Vorsitz im neugebildeten »Rat« der evangelischen Kirche in Deutschland übernommen hatte. An seinem Amtssitz Stuttgart wurde das »Zentralbüro« des Hilfswerks eingerichtet, in den Landeskirchen sollte je ein »Hauptbüro« die Arbeit koordinieren. Die Rücksicht auf die Zonengrenzen machte dann schon bald auch ein »Zentralbüro Ost« in Berlin für die sowjetische sowie weitere Geschäftsstellen in Baden-Baden und Hamburg für die französische und britische Zone nötig.

Dem ökumenischen Charakter des Hilfswerks entsprach die Einladung an die Freikirchen zur Mitarbeit im »Wiederaufbau-Ausschuß«. 1946 traten sie als gleichberechtigte Mitglieder »mit Rechten und Pflichten wie jede Landeskirche« dem Hilfswerk bei, das deshalb den Namen »Hilfswerk der Evangelischen Kirchen in Deutschland« führte. Den amerikanischen Partner- und Mutterkirchen der deutschen

Freikirchen war ein erheblicher Teil der Spenden zu verdanken, die das Hilfswerk aus dem Ausland erhielt. Gerade deshalb gestaltete sich die Zusammenarbeit nicht immer einfach, zumal die Zeit, in der Freikirchen wie Baptisten und Methodisten von den Landeskirchen als »Sekten« abgetan wurden, noch nicht lange zurücklag und man an der Basis erst noch lernen mußte, sich gegenseitig zu akzeptieren. Es war ein großer Fortschritt, daß Landes- und Freikirchen im Hilfswerk erstmals in institutionalisierter Form zusammenarbeiteten. Niemals zuvor, erklärte 1948 der methodistische Bischof Ernst Wilhelm Sommer (1881-1945), führender Repräsentant der Freikirchen im Hilfswerk, sei das Verhältnis seiner Kirche zu den Landeskirchen so gut gewesen.

Selbsthilfe

Die Anklänge von Gerstenmaiers Hilfswerksplan an das frühere »Winterhilfswerk« sind offensichtlich. Doch unterschied sich das Evangelische Hilfswerk von den zahlreichen örtlichen und regionalen Hilfsinitiativen und Aufrufen zur »Winternothilfe« durch seinen Anspruch auf zentrale Planung ohne Rücksicht auf Provinz-, Landes- oder Zonengrenzen und den Verzicht auf eine zeitliche Begrenzung.

Es war anfangs keineswegs sicher, ob das Hilfswerk Erfolg haben würde. Eines bedingte hier das andere: Transporthilfe und die nötigen Genehmigungen waren von den alliierten Stellen leichter zu erlangen, wenn auf erfolgreiche deutsche Sammlungsanstrengungen verwiesen werden konnte. Die Lösung des Transport- und Verteilungsproblems war die Voraussetzung dafür, sich ausländischen Hilfsorganisationen als Partner anbieten zu können und Hilfszusagen von ihnen zu erhalten. Solche Zusagen erleichterten wieder die Beschaffung der Genehmigungen und legitimierten den Appell an die Gemeinden, die Kräfte weiter anzuspannen. Nicht zuletzt dem zupackenden Arbeitsstil Gerstenmaiers und seines zu einem guten Teil aus Diplomatie, Wirtschaft und Militär rekrutierten Stabes war es zu verdanken, daß die erheblichen Hindernisse und Anlaufschwierigkeiten überwunden werden konnten. Ausschlaggebend war vor allem, daß es das Hilfswerk verstand, die ökumenischen Verbindungen und den Vertrauensvorschuß der Kirche gezielt einzusetzen, und daß es mit dem gelernten Kaufmann Gerstenmaier einen Leiter hatte, der an Entscheidungsfreude und Risikobereitschaft kaum zu übertreffen war.

Freilich waren der »Selbsthilfe im Ausgleich« zwischen Überschuß- und Mangelgebieten enge Grenzen gesteckt. Vor Weihnachten 1945 konnten zwar noch einige Kartoffeltransporte aus Süddeutschland nach Berlin gebracht werden, aber der Großteil der gesammelten Lebensmittel blieb mangels Transportmöglichkeiten in der Winterkälte liegen. Im Laufe des folgenden Jahres verringerten sich die Möglichkeiten zu solchen Hilfen noch, da mit dem weiteren Einströmen von Flüchtlingen und Vertriebenen in die westlichen Zonen auch dort die Nahrungsmittelversorgung immer schwieriger wurde. Und wie hätte dem Hilfswerk gelingen können, was auch der zonalen und später bizonalen Ernährungsverwaltung in den Westzonen nicht in befriedigendem Maß gelang?

Spendenaufruf des Evangelischen Hilfswerks, 1946 (9.14)

Auslandshilfe

Spätestens am Jahresende 1945 war deutlich geworden, daß das Hilfswerk, um wirksam und spürbar helfen zu können, weit mehr ausländische Unterstützung benötigte, als der Ökumenische Rat und seine Mitgliedskirchen ursprünglich vorgesehen hatten. Solche Hilfe, auch von nichtkirchlicher Seite, blieb nicht aus, ja, sie hatte als Nachbarschaftshilfe, vor allem aus Schweden und der Schweiz, bereits eingesetzt. Gemessen am Spendenaufkommen pro Kopf der Bevölkerung blieben die beiden Nachbarländer auf Dauer an der Spitze der Geber, auch wenn die amerikanische Hilfe seit Ende 1946 insgesamt das größte Volumen hatte. Die Voraussetzung dafür wurde mit der Bildung der amerikanischen CARE- und der CRALOG-Organisation – »Cooperative of American Remittances to Europe« und »Council of

Relief Agencies Licensed for Operation in Germany« – im Frühjahr 1946 geschaffen.

CRALOG, ein Zusammenschluß vor allem kirchlicher Hilfsorganisationen, verschickte Massensendungen, die nach einem bestimmten Schlüssel über die behördlich zugelassenen Wohlfahrtsverbände verteilt wurden. So erhielten im August 1946 das Evangelische Hilfswerk 41,8%, der Caritasverband 37,1%, die Arbeiterwohlfahrt 3,2% und Stellen der Öffentlichen Wohlfahrtspflege 17,9% der in Bremen eingehenden Sendungen. Die standardisierten, von Einzelspendern für Einzelempfänger bestimmten CARE-Pakete, die geradezu zum Synonym für die amerikanische Lebensmittelhilfe werden sollten, wurden ebenfalls über die Wohlfahrtsverbände weitergeleitet, die dafür eine bestimmte Quote an »Freipaketen« zur freien Verfügung erhielten. In der britischen Zone bestanden beispielsweise 1947 elf Hauptlager mit 229 Verteilungsstellen, von denen das Hilfswerk nahezu die Hälfte, insgesamt 109, verwaltete.

Grundlage der Zusammenarbeit zwischen CRALOG und CARE einerseits und den in zonalen Zentral-Ausschüssen zusammengeschlossenen Wohlfahrtsverbänden andererseits waren Importverträge mit den westlichen Militärregierungen. Daraus ergaben sich auch die Verteilungsrichtlinien und Dringlichkeitsstufen für die »Allgemeine Nothilfe«, bei der in den ersten Jahren der Arbeitsschwerpunkt des Hilfswerks lag. An erster Stelle stand danach die Hilfe für Kinder und kranke und hilfsbedürftige Flüchtlinge, während zur Dringlichkeitsstufe zwei kranke und versehrte Heimkehrer und hier wieder vor allem Heimatlose zählten. Die kirchliche Hilfe sollte ausdrücklich nur zusätzliche, schnelle Hilfe in den dringendsten Notfällen sein und zwar ohne Rücksicht auf Konfession, Herkunft oder Weltanschauung.

In der Praxis ließen sich diese Grundsätze natürlich nur annäherungsweise einhalten, zumal die ausländischen Geber mit der Zeit dazu übergingen, ihre Spenden gezielt für bestimmte Projekte und Empfänger zu »designieren«. Andererseits war es problematisch, wenn das Hilfswerk es unter Berufung auf seine Verteilungsrichtlinien strikt ablehnte, die ehemals rassisch verfolgten »nichtarischen« Christen besonders zu berücksichtigen.

In den ersten Nachkriegsjahren hat das Hilfswerk diesen Grundsätzen folgend die Hälfte aller ausländischen Lebensmittelspenden für die Kinderhilfe eingesetzt. Bis 1948 hatten drei Millionen Kinder an Speisungen teilgenommen. Zur Kinderhilfe gehörte aber auch die Vermittlung von Paketpatenschaften oder von Erholungsaufenthalten, auch im Ausland.

»Müssen Millionen Deutsche verhungern?« fragte Gerstenmaier angesichts des mit Bangen erwarteten Winters im November 1947 auf einer Kundgebung zum zweijährigen Bestehen des »Evangelischen Hilfswerks Westfalen« in Bielefeld. Das war keine rhetorische Frage, waren doch im Ruhrgebiet die tatsächlich zugeteilten Rationen im Frühsommer auf nur noch 800 Kalorien pro Tag abgesunken. Die Behauptung wäre übertrieben, die Auslandshilfe oder gar die vom Hilfswerk vermittelte Hilfe allein hätten die drohende Hungerkatastrophe verhindern können. Das Hilfswerk konnte aber gezielt und an besonderen Brennpunkten wirksam helfen, und seine Hilfe erreichte gerade solche Menschen, die am wenigsten in der Lage waren, sich zusätzliche Nahrungsquellen, etwa auf dem Schwarzmarkt, zu erschließen.

So ermöglichte damals eine »Sonderhilfe Ruhr« des Ökumenischen Rates zusätzliche Speisungen in den Großstädten, an denen insgesamt 100.000 alte Leute je acht Wochen lang teilnehmen konnten. Dafür wurden 356 Tonnen Auslandsspenden und zusätzlich 86 Tonnen Lebensmittel aus deutschen Spenden eingesetzt. Solche Aktionen, so begrenzt sie bleiben mußten, waren Demonstrationen des Selbsthilfewillens und Bekundungen christlicher Solidarität zugleich, sie konnten dadurch Hoffnung wecken und die Notlage leichter ertragen helfen.

1945-1990

Brücken

Hilfe zur Selbsthilfe

Nicht nur die Selbsthilfe, auch die Auslandshilfe stieß an Grenzen, und das Hilfswerk war sich nur zu bewußt, daß es für eine grundsätzliche Besserung der Lebensverhältnisse in erster Linie auf politische Lösungen ankommen würde. »Alle Hilfe«, so erklärte Gerstenmaier einmal, »sollte Hilfe zur Selbsthilfe sein oder werden, denn sie soll aus Objekten fremder Fürsorge so schnell als möglich Subjekte eigenen Handelns, eigener Verantwortung machen. Deshalb [...] werden wir alles, was wir vermögen, tun, um an unserem Teil an der Wiederingangbringung der deutschen Wirtschaft mitzuarbeiten.« (Gerstenmaier 1956)

Einen praktischen Beitrag dazu wollte das Hilfswerk mit der »Kombination« von Selbst- und Auslandshilfe durch »Rohstoffveredelung« leisten. Wo immer möglich, wirkte es darauf hin, daß anstelle der vom Spender gewünschten Hilfsgüter Rohstoffe eingeführt wurden. So hatte das Hilfswerk beispielsweise von der »American Bible Society« als Soforthilfe eine Million Neue Testamente, 368.000 Bibeln

Sammelkiste des Evangelischen Hilfswerks, 1945/1955 (9.44)

Kinderspeisung in Fürstenberg/Oder, Sommer 1948 (9.25)

und 775.000 Evangelien erhalten. In der Folge ging man dazu über, Druckpapier oder, noch besser, Zellulose und andere Rohprodukte zu importieren und Bibeln und Bibelteile in Deutschland selbst herzustellen. Wegen der hier vergleichsweise niedrigen Verarbeitungskosten konnten so ohne Mehrkosten für den ausländischen Spender erheblich höhere Auflagen erzielt werden. Darüber hinaus wurden auf diese Weise Beschäftigungsmöglichkeiten in der unter Rohstoffmangel leidenden Papierindustrie sowie im Verlags- und Druckgewerbe geschaffen.

Der Gedanke, Selbst- und Auslandshilfe in dieser Weise zu verbinden und damit ihren Effekt zu optimieren, sprach gerade den pragmatischen Sinn der amerikanischen Geber an, und so gewann und behielt die »Veredelungswirtschaft« für einige Jahre in der Arbeit des »Zentralbüros« erhebliche Bedeutung. Zellstoff wurde zu Papier, Rohbaumwolle zu Bekleidungsstoffen, Wolfram zu Glühdrähten, Frischfisch zu Fischkonserven »veredelt«, bis sich das Hilfswerk nach der Währungsreform nach und nach aus solchen wirtschaftlichen Aktivitäten zurückziehen mußte.

Flüchtlingshilfe

Ohne Zweifel waren die Millionen von Flüchtlingen und Heimatvertriebenen die eigentlichen Adressaten des Hilfswerks. Die historische Parallele zwischen der »Arbeiterfrage« des 19. Jahrhunderts, vor der sie versagt habe, und dem neuen Flüchtlingsproblem als der großen Herausforderung der Kirche in der Gegenwart wurde schon in der Gründungsproklamation und auch später immer wieder gezogen. An der »Allgemeinen Nothilfe« wie beim »Kirchlichen Wiederaufbau« läßt sich zeigen, wie sehr die Flüchtlingshilfe das programmatische und praktische Kernstück der Hilfswerksarbeit gewesen ist, und tatsächlich wurde hier wohl die breiteste und unmittelbarste Wirkung erzielt.

Das Hilfswerk arbeitete am Aufbau einer wirksamen Suchdienstorganisation mit. In Durchgangslagern und auch sonst wurde mit zusätzlichen Nahrungsmitteln, mit Kleidung oder Beratung geholfen. Ende 1947 hatte das Hilfswerk für diese Aufgaben rund 1.500 Flüchtlingsfürsorger angestellt.

Gleichzeitig zielte man auf grundsätzliche Lösungen. Das Hilfswerk versuchte immer wieder, die Ökumene und so die internationale Öffentlichkeit für das deutsche Flüchtlingsproblem zu interessieren, da ohne »Internationalisierung« eine Bewältigung dieser Frage ausgeschlossen schien. Es bemühte sich intensiv um Auswanderungsmöglichkeiten, versuchte, Einfluß auf die Gesetzgebung zu Bodenreform und Lastenausgleich zu nehmen, förderte Siedlungs- und Wohnungsbauprojekte wie die »Evangelischen Baugemeinden«, initiierte die Gründung einer kirchlichen Wohnungsbaugesellschaft, oder es beteiligte sich am Aufbau der modellhaften Flüchtlingsstadt Espelkamp bei Lübbecke auf dem Gelände einer früheren Munitionsanstalt der Wehrmacht. Darüber hinaus bot es den institutionellen Rahmen für die Bildung kirchlicher Hilfskomitees der evangelischen Flüchtlinge und Vertriebenen, die es als »Assoziationen der Hilfsbedürftigen« im Sinne Wicherns verstand und die in einigen Fällen zu Vorläufern der späteren Landsmannschaften geworden sind.

Kirchlicher Wiederaufbau

»Kirchlicher Wiederaufbau« war in der Arbeit des Hilfswerks zunächst von nachrangiger Bedeutung und wurde im »Zentralbüro« auch nicht als genuin diakonische Aufgabe angesehen. Dennoch gewann er zunehmend an Gewicht, als der Ökumenische Rat und die ausländischen Partnerkirchen nach einigen Jahren ihre Mittel stärker auf dieses Gebiet konzentrierten.

Zum »Kirchlichen Wiederaufbau« zählte, wie schon erwähnt, die Literaturhilfe, die beispielsweise auch die Bereitstellung von Lehrbüchern für Theologiestudenten oder eines Grundstocks an theologischer Literatur für Flüchtlingspfarrer umfaßte. »Vom Fahrrad bis zur Altarkerze« (Zentralbüro 1948) reichten die Hilfen, die den Dienst von Pfarrern und Gemeindehelfern erleichtern sollten. Dabei bemühte sich das Hilfswerk auch hier, nach Möglichkeit Rohstoffspenden zu erhalten.

Groß war in den zerstörten Städten wie in den neuentstandenen Diasporagebieten auch der Mangel an Räumen für Gottesdienst und Gemeindearbeit. Für Wiederaufbau und Reparatur kirchlicher Gebäude wurden bis zur Währungsreform in den Westzonen 3,7 Millionen Reichsmark gesammelt, die den Kirchen in der sowjetischen Zone zuflossen.

Die Baustellen der 48 Notkirchen 1947-49, 1952 (9.49)

Besonders gut lassen sich Ziele und Arbeitsgrundsätze des Hilfswerks am Projekt der »Notkirchen« demonstrieren, für das der bekannte Kirchbaumeister Otto Bartning (1893-1959) als Leiter und mehrere ausländische Kirchen und kirchliche Hilfsorganisationen als Spender gewonnen wurden. Unmittelbar nach dem Krieg hatten der Ökumenische Rat und seine Mitgliedskirchen fertige Baracken aus Schweizer Armeebeständen, insgesamt 38 an der Zahl, nach Deutschland geschickt. Mit den »Notkirchen« sollten nun bei gleichem finanziellen Aufwand statt Provisorien dauerhafte, qualitätvolle Bauten entstehen.

Die Holzbinderkonstruktion, zunächst importiert, später in Deutschland hergestellt, wurde auf dem von der Gemeinde vorbereiteten Fundament montiert. Die Wände hatten keine tragende Funktion und konnten wieder in Eigenleistung aufgemauert werden, womöglich unter Verwendung von Steinen des zerstörten Gotteshauses. Dementsprechend wurde in den USA für diese Kirchen unter dem Motto »Rubble-Churches« geworben. Fenster, Türen, Emporen waren dann wieder vorgefertigt. Mit dem Bau der 49 »Notkirchen«, von denen heute noch 41 stehen, sollte nicht nur eine zeitbedingte und -gemäße Bescheidenheit ihren architektonischen Ausdruck finden, sondern zugleich Gemeinde gebaut werden, indem Gemeindeglieder am Kirchbau teilhatten.

Im übrigen kam im Rahmen des »Kirchlichen Wiederaufbaus« der Flüchtlingsintegration durch Beheimatung in der kirchlichen Gemeinde entscheidende Bedeutung zu. Wo die Bevölkerungsverschiebungen der Nachkriegszeit die konfessionelle Landkarte verändert hatten, kam dies allerdings eher einem kirchlichen »Neuaufbau« gleich. Für die neue Flüchtlingsdiaspora ließ das Hilfswerk ein »Diaspora-Gemeindezentrum« und eine »Diaspora-Kapelle« als Serienbau entwickeln, von denen nicht weniger als 48 gebaut werden konnten.

Hilfswerk und Politik

Die Arbeit des Hilfswerks war alles andere als unpolitisch. Der Gedanke, stellvertretend für die politisch handlungsunfähige Nation zu agieren, war gerade bei Gerstenmaier, den die Erfahrung des Widerstandes stark bestimmte, von eminenter Bedeutung. Ein Beispiel für die stellvertretende Übernahme außenpolitischer Verantwortung, zu der sich das Hilfswerk auch offen bekannte, war die Arbeit der Außenstelle, die das »Zentralbüro« Anfang 1947 in Assenheim bei Friedberg einrichtete. Dies geschah, als Anfang 1947 die Festlegung der Friedensbedingungen durch die Großmächte bevorzustehen schien. Die Außenstelle sollte offiziell Vorarbeiten für kirchliche Stellungnahmen zum Friedensvertrag leisten, blieb aber nicht darauf beschränkt. So wurde, als diese Aufgabe nach dem Scheitern der Moskauer Außenministerkonferenz vom März 1947 in den Hintergrund getreten war, eine Untersuchung über »Die Lebensverhältnisse in Deutschland 1947« erarbeitet und in großer Zahl in den Vereinigten Staaten verbreitet. Darin wurde die Erleichterung von Rohstoffeinfuhren und die Aufhebung von Produktionsbeschränkungen gefordert, weil nur so die Produktivität der deutschen Wirtschaft erhöht und die Voraussetzung für eine Verbesserung der katastrophalen Ernährungslage geschaffen werden könne.

Den Willen zur politischen Mitgestaltung zeigten auch die publizistischen Aktivitäten des Hilfswerks. Schon im Frühjahr 1946 wurde im »Zentralbüro« die Gründung einer Zeitung für die breite kirchliche Öffentlichkeit diskutiert, die »den Protestantismus in der ganzen Weite der kulturellen, wissenschaftlichen und politischen Fragestellung zur Geltung bringen« (Wischnath, Kirche, 1986) sollte. Es waren solche Überlegungen, die 1947 zur Gründung des »Evangelischen Verlagswerkes« führten, unter dessen Dach 1948 nicht nur die Wochenzeitung »Christ und Welt«, sondern auch das Konkurrenzobjekt »Sonntagsblatt« zu erscheinen begannen. Auch in die schließlich gescheiterten Bemühungen, zusammen mit der katholischen Kirche einen christlichen Rundfunksender einzurichten, schaltete sich das »Zentralbüro« energisch ein. Schließlich hat das Hilfswerk gerade auf dem Gebiet der Flüchtlingshilfe und des Wohnungsbaus modellhafte Lösungen entwickelt, deren Umsetzung in großem Maßstab seine Möglichkeiten überstieg. Gerstenmaiers Eintritt in die Politik war schon von daher eine logische und von vielen längst erwartete Konsequenz.

Hilfswerk und Innere Mission

Obwohl auch die Innere Mission schon nach wenigen Jahren des Wieder- und Neuaufbaus wenigstens im Westen Deutschlands auf den meisten Arbeitsfeldern den Vorkriegsstand wieder erreichen und teilweise übertreffen konnte, stand sie in den ersten Nachkriegsjahren zunächst im Schatten des Hilfswerks, das sich mit allen Mitteln einer professionellen Öffentlichkeitsarbeit als die maßgebliche, moderne und zeitgemäße Hilfsorganisation der evangelischen Kirche darzustellen wußte. Tatsächlich wäre das Hilfswerk auf regionaler und lokaler Ebene ohne Inanspruchnahme der Einrichtungen und Mitarbeiter der Inneren Mission nur schwer durchführbar gewesen. Einige Landeskirchen hatten die neue Aufgabe überhaupt dem Landesverein der Inneren Mission übertragen.

Trotz zahlreicher organisatorischer und personeller Verflechtungen war die Entstehung des Hilfswerks neben und manchmal in Konkurrenz zur Inneren Mission für diese ein grundsätzliches Problem. Ungeachtet seines eher säkularen Erscheinungsbildes betonte das Hilfswerk seine »Kirchlichkeit« im rechtlichen Sinne und lehnte die traditionelle Vereinsform der Inneren Mission ab. Vor allem wollte es schon bald mehr sein als das aus der Not einer bestimmten historischen Situation entstandene »Selbsthilfewerk«, als das es einst konzipiert worden war. Das im Kirchenkampf gewachsene neue Gemeindeverständnis wirkte sich trotz der kritischen Distanz, die zwischen Gerstenmaier und Teilen der Bekennenden Kirche immer blieb, auch im Hilfswerk aus, und die ursprünglich pragmatisch gemeinte Parole »Jede Gemeinde eine Hilfswerkstelle!« erhielt grundsätzliches Gewicht.

Manche seiner Vertreter sahen im Hilfswerk geradezu eine kirchliche Erneuerungsbewegung, und »Diakonie«, bis dahin fast nur für den Dienst der Diakonissen und Diakone gebräuchlich, wurde ihr theologischer Schlüsselbegriff. Sie sei als kirchliche Aufgabe der Wortverkündigung gleichrangig und dürfe künftig nicht mehr an freie, in rechtlicher Selbständigkeit von der Kirche existierende Vereine delegiert werden. Wurde dies alles einmal treffend als »Formalprinzip« des Hilfswerks bezeichnet, so entsprach dem als »Materialprinzip« die Forderung, die Kirche dürfe den Kampf gegen wirtschaftliche, soziale und politische Not als Element ihres Öffentlichkeitsauftrages nicht nur in Verlautbarungen und Stellungnahmen führen. Gerade in der Flüchtlingshilfe, die allenthalben auf grundsätzliche, sozial- und gesellschaftspolitisch verantwortete Problemlösungen zielte, wurde das deutlich.

Dieses weitreichende Programm war im Gründungsaufruf von 1945 allenfalls angelegt, und das Hilfswerk konnte sich damit letztlich auch nicht durchsetzen. Dabei spielten theologische und politische Vorbehalte gegen seinen Leiter nicht die geringste, aber doch nicht die ausschlaggebende Rolle. Nach der Währungsreform gingen die innerdeutschen Spenden drastisch zurück, und auf vielen Gebieten mußte die Arbeit empfindlich eingeschränkt werden. Die Innere Mission hingegen stand am Ende

Zusammenschluß von Innerer Mission und Hilfswerk, 1. April 1957 (9.8)

ihres Jubiläumsjahres mit gestärktem Selbstbewußtsein da. Als Gerstenmaier sich 1949 für die CDU in den Ersten Deutschen Bundestag wählen ließ, waren die Weichen für die weitere Entwicklung bereits gestellt. Nach dem Ende der Hungerjahre rückte die ärgste Not rasch immer weiter aus dem Blickfeld auch der kirchlichen Öffentlichkeit, und die diakonische »Zweigleisigkeit«, das Nebeneinander von Innerer Mission und Evangelischem Hilfswerk, war immer schwerer zu begründen.

Schließlich kam es 1957 nach jahrelangen, schwierigen Verhandlungen zur »Fusion«. Dabei übertrug die Evangelische Kirche in Deutschland die Aufgaben des Hilfswerks in einem auf zwanzig Jahre befristeten Vertrag mit dem »Central-Ausschuß für die Innere Mission« dem neuen, gemeinsamen Werk »Innere Mission und Hilfswerk der Evangelischen Kirche in Deutschland« (seit 1965: »Das Diakonische Werk – Innere Mission und Hilfswerk der Evangelischen Kirche in Deutschland«), während die Organe des »Central-Ausschusses« seither ruhten. Schon der additive Name zeigte, daß in den Grundsatzfragen noch Klärungsbedarf bestand. Erst 1975, nach der Umwandlung in einen eingetragenen Verein, dem die Landes- und Freikirchen, ihre diakonischen Werke und die Evangelische Kirche in Deutschland selbst angehören, wurde das Hilfswerk der Evangelischen Kirche in Deutschland auch formell aufgelöst.

So bedeutend die Leistungen des Hilfswerks vor allem bei der Vermittlung von Auslandshilfe, bei der unmittelbaren Nothilfe und in der Flüchtlingshilfe waren, zur prägenden Kraft kirchlich-diakonischer Erneuerung und gesellschaftlicher Gestaltung in der Nachkriegszeit konnte es nicht werden. Zu schnell wandelten sich die Bedingungen, die für kurze Zeit seinen Aufstieg zu einem kirchenpolitischen Machtfaktor zugelassen hatten. Dennoch war das Hilfswerk weit mehr als nur eine Episode der Diakoniegeschichte. Es hat in entscheidenden Jahren das Erscheinungsbild der Diakonie geprägt, und daß die damals aufgeworfenen Grundsatzfragen aktuell geblieben sind, zeigt sich gerade in der jetzigen Situation, in der die Diakonie ein weiteres Mal in ihrer Geschichte eine Transformationsphase durchläuft. In der Rückschau erscheint das Hilfswerk aber nicht zuletzt auch als einer der Faktoren, die den Prozeß der Öffnung Deutschlands nach Westen mit vorangetrieben und den deutschen Protestantismus durch die Öffnung zur Ökumene ein Stück weit aus der selbstbezogenen Isolation herausgeführt haben. Das war mit einem Lernprozeß verbunden, der den Kirchen im Mutterland der Reformation nicht immer leichtgefallen ist.

Literatur

Degen, Johannes, Diakonie und Restauration. Kritik am sozialen Protestantismus in der BRD, Neuwied 1975

Gerstenmaier, Eugen, Reden und Aufsätze, Stuttgart 1956

Kaiser, Jochen-Christoph, »Eugen Gerstenmaier in Kirche und Gesellschaft nach 1945«, in: Huber, Wolfgang (Hg.), Protestanten in der Demokratie, München 1990

Rudolph, Hartmut, Evangelische Kirche und Vertriebene 1945 bis 1972. Band 1: Kirchen ohne Land, Göttingen 1984

Skorvan, Martina, Das Hilfswerk der Evangelischen Kirche und seine Flüchtlingsarbeit in Hessen 1945-1955, Wiesbaden 1995

Wischnath, Johannes Michael, »Innere Mission – Evangelisches Hilfswerk – Diakonisches Werk seit 1945«, in: Schick, Manfred / Seibert, Horst / Spiegel, Yorick (Hg.), Diakonie und Sozialstaat. Kirchliches Hilfehandeln und staatliche Sozial- und Familienpolitik, Gütersloh 1986

Wischnath, Johannes Michael, Kirche in Aktion. Das Evangelische Hilfswerk 1945-1957 und sein Verhältnis zu Kirche und Innerer Mission, Göttingen 1986

Wischnath, Johannes Michael, »›... mit Rechten und Pflichten wie jede Landeskirche‹? – Die Freikirchen und das Hilfswerk der Evangelischen Kirche(n) in Deutschland«, in: Kaiser, Jochen-Christoph (Hg.), Soziale Arbeit in historischer Perspektive. Zum gesellschaftlichen Ort der Diakonie in Deutschland (erscheint)

Zentralbüro des Hilfswerks der Evangelischen Kirchen in Deutschland (Hg.), Drei Jahre Hilfswerk. Was das Hilfswerk ist. Was das Hilfswerk bekam. Was das Hilfswerk tat, Stuttgart 1948

Zentralbüro des Hilfswerks der Evangelischen Kirchen in Deutschland (Hg.), Dank und Verpflichtung. Zehn Jahre Hilfswerk der Evangelischen Kirche in Deutschland, Stuttgart 1955

Diakonie im real existierenden Sozialismus

von Ingolf Hübner

Diakonische Arbeit und politische Formierung – die Anfänge nach dem Zweiten Weltkrieg und in der DDR der frühen fünfziger Jahre

Die Arbeit der Inneren Mission und des Hilfswerks in der Sowjetischen Besatzungszone (SBZ) und der DDR war von den kirchenpolitischen Bedingungen abhängig, die von der SED vorgegeben wurden. Sie hatte aber zugleich aufgrund ihrer gesellschaftlichen und sozialpolitischen Einbindungen und ihrer Bedeutung eigene Verhältnisbestimmungen zu finden. Für die diakonische Arbeit erwuchsen daraus Einflußmöglichkeiten, aber auch Gefährdungen.

Die akute Notsituation nach dem Ende des Zweiten Weltkrieges und die zunächst liberale Kirchenpolitik der sowjetischen Besatzungsmacht gaben dem im August 1945 gegründeten Hilfswerk der Evangelischen Kirche in Deutschland die Möglichkeit, seine Arbeit über die Zonengrenzen hinweg zu entfalten. Auch von den evangelischen Kirchen, die in der SBZ lagen, wurden Bevollmächtigte für das landeskirchlich gegliederte Hilfswerk eingesetzt, die die jeweiligen Hauptbüros leiteten. Zunächst standen die Abwicklung und Verteilung von Hilfssendungen für die allgemeine Nothilfe und den kirchlichen Wiederaufbau im Vordergrund. Ab 1947 verstärkten sich jedoch Behinderungen im Warentransfer. Ein Monopolanspruch auch für die Verteilung kirchlicher Hilfsgüter wurde von der durch die SED gegründeten »Volkssolidarität« erhoben. Trotzdem konnte durch die Arbeit des Hilfswerks ein großer Teil der ausländischen kirchlichen Spenden in der sowjetischen Besatzungszone verteilt werden.

Plakat des Evangelischen Hilfswerkes, um 1950 (10.2)

Der immer stärker hervortretende Ost-West-Konflikt veränderte als Spezifikum der politischen Situation die Möglichkeiten und die Gestaltung der diakonischen Arbeit. Auch organisatorisch war das Hilfswerk in der SBZ davon geprägt. Das zunächst als Abteilung des Stuttgarter Zentralbüros des Hilfswerks konzipierte Zentralbüro Ost entwickelte als »Berliner Stelle« eine überregionale Bedeutung. Die nach der Währungsreform in der SBZ erfolgte Einrichtung einer Ostberliner Filiale unterstrich die Aufgaben der zentralen Koordination der Hilfen. Das Hilfswerk erfüllte als gesamtdeutsche Organisation, ähnlich wie die EKD, in der Zeit der wachsenden politischen Spannungen eine wichtige »Klammerfunktion« und vermittelte das Gefühl, in den drängendsten Fragen nicht allein zu stehen.

Als 1950, nach der Gründung der DDR und als Betonung der eigenen Souveränität, ein Einfuhrverbot für ausländische Spenden verfügt wurde, ging das Hilfswerk verstärkt dazu über, Patenschaften zu vermitteln und Unterstützungen über den Postweg zu organisieren. Obwohl über Sondergenehmigungen Einfuhren später wieder möglich wurden, verstärkten die auf dem Weg der Patenschaften geleisteten Hilfen die Gemeindenähe diakonischer Aktivitäten und das Bewußtsein der Zusammengehörigkeit der Kirchen.

Bei vielen Einrichtungen und Heimen im Bereich der Inneren Mission ging es nach dem Ende des Krieges um Aufgaben des Wiederaufbaus, wobei vor allem bisherige Tätigkeitsbereiche und damit auch -formen wieder aktiviert wurden. Auf Beschluß des Alliierten Kontrollrates war von der sowjetischen Militärverwaltung die Rückgabe von diakonischen Einrichtungen und Gebäuden verfügt worden, die in der Zeit des Nationalsozialismus beschlagnahmt worden waren. Allerdings erfolgte die Freigabe einzelner Einrichtungen nur schleppend oder unterblieb mit dem Verweis auf eine frühere Zugehörigkeit zur »Nationalsozialistischen Volkswohlfahrt«, auch wenn diese unter Druck entstanden war.

Wandbehang aus Züssow, hergestellt in der Arbeitstherapie, 1958-1961 (10.31)

Gefährdungen ergaben sich für die in rechtlich selbständigen Vereinen arbeitenden Einrichtungen der Inneren Mission aus den in der SBZ eingeleiteten Eingriffen in die Rechts- und Eigentumsverhältnisse. Die Bestimmung der Inneren Mission »als Lebens- und Wesensäußerung« der Kirche wurde daraufhin auf landeskirchlicher Ebene durch eine eigentumsrechtliche Festschreibung des Vermögens der Inneren Mission als »Sondervermögen der Evangelischen Kirche« abgesichert. Diese von der Sorge um den Erhalt und die Arbeitsfähigkeit der diakonischen Einrichtungen getragenen Schritte trugen zu einer größeren, nicht immer spannungsfreien Annäherung der Institutionen von Diakonie und Kirchen in der DDR bei.

Die einzige große Neugründung einer diakonischen Einrichtung in der DDR erfolgte Anfang der 50er Jahre in Züssow. 1950 wurden die Pachtverträge von Gebäuden gekündigt, in denen 250 Alte und Pflegebedürftige der Züllchower Anstalten bei Stettin nach ihrer Vertreibung notdürftig untergebracht worden waren. Die ersten mit Unterstützung des Evangelischen Hilfswerks der Schweiz gebauten Häuser konnten 1952 bezogen werden. In den folgenden Jahren entstanden weitere Gebäude, Werkstätten und Einrichtungen zur landwirtschaftlichen Nutzung, so daß sich Züssow zur größten diakonischen Einrichtung der Greifswalder Landeskirche entwickelte.

In der Zeit von 1945 bis 1949 war die diakonische Arbeit trotz aller Einschränkungen durch Kooperationsversuche im Zeichen eines Wiederaufbaus der Gesellschaft gekennzeichnet. Mit der Gründung der DDR veränderte sich diese Situation zusehends. Immer deutlicher wurde das Ziel der SED, alle Bereiche der Gesellschaft zu kontrollieren und gemäß ihres Totalitätsanspruches zu vereinnahmen. Nach dem Scheitern der deutschlandpolitischen Konzeption Stalins im März 1952 und mit den Übergriffen auf die »Junge Gemeinde« und Studentengemeinden wurde im Frühjahr 1953 aus latenten und sporadischen Konflikten eine prinzipielle Konfrontation. Es stellte sich die Frage, ob die Verhaftungen diakonischer Mitarbeiter und Beschlagnahmungen auch größerer diakonischer Einrichtungen auf ein Ausschalten dieses Bereiches des kirchlichen Lebens in der DDR zielten.

Am 10. Juni 1953 kam es, für die Kirchen überraschend, zu einem Gespräch mit der DDR-Regierung, bei dem die Zurücknahme der repressiven Maßnahmen zugesichert wurde. Daß dieses kurz vor dem 17. Juni 1953 erfolgte Einlenken aufgrund einer direkten sowjetischen Intervention bei der SED zugunsten einer taktischeren Kirchenpolitik erfolgte, war den kirchlichen Vertretern unbekannt. Allerdings war deutlich, daß die im Juni 1953 entstandene kirchenpolitische Lage ein Ergebnis äußerer Konstellationen ohne innere Stabilität war. In den folgenden Monaten war wenig Bereitschaft bei staatlichen Stellen zu erkennen, für die Arbeitsmöglichkeiten diakonischer Einrichtungen dauerhafte rechtliche Bedingungen zu schaffen. Zwar wurden die diakonische Arbeit und die Einrichtungen nicht mehr grundsätzlich in Frage gestellt, aber es blieben Befürchtungen, ob und wann bestehende Behinderungen der Arbeit wieder in massive Eingriffe umschlagen würden.

Bereits im Frühjahr 1954 wurde im Zusammenhang mit einer erneuten Verschärfung der SED-Kir-

chenpolitik wieder dazu übergegangen, die kirchlich-diakonische Arbeit in einem breiten Spektrum, von der Christenlehre, dem Konfirmandenunterricht und den konfessionellen Kindertagesstätten bis zur Arbeit in Krankenhäusern, Altersheimen und der häuslichen Krankenpflege, zu kontrollieren und zu reglementieren.

Noch eindeutiger zeigten sich die kirchen- und diakoniefeindlichen Intentionen der SED in der Unterdrückung der Arbeit der Bahnhofsmission. Nach früheren Verdrängungsversuchen durch die Volkssolidarität wurde ab Januar 1956 dieser diakonische Arbeitsbereich systematisch unterbunden. Unter Spionagevorwurf wurden 30 Mitarbeiterinnen und Mitarbeiter der Bahnhofsmission verhaftet, die genutzten Räume auf den Bahnhöfen gekündigt, im Falle von im Besitz der Diakonie befindlichen Gebäuden sogar mit Abriß gedroht. Innerhalb weniger Wochen mußten die Bahnhofsmissionen ihre Arbeit einstellen. Die meisten Standorte der Bahnhofsmission wurden in der Folge von dem erst im Oktober 1952 wieder gegründeten Roten Kreuz übernommen. Zwar kam es gegen die verhafteten Mitarbeiterinnen und Mitarbeiter der Bahnhofsmission zu keinen Prozessen, aber die Vorgänge von 1956 bedeuteten faktisch das Ende diese Arbeitsfeldes in der DDR.

Eine öffentlich wirksame und wahrnehmbare diakonische Arbeit zuzulassen, die besonders in den 50er Jahren von der SED als politische und propagandistische Äußerung der Kirche angesehen wurde, widersprach einer in der SED herrschenden Vorstellung, die Religion nur als Kult ansah. Trotzdem hatten die anfänglich liberale Kirchenpolitik der sowjetischen Besatzungsmacht und die erstmalige Auseinandersetzung des aus der Ideologie des Marxismus/Leninismus abgeleiteten Sozialismus mit der Tradition der freien Wohlfahrtspflege dazu geführt, daß die DDR der einzige Staat des ehemaligen Ostblocks war, der kirchlich-diakonische Arbeit in nennenswertem Umfang zuließ. Dabei blieb allerdings die Verbindung missionarischer Aktivitäten und sozialen Engagements, die auch organisatorisch durch die Verankerung der Arbeitsgemeinschaft missionarischer Dienste in der Diakonie unterstrichen wurde, eine Voraussetzung diakonischer Arbeit, die von der SED nicht akzeptiert wurde.

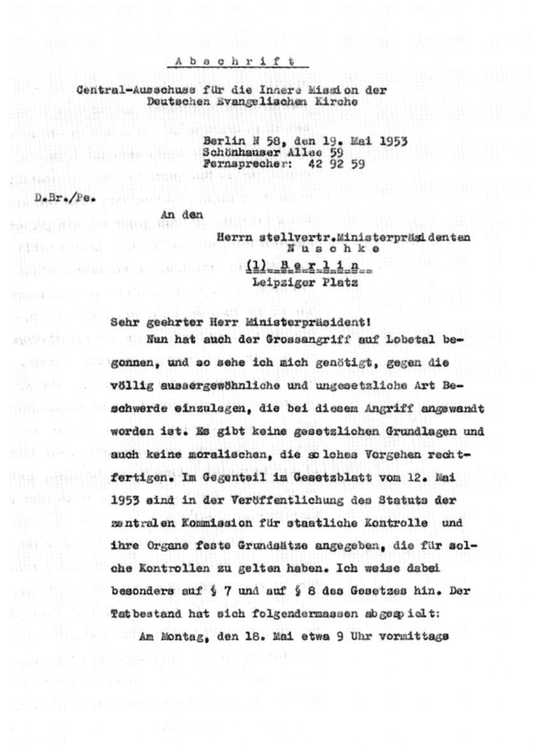

Abschrift

Central-Ausschuss für die Innere Mission der
Deutschen Evangelischen Kirche

Berlin N 58, den 19. Mai 1953
Schönhauser Allee 59
Fernsprecher: 42 92 59

D.Br./Pe.

An den
Herrn stellvertr. Ministerpräsidenten
N u s c h k e
(1) B e r l i n
Leipziger Platz

Sehr geehrter Herr Ministerpräsident!

Nun hat auch der Grossangriff auf Lobetal begonnen, und so sehe ich mich genötigt, gegen die völlig aussergewöhnliche und ungesetzliche Art Beschwerde einzulegen, die bei diesem Angriff angewandt worden ist. Es gibt keine gesetzlichen Grundlagen und auch keine moralischen, die solches Vorgehen rechtfertigen. Im Gegenteil im Gesetzblatt vom 12. Mai 1953 sind in der Veröffentlichung des Statuts der zentralen Kommission für staatliche Kontrolle und ihre Organe feste Grundsätze angegeben, die für solche Kontrollen zu gelten haben. Ich weise dabei besonders auf § 7 und auf § 8 des Gesetzes hin. Der Tatbestand hat sich folgendermassen abgespielt:

Am Montag, den 18. Mai etwa 9 Uhr vormittags

Protestbrief gegen Repressionen von Paul Gerhard Braune, Berlin 1953 (10.24)

Abbau der Konfrontation – Schwerpunkte diakonischer Arbeit als Entlastung des Gesundheits- und Sozialwesens der DDR

Obwohl es noch im Sommer 1958 zu ideologisch motivierten öffentlichen Angriffen gegen die Innere Mission kam, machten sich nach den Gesprächen zwischen Staat und Kirche von 1958 Veränderungen bemerkbar. Die staatlichen Versuche einer Entschärfung des Verhältnisses zu den Kirchen geschahen zwar im Rahmen einer verstärkten Differenzierungspolitik, daß heißt der Unterstützung loyaler Haltungen und der Diskriminierung kritischer Positionen. In Teilbereichen der kirchlich-diakonischen Arbeit wurde es nun aber leichter, dringende Fragen zu lösen. So führte das 1961 abgeschlossene Vergütungsabkommen für Angehörige der Heil- und Heilhilfsberufe in den evangelischen Krankenhäusern, Kliniken und Heilstätten zu einer Erhöhung der durch die Sozialversicherung erstatteten Pflegekostensätze, was die Finanzierung der laufenden Kosten dieser Einrichtungen erleichterte.

Stärker als bisher mußte nach dem Bau der Mauer 1961 innerhalb der diakonischen Arbeit die Ausbildung des Nachwuchses beachtet werden, da westliche

Heinrich Grüber, 1958 (10.19)

Ausbildungsmöglichkeiten nicht mehr genutzt werden konnten. In den Auseinandersetzungen um die konfessionelle Krankenpflegeausbildung hatte es zwar schon 1949/50 eine Regelung gegeben. Nach starken Reduzierungen der Ausbildungsplätze und durch Schließungen war den verbleibenden Krankenpflegeschulen die Ausbildung von Krankenschwestern ausschließlich für den konfessionellen Bereich gestattet worden. Aber erst ausgehend von den Verhandlungen, die sich an die 1961 verfügte Neuordnung der Ausbildung in den mittleren medizinischen Berufen anschlossen, wurde 1964 eine Rahmenvereinbarung ausgehandelt, die den Bestand der evangelischen Krankenpflegeschulen und die Ausbildung des Nachwuchses der evangelischen Schwesternschaften, Krankenhäuser und Einrichtungen sicherte. Als nach der Einführung medizinischer Fachschulen ab 1973 erneut über eine Ausbildungsvereinbarung verhandelt wurde, geschah dies vor dem Hintergrund der von der SED verkündeten »Einheit von Wirtschafts- und Sozialpolitik«. Mit 8 bis 10% der Gesamtkapazität des Sozial- und Gesundheitswesens der DDR an Betten und Behandlungen war der Bereich der Diakonie bei einer Umsetzung dieser Ziele nicht zu vernachlässigen. Obwohl es das Ziel der staatlichen Kirchenpolitik war, konfessionelle Fachschulen nicht zuzulassen, wurde mit der schließlich ausgehandelten Vereinbarung von der Diakonie erreicht, daß ein großer Teil der Fachschulausbildung in den konfessionellen Einrichtungen erfolgte und daß diese Ausbildung mit einem staatlich anerkannten Fachschulabschluß endete. Mit der Ausbildungsvereinbarung von 1975 war erstmals von der in Artikel 39.2 der Verfassung der DDR von 1968 festgeschriebenen Möglichkeit Gebrauch gemacht worden, daß nähere Regelungen des Verhältnisses von Kirche und Staat durch Vereinbarungen erfolgen sollten.

Neben dem Bereich der konfessionellen Krankenpflegeausbildung waren von der Diakonie weitere Ausbildungszweige zu verantworten. Während in den 50er Jahren diakonische Ausbildungsstätten wie Diakonenschulen oder katechetische Seminare von staatlicher Seite als illegale Schulen bezeichnet worden waren, konnte in den späteren Jahren immer deutlicher von einer Duldung ausgegangen werden. Trotzdem bestand – vor allem bei Veränderungen der Ausbildungsprofile – in der Diakonie Unsicherheit darüber, bis zu welchem Grad innerkirchliche beziehungsweise innerdiakonische Ausbildungen toleriert wurden. Zusammen mit Verschiebungen bei den Schwerpunkten der diakonischen Arbeit und der weiteren Ausdifferenzierung von Arbeitsbereichen wuchs der Bedarf an qualifizierten Mitarbeitern besonders in den 60er und 70er Jahren. Angesichts eines allgemeinen Mangels an Arbeitskräften und der Schwierigkeit, daß im staatlichen Bereich keine Ausbildung in entsprechenden Berufsbildern angeboten wurde, mußten im Bereich der Diakonie zunehmend eigene Ausbildungwege geschaffen werden. In vielen Fällen waren diese Bildungsgänge aus Weiterbildungsangeboten entwickelt worden.

Um die sich verändernden Ausbildungen diakonischer Mitarbeiter zu unterstützen, anzuleiten und zu koordinieren, wurde Anfang der 70er Jahre ein Diakonisches Qualifizierungszentrum geschaffen. Die Bezeichnung »Diakonisch« im Namen war dabei Ausdruck der inhaltlich-konzeptionellen Ausrichtung. Zugleich sollte angezeigt werden, daß die dort geleistete Arbeit unter dem Schutz von Kirche und Diakonie stand. Seit Mitte der 70er Jahre entstand ein differenziertes Angebot diakonischer Aus- und Weiterbildungsmöglichkeiten. Ausbildungen im Bereich der Geriatrie- und der Rehabilitationspädagogik gehörten ebenso dazu wie solche in Wirtschafts- oder Verwaltungsbereichen. Aufgrund der ideologischen und bildungspolitischen Einschränkungen konnten diese Qualifizierungen allerdings nicht mit staatlich anerkannten Abschlüssen beendet werden. Das be-

Kinderpsychiatrische Rehabilitationsklinik der Samariteranstalten Fürstenwalde, um 1973 (10.39)

deutete, daß nach einer entsprechenden Ausbildung nur im kirchlich-diakonischen Gebiet eine Arbeit mit einer der Qualifikation entsprechenden Anerkennung möglich war. Dessen ungeachtet war es für die Diakonie in der DDR ein beachtlicher Erfolg, daß es trotz des Monopolanspruchs der SED im Bildungsbereich und des staatlichen Zieles, keine konfessionellen Fachschulen zuzulassen, gelungen war, ein Diakonisches Qualifizierungszentrum mit großer inhaltlicher Breite einzurichten.

Von besonderer Bedeutung waren in diesem Zusammenhang die Ausbildungen in der Heilerziehungspflege. Sie entwickelten sich zu einem der Schwerpunkte diakonischer Arbeit in der DDR. Von staatlicher Seite war in den 50er Jahren versucht worden, Kirche und Diakonie aus bildungsrelevanten Bereichen auszugrenzen. Aufgrund politischer Vorgaben war die Zahl der Einweisungen in konfessionelle Heime der Kinder- und Jugendhilfe drastisch zurückgegangen. Parallel dazu wurden verstärkt behinderte Kinder und Jugendliche in diakonische Einrichtungen aufgenommen. Da diese Umstellungen kaum geplant erfolgten, waren erhebliche Anpassungen in der Arbeit nötig. Schon bald wurde deutlich, daß dies bauliche Veränderungen, spezielle Ausbildungen und Profilierungen der Einrichtungen erforderte. Dazu waren zunächst konzeptionelle Fragen zu klären. Wesentliche inhaltliche Anregungen dieser Entwicklung gingen von solchen Begegnungen, wie zum Beispiel den »Psychiatrischen Fachkonferenzen«, aus. Hier ging es, oft auch auf internationaler Ebene, um Inhalte und Methoden der Förderung von Behinderten oder um Fragen ihrer Religiosität oder ihrer Sexualität. Als Ende der 60er Jahre in einigen großen Behinderteneinrichtungen angesichts der angespannten Personalsituation und inhaltlich deutlicher werdenden Anforderungen begonnen wurde, ergänzende Ausbildungsteile für die Arbeit mit geistig behinderten Kindern und Jugendlichen einzuführen, bedeutete das den Einstieg in einen eigenständigen Ausbildungsbereich der Diakonie. Selbst auf die Entstehung entsprechender Ausbildungsgänge im staatlichen Bereich hatte das Auswirkungen. Die unterschiedlichen Benennungen wie Heilerziehungspflege, Psychiatriediakonie oder Heilerziehungsdiakonie kennzeichneten dabei die Suche nach einer Konzeption. Erst nach und nach gelang es, einheitliche Materialien zu erarbeiten, die später auch für den heilpädagogischen Fernunterricht des Diakonischen Qualifizierungszentrums genutzt wurden. Dabei wandte sich die Diakonie gegen die im staatlichen Bereich vorgenommene Ausgrenzung von intelligenzgeschädigten Kindern, die als nicht bildungsfähig eingestuft und von jeglicher Förderung ausgeschlossen wurden.

Eine der wichtigsten Voraussetzungen für die Umsetzung der neuen Orientierungen in der Arbeit mit behinderten Menschen waren Verbesserungen der baulichen Gegebenheiten. Für die Behindertenarbeit standen überwiegend alte Gebäude zur Verfügung, die bislang nur bedingt instand gehalten worden waren. Weder staatliche Mittel noch eigene Rücklagen standen für größere Erweiterungen zur Verfügung. Erst mit einem 1966 begonnenen Valutamarkprogramm eröffneten sich Möglichkeiten, für ungünstige und beengte Voraussetzungen Abhilfe zu schaffen. Aufgrund der Devisenknappheit und der schlechten Wirtschaftslage war die DDR – zunächst in kleinerem Umfang – bereit, für gezahlte Devisen, die als Valutamark gutgeschrieben wurden, den Kirchen und der Diakonie knappe Waren und Dienstleistungen zur Verfügung zu stellen. Bei diesem »Export nach innen« ging es insbesondere um Baumaterialien und Bauleistungen. Durch Gelder, die mit Hilfe der bundesdeutschen Diakonie zur Verfügung gestellt wurden, konnten in den 70er und 80er Jahren drei größere Sonderbauprogramme im Bereich der Diakonie realisiert werden. Neben Bettenhäusern, Krankenhauserweiterungen und Wohnungen für Mitarbeiter wurden Zweckbauten in diakonischen Einrichtungen gebaut. Das ermöglichte Auflockerungen in der Unterbringung, Spezialisierungen der Einrichtungen und den Aufbau neuer Arbeitsbereiche. So war mit dem Christoffel-Haus in den Samariteranstalten in Fürstenwalde eine Einrichtung für mehrfach behinderte, für blinde und sehgeschädigte geistig behinderte Kinder geschaffen worden. Allerdings durfte aus politischen Gründen die Förderung solcher »Komplexgeschädigter«, für die es in der DDR kein entsprechendes Angebot gab, nicht als ein spezielles diakonisches Arbeitsfeld betont werden.

Insgesamt hatte die Diakonie in der DDR mit der von ihr wahrgenommenen Betreuung und Förderung geistig behinderter Menschen eines ihrer größten Arbeitsgebiete aufgebaut. In den 80er Jahren stellten diakonische Einrichtungen fast 50% der in der DDR vorhandenen Plätze für Schwer- und Schwerstbehinderte. Es wirft ein bezeichnendes Licht auf das hinter der Gesundheitspolitik der DDR stehende Menschenbild, wenn sie der Diakonie zwar dieses Arbeitsgebiet überließ, selbst jedoch die Schulbildungspflicht für geistig behinderte Menschen stark einschränkte und nicht einmal eine Förderpflicht für alle Behinderten anerkannte.

Modell des Hauses Bethanien des Altenzentrums Bethesda in Eisenberg, 1989 (10.47)

Funktionalisierung und Eigenständigkeit – organisatorische Selbstbehauptung und Profilierung der Diakonie in der DDR

Da der staatliche Druck sich besonders gegen öffentlich wirksame oder offene diakonische Arbeitsfelder richtete, hatte auch die Gemeindediakonie an Bedeutung verloren. Die finanzielle Besserstellung der Anstaltsdiakonie wirkte ebenfalls in diese Richtung. Trotzdem war die diakonische Arbeit in der DDR eng mit der Kirche verbunden. Bereits die gegen staatliche Übergriffe vorbeugende Regelung, das diakonische Eigentum zu einem »kirchlichen Sondervermögen« zu erklären, war ein Ausdruck dafür. Durch die Veränderungen im Vereins- und Stiftungsrecht, die in der DDR immer mehr darauf abzielten, den gesellschaftlichen Bereich zu kontrollieren und zu vereinnahmen, war die traditionelle Vereinsstruktur der Inneren Mission weiter unter Druck geraten. Auch wenn formal die rechtliche Selbständigkeit von Einrichtungen der Inneren Mission erhalten werden konnte, wurden oft kirchliche Stellen bei Auseinandersetzungen mit staatlichen Behörden in Anspruch genommen. Aus Sicht der SED-Kirchenpolitik wurde zwischen Innerer Mission und Kirche insbesondere in der 50er Jahren wenig differenziert.

Auch auf der Ebene landeskirchlicher diakonischer Institutionen war es zu stärkeren Annäherungen gekommen. Schon bevor das Kirchengesetz über den Zusammenschluß von Innerer Mission und Hilfswerk von 1957 organisatorische Auswirkungen hatte, waren oft Leitungsfunktionen im Hilfswerk und in der Inneren Mission in Personalunion ausgeübt worden. In der Evangelisch-Lutherischen Landeskirche Sachsens wiederum koordinierte ein landeskirchliches Amt die diakonische Arbeit von Innerer Mission und Hilfswerk.

Auf zentraler Ebene wurde 1957 die Abteilung Ost der Berliner Stelle von Innerer Mission und Hilfswerk in Berlin-Prenzlauer Berg eingerichtet. Da Änderungen der Rechtsform das Risiko enthielten, daß durch verweigerte Genehmigungen bislang bestehende Rechte oder faktische Möglichkeiten verloren gingen, geschah dies zunächst als Zusammenlegung der vorhandenen Geschäftsstellen. Schon seit der Währungsreform von 1948 hatte es in Ostberlin Büros des Central-Ausschusses der Inneren Mission und des Zentralbüros des Hilfswerks gegeben. Hinzu kam, daß angesichts der sich herausbildenden zentralistischen politischen Strukturen und einer entsprechenden staatlichen Verwaltung zunehmend die Notwendigkeit einer koordinierenden Adresse der diakonischen Arbeit deutlich geworden war. Die notwendige Abstimmung der Hilfswerksspenden, die Verhandlungen um Ausnahmegenehmigungen nach dem Einfuhrverbot von 1950 oder die Beschaffung von Baumaterialien und anderen Bedarfsgütern diakonischer Einrichtungen hatten diese Funktion unterstrichen und zu einer engen Zusammenarbeit von Innerer Mission und Hilfswerk auf dieser Ebene geführt.

Das Ostberliner Büro der Berliner Stelle des Diakonischen Werkes entwickelte sich vor dem Hintergrund zunehmender Behinderungen der Zusammenarbeit östlicher und westlicher Abteilungen. Mit dem Bau der Berliner Mauer 1961 war eine eigenständig arbeitende Dienststelle notwendig geworden. Hinzu kam das umfangreiche Administrieren der ostdeutschen Behörden, worauf in der Organisation der diakonischen Arbeit zu reagieren war. So waren zwar schließlich die Bestimmungen des Einfuhrverbotes von 1950 im Juni 1954 aufgehoben worden, aber bis zum Ende der DDR mußten für alle Spendensendungen Einfuhrgenehmigungen zentral beim Staatssekretariat für Innere Angelegenheiten beziehungsweise beim Ministerium für Außen- und Innerdeutschen Handel eingeholt werden. Die diakonische Arbeit mußte an die Veränderungen im Krankenhauswesen, an veränderte Aufgabenstellungen und Bedingungen für die Heime, an die Umgestaltung des Arbeits- und Sozialrechts und des Ausbildungswesen und nicht zuletzt an Fragen der Rechts- und Eigentumsstellung angepaßt werden.

Nach Auseinandersetzungen um Fragen der Geltung staatlichen Arbeits- und Tarifrechts, bei denen es vor allem um den staatlichen und gewerkschaftlichen Einfluß ging, konnte 1961 eine Vergütungsregelung für Angehörige in Heil- und Heilhilfsberufen in konfessionellen Einrichtungen erzielt werden. Die Regelung bewirkte eine Stabilisierung dieses diakonischen Tätigkeitsfeldes, auch wenn die Bezahlung nach staatlichem Tarif, die teilweise über die Pflegekostensätze refinanziert wurde, zu Spannungen mit anderen kirchlichen Mitarbeitern führte, die nach innerkirchlichem Tarif niedriger entlohnt wurden.

1945-1990

Brücken

Unter den Aufgabenbereichen, die nur in Auseinandersetzung mit zentralen Stellen der DDR zu entwickeln waren, sind vor allem die Verhandlungen und die Koordination der 1966 begonnenen valutafinanzierten Bauprogramme der Kirchen und der Diakonie in der DDR zu nennen.

Die endgültige Zusammenführung von Innerer Mission und Hilfswerk wurde 1969 vorgenommen. Parallel zur Vorbereitung der Gründung des Bundes der Evangelischen Kirchen in der DDR wurde eine Ordnung erarbeitet und verabschiedet, mit der diakonische Leitungsgremien für den Bereich der DDR geschaffen wurden. Dabei wurde zugleich die Eigenständigkeit gegenüber dem Kirchenbund behauptet, dessen Gremien 1970 das Werk »Innere Mission und Hilfswerk der Evangelischen Kirchen in der DDR« anerkannten.

Weitere vertragliche Absprachen, wie die 1975 abgeschlossene Ausbildungsvereinbarung für mittleres medizinisches Personal oder die 1977 erzielte Regelung kostendeckender Pflegekostensätze für evangelische Krankenhäuser, stabilisierten in den 70er Jahren die diakonische Arbeit im Rahmen der Bedingungen, wie sie durch die Kirchenpolitik und das Gesundheits- und Sozialwesen der DDR vorgegeben waren.

Dabei gab es allerdings zwischen den diakonischen Arbeitsbereichen erhebliche Unterschiede. Insbesondere offene diakonische Angebote, wie der bereits 1967 begonnene Aufbau von Sondertagesstätten für geistig behinderte Kinder und Jugendliche oder Beratungsdienste, waren von staatlichem Mißtrauen begleitet oder wurden in ihrer Arbeit behindert.

Weitere Erleichterungen bei den Rahmenbedingungen diakonischer Arbeit ergaben sich im Nachgang zu einem Gespräch vom 6. März 1978 zwischen der Regierungsspitze und dem Vorstand der Konferenz der Kirchenleitungen. Es wurde möglich, im Rahmen der einmal im Monat stattfindenden kirchlichen Sendung im DDR-Fernsehen öffentlich aus diakonischen Arbeitsbereichen – bis hin zu Beiträgen über Alkoholismus und die Evangelische Arbeitsgemeinschaft zur Abwehr der Suchtgefahren (AGAS) oder die Aktion Sühnezeichen – zu berichten. Die DDR versprach sich von Veranstaltungen wie der Studientagung »Gottes Wort an die Geschädigten«, die der Internationale Kongreß christlicher Ärzte und das Diakonische Werk 1981 in Dresden durchführten, internationales Ansehen und nahm zugleich eine Vergrößerung des Handlungsspielraumes der Diakonie in Kauf. Selbst ein in die Gesellschaft hinein wirkender Beratungsdienst wie die Telefonseelsorge wurde ab Mitte der 80er Jahre geduldet.

Trotzdem bestand gegenüber diakonischen Handlungsfeldern teilweise erhebliches Mißtrauen. Das erfuhren verantwortliche diakonische Mitarbeiter, wenn sie in Gesprächen mit Vertretern des Staates beziehungsweise der SED zusammentrafen. Sie bemühten sich daher, die Diakonie als verläßlichen Partner im sozialen Engagement und nicht als politisch agierendes Gegenüber darzustellen. Obwohl einige Fragen der diakonischen Arbeit durch vertragliche Vereinbarungen geregelt waren, blieben viele Bereiche ohne rechtliche Klärung. In diesem Zusammenhang hatten die Gespräche auf den verschiedenen Ebenen neben ihren sachlichen Inhalten auch absichernde Funktionen.

Trotz des gesellschaftlichen Monopolanspruches der SED war es der Diakonie durch ihr Bestreben, sich als verläßlicher Partner darzustellen, und durch das Ausnutzen ihrer Freiräume gelungen, einer weiteren Einengung der kirchlich-diakonischen Arbeit Grenzen zu setzen. Mit Arbeitsfeldern wie »Brot für die Welt«, offener Behindertenarbeit, Ehe- und Familienberatung oder Telefonseelsorge wurde versucht, auf konkrete Problemsituationen zu reagieren. Ebenso muß die im Bereich der gemeindenahen Diakonie geleistete Arbeit erwähnt werden. Das von vielen Gemeinden in der DDR getragene Selbstverständnis einer »Kirche für andere« nahm den diakonischen Anspruch auf.

Insgesamt hatte die SED mit ihrer Verhältnisbestimmung gegenüber der Diakonie widersprüchliche Ziele verfolgt. Einerseits wurde diese mit der evangelischen Kirche identifiziert und galt wie diese als überkommene und überholte gesellschaftliche Strukturform. Andererseits, und diese Sicht überwog in den 80er Jahren, wurde die soziale Arbeit der Diakonie benötigt und in einigen Bereichen geschätzt. Dieser Konflikt sollte durch eine Instrumentalisierung der Diakonie gelöst werden. Indem ihr verstärkt die Förderung und Betreuung behinderter Menschen überlassen wurde, sollten kirchliche und diakonische Kräfte gebunden und zugleich staatliche Aufwendungen vermindert werden. Diesem Vorgehen entsprach es auch, als in den 80er Jahren der Diakonie verstärkt mehrfach- und schwerstbehinderte Kinder und Jugendliche überlassen wurden. Dadurch hatten diakonische Einrichtungen nicht nur die erhöhten Pflegeaufwendungen zu tragen, sondern sollten aus dem inzwischen staatlich anerkannten Bereich der Rehabilitationspädagogik verdrängt werden.

Daß die Diakonie in der DDR sich trotzdem zu einem beachtlichen kirchlichen Arbeitsfeld mit 15.000 Mitarbeiterinnen und Mitarbeitern entwickelt hatte, hat mehrere Ursachen. Zum einen traf in der DDR die atheistische Gesellschaftskonzeption der SED auf eine lange Tradition diakonischen Engagements, der gegenüber einfache religionsfeindliche Positionen nicht griffen. Zum anderen wurde die Diakonie in der DDR durch die bundesdeutsche Diakonie und Kirche finanziell und institutionell unterstützt, was an vielen Stellen die Voraussetzungen des diakonischen Handelns verbesserte oder aufzubauen half. Nicht zuletzt sahen viele ehren- und hauptamtliche Mitarbeiter in ihrem Engagement in den verschiedenen diakonischen Bereichen eine Bewährung ihres Glaubens angesichts des ideologischen Druckes in der DDR.

Mit ihren vielfältigen Diensten, die als praktischer Ausdruck christlichen Glaubens ausgeübt wurden, wehrte sich die Diakonie in der DDR gegen Engführungen im Menschenbild und die Ausgrenzung von Menschen. Trotz zeitweilig massiver Repressionen in einigen Bereichen wurde sie dabei in das Gesundheits- und Sozialwesen zunehmend eingebunden – mit nicht unbedeutenden Rückwirkungen auf die Gesellschaft der DDR.

Erstes Behindertensportfest in den Neinstedter Anstalten, 1982 (10.58)

Literatur

BINDER, HEINZ-GEORG, »Die Bedeutung des finanziellen Transfers und der humanitären Hilfe zwischen den Kirchen im geteilten Deutschland«, in: Deutscher Bundestag (Hg.), Materialien der Enquête-Kommission »Aufarbeitung von Geschichte und Folgen der SED-Diktatur in Deutschland« (12. Wahlperiode des Deutschen Bundestages), Bd. VI, Kirchen in der SED-Diktatur, Frankfurt a. M. 1995

BOSINSKI, GERHARD (HG.), gemeinsam mit Berger, Herbert / Schneider, Hans-Dietrich / Toaspern, Paul / Winkelmann, Reinhard, »... und tue desgleichen«: Informationen, Berichte und Bilder aus der Arbeit der Diakonie in den evangelischen Landes- und Freikirchen in der DDR, Berlin 1975

BOSINSKI, GERHARD (HG.), Zur Antwort bereit. Missionarisch-diakonische Arbeit der Evangelischen Landes- und Freikirchen in der DDR, Berlin 1978

HEIDER, MAGDALENA, Zwischen Staat und Kirche: Diakonische Arbeit in der DDR 1969-1984. Ein Beitrag zur Untersuchung der Rolle der Evangelischen Kirche im politischen System der DDR. Staatsexamensarbeit Universität München 1986

HÜBNER, INGOLF, Diakonie in politischer Auseinandersetzung. Prägende Erfahrungen in der diakonischen Arbeit in der DDR in den frühen fünfziger Jahren, epd-Dokumentation 40. 1997

HÜBNER, INGOLF, »Christliches Menschenbild und geistige Behinderung. Zur Betreuung und Förderung geistig behinderter Menschen durch die Diakonie in der DDR«, in: ZEE 42. 1998

REUER, MARTIN, »Diakonie als Faktor in Kirche und Gesellschaft«, in: Henkys, Robert (Hg.), Die Evangelische Kirche in der DDR: Beiträge zu einer Bestandsaufnahme, München 1982

WAGNER, HEINZ, »Die diakonische Situation in der DDR«, in: Philippi, Paul / Strohm, Theodor, Theologie der Diakonie: Lernprozesse im Spannungsfeld von lutherischer Überlieferung und gesellschaftlich-politischen Umbrüchen. Ein europäischer Forschungsaustausch, Heidelberg 1989

Das Netzwerk kirchlich-diakonischer Hilfen in den Jahrzehnten der deutschen Teilung

von Karl Heinz Neukamm

Brücken bauen – »nach drüben«. Das war das Motto vieler Aktionen in der Evangelischen Kirche in Deutschland und ihrer Diakonie in den 40 Jahren der deutschen Teilung von 1949 bis 1989. Brücken bauen – von hüben nach drüben. Hüben – das waren Kirchengemeinden, diakonische Einrichtungen und ungezählte einzelne Menschen im Westen Deutschlands. Drüben – das waren die Menschen in der DDR, ihre Kirchengemeinden und ihre diakonischen Zentren. Zu ihnen waren die verbindenden Brükken durch die Machthaber in der DDR abgebrochen. Die Mauer in Berlin, die Grenzbefestigungen, die Stacheldrahtzäune und die Todesstreifen quer durch Deutschland sind noch in schlimmer Erinnerung.

Die evangelischen Kirchen und ihre Diakonie, auch die katholische Kirche mit ihrer Caritas, haben auf vielen Wegen und auf vielerlei Weise versucht, Brücken von hüben nach drüben zu bauen. Sie wollten dort Verbindungen herstellen, wo die Wege zueinander versperrt oder doch sehr erschwert waren. Christen haben sich zu allen Zeiten und in vielen Lagen als Brückenbauer betätigt. Im Lateinischen ist der Brückenbauer der Pontifex – und dieser Auftrag gilt nicht nur für Pfarrer, Priester und Bischöfe. Es gehört zu den beglückenden Erfahrungen in den Jahren der politischen Trennung unseres Landes, daß sich viele Christen an diesem Brückenschlag nach drüben beteiligt haben. Mit Briefen, Besuchen, Paketen und mit viel Phantasie der Liebe wurden Gräben überbrückt. Einer der Gründe für diese Aktionen war die Einsicht im Westen, daß alle Menschen in Deutschland, nicht nur die Menschen im Osten, die Folgen des verlorenen Krieges zu tragen haben. In den evangelischen Kirchen blieb die Erinnerung an Schuld und Versagen in den Jahren des sogenannten »Dritten Reiches« besonders lebendig.

Schon im Oktober 1945 hatten die evangelischen Kirchen durch den Rat der EKD im Stuttgarter Schuldbekenntnis vor den Vertretern der Ökumene erklärt, daß es Schuld vor Gott war, »nicht mutiger bekannt, nicht treuer gebetet, nicht fröhlicher geglaubt und nicht brennender geliebt« zu haben. Es war das Bekenntnis einer Kirche, die einen neuen Anfang machen wollte. Die Kirchen haben deshalb nicht nur ihre gemeinsame Schuld bekannt, sondern auch ihre gemeinsame Verantwortung für die Zukunft und ihre Zusammengehörigkeit betont. Die Kirchenkonferenzen in Treysa 1945 und 1947 bereiteten vor, was im Sommer 1948 in Eisenach zu Füßen der Wartburg zum Abschluß kam: Die Gründung der Evangelischen Kirche in Deutschland (EKD) als Bund lutherischer, reformierter und unierter Landeskirchen. Bei diesem Zusammenschluß ging es nicht nur um eine organisatorische Einheit. Die EKD wollte auch ihre innere Einheit, ihre besondere Gemeinschaft auch über politische Grenzen hinweg bewahren. Dieser Wille fand seinen Ausdruck in den gesamtdeutschen Kirchentagen, in kirchlichen Denkschriften zu aktuellen Fragen und in praktizierter Diakonie.

1949 war das Gründungsjahr der Bundesrepublik Deutschland und der DDR. Trotz der damit erfolgten politischen Trennung Deutschlands haben die evangelischen Kirchen an ihrer geistlichen und organisatorischen Einheit festgehalten. Zur Bewahrung dieser Einheit waren viele Grenzgängerdienste erforderlich. Sie verfolgten das Ziel, über die Grenzen hinweg an der organisatorischen Einheit und inneren Verbundenheit festzuhalten. »Wir sollen einander auf dem Weg helfen, trösten, mahnen und tragen. Wir sollen aufeinander zugehen und miteinander sprechen. Wenn wir uns aus den Augen verloren haben, sollen wir beisammenbleiben. Gemeinsame Einrichtungen in der Leitung dienen diesem Ziel. Darum halten wir an der Gemeinschaft der EKD fest.« Das erklärte die Synode der EKD bei ihrer Tagung in Fürstenwalde im April 1967. Und sie stellte weiter fest: »Wir tragen füreinander Verantwortung, darum dürfen wir uns nicht loslassen. Wir werden uns gegenseitig so weit freizugeben haben, daß wir unserem Auftrag in dem Teil Deutschlands, in dem wir leben, gerecht werden.«

Es gab in den Jahren der Regierung Konrad Adenauers und in den Jahren des Kalten Krieges keine Kraft in Deutschland, die so stark über die Grenzen hinweg für Verbindungen sorgte wie die Evangelische Kirche. Da die DDR an ständigem Devisenmangel litt, waren ihr die Förderung der Kirche und ihrer Diakonie in der DDR mit finanziellen Mitteln aus dem Westen durchaus willkommen. Der Westen gewährte diese Hilfen über die Kirchen aus dem Gefühl gemeinsamer Verantwortung vor der deutschen Geschichte heraus.

Als die organisatorische Einheit der Kirche zerbrach und am 10. Juni 1969 die Gründung des Bundes der Evangelischen Kirchen in der DDR beschlossen wurde, stimmte die Synode des Bundes im September

1969 in Potsdam-Hermannswerder dem für die weitere Entwicklung richtungsweisenden Artikel 4 (4) zu: »Der Bund bekennt sich zu der besonderen Gemeinschaft der ganzen evangelischen Christenheit in Deutschland.« Die Kirchen des Bundes verstanden sich als »Zeugnis- und Dienstgemeinschaft« in der DDR. »Kirche für andere« (Dietrich Bonhoeffer) wurde zum bestimmenden Leitwort. Die Brücken zwischen Ost und West wurden nicht abgebrochen, im Gegenteil. Auch wenn sich die äußeren Bedingungen für das kirchliche Miteinander verschlechterten: Die Zeit der Grenzgänger in den Kirchen und ihren Diakonischen Werken begann. Sie haben entscheidend geholfen, daß durch viele persönliche Begegnungen das Zusammengehörigkeitsgefühl der Menschen auf beiden Seiten des Eisernen Vorhangs immer wieder gestärkt wurde. Die »besondere Gemeinschaft« der Kirchen zeigte sich in gegenseitigen Einladungen zu den Tagungen der Synoden, in gemeinsam begangenen Gottesdiensten, in vielen Besuchen, aus denen bleibende Freundschaften erwachsen sind. Viele gemeinsame öffentliche »Worte« der Kirchen sind Ausdruck dieser besonderen Gemeinschaft. Die materiellen Hilfen in Gestalt der umfangreichen Hilfsprogramme unterstreichen deutlich, daß Gemeinschaft nicht nur deklamiert, sondern praktiziert wurde.

Hier wurde die Verantwortung füreinander wahrgenommen und das gemeinsame kirchliche Erbe bewahrt, auch wenn in den Fragen der nationalen Einheit sich die unterschiedlichen Meinungen verstärkten.

Das Netz der Partnerschaften

Jede Landeskirche im Bund der Evangelischen Kirchen in der DDR hatte eine oder mehrere Partnerkirchen im Westen, jede Kirchengemeinde in der DDR hatte eine oder mehrere Partnergemeinden in der Bundesrepublik Deutschland. Auch die Freikirchen knüpften ein solches Netz. Gut organisiert waren die Partnerschaften zwischen den Diakonischen Werken. In der Hauptgeschäftsstelle des Diakonischen Werkes der Evangelischen Kirche in Deutschland in Stuttgart wurde diese Partnerschaftsarbeit geplant und koordiniert. Es sollte sichergestellt werden, daß die Mittel bereitstanden, die zur Wahrnehmung des diakonischen Auftrags unter den Bedingungen der DDR erforderlich waren. Die einzelnen Maßnahmen wurden über die diakonischen Dienststellen in Berlin-West (Berliner Stelle des Diakonischen Werkes

Faltblatt, Oktober 1956 (10.3)

der Evangelischen Kirche in Deutschland) und Berlin-Ost in der Schönhauser Allee 59 durchgeführt.

Auf Grund der politischen Gegebenheiten entwickelte sich der Dienst der Evangelischen Kirchen und ihrer Diakonie sehr unterschiedlich. Die Kirchen in der Bundesrepublik Deutschland konnten mit dem wirtschaftlichen Aufschwung eine ständige Erweiterung ihrer diakonischen Arbeit wahrnehmen. Die Kirchen und ihre Diakonie in der DDR waren unter den erschwerten wirtschaftlichen und politischen Bedingungen bemüht, den Bestand ihrer Arbeit zu erhalten. Sie waren dabei auf materielle und finanzielle Hilfen dringend angewiesen. Diese Hilfen konnten lange Jahre nur in Form von Warenlieferungen bereitgestellt werden. Diese Mittel stammten zu einem großen Teil aus Steuermitteln der Bürger der Bundesrepublik, die von den jeweiligen Bundesregierungen zur Verfügung gestellt wurden.

Bei allen Bundesregierungen und im Bundesministerium für innerdeutsche Beziehungen war immer unbestritten, daß die Kirchen mit ihrer Diakonie einen wesentlichen Beitrag zur inneren Einheit der Menschen unseres Landes leisten. Ob es sich um Mittel für Baumaßnahmen, um medizinisch-technische Geräte, um Literatur, um Kraftfahrzeuge, um Papier oder um Arzneimittel handelte, alle diese Güter kamen vielen Menschen ohne Rücksicht auf Kirchenzugehörigkeit zugute und waren Hilfen zum Leben und zum Überleben. Über lange Zeit hinweg wurden diese von der Regierung der DDR erlaubten Hilfs-

Karte der Bauprogramme des Diakonischen Werkes in der DDR, 1981 (10.37)

maßnahmen in der Stille und unter großer Vertraulichkeit wahrgenommen. Es sollte auch nicht bekannt werden, daß es sich nicht nur um Spenden und Kirchensteuererträge, sondern auch um Steuermittel von Bürgern der Bundesrepublik gehandelt hat.

Die Kirchen und ihre diakonischen Einrichtungen in der DDR waren auch zur Vergütung der kirchlich-diakonischen Mitarbeiter und Mitarbeiterinnen auf finanzielle Leistungen angewiesen. Lange Zeit war es nicht erlaubt, DM-Beträge zu empfangen oder zu be-

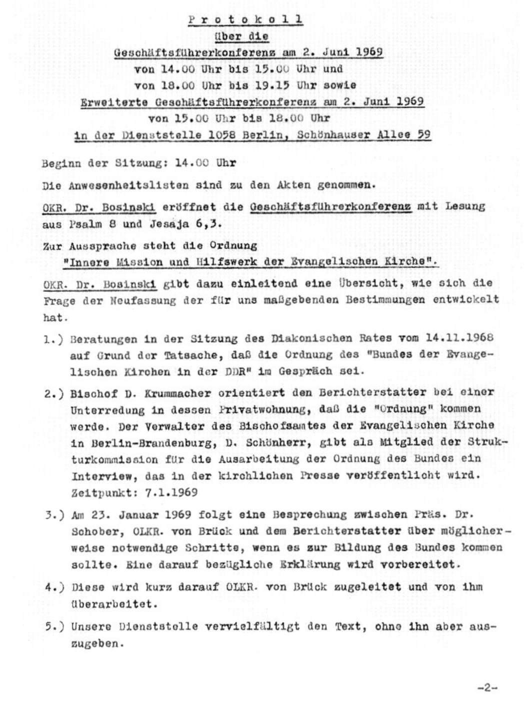

Protokoll
über die
Geschäftsführerkonferenz am 2. Juni 1969
von 14.00 Uhr bis 15.00 Uhr und
von 18.00 Uhr bis 19.15 Uhr sowie
Erweiterte Geschäftsführerkonferenz am 2. Juni 1969
von 15.00 Uhr bis 18.00 Uhr
in der Dienststelle 1058 Berlin, Schönhauser Allee 59

Beginn der Sitzung: 14.00 Uhr

Die Anwesenheitslisten sind zu den Akten genommen.

OKR. Dr. Bosinski eröffnet die Geschäftsführerkonferenz mit Lesung aus Psalm 8 und Jesaja 6,3.

Zur Aussprache steht die Ordnung
"Innere Mission und Hilfswerk der Evangelischen Kirche".

OKR. Dr. Bosinski gibt dazu einleitend eine Übersicht, wie sich die Frage der Neufassung der für uns maßgebenden Bestimmungen entwickelt hat.

1.) Beratungen in der Sitzung des Diakonischen Rates vom 14.11.1968 auf Grund der Tatsache, daß die Ordnung des "Bundes der Evangelischen Kirchen in der DDR" im Gespräch sei.

2.) Bischof D. Krummacher orientiert den Berichterstatter bei einer Unterredung in dessen Privatwohnung, daß die "Ordnung" kommen werde. Der Verwalter des Bischofsamtes der Evangelischen Kirche in Berlin-Brandenburg, D. Schönherr, gibt als Mitglied der Strukturkommission für die Ausarbeitung der Ordnung des Bundes ein Interview, das in der kirchlichen Presse veröffentlicht wird. Zeitpunkt: 7.1.1969

3.) Am 23. Januar 1969 folgt eine Besprechung zwischen Präs. Dr. Schober, OLKR. von Brück und dem Berichterstatter über möglicherweise notwendige Schritte, wenn es zur Bildung des Bundes kommen sollte. Eine darauf bezügliche Erklärung wird vorbereitet.

4.) Diese wird kurz darauf OLKR. von Brück zugeleitet und von ihm überarbeitet.

5.) Unsere Dienststelle vervielfältigt den Text, ohne ihn aber auszugeben.

-2-

Protokoll der Geschäftsführerkonferenz vom 2. Juni 1969 in Berlin (10.27)

Broschüre, 1968/1970 (10.9)

sitzen. Deshalb wurden Waren geliefert, deren Wert den Kirchen und ihrer Diakonie in Mark der DDR und später in Valuta-Mark (VM) gutgeschrieben wurden. Diese Valuta-Mark war eine devisenähnliche Werteinheit, die innerhalb der DDR verwendet werden konnte. Die Höhe der Warenlieferungen im Transferbereich beliefen sich für die Kirche und ihre Diakonie von 1957 bis 1990 auf etwa 1,43 Milliarden DM.

Die Durchführung der Hilfsmaßnahmen

1968 gab sich die DDR eine neue Verfassung, die in Artikel 39 Absatz 2 die Autonomie der Kirchen und der anderen Religionsgemeinschaften nur »in Übereinstimmung mit der Verfassung und den gesetzlichen Bestimmungen« der DDR gewährleistete. Die Kirchen sahen deshalb den Zeitpunkt gekommen, sich unabhängig von der EKD zu organisieren. Am 10. Juni 1969 trat die Ordnung des Bundes der Evangelischen Kirchen in der DDR in Kraft. Als sich das Werden des Bundes abzeichnete, entschloß sich die erweiterte Geschäftsführerkonferenz der diakonischen Arbeit in der DDR, die Gestalt dieser Arbeit in einer eigenen Ordnung darzustellen. Diese am 2. Juni 1969 beschlossene Ordnung wurde nach Entstehen des Bundes dessen Organen zur Kenntnis gegeben und in der Fassung vom 10. Juni 1970 durch Gesetz des Bundes vom 29. Juni 1970 bestätigt. Damit war das Werk »Innere Mission und Hilfswerk der Evangelischen Kirchen in der DDR« entstanden. Am 21. Dezember 1976 erhielt es gemäß der Verordnung vom 6. November 1975 über die Gründung und Tätigkeit von Vereinigungen durch staatliche Anerkennung die Rechtsfähigkeit.

Nach der Gründung des Bundes der evangelischen Kirchen in der DDR kam es zu einer Entspannung im Verhältnis von Staat und Kirche, an der auch die Diakonie teilhatte. Vor allem im Bereich des Gesundheits- und Sozialwesens entwickelte sich eine Kooperation, die sich deutlich von der Konfrontation der 50er und 60er Jahre unterschied. Der Staat akzeptierte nun die diakonische Arbeit vor allem im Bereich der Hilfe für behinderte, kranke und andere hilfsbedürftige Menschen. Damit verbesserten sich auch die Bedingungen für die Hilfsmaßnahmen.

Zur Durchführung der einzelnen Maßnahmen im kirchlichen und humanitären Bereich beauftragte die Evangelische Kirche in Deutschland (EKD) jeweils bestimmte Repräsentanten des Diakonischen Werkes der EKD (Stuttgart). Sie erhielten vom jeweiligen Vorsitzenden des Rates der EKD und vom Präsidenten des Kirchenamtes unterzeichnete Vollmachten. Der offizielle Transfer begann mit Erlaubnis der Regierung der DDR im Jahr 1957.

Zur Abwicklung der Transfermittel und der Mittel für Bauten wurden seitens der beauftragten Personen Gespräche mit dem Ministerium für Außenhandel, Bereich Kommerzielle Koordinierung, geführt. Bei diesen Gesprächen wurden Vereinbarungen über Warenlieferungen getroffen, für deren Gegenwert das Ministerium für Außenhandel Beträge in DDR-Mark an den Bund der Evangelischen Kirchen überwies.

Die Lieferungen wurden über mehrere westdeutsche Handelsfirmen getätigt. Ihnen wurde nach Abschluß der Geschäfte vom jeweiligen Außenhandelsbetrieb der DDR ein Schreiben überlassen, in dem die Mengen und die Werte der bereitgestellten Partien, die ordnungsgemäße Abwicklung und der Empfang der Waren bestätigt wurden. Die Lieferfirmen wurden durch das Diakonische Werk der EKD entsprechend informiert, nachdem die erforderlichen Transithandelsgenehmigungen beziehungsweise Warenbegleitscheine »U« vom Bundesministerium für Wirtschaft erteilt worden waren. Gleichzeitig wurde den Firmen mitgeteilt, daß die vom Bundesministerium für Wirtschaft gemachten Auflagen zu überwachen sind und »es sich bei diesem Geschäft wie bisher tatsächlich um Warenlieferungen und nicht um einen Bartransfer handelt«. Diese Bestätigungen wurden im Diakonischen Werk im Original mit den dazugehörigen Abrechnungen aufbewahrt.

1945-1990

Brücken

Zusätzlich zu den Warenlieferungen im Transfer erreichte das Diakonische Werk der EKD aufgrund einer Vereinbarung mit dem Ministerium für Außenhandel und den Bauaußenhandelsunternehmen, daß mit einer Reihe von Bauprogrammen begonnen werden konnte, die vor allem älteren und behinderten Menschen zugute kamen. Da Pfarrer und kirchliche Bedienstete bei der Vergabe von Wohnungen im staatlichen Bereich kaum berücksichtigt wurden, war die Erstellung von Wohnungen für diesen Personenkreis dringend erforderlich. Von 1966 an wurden die Programme »Gesundheitsbauten«, »Geriatriebauten« und »Fertighäuser« durchgeführt. Für kirchliche und diakonische Einrichtungen konnten in der DDR nicht zu erlangende Baumaterialien zur Verfügung gestellt werden.

Die Abwicklung dieser Maßnahmen fand wie beim Transfer über Warenlieferungen von westdeutschen Handelsfirmen an das Außenhandelsunternehmen der DDR, die Intrac-Handelsgesellschaft mbH statt. Der Gegenwert wurde nicht in Mark der DDR bereitgestellt, sondern verblieb bei der Intrac-Handelsgesellschaft auf einem Konto in harter Währung. Dadurch war die Möglichkeit gegeben, die Bauvorhaben über das damals übliche Verfahren »Export ins Inland«, das heißt Begleichung in harten Devisen, errichten zu lassen. Die für die drei Bauprogramme und die Bereitstellung notwendiger Baumaterialien aufgebrachten Mittel lagen in den Jahren von 1966 bis 1990 bei 153.049.263,36 DM.

Die Kirchen und ihre Diakonie in der DDR blieben aufgrund der wirtschaftlichen Lage in allen Jahren der deutschen Teilung auf materielle und finanzielle Hilfe dringend angewiesen. Trotz aller Kirchenfeindlichkeit wußte die DDR-Führung die Kirche als Devisenbeschaffer zu schätzen. Wenn wir heute an diese Möglichkeiten erinnern, Mauern und Stacheldraht zu überwinden und Menschen zu helfen, dann kann das nur in großer Dankbarkeit geschehen. Der Dank gilt den Steuerzahlern in Staat und Kirche, er gilt den freiwilligen Spendern, er gilt vielen Beteiligten in Regierung und Ministerien, in Kirchen und Diakonischen Werken, auch den für diese Programme der Hilfe verantwortlichen Frauen und Männern. In diesen Dank sind auch die Menschen eingeschlossen, die »auf der anderen Seite« diese Lieferungen ermöglichten und dafür sorgten, daß alle Spenden auch ihre Adressaten erreichten.

Die Rolle der EKD und ihrer Beauftragten im Bereich der humanitären Hilfen (Häftlingsfreikauf) und der Familienzusammenführung (Sondervereinbarung B)

33.755 Männer und Frauen – diese Ziffer entspricht der Einwohnerzahl einer Kleinstadt – sind in den Jahren von 1964 bis 1989 aus Zuchthäusern und Gefängnissen der DDR freigekauft worden. In Bautzen, Brandenburg oder an anderen Orten inhaftiert zu sein, bedeutete Bedrohung für Leib und Leben. Was solche Haft bewirkte, können uns diejenigen Menschen sagen, die sie überstanden haben. Die an Hunger, Erschöpfung oder Folter Gestorbenen können nicht mehr reden. Die noch lebenden Angehörigen, die auch dieses dunkle Kapitel aus der Geschichte der DDR kennen, werden es nicht vergessen.

Auf der Seite der Bundesrepublik Deutschland und der Kirchen gab es viele Bemühungen, Menschen aus Gefängnissen freizubekommen oder Familien zusammenzuführen, die durch die unmenschliche innerdeutsche Grenze getrennt worden waren. Die Mächtigen der DDR boten einen Handel an: Sie waren bereit, ihre Bürger zu verkaufen. Die Bundesregierun-

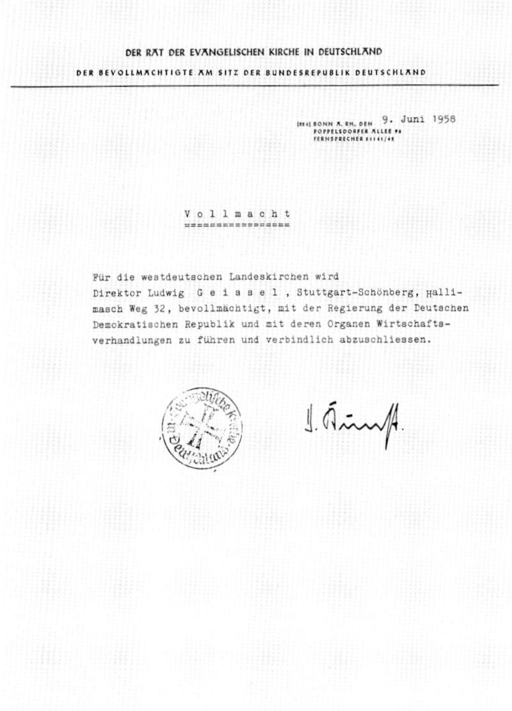

DER RAT DER EVANGELISCHEN KIRCHE IN DEUTSCHLAND

DER BEVOLLMÄCHTIGTE AM SITZ DER BUNDESREPUBLIK DEUTSCHLAND

(22c) BONN A. RH., DEN 9. Juni 1958
POPPELSDORFER ALLEE 96
FERNSPRECHER 31141/48

V o l l m a c h t

Für die westdeutschen Landeskirchen wird Direktor Ludwig G e i s s e l , Stuttgart-Schönberg, Hallimasch Weg 32, bevollmächtigt, mit der Regierung der Deutschen Demokratischen Republik und mit deren Organen Wirtschaftsverhandlungen zu führen und verbindlich abzuschliessen.

Vollmacht für Ludwig Geißel, 1958 (10.76)

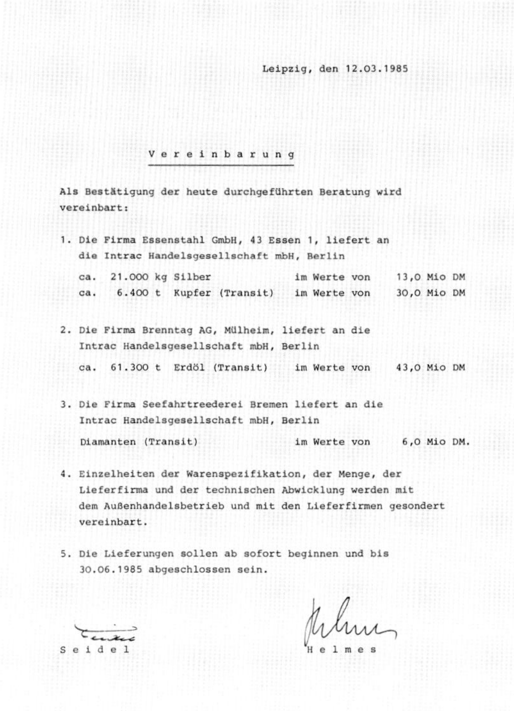

Leipzig, den 12.03.1985

V e r e i n b a r u n g

Als Bestätigung der heute durchgeführten Beratung wird vereinbart:

1. Die Firma Essenstahl GmbH, 43 Essen 1, liefert an die Intrac Handelsgesellschaft mbH, Berlin
   ca. 21.000 kg Silber im Werte von 13,0 Mio DM
   ca. 6.400 t Kupfer (Transit) im Werte von 30,0 Mio DM
2. Die Firma Brenntag AG, Mülheim, liefert an die Intrac Handelsgesellschaft mbH, Berlin
   ca. 61.300 t Erdöl (Transit) im Werte von 43,0 Mio DM
3. Die Firma Seefahrtreederei Bremen liefert an die Intrac Handelsgesellschaft mbH, Berlin
   Diamanten (Transit) im Werte von 6,0 Mio DM.
4. Einzelheiten der Warenspezifikation, der Menge, der Lieferfirma und der technischen Abwicklung werden mit dem Außenhandelsbetrieb und mit den Lieferfirmen gesondert vereinbart.
5. Die Lieferungen sollen ab sofort beginnen und bis 30.06.1985 abgeschlossen sein.

S e i d e l H e l m e s

Vereinbarung über Warenlieferungen, Leipzig 1985 (10.78)

gen ließen sich auf diesen Weg ein, um Menschenleben zu retten. Heute noch müssen die in der Bundesrepublik und in den Kirchen Beteiligten deswegen Vorwürfe hinnehmen. Aber nicht die Bundesregierungen und die in den Kirchen Beteiligten, sondern die einstigen Machthaber in der DDR und der SED sind zu fragen, warum sie Menschen gegen Waren und Geld verkauft haben.

Schon vor der Bundesregierung hatten die Evangelische und Katholische Kirche begonnen, wegen inhaftierter Mitarbeiter mit Ost-Berlin zu verhandeln. Die Namen von Bischof Kurt Scharf, von Prälat Johannes Zinke und des damaligen Ostberliner Anwalts Wolfgang Vogel sind hier zu nennen. Eine erste Liste inhaftierter und freizulassender Mitarbeiter wurde ausgehandelt. Für die erste Freilassung von Häftlingen verlangte die DDR drei Waggons Kali. Auf Bitten von Bischof Scharf wirkte der damalige Direktor und spätere Vizepräsident des Diakonischen Werkes der EKD, Ludwig Geißel, bei der Abwicklung mit. Der Transport wurde nach Absprache mit dem Bundesministerium für Wirtschaft und den Verhandlungspartnern in Ost-Berlin organisiert. In einem ähnlichen Verfahren wurden 20 Kinder in den Westen gebracht, die durch den Bau der Mauer von ihren Eltern getrennt worden waren.

Seit 1964 war die Bundesregierung bereit, auch sogenannte »politische Häftlinge« freizukaufen. Nach dem Willen der Regierung sollten allerdings keine Barzahlungen an die DDR geleistet werden, sondern Warenlieferungen erfolgen. Damit bestand freilich das Risiko, daß gelieferte und verkaufte Waren wieder zu Geld und damit zu den von der DDR begehrten Devisen gemacht wurden. Im Vordergrund der Aktionen stand aber immer das Ziel, Leben von Menschen zu retten. Im Lauf der Jahre wurden immer mehr inhaftierte Menschen zu dem von der DDR bestimmten Preis freigekauft. Zuletzt wurden für einen freigelassenen Gefangenen 95.847 DM bezahlt.

Daß sich die EKD und ihr Bevollmächtigter am Freikauf der Häftlinge beteiligten, hat seinen Grund in der Tatsache, daß durch die EKD seit 1957 der bereits geschilderte Ost-Transfer aufgebaut worden war. Auf die Bitten aus Bonn hin erklärten Bischof Hermann Kunst (Bonn) und Direktor Ludwig Geißel (Stuttgart) aus humanitären Gründen ihre Bereitschaft zur Mitwirkung. Zwischen Bundesregierung und DDR-Regierung wurde ausgehandelt, wer freigekauft und freigelassen werden konnte. Bei der Auswahl der Personen und bei der Festlegung der Beträge waren die Beauftragten der EKD nicht beteiligt. Die zuständige Berliner Stelle des Bundesministeriums für innerdeutsche Beziehungen nannte den im Diakonischen Werk der EKD tätigen Beauftragten eine Summe. Die DDR bestimmte, welche Waren dafür zu liefern waren. Das Innerdeutsche Ministerium wurde unterrichtet: wenn es keine Einwände erhob, konnten die Beauftragten mit der Abwicklung beginnen. Sie schlossen mit westdeutschen Firmen entsprechende Lieferverträge. Das Bundesministerium für Wirtschaft stellte auf schriftlichen Antrag hin die erforderlichen Begleitpapiere aus. Vertragspartner für den Beauftragten der EKD war das seitens der DDR beauftragte Ministerium für Außenhandel. Die Verträge wurden seitens der DDR in der Regel vom Stellvertreter des Staatssekretärs Dr. Alexander Schalck-Golodkowski, Herrn Manfred Seidel, unterschrieben.

Die DDR verlangte von ihren Vertragspartnern strenge Vertraulichkeit. Aus diesem Grund wurde nur ein kleiner Kreis von drei bis fünf bundesdeutschen Vertrauensfirmen mit der Abwicklung der Geschäfte betraut. Weder der Häftlingsfreikauf und die Höhe seiner Summen noch die im übrigen Transfer anfallenden Beträge sollten genannt werden. Deshalb blieb auch in der EKD und ihrem Diakonischen Werk der Kreis der Mitwisser sehr klein.

Über alle Warenlieferungen wurden schriftliche Verträge mit dem seitens der DDR beauftragten Ministerium für Außenhandel geschlossen. Es wurden keine Barzahlungen geleistet, die Bezahlung der Lieferungen erfolgte aus Bundesmitteln über den Bevollmächtigten der EKD in Bonn. Nie sind Kirchensteuermittel oder Spendenmittel bei der »Sondervereinbarung B«, wie der Häftlingsfreikauf intern genannt wurde (in der Presse als »Kirchengeschäft B« bekannt), eingesetzt worden. Die Verträge sind im Diakonischen Werk der EKD in Stuttgart und beim Bevollmächtigten der EKD in Bonn aufbewahrt. Die Unterlagen sind regelmäßig durch den Leiter des Oberrechnungsamtes der EKD geprüft worden. Dem Präsidenten des Bundesrechnungshofes wurde darüber Bericht erstattet. Die gelieferten, verkauften und der EKD gegenüber quittierten Waren, hauptsächlich Erdöl, Kupfer, Quecksilber und Industriediamanten, konnten sicherlich an internationalen Warenbörsen verkauft werden. Die Beauftragten der EKD, die nur für die Organisation dieser Warenlieferungen zuständig waren, hatten keine Möglichkeit der Kontrolle oder der Einflußnahme, wie die Empfänger in der DDR mit den ihnen zugestellten Waren umgingen. An diesen »Geschäften« wurde nichts verdient. Es wurden keine Provisionen bezahlt. Die Kirchen und ihre Diakonie in der DDR erhielten aus diesen Geschäften keine Mittel. Weil die Befreiung von politischen Häftlingen eine humanitäre und für Christen besonders verpflichtende Aufgabe ist, hat sich die EKD und der von ihr beauftragte kleine Kreis von Mitwissenden der Mitwirkung bei der »Sondervereinbarung B« nicht verschlossen. Auch bei dieser Mission wollte die Kirche und ihre Diakonie dem Auftrag treu bleiben, Leben zu schützen und Menschen in Not nicht allein zu lassen.

Ein Netz bleibender Gemeinschaft zwischen Ost und West

Das Netz ungezählter Verbindungen zwischen den Menschen in beiden Teilen Deutschlands ist in den 40 Jahren der Trennung immer dichter geknüpft worden. Es waren nicht nur die Bande von Familien und Verwandten, die Verbindung »nach drüben« gehalten haben. Es waren vor allem auch die Kirchengemeinden, die Mitarbeiter und Mitarbeiterinnen diakonischer Einrichtungen, Angehörige von Schwesternschaften und Bruderschaften, Kreise der Evangelischen Jugend und viele einzelne Christen, die durch Briefe, durch Paketaktionen und, falls Visa erteilt wurden, durch Besuche das Netz der Gemeinschaft mit den Brüdern und Schwestern drüben immer neu geknüpft haben. Dieses Netz hat sich trotz aller Schwierigkeiten als tragfähig erwiesen und wesentlich dazu beigetragen, daß sich die Menschen in beiden Teilen Deutschlands nicht losgelassen haben. In großer Treue, mit viel Phantasie der Liebe und aus den verbindenden Kräften des Glaubens wuchs eine Gemeinschaft, die sich als sehr beständig erwiesen hat. Diese persönlichen Verbindungen und Freundschaften waren die entscheidenden Knotenpunkte im Netzwerk kirchlicher Gemeinschaft. Dankbar sei auch an dieser Stelle der »Kirchliche Bruderdienst« erwähnt. Aus persönlichen Abgaben und Spenden der in Kirche und Diakonie tätigen Frauen und Männer wurden regelmäßig erhebliche Beträge für einen Solidarfonds gesammelt, der die geringen Gehälter der in den Kirchen der DDR tätigen Hauptberuflichen zu verbessern half.

Seit dem Ende des Zweiten Weltkrieges und besonders nach der deutschen Teilung und der erzwungenen organisatorischen Trennung der Kirchen wurden über die persönlichen Partnerschaften hinaus die Hilfen der Kirchen und ihrer Diakonie immer weiter verstärkt. Die geschilderten Programme sollten helfen, daß die evangelische Kirche in der DDR ihren Dienst in Verkündigung, Seelsorge und praktischer Diakonie in einem atheistischen Staat durchführen konnte. Die DDR-Regierung hatte 1956 die Erhebung der Kirchensteuern durch die Finanzverwaltung eingestellt. Den Landeskirchen mußten deshalb direkte Finanzhilfen geleistet werden. Für die Kirchen und ihre diakonischen Aktivitäten und Einrichtungen waren diese materiellen und finanziellen Hilfen aus dem Westen überlebenswichtig.

Über Jahrzehnte hinweg war für alle Transferleistungen der EKD und des Diakonischen Werkes der EKD strenge Vertraulichkeit geboten. Nur wenige Persönlichkeiten kannten den Umfang der Maßnahmen und die Wege der Hilfen. Der sozialistische Staat und die ihn dominierende SED setzten ihre Glaubwürdigkeit aufs Spiel, indem sie die Hilfen für die Kirchen durch die »kapitalistischen« Nachbarn erlaubten. Sie zogen freilich aus diesen »Kirchengeschäften« auch Gewinn, wobei noch einmal betont sei, daß bei den kirchlichen Transaktionen der Gegenwert den Kirchen in der DDR vereinbarungsgemäß zur Verfügung gestellt wurde. Der Freiheit der Kirche und ihrer Diakonie ist damit ein unschätzbarer Dienst erwiesen worden.

In einem dem Rat der EKD vorgelegten und von der Synode der EKD am 28. Juni 1991 in Coburg entgegengenommenen Bericht wird über die kirchlichen Transferleistungen in die DDR im evangelischen Bereich von 1957 bis 1990 festgestellt:

»War schon die widersprüchliche Kirchenpolitik der SED eine schwere Belastung ihrer Glaubwürdigkeit, übrigens nicht zuletzt bei ihren Anhängern, so erwies sich die autonome Existenz und Wirkung der Kirche im totalitär angelegten Herrschaftssystem der Marxisten-Leninisten als dessen eigentliche zum Tode führende Schwäche. Daß die SED die Freiheit der Kirche bei allen Beschränkungen nicht nur zuließ, sondern auch noch stärkte, indem sie die Westhilfe akzeptierte und über die Jahrzehnte immer umfangreicher werden ließ, läßt sich rational und unter Gesichtspunkten des politischen Interesses nicht wirklich erklären. Gott ist, wie sich zeigt, auch durch seine Verächter mächtig.«

Literatur

BINDER, HEINZ-GEORG, »Die Bedeutung des finanziellen Transfers und der humanitären Hilfe zwischen den Kirchen im geteilten Deutschland«, in: Deutscher Bundestag (Hg.), Materialien der Enquête-Kommission »Aufarbeitung von Geschichte und Folgen der SED-Diktatur in Deutschland« (12. Wahlperiode des Deutschen Bundestages), Bd. VI, Kirchen in der SED-Diktatur, Frankfurt a. M. 1995

BOYENS, ARMIN, »›Den Gegner irgendwo festhalten‹ – ›Transfergeschäfte‹ der Evangelischen Kirche in Deutschland mit der DDR-Regierung 1957-1990«, in: Kirchliche Zeitgeschichte, 6. 1993

GEISSEL, LUDWIG, Unterhändler der Menschlichkeit. Erinnerungen, Stuttgart 1991

REHLINGER, LUDWIG A., Freikauf. Die Geschäfte der DDR mit politisch Verfolgten 1963-1989, Frankfurt a. M. 1993

WEDEL, REYMAR VON, Als Kirchenanwalt durch die Mauer: Erinnerungen eines Zeitzeugen, Berlin 1994

Die Diakonie im westdeutschen Sozialstaat

von Thomas Olk

Zwischen öffentlicher Wohlfahrtspflege und Kirche

Rechtliche Stellung und programmatisches Selbstverständnis weisen der Diakonie eine »intermediäre Stellung« zwischen Kirchenorganisation und Wohlfahrtspflege zu. (Degen 1985) Einerseits versteht sie sich als »Lebens- und Wesensäußerung der Kirche« und ist insofern ein kirchliches Handlungsfeld. Andererseits ist sie aber ebenso ein Wohlfahrtsverband, der im Rahmen der Kooperation zwischen öffentlichen und freien Trägern öffentliche Aufgaben der Wohlfahrtspflege übernimmt und insoweit durch sozialrechtliche Regelungen normiert sowie zu einem relevanten Teil durch Zuwendungen und Leistungsentgelte der öffentlichen Hand und der Sozialversicherungsträger finanziert wird. Da also die Kirche durch die Diakonie über ihren engeren Kreis hinaus weit in gesellschaftliche Handlungsfelder wirkt, ist sie dem Einfluß unterschiedlicher Handlungslogiken im Spannungsfeld von Staat und Gesellschaft ausgesetzt. Es kann daher nicht überraschen, daß Entwicklungen im Bereich von Wirtschaft, Politik und Kultur äußere Form und innere Struktur der Diakonie beeinflussen.

Die folgende Darstellung orientiert sich an den Wechselbeziehungen zwischen gesellschaftlichen Entwicklungen und Diakonie. Daher erweist es sich als zweckmäßig, den Berichtszeitraum in zwei große Abschnitte zu gliedern: Der erste Zeitabschnitt reicht von 1960 bis etwa zur Mitte der 70er Jahre und ist durch wirtschaftliches Wachstum, zunehmenden gesellschaftlichen Reichtum und ein politisches Reformklima geprägt. Der zweite Abschnitt steht dagegen unter dem Eindruck eines schrumpfenden wirtschaftlichen Wachstums, steigender Arbeitslosenzahlen, neuer sozialer Ungleichheiten und Notlagen sowie finanzieller Engpässe in den öffentlichen Haushalten. Bei einer solchen Periodisierung sollte stets bedacht werden, daß sich nicht alle Ereignisse und Veränderungen bruchlos in dieses einfache Schema fügen und insbesondere die 70er Jahre als eine Phase des Übergangs und Umbruchs von gegenläufigen und sich zum Teil überlappenden Entwicklungen und Ereignissen geprägt sind.

Diakonie im Wohlstand: Das Ende der Nachkriegsära

Die 60er Jahre signalisierten in mehrerer Hinsicht das Ende der Nachkriegsära und den Beginn einer neuen Entwicklungsphase in Wohlfahrtspflege und Gesellschaft. Der ökonomische und politische Wiederaufbau, der die späten 40er sowie die 50er Jahre geprägt hatte, ging seinem Ende entgegen. Hierfür sprachen eine kaum erwartete Stabilität des neu errichteten demokratischen Regierungssystems sowie eine dynamische wirtschaftliche Entwicklung. So lagen die wirtschaftlichen Wachstumsraten im Fünfjahresdurchschnitt in der ersten Hälfte der 60er Jahre bei 5,6 % und in der zweiten bei 4,4 %, und die Nachkriegsarbeitslosigkeit wich mit Werten von 0,9 % und 1,2 % einer Vollbeschäftigung. Im Zuge dieser Entwicklung nahm die Bedeutung der Bearbeitung von Kriegsfolgen, die die Arbeit der Diakonie in den 50er Jahren noch stark geprägt hatte, im Verlaufe der 60er Jahre deutlich ab.

Auf diese Weise wurde der Boden bereitet 1. für eine organisatorische Konsolidierung des sozialen Protestantismus in der Bundesrepublik sowie 2. für eine grundlegende Reform der Sozialgesetzgebung in den Bereichen Jugend und Soziales.

1. Auf der Synode der EKD vom März 1957 in Berlin-Spandau wurde einmütig das »Kirchengesetz über den Zusammenschluß von Innerer Mission und Hilfswerk der Evangelischen Kirche in Deutschland vom 08.03.1957« verabschiedet. Es handelte sich hierbei um einen organisatorischen Zusammenschluß, der auf die veränderte gesellschaftliche Situation (steigendes wirtschaftliches Wachstum und Beendigung der Nachkriegsnotstände, allmählicher Wegfall der amerikanischen Hilfslieferungen) reagierte und den Weg für eine Vereinheitlichung des Selbstverständnisses und der Ziele der ursprünglich getrennten Teile ebnete. Das neugeschaffene Werk trug zunächst den Namen »Innere Mission und Hilfswerk der Evangelischen Kirche in Deutschland« und wurde dann im Jahre 1965 in die Bezeichnung »Diakonisches Werk – Innere Mission und Hilfswerk der Evangelischen Kirche in Deutschland« umbenannt. Das Werk, das am 1. Juli 1957 seine Arbeit in Stuttgart aufnahm, wurde von Friedrich Münchmeyer (zuvor Central-Ausschuß) geleitet. Ihm folgte im Jahre 1963 Theodor Schober, der 1984 durch Karl Heinz Neukamm abgelöst wurde. Seit 1994 hat diese Funktion Pfarrer Jürgen Gohde inne. Mit Missionarischer und Theologischer Arbeit, Ökumene, Sozialpolitik, Allgemeiner Fürsorge, Gesundheits-Fürsorge, Not-

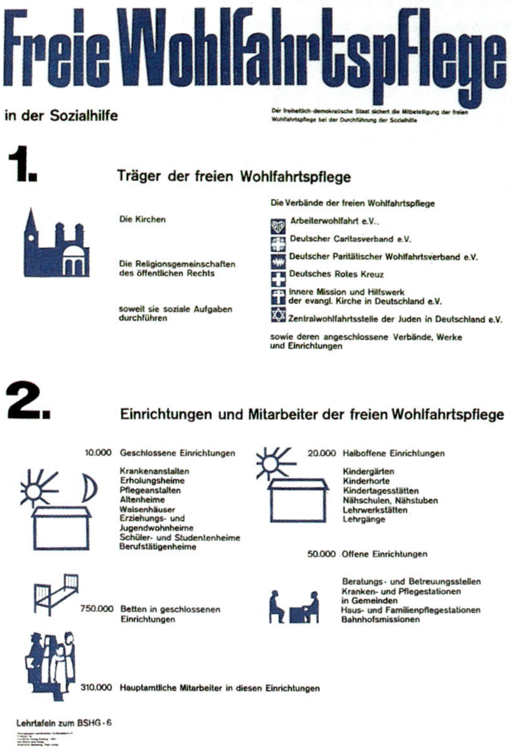

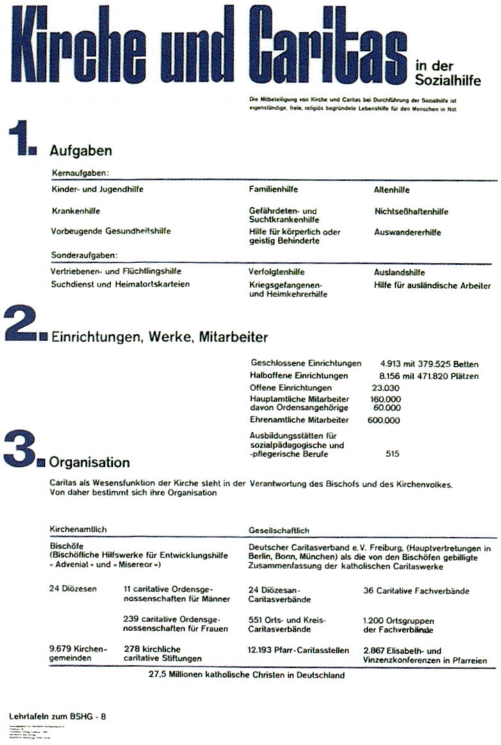

Lehrtafeln zum Bundessozialhilfegesetz, 1963 (10.129)

1945–1990

Brücken

standshilfe sowie Recht und Wirtschaft wurden zunächst sieben Abteilungen eingerichtet; vom 1. Januar 1973 an gab es nur noch vier Hauptabteilungen.

2. Mit der Verabschiedung des Bundessozialhilfegesetzes (BSHG) und des Jugendwohlfahrtsgesetzes (JWG) im Jahre 1961 wurden sowohl die Rolle des Hilfeempfängers als auch die Stellung der Freien Träger der Wohlfahrtspflege in den Bereichen Jugend und Soziales rechtlich neu geordnet. Für die Hilfeempfänger bestand nun ein grundsätzlicher Rechtsanspruch auf Hilfe, der jedoch den Hilfeträgern immer noch einen erheblichen Ermessensspielraum bei der Feststellung von Notlagen einräumte. Das Verhältnis von öffentlichen und freien Hilfeträgern untereinander, das in den Auseinandersetzungen um die Gesetzesformulierungen unter dem Stichwort »Subsidiaritätsprinzip« diskutiert wurde, erhielt in den §§ 10 und 93 des BSHG – ähnliche Formulierungen finden sich in § 5 des JWG – die Form eines »bedingten Vorrangs« der freien vor den öffentlichen Trägern bei gleichzeitiger Gewährleistungsverpflichtung öffentlicher Träger gegenüber den individuellen Anspruchsberechtigten. Nach den Bestimmungen des BSHG (§ 10, Abs. 4) soll der öffentliche Träger von der Schaffung eigener Einrichtungen absehen, wenn Einrichtungen der Freien Wohlfahrtspflege bestehen, ausgeweitet oder neu geschaffen werden können.

Gegen die Regelungen in BSHG und JWG zum Verhältnis öffentlicher und freier Hilfeträger legten einige Städte und Bundesländer beim Bundesverfassungsgericht in Karlsruhe Verfassungsbeschwerde ein beziehungsweise erhoben Normenkontrollklagen. Erst am 18. Juli 1967 bestätigte das angerufene Bundesverfassungsgericht die Verfassungskonformität der inkriminierten Regelungen. Die fünf Jahre zwischen der Verabschiedung der Sozialgesetze und dem Bundesverfassungsgerichts-Urteil waren durch heftige juristische Debatten und Kontroversen über die umstrittenen Regelungen zur Stellung der Freien Wohlfahrtspflege im Sozialbereich geprägt. In diesen Auseinandersetzungen flackerte der bereits in der Weimarer Zeit aufgebrochene Konflikt zwischen zumeist sozialdemokratisch geführten großen Städten einerseits und konfessionellen Wohlfahrtsverbänden andererseits erneut auf. Während die Vertreter der kommunalen Gebietskörperschaften auf Einschränkungen und Behinderungen ihres Rechts auf kommunale Selbstverwaltung verwiesen, befürchteten die Wohlfahrtsverbände eine »Kommunalisierung« der Wohlfahrtspflege. Diese Frage verlor allerdings mit der Expansion des Sozialstaates seit der zweiten Hälfte der 60er Jahre an Bedeutung und verlagerte sich allmählich immer mehr auf die Ebene von Formen und Modalitäten der pragmatischen Ausgestaltung von Kooperationsbeziehungen zwischen Einrichtungen und Diensten der Freien Wohlfahrtspflege einerseits und dem Staat mit seinen speziellen rechtlichen Regelungen, Planungsprozessen und Finanzierungsmodalitäten andererseits.

Diakonie im Wachstum

Die 60er und frühen 70er Jahre waren durch eine beispiellose Ausweitung sozialer Arbeit in der Bundesrepublik Deutschland geprägt. An dieser Entwicklung war auch die Diakonie mit einem enormen Größenwachstum und einer inneren Differenzierung diakonischer Arbeitsfelder, Einrichtungen und Dienste beteiligt. Sowohl die Expansion selbst als auch ihre Schwerpunkte wurden durch allgemeine gesellschaftliche Entwicklungen beeinflußt. Abgesehen von den günstigen wirtschaftlichen Rahmenbedingungen ist hier besonders der gesellschafts- und sozialpolitische »Klimawechsel« hervorzuheben: Insbesondere der Übergang zur sozialliberalen Regierungskoalition unter Willy Brandt 1969 sowie die Studentenbewegung von 1967 leiteten politische und soziale Veränderungen ein, die sich nicht zuletzt im Bereich sozialer Arbeit auswirkten. Markiert der Regierungswechsel insbesondere eine Politik »innerer Reformen« und Experimente (»Mehr Demokratie wagen«), so führte die Studentenbewegung zu einer radikalen Kritik überkommener Werte und Lebensformen und zur Propagierung neuer gesellschaftspolitischer Programme und Konzepte. In Jugendhilfe und Sozialarbeit artikulierte eine junge Sozialarbeitergeneration ihre Kritik an traditionellen Zielen, Arbeitsformen und Konzepten sozialer Arbeit und klagte die Aufdeckung und Bekämpfung »gesellschaftlicher Ursachen« sozialer Probleme und Ungerechtigkeiten ein. In diese Phase fiel auch der Beginn eines rasanten Prozesses der Verwissenschaftlichung und Akademisierung sozialer Arbeit. Neue psychologische, soziologische und pädagogische Erkenntnisse hinsichtlich der Entstehung sozialer Probleme und veränderte Konzepte und Strategien zu deren Bewältigung wurden entwickelt und verbreitet. Alle diese Entwicklungen zusammengenommen führten zu einer bislang unbekannten Steigerung der Sensibilität der Öffentlichkeit für Benachteiligungen und soziale Probleme sowie für »Randgruppen« der Gesellschaft. Im Zuge dieser Entwicklung wurden bestimmte etablierte Einrichtungsarten und Hilfeformen, wie die »geschlossene« Fürsorge, besonders kritisiert, neue »entstigmatisierende« Arbeits- und Umgangsformen eingefordert und nicht zuletzt neue Adressatengruppen und -felder (zum Beispiel Angebote und Dienste für Gastarbeiter, Hilfen für psychisch Kranke, für Drogen-Abhängige, für Kleinkinder, Angebote und Maßnahmen der Rehabilitation etc.) entwickelt und ausgebaut.

Die Konsequenzen für die Diakonie lassen sich an folgenden Trends ablesen: Die Anzahl diakonischer Einrichtungen, Dienste, Betten sowie Mitarbeiterinnen und Mitarbeiter stieg in diesem Zeitraum in einigen Bereichen steil an, und zwar insbesondere – wie bereits in den 40er und 50er Jahren – in den Arbeitsbereichen der »offenen« und »halboffenen« Fürsorge. Dieser Trend kommt in den folgenden Zahlenangaben eindrucksvoll zum Ausdruck: Während von 1966 bis 1975 die Anzahl der Diakonischen Krankenhäuser von 312 auf 298 um 5 % zurückging und die Anzahl der Betten von 53.913 auf 59.649 um 11 % stieg und auch in der Altenhilfe mit einem Rückgang der Heime von 1.376 auf 1.136 um 18 % bei einer Zunahme der Betten von 62.976 auf 81.059 (um 29 %) eine ähnliche Tendenz zu beobachten war, nahm die Anzahl der Einrichtungen im Bereich der Tagesstätten für Kinder von 5.428 auf 6.384 um 27 % und die Zahl der Plätze von 333.897 auf 450.741 um 35 % zu. Demgegenüber war bei einem Anstieg der Anzahl der Altenclubs und Altenkreise von 200 im Jahre 1966 auf 1.171 im Jahre 1975 eine Steigerung um 486 % zu verzeichnen und im Bereich der Altentagesstätten eine Steigerung um 302 % von 80 auf 322 Einrichtungen. Auch die Telefonseelsorgestellen nahmen von 18 auf 38 und damit um 111 % zu. Die Entwicklung im Bereich der diakonischen Mitarbeiterschaften wird an folgenden Zahlenangaben deutlich: Die Gesamtzahl der Mitarbeiter des Diakonischen Werkes nahm in dem genannten Zeitraum von 112.000 auf 175.000 – und damit um 56 % – zu, während die Anzahl der Mitarbeiter in Mutterhäusern und Schwesternschaften von 36.900 auf 29.900 – und damit um 19 % – abnahm. (Schober 1976)

Zum Wandel diakonischer Mitarbeiterschaften

Die starke Expansion, Modernisierung und Neugewichtung diakonischer Arbeitsfelder, Einrichtungen und Dienste hatte naturgemäß Auswirkungen auf Umfang und Zusammensetzung der (benötigten) Mitarbeiterschaft. Die Ausweitung der Tätigkeitsfelder und die Professionalisierung im Bereich von Gesundheitspflege und Sozialarbeit verschärften zunächst einmal das Problem des chronischen Nachwuchs- und Mitarbeitermangels.

Die sich öffnende Schere einer zunehmenden Anzahl diakonischer Einrichtungen und Dienste einerseits und einem knapper werdenden Nachwuchspotential im pflegerischen und sozialarbeiterischen Bereich andererseits führte dazu, daß nicht lediglich qualifizierte Kräfte, sondern überhaupt Personal jeglicher Vorbildung fehlte. In vielen Einrichtungen und Anstalten (zum Beispiel in großen Krankenhäusern) blieben nicht selten vorhandene Bettenkapazitäten ungenutzt, da das Personal zur Pflege und Betreuung fehlte.

Bereits seit den 50er Jahren wurden vielfältige Versuche und Initiativen entwickelt, um dem Mitarbeitermangel zu begegnen und qualifizierte Nachwuchskräfte zu gewinnen. Hierzu gehörten Maßnahmen wie die regelmäßige und systematische Information über pädagogische, soziale und pflegerische Berufe in den Gemeinden, die Einrichtung von Beratungsstellen für Interessierte an sozialen Berufen bei den Landesverbänden des Diakonischen Werkes, die Einrichtung des Diakonischen Jahres etc. Aus heutiger Sicht läßt sich erkennen, daß erst die deutliche Aufwertung sozialer und sozialpädagogischer Berufsabschlüsse durch die Umwandlung der Höheren Fachschulen in Fachhochschulen und die Einrichtung eines Diplomstudiengangs für Erziehungswissenschaften mit dem Schwerpunkt Sozialarbeit/Sozialpädagogik an den Universitäten im Übergang von den 60er zu den 70er Jahren sowie vor allem die Verschlechterung der Lage auf dem Ausbildungsstellen- und Arbeitsmarkt seit Mitte der 70er Jahre zu einer nachhaltigen Trendwende und damit zu einer Beendigung des Nachwuchsmangels geführt haben.

Allerdings war mit dem Trend zur Bedeutungsaufwertung pflegerischer, sozialer und sozialpädagogischer Berufe und zur Verfachlichung und Professionalisierung auch eine Veränderung der Motivlagen und Sinnorientierungen der diakonischen Mitarbeiterschaft verbunden. Die jungen Kräfte brachten zwar ein erhebliches Ausmaß an Fachwissen und fachbezogener Motivation mit, allerdings verfügten sie über verhältnismäßig wenig christliches Wissen. Die hiermit verbundene Vervielfältigung und Auseinanderentwicklung von Sinnorientierungen und Qualitätskriterien sozialer Arbeit führten zu Verunsicherungen und Kontroversen hinsichtlich verbindlicher Kriterien und Maßstäbe diakonischer Arbeit. (Eberlein 1972) Von nun an wurde die weitere Entwicklung der Diakonie von Auseinandersetzungen darüber begleitet, ob eine fachlich qualifizierte Vorgehensweise die »beste Diakonie« sei oder ob es zusätzlich besonderer geistlicher Orientierungen und Werthaltungen bedurfte.

Die ordnende Hand des Staates

Als eine weitere bedeutsame Konsequenz des enormen Wachstumsprozesses sozialer Arbeit im allgemeinen und der Diakonie im besonderen ließ sich ein verändertes Verhältnis zu staatlichen Institutionen feststellen. Seit den ausgehenden 60er Jahren engagierte sich der bundesdeutsche soziale Rechtsstaat immer stärker im Bereich von Sozialpolitik und sozialer Arbeit. Neue Leistungsgesetze wurden beschlossen, Förderprogramme aufgelegt und öffentliche Einrichtungen und Dienste aufgebaut. Der Staat war bestrebt, immer mehr (Gewährleistungs-)Verantwortlichkeiten im Sozialbereich zu übernehmen und regelte daher die Ziele und Modalitäten der Aufgabendurchführung nach rechtlichen und verwaltungsimmanenten Kriterien und Regeln. Die Freie Wohlfahrtspflege – und damit auch die Diakonie – wurden auf diese Weise immer enger in einen durch die öffentliche Hand regulierten kooperativen Verbund öffentlicher Aufgabenerledigung eingebunden.

Da die Subsidiaritätsregelungen der Sozialgesetze offensichtlich keinen Schutz gegen wachsenden hoheitlichen Einfluß und immer weitreichendere Kontroll- und Gestaltungsmaßnahmen der öffentlichen Hand boten, warnte etwa René Leudesdorff vor einer Gefahr der »Verstaatlichung« von Freier Wohlfahrtspflege und Diakonie. Er befürchtete, daß staatliche Institutionen über ihre Rechtsetzungs-, Planungs- und Finanzierungskompetenzen den Freiheitsspielraum verbandlicher Träger einengen und eine »strukturelle Homogenisierung« der sozialen Arbeit bewirken könnten, die es der Diakonie immer schwerer machen würden, ihr besonderes, theologisch begründetes Aufgabenselbstverständnis zu realisieren und eigene, innovative Wege in der sozialen Arbeit zu beschreiten. In der kontrovers geführten Diskussion wurden unterschiedliche Einschätzungen über die Verursachungsfaktoren und die Vorschläge zur Bekämpfung dieser Entwicklung geäußert. Während Leudesdorff befürchtete, hinter dieser Entwicklung könnten ideologische Konzepte, Interessenlagen und Intentionen einer bewußten Schwächung und Zurückdrängung der Freien Wohlfahrtspflege im Sinne alter Verstaatlichungsprogramme stehen, verwies Johannes Degen auf die »sy-

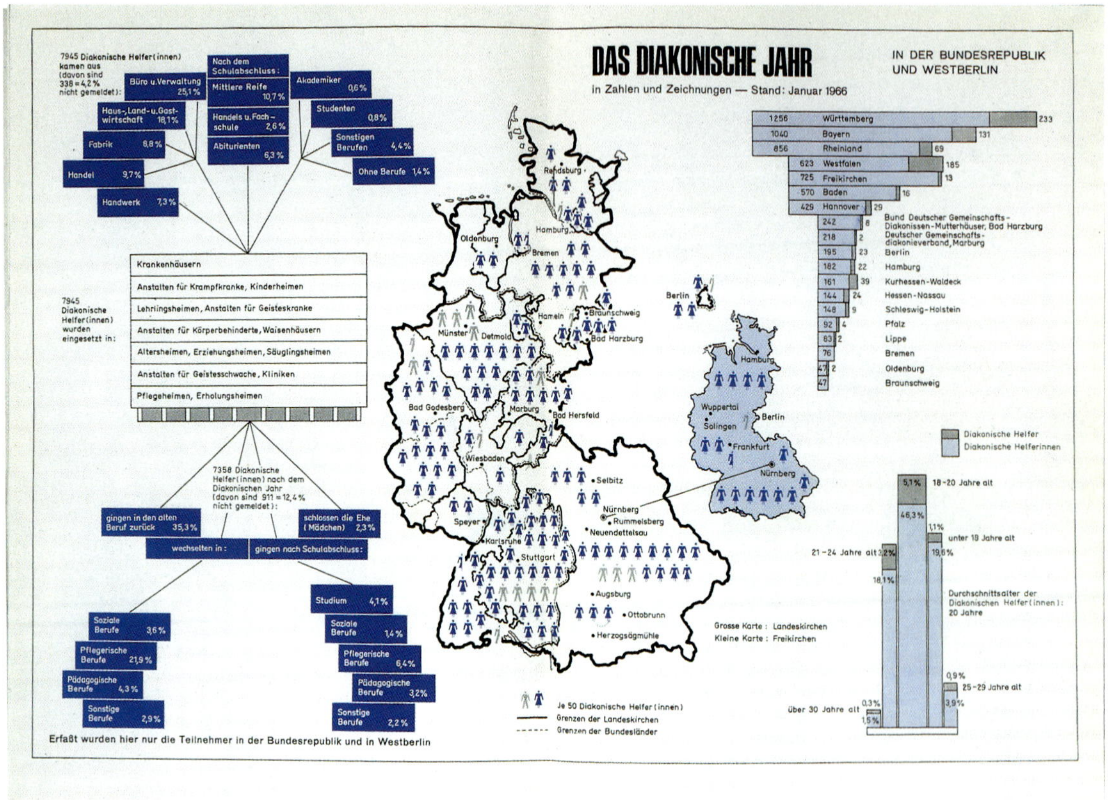

Statistik zum Diakonischen Jahr, 1966 (10.107)

stemische Logik« der Expansion des Sozialstaates. Bei dessen Bestreben, die Bürger gegen die Risiken komplexer werdender gesellschaftlicher Verhältnisse abzusichern und das Ziel sozialer Gerechtigkeit umzusetzen, orientiere sich der Staat zwangsläufig an Prinzipien wie Gleichbehandlung und flächendekkender Versorgung und sei daher an einer »Standardisierung« und »Normierung« sozialer Angebote und Dienste interessiert (vgl. die Kontroverse zwischen R. Leudesdorff mit J. Degen in der Zeitschrift »Diakonie« 1975 und 1978).

Entsprechend der vertretenen Position ergaben sich unterschiedliche Empfehlungen: Resultierte aus der erstgenannten Auffassung die Überzeugung, die Sicherung des Gestaltungsspielraums der Diakonie sei letztlich eine Machtfrage, so ließ sich aus der zweitgenannten Position die Auffassung ableiten, die Diakonie solle ihre Eigenarten und Stärken deutlicher zur Geltung bringen. Als Antwort auf die drohende Vereinnahmung freier Träger durch den Sozialstaat wurde der Diakonie daher empfohlen, sich in die öffentliche Diskussion um die sozialpolitischen Prioritäten selbstbewußt einzumischen, ihre eigene Arbeit vor dem Hintergrund einer wachsenden Säkularität von Gesellschaft und Sozialarbeit theologisch neu zu begründen und über eine Praxis der »modellhaften Entgegensetzung« und der Vertrauensgewinnung herauszustellen, daß christliche Diakonie etwas Wichtiges zur Vermenschlichung der modernen Gesellschaft beizutragen habe.

Eine Auseinandersetzung mit den skizzierten Herausforderungen und Anfragen an das überkommene Selbstverständnis der Diakonie und die Entwicklung überzeugender Antworten und Konzepte setzte – beginnend mit den späten 60er Jahren – zunächst eher zögernd und vorsichtig ein. Als ein erster Ansatz hierzu ließ sich der Diakonische Kongreß verstehen, der im September 1966 in Berlin durchgeführt wurde.

Eine Antwort, die sich auf die Ebene der konkreten Arbeitsfelder bezog, wurden die sogenannten Schwerpunktprogramme. Die Hauptgeschäftsstelle des Diakonischen Werkes entwickelte 1967 auf der Grundlage einer Umfrage bei den Landes- und Fachverbänden den Vorschlag, sechs große Aufgabenbereiche nacheinander zu untersuchen, modellhafte Konzepte und Aktionen vorzustellen und die Öffentlichkeit mit dem jeweiligen Problemfeld vertraut zu machen. Tatsächlich wurden dann folgende Schwerpunktprogramme realisiert: »Sorge für den gefährde-

Plakat des Diakonischen Werkes, 1985
(10.154)

Plakat des Diakonischen Werkes, um 1985
(10.155)

ten Menschen« (1968-1971), »Hilfe für Behinderte« (1972-1974), »Hilfe für das Alter« (1975-1978) sowie schließlich – von 1982-1984 – das Programm zum Thema »Familie«.

Für die Diakonie als Ganzes wurde eine grundsätzliche Neuorientierung angemahnt. Eine aktuelle Interpretation des diakonischen Auftrags durch die Theologie, eine Auseinandersetzung mit Selbstverständnis, Sachzwängen und Planungsvorhaben staatlicher Institutionen, eine Reflexion gesellschaftlicher Veränderungen und des Wandels von Notlagen und Hilfsbedürftigkeiten sowie die Überprüfung von Organisationsstrukturen und Arbeitsabläufen der Diakonie, die Entwicklung arbeitsfeldübergreifender und arbeitsfeldbezogener Planungen auf der Grundlage geklärter Ziele und Grundorientierungen, die übersichtliche Sortierung und Profilierung der Hilfeangebote und deren Präsentation in der Öffentlichkeit wurden gefordert. (Eberlein 1972, Degen 1975) Darüber hinaus wurde vorgeschlagen, neue, wissenschaftlich fundierte Handlungs- und Arbeitsmethoden verstärkt in der Arbeit anzuwenden und Innovationen durch die Einrichtung und Begleitung von Modell-Einrichtungen voranzutreiben.

An den Grenzen des Sozialstaates: Neuorientierungen in turbulenten Gewässern. Die »Wende« in der Sozialpolitik

In den 60er und frühen 70er Jahren entwickelte sich die Diakonie – wie die anderen Wohlfahrtsverbände auch – zu einem wichtigen Bestandteil des arbeitsteilig organisierten Systems öffentlicher Wohlfahrtsproduktion. Allerdings brachte diese Entwicklung eine wachsende Abhängigkeit von öffentlichen Finanzmitteln mit sich. Für Anfang der 80er Jahre ermittelte Thermann (Thermann 1984) einen Finanzierungsanteil des Staates an der diakonischen Arbeit von 38 %, der gesetzlichen Versicherungen von 34 % und der Eigenmittel, die überwiegend aus kirchlichen Haushaltsmitteln stammten, von 11 %. Die jährlichen Investitionen lagen darüber hinaus zu dieser Zeit bei rund 400 Millionen DM pro Jahr, wobei die Darlehen und Zuschüsse der Kirche rund 15 % davon abdeckten, während der Staat 45 % der Investitionskosten trug. Diese Zahlen bringen die relativen Finanzierungsanteile diakonischer Arbeit im Verlaufe der 80er Jahre im großen und ganzen zutreffend zum Ausdruck. Allerdings muß dabei berücksichtigt werden, daß der Anteil der Eigenmittel seitdem ständig zurückging, während die Anteile öffentlicher und parastaatlicher Haushalte zunahmen. Damit wurde die Diakonie in wachsendem Maße von der gesamtwirtschaftlichen Entwicklung und sozialpolitischen Prioritätensetzungen abhängig. In dieser Hinsicht bedeuteten die Entwicklungen im Übergang zu den 80er Jahren einen tiefgreifenden Wendepunkt: Seit dem ersten nachhaltigen wirtschaftlichen Einbruch 1974/75, der mit einer hohen Arbeitslosigkeit sowie mit der Rückkehr der Arbeits- und Berufsnot Jugendlicher verbunden war, verschlechterten sich die wirtschaftlichen Rahmendaten und verengten sich die Spielräume für eine sozialstaatliche Umverteilungspolitik. Die hierdurch ausgelösten politischen Kontroversen um wirksame Wege zur Überwindung der Wirtschaftskrise führten im Herbst 1982 zum Bruch der sozial-liberalen Regierungskoalition und zum Übergang zur konservativ-liberalen Regierung unter Kanzler Helmut Kohl. Angesichts verringerter ökonomischer Wachstumsraten, einer anhaltend hohen Arbeitslosigkeit, der Entstehung einer die kommunale Sozialhilfe belastenden »neuen Armut« und empfindlicher Finanzierungsprobleme öffentlicher Sozialleistungen wurde nun ein wirtschafts- und sozialpolitischer Richtungswechsel eingeleitet, der insgesamt durch das Prinzip »weniger Staat – mehr Markt und Eigenverantwortung für die Bürger« bestimmt war.

Im Bereich von Sozialpolitik und Wohlfahrtspflege wurde im Rahmen einer »neuen Subsidiaritätspolitik« sowohl auf Leistungsmöglichkeiten und -stärken freier gesellschaftlicher Gruppen und der Bürgerinnen und Bürger sowie auch der Wohlfahrtsverbände bei der Mobilisierung unausgeschöpfter Leistungs- und Entlastungspotentiale spekuliert. Es zeigte sich allerdings sehr bald, daß diese neuen politischen Ansprüche einer Staatsentlastung durch vermehrte nicht-staatliche Wohlfahrtstätigkeit ins Leere laufen mußten. In einer Situation, in der die Freie Wohlfahrtspflege in hohem Maße von öffentlichen Leistungsentgelten und Zuwendungen abhängig war, mußte jede Kürzung von Finanzmitteln im Bereich der Wohlfahrtspflege auch die Handlungsmöglichkeiten der Spitzenverbände der Freien Wohlfahrtspflege einschränken. Rückblickend betrachtet, ist zwar erkennbar, daß es zu Beginn der 80er Jahre keineswegs – wie seinerzeit befürchtet worden war – zu einem umfassenden Sozialstaatsabbau gekommen ist. Für die Freie Wohlfahrtspflege und die Diakonie bestand das Problem allerdings darin, daß selektive Kürzungen in einzelnen Leistungsbereichen sowie zum Teil weitreichende Umschichtungen und Verschiebungen staatlicher Finanzmittel jede langfristige Planung bei den von öffentlichen Mitteln abhängigen Verbänden erschwerten und daher zu erheblichen Verunsicherungen beitrugen.

Solche Unsicherheiten über künftige Entwicklungen betrafen die Wohlfahrtsverbände in ihrer Rolle als »Sozialunternehmen«, also als Träger von Einrichtungen, Anstalten und Diensten. Aus diesem Grunde erteilte zu Beginn der 80er Jahre die Bank für Sozialwirtschaft der Prognos AG den Auftrag für eine Studie zur »Entwicklung der Freien Wohlfahrtspflege bis zum Jahr 2000«. (Baur 1984) »Wandel ohne Expansion« nannten die Autoren die verbandspolitische Entwicklungsperspektive, die sich für sie aus veränderten Rahmenbedingungen (wie sinkenden Wachstumsraten, anhaltend hoher Arbeitslosigkeit, Wertewandel etc.) ergab. Konkretisiert auf zentrale Handlungsfelder bedeutete dies:

- Auf neu auftretende beziehungsweise sich im Umfang verändernde Hilfsbedürftigkeiten und Notlagen kann nicht mehr – wie bisher – mit Wachstum, also zum Beispiel dem Aufbau neuer Einrichtungen und Dienste, sondern nur noch durch Umbau und Umschichtung von Kapazitäten und Finanzmitteln reagiert werden.
- Die verschlechterte Finanzlage öffentlicher Sozialhaushalte und die relative Abnahme der Eigenmittel zwingen zu einer Steigerung von Effektivität und Effizienz sozialer Arbeit in der Diakonie; durch die Einführung moderner betriebswirtschaftlicher Konzepte und Strategien des Managements müssen organisatorische Strukturen und Abläufe überprüft und Leistungsreserven mobilisiert werden, um bei tendenziell sinkenden Einnahmen handlungsfähig zu bleiben; auch muß sich die Diakonie mit Ansprüchen und Erwartungen aus Politik und Verwaltung auseinandersetzen und durch den verstärkten Einsatz Ehrenamtlicher Kosten sparen.
- Quantitative Expansion verliert zugunsten qualitativer Weiterentwicklung an Bedeutung; neue Werthaltungen, Interessen und Bedürfnisse sowohl der Hilfsbedürftigen als auch der Mitarbeiterinnen und Mitarbeiter und fachlich-konzeptionelle Neuerungen zwingen zur qualitativen Anpassung der Arbeit an neue Ansprüche und Standards, dabei geht es neben der Entwicklung und Erprobung neuer Hilfeformen und Arbeitsmethoden insbesondere auch um eine Öffnung organisatorischer Strukturen und Arbeitsabläufe für gestiegene Beteiligungs- und Mitwirkungsinteressen von Mitarbeiterschaften sowie Hilfebedürftigen.
- Mit Bürgerinitiativen, Selbsthilfegruppen und sozialen Projekten sind neue Formen des freiwilligen

Engagements entstandenen, die sich zu einem großen Teil zunächst unabhängig von der Freien Wohlfahrtspflege herausgebildet haben, auf veränderte Motivlagen zurückgreifen und mit neuen Organisationsformen experimentieren. In der Prognos-Studie wurde den Wohlfahrtsverbänden empfohlen, dieses zunehmende neue Engagement durch konzeptionelle und organisatorische Umstrukturierungen in den Einrichtungen und Diensten sowie durch Eröffnung von Möglichkeiten der Mitgliedschaft und Mitwirkung in die Arbeit der Wohlfahrtsverbände einzubinden.

Einsegnung der ersten Diakoninnen in Rummelsberg, 1987 (10.114)

Selektives Wachstum unter Knappheitsbedingungen

Obwohl die Spielräume für ein Wachstum der freien Wohlfahrtspflege seit der zweiten Hälfte der 70er Jahre enger geworden waren, trat keineswegs Stagnation ein. Wie die Statistik zeigt, ging vielmehr sowohl der Prozeß des quantitativen Wachstums als auch der inneren Ausdifferenzierung – wenn auch verlangsamt – weiter. So verdoppelte sich etwa die Anzahl der Einrichtungsarten von 109 im Jahre 1970 auf 242 im Jahre 1990. (Schmitt 1992) Die Zahl der Einrichtungen nahm von 18.325 im Jahre 1970 auf 27.432 im Jahre 1990 zu, was einer Wachstumsrate von ca. 33 % entspricht. Die größten Zunahmen waren in den Bereichen der Selbsthilfegruppen (nämlich von 265 auf 6.977) und der Tageseinrichtungen (von 7.095 auf 9.229) festzustellen, während sich dagegen die Anzahl der Ausbildungsstätten kontinuierlich verringerte. Die Anzahl der Betten und Plätze stieg in diesem Berichtszeitraum um 11 % von 735.746 auf 825.948, wobei allerdings die Bettenzahl in den stationären Einrichtungen abnahm, während das Platzangebot in den Tageseinrichtungen und Ausbildungsstätten insgesamt zunahm. Die Anzahl der Mitarbeiterinnen und Mitarbeiter erhöhte sich von 124.992 im Jahre 1970 auf 262.612 im Jahre 1990, was einer Steigerung um 52 % entspricht.

Obwohl die absoluten Zahlen anstiegen, nahm der Anteil der Beschäftigten im stationären Bereich von 70 % im Jahre 1970 auf 62 % im Jahre 1990 um 8 % und der Anteil der Mitarbeiterinnen und Mitarbeiter im Ausbildungsstättenbereich von 4 auf 2 % ab, während der Anteil der bei Tagesstätten angestellten Mitarbeiterinnen und Mitarbeiter von 17 % auf 25 % anstieg. Es soll hier nicht unerwähnt bleiben, daß über 80 % der Mitarbeiterschaft der Diakonie aus Frauen bestand; lediglich im ärztlichen Dienst (72,2 %) und bei lehrenden Tätigkeiten (51,9 %) war der Anteil der Männer überdurchschnittlich hoch. Die Aufgabenbereiche der Männer lagen also offenkundig in Leitung, Lehre, Verkündigung und Medizin, während die der Frauen im Bereich von Pflege- und Beziehungsarbeit zu finden waren. Hinter den globalen Zahlen zum Wachstum der Mitarbeiterschaft in Freier Wohlfahrtspflege und Diakonie verbargen sich allerdings zunehmend strukturelle Veränderungen. Seit den 80er Jahren wurde das Wachstum nämlich überwiegend durch unsichere Beschäftigungsverhältnisse (zum Beispiel ABM-Stellen) getragen. Aus diesem Grunde mußte auch im Bereich der Diakonie mit Spaltungen der Mitarbeiterschaft gerechnet werden. »Um einen unveränderten stabilen Kern sozialer Arbeitsfelder mit festangestellten Sozialarbeitern und Sozialarbeiterinnen auf Planstellen legen sich Schalen aus mehr oder weniger instabiler Sozialarbeit; letztere wird getan von existentiell nicht abgesicherten Sozialarbeitern auf Zeitbasis oder ABM-Basis; instabile Sozialarbeit für und mit instabilen Gruppen und einzelnen.« (Seibert 1986)

In den einzelnen Arbeitsfeldern, Diensten und Einrichtungen vollzogen sich in dieser Phase zum Teil tiefgreifende organisatorische und konzeptionelle Veränderungen. Die übergreifenden Trends, deren Einfluß über alle Arbeitsfelder hinweg spürbar waren, lassen sich mit den Schlagworten Dezentralisierung, Öffnung von Anstalten, Verbundsysteme und Versorgungsketten bezeichnen. Zu den Bereichen mit einer geradezu stürmischen Entwicklung gehörte sicherlich die Hilfe für Behinderte. Hier ga-

»A-Kurs« des Diakonissenmutterhauses Stuttgart, 1980 (10.104)

ben neue Leitgedanken wie »Normalisierung«, »Integration« und »Partizipation« Anstöße zu einer Weiterentwicklung der Fachlichkeit der Hilfen für behinderte Menschen und trugen zu einem interdisziplinär orientierten Ausbau therapeutischer und pädagogischer Förderungsangebote sowie einer fachlichen Qualifizierung der Mitarbeiter bei. Nicht zuletzt aus diesem Grunde haben sich die Lebensbedingungen behinderter Menschen inzwischen wesentlich verbessert. Um so besorgniserregender sind die seit Beginn der 80er Jahre vorgetragenen vielfältigen Bemühungen, durch Sparmaßnahmen die Sorge für die behinderten Menschen wieder aus der gesamtgesellschaftlichen Verantwortung herauszunehmen und den Familien aufzubürden.

Ein weiterer wichtiger Bereich war die sogenannte »Anstaltsdiakonie«. Die ehemals »geschlossenen« Anstalten öffneten sich inzwischen von innen her und wandten sich der regionalen Versorgung Kranker und Behinderter zu. Die Verknüpfung der stationären Hilfeformen mit teilstationären und ambulanten Angeboten und Diensten führte hier inzwischen – wie in weiteren Bereichen (Alten- und Jugendhilfe) – zur Entwicklung von Verbundsystemen, in denen abgestimmte Angebote aller Hilfearten eine Versorgungskette »aus einer Hand« böten.

Die Diakonie als »Erfüllungsgehilfe« eines »abmagernden« Sozialstaates?

Mit den deutlich veränderten wirtschaftlichen und politischen Rahmenbedingungen seit Beginn der 80er Jahre begann auch eine neue Phase in der Beziehung zwischen Diakonie und Sozialstaat. Bislang waren diese Beziehungen auf der Grundlage der sozialrechtlich fixierten »bedingten Vorrangstellung« der Freien Wohlfahrtspflege und den Aussagen des Bundesverfassungsgerichtsurteils von 1967 durch ein Klima der Kooperation und der partnerschaftlichen Zusammenarbeit geprägt. Mit den enger werdenden Verteilungsspielräumen und der neuen politischen Marschrichtung einer Reduzierung von Sozialausgaben wurde das Klima allerdings merklich rauher. Führende Vertreter der Diakonie beklagten eine »Verwilderung der Gesetzgebungspraxis« und verwiesen auf die Tatsache, daß sie im Zusammenhang mit der Durchführung neuer Sparmaßnahmen und Haushaltsbegleitgesetze zunehmend vor vollendete Tatsachen gestellt wurden. Auch versetzte die Rechts-, Planungs- und Finanzmacht den Staat in die Lage, bei der Formulierung neuer Gesetze und Verordnungen staatliche Kontrollbefugnisse und Einflußnahmen auf die Inhalte wohlfahrtspflegerischer Arbeit auszuweiten. Die folgenden Beispiele (Seifert 1985) stehen für den generellen Trend:

Ein erstes Beispiel hierfür war das Anfang der 70er Jahre verabschiedete Krankenhausfinanzierungsgesetz des Bundes und die darauf folgenden Regelungen in einigen Bundesländern. Aus der Sicht der Diakonie führten diese gesetzlichen Regelungen dazu, daß die Freie Wohlfahrtspflege – und damit auch die Diakonie – unter einen staatlichen Sicherstellungsauftrag subsumiert und durch die Abschaffung des Selbstkostendeckungsprinzips einem unsicheren

Broschüre des Diakonischen Werkes, 1974 (10.130)

Förderungsverfahren ausgesetzt wurde. Seit der Zuordnung der Rehabilitation Behinderter unter das Arbeitsförderungsgesetz von 1969 wurden ähnliche Tendenzen auch für diesen Bereich berichtet. Im Zusammenhang mit der Regelung der Leistungsentgelte für die Werkstätten für Behinderte gab es Tendenzen der Behördenvertreter, das privatrechtliche Leistungsaustauschverhältnis mit Hilfe des staatlichen Subventions- und Haushaltsrechts zu einem öffentlich-rechtlichen Förderungsverhältnis umzugestalten, was zu einer Unterordnung des »Subventionsempfängers« unter die öffentliche Verwaltung geführt hätte. Nur durch lange und zähe Verhandlungen war es gelungen, das Prinzip der Kostenerstattung durchzusetzen und einvernehmlich sogenannte »Grundsätze zur Beurteilung der Angemessenheit von Kosten in Einrichtungen der beruflichen Rehabilitation« zu verabschieden.

Im Bereich des BSHG waren die frühen 80er Jahre insbesondere durch Bestrebungen von Politik und Verwaltung geprägt, unter dem Gesichtspunkt der beabsichtigten Kostenreduzierung das Wahlrecht der Hilfesuchenden (§ 3 BSHG) einzuschränken, um den Bedarf an Heimplätzen politisch zu steuern und Einschränkungen der Verpflichtung zur Kostenerstattung (§ 93 BSHG) durchzusetzen. In diesem Zusammenhang spielten insbesondere Vorstöße einiger Bundesländer eine Rolle, über entsprechende Veränderungen des § 93 BSHG eine Konzessionierung von Einrichtungen der Freien Wohlfahrtspflege durchzusetzen. Aus der Perspektive der Freien Wohlfahrtspflege liefen Regelungen, wonach die Exekutive entscheidet, welche Kostenbestandteile bei den zu erstattenden Kosten (Pflegesätze) zu berücksichtigen und wie diese festzusetzen sind sowie die Auferlegung von Rechnungs-, Buchführungs- und Prüfungspflichten der von den Sozialhilfeträgern in Anspruch genommenen Einrichtungen, letztlich unweigerlich hinaus auf eine Einflußnahme von Politik und öffentlicher Verwaltung auf die Inhalte der Arbeit von Einrichtungen der Freien Wohlfahrtspflege.

Dabei bestand der Hebel, mit dem die Freie Wohlfahrtspflege von einem gleichberechtigten Partner zu einem »Erfüllungsgehilfen des Sozialstaates« gemacht werden sollte, in den Bestimmungen des öffentlichen Haushaltsrechts. Indem der Staat versuchte, die Zuwendungen an die freie Wohlfahrtspflege als Subventionen zu gestalten und mit Bedingungen und Auflagen zu verknüpfen, drohte der freie Träger als Zuwendungsempfänger nach Maßgabe des öffentlichen Rechts gegenüber dem Zuwendungsgeber unweigerlich in ein Verhältnis einseitiger Abhängigkeit und Unterordnung zu geraten. Als geeignete Rechtsform zwischen gleichberechtigten Partnern, die im Sinne eines gemeinsamen Ziels (Wohl des Klienten) zusammenwirken, wurden von Vertretern der Diakonie aber nur privatrechtlich ausgestaltete Verträge (Leistungsaustauschverhältnis) und nicht einseitige Rechtsetzungsakte oder Diktate der Kostenträger verstanden. (Seifert 1985)

Zwischen Dienstleistungsunternehmen und kirchlichem Auftrag

Das enorme Größenwachstum von Einrichtungen, Diensten und Mitarbeiterzahlen führte im Verlaufe der 80er Jahre dazu, daß die Diakonie sich immer mehr als »Sozialunternehmen« beziehungsweise »Dienstleistungsbetrieb« selbst reflektierte. Ein modernes evangelisches Krankenhaus ist heute – betrachtet man die Investitionskosten – ein Milliardenprojekt. (Steinmeyer 1984) Die »Umsatzzahlen« von Krankenhäusern und Heimen entsprechen denen mittlerer Produktions- und Gewerbebetriebe. Auch diakonische Einrichtungen kommen also nicht ohne genaue Kostenkalkulation, Kostenstellenpläne, elektronische Datenverarbeitung und ein qualifiziertes Management aus. Angesichts der erheblichen Investitions- und laufenden Kosten, die die Diakonie niemals selbst allein erbringen könnte, sind die Einrichtungen auf Finanzierungszusagen und »Belegungsgarantien« durch öffentliche Leistungsträger angewiesen. In diesem Zusammenhang ist die komplizierte Finanzierungsstruktur der Freien Wohlfahrtspflege ein erhebliches Managementproblem und -risiko. Denn mit dem Wachstum der Einrichtungen, Dienste und Arbeitsbereiche und der fortlaufenden Vermehrung öffentlicher Förderprogramme ist die Planung und Kontrolle dieser Finanzströme immer anspruchsvoller geworden.

1945-1990

Brücken

Mit dem Wachstum an Aufgaben und Verantwortlichkeiten hielten allerdings die Leitungs- und Organisationsstrukturen nicht immer Schritt. Eine vorausschauende und verantwortliche Planung, Steuerung und Kontrolle diakonischer Einrichtungen und Dienste war im Rahmen des Vereinsrechts keineswegs unproblematisch. Auch nahm man in Freier Wohlfahrtspflege und Diakonie Mängel in der Qualifikation vieler Führungs- und Leitungskräfte wahr, da gezielte Ausbildungsgänge und Laufbahnen für Führungspositionen in der Freien Wohlfahrtspflege nicht existierten. Seit Beginn der 80er Jahre wurden daher intensive Bestrebungen angestellt, durch die

Einführung und Verbreitung von Methoden und Konzepten des »Sozialmanagements« die verbandlichen Strukturen den gewandelten Anforderungen anzupassen. Das Größenwachstum der diakonischen Einrichtungen, Dienste und Aufgabenbereiche und ihre Entwicklung hin zu sozialen Unternehmungen hatte also zu einer erhöhten Bereitschaft geführt, Denkformen und Kategorien der Wirtschaft auf den Bereich der gemeinnützigen Sozialunternehmen zu übertragen. Unter den Stichworten »Effizienz«, »Unternehmungsorganisation«, »corporate identity« und »social marketing« wurden betriebswirtschaftliche Strategien und Maßnahmen der Verbesserung betrieblicher Abläufe und Handlungsformen und ihrer Kontrolle in diakonischen Einrichtungen und Diensten eingeführt. Diese Strategie der Modernisierung wohlfahrtsverbandlicher Strukturen und Abläufe wurde durch vermehrte Fort- und Weiterbildungsanstrengungen für mittlere und höhere Führungskräfte begleitet, die sowohl in diakonischen Einrichtungen (vor allem der Diakonischen Akademie) als auch in Fort- und Weiterbildungseinrichtungen anderer freigemeinnütziger oder öffentlicher Träger realisiert wurden. Schließlich gab es Versuche, unterstützt durch externe Unternehmensberatungsgesellschaften, überkommene Formen verbandlicher Organisationsstrukturen zu überprüfen und weiter zu entwickeln.

Die Entwicklung zu »Sozialunternehmen« und »Dienstleistungsbetrieben« wurde zusätzlich angetrieben durch eine »Pluralisierung der Trägerlandschaft« im Bereich sozialer Arbeit und der hiermit einhergehenden Intensivierung von Konkurrenz und Wettbewerb. Hierzu tragen insbesondere zwei unabhängige Trends bei: Zum einen bildete sich in Folge der »neuen Selbsthilfebewegung« eine bunte Palette von Selbsthilfegruppen, Initiativen und alternativen Organisationsformen sozialer Arbeit heraus, die sich zunächst unabhängig von der Freien Wohlfahrtspflege mit neuen Angeboten, Arbeitsformen und Organisationsstrukturen im Bereich sozialer Arbeit betätigten. Zum anderen vermehrte sich im Zuge der Ausweitung staatlicher Förderprogramme und Leistungsgesetze und der wachsenden Zahlungsfähigkeit bestimmter Adressatengruppen – über die bisherigen Bereiche der stationären Kranken- und Altenhilfe hinaus – die Anzahl der gewerblichen Anbieter zumindest in einigen Geschäftsfeldern sozialer Arbeit (zum Beispiel in der ambulanten Altenhilfe). Diese »gewerblichen Unternehmen« reichten von kleinen, wohnortnahen Einrichtungen, in denen sich zum Beispiel ehemals im stationären Bereich beschäftigte Pflegekräfte auf dem ambulanten Pflegemarkt selbständig machten, bis hin zu großen überlokal und sogar übernational agierenden Unternehmungen, deren Finanzbasis überwiegend aus Kapitalanlegermodellen stammte. Insgesamt führte diese Entwicklung dazu, daß eine wachsende Anzahl potentieller Anbieter um die zur Verfügung stehenden öffentlichen und privaten Mittel konkurrierten, so daß die Anforderungen an Effektivität, Effizienz und Qualität der einzelnen Anbieter stiegen.

Ausblick auf die 90er Jahre

Die 90er Jahre markieren für Freie Wohlfahrtspflege und Diakonie den Beginn einer neuen Entwicklungsphase. Mit der »Wende« im Herbst 1989 in der DDR und dem hierdurch ausgelösten deutsch-deutschen Vereinigungsprozeß sowie dem europäischen Einigungsprozeß wurden völlig neue Rahmenbedingungen für die freie Wohlfahrtstätigkeit geschaffen. Insofern lassen sich die verbandspolitischen Anforderungen der Diakonie für die 90er Jahre folgendermaßen knapp umreißen:

- Der Prozeß der deutschen Einigung erzeugt bis heute die Aufforderung und Chance, ostdeutsche und westdeutsche Diakonie zusammenwachsen zu lassen und im Rahmen der Freien Wohlfahrtspflege

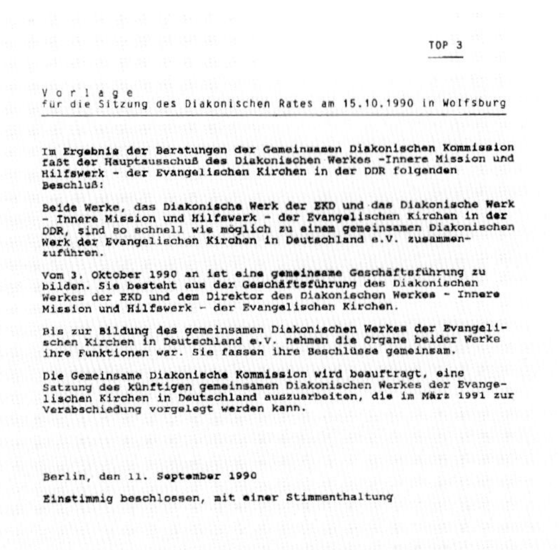

TOP 3

V o r l a g e
für die Sitzung des Diakonischen Rates am 15.10.1990 in Wolfsburg

Im Ergebnis der Beratungen der Gemeinsamen Diakonischen Kommission faßt der Hauptausschuß des Diakonischen Werkes -Innere Mission und Hilfswerk - der Evangelischen Kirchen in der DDR folgenden Beschluß:

Beide Werke, das Diakonische Werk der EKD und das Diakonische Werk - Innere Mission und Hilfswerk - der Evangelischen Kirchen in der DDR, sind so schnell wie möglich zu einem gemeinsamen Diakonischen Werk der Evangelischen Kirchen in Deutschland e.V. zusammenzuführen.

Vom 3. Oktober 1990 an ist eine gemeinsame Geschäftsführung zu bilden. Sie besteht aus der Geschäftsführung des Diakonischen Werkes der EKD und dem Direktor des Diakonischen Werkes - Innere Mission und Hilfswerk - der Evangelischen Kirchen.

Bis zur Bildung des gemeinsamen Diakonischen Werkes der Evangelischen Kirchen in Deutschland e.V. nehmen die Organe beider Werke ihre Funktionen war. Sie fassen ihre Beschlüsse gemeinsam.

Die Gemeinsame Diakonische Kommission wird beauftragt, eine Satzung des künftigen gemeinsamen Diakonischen Werkes der Evangelischen Kirchen in Deutschland auszuarbeiten, die im März 1991 zur Verabschiedung vorgelegt werden kann.

Berlin, den 11. September 1990

Einstimmig beschlossen, mit einer Stimmenthaltung

Vorlage für die Sitzung des Diakonischen Rates, Berlin 1990 (10.167) insgesamt – auf der Grundlage des Artikel 32 Einigungsvertrag – an dem Um- und Neuaufbau der Strukturen der ostdeutschen Wohlfahrtspflege mitzuwirken;

▪ die Einführung des europäischen Binnenmarktes zum 1. Januar 1993 legte es der Diakonie nahe, einen neuen Standort der Freien Wohlfahrtspflege in Europa zu entwickeln, Kooperationsbeziehungen und Bündnisse mit vergleichbaren Organisationen und Trägern in anderen europäischen Ländern aufzubauen und zu verhindern, daß im Rahmen der Europäischen Union das im europäischen Maßstab einzigartige Modell der Freien Wohlfahrtspflege durch ungünstige rechtliche Regelungen gefährdet wird; und schließlich

▪ muß die Diakonie vor dem Hintergrund der weiter anhaltenden hohen Arbeitslosigkeit und dem Anwachsen des Verarmungsrisikos sowie weiterer Bemühungen um einen Abbau sozialstaatlicher Leistungen verstärkt ihre Anwaltsfunktion für die Benachteiligten und Armen in der Gesellschaft übernehmen und dabei ihre Rolle im Verhältnis zum Staat als auch ihren Standort in einem pluralistischer werdenden Wohlfahrtsmarkt neu bestimmen und gestalten.

Literatur

BAUR, RITA U.A., Entwicklung der Freien Wohlfahrtspflege bis zum Jahr 2000. Studie der Prognos AG im Auftrag der Bank für Sozialwirtschaft GmbH, Basel 1984

DEGEN, JOHANNES, Diakonie und Restauration. Kritik am sozialen Protestantismus in der BRD. Neuwied/Darmstadt 1975

DEGEN, JOHANNES, »Diakonie im Sozialstaat. Empirische Befunde und Problemskizze«, in: Themen der praktischen Theologie. Theologia Practica, 20 Jg., 3. 1985

EBERLEIN, PAUL GERHARD, »Den Auftrag neu auslegen. Diakonie braucht neue Orientierungsdaten für ihre Zukunft«, in: Lutherische Monatshefte 11. 1972

SCHMITT, WOLFGANG, »Die Entwicklung der Diakonie von 1970 bis 1990 in Zahlen«, in: Diakonisches Werk der EKD (Hg.), Diakonie Jahrbuch 1992

SCHOBER, THEODOR, »Versuch einer Teilinventur der diakonischen Arbeit im Rückblick auf das letzte Jahrzehnt«, in: Diakonie, 2. Jg., 1976

SEIBERT, HORST, »Perspektiven der Diakonie«, in: Schick, Manfred / Seibert, Horst / Spiegel, Yorick (Hg.), Diakonie und Sozialstaat. Kirchliches Hilfehandeln und staatliche Sozial- und Familienpolitik, Gütersloh 1986

SEIFERT, HELMUT, »Die freie kirchliche Wohlfahrtspflege im Sozialstaat der achtziger Jahre«, in: Diakonie im Rheinland. Mitteilungen aus dem Diakonischen Werk der Evangelischen Kirche im Rheinland, 2. Aufl. 1985

STEINMEYER, FRITZ-JOACHIM, »Das Wesentliche ist nicht bezahlbar. Die Eigenständigkeit der Diakonie im Sozialstaat«, in: Diakonie, 10. Jg., 1984

THERMANN, GOTTFRIED, »Was es kostet – wer es zahlt. Aufwand und Finanzierung diakonischer Arbeit«, in: Diakonie, 10. Jg., 1984

1945-1990

Brücken

Arbeitsbereiche der Diakonie

von Werner Max Ruschke

»Arme habt ihr allezeit bei euch.« stellt Jesus in Matthäus 26, 11 fest. In diakonische Begrifflichkeit übersetzt heißt das: Hilfsbedürftige Menschen, alte oder kranke, behinderte oder sozial benachteiligte Menschen gibt es zu allen Zeiten und in jeder Gesellschaft. Das kann man als die diakonische Konstante bezeichnen. Die diakonische Variable beinhaltet dann die konkreten, häufig durch gesellschaftliche und politische Rahmenbedingungen beeinflußten oder verursachten Ausformungen dieser »Armut« sowie die sich wandelnden diakonischen Antworten darauf. Diakonie ist im wesentlichen Arbeit vor Ort, Arbeit mit einzelnen und für einzelne. Die diakonische Arbeit ist so vielgestaltig wie die Ausprägung von menschlicher »Armut«; sie läßt sich daher nur generalisierend beschreiben. Sie ist zudem in einzelnen Bundesländern und Landeskirchen unterschiedlich akzentuiert, wobei sie sich noch zusätzlich regional differenziert. Diese »Ziselierung« diakonischer Arbeit soll hier nur benannt, nicht aber detailliert nachgezeichnet werden. Im folgenden geht es vielmehr ausschließlich um die Schwerpunkte, Tendenzen und Trends diakonischer Arbeit.

Gesellschaftliche Rahmenbedingungen

Bis weit in die 1950er Jahre hinein waren die Kriegsfolgen wesentlich mitbestimmend für die Ausprägung diakonischer Arbeit. Diese traten in den 1960er Jahren immer mehr in den Hintergrund. Neben ihren klassischen Arbeitsfeldern mußte sich die Diakonie nun neuen Herausforderungen stellen.

Ihre Konsolidierung und Neuorientierung war ursächlich verknüpft mit ihrer legislativen und damit zugleich finanziellen Absicherung. 1961 wurde mit dem Bundessozialhilfegesetz ein verbindlicher Rahmen festgelegt, innerhalb dessen sich in den Folgejahren das Verhältnis von Staat und Diakonie sowie den anderen Spitzenverbänden der Freien Wohlfahrtspflege verläßlich und fruchtbar gestaltete. In sachlicher Anknüpfung an die entsprechende dem Subsidiaritätsprinzip verpflichtete Gesetzgebung der Weimarer Republik wurde hier die Vorrangigkeit von freien Trägern vor kommunalen oder staatlichen Hilfsangeboten festgeschrieben.

Die Diakonie geriet dabei in eine von nun an ihr Wesen mitbestimmende spannungsreiche Dialektik von Abhängigkeit und Freiheit sowohl gegenüber dem Staat wie auch der Kirche. Einerseits ist die Diakonie ein wichtiges Element des Sozialstaates, der im wesentlichen ihre Handlungsebene finanziert. Zugleich werden der Diakonie bestimmte kirchliche Sonderrechte zugestanden; sie kann beispielsweise auf einer Kirchenmitgliedschaft ihrer Mitarbeiterinnen und Mitarbeiter bestehen. Andererseits begreift sich die Diakonie in ihrer Grundordnung als »Lebens- und Wesensäußerung der Kirche«, ohne damit ihr hohes Maß an Selbständigkeit gegenüber dieser aufzugeben. In diesem mitunter spannungsreichen Wechselspiel von sozialstaatlich garantierter finanzieller Absicherung und einem hohen Maß an Selbstbestimmung bei der Gestaltung ihrer Arbeit gewann die Diakonie ihr für die Zeit ab 1960 prägendes Profil. In den folgenden Jahrzehnten erlebte sie ein ungeahntes zahlenmäßiges Wachstum sowie zugleich tiefgreifende innere Veränderungen. Beides soll nun exemplarisch verdeutlicht werden.

Krankenhäuser

1994 gehörten 353 Krankenhäuser zur Diakonie; 79 davon lagen im Bereich der neuen Bundesländer. (Im folgenden beziehen sich die eingeklammerten Zahlen jeweils auf dieses Gebiet. Die Angaben sind in der Regel aus dem Jahr 1994). 195 (43) davon waren All-

Gemeindeschwester beim Hausbesuch, Augsburg, um 1960 (10.84)

gemeine Krankenhäuser. Weitere Schwerpunkte setzten die 33 (3) Kliniken für Psychiatrie und/oder Neurologie/Psychosomatik, die 33 (4) Kliniken oder Heilstätten für Suchtkrankheiten, die 24 (14) Kliniken für chronische Krankheiten und Geriatrie sowie die 14 (3) Orthopädischen Kliniken. Der Rest verteilte sich auf verschiedene Fachkrankenhäuser. Insgesamt wurden 70.420 (15.092) Betten angeboten.

Von 1970 bis 1990 war die Bettenzahl in den Allgemeinen Krankenhäusern leicht zurückgegangen. Im gleichen Zeitraum verdreifachte sich die Bettenvorhaltung im Bereich der klinischen Psychiatrie/Neurologie/Psychosomatik und verdoppelte sich im Bereich der Facheinrichtungen für Suchtkrankheiten. Hier zeigte sich ein Zusammenhang zwischen gesellschaftlich bedingten Entwicklungen und der diakonischen Antwort auf »Armut«.

Im Krankenhaus-Bereich waren 106.391 (19.678) Mitarbeiterinnen und Mitarbeiter tätig, davon ein knappes Drittel (ein Fünftel) in Teilzeit. Da die Diakonie insgesamt rund 370.000 Menschen beschäftigte, machte das fast ein Drittel aus.

Krankenpflege gehört seit jeher zu den ureigensten diakonischen Aufgaben. Bis in die 1960er Jahre hinein lag auf der Pflege das besondere Gewicht evangelischer Krankenhäuser; da diese weithin von Diakonissen verantwortet wurde, konnte sie als ganzheitliche Leib-Seele-Pflege beschrieben werden. Heute hat sich das Bild geändert. Zum einen arbeiten (aus Nachwuchsmangel) nur noch sehr wenige Diakonissen in Krankenhäusern. Zum anderen kam es zu einer rasanten Entwicklung im Bereich der Medizintechnologie. Auch die evangelischen Allgemeinen Krankenhäuser paßten sich der fortschreitenden, zumeist apparategebundenen diagnostischen und therapeutischen Spezialisierung an. Nicht zuletzt unter dem wachsenden Kostendruck bekam eine möglichst kurzzeitige Behandlung Vorrang vor einer eher langzeitlichen Pflege. Im Zuge der Gesundheitsreform werden nämlich seit 1996 den Krankenhäusern von den Krankenkassen nicht mehr ihre nachgewiesenen Kosten erstattet; sie erhalten lediglich einen Festbetrag, der zu Einsparungen im Personalbereich zwingt.

Angesichts dieser Entwicklungen fällt es den evangelischen Krankenhäusern schwer, ein eigenes konfessionelles Profil zu entwickeln und zu gestalten. Dazu tragen in allen evangelischen Krankenhäusern seit jeher Seelsorgerinnen und Seelsorger bei. Sie dürfen aber künftig nicht nur mit Patientinnen und Patienten sowie deren Angehörigen reden, sondern sie müssen zugleich auch fachkundige Gesprächspartnerinnen und -partner für das Krankenhauspersonal sein. Die hauptamtlich seelsorgerlich Tätigen brauchen die Fähigkeit, die ethischen Gesichtspunkte des Klinikalltags dialogisch mit dem Fachpersonal zu erörtern; diesem wird auf solche Weise Hilfe angeboten für das Gestalten der diakonischen Dimension in ihrem eigenen Verantwortungsbereich.

Scherenschnitt zur Krankenpflegeausbildung, um 1965 (10.99)

In einer Reihe von evangelischen Kliniken werden bereits jetzt in eben dieser Weise jene ethischen Fragen interdisziplinär diskutiert, die sich beispielsweise im Rahmen der Transplantationsmedizin auftun. In manchen evangelischen Krankenhäusern wird zum Beispiel keine vorgeburtliche Diagnostik am Embryo durchgeführt, da eine dabei erkannte Behinderung häufig zur Abtreibung führt. Eine Diakonie, die für das unbedingte Lebensrecht auch behinderter Menschen eintritt, darf in einer Behinderung keinen hinreichenden Grund zur Abtreibung sehen.

Gewichtiger Teil einer solchen Seelsorge sind natürlich auch die vielen ehrenamtlich tätigen »Grünen Damen«. Diese nach ihrem grünen Kittel benannten Frauen bieten Kranken jene Hilfen an, für welche dem Pflegepersonal die Zeit fehlt. Ohne eine umfassende und integrierte Seelsorgekonzeption werden die evangelischen Krankenhäuser ihr christliches Profil und somit letztendlich ihre Existenzberechtigung auf dem von Wettbewerb und Verdrängung gekennzeichneten neuen Gesundheitsmarkt kaum wahren können.

Jugendhilfe

Bis in die 1960er Jahre hinein war die Arbeit in der diakonischen Jugendhilfe von Fürsorgeeinrichtungen geprägt, in denen schwer erziehbare, oft auch straffällig gewordene oder mißhandelte Jugendliche zumeist in deutlicher Entfernung vom Elternhaus zusammenlebten. Allein zwischen 1970 und 1990 verkleinerte sich die Anzahl der hier vorhandenen Bettenplätze um 58 % auf rund 8.500. Ähnliche Verringerungen waren bei allen stationären Einrichtungen zu beobachten: Heime für Mutter und Kind, Säuglings- und Kleinstkindheime oder Schulinternate.

An die Stelle von großen Häusern, die manchmal den Charakter von Verwahranstalten hatten, traten nun dezentrale und heimatnahe kleinere Einrichtungen. In Wohngruppen erfolgt heute eine intensive sozialpädagogische Begleitung und Förderung. Ziel ist die Weckung von Eigenverantwortung und Solidarität. Die individuellere Betreuung war nur durch ein starkes Ansteigen der Mitarbeiterinnen- und Mitarbeiterzahl in diesem Bereich möglich.

Im gleichen Zeitraum nahm die Zahl der örtlichen Beratungsstellen und ambulanten Hilfsangebote deutlich zu. Ein möglichst dichtes Netzwerk von abgestuften Hilfsangeboten soll eine Heimunterbringung verhindern oder eine Reintegration erleichtern. Ein solches sozialpädagogisches Verbundsystem entwickelte sich konzeptionell von der Fürsorge zur Vorsorge.

Trotzdem stieg die Anzahl von heilpädagogischen Heimen deutlich an. Besondere Arten von Behinderungen erforderten besonders spezialisierte Förderungsprogramme, die vor Ort zumeist nicht leistbar sind. Die Schwere der Behinderung überfordert in diesen Fällen auf Dauer die Familien. Darüber hinaus gibt es entsprechende Schulen und geschützte Arbeitsplätze oft nicht in der Nähe der Wohnorte der Betroffenen.

Neben Einrichtungen für alkoholgefährdete Jugendliche kamen ab den 1970er Jahren neue Einrichtungen für drogenabhängige Jugendliche hinzu. Allein zwischen 1980 und 1990 verdoppelte sich die Zahl der alkohol- und drogenabhängigen Jugendlichen und Erwachsenen, die eine diakonische Beratungsstelle aufsuchten, ohne daß dabei die Zahl der Beratenden wesentlich anstieg.

Die Anzahl der Kindergärten/Kindertagesstätten erhöhte sich zwischen 1970 und 1990 um 20 % auf rund 7.500 und dann auf etwa 8.600 (588) in 1994. Somit gibt es in Westdeutschland in den meisten evangelischen Kirchengemeinden einen eigenen Kindergarten. Proportional stärker entwickelte sich die Anzahl der Mitarbeiterinnen in diesem Bereich. Hier ist die Tendenz erkennbar, nicht nur einer Kindergruppe, sondern auch dem Einzelkind gerecht zu werden. Die über 58.000 Mitarbeitenden in den Kindergärten machen rund ein Sechstel aller in der Diakonie Tätigen aus.

In der DDR gab es nur wenig diakonische Jugendhilfe, da der Staat ein Erziehungsmonopol beanspruchte. Die Diakonie in Ostdeutschland war darum nach 1989 gerade in diesem Bereich konzeptionell, aber auch personell auf die Hilfe aus den alten Bundesländern angewiesen. Ob es ihr gelingt, dabei ein eigenes diakonisches Profil zu entwickeln, bleibt abzuwarten.

Familienhilfe

Reichhaltig ist das diakonische Angebot zur Unterstützung von Ehe und Familie. 1994 boten 324 (48) stationäre Einrichtungen rund 17.000 (1.800) Plätze an. Dabei ging die Zahl von Erholungs- und Kurheimen vor allem für Mütter zurück. Ansteigende Tendenz hingegen hatten die 30 (10) Frauenhäuser und Kinderschutzhäuser; sie wurden nötig aufgrund zunehmender Gewaltbereitschaft in Ehen und Familien. Zur Familienpflege gehört auch die Arbeit mit Alleinerziehenden, die in den letzten Jahren ständig an Bedeutung gewonnen hat.

Ab 1970 nahm die Zahl der Diakonie-/Sozialstationen stetig zu. Die heute 1.365 (272) Stationen garantieren in Westdeutschland eine fast flächendeckende Versorgung. Sie sind Ausdruck eines erhöhten Pflegebedarfs von immer älter werdenden Menschen. Die Zahl der hier Arbeitenden hat sich in den letzten zwanzig Jahren fast verdoppelt. In den letzten Jahren allerdings ist ein verstärkter Konkurrenzdruck durch private Anbieter zu verzeichnen, der einige Stationen in ernsthafte wirtschaftliche Schwierigkeiten führt. Seit den 1970er Jahren wuchs die Zahl von Beratungsstellen. Ein Schwergewicht liegt hier auf den 442 (63) Beratungsstellen für Ehe-, Erziehungs- und Lebensfragen und bei den 255 (55) Stellen für Schwangerschafts-Konfliktberatung. Die jüngste staatliche Sparpolitik gefährdet auch diese Arbeit. Hinzu kamen 10 Betreuungsstellen für AIDS-Infizierte und -Kranke.

Die Beratungsarbeit vor Ort entwickelte sich zu einem bedeutsamen diakonischen Arbeitsschwerpunkt. Unterschiedliche Fachkräfte, vornehmlich aus dem pädagogischen und psychosozialen Bereich, bieten leicht erreichbare Hilfe an. Diese Beratungsstellen werden häufig auch von ausländischen Ratsuchenden in Anspruch genommen. Hier – wie auch in anderen diakonischen Arbeitsgebieten – stellt sich die Frage, wie eine christlich geprägte Diakonie Menschen aus ganz anderen kulturellen und religiösen Traditionen in angemessener Weise beraten kann.

Altenhilfe

Der ständig wachsende Anteil von alten Menschen läßt voraussehen, daß die diakonische Altenhilfe weiter an Bedeutung gewinnen wird. Allein zwischen 1970 und 1994 hat sich die Zahl der stationären Einrichtungen der Altenhilfe auf 1.929 (376) verdoppelt. Hinter dieser Zahl verbirgt sich ein differenziertes Angebot von Altenwohnungen, Altenwohnheimen und Altenheimen mit oder ohne ständige Pflegeabteilungen sowie von Altenpflegeheimen und Altenkrankenheimen. Daneben gibt es eine Vielzahl von Altentagesstätten, von mobilen Hilfsdiensten sowie »Essen auf Rädern«.

In der Vergangenheit wurden alte Menschen nicht selten nach dem Grad ihrer Pflegebedürftigkeit behandelt. Heute herrscht ein rehabilitatives, aktivierendes Pflegeverständnis vor. Die staatlicherseits geänderten Finanzierungsvoraussetzungen jedoch führen neuerdings dazu, daß einer kostengünstigeren reinen Pflege der Vorrang gegeben wird. Die Konkurrenz privater Anbieter zwingt die diakonischen Pflegeeinrichtungen zur Frage, ob sie ihr ganzheitliches aktivierendes Pflegeverständnis noch weiter durchhalten können. Falls die Diakonie darauf verzichtet, ist ihre innere Existenzberechtigung auf diesem Gebiete in Frage gestellt.

Ein besonderes Problem stellt die Situation von Pflegekräften im Altenbereich dar. Auffallend viele von ihnen wechseln schon nach wenigen Berufsjahren in andere soziale Berufe, um dem »Burn-out-Syndrom«, dem Gefühl innerer Kraftlosigkeit zu entkommen. Dieses dürfte einen Grund in dem Auseinanderklaffen von Gelerntem und Gewolltem und der Arbeitswirklichkeit haben.

Die aus England stammende Hospiz-Idee wurde in jüngster Zeit auch von der Diakonie aufgegriffen. In kleineren, Hospiz genannten Häusern, aber auch durch häusliche Besuche soll unheilbar kranken Menschen ein Sterben in Würde bei medizinischer, pflegerischer und seelsorglicher Begleitung ermöglicht werden.

Hilfe für Behinderte und psychisch Kranke

Die Behindertenhilfe ist ein besonders bedeutsames Arbeitsgebiet der Diakonie. Sie hat in langer Tradition für körper-, sinnes-, geistig und psychisch behinderte Menschen ein differenziertes Hilfsangebot entwickelt. 806 (221) Wohnheime, Wohngemeinschaften und Wohngruppen boten dauerhafte Unterbringung und Versorgung an; hierin waren 106 (38) diakonische Anstalten inbegriffen.

Der gewollte Trend geht heute weg von großen, heimatfernen oder abgelegenen Einrichtungen hin zu kleineren, heimatnahen und in ein normales Wohnumfeld eingebetteten Wohn- und Betreuungsangeboten. Es entspricht dieser Entwicklung zur Integration, daß die Zahl von Tageseinrichtungen und Werkstätten für die unterschiedlichen Behinderungsarten seit den 1980er Jahren ständig zunahm.

Zu beklagen ist, daß diese gewollte Normalisierung immer wieder auf offene Ablehnung vor Ort stößt. In diesem Zusammenhang ist auch die neue »Euthanasie«-Debatte zu sehen, in der mehrfachschwerstbehinderten Menschen das Lebensrecht abgesprochen wird.

1945-1990

Brücken

Vor allem die Zahl der psychisch Erkrankten hat in den letzten Jahrzehnten deutlich zugenommen. Gerade für diese Personengruppe gibt es ein abgestuftes und differenziertes Hilfsangebot aus psychiatrischer Ambulanz, Tagesstätten, Rehabilitationskliniken, kleinen Wohnheimen, Werkstätten, psychosozialem Krisendienst und Selbsthilfegruppen.

Auch für andere Gruppen behinderter Menschen bestehen vergleichbare Angebote. Allerdings gilt das in der Regel nur für den großstädtischen Bereich. Für ländliche Gebiete dagegen, aber auch für weite Teile Ostdeutschlands, besteht hier ein außerordentlicher Handlungsbedarf.

Hilfe für Personen in besonderen sozialen Situationen

»Land- und Stadtstreicher, Obdachlose, Nichtseßhafte«, so lauteten bis in die 1980er Jahre hinein die wechselnden offiziell gebrauchten Bezeichnungen für jene, die heute als »Personen in besonderen sozialen Situationen« bezeichnet werden. Gemeint sind damit vor allem die rund 150.000 wohnungs- und arbeitslosen Männer; der Frauenanteil liegt unter 10 %. Über die Hälfte dieser Menschen ist jünger als 45 Jahre. Die Diakonie hielt für diesen Personenkreis 291 (34) Übernachtungsheime, Übergangsheime und

Plakat des Diakonischen Werkes, 1985 (10.157)

Plakat des Diakonischen Werkes, um 1983 (10.151)

Wohnheime bereit. Ihre Zahl ist, nicht zuletzt in Widerspiegelung der gesamtgesellschaftlich steigenden Arbeitslosigkeit, in den vergangenen 25 Jahren beständig gewachsen. Da es in der DDR diese Personengruppe offiziell nicht gab, besteht hier ein Nachholbedarf an diakonischen Hilfen. Die Zahl von Werkstätten und Beratungsstellen, etwa für Suchtkranke und Überschuldete, verdoppelte sich allein in den vergangenen zehn Jahren.

Die meisten dieser Personen sind dauerhaft körperlich oder psychisch erkrankt, aber meist medizinisch unterversorgt. Mancherorts sind darum neuerdings Projekte aufsuchender Gesundheitsfürsorge entstanden; dabei besuchen medizinische und sozialpädagogische Fachkräfte die Betroffenen an ihren Treffpunkten.

In dieses Arbeitsgebiet fallen des weiteren Angebote für arbeitslose Jugendliche und Erwachsene ebenso wie für Aussiedler, Ausländer und Flüchtlinge. Da ihre Zahl ständig zugenommen hat, sind auch die entsprechenden diakonischen Angebote gewachsen. In den letzten Jahren allerdings mußte die Diakonie ihre Arbeit auf diesen Gebieten teilweise reduzieren, da sich die staatliche Refinanzierungspolitik zuungunsten dieser Personengruppen gewandelt hat.

Selbsthilfegruppen

In den Erhebungen der 1970er und 1980er Jahre tauchten Selbsthilfegruppen noch gar nicht auf. Heute haben sie in allen Bereichen der Diakonie eine wachsende Bedeutung. Rund 6.400 (677) zählen sich zur Diakonie. Patientenklubs in Krankenhäusern, Hausaufgaben-Hilfegruppen, Klubs für arbeitslose Jugendliche, Gruppen für Angehörige von Pflegebedürftigen, Treffs alleinerziehender Mütter und Väter, Kontaktgruppen von Dauerkranken, Altenklubs, Gruppen von Körperbehinderten, Kontaktgruppen psychisch Kranker, entsprechende Angehörigengruppen, Kontaktgruppen von Suchtkranken oder Arbeitslosentreffs – solche und ähnliche Gruppen gibt es in fast allen Orten; sie haben eine eigene Kultur der Hilfe entwickelt.

Selbsthilfegruppen können erheblich schneller auf Notstände und Bedürfnisse reagieren als die durch ihre Institutionalisierung oft schwerfällig organisierte Diakonie. Die Kenntnisse der unmittelbar Betroffenen sind dabei mindestens ebenso wichtig wie die der Fachleute. Vor allem aber läßt sich hier Solidarität und Hilfe zur Selbsthilfe erleben. Selbsthilfegruppen erinnern Diakonie an die Kraft und die

Plakat des Deutschen Evangelischen Verbandes für Altenhilfe, um 1980 (10.118)

Plakat des Diakonischen Werkes, um 1985 (10.108)

Möglichkeiten von Hilfe auf der untersten Ebene und somit an den Grundgedanken des Subsidiaritätsprinzips.

Ökumenische Diakonie

1959 wurde durch das Diakonische Werk in den evangelischen Kirchen und Freikirchen zwischen Advent und Ostern zu Sammlungen für die Aktion »Brot für die Welt« aufgerufen. Die erste dieser Aktionen schloß 1960 mit einem Ergebnis von 14,6 Millionen DM sowie rund 4,8 Millionen Ost-Mark ab. 1970 wurden bereits rund 30,9 Millionen DM gesammelt, 1980 dann fast 63 Millionen DM. 1990 belief sich das Spendenaufkommen auf etwa 100 Millionen DM und 1995 schließlich auf 119,1 Millionen DM. Damit verdoppelte sich das Spendenaufkommen fast in einem Rhythmus von zehn Jahren. Insgesamt wurde bis 1995 die gewaltige Summe von 2,24 Milliarden DM gesammelt.

Verteilt wurden diese Gelder in Ländern Afrikas, Asiens und Lateinamerikas. Anfangs stand dabei eine Soforthilfe beispielsweise bei Natur-, Hunger- und Kriegskatastrophen im Vordergrund. Später bekamen mittelfristige Projekte ein stärkeres Gewicht, die als »Hilfe zur Selbsthilfe« angelegt sind: Brunnenbau, Projekte im Genossenschaftswesen oder in der Land- und Forstwirtschaft. Daneben werden medizinische und sanitäre Hilfen, aber auch Stipendienprogramme finanziert. Da die Verwaltungskosten nicht aus Spenden beglichen werden, kommen die Spendengelder ohne Abzug den Projekten zugute.

Die Gelder werden nach strengen Kriterien verteilt: Dabei spielen genaue Zielvereinbarungen, qualitätssichernde Bearbeitungsstandards, unabhängige Wirtschaftsprüfung, durchgängige Erfolgsüberprüfung und Fachberatung eine entscheidende Rolle. Die Härte der Not ist bei der Mittelvergabe entscheidender als das Vorhandensein von christlichen Helfern.

Ein weiterer Schwerpunkt ist die Öffentlichkeitsarbeit und Bewußtseinsbildung in Deutschland. Dabei ist »Brot für die Welt« im Laufe der Jahre politisch eindeutiger geworden. Offen werden bestimmte politische Verhältnisse, Menschenrechtsverletzungen oder ungerechte Wirtschaftsstrukturen als Mitursache mancher Nöte benannt.

Solche Aussagen stoßen innerkirchlich auch auf Kritik.

Mitarbeiterinnen und Mitarbeiter

Die Zahl der in der Diakonie hauptamtlich Tätigen ist in den vergangenen 35 Jahren insgesamt gesehen rasant gestiegen. In der Bundesrepublik waren zwischen 1960 und 1970 rund 125.000 Menschen in der Diakonie beschäftigt. In den folgenden zehn Jahren verdoppelte sich diese Zahl fast auf 243.320 Personen, um bis 1991 auf 326.877 Personen anzusteigen. Seither ist diese Zahl in Westdeutschland kaum gestiegen.

In der DDR waren von 1960 bis 1989 gleichbleibend knapp 16.000 Menschen in der Diakonie beschäftigt. Ihre Zahl stieg bis 1991 auf rund 36.500 an.

1995 waren insgesamt knapp 370.000 Menschen in West und Ost beruflich in der Diakonie tätig. Der Frauenanteil lag im Westen bei 73 %, im Osten bei 80 %. Die in der Regel unter männlicher Leitung stehende Diakonie ist somit auf der Handlungsebene vorwiegend von Frauen geprägt.

In der Bundesrepublik standen vor allem die späten 1960er und frühen 1970er Jahre sowohl im Zeichen wirtschaftlichen Reichtums als auch eines politischen und sozialen Reformwillens. Für den sozialen Bereich insgesamt und somit auch für die Diakonie stand mehr Geld zur Verfügung als zuvor. Eine an dem Bundesangestelltentarif ausgerichtete Entlohnung setzte sich weitestgehend durch. Zeitgleich machte sich, wie in der übrigen Gesellschaft auch, im sozialen Bereich eine starke Differenzierung und Spezialisierung von Berufen bemerkbar. Pädagogische und psychosoziale Berufe gewannen auch in der Diakonie zahlenmäßig rasch an Bedeutung.

Neben medizinischer Versorgung und Pflegeangeboten wurde nun versucht, alte und kranke, behinderte und sozial benachteiligte Menschen durch ein immer breiter werdendes Angebot von Beratung und Förderungsmaßnahmen wirkungsvoll und gezielt zu unterstützen. Psychologie, Pädagogik, Heilpädagogik und Heilerziehungspflege hatten dafür Erkenntnisse und Programme entwickelt, die nun personell und konzeptionell in die Tat umgesetzt wurden. Psychologinnen und Psychologen, die bis 1970 nur vereinzelt in der Diakonie anzutreffen waren, fanden jetzt breite Betätigungsmöglichkeiten. Die Heilpädagogik löste sich weitgehend von einer Zuordnung zur Medizin und ging von einer Erziehbarkeit auch bei schwerster Behinderung aus. Personalintensive Zuwendung zeigte dabei erstaunliche Erfolge. Das dafür benötigte Personal wurde in der Diakonie auf eigenen Fachschulen für Sozialpädagogik, Heilerziehungspflege, Heilerziehungspflegehilfe, Logopädie, Arbeitserziehung oder Arbeits- und Beschäftigungstherapie ausgebildet. Ebenso benötigte die in diesem Zeitraum rasch ansteigende Zahl von örtlichen oder regionalen Beratungsstellen viele Fachkräfte aus dem pädagogischen und psychosozialen Bereich.

Das alles führte zu einem grundsätzlichen Wandel in der diakonischen Mitarbeiterschaft. Bis Mitte dieses Jahrhunderts war das Bild der Diakonie zum einen wesentlich bestimmt von Diakonissen und Verbandsschwestern. Sie prägten die Atmosphäre auf den Stationen der Krankenhäuser. Sie wirkten als Gemeindeschwestern in fast allen evangelischen Kirchengemeinden vom Kindergarten über Jugendarbeit bis hin zu Besuchen bei alten Menschen. In ihrer Tracht waren sie unübersehbare und personifizierte Diakonie. Doch die Schwesternschaften litten unter Nachwuchsmangel. Ab den 1960er Jahren konnten sie freiwerdende Stellen nicht mehr aus ihren Reihen besetzen. Diese Schwestern vereinten in ihrer Person medizinische Pflege und Seelsorge. Heute bleibt dem fachlich hochspezialisierten Team einer Diakonie- oder Sozialstation kaum Zeit für eine seelsorgliche Zuwendung, zumal die entsprechenden Zeitanteile nicht von den Kassen finanziert werden. Zwar hat sich in den Schwesternschaften vieles gewandelt; in einigen ist das Eheverbot aufgehoben. Gleichwohl wird diese ehemals prägende Mitarbeiterinnengruppe künftig nur noch eine randständige Bedeutung haben.

Andererseits war die Diakonie lange Zeit von Diakonen geprägt. Ab den 1970er Jahren können sich auch Frauen zu Diakoninnen ausbilden lassen. Diakoninnen und Diakone erhalten heute eine Doppelqualifikation mit einem kirchlichen und einem staatlichen Abschluß, der ihnen in beiden Bereichen berufliche Möglichkeiten eröffnet. Zahlenmäßig gesehen sind aber auch sie eine Randgruppe.

Damit wird ein Grundproblem der stark angestiegenen Mitarbeiterinnen- und Mitarbeiterzahl deutlich. Es sind längst nicht mehr alle Mitarbeiterinnen und Mitarbeiter, die im Bereich der Diakonie arbeiten, christliche oder diakonische Überzeugungsträgerinnen und -träger. Lediglich knapp 60 % der im diakonischen Dienst Stehenden zählen zur evangelischen Kirche, knapp 23 % sind katholisch, und immerhin 17 % gehören keiner Konfessionsgemeinschaft an. Diese Gesamtzahlen verdecken die Verhältnisse in Ostdeutschland; hier nämlich sind nur 53 % evangelisch, rund 5 % katholisch und fast 42 % konfessionslos.

Festzuhalten ist, daß die Diakonie nicht dazu da ist, um vornehmlich evangelischen Christinnen und Christen einen sozialen Arbeitsplatz bereitzustellen.

Vielmehr ist es die Aufgabe der Diakonie, sich fachkundig der »Armen« anzunehmen. Unabhängig davon bleibt es eine Aufgabe für die Leitung von diakonischen Einrichtungen, den in ihrem Bereich Tätigen das christliche Profil der Diakonie nahezubringen. Diakonische Einrichtungen in Ostdeutschland »haben längst die Erfahrung gemacht, daß selbst Atheist/innen in den Sog der inneren Achse eines Unternehmens kommen können, um von daher eigenständig und vielleicht mit profanen Worten eigentliche Seelsorge zu leisten.« (Jäger 1998) Dazu allerdings muß sich die Diakonie ihrer christlichen Sache gewiß sein sowie für sich und andere ein diakonisches Leitbild bereithalten.

Leitbild

Die Entwicklung eines Leitbildes, einer Unternehmensphilosophie, signalisiert Krisenbewußtsein. In Umbruchsituationen ist es für Unternehmen, aber auch für Kirche und Diakonie ratsam zu fragen: Wer sind wir? Woher kommen wir? Was können wir? Was wollen wir?

Nachdem bereits einige größere diakonische Einrichtungen in den 1980er Jahren für sich Unternehmensgrundsätze formulierten, begab sich auch das Diakonische Werk der Evangelischen Kirche in Deutschland in einen Leitbild-Prozeß. Gegenüber früheren Jahrzehnten haben sich die Rahmenbedingungen grundsätzlich gewandelt. Verändert hat sich die Zusammensetzung der Mitarbeiterschaft. Die öffentliche Hand steckt in einer anhaltenden Finanzkrise. Auch im Bereich des Sozialen wurde der Schritt von der sozialen zur konkurrenzbetonten Marktwirtschaft getan; private Anbieter sind eine ernsthafte Konkurrenz für die Diakonie. Diese beginnt ihrerseits unternehmerisch zu denken und zu handeln. Das alles macht eine Überprüfung und Neubestimmung des eigenen Selbstverständnisses notwendig.

1997 legte die bundesdeutsche Diakonie erstmals ein eigenes »Leitbild« vor. Wenn dieses Leitbild nicht ein ideologischer Überbau ohne wirkliche Basisgebundenheit werden soll, dann ist es auf allen Ebenen der Diakonie und mit allen Mitarbeiterinnen und Mitarbeitern zeitintensiv, aufmerksam und kritisch durchzusprechen. Dann wird es möglich sein, daß regional und örtlich differenzierte Leitbilder daraus abgeleitet werden. Und dann kann es auch möglich sein, daß sich Mitarbeiterinnen und Mitarbeiter mit dem Christlichen und dem Diakonischen der Diakonie schrittweise identifizieren und es in den eigenen Berufsalltag einfließen lassen.

Ein solches Leitbild kann die Mitarbeiterinnen und Mitarbeiter der Diakonie auch vor nicht einlösbaren Zielsetzungen bewahren. 1973 schrieb der damalige Bundespräsident Gustav Heinemann zum 125jährigen Diakonie-Jubiläum: »Diakonie kann zu keiner Zeit alles leisten. Wohl kann sie Notstände aufdecken und lindern. Sie kann jedoch in aller Regel die Ursache von Notständen nicht beheben.« (Heinemann 1973) Das ist eine nach wie vor aktuelle Umschreibung des Jesus-Wortes: »Arme habt ihr allezeit bei euch.«

Literatur

Diakonisches Werk der Evangelischen Kirche in Deutschland (Hg.), Die Entwicklung der Diakonie von 1970 bis 1990 in Zahlen, Stuttgart 1994

Diakonisches Werk der Evangelischen Kirche in Deutschland (Hg.), Statistische Informationen des Diakonischen Werkes der Evangelischen Kirche in Deutschland Nr. 2+3/1995: Einrichtungsstatistik zum 01.01.1994, Stuttgart 1995

Diakonisches Werk der Evangelischen Kirche in Deutschland (Hg.), Leitbild Diakonie – damit Leben gelingt!, Stuttgart 1997

Heinemann, Gustav, »Keine Gewissensberuhigung«, in: Diakonie-Jahrbuch 1973

Jäger, Alfred, »Diakonie als eigenständige Gestalt von Kirche«, in: Diakonie-Jahrbuch 1998

Rannenberg, Werner, Tagesordnungspunkt Diakonie, Hannover 1996

Ruschke, Werner M., Einer trage des Anderen Last. Plädoyer für eine diakonische Theologie und Praxis, Bielefeld 1997

Starnitzke, Dierk, Diakonie als soziales System. Eine theologische Grundlegung diakonischer Praxis in Auseinandersetzung mit Niklas Luhmann, Stuttgart 1996

Turre, Reinhard, Diakonie. Grundlegung und Gestaltung der Diakonie, Neukirchen-Vluyn 1991

Die Zuwendung zu Menschen mit geistigen Behinderungen und psychischen Problemen

von Norbert Störmer

Widersprüche von Anbeginn an

Die Wurzeln der heutigen Betreuungsstrukturen für Menschen mit Behinderungen und psychischen Problemen liegen im 19. Jahrhundert. Verfolgen wir die Entwicklung dieser Strukturen zu ihren Wurzeln hin, dann wird deutlich, daß Einrichtungen für Menschen mit geistigen Behinderungen und psychischen Problemen nicht in erster Linie auf der Grundlage der christlichen Liebestätigkeit entstanden sind. Bereits 1885 hatte Heinrich Matthias Sengelmann (1821-1899), Theologe und Leiter der Alsterdorfer Anstalten, auf diese Tatsache hingewiesen. »Die Geschichte des Idioten-Erziehungswesens« habe gezeigt, »daß die ersten Anfänge der Fürsorge für diese Elenden nicht in gleicher Weise wie manches andere Rettungswerk der neueren Zeit spezifisch christlichen Ursprungs ist. Die Innere Mission hat für die Idioten erst ihre Stimme erhoben, nachdem viele andere Felder des sozialen Elends mit helfenden Anstalten von ihr bebaut waren« (Sengelmann 1885).

Dort aber, wo sich Einrichtungen für Menschen mit geistigen Behinderungen und psychischen Problemen entwickelten, waren unterschiedliche Motive ausschlaggebend. So versuchten zum einen Pädagogen, ihre erzieherischen Bemühungen auch auf geistig behinderte Kinder auszudehnen. Hauptaugenmerk war ihnen dabei die »Hebung der unentwickelten Geisteskräfte« dieser Kinder. Zum anderen wandten sich Mediziner den behinderten Kindern und Jugendlichen mit der Maßgabe zu, daß diese geistig krank seien und einer ärztlichen Pflege und Beaufsichtigung zur Heilung ihres Zustandes bedürfen. Aber auch die christliche Nächstenliebe war treibender Impuls für die Zuwendung zu behinderten Kindern und Jugendlichen, um ihnen die nötige Fürsorge angedeihen zu lassen und einen Lebensraum zu geben.

Die Gründung von Einrichtungen auf der Grundlage der christlichen Nächstenliebe ist im Bereich der evangelischen Kirche eng mit der »Erweckungsbewegung« im lutherischen Protestantismus zu Beginn des 19. Jahrhunderts verbunden. Aus dieser heraus entwickelten sich spezifische Betreuungsformen für die verschiedensten in Not geratenen Bevölkerungsgruppen. Durch ein praktisches Zeugnis der Nächstenliebe sollte ein Zeugnis des Glaubens abgelegt werden.

Diakonie möchte in der Gesellschaft die Stimme für die Schwachen erheben, möchte ihr Anwalt sein, möchte für Menschen da sein, die Beistand und Hilfe benötigen. Diakonische Einrichtungen wollen Orte zum Leben sein, im 19. Jahrhundert mit der deutlichen Ausprägung, sich von der säkularisierten Gesellschaft abheben zu wollen. Mit der Herausnahme der zu Betreuenden aus ihren gesellschaftlichen Bezügen sollten mögliche Störfaktoren gesellschaftlicher Art ausgeschlossen werden. Hierbei ließ man sich von der Vorstellung leiten, daß sich soziale Problemlagen nur dann bewältigen lassen, wenn die für notwendig erachtete Veränderung des Menschen auch institutionell abgesichert würde. In der Rettungshausbewegung kam dieses Prinzip zunächst bezogen auf Kinder und Jugendliche am deutlichsten zum Ausdruck. Die Einrichtung wollte die »neue Welt« sein, in der der Segen des Familiengeistes in Ruhe und Sicherheit erfahren und entwickelt werden könne. Dieses Prinzip wurde dann auch bestimmend für Einrichtungen für Menschen mit Behinderungen.

Das Gestaltungs- und Arbeitsprinzip »Diakonie als Nächstenliebe« hat sich in der Geschichte der institutionellen Behindertenhilfe jedoch nur in großer Ambivalenz um und durchsetzen lassen. Vieles, was gut gemeint war, erwies sich aus der Sicht der »Schwachen«, deren Anwalt man ja sein wollte, nicht immer als gut. Denn Menschen mit Behinderungen durften selbst unter dem Dach der Diakonie selten sie selbst sein. Sie blieben über weite Strecken der Behindertenhilfe »Objekte der Fürsorge«, andere wußten schon immer viel besser, was für den behinderten Menschen gut sei und was nicht, weil jene eine klare Vorstellung davon hatten, was entwicklungsbedürftig und was heilbar sei. Behinderte galten vor dem Hintergrund dieser Einschätzungen oftmals als unerziehbar, bildungsunfähig, nicht förderbar, therapieresistent und auch als nicht konfirmierbar.

Joachim Klieme machte darauf aufmerksam, daß Diakonie auch als Verweigerung von Nächstenliebe erfahren worden ist und immer noch werden kann. (1985) Angenommensein und Verlassenheit, Erfahrung von helfender Beziehung und Abschiednehmen von ihr, Entwicklung persönlicher Lebenskompetenz und Stillstand oder gar Retardierung der Kompetenz im Gefolge von Fremdbestimmung und institutioneller Anonymität liegen für ihn immer dicht beieinander.

Heute nimmt innerhalb des Diakonischen Werkes der Evangelischen Kirche Deutschlands die Betreuung von Menschen mit geistigen Behinderungen und psychischen Problemen einen breiten Raum ein, die ihren fachlichen wie auch organisatorischen Rahmen in dem »Verband evangelischer Einrichtungen für Menschen mit geistiger und seelischer Behinderung« als Fachverband des Diakonischen Werkes findet.

Frühe Bestrebungen, ihre Entwicklungen und daraus resultierende Differenzierungen

Da sich die Innere Mission als Organisation dem Arbeitsgebiet der Betreuung von Menschen mit geistiger Behinderung erst recht spät zuwandte, entstanden auf der Grundlage der christlichen Nächstenliebe in der ersten Hälfte des 19. Jahrhunderts nur vier entsprechende Einrichtungen (in Wildberg, Schreiberhau, Rieth – später Stetten – und Neuendettelsau/Polsingen). Dies änderte sich erst mit einer Schrift von Julius Disselhoff (1827-1896), die 1857 vom Rheinischen Provinzialausschuß für Innere Mission herausgegeben worden war. In ihr wurden die Unzulänglichkeiten der institutionellen Betreuung von Menschen mit geistigen Behinderungen und psychischen Problemen aufgedeckt und mit Blick auf den Staat und die Kirchen sowie auf Geistliche und Laien eine Veränderung angemahnt. Dieser Impuls fiel auf einen fruchtbaren Boden, so daß es in den folgenden Jahren gerade auch im Arbeitszusammenhang der Inneren Mission zur Gründung zahlreicher Einrichtungen für Menschen mit geistigen Behinderungen kam.

Alle in diesen Jahren gegründeten Einrichtungen waren zunächst einmal kleine, überschaubare, familienähnliche Einrichtungen. Doch bereits ab den 1860er Jahren wird ein Trend zur »größeren Anstalt« immer deutlicher. Eine nicht zu unterschätzende Rolle auf diesem Weg zur großen Anstalt spielte die große Zahl an Aufnahmeanträgen von Menschen mit geistigen Behinderungen. Man erhoffte sich jedoch auch, daß eine große Anstalt bessere Möglichkeiten zur Differenzierung der Menschen mit geistigen Behinderungen mit sich bringen und dadurch die Diagnostik, Therapie und pädagogische Betreuung differenzierter werden würde. Zudem zeigte sich zu dieser Zeit, daß die ursprünglichen Ziele, die Menschen mit geistiger Behinderung nach einer gewissen Zeit der Bildung in der Anstalt ins Erwerbsleben zu entlassen, sich nicht immer realisieren ließen. So konnte zwar von vielen der Abschluß der Anstaltsschule erreicht werden, jedoch ein Zurechtkommen in freien Ausbildungs- und Arbeitsverhältnissen wurde als ausgeschlossen angesehen. Für diese Menschen sollten deshalb Ausbildungs- und Beschäftigungsmöglichkeiten mit zusätzlichem Wohnraum in der Anstalt aufgebaut werden. Verbunden mit der Schaffung von Arbeitsmöglichkeiten war zudem die Vorstellung, daß hierdurch auch eine Senkung der Betriebskosten der Einrichtung zu erzielen sei.

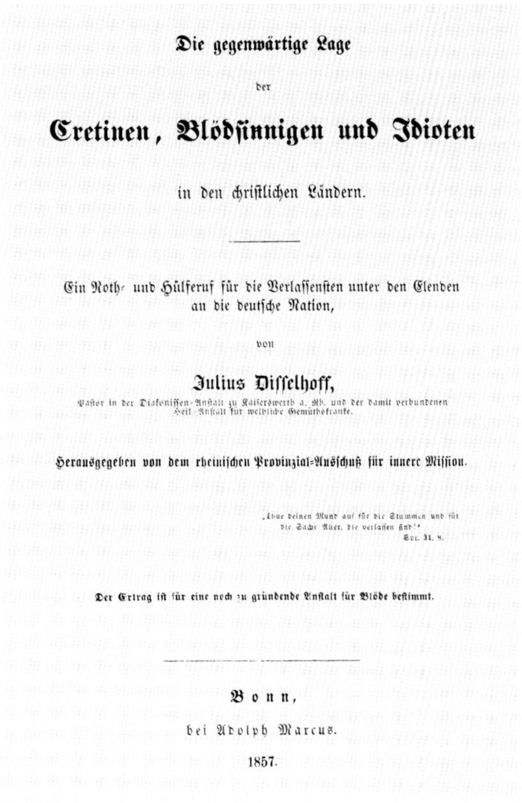
Die gegenwärtige Lage

der

Cretinen, Blödsinnigen und Idioten

in den christlichen Ländern.

Ein Noth- und Hülferuf für die Verlassensten unter den Elenden an die deutsche Nation,

von

Julius Disselhoff,

Pastor in der Diakonissen-Anstalt zu Kaiserswerth a. Rh. und der damit verbundenen Heil-Anstalt für weibliche Gemüthskranke.

Herausgegeben von dem rheinischen Provinzial-Ausschuß für innere Mission.

„Thue deinen Mund auf für die Stummen und für die Sache Aller, die verlassen sind!"
Spr. 31, 8.

Der Ertrag ist für eine noch zu gründende Anstalt für Blöde bestimmt.

Bonn,

bei Adolph Marcus.

1857.

Julius Disselhoff, Die gegenwärtige Lage der Cretinen [...], 1857 (3.101)

1945-1990

Brücken

Weiterhin wurde immer deutlicher, daß es auch Kinder und Jugendliche gab, die selbst den Anforderungen der Anstaltsschule nicht genügen konnten. Entlang der Begriffe »bildungsfähig« – »bildungsunfähig« beziehungsweise »heilbar« – »unheilbar« kam es nun zur Einrichtung von »Pflegeabteilungen«. Bestimmte Anstalten hatten zudem noch Abteilungen für Menschen mit Epilepsien wie auch für Kinder und Jugendliche aus den »besseren Ständen«.

In diesen Jahren prägten sich die Vorstellungen immer weiter aus, die Anstalt als ein »Sozialgefüge eigener Art« aufzufassen. Die Anstalt wurde als »Welt in der Welt« gesehen oder aber als eine große Familie, die es nach innen zu stabilisieren und nach außen hin abzugrenzen galt. Das Großwerden der Anstalt wurde zugleich als ein Schritt in eine neue Ganzheit, als die Überwindung der unfruchtbaren Gegenüberstellung von Anstalt und Gesellschaft, von Anstalt und Gemeinde verstanden. Friedrich von Bodelschwingh

Die ersten Pfleglinge der Samariteranstalten Fürstenwalde, 1893 (6.43)

sah zwar die Anstalt als eine Institution der Gesellschaft an, diese könne aber nur dann ihre Arbeit richtig versehen, wenn sie in sich Gesellschaft verwirklicht und selber Gemeinde würde. Das Zusammenleben in einem solchen Gemeinwesen, einem Sozialgefüge eigener Art, wurde als Integration von Menschen mit Behinderungen in die Welt verstanden. Welt in der Welt zu sein, eine Gemeinschaft zu gestalten, die als Abbild der Gesellschaft gelten konnte, war das Bestreben. Unterstützt wurde diese Entwicklung noch dadurch, daß viele Anstalten selbst Kirchengemeinde wurden.

Ab Mitte der 1860er Jahren wurden vermehrt Bestrebungen unternommen, eine Fachkonferenz für das Arbeitsfeld der Erziehung, Bildung und Pflege geistig behinderter Menschen ins Leben zu rufen. Aber erst mit dem Jahr 1874 kam es zur Gründung einer »Konferenz für Idioten-Heil-Pflege«, die dann im Rhythmus von drei Jahren stattfand. Zunächst einmal bestand das Anliegen darin, alle Bestrebungen in der »Idioten-Sache« in dieser Konferenz zu vereinen und an einer Vereinheitlichung der Vorstellungen zu arbeiten. Hierdurch traten jedoch die spezifischen Belange einer auf der Grundlage der Inneren Mission stehenden Arbeit mit Menschen mit geistigen Behinderungen stark zurück. Diesbezüglich wurden bald schon Stimmen laut, daß eine wahre Arbeit in diesem Arbeitsfeld nur auf der Grundlage des Christentums möglich sei und infolgedessen die konfessionellen Anteile der Arbeit stärker herauszustellen seien. Überlegungen dieser Art führten 1897 dazu, die »Konferenz der Vorsteher Evangelischer Anstalten für geistig Schwache und Epileptiker« ins Leben zu rufen. Aus dem Zusammenschluß dieser Konferenz und der »Arbeitsgemeinschaft Evangelischer Anstalten für Geisteskranke und Gemütsleidende« entstand 1937 dann der »Verband Deutscher Evangelischer Heilerziehungs-, Heil- und Pflegeanstalten«, der 1971 in »Verband evangelischer Einrichtungen für Menschen mit geistiger und seelischer Behinderung« umbenannt wurde.

Der Übergang vom 19. zum 20. Jahrhundert

Im Übergang vom 19. zum 20. Jahrhundert setzten sich verstärkt neue Sichtweisen der Probleme gestörter und behinderter Kinder, Jugendlicher und Erwachsener durch. Die Grundlagen dieser neuen Sichtweisen lassen sich in den philosophischen Strömungen der Zeit finden und in den aufgrund spezifischer Entwicklungen notwendig werdenden Differenzierungsprozessen in den unterschiedlichen Betreuungssystemen. Weiter vorangetrieben wurde diese Entwicklung durch die Sozialgesetzgebung, aber auch durch die Sicherstellung eines Rechtsanspruches auf Hilfe für geisteskranke, epileptische, geistig behinderte, taubstumme und blinde Menschen mit der Gesetzesnovelle zum Unterstützungswohnsitz (1891). Auch die Durchsetzung der allgemeinen Beschulung einerseits und die katastrophalen Lebensbedingungen der Jugendlichen in den Städten andererseits trugen zu dieser Entwicklung bei.

Gleichzeitig setzte ein Aufschwung in den Naturwissenschaften, insbesondere in der Biologie, ein. Dadurch bedingt, gewannen gerade biologische Ansätze für die Bestimmung des »Wesens der Idiotie« zu dieser Zeit eine immer größere Bedeutung.

Sprechen wir heute wie selbstverständlich von »Menschen mit geistiger Behinderung«, war die zur Anwendung kommende Begrifflichkeit zu dieser Zeit nicht unbedingt eindeutig.

In den 60er und 70er Jahren des 19. Jahrhunderts stellte sich noch sehr stark die Frage, ob für diese Gruppe von Menschen der Begriff der »Idiotie« zur Anwendung kommen solle, oder ob die Begriffe »Blödsinn« und »Schwachsinn« nicht passender seien. Es gab aber auch Bestrebungen, alle drei Begriffe in eine Systematik einzubinden. Bei derartigen Überlegungen wurde zum Beispiel die »Idiotie« dann zu einer besonderen Form des »Schwach- und Blödsinns«. In einer anderen Systematik drückte sich in der »Idiotie« die kindliche Form des »Schwach- und Blödsinns« aus. Es wurde zudem auch diskutiert, in welcher Beziehung die »Idiotie« zu den bekannten Formen der Geisteskrankheiten stehen würde. Hier wurde die Frage zur Klärung aufgegeben, ob die »Idiotie« als eine »Geistesschwäche« oder aber als »eine Form oder ein Grad von Geisteskrankheit« anzusehen wäre. In diese Diskussion banden sich sodann noch Begriffe wie beispielsweise »Stumpfsinn«, »Nullität der Intelligenz«, »Schwachbegabte« und »Schwachbefähigte« ein.

Letztendlich blieben die Definitionsbemühungen zu dieser Zeit sehr unscharf und unpräzise. Sie gingen von bestimmten beobachteten Erscheinungen aus, die mit solchen Begrifflichkeiten wie »Idiotie«, »Schwachsinn« und »Blödsinn« in Beziehung gesetzt wurden.

Ein erster Definitionsversuch, der eine größere Beachtung und Verbreitung fand, war der von Paul Sollier von 1891. Sollier ging bei seinen Überlegungen von einem vorfindbaren und ausgeprägten Mangel an Aufmerksamkeit aus. Dieser Mangel wurde als »Idiotie« angesehen und in drei Klassen von »schwerer Idiotie«, »leichter Idiotie« und »Imbezillität« unterteilt. Wenige Jahre später entwickelte Theodor Ziehen (1899) ein System, dem der »Grad des Intelligenzdefektes« als Kriterium zugrunde lag. Er sprach vom »angeborenen Schwachsinn«, bei dem drei Unterformen wie »Idiotie«, »Imbezillität« und »Debilität« aufweisbar seien. Diese Einteilung griff einige Jahre später (1915) Emil Kraepelin auf und begründete sie in anderer Weise. Er legte seiner Kategorisierung beobachtbare »Entwicklungshemmungen« zugrunde, die verschiedene Grade der Beeinträchtigung aufwiesen. Der Grad der Abweichung wurde zur durchschnittlichen Entwicklung von Kindern in Bezug gesetzt, die jeweilige Schwere mit Begriffen wie »schwere Idiotie«, »leichte Idiotie«, »Imbezillität« und »Debilität« unterschieden und insgesamt der Begriff der »Oligophrenien« (Schwachsinnszustände) eingeführt.

Neben dieser Diskussionslinie banden sich aber auch sozialdarwinistische, eugenische wie auch rassistische Vorstellungen in diese Diskussionen ein. Diese so entstehenden neuen Sichtweisen beinhalteten spezifische »Umwertungen« von beobachtbaren Abweichungen von einer als »normal« angesehenen Entwicklung und prägten sich in Begriffen wie »erziehungsunfähig«, »bildungsunfähig«, »minderwertig« beziehungsweise »anormal« in den verschiedensten Theorien aus. In der Fortsetzung dieser Tendenz brachte auch die in den 20er Jahren verstärkt einsetzende psychologische Betrachtungsweise des Behindertenproblems eine Ansammlung der unterschiedlichsten Vorurteile zum Ausdruck, die als wissenschaftliche Erkenntnisse ausgewiesen wurden.

Um 1900 gewannen in der Gesundheits- und Bevölkerungspolitik die Vorstellungen der sozialdarwinistischen Bewegung und damit die Auslese von »tüchtigen Menschen« und die Zurückdrängung von »Minderwertigen« immer mehr Raum. Sie gewann Anhänger unter Medizinern, Biologen, Volkswirtschaftlern, Politikern und Theologen. Vererbungsforscher lieferten Grundlagen, die Maßnahmen einer Rassenhygiene und Eugenik nahelegten. Gerade nach dem Ersten Weltkrieg gewann die Auffassung breiten Raum, daß mit eugenischen Maßnahmen einer angeblichen Schwächung der Erbsubstanz des deutschen Volkes entgegenzutreten sei.

Diese Überlegungen gipfelten in konkreten Plänen zu einer »positiven Eugenik« (einer Förderung der Fortpflanzung) wie auch in solchen zu einer »negativen Eugenik« (einer Fortpflanzungsverhinderung durch Sterilisierung, Asylierung und auch »Euthanasie«).

In der Inneren Mission fand zum Beispiel die freiwillige Sterilisation eine große Zustimmung, wenn auch bei gleichzeitiger Verwerfung des Zwanges und jeder Form von »Euthanasie«. Es kann gesagt werden, daß während der ganzen Zeit der Weimarer Republik die Innere Mission, als einer der wichtigsten Träger von Einrichtungen für Menschen mit Behinderungen, teil hatte an der einer Nützlichkeit verpflichteten Bewertung wohlfahrtspflegerischer und gesundheitspolitischer Maßnahmen. Diese Bewertung entsprach den Rationalisierungs- und Sparprogrammen einer »differenzierten Fürsorge«, welche sich an der Erwerbs- und Bildungsfähigkeit des jeweiligen Menschen ausrichtete. Vorstellungen einer »individuellen Fürsorge«, welche sich jenseits des Nützlichkeitsaspektes an dem Unterstützungsbedarf der Person orientierte, wurden immer mehr zurückgedrängt. Gerade aber bezogen auf Menschen mit einem großen Unterstützungsbedarf wurden eugenische Konzepte entwickelt, welche der Vermeidung und Verhinderung von Krankheit und Behinderung dienen sollten.

Die »Erste Fachkonferenz für Eugenik« der Inneren Mission von 1931 in Treysa und die »Zweite« von 1932 in Berlin werden deshalb als ein Wendepunkt zwischen alter und neuer Diakonie gesehen. (Klieme 1985)

Pflegehaus Waldeck, Kork, um 1930 (6.49)

Die Zeit von 1933-1945

Bereits Mitte des Jahres 1933 wurde das »Gesetz zur Verhütung erbkranken Nachwuchses« verabschiedet, welches zum 1. Januar 1934 in Kraft trat. Mit diesem Gesetz wurden gesetzliche Regelungen zur Sterilisation geschaffen. Neben der Möglichkeit einer Sterilisation auf freiwilliger Basis sah das Gesetz auch vor, daß über die neu gebildeten »Erbgesundheitsgerichte« eine Sterilisierung auch gegen den Willen der Betroffenen angeordnet werden konnte. Die Innere Mission hatte zwar versucht, die Verankerung der zwangsweisen Sterilisierung in dem Gesetz zu verhindern. Letztendlich wurde aber die Verabschiedung des Gesetzes begrüßt, da früher vorgetragene Änderungsvorschläge übernommen worden waren. Von diesem Gesetz war der Weg zur »Euthanasie« nicht mehr weit (vgl. Nowak in diesem Band).

Die Situation der Betreuung in den 50er und 60er Jahren

Der Beginn oder Wiederbeginn einer Behindertenarbeit nach 1945 in Deutschland hätte mit der Aufarbeitung der Erfahrungen mit der Zwangssterilisierung und der »Euthanasie« einsetzen müssen. In den Arbeitszusammenhängen der Innern Mission war jedoch kein zwingendes Bedürfnis nach einer gründlichen Aufarbeitung zu verspüren. Nur sehr wenige Personen in der Evangelischen Kirche und der Inneren Mission gingen der Frage nach, ob nicht die Identität der diakonischen Einrichtungen durch ihr eigenes Verhalten schweren Schaden erlitten haben könnte. Denn Tausende vormals in den Anstalten der Inneren Mission lebende Menschen mit geistiger Behinderung waren der als »Euthanasie« bezeichneten Mordaktion zum Opfer gefallen.

Während des Krieges waren viele Anstalten für Menschen mit Behinderungen und psychischen Problemen ihren angestammten Zwecken entfremdet worden, und erst nach und nach wurden sie wieder ihren ursprünglichen Zwecken zugeführt. Parallel hierzu wuchs jedoch in den Nachkriegsjahren der Aufnahmedruck auf die Einrichtungen. Die schon gegebenen schlechten räumlichen Bedingungen verschlechterten sich nochmals, und durch die geringe Anzahl an Mitarbeiterinnen und Mitarbeitern konnten die steigenden Betreuungsaufgaben mehr schlecht als recht gewährleistet werden.

Viele Bemühungen in den 50er und 60er Jahren gingen folglich zunächst dahin, die bauliche Struktur der Einrichtungen zu modernisieren. In dieser Zeit wurden die Anstalten jedoch zunehmend mit neuen Arbeitsformen und neuen Institutionen der Behindertenhilfe konfrontiert.

So hatten sich zum Beispiel Eltern von Kindern mit geistiger Behinderung intensiv darum bemüht, Betreuungsformen für ihre Kinder außerhalb der Anstaltsstrukturen zu finden. Durch diese Bemühungen wurden insbesondere Erfahrungen der Betreuung behinderter Menschen und Menschen mit psychischen Problemen aus anderen Ländern und neue Formen der offenen und halboffenen Behindertenarbeit (Frühförderung, Tagesstätten, Werkstätten, Sonderschulen, Freizeitklubs, Ferienaktivitäten wie auch Wohnheime) in die Diskussion gebracht.

Gerade aber durch diese offenen und halboffenen Formen der Behindertenhilfe sahen sich die traditionellen Anstalten mit einer neuer Frage konfrontiert: Wie kann eine Anstalt sich von den klassischen Versorgungsstrukturen zu einem Lebensraum mit vielfältigen Anforderungsstrukturen und Entfaltungsspielräumen umwandeln? Dies bedeutete auch eine deutliche Aufforderung an die Bewohnerinnen und Bewohner zur Eigenaktivität. Die bereits vorhandenen Lebensmöglichkeiten in den Anstalten sollten so ausgeweitet werden, daß man in der Anstalt nicht »gelebt wird«, sondern selbst leben kann.

Mit dem im Juni 1953 verabschiedeten »Gesetz über die Beschäftigung Schwerbeschädigter« fanden bestimmte berufliche Rehabilitationsmaßnahmen ihre Absicherung. Schwerbeschädigten wurde ein sechstägiger Zusatzurlaub gewährt und es wurde eine Ausgleichsabgabe für nichteingestellte Schwerbeschädigte eingeführt. Eine Ausdehnung dieser Regelungen auf Nicht-Kriegsinvalide wurde von der Bundesregierung zu dieser Zeit abgelehnt.

In den 60er Jahren wurden weitere wichtige Gesetze, Menschen mit Behinderungen betreffend, vorbereitet und verabschiedet: so 1957 das Körperbehindertengesetz, das Rentenversicherungsgesetz, Gesetze über Arbeitsvermittlung und Arbeitslosenversicherung, und 1961 das Bundessozialhilfegesetz, mit dem der Vorrang der freien Wohlfahrtspflege beim Aufbau und der Errichtung von sozialen Einrichtungen fixiert wurde. In diesen Jahren wurde auch nach neuen Lösungen auf dem Gebiet der Rehabilitation gesucht. Das gegliederte und zergliederte System der vorhandenen Rehabilitationsträger machte dringend eine Koordination der Träger und Leistungen erforderlich, damit der Anspruch des einzelnen Menschen durch geeignete Rehabilitationsmaßnahmen auch tatsächlich verwirklicht werden konnte.

Wandlungen und Veränderungen ab den 70er Jahren

In den 70er Jahren wurden die Ambivalenzen und Widersprüche der wohlfahrtsverbandlichen und öffentlichen Behindertenhilfe immer deutlicher. Die Anfang der 70er Jahre bestehende diakonische Behindertenhilfe war zu dieser Zeit überwiegend auf die Betreuung von Menschen mit geistigen Behinderungen in großen Einrichtungen ausgerichtet. Die sich zunächst außerhalb der Anstalten ausdifferenzierende Förderung von Menschen mit Behinderungen verlagerte sich nun auch in die Anstalten selbst. Und man begann das bisher übliche Rehabilitationsdenken zu problematisieren. Unüberhörbar wurde die Kritik, daß trotz der enormen finanziellen Aufwendungen zur Sanierung der Anstalten und der sich verbessernden Fachlichkeit ihrer Arbeit das Prinzip der »Ausgliederung zum Zweck der Eingliederung« immer noch wirksam sei. Gesprochen wurde in diesem Zusammenhang von dem Entstehen von »Isolationskarrieren«. Das heißt: Menschen treten in eine Einrichtung ein, die sich von ihrer Struktur her deutlich von den allgemeinen Strukturen des gesellschaftlichen Lebens abhebt. All das, was dieser Mensch dann lernen kann, ist für das Leben in dieser Einrichtung zwar wichtig und unverzichtbar, zur Bewältigung des Lebens außerhalb würde es jedoch nicht ansatzweise ausreichen. Letztendlich wird der Bruch zwischen »drinnen« und »draußen« immer größer und eine Eingliederung immer unwahrscheinlicher. Ein solcher Prozeß nimmt den behinderten Menschen nicht nur die Möglichkeiten zur eigenen Entscheidung und Lebensgestaltung, sondern er bewirkt auch eine weitgehende Trennung von der »normalen« Bevölkerung.

Mit Beginn der Regierungszeit der sozial-liberalen Koalition wurde 1970 ein Aktionsprogramm der Bundesregierung zur Förderung der Rehabilitation der Behinderten veröffentlicht. Enorme Anstrengungen führten zum Aus- und Neubau eines umfassenden Netzes von rehabilitativen Einrichtungen unterschiedlicher Art. Im Jahre 1974 trat das Schwerbehindertengesetz an die Stelle des Schwerbeschädigtengesetzes. Damit wurde die Gesetzgebung in ihrer Gültigkeit auf alle Menschen mit Behinderungen ausgedehnt. Für Arbeitgeber wurde eine einheitliche Pflichtquote zur Einstellung von Menschen mit Behinderungen festgelegt, die Ausgleichsabgabe bei Nicht-Erfüllung dieser Pflichtquote wurde erhöht. Auch die Werkstätten für Behinderte erhielten eine neue Konzeption. Von grundlegender Bedeutung aber war, daß nun erforderliche Hilfen unabhängig von den Ursachen einer Behinderung gewährt wurden.

In den 80er Jahren wurde auch in den diakonischen Einrichtungen der Widerspruch unübersehbar, daß vieles von dem, was in den vergangenen 30 Jahren gebaut werden konnte, nicht mehr den geänderten konzeptionellen Vorstellungen entsprach. Aber auch

Diakonieplakat, Hamburg, 1982 (10.153)

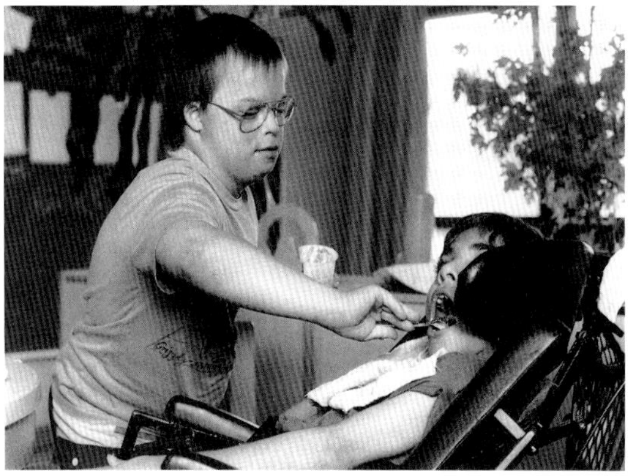

Mittagessen in der Lernbehindertenschule Rotenburg (Wümme), 1992 (10.143)

In der Arbeitstherapie in Stetten, 1976 (10.145)

die oftmals starren und unflexiblen Strukturen der Anstalten und Heime standen neuen Ideen entgegen, Menschen mit Behinderungen ein individuelles Wohnen mit den dafür notwendigen Hilfeleistungen zu gewährleisten. Gleichfalls in den 80er Jahren wurden eine Vielzahl von Veränderungen in der Behindertenhilfe gefordert. Oftmals wurden diese nicht von den auf diesem Gebiet seit langer Zeit tätigen christlichen Verbänden angeregt, sondern von Menschen mit Behinderungen und ihren Angehörigen selbst.

Dies läßt sich zum Beispiel an der Verwendung von bestimmten Begriffen zeigen: Mit der Forderung einer »Normalisierung« sollte dokumentiert werden, daß Menschen mit Behinderungen gleiche Bedürfnisse und Interessen zuerkannt werden müssen wie anderen Mitgliedern der Gesellschaft. Männer und Frauen müssen sich begegnen können. Zudem wären auch ihre Lebensbedingungen denen von Menschen ohne Behinderungen anzupassen und ihnen dieselben Lebensbedingungen zugänglich zu machen. Die Lebensmöglichkeiten von Menschen mit Behinderungen sollten einen hinreichenden Spielraum zu einer relativ autonomen Lebensbewältigung und Daseinsgestaltung beinhalten.

Mit dem Begriff »Regionalisierung« wiederum wurde ein verändertes Gestaltungsprinzip der Arbeit in die Diskussion gebracht. Es besagt, daß eine Einrichtung und eine Hilfemaßnahme auf eine Gruppe von Menschen bezogen sein muß, die aus einem bestimmten und klar eingrenzbaren Sozialraum kommt. Wenn notwendige Hilfen familien- und gemeindenah erfolgen sollen, so müssen die Einrichtungen und Hilfsdienste den regionalen Bedarf immer im Blick haben. Parallel hierzu wurde die »Dezentralisierung« debattiert. Verstanden wurde hierunter der Aufbau von stadtteilbezogenen und gemeindenahen Wohnheimen, aber auch die Errichtung von Klein- und Kleinstheimen in den Gemeinden. Die Gemeinden, Kreise und Städte sollten wieder unmittelbar verantwortlich werden für die Betreuung von Menschen, die einer Unterstützung zur Bewältigung ihres Lebens bedürfen.

Ausgehend von einer Selbsthilfebewegung von Menschen mit Behinderung, ist die Forderung, »selbstbestimmt leben« zu wollen, in die Fachdiskussion eingeflossen. Diese Menschen lehnten und lehnen die bisherigen Hilfsmaßnahmen, wie sie traditionell durch die spezialisierten Institutionen und Einrichtungen angeboten werden, als nicht »hilfreich« ab. Dies deshalb, weil sich in der »stationären Pflege« die Bewohner in großem Maße den Erfordernissen der Einrichtung unterzuordnen haben und nicht selbstbestimmt ihr eigenes Leben, wenn auch mit Unterstützung, gestalten können. Deshalb fordern sie das Recht auf gleiche Entscheidungsmöglichkeiten und die Wahlfreiheit bezüglich Wohnen, Mobilität, Ausbildungs- und Berufswahl sowie Partnerbeziehungen, die Trennung von Wohn- und Arbeitsplatz und gleichberechtigte Teilhabe an der Gesellschaft außerhalb großer separierender Sondereinrichtungen.

In der »Duisburger Erklärung« vom März 1995 wurde zum ersten Mal mehr Selbstbestimmung für Menschen mit geistiger Behinderung verlangt. Damit verbunden ist ein anderes Menschenbild: Die Menschen werden nicht primär als bedürftig, sondern als eigenständige und selbstbestimmte Wesen angesehen. Es werden nicht mehr »für« die Menschen mit Behinderungen Entscheidungen getroffen, sondern gemeinsam mit ihnen. Dies beinhaltet auch die Entscheidung über die Hilfen, derer sie bedürfen.

Die für die Behindertenhilfe auch heute immer

noch typischen großen Anstalten versuchen inzwischen diese Ansätze ebenfalls zu verwirklichen, auch wenn damit große Umstrukturierungen verbunden sind.

Ausblick

Der Gedanken- und Erfahrungsaustausch mit anderen Ländern der letzten Jahre über neue Wege der Integration von Menschen mit Behinderungen hat andere Lösungsansätze deutlich gemacht, die sich auch auf die aktuelle Praxis der Diakonie und der Wohlfahrtsverbände in Deutschland auswirkten. Insgesamt aber zeigt sich, daß Kirche und Diakonie in der Gegenwart in ihrer Behindertenarbeit verstärkt zu neuen Orientierungen gelangen müssen und daß dabei grundsätzliche Überlegungen zum Menschenbild und der theologischen Verantwortung im Hinblick auf die Gestaltung des zwischenmenschlichen Zusammenlebens vonnöten sind, um Eigen- und Selbsthilfe zu ermöglichen. Oftmals sind die traditionellen Institutionen noch viel zu stark mit sich selbst beschäftigt. Die Wahrung von Besitzständen scheint oftmals wichtiger zu sein als ein »sich Kümmern« um die anvertrauten Menschen. Trotz vielfältiger Veränderungen finden deren Vorstellungen nicht genügend Raum in den traditionellen institutionellen Betreuungsformen der Behindertenhilfe. Bevormundung und Reglementierung bestimmen oftmals noch immer das Betreuungsgeschehen.

Heute werden zunehmend dezentrale, gemeindenahe Angebote gefordert. Neue Praxisprojekte urbanen Wohnens auch für Menschen mit geistigen Behinderungen werden versuchsweise realisiert. Kirche und Diakonie könnten dazu beitragen, daß Gemeinde und Gemeinwesen im Hinblick auf die Zusammengehörigkeit aller Menschen die Menschen mit Behinderungen in ihre Mitte integrieren.

Menschen mit Behinderungen haben, wie jeder andere Mensch, das Recht auf ein selbstverantwortliches Leben. Ihre Begleitung hat dabei auszugehen von ihren Kompetenzen und nicht von ihren vermeintlichen Defiziten. Menschen mit Behinderungen wollen, wie wir alle, selbstbestimmt und autonom leben, sie lehnen die Bevormundung durch Eltern und Helfer ab und wollen sich nicht institutionellen Zwängen unterwerfen, die nicht zu hinterfragen sind. Denn auch Menschen mit Behinderungen haben selbstverständlich eigene Lebensentwürfe und Lebenspläne, wollen wohnen und leben, lernen und arbeiten wie andere Menschen auch, wissend, daß sie, je nach individuellen Bedürfnissen und Unterstützungsbedarf, auf Hilfe und Pflege angewiesen sind. Sie fordern ein Recht auf gleichberechtigte Teilhabe an der Gesellschaft, außerhalb separierender Sondereinrichtungen.

Literatur

BEYREUTHER, ERICH, Geschichte der Diakonie und Inneren Mission in der Neuzeit, Berlin 1962

DISSELHOFF, JULIUS, Die gegenwärtige Lage der Kretinen, Blödsinnigen und Idioten in den christlichen Ländern. Ein Not- und Hilferuf für die Verlassensten unter den Elenden an die deutsche Nation, Bonn 1857

JANTZEN, WOLFGANG, Sozialgeschichte des Behindertenbetreuungswesens, München 1982

KLIEME, JOACHIM, »Woher wir kommen. Rückblick auf die Behindertenarbeit von 1935 bis 1985«, in: Zur Orientierung, 9. Jg., 3 + 4. 1985

MCMANAMA, BRIGITTE, »Normalisierung. Prinzipien, die das Leben von Menschen mit Behinderungen verändern sollten. Eine Wegbeschreibung«, in: Zur Orientierung, 19. Jg., 1. 1995

SCHUBERT, BRITTA V., »Entwicklung der Behindertenhilfe bis heute«, in: Zur Orientierung, 21. Jg., 3. 1997

SENGELMANN, HEINRICH, Systematisches Lehrbuch der Idioten-Heilpflege, Norden 1885

STÖRMER, NORBERT, »Historische Aspekte der diakonischen Behindertenhilfe«, in: Behindertenpädagogik, 26. Jg., 1. 1987

STÖRMER, NORBERT, Innere Mission und geistige Behinderung. Von den Anfängen der Betreuung geistig behinderter Menschen bis zur Weimarer Republik, Münster 1991

VERBAND EVANGELISCHER EINRICHTUNGEN für Menschen mit geistiger und seelischer Behinderung: Grundsätze und Leitziele diakonischer Einrichtungen (Hg.), Dienste und Hilfen für Menschen mit geistiger Behinderung, Stuttgart 1994

WOHLHÜTER, HERBERT, »Das Normalisierungsprinzip und andere Leitideen für die Gestaltung der Behindertenhilfe«, in: Zur Orientierung, 19. Jg., 1. 1995

1998
PERSPEKTIVEN

Europa und die Rolle der Freien Wohlfahrtspflege

von Jürgen Gohde

»Asien ist die Hoffnung der Welt. Europa hat seine Energie verloren. Es gibt dort keine Dynamik. Es ist wie ein wunderschönes Museum. Aber es gibt dort keine Hoffnung. Leben ändert sich nicht. Es gibt dort keine Aufregung, kein Abenteuer, keine Ziele für das Leben. Wenn Du nach Asien zurückkommst, erlebst Du den Wandel des Lebens in jedem Jahr. Asiaten sind wettbewerbsorientiert und arbeiten hart«, schreibt Antonio Chiang, Herausgeber von Taiwan Daily. (Jacques 1998) Chiang empfiehlt das Ende europäischer Nabelschau und warnt vor wirtschaftlicher und ethnischer Isolation Europas. Er empfiehlt Innovation auf allen Ebenen, die Überwindung der Provinzialität und der Fremdenfeindschaft. Das Bild des prosperierenden Europas sei London, »the most original and global city in Europe« (ebd). Sie sei Vorbild für eine Wiedererfindung und Neudefinition der Rolle Europas. Welche Rolle spielen die Wohlfahrtsverbände in diesem Prozeß? »Die Arbeit der Freien Wohlfahrtsverbände ist ein Gestaltungselement europäischer Sozialpolitik.« Dieser Satz ist keine Selbstaussage der freien Wohlfahrt. Vielmehr stammt er – und darin liegt seine Besonderheit – aus der Stellungnahme des Wirtschafts- und Sozialausschusses der Europäischen Gemeinschaft über die »Zusammenarbeit mit den Wohlfahrtsverbänden und den Wirtschafts- und Sozialpartnern«.

Im Dezember vergangenen Jahres hat der Wirtschafts- und Sozialausschuß eine Initiativ-Stellungnahme beschlossen, mit der – anders als in den bisherigen Papieren – die Wohlfahrtsverbände als Gestaltungselemente europäischer Sozialstaatlichkeit beschrieben werden. Damit ist erstmals in aller Deutlichkeit formuliert und von politischer Seite gewürdigt, was seit langem Selbstverständnis deutscher und europäischer Diakonie ist und ihr Handeln leitet, nämlich Partner in der Gestaltung eines sozialen Europas zu sein.

In der Bratislava-Erklärung ist dies bereits als »Vision einer Diakonie von Europa« 1994 festgehalten worden: »Die Diakonie muß Teil einer Bewegung sein, die Europa ein Zielbewußtsein gibt, das über das Wirtschaftswachstum hinausgeht. [...] Unsere Zukunftsvision für Europa ist gekennzeichnet durch Offenheit gegenüber der übrigen Welt und durch Beseitigung von durchgehenden Spaltungen, Rassismus und Diskriminierung von Menschen, die zur Zeit ausgeschlossen werden. Es ist eine Vision tragfähiger Gemeinschaften, die sich durch Nachbarschaftsgeist, miteinander teilen und Sorgen um den Menschen und um die Umwelt auszeichnen. Diakonie sollte daher [...] eine Veränderung wirtschaftlicher und politischer Machtsysteme zu erreichen suchen, um eine aktive, den Menschen erreichende Demokratie zu schaffen.«

Es zeichnet sich ab, daß das, was in Bratislava als Vision formuliert wurde, heute seitens der EU anerkannt wird: Wohlfahrtsverbände sind Gestaltungselement europäischer Sozialstaatlichkeit. Anwaltschaft, Gemeinwohlagentur, Ehrenamt und Dienstleistung sind die Stichworte. Ein Stück der Vision von Bratislava ist damit Wirklichkeit geworden. Das macht die Äußerung des Wirtschafts- und Sozialausschusses so wichtig, deshalb verdient sie Aufmerksamkeit und viel Öffentlichkeit.

Beteiligung der Freien Wohlfahrtspflege an der Gestaltung der Europäischen Sozialpolitik

Die Stellungnahme des Initiativausschusses steht nicht für sich allein. Sie ist Teil einer Entwicklung. »Europa – bisher kein Thema für die Freie Wohlfahrtspflege« – so hieß es noch in der Prognos-Studie von 1991, die die »Freie Wohlfahrtspflege im zukünftigen Europa« zum Thema hatte. Obgleich es das vorrangige Ziel der Europäischen Kommission ist, wirtschaftliche Prozesse in Europa zu befördern und zu erleichtern, und die soziale Dimension diesem Ziel immer nachgeordnet bleibt, läßt sich inzwischen dennoch auch eine andere Richtung erkennen.

Als erstes Stichwort sei die Maastrichter Protokollerklärung genannt: Mit Unterstützung der Bundesregierung wurde dem Anliegen der Wohlfahrtsverbände in Deutschland Rechnung getragen, die Idee »Freie Wohlfahrtspflege« als Gestaltungsfaktor mit in die Maastrichter Protokollerklärung hineinzuformulieren. Auf der Grundlage des Artikel 32 des Einigungsvertrages (»Die Verbände der freien Wohlfahrtspflege und die Träger der freien Jugendhilfe leisten mit ihren Einrichtungen und Diensten einen unverzichtbaren Beitrag zur Sozialstaatlichkeit des Grundgesetzes.«) heißt es in der Maastrichter Protokollerklärung: »Die Konferenz betont, daß zur Erreichung der in Art. 117 des Vertrages zur Gründung der Europäischen Gemeinschaft genannten Ziele eine Zusammenarbeit der Europäischen Gemeinschaft mit den Verbänden der Wohlfahrtspflege und den Stiftungen als Träger sozialer Einrichtungen und Dienste von großer Bedeutung ist.«

Weiterhin ist mittlerweile ein europäischer Runder Tisch der Wohlfahrtsverbände (ET Welfare) eingerichet: Mit ihm unterstützt die Europäische Kommission die Arbeit der europäischen Wohlfahrtsverbände, indem sie den europäischen Erfahrungsaustausch im Sozialbereich fördert und in diesem Zusammenhang auch eine eigene Haushaltslinie eröffnet hat.

Als ein besonderes Zeichen der Beteiligung der Wohlfahrtsverbände muß auch der zur Verfügung gestellte Sitz im Wirtschafts- und Sozialausschuß erwähnt werden, der nicht nur die Wohlfahrtsverbände in ihrer Sozialkompetenz berücksichtigt, sondern ihnen auch die Möglichkeit gibt, mit anderen Partnern (vornehmlich der Wirtschaft und Tarifparteien) und mit dem Wirtschaftsbereich insgesamt zusammenzuarbeiten.

Im Amsterdamer Vertrag von 1997 wiederum hat die EU sich ganz besonders auf die Freiwilligenarbeit der Verbände konzentriert und ihre Bedeutung herausgestellt.

Erwähnt sei die Amsterdamer Erklärung zu den freiwilligen Diensten, auch wenn sie sich nicht ausschließlich auf soziale Arbeit bezieht. Der entscheidende Satz der Erklärung lautet: »Die Konferenz erkennt an, daß die freiwilligen Dienste einen wichtigen Beitrag zur Entwicklung der sozialen Solidarität leisten. Die Gemeinschaft wird die europäische Dimension freiwilliger Vereinigungen fördern und dabei besonderen Wert auf den Austausch von Informationen und Erfahrungen sowie die Mitwirkung von Jugendlichen und älteren Menschen an freiwilliger Arbeit legen.«

In diesem Zusammenhang also steht die Stellungnahme des Wirtschafts- und Sozialausschusses der Europäischen Gemeinschaft. Gewürdigt wird die Bedeutung der Wohlfahrtsverbände für die Volkswirtschaft als Träger sozialer Dienste und Einrichtungen und auch ihre Fähigkeit, Menschen zum freiwilligen Einsatz für das Gemeinwohl zu motivieren.

Eindeutig bezieht der Wirtschafts- und Sozialausschuß Stellung zur Frage von Markt und Wettbewerb: So wird es als richtig eingeschätzt, daß die Wohlfahrtsverbände sich dem Wettbewerb mit privaten und kommerziellen Einrichtungen stellen und sie den Wettbewerb insbesondere da befürworten, wo er zur Steigerung der Effizienz und zur Verbesserung der Hilfeleistungsinstrumente und -methoden beitragen kann, also im Sinne der Nutzenmaximierung. Abgelehnt wird, daß marktwirtschaftliche Komponenten zu Lasten der Hilfsbedürftigen gehen. »Das rein marktwirtschaftliche, auf Gewinnmaximierung ausgerichtete Modell versagt für die Bereiche des Sozialen als generelles Prinzip.«

Daß dieses Papier durchaus nicht alleine steht, sondern vielmehr in der EU und insbesondere auch auf der Ebene der Kommission tatsächlich der Freien Wohlfahrtspflege eine im Vergleich zur Vergangenheit weit höhere Bedeutung zugemessen wird, kommt in der Mitteilung der Kommission über die Förderung der Rolle gemeinnütziger Vereine und Stiftungen in Europa zum Ausdruck. Auch hier wird nicht nur prägnant die Arbeit der Verbände und Vereine beschrieben, wie sie dem Selbstverständnis der Verbände entspricht, sondern es wird auch die wachsende Bedeutung dieses Sektors herausgestellt. Die Kommission räumt ein, daß nicht nur die Zusammenarbeit zwischen den europäischen Institutionen und dem gemeinnützigen Sektor zu lange rein punktuell war, sondern auch, mit welchen Problemen es die gemeinnützigen Vereine und Stiftungen der Vergangenheit zu tun hatten, wenn sie Fördermittel erhalten wollten.

1998

Perspektiven

Als Kernprobleme werden beschrieben, daß Einrichtungen keine Möglichkeiten haben, EU-Fördermittel zu erhalten; daß es weiterhin Probleme gibt, eine Ergänzungsfinanzierung für Projekte zu finden, die durch EU-Förderprogramme kofinanziert werden. Als Defizit wird weiterhin die zu starke Abhängigkeit von EU-Mitteln gesehen und auch die Tatsache, daß Mittel oft ausbleiben. Dies wiederum zeitigt Folgen bis hin zur Existenzgefährdung.

Europäische Bewußtseinsbildung in der Diakonie

Die bisher dargestellte Entwicklung zeigt, daß – nicht nur seitens der EU, sondern auch seitens der Diakonie selbst – eine Bewußtseinsbildung stattgefunden hat, und zwar in doppelter Hinsicht: Zum einen ist unverkennbar das Bewußtsein dafür gewachsen, daß Diakonie europäisch sein muß. Zum anderen versteht sich Diakonie in Europa zunehmend auf gleicher Ebene mit den Nichtregierungsorganisationen (Non-governmental Organizations, NGO), um gemeinsam als Teil einer sozialen Bewegung die Gestaltungsaufgabe »Soziales Europa« wahrzunehmen.

Daß dies so ist, hat sehr mit dem 1996 neu geschaffenen »Europäischen Verband für Diakonie – Eurodiaconia« zu tun. Diese Vereinigung geht zurück auf den in den 20er Jahren gegründeten Europäischen Verband für die Diakonie, der nach dem Zweiten Weltkrieg die wichtige Funktion einer Klammer zwischen der Diakonie in West und Ost hatte, und die 1992 gegründete »Eurodiakonia«, die insbesondere mit dem Ziel antrat, die diakonische Arbeit in der Europäischen Union zu fördern. Zur Erzielung von Synergieeffekten war der Zusammenschluß der beiden Verbände nur noch eine Frage der Zeit.

Gerade die Einsicht, daß es nicht länger eine EU-bezogene Arbeit einerseits und eine gesamteuropäische Arbeit andererseits geben darf, sondern daß Themen innerhalb der EU immer auch gesamteuropäische Themen sind, zeigt die angesprochene Bewußtseinsbildung eindrucksvoll.

Heute verfolgt der Europäische Verband für Diakonie »Eurodiakonia« im wesentlichen zwei Ziele:

1. Eine höchstmögliche Abstimmung und Verständigung unter den angeschlossenen Mitgliedsverbänden zur Förderung und Stärkung des diakonischen Bewußtseins in Europa. Der Verband versteht sich hierbei als Plattform, die Kirche und Diakonie einen gegenseitigen Austausch in gemeinsamer Verantwortung auf europäischer Ebene ermöglicht.

1998

Perspektiven

2. Mit dem angestrebten wachsenden Stellenwert der freien Wohlfahrtspflege im zukünftigen Europa möchte der Europäische Verband nach außen, also gegenüber den politischen europäischen Gremien, zu Stellungnahmen und aktiver Einmischung in sozialpolitische Grundsatzfragen kommen und zu einer gestaltenden, sozialen und ethischen Kraft werden.

Beide Tendenzen finden ihren Niederschlag in der Diakonie-Charta, die Leitlinien in Bezug auf Selbstverständnis und Handeln im Europäischen Verband formulieren will.

Bisher liegt lediglich ein Entwurf einer solchen Charta vor. Dort ist die Aufgabe einer europäischen Diakonie festgehalten: »Angesichts von wachsender Armut, Arbeitslosigkeit und sozialer Ausgrenzung im Hinblick auf das System sozialer Sicherungen in den einzelnen Ländern oder unter einer europäischen Perspektive Stellung (zu nehmen) und [...] nach Möglichkeit positive Lebensverhältnisse mit (zu gestalten)«. Gleichzeitig wird auch festgehalten, daß »der Kampf gegen Armut und Ausgrenzung [...] in die Zuständigkeit aller Bürger (fällt) [...] Die Kirchen und ihre Diakonie wollen sich in diesem Kampf selbst einbringen und dabei versuchen, das Engagement aller zu fördern.«

Folgerichtig wird die Forderung erhoben, »stärker als bisher die Zivilgesellschaft der Nichtregierungsorganisationen in die Politik mit einzubeziehen«.

Armut und Ausgrenzung – Beispiele europäisch-diakonischer Zusammenarbeit

- Diakonie ist europäisch.

Diakonie bringt sich ein als Teil der Bewegung, die Verantwortung für ein soziales Europa übernimmt. Ein eindrückliches Beispiel konkreter Umsetzung eines solchen Selbstverständnisses ist die Beteiligung der Diakonie am »Europäischen Netzwerk für Straßenkinder weltweit«. Die Initiative dazu ging 1994 vom Europäischen Parlament aus, das in Zusammenarbeit mit der Kommission der EU die Anregungen von zahlreichen europäischen NGOs aufgriff. Über 90 NGOs waren an der Gründung dieses Netzwerkes im April vergangenen Jahres beteiligt; ein Netzwerk, das seine Aufgabe im wesentlichen als eine Koordinierungsaufgabe versteht. Hier hat die Diakonie maßgeblich ihre Erfahrungen einbringen können.

- Diakonie in Europa ist armuts- und ausgrenzungsbezogen.

Ein entscheidender Beitrag europäischer Diakonie dazu war die »Konsultation der Kirchen und ihrer Verbände zu Fragen der Armut und der sozialen Ausgrenzung« – ebenfalls als Gemeinschaftsprojekt durchgeführt, zusammen mit der Caritas Europa, der European Ecumenical Commission for Church and Society und der (katholischen) Europäischen Bischofskonferenz. Im Auftrag der EU-Kommission wurde ein Konsultationsprozeß begonnen, dessen Abschlußbericht nicht nur die Probleme der wach-

Die Wohlfahrtsverbände der Bundesarbeitsgemeinschaft der Freien Wohlfahrtspflege senden Armut thematisiert, sondern auch dokumentiert, wie unverzichtbar der Beitrag von Kirche und Diakonie ist, wenn es darum geht, eindeutig in anwaltschaftlicher Funktion die Interessen der Ausgegrenzten zu vertreten. Aus dieser Arbeit sind auch »die gemeinsamen Bedenken von Eurodiaconia und Caritas Europa zum Beschäftigungsgipfel der Regierungschefs im November 1997« erwachsen, in denen »Maßnahmen mit mehr politischem Gewicht« gefordert werden, um die Langzeitarbeitslosigkeit in Europa nicht zu ignorieren, sondern ihr wirkungsvoll zu begegnen.

Das sind einige Beispiele, die zeigen: Europa ist sozial gestaltbar, und der Beitrag der Freien Wohlfahrtspflege und damit der Diakonie, ist unverzichtbar.

Die zukünftige Rechtsstellung der Freien Wohlfahrtspflege in Europa

Allerdings wird man, wenn man von Europa spricht, nicht umhin können, auch von möglichen Gefährdungen für die Freie Wohlfahrtspflege in Deutschland zu sprechen. Die Europäische Union ist zunächst eine Wirtschaftsunion. Die Priorität, politisch auf ein wirtschaftlich stabiles Europa zu setzen, macht durchaus Sinn. In den Rahmenbedingungen der Europäischen Union als Wirtschaftsunion muß sich europäische Diakonie verorten. Dabei stellt sich die Frage, welchen Rahmen die EU für die Arbeit der Freien Wohlfahrtspflege darstellt, die Frage also nach der EU-Kompetenz im Sozialbereich. Aus rechtlicher Sicht ist das Sozialrecht nach wie vor nationales Recht, das heißt, die Kompetenz der Sozialgesetzgebung liegt bei den einzelnen Ländern. Nur in einigen Bereichen, etwa bei den Koordinationsregeln oder bei sozialen Schutzstandards, hat europäisches Recht nationales Recht abgelöst.

Der Spielraum beziehungsweise das Vakuum, das hier entsteht, kann unter Umständen zu Schwierigkeiten und Gefährdungen führen, wie an einem aktuellen Beispiel verdeutlicht sei, und zwar anhand der Fragestellung nach der Anwendung des Subventionsverbots nach Artikel 92 und 93 EG im Hinblick darauf, ob die staatliche Finanzierung von Diensten der Spitzenverbände der Freien Wohlfahrtspflege als Beihilfen im Sinne der oben genannten Artikel anzusehen ist. Das Bundesministerium für Wirtschaft hat dazu eine Anhörung veranstaltet, bei der wir deutlich machen konnten, daß die Gewährung staatlicher Mittel zur Finanzierung staatlicher Aufgaben in der

Plakat des Diakonischen Werkes, 1994 (10.95)

BRD an die Spitzenverbände der Freien Wohlfahrtspflege nicht mit wettbewerbsverzerrenden Beihilfen unter den Anbietern am Markt gleichgesetzt werden kann. Entscheidend für unsere Rechtsauffassung ist, daß es sich dabei um ein nationales Finanzierungssystem der BRD zur sozialen Sicherung handelt, also um eine nationale Angelegenheit der Finanzierung.

Der Europäische Gerichtshof hat dies in einer jüngeren Entscheidung bestätigt. Nach dem sogenannten »Sodemar-Urteil« des Europäischen Gerichtshofes verbleibt die Zuständigkeit zur Ausgestaltung des Systems zur sozialen Sicherheit bei den Mitgliedsstaaten. Auf dem Prüfstand des Europäischen Gerichtshofes stand ein italienisches Gesetz, welches den örtlichen Gesundheits- und Fürsorgeämtern vorschrieb, im Altenhilfebereich nur solchen Anbietern von Altenwohnheimen die Kosten für bedürftige Bewohner zu erstatten, die ohne Erwerbszweck tätig werden. Gegen dieses Gesetz hatte eine luxemburgische Gesellschaft, die in Italien ein Altenwohnheim mit Erwerbszweck betreiben wollte, geklagt. Kernpunkt ihrer Klage war, daß sie gegenüber den italienischen Anbietern, die ohne Erwerbszweck tätig werden und deshalb zur Kostenerstattung durch das Gesundheits- und Fürsorgeamt zugelassen sind, benachteiligt wird. Der Europäische Gerichts-

GEMEINSAME TEXTE 9

Für eine Zukunft in Solidarität und Gerechtigkeit

Wort des Rates der Evangelischen Kirche in Deutschland und der Deutschen Bischofskonferenz zur wirtschaftlichen und sozialen Lage in Deutschland

Herausgegeben vom Kirchenamt der Evangelischen Kirche in Deutschland, Herrenhäuser Straße 12, 30419 Hannover, und vom Sekretariat der Deutschen Bischofskonferenz, Kaiserstraße 163, 53113 Bonn

Sozialwort der Kirchen, 1997 (10.176)

Informationen aus dem sozialen Geschehen in Kirche, Oekumene und Gesellschaft

Herausgeber: Diakonisches Werk der Evangelischen Kirche in Deutschland und Deutscher Caritasverband e.V.

Korrespondenz

MENSCHEN IM SCHATTEN

Erfahrungen von Caritas und Diakonie in den neuen Bundesländern

Untersuchungen der Lebenslagen der Rat- und Hilfesuchenden in den offenen Diensten von Caritas und Diakonie in den neuen Bundesländern

veröffentlicht am 14. Mai 1997

Deutscher Caritasverband e.V.
Karlstraße 40
Lorenz-Wetrthmann-Haus
79104 Freiburg i. Br.
Sammelruf (0761) 200-0

Diakonisches Werk der EKD
Stafflenbergstraße 76
70184 Stuttgart
Sammelruf (0711) 2159-0

caritas

2/97

Lebenslagenbericht, 1997 (10.173)

hof hat jedoch betont, daß die durch das Gesetz vorgenommene Unterscheidung zwischen erwerbsorientierten und nicht-erwerbsorientierten Gesellschaften zulässig sei, wenn die entsprechenden Regelungen Teil der Ausgestaltung des Systems der sozialen Sicherheit sind. Die italienische Regierung hatte vorgebracht, daß nach ihrer Ansicht ein System der sozialen Sicherung am besten zu verwirklichen sei, wenn es sich auf Unternehmen gründe, die in der Gewährung der Hilfe nicht dadurch beeinflußt würden, daß sie aus der Dienstleistung Einkünfte erzielen müßten. Diese Überlegung hat der Europäische Gerichtshof nicht beanstandet.

Der Grundsatz der subsidiaren Gestaltung von Sozialpolitik darf allerdings auch nicht dazu verleiten, durch eigenes Handeln, zum Beispiel durch die Anwendung eines rein wirtschaftlich funktionalen Unternehmensbegriffes, den geschützten Rahmen deutschen Rechtes zu verlassen und der Kommission Interventionsmöglichkeiten zu geben.

Wenn Sozialrecht und Sozialpolitik weitgehend national gestaltet sind, stellt sich natürlich zunächst die Frage, mit welchen nationalen Strukturen die Diakonie Europafragen behandelt. Es ist zu begrüßen, daß es die 24 gliedkirchlichen Diakonischen Werke geschafft haben, jeweils Europakoordinatorinnen und -koordinatoren zu benennen, die mit einem Team der Hauptgeschäftsstelle und dem Vertreter des Büros des Diakonischen Werkes der EKD in Brüssel zusammenarbeiten. Die landesverbandliche Struktur der Diakonie ist darüber hinaus von entscheidender Bedeutung im Rahmen der EU-Programm- und Förderpolitik, die weitgehend über die Bundesländer abgewickelt werden.

Wiederentdeckung der Freien Wohlfahrtspflege in Europa?

Die Diakonie hat sich europäisch organisiert, kirchliche und nicht kirchliche Wohlfahrtsverbände arbeiten auf europäischer Ebene zusammen. Die EU hat den Aktivitäten der Verbände in vielfältiger Weise Rechnung getragen, indem sie sie konsultiert, sie fördert und sie in die Gremienarbeit integriert hat. In diesen Prozeß gehört eine weitere Beobachtung: Lange Zeit haben wir aus deutscher Sicht sehr wohl vernommen, daß die für Deutschland typische Rolle der Freien Wohlfahrtspflege nicht auf Europa übertragen werden kann. Dies war auch nie unsere Forderung. Nunmehr läßt sich allerdings in anderen EU-Staaten ein Trend feststellen, der – vielleicht ein wenig euphorisch formuliert – die Wiederentdeckung Freier Wohlfahrtspflege in ganz Europa erkennen läßt. Was vielleicht in sehr differenzierten Betrachtungen ausgeführt werden müßte, klingt sehr vereinfacht so: In vielen Ländern wie zum Beispiel Spanien und Frankreich geht es darum, die Maastricht-Kriterien zur Wirtschafts- und Währungsunion zu erfüllen. Dies will man erreichen, obwohl die sozialen Probleme insbesondere als Folge der Arbeitslosigkeit zunehmen. Wenn nun in diesen Ländern deutlich wird, daß der Markt die sozialen Probleme nicht löst und sich der Staat gerade im finanziellen Bereich entlasten will, so wie in Frankreich mit der sehr zentralistischen Verantwortung auch im Sozialbereich, werden gerade die Wohlfahrtsverbände im intermediären Bereich zwischen Staat und Markt neu entdeckt. Ganz sicher sind die Äußerungen des Wirtschafts- und Sozialausschusses auch in diesem Zusammenhang zu verstehen.

Diakonie ist europäisch, aber Diakonie – das sei zum Schluß festgehalten – ist nicht nur europäisch. Entgegen einem falsch verstandenen Eurozentrismus, der den einen – nationalstaatlichen – Parochialismus durch einen neuen – europäischen – lediglich ersetzt und Grenzen oder Mauern definiert, hält die Diakonie an der Hoffnung auf ein für alle offenes Europa ohne Mauern fest. Sie steht für ein Europa, das Schutz und Heimat all denen gibt, die es brauchen, und darin eine Chance für Europa und die Welt sieht.

Literatur

Den Sozialschutz in Europa verbessern. Stellungnahme des Diakonischen Werks der EKD zur Mitteilung der Europäischen Kommission über Modernisierung und Verbesserung des Sozialschutzes in der Europäischen Union unter Berücksichtigung des Grünbuchs der Europäischen Gemeinschaften: Eine neue Arbeitsorganisation im Geiste der Partnerschaft, Diakonie-Korrespondenz 1/98, Stuttgart 1998

Jacques, Martin, in: The European, 19.-25. Januar 1998

Konferenz Europäischer Kirchen (Hg.), Auf dem Weg zu einer Vision von Diakonie (Bratislava-Erklärung), Bratislava 1994

Konsultation der Kirchen und ihrer Verbände zu Fragen der Armut und der sozialen Ausgrenzung. Abschlußbericht, Diakonie-Korrespondenz 3/97, Stuttgart 1997

Wirtschafts- und Sozialausschuss der Europäischen Gemeinschaften (Hg.), Zusammenarbeit mit den Wohlfahrtsverbänden und den Wirtschafts- und Sozialpartnern (Initiativ-Stellungnahme), Brüssel, Dezember 1997

»Aus lebendiger Tradition innovativ«: Werte, Werke und Wege »Innerer Mission«

von Eckart Pankoke

Diakonie zwischen »Mission« und »Mandat«

»Innere Mission« – so verstand im Revolutionsjahr 1848 Johann Hinrich Wichern die Erneuerung seiner Kirche. Neuer Geist sollte organisatorisch Gestalt gewinnen in »der gesamten Arbeit der aus dem Glauben an Christum geborenen Liebe, welche diejenigen Massen [...] innerlich und äußerlich erneuern will, die der Macht [...] äußeren und inneren Verderbens anheimgefallen sind, ohne daß sie, so wie es zu ihrer christlichen Erneuerung nötig wäre, von den [...] geordneten kirchlichen Ämtern erreicht werden.« Über Wicherns »Denkschrift an die deutsche Nation« (1849) wurde sein Programm einer »Inneren Mission der deutschen evangelischen Kirche« öffentlich. Gefordert war die Verbindung von Mission und Diakonie als »Wesens- und Lebensäußerung der Kirche«. Damit stellte Wichern die Erneuerung kirchlichen Lebens in den Rahmen der politischen und sozialen »Bewegungen« seiner Zeit. Deren Prinzip der »Selbstorganisation« wurde nun christlich gewendet und gewann praktischen Sinn über das durch Wichern zum Modell diakonischer Jugendhilfe werdende »Rauhe Haus«. Hier galt es, die Fälle jugendlicher Gefährdung anzunehmen in solidarischen Feldern »christlicher Verbrüderung«: Die in den sozialen Bewegungen radikalisierte Idee der »Association« wurde so Handlungsprogramm diakonischen Engagements und zugleich Organisationsprinzip der von Wichern betriebenen Sammlung der »gesamten Arbeit«. Die dazu für die diakonischen Werke geforderte Eigenständigkeit ließ sich nach Wicherns Einschätzung dadurch begründen, daß die moderne Not der »sozialen Frage« über die »geordneten kirchlichen Ämter« noch kaum beachtet und beantwortet war. Dies setzte diakonische Bewegung in Spannung zu den verfaßten Ordnungen von Staat und Kirche.

Zur Sammlung der diakonischen Kräfte hatte Wichern mit dem »Central-Ausschuß für die Innere Mission« den organisatorischen Rahmen geschaffen und zugleich mit publizistischen Aktivitäten dazu beigetragen, daß die diakonische Sendung zur sozialen Bewegung wurde.

Plakat der Inneren Mission, 1965 (10.150)

Solidarität und Subsidiarität im Wohlfahrtsstaat

Die Entwicklung »organisierter Nächstenliebe« fand ihren institutionellen Rahmen über die Verflechtung mit staatlicher Sozialpolitik. Diese öffentliche Bedeutung des in Vereinen und Verbänden aktiven bürgerschaftlichen Engagements spiegelte sich in den damaligen Theorien sozialer Bewegung und sozialer Verwaltung, etwa in einem eigenen Band »Das Vereinswesen« in Lorenz von Steins zehnbändiger »Verwaltungslehre«. Bewußt wurde das Zusammenspiel der Prinzipien Solidarität und Subsidiarität, indem bei der Verwaltung, der Gestaltung und der Steuerung öffentlichen Lebens und öffentlicher Aufgaben die »freien Träger« mit ihrem selbstorganisierten Engagement als »Dritter Sektor« zwischen Markt und Staat wirksam wurden.

Auch der soziale Protestantismus formierte sich über modernes Vereinswesen. Dazu zählte neben dem auf soziale Praxis zielenden »Central-Ausschuß für die Innere Mission« auch der »Evangelisch-Soziale Kongreß« als Forum sozial-ethischer und sozialpolitischer Selbstverständigung. Die hier als Systemkrise verhandelten »sozialen Fragen« forderten nicht nur moralisch entschiedenes Handeln, sondern

Leitbild Diakonie, 1997 (10.175)

auch gesellschaftspolitische Planung und Steuerung aufgrund wissenschaftlich aufklärender Beobachtung und Beurteilung. Eine »politische Diakonie« könne sich daher auf die schon früh im sozialen Protestantismus ausgetragenen gesellschaftspolitischen Richtungskämpfe berufen. Bewußt wurden aber auch die Grenzen des rein moralisierenden Appells, dessen Reduktion auf persönliche Motive den komplexeren Strukturfragen der Zeit nicht mehr gewachsen schien. Dies galt gerade für die sich verschärfende »Arbeitsfrage«. In Auseinandersetzung mit einem auch im »Evangelisch-sozialen Congress« vertretenen »christlich-sozialen« Moralismus machte Max Weber (1894) deutlich, daß die Systemkrisen der Arbeitsgesellschaft nicht nur »gesinnungsethisch« zu beschwören, sondern auch in einer sozialwissenschaftlich abgeklärten Realpolitik der Reform »verantwortungsethisch« zu beantworten seien.

Auf katholischer Seite fand Wicherns Projekt der »organisierten Nächstenliebe« institutionelles Echo mit dem von Lorenz Werthmann (1858-1921) betriebenen Zusammenschluß der karitativen Dienste und Werke in dem 1897 in Freiburg gegründeten »Caritasverband für das katholische Deutschland«. Auch Werthmann forderte, die »Werke der Nächstenliebe« durch »umfassendere und planmäßige« Organisation zu steigern – und zugleich die »Begeisterung« über kommunikative Arrangements der Versammlung, Beratung, Verständigung zu stärken: »Ihr Caritasfreunde und Caritaswerke, tretet aus der bisherigen Verborgenheit und Vereinsamung heraus, sammelt Euch, beratet Euch in Versammlungen, begeistert Euch für eine noch umfassendere und planmäßige Ausübung der Werke der Nächstenliebe!« (Werthmann 1958)

Die in beiden Konfessionen wirksamen Bewegungen und Vereinigungen christlich gebundenen sozialen Engagements waren neu gefordert im Ausbau der Weimarer Republik als soziale Demokratie. Das Reichsjugendwohlfahrtsgesetz von 1924 gab den Rahmen, im Sinne ordnungspolitischer Prinzipien der Solidarität, der Subsidiarität und der Pluralität auch andere weltanschauliche »Freie Träger« in die Korporation zwischen öffentlicher und freier Fürsorge einzubeziehen.

Diakonie unter Druck: Rückzug, Duldung, Widerstand

Doch wohlfahrtsstaatliche Kooperation öffentlicher und freier Träger bedeutete zugleich Verstrickung mit politischer Macht. Dies zeigte sich im Niedergang der Weimarer Republik, als die nun auf öffentliche Mittel angewiesenen Wohlfahrtsverbände in die Finanz- und Staatskrise hineingezogen wurden. Institutionelle Abhängigkeit verband sich mit ideologischer Anfälligkeit. Auch in den Wohlfahrtsverbänden konnten autoritäre Ordnungsbilder einer »starken Hand« ihre Anhänger finden.

Aber das Prinzip einer subsidiären Autonomie gab auch Rückhalte der Widerständigkeit. So konnte diakonisches Engagement den Gleichschaltungstendenzen dadurch widerstehen, daß der zunächst drohende Führungsanspruch regimetreuer »Deutscher Christen« ein Gegengewicht fand in der »Bekennenden Kirche« und der hier verankerten »Arbeitsgemeinschaft der diakonischen und missionarischen Werke und Verbände«. Zunächst schien der Konflikt mit dem Regime auch dadurch stillgestellt, daß die mit nationalsozialistischer »Volkswohlfahrt« wenig konforme »Betreuung der Unproduktiven« an kirchliche Werke abgeschoben war.

Verhängnisvolle Einbruchstellen boten schon vor 1933 die auch im diakonischen Bereich geführten Kontroversen zu »Eugenik und Sterilisation« – etwa im 1931 gebildeten »Eugenischen Ausschuß«, später »Ausschuß für Fragen der Rassenhygiene und Rassenpflege«. Doch eine stille »Duldung« staatlich betriebener »Rassenpflege« fand in der Diakonie auch mutigen Widerspruch und Widerstand.

Politischer Druck trieb viele zurück in eine unpolitisch introvertierte Selbstgenügsamkeit, was entschiedenen Theologen der »Bekennenden Kirche« als Schuld der Kirche bewußt wurde. Schuldig machte

neben einer – in der Diakonie oft tapfer verweigerten – Kollaboration mit einem menschenfeindlichen Regime auch die duldende Zurückhaltung beim öffentlichen Bekenntnis und praktischen Zeugnis christlichen Erbarmens. Gerade im stummen Wegschauen sah Bonhoeffer kirchliches Versagen und Schuld:

»Sie (die Kirche) hat den Ausgestoßenen und Verachteten die schuldige Barmherzigkeit oftmals verweigert. Sie war stumm, wo sie hätte schreien müssen, weil das Blut der Unschuldigen zum Himmel schrie. Sie hat das rechte Wort zur rechten Zeit nicht gefunden. [...] Die Kirche bekennt, die willkürliche Anwendung brutaler Gewalt, die leiblichen und seelischen Leiden Unschuldiger, Unterdrückung, Haß und Mord gesehen zu haben, ohne ihre Stimme für sie zu erheben, ohne Wege gefunden zu haben, ihnen zu Hilfe zu eilen. Sie ist schuldig geworden am Leben der schwächsten und wehrlosesten Brüder Jesu Christi.« (Bonhoeffer 1949)

1998

Perspektiven

Wiederaufbau und Modernisierungskrisen

Der Wiederaufbau nach 1945 wurde für die Diakonie zum Kairos des Bekennens von Schuld, aber auch des praktischen Zeugnisses einer radikalen Erneuerung diakonischer Sendung und Sammlung. Damals führte die Selbstverständigung der gesellschafts- und weltpolitischen Verantwortung der Kirchen, aber auch die bittere Erfahrung von Verfolgung, Widerstand und Schuldverstrickung zu einer bewußteren Herausforderung »politischer Diakonie«.

Erneuerung wurde institutionell markiert mit der Gründung des »Zentralbüros des Hilfswerkes der evangelischen Kirche Deutschlands«, das sich mit dem »Central-Ausschuß für Innere Mission der deutschen Evangelischen Kirche« unter dem neuen Namen »Diakonisches Werk der EKD« (1965) vereinigte. Bekräftigt wurde zugleich aber das Zeugnis »von Gottes Liebe zur Welt« als bekennende Präambel der neuen Satzung von 1976: »Diakonie ist Gestalt dieses Zeugnisses und nimmt sich besonders der Menschen in leiblicher Not, in seelischer Bedrängnis und in sozial ungerechten Verhältnissen an. Sie sucht auch die Ursachen dieser Nöte zu beheben. Sie richtet sich in ökumenischer Weite an Christen und Nichtchristen. Da die Entfremdung von Gott die tiefste Not des Menschen ist und sein Heil und Wohl untrennbar zusammengehören, vollzieht sich Diakonie als ganzheitlicher Dienst am Menschen.«

Diese Präambel klingt wie ein Echo auf Wicherns Gründungsaufruf zur Inneren Mission. Und doch haben sich seitdem viele Koordinaten und Perspektiven verschoben. Modernisierungskrisen schlagen heute durch auf das Verhältnis von christlichem Glauben und moderner Gesellschaft, von Modernität und Solidarität. (Gabriel 1997) Schübe der Entpersonalisierung und Entsolidarisierung sprengen ein bislang religiös geprägtes Gemeinschaftsleben. Auch die Sprachwelt der Bibel, aus der Wichern und seine Mitstreiter glauben und leben konnten, ist vielen Menschen fremd geworden – und doch verspricht gerade die Aneignung und Auseinandersetzung mit der Tradition innovative Schubkraft für diakonisches Engagement.

Zukunftspotentiale und Leitbildprozesse

»Man muß versteinerten Verhältnissen ihre eigene Melodie vorsingen, um sie zum Tanze zu zwingen!« So forderte zur Zeit Wicherns der junge Marx einen dialektischen Umgang mit programmatischem Erbe. Dies gilt aber auch für die kritische Besinnung auf Anspruch und Herausforderung des diakonischen Auftrages in einer sich wandelnden Welt.

Das »Diakonische Werk« hat sich zum 150jährigen Jubiläum dieser Herausforderung gestellt in einem breit angelegten und tiefgreifenden Prozeß institutionellen Lernens. »Innere Führung« findet ihre neue Sprache in der gemeinsamen Suche nach einem Leitbild, was das Vermächtnis der Gründung im Horizont heute aktueller Krisen von Kirche und Gesellschaft bewußt machen will. Dabei stellt sich die heutige Selbstverständigung diakonischen Engagements bewußt in den globalen Horizont von Weltgesellschaft und christlicher Oekumene. (Diakonie 1997)

Die neuen Perspektiven institutioneller Selbstverständigung verdichten sich unter dem Leitsatz »Diakonie – damit Leben gelingt« zu Prinzipien diakonischer Organisation und Orientierung:

- Wir orientieren unser Handeln an der Bibel.
- Wir achten die Würde jedes Menschen.
- Wir leisten Hilfe und verschaffen Gehör.
- Wir sind aus einer lebendigen Tradition innovativ.
- Wir sind eine Dienstgemeinschaft von Frauen und Männern im Haupt- und Ehrenamt.
- Wir sind dort, wo uns Menschen brauchen.
- Wir sind Kirche.
- Wir setzen uns ein für das Leben in der Einen Welt.

Handlungsorientierung in der Sprache des Glaubens

»Wir orientieren unser Handeln an der Bibel«: Dieses Bekenntnis zur Tradition christlicher Weltverantwortung wird vielen heute zur Provokation. Doch die scheinbar weltfremde Sprache des Glaubens markiert zugleich einen Horizont radikaler Transzendenz, der die Praxis der Welt unter Spannung und in Bewegung bringt. Das Bekenntnis zu Konfessionalität christlicher Weltverantwortung wird dann zum kritischen Stachel der Professionalität diakonischer Arbeit. (Gohde 1997) Zu klären wäre dazu, ob als Profil »innerer Mission« und »diakonischer Arbeit« eine identifizierbare kommunikative Kultur wirksam wird. Die Besinnung auf »protestantische Kultur« als »Kultur des Wortes« macht bewußt, daß die Sprache des Glaubens für die Praxis des Helfens als kritischer Stachel wirksam bleibt, daß dessen Muster und Werte für Selbstgenügsamkeit und Selbstgefälligkeit zum Ärgernis werden. Dienst am Menschen (Diakonie) gibt sich zu erkennen in einem zugleich durch Gottesdienst (Liturgie) und Glaubenszeugnis (Martyrologie) gespannten Horizont der Reflexion, durch den der praktische »Sinn« des Helfens sich verbindet mit der Hoffnung auf »Heil«. Erst im radikalen Licht des »Heils« erscheint das Elend als »Unheil« – und fordert die Radikalität von Umkehr. Im Horizont von Heilsfragen gewinnt die helfende Beziehung von Rat und Hilfe, Heilung und Sorge an Tiefe durch das alle Beteiligten und Betroffenen verbindende Bewußtsein von Schuld und Gnade, Verfehlung und Vergebung, Verzweiflung und Hoffnung. Dies meinte Wicherns Zusammenschau von »tiefster Not des Menschen« und seiner »Entfremdung von Gott«. Damit erst wird das Unheil heilloser Zustände zur Provokation engagierter Praxis.

In der Sprache der frühen Diakonie präsentierte sich der Geist der Hoffnung in Leitbegriffen wie Errettung, Erweckung, Bekehrung, Erziehung, Entwicklung. Über solche Begriffsbildung wurde die »Umkehr« als »Prozeß« programmierbar und organisierbar – und helfendes Handeln als Geschichte erzähl-, versteh- und verantwortbar. Bewußt als Handlungsfelder des Hilfe-Prozesses entwickelten sich »Zuchthäuser« zu »Besserungs-Anstalten«, »Verwahr-Anstalten« zu »Erziehungs-Heimen«, »Irrenhäuser« zu »Heilstätten«, in denen nun der Wahn als »Krankheit« behandelt wurde und auf Heilung Hoffnung gesetzt wurde. Anders als der Vollzug sozialer Kontrolle durch Verwaltung, Versorgung und Verwahrung verstand sich diakonischer Dienst – innerlich bestärkt durch christliche Hoffnung – als dienende und zugleich fördernde Begleitung von Entwicklungsprozessen der »Besserung« von Menschen und ihrer Verhältnisse.

Dieses diakonische Programm »rettender Liebe« (Wichern) fand Ausdruck, indem die Sprache diakonischer Professionalität aus der Sprache des Glaubens ihre besonderen Bezugsmuster gewann, welche die christliche Verheißung des »Ich bin bei Euch alle Tage« (Mt. 28,20) als Ermutigung nahm. In bezug auf Heilsfragen entwickelten sich besondere Beziehungsformen heilenden und helfenden Handelns. Die Eingriffe kontrollierenden Verwaltens, Versorgens und Verwahrens fanden ihr Gegengewicht im helfenden Zuspruch professionellen Begleitens, Betreuens, Beratens und Begegnens. Während die transitive Vorsilbe »ver-« im Sinne des lateinischen »per-« den Akzent setzt auf funktionalen Perfektionismus, betont die Sprache der Diakonie mit der weichen Vorsilbe »be-« die helfende Beziehung des »bei einem sein«: »... mit Geleit«, »... mit Treue«, »... mit Rat«, aber auch in der »sich begegnenden« Offenheit und Verbindlichkeit des Gegenüber. Hingegen macht die »Sprache der verwalteten Welt« den Menschen in Not über das harte »per-« zum Objekt, zum »Menschen im Akkusativ«. Die diakonische Alternative wäre eine andere Relationsstruktur und Beziehungskultur zwischen Gebern und Nehmern, Helfern und Hilflosen, bei denen auch der Bedürftige in den »Dativ« des »Bei-einem-Sein« gestellt wird – und damit als Subjekt frei bleibt.

1998

Perspektiven

Achtung der Würde jedes Menschen

»Wir achten die Würde jedes Menschen«: Mit seinem Programm der »christlichen Association« verband Wichern biblische Sprache mit den neuen Parolen sozialer Bewegung. In diesem Sinne verstand sich »christliche Association« als »geschwisterliche« Gemeinschaft von Dienenden und Bedienten, Gebenden und Bedürftigen. Wer als Gefährdeter und Gefallener dem konfessionell etablierten Christentum fern und fremd geworden war, sollte nun erst recht zum »Nächsten«, ja zum »Bruder« (»Schwester«) werden, also in tiefer Not nicht nur Rat und Hilfe finden, sondern auch im äußeren und inneren Elend als Person Aufnahme und Annahme, Gehör und Zuspruch erfahren und so neue Würde gewinnen.

Gewiß zeigt die Geschichte der Diakonie und ihrer großen Werke der Anstaltsdiakonie, daß es oft auch scheiterte, unter organisiertem Kontrolldruck menschliche Würde durchzuhalten. Gerade die für fürsorgliche Dienste typische Handlungslogik des »Betreuens« führte in Grenzfällen auch zu entmündigender Verfügung und wurde nach den Verdrehungen totalitärer Verführung mit Recht aufgenommen ins »Wörterbuch des Unmenschen«. Demgegenüber sollten diakonische Traditionen im begegnenden Umgang mit Hilf- und Ratlosen ihre ganz andere Prägung (»proprium«, »formation«) ausweisen, das Ernst macht mit der verheißenen »Freiheit eines Christenmenschen«.

Plakat des Diakonischen Werkes, um 1985 (10.105)

Gehör verschaffen: Konsultation und Interpellation

»Wir leisten Hilfe und verschaffen Gehör«: Diakonisches Handeln – auch unter dem Organisationsdruck rationalisierter und kalkulierter Versorgungs- und Hilfeleistung – ist immer auch kommunikatives Handeln, welches Verantwortung verhandelt im Wechsel von Rede und Antwort. Dieser Zusammenhang von Rat und Hilfe bedeutet praktisch die Bereitschaft, gerade dem Rat- und Hilflosen aufmerksam Gehör zu schenken und zugleich dem Gehörten öffentlich Gehör zu schaffen.

Auch in der säkularisierten Öffentlichkeit dürfen Kirchen bei der Wahrnehmung ihres sozialethischen und sozialpolitischen Engagements immer noch auf besondere Aufmerksamkeit rechnen. Karitative und diakonische Organisationen bleiben deshalb aufgerufen, für die Macht- und Mittellosen das gesellschaftspolitische Mandat zu übernehmen und aus christlicher Weltverantwortung ihr kritisches Problembewußtsein öffentlich zu machen. In gesellschaftskritischen Mahnschreiben und gesellschaftspolitischen Stellungnahmen zur sozialen Lage wird mit Nachdruck darauf hingewiesen, daß die Krisen der Arbeit oft auch die soziale Schwächung anderer Lebensfelder verursachen, daß der Beziehungsreichtum vernetzter Lebenszusammenhänge in eine Beziehungsarmut gesellschaftlicher Individualisierung umschlägt und sich soziale Strukturschwächen und kulturelle Sinnkrisen dann wechselseitig verschärfen. Damit wäre soziale Gerechtigkeit nicht allein quantitativ in Verteilungskämpfen einzuklagen; sondern gerade auch in den qualitativen Aspekten einer kulturellen Gewalt der Schwächung und Störung sozialer Netzwerke, einer sich ausweitenden Beziehungsarmut und eines schleichenden Sinnverfalls.

In sozial- und ordnungspolitischen Diskursen um eine gesellschaftliche Ordnung sozialer Gerechtigkeit kann sich sozialer Protestantismus heute berufen auf Wicherns Verbindung von sozialkritischer Sensibilität für soziale Fragen, deren Vermittlung in öffentliches Problembewußtsein und der engagierten Praxis sozialer Arbeit. Doch alle großen Worte christlicher Weltverantwortung, wie sie seit Wichern als Programm und Parole weitergegeben wurden, sind heute konfrontiert mit den Stimmen »von unten«: Hinzuweisen ist auf die gemeinsam von Caritasverband und Diakonie getragene Untersuchung zur sozialen Lage in den neuen Bundesländern. (Deutscher Caritasverband / Diakonisches Werk 1997) Die daraus der Öffentlichkeit vermittelten praktischen Folgerungen und politischen Stellungnahmen sind jedoch nicht zu verstehen als Diktat »von oben« – sondern als ein Diskurs »von unten« vermittelt über Beobachtungen, Beschreibungen und Begegnungen unmittelbar an der Front der sozialen Probleme.

Weltverantwortung in der bewußten Spannung von christlichem Glauben und moderner Gesellschaft findet heute ihr offenes Forum im »Konsultationsprozess« der Kirchen: »Für eine Zukunft in Solidarität und Gerechtigkeit«. (EKD/DBK 1997)

Den Zusammenhang von sozialer Begegnung und sozialer Bewegung spiegelt das kommunikative Handeln der »Interpellation«. Als Zeugnis der Radikalität und Reflexivität einer bewußten »Option für die Armen« und zugleich als Praxis einer »Theologie der Befreiung« wird »Interpellation« zum befreienden Widerspruch im Machtgefälle. In der Rechtssprache bezieht sich »Interpellation« auf das Recht der Angeklagten und Bedrängten auf »Zwischenruf«, »Einspruch«, »Einwurf«, zugleich aber auf die Anrufung von Fürsprache, Schlichtung und Vermittlung. Durch »Interpellation« sehen sich die Instanzen der transitiv durchgreifenden »Intervention« reflexiv in Frage gestellt. Dies fordert auf, Rede und Antwort zu stehen im »interkulturellen Dialog« mit denen, die ärmer, fremder, »anders« sind. Dabei sind »Andere« gerade in ihrer Fremdheit als Solidaritäts-Partner ernst zu nehmen, die mit ihrer Sicht des Handelns und Erlebens die eigene Selbst-Sicherheit in Frage stellen. Im Blickfeld des »Anderen« erst lernen wir, uns selbst auch »anders« zu sehen. Im Hinhören auf die Zwischenrufe von »außen« sehen wir uns »angerufen«, selbst auch »anders« zu werden: »Die Begegnung mit dem Anderen ist somit Interpellation: Interpellation, von der aus unsere jeweilige Denkart neu bedacht werden sollte. [...] Der Andere bedeutet, sogar in seiner Geschichte der Unterdrückung, immer schon eine originäre Diskursperspektive, die meine Sicherheiten und Gewißheiten erschüttert.« (Fornet-Betancourt 1992) »Interpellative Interaktion« wird zur Chance, die »Vernunft des Anderen«, die bislang zum herrschenden Sinn »fremd« bleiben mußte, zur Sprache zu bringen und als Horizont solidarischen Engagements öffentlich zu machen.

Auch bei der gesellschaftspolitischen Konsultation der Kirchen wurde bewußt, daß die kritische und komplexe Situation von Arbeitsgesellschaft und Wohlfahrtsstaat sich weder durch große Worte von hoher Warte noch durch die Einstimmigkeit repräsentativer Konsenspapiere reduzieren läßt. Wichtiger als die Geschlossenheit eindeutiger Maßnahmepakete wurde die Offenheit für neue Horizonte des Problembewußtseins, für eine neue Perspektivik der Beobachtung und eine neue Kombinatorik der Projekte und Programme. So fordert die »Option für die Armen« eine neue »Optik« diakonischen Engagements. Auch die Krise der Arbeitsgesellschaft erscheint aus der Perspektive der Betroffenen in anderem Licht. So zeigt sich in der Suche nach Arbeit nicht nur die Sorge um gesicherte Versorgung, sondern auch das Bedürfnis nach lebensfähigen Kontexten der Erfahrung und Entfaltung sozialer Aktivität, Identität und Solidarität. Dazu gibt die geschichtliche Verbundenheit von protestantischer Ethik und moderner Arbeitsmoral guten Grund, daß gerade das Diakonische Werk sich gefordert sieht, mit vielen Initiativen und Projekten der beschäftigungswirksamen Qualifizierung und Aktivierung von Arbeitslosen neue Wege zu gehen: »aus lebendiger Tradition innovativ«.

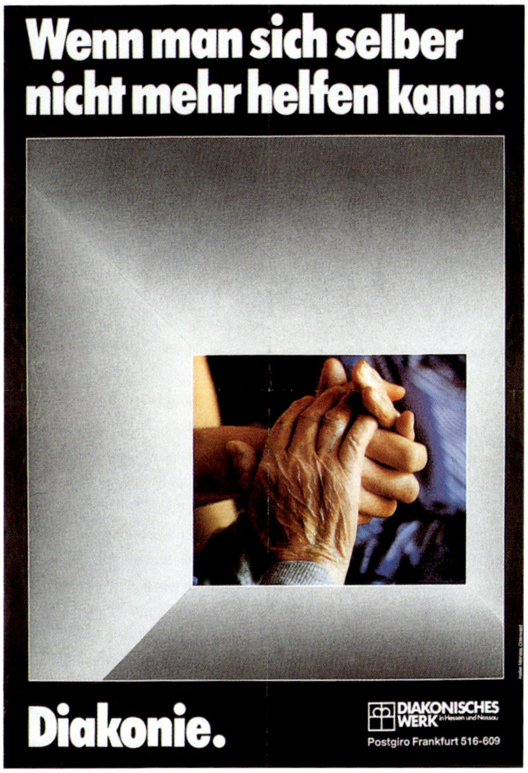

Plakat des Diakonischen Werkes, 1987 (10.158)

1998

Perspektiven

Dienstgemeinschaft: »Communio« – »kommunikativ«

»Wir sind Dienstgemeinschaft von Frauen und Männern im Haupt- und Ehrenamt«: Dieses Bekenntnis zur Dienstgemeinschaft verbindet sich mit der Benennung von Konfliktfronten und Spannungsfeldern, an denen »Gemeinschaft« zerbrechen könnte:

- Zwischen Haupt- und Ehrenamtlichen kommt es zu Kompetenzkonflikten, in denen der Richtungsstreit zwischen Professionalität und Konfessionalität deutlich wird.
- In der Spannung der Generationen manifestieren sich die Brüche gesellschaftlichen Wertewandels.
- Die Ausstrahlung herrschender Geschlechterverhältnisse auf die Arbeitsverhältnisse zeigt sich gerade in den weitgehend durch Frauenberufe und Frauenarbeit bestimmten Feldern sozialer Dienstleistung.
- Die im Sinn der »christlichen Verbrüderung« in den Communio-Anspruch von Dienstgemeinschaft

einzubeziehende »Geschwisterlichkeit« zwischen Helfen und Beratern und denen, die Rat und Hilfe brauchen, begründet ein neues Verständnis von Dienstgemeinschaft als »Solidaritätspartnerschaft«.

Beim Management »diakonischer Unternehmenspolitik« interessieren die unter dem Titel »Organisationskultur« erörterten Zusammenhänge von »innerer Führung« und »kommunikativer Kultur«. Hier geht es nicht nur um Normalität und Loyalität, sondern um die aktiven Potentiale von Identifikation und Identität, Engagement und Kreativität und um die Möglichkeit, diese Potentiale durch »kulturelles« Führen zu aktivieren.

Gerade »freie Träger« stehen in ihrer Verbindung von Management und Engagement für die Potentiale, aber auch für die Paradoxien wertrationaler Organisation. Oft führen Spannungen zwischen verbandlicher Autonomie und kirchlicher Autorität, zwischen der Christlichkeit helfenden Handelns und der Kirchlichkeit des moralischen Rahmens zu Reibungen und Konflikten zwischen dem als Organisationskultur proklamierten Anspruch auf korporative Identität von »Dienstgemeinschaft« und den Interessenlagen moderner Arbeitsbeziehung.

Besondere Probleme ergeben sich im Verhältnis von Berufsarbeit und Ehrenamt. Im vereinsrechtlichen Rahmen der »freien Vereinigung« mit ehrenamtlichen Vorständen gewinnt das Ehrenamt praktische Bedeutung nicht nur als billige und willige Arbeitshilfe, sondern auch als verbindliches Zeugnis öffentlicher Verantwortung. In den kirchlichen Verbänden verbindet sich »Ehre« traditionell mit konfessioneller Repräsentationskultur. Fraglich jedoch ist, ob auch im kirchlichen Milieu die traditionelle Bereitschaft zu ehrenamtlichem Engagement und solidarischem Opfer noch nachhaltig wirksam bleibt. Hier stellen sich kritische Fragen, ob die anspruchsvolle Verantwortung in den Vorständen und Leitungsebenen durch den »funktionalen Dilettantismus« (Seibel 1992) des Ehrenamts noch gewährleistet sein kann, ob also die Repräsentativkultur traditionaler »Ehre« mit einem neuen »Engagement« sozialer Bewegung und der heute geforderten Führungs-, Entscheidungs-, Steuerungs- und Lernfähigkeit noch mithalten wird. Gegen den Funktionsdruck der »Organisationsgesellschaft« könnte dann der »funktionale Dilettantismus« des Ehrenamtes eine extrafunktionale Freiheit eröffnen, in der Engagement die Autonomie freier Gestaltung und Enfaltung findet.

Eine diakonische Kultur des Helfens wäre zu vermitteln durch »innere Führung«, welche den Anspruch auf »Dienstgemeinschaft« nicht nach der Logik von Organisationsgesellschaft unter Kontrolle bringt, sondern durch kommunikative Offenheit Vertrauen schenken kann. Kommunitäre und zugleich kommunikative Verbandskultur läßt sich eben nicht auf »Linientreue« reduzieren. So würde eine strikt formalistisch geregelte Normalitätskontrolle die Chance vergeben, das Prinzip »Dienstgemeinschaft« bewußt in Spannung zur »Organisationsgesellschaft« zu gestalten. Problematisch würde »Dienstgemeinschaft« jedoch dann, wenn diese kommunikative und kommunitäre Dynamik außer Kraft bleibt, etwa weil bürokratische Kontrollen im Verbund mit hierarchischer Autorität das »dienstgemeinschaftliche« Prinzip einer kommunitären und kommunikativen »Vertrauensbildung« durchbrechen.

Offen bleibt die Frage, ob die Konfliktregulierung industrieller Arbeitsbeziehung unbedingt auf die Produktion sozialer Dienstleistungen zu übertragen ist, wo es nicht allein um das Interesse von Mitarbeitern geht, sondern immer auch um das Mandat für die Schwachen und Stummen. Hier ist ein Engagement gefordert, wie es über die organisationsgesellschaftlichen Kontrollmuster und Konfliktregeln kaum zu binden und zu bewegen ist.

Herrschaftswissen und Amtsautorität setzen eher auf »starke Kultur« als auf »offene Kommunikation«. »Ein feste Burg« wird dann schnell zur Parole einer Lagermentalität, die sich abschottet und es dann vorzieht, nach »außen« wie nach »innen« Macht einzusetzen, anstatt lernen zu wollen.

Aber: Wer verbindliches Engagement fordert, muß verbindend Vertrauen schenken und für geteilte Verantwortung in Rede und Antwort offen bleiben. So wird auch im heutigen Leitbild-Prozeß diakonischer Dienstgemeinschaft Wicherns Projekt der »christlichen Association« zum Vermächtnis und Anspruch einer kommunitären und kommunikativen Kultur von Diakonie als »Communio«.

Solidaritätspartnerschaft und »Grenzen der Solidarität«

»Wir sind dort, wo uns Menschen brauchen«: Im Gleichnis vom »barmherzigen Samariter« (Luk. 10, 25-37) wird die Frage »Wer ist mein Nächster?« zum Hilferuf dessen, der »unter die Räuber gefallen« ist. Für den Hilflosen wird zum »Nächsten«, wer nicht wegblickt, sondern sich anrufen läßt zu praktischer Solidarität. Bedenkenswert an diesem Gleichnis ist, daß der Anruf unmittelbarer Not von den offiziellen Amtsträgern nicht angenommen wird; sie gehen vorüber, lassen den »Fall« fallen, zumal wenn für ein Problem offiziell kein Programm fällig wird. Hilfe kommt dann eher vom Fremden, vom Außenseiter, der durch keine Organisation programmiert ist und so unmittelbar mit geteilter Zeit, Geld und guten Worten dem »Anderen« zum »Nächsten« wird. Im Gleichnis betritt noch ein »Dritter« das Feld, der Wirt, der über die organisatorischen Mittel und professionellen Fähigkeiten verfügt, den Fall kompetent zu übernehmen. Steht der »barmherzige Samariter« für die Radikalität des Anspruchs, jenseits von Programm und Profession dem Hilfsbedürftigen der/die »Nächste« zu werden, so steht der Wirt, dem im Gleichnis die Sorge gegen Geld übertragen wird, für die »großen Werke« der »organisierten Nächstenliebe«, aber auch für die Kooperation mit »freiem Engagement«. Die vorbeigehenden »Amtsträger« schließlich stehen für die »objektive Gleichgültigkeit« offizieller Instanz und professioneller Distanz; vielleicht aber auch für ein eher verkürztes Verständnis von Subsidiarität als Abwälzung der Verantwortung an freie Kräfte, die in ihrer Mitbetroffenheit eben nicht einfach abschalten und wegsehen können.

Auch für die großen Werke der organisierten und professionalisierten Nächstenliebe stellt sich die Frage, inwieweit freies Engagement noch vermittelbar bleibt mit der Logik moderner Profession und Organisation. Bewußt werden die Spannungen zwischen professioneller Kompetenz, konfessionellem Engagement und der offiziellen Kultur kirchlicher Institutionen. Immer schwieriger scheint die Vermittlung solidarischer Betroffenheit mit der Distanz professioneller und institutioneller Autorität.

Die Besinnung auf Wertgrundlagen und Sinnhorizonte diakonischen Engagements fordert heute auch die öffentliche Debatte zu »Grenzen der Solidarität« und zu den heute immer offener zur Diskussion – und Disposition – gestellten Grenzfragen des Lebens. Neue medizinische Techniken des Einblicks und Eingriffs in Lebensprozesse haben die Verfügbarkeit über menschliches Leben gesteigert. Zugleich aber werden die Grenzen des Helfens durch Kosten relativiert. Im Streit um die »Grenzen des Lebens« und ihre Verfügbarkeit werden die Verteilungskämpfe heftiger. Schon jetzt droht ein bitterer »Krieg der Generationen« den Solidaritätsvertrag des Wohlfahrtsstaates dramatisch zu belasten. Diakonie sieht sich dann gefragt und gefordert als »Anwalt für das Leben« – überall dort, wo Leben bedrohlich in Frage gestellt ist. So sammeln sich sozial engagierte Protestanten und Katholiken unter der als Titel der gemeinsamen Denkschrift beider Kirchen bezeugten Verheißung: »Gott ist ein Freund des Lebens«.

»Wir sind Kirche«: Professionalität und Konfessionalität

»In der Kirche zuhause, offen für die Gesellschaft«: Diese für die Selbstverständigung kirchlicher Verbände programmatische Formel gilt auch für die Organisations- und Assoziationsformen moderner Diakonie in der Spannung zwischen professioneller Kompetenz und konfessionellem Engagement. Dabei würde ein Rückzug auf eine noch »heile Welt« konfessionellen Gemeindelebens Potentiale der Professionalität verspielen und gerade gegenüber Randgruppen und Grauzonen fachliche Hilfe verweigern müssen. Das Verhältnis von Diakonie und Gemeinde wäre aber auch dann belastet, wenn sich kirchliche Wohlfahrtsverbände voll auf die Zugzwänge der Organisationsgesellschaft zurückziehen und sich so vom Gemeindeleben abkoppeln würden.

Für die Diakonie stellt sich praktisch die Frage nach der »inneren Führung« einer »diakonischen Unternehmenspolitik« (Jäger 1992), also nach den spezifischen Leitbildern, Führungsstilen, Organisationskulturen, Integrationsmustern und Identifikationsangeboten. Gerade der in der Diakonie neu eröffnete »Leitbild«-Diskurs begründet ein neues Verhältnis von Konfessionalität und Professionalität: »Confessio« versteht sich als Zeugnis für den eine Gemeinschaft bindenden Grund und bewegenden Sinn; »Professio« wäre eher zu verstehen als das Bekennen zu dem einen Prozeß vorantreibenden Können und Wissen. Dabei kommt es gerade in der Verbindung von »confessio« und »professio« zu wechselseitiger Steigerung: »Konfession« als das öffentliche Zeugnis, als bindende Herkunft gewinnt erst praktische Relevanz, oft auch politische Brisanz durch »Profession«, also durch ein über Theorie und Methode geklärtes Bewußtsein der Probleme, durch prüfendes Wissen der Grenzen und abwägendes (Er-)Kennen der Wege. Die dann für aktives Handeln geforderte fachliche Kompetenz (professio) gewinnt Elan und Energie erst in der Besinnung und Verständigung auf bindendes und bewegendes Engagement (confessio). Engagement und Kompetenz sollen sich dann verbinden in der »communio«-Kultur diakonischer Dienstgemeinschaft, ohne daß die Erneuerung des Anspruchs auf »communio« und »confessio« das Prinzip »professio« außer Kraft setzen darf.

Gefordert ist heute weniger die alte Sicherheit tradierter Naivität als vielmehr eine radikale Reflexivität und reflexive Radikalität, wie sie in der organisatorischen und kommunikativen Kultur diakonischer Dienstgemeinschaft wirksam und wirklich werden

Kurt Wolff, Parament »Quadrat 2«, 1993 (10.171)

Kurt Wolff, Parament »Quadrat 4«, 1993 (10.172)

könnte. So kommt traditionelle »Ehre« in Spannung durch konfessionelles »Engagement«; so aktualisiert sich »communio« heute als »Gemeinschaft« im Kontext moderner »Gesellschaft«; so versteht sich berufliches wie auch (ehren-)amtliches Handeln in den Feldern sozialer Arbeit nicht nur traditionell als »Berufung«, sondern bewußt auch als praktische Verwendung professioneller Kompetenz. Dabei kann sich heute diakonische Professionalität nicht mehr nur zurückziehen auf bewährte sozialpädagogische Traditionen der Begleitung, Beratung, Betreuung personaler Prozesse. Zunehmend weitet sich Verantwortung aus in die sozialwirtschaftliche und sozialpolitische Planung und Steuerung großer und komplexer Systeme. Gerade durch die von einem sozialen Management neu geforderten Rationalisierungen gewinnt die klassische Spannung von »Professionalität und Konfessionalität« neue Horizonte. (Gohde 1997)

Wo aber Leitung sich reduziert auf die Kontrolle von Regeln und Routinen, wird es kaum gelingen, bei Mitarbeitern mittragendes und mitdenkendes Engagement zu akzeptieren und zu aktivieren. In dieser kommunikativen Offenheit »innerer Führung« könnte dienstgemeinschaftliche »Communio-Kultur« das Engagement, die Sensibilität und Solidarität bewußt anders akzeptieren und aktivieren, als es die säkulare Funktionalität moderner Organisationsgesellschaft sonst erwarten läßt. Nur wenn die Leitungsdiakonie für die »Sinnfragen« der »Handlungsdiakonie« offen bleibt, wächst die Chance, daß »Freie Träger« auch innerlich frei werden, sich auf die Subjektivität und die Solidarität der Mitarbeiter einzulassen und so auch in schwierigen Feldern soziales Engagement zu aktivieren. Das hat Folgen auch für das Verhältnis von Diakonie und Gemeinde. Die in der Kultur des Helfens erfahrene und weitergegebene »christliche Freiheit« kann dann auch in den Gemeinden einem neuen Engagement diakonischer Praxis institutionell Rückhalt geben.

»Leben in der Einen Welt«

»Wir setzen uns ein für das Leben in der Einen Welt«: Wegweisend für die neuen Horizonte christlicher Weltverantwortung wird heute die weltweite Solidarität ökumenischer Diakonie, etwa im Hilfswerk »Brot für die Welt«, wo es nicht um »Brot« allein geht, sondern bewußt auch um Menschenrecht und Menschenwürde. Im Sinne ökumenischer Diakonie bleibt dabei bewußt, daß »Heilsdienst und Weltdienst aufeinander bezogen sind, einander bedingen und doch nicht ineinander aufgehen. »Brot für die Welt« will bezeugen: Gottes Liebe hat den Menschen nicht nur die Erlösung gebracht, sondern seine Menschwerdung macht sie auch gemeinschaftsfähig und läßt sie Gemeinschaft suchen mit anderen Menschen, ohne Rücksicht darauf, wo diese stehen.« (Schober 1986) Dabei kommt es zum Führungswechsel vom transitiven Gefälle des Gebens und Nehmens zu neuer Reflexivität partnerschaftlicher Solidarität im Sinne (inter-)aktiver »Entwicklungs-Partnerschaft«: als Investition in eine gemeinsame Zukunft. Solidarität muß nun partnerschaftlich ausgehandelt werden, wobei die bisher nur nehmenden Adressaten internationaler Transferleistungen nun selbst zu Akteuren werden, welche ihren Transformationsprozeß selbstbewußt und selbstverantwortlich steuern. Gerade in der Entwicklungspolitik wird aus einst (paternalistischer) Patenschaft dann (partizipative) Partnerschaft, in der sich »Partner« verstehen als Teil (»pars«) gemeinsamer Weltverantwortung. Der ökonomische Austausch verbindet sich mit kultureller Begegnung:

»Das Teilen als Begegnung von Menschen, als Austausch von Erfahrungen und geistlichen Zeugnissen hat Vorrang vor dem Teilen materieller Ressourcen. Vielmehr folgt das Teilen von Ressourcen der Begegnung von Menschen. Es ist Ausdruck von Gemeinschaftsbeziehungen und stärkt diese.« (Raiser 1988)

Plakat, 1959 (9.58)

Literatur

BONHOEFFER, DIETRICH, Ethik, Heidelberg 1949

DIAKONISCHES WERK DER EVANGELISCHEN KIRCHE IN DEUTSCHLAND (HG.), Leitbild Diakonie – damit Leben gelingt!, Stuttgart 1997

EKD / DBK 1997: Für eine Zukunft in Solidarität und Gerechtigkeit. Wort des Rates der Evangelischen Kirche in Deutschland und der Deutschen Bischofskonferenz zur wirtschaftlichen und sozialen Lage in Deutschland. Hannover/ Bonn (Kirchenamt der EKD, Sekretariat der Deutschen Bischofskonferenz) 1997

FORNET-BETANCOURT, R. (HG.), Diskursethik oder Befreiungsethik? (Festschrift Karl-Otto Apel 70), Aachen 1992

GABRIEL, KARL / HERLTH, ALOIS / STROHMEIER, KLAUS-PETER, Modernität und Solidarität. Konsequenzen gesellschaftlicher Modernisierung (Für Franz-Xaver Kaufmann), Freiburg 1997

GOHDE, JÜRGEN, »Konfessionalität und Professionalität. Diakonische Konferenz 13.-15.10. 1997 in Bremen«, in: Diakonie-Korrespondenz 6. 1997

JÄGER, ALFRED, Diakonische Unternehmenspolitik. Analysen und Konzepte kirchlicher Wirtschaftsethik, Gütersloh 1992

KAISER, JOCHEN-CHRISTOPH / GRESCHAT, MARTIN (HG.), Sozialer Protestantismus und Sozialstaat: Diakonie und Wohlfahrtspflege in Deutschland 1890-1938, Stuttgart 1996

PANKOKE, ECKART, »Stiftung und Ehrenamt«, in: Bertelsmann-Stiftung (Hg.), Stiftungshandbuch, Gütersloh 1998

RAISER, KONRAD, »Teilen. Ein Ursymbol des Lebens«, in: Ökumenische Diakonie – eine Option für das Leben. Beiheft zur Ökumenischen Rundschau Nr. 57, Frankfurt a. M. 1988

SCHOBER, THEODOR, »Brot für die Welt", in: Evangelisches Kirchenlexikon Bd. 1, 3. Aufl., Göttingen 1986

WERTHMANN, LORENZ, Reden und Schriften. Ausgew. und hg. v. Karl Bergmann, Freiburg 1958

Objektverzeichnis

1.5

Objektverzeichnis

Anfänge

ANFÄNGE

1.1
Christus
Pietro Tenerani (1798-1869) / Bertel Thorvaldsen (1770-1844)
Rom, 1821
Gips, Höhe 141,5 cm
Thorvaldsens Museum, Kopenhagen

1.2
Aus den Propheten des Alten Testaments: Jesaja. Palmblatthandschrift
Tranquebar, 1731
Tinte auf Palmblatt, 3×46×11 cm
Franckesche Stiftungen, Halle

1.3
Johann Arndts Paradies-Gärtlein. Palmblatthandschrift
Tranquebar, 1740
Tinte auf Palmblatt, 3×47×4,5 cm
Franckesche Stiftungen, Halle

1.4
Friedensthal auf St. Croix an einem Tauf- und Bettag im Mai 1768
Christian G. A. Oldendorp (1721-1787)
1768
Aquarell auf Papier, 20×27 cm
Archiv der Brüder-Unität, Herrnhut

1.5
Herrnhut Anno 1722. Obstkorb
Lackierfabrik Heinrich Immanuel Gregor, 1819/1822
Öl auf Blech, 21,2×32,3 cm
Archiv der Brüder-Unität, Herrnhut

1.6
Theophilus Salomo Schumann (1719-1760) mit Arawakken in Berbice/Guayana
Johann Valentin Haidt (1700-1780)
1760/1780
Öl auf Leinwand, 50×40,5 cm
Archiv der Brüder-Unität, Herrnhut

1.7
›Die als erste auf den Missionsfeldern getauft und danach gestorben sind, leben nun bei Christus in der Ewigkeit‹ (Offb 14, 4b). Erstlingsbild
Johann Valentin Haidt (1700-1780)
vor 1780
Öl auf Leinwand, 86×114 cm
Archiv der Brüder-Unität, Herrnhut

1.8
Zug auf das Hambacher Fest am 27. Mai 1832
Joseph Weber (1798-1881)
1832
Öl auf Leinwand, 52,5×63,5 cm
Museum der Stadt Neustadt an der Weinstraße

1.9
Die schlesischen Weber
Carl Wilhelm Hübner (1814-1879)
Düsseldorf, 1846
Öl auf Leinwand, 39,2×52 cm
Deutsches Historisches Museum, Berlin

1.11
Die zwiefache, innere und äußere, Mission der Evangelischen Kirche, ihre gleiche Nothwendigkeit und nothwendige Verbindung
Friedrich Lücke (1791-1855)
Hamburg: Perthes-Besser und Mauke, 1843
Bibliothek des Diakonischen Werkes der EKD, Berlin

1.12
Münchner Holzmacherweib
Eugen Hess (1824-1862)
München, 1848
Tusche auf Papier, weiß gehöht, 39×26 cm
Stadtmuseum München

1.14
Die Noth im sächsischen Erzgebirge
in: Illustrirte Zeitung, Leipzig, 27. März 1847, S. 204-206
Deutsches Historisches Museum, Berlin

1.15
Armen-Ordnung für den Regierungsbezirk Aachen, mit Ausnahme der Städte Aachen, Jülich, Düren, Eupen, Malmedy
Aachen: Beaufort Sohn, 1823
Deutsches Historisches Museum, Berlin

1.16
Nachricht an die Herren Armenpfleger über den Geschäftsgang bei der Armenfürsorge
Hamburg: G. F. Schniebes, 1817
Museum für Hamburgische Geschichte, Hamburg

1.17
Höchst gemeinnütziges Hilfs-Buch für die Armenpflegschaften im Königreiche Bayern
Alois Bauer (Hg.)
München: Franz Wild, 1838
Deutsches Historisches Museum, Berlin

1.18
Ueber die Noth der Leinen-Arbeiter in Schlesien und die Mittel ihr abzuhelfen
Alexander Schneer
Berlin: Veit & Comp., 1844
Deutsches Historisches Museum, Berlin

1.19
Spendenbüchse des Roten Waisenhauses Bremen
1798
Messing, 21×14×10,5 cm
Stiftung Alten Eichen von 1596, Bremen

1.20
Die milden Privatstiftungen zu Hamburg
Verein für Hamburgische Geschichte (Hg.)
Hamburg: Perthes-Besser und Mauke, 1845
Museum für Hamburgische Geschichte, Hamburg

1.21
Joachim Eggers. Bildnis eines Behinderten
Otto Speckter (1807-1871)
1830
Bleistift und Kreide, 17,9×14,2 cm
Museum für Kunst und Kulturgeschichte der Hansestadt Lübeck

1.21

1.22
F. Borchers. Bildnis eines Behinderten
Otto Speckter (1807-1871)
1830
Bleistift auf Papier, 24,9×18,8 cm
Museum für Kunst und Kulturgeschichte der Hansestadt Lübeck

1.24
Die Orts- und Bezirks-Erziehungshäuser für verwahrloste Kinder im Königreiche Württemberg
Johann Gottlieb Schmidlin
Stuttgart, 1828
Universitätsbibliothek Tübingen

1.25
Method of punishing the idle in the Poor House at Hamburg
1780/1800
Kupferstich, 50×32,5 cm
Staatliche Museen zu Berlin Preußischer Kulturbesitz, Museum für Volkskunde

1.26
Feldgärtnerei-Kolonien oder ländliche Erziehungs-Anstalten für Armenkinder, zur gartenmäßigen Betreibung des Ackerbaues, als das allerwohlfeilste, zweckmäßigste und durchgreifendste Mittel gegen das Ueberhandnehmen der Armennoth. Erster Theil
Christian Friedrich Lange (1779-1849)
Dresden und Leipzig: Arnoldische Buchhandlung, 1836
Deutsches Historisches Museum, Berlin

1.27
Geschichte der Königl. Sächs. Blinden-Anstalt zu Dresden
Karl August Georgi (1802-1867)
Dresden: Wagner, 1838
Deutsches Historisches Museum, Berlin

1.28
Philippus Jacobus Spener (1635-1705)
Bartholomäus Kilian (1630-1696) nach Johann Georg Wagner (1642-1686)
1683
Kupferstich, 36×25,5 cm
Staatsbibliothek zu Berlin Preußischer Kulturbesitz, Handschriftenabteilung
Theologe, Begründer des lutherischen Pietismus

1.29
Pia Desideria oder Hertzliches Verlangen nach gottgefaelliger Besserung der wahren Evangelischen Kirchen
Philipp Jacob Spener (1635-1705)
Frankfurt/M.: Johann David Zunner, 1676
Marienbibliothek, Halle

1.34

1.30
August Hermann Francke (1663-1727)
Johann Georg Wolffgang (1662-1744)
1730
Kupferstich, 47×33 cm
Franckesche Stiftungen, Halle
Theologe und Pädagoge, Gründer der Franckeschen Stiftungen in Halle

1.31
Die Fußstapfen des noch lebenden und waltenden liebreichen und getreuen GOTTES zur Beschaemung des Unglaubens und Staerkung des Glaubens durch den ausfuehrlichen Bericht vom Waysen-Hause, Armen-Schulen und uebriger Armen-Verpflegung zu Glaucha an Halle
August Hermann Francke (1663-1727)
Halle, 1709
Marienbibliothek, Halle

1.32
Nicolaus Ludwig Graf von Zinzendorf (1700-1760)
Martin Tyroff (1704-1759)
um 1750
Kupferstich, 39,2×24,3 cm
Staatsbibliothek zu Berlin Preußischer Kulturbesitz, Handschriftenabteilung
Jurist, Gründer der Herrnhuter Brüder-Gemeine

1.33
Losungsbuch
1737
Archiv der Brüder-Unität, Herrnhut

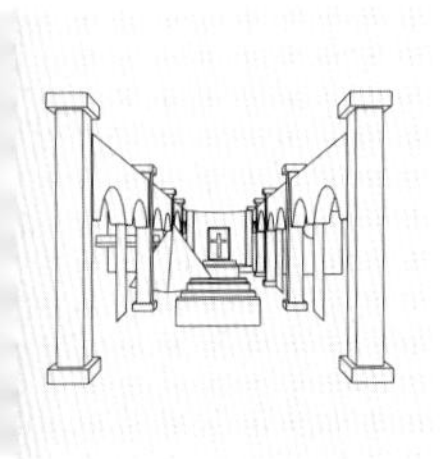

1.34
John Wesley (1703-1791)
William Ward (1766-1826)
[?] nach Peter Romney
(1743-1777)
um 1820
Mezzotinto, 32×20 cm
Zentralarchiv der Evangelisch-methodistischen Kirche, Reutlingen
Theologe in England, Mitbegründer des Methodismus

1.35
Explanatory notes upon the Old Testament
John Wesley (1703-1791)
Bristol, 1765
Druck auf Papier,
25×21 cm
Zentralarchiv der Evangelisch-methodistischen Kirche, Reutlingen

1.36
Johann August Urlsperger (1728-1806)
Franz Joseph Degle
(1724-1812) nach Joh. Elias Haid (1739-1809)
1776
Schabblatt, 40,8×28,5 cm
Universität Basel, Öffentliche Bibliothek
Theologe, 1780 Gründer der Deutschen Christentumsgesellschaft

1.37
Beschaffenheit und Zwecke einer zu errichtenden Deutschen Gesellschaft thaetiger Befoerderer reiner Lehre und wahrer Gottseligkeit
Johann August Urlsperger
(1728-1806)
Basel, 1781
Universität Basel, Öffentliche Bibliothek

1.39
Der allgemeine christliche Glaube mit Choraelen und Kupfern, wie solcher im Luthershofe zu Weimar mit den Zoeglingen der Freunde in der Noth gesungen und volksmaeßig besprochen wird
Johannes Falk (1768-1826)
1827
Bibliothek des Diakonischen Werkes der EKD, Berlin
Schriftsteller und Pädagoge, 1813 Gründer des Lutherhofs in Weimar

1.40
Jean Fréderic Oberlin (1740-1826)
Charles Louis Schuler
(1785-1852)
1803
Radierung, 19×16,5 cm
Staatsbibliothek zu Berlin Preußischer Kulturbesitz, Handschriftenabteilung
Sozial und pädagogisch engagierter Gemeindepfarrer im Elsaß

1.42
Christian Heinrich Zeller (1779-1860)
Tobias Hurter (1803-1889) nach C. Studer
1830/1840
Lithografie, 27×22 cm
Schloß Beuggen, Rheinfelden
Gründer der Armenschullehrer- und Armenkinderanstalt in Beuggen

1.43
Thomas Chalmers (1780-1847)
um 1820
Kupferstich, 15×9,6 cm
Staatsbibliothek zu Berlin Preußischer Kulturbesitz, Handschriftenabteilung
Theologe und Armenpfleger in Schottland

1.44
Der Evangelische Geistliche. Ermahnungen an Prediger, ihr Amt im Geist und in der Kraft des Herrn zu führen
Richard Baxter (1615-1691)
Berlin: G. Eichler, 1833
Staatsbibliothek zu Berlin Preußischer Kulturbesitz
Anglikanischer Prediger von großem Einfluß auf den deutschen Pietismus

1.43

1.45
Elisabeth Fry (1780-1845) an die christlichen Frauen und Jungfrauen Deutschlands
Christian Carl Josias von Bunsen (1791-1860)
Horn bei Hamburg: Druckerei im Rauhen Hause, 1842
Bibliothek des Diakonischen Werkes der EKD, Berlin
Quäkerin aus England, 1817 Gründerin des ›Frauenvereins zur Besserung weiblicher Sträflinge‹

1.46
Bitte an die Damen Hamburgs
Amalie Wilhelmine Sieveking (1794-1859)
1834
Druck auf Papier,
29×15,7 cm
Staatsarchiv Hamburg

1.47
Amalie Wilhelmine Sieveking (1794-1859)
Hans Heinrich Porth
(1796-1882)
1841
Öl auf Leinwand,
26×23 cm
Privatbesitz
Initiatorin des ›Weiblichen Vereins für Armen- und Krankenpflege‹ in Hamburg

1.48
Stammbuch von Amalie Wilhelmine Sieveking (1794-1859)
1843/1850
Tinte auf Papier, Leder,
15,7×25,1 cm
Privatbesitz

1.49
Anleitung zur Verhütung und vorläufigen Behandlung der asiatischen Cholera
Düsseldorf: J. C. Dänzer
1830/1831
Druck auf Papier,
43,5×33 cm
Diakoniewerk Kaiserswerth e.V., Fachbibliothek für Frauendiakonie und Fliednerarchiv, Düsseldorf

1.51

1.50
Der weibliche Verein für Armen- und Kranken-pflege
Amalie Wilhelmine Sieveking (1794-1859)
Hamburg: Agentur des Rauhen Hauses, 1848
Museum für Hamburgische Geschichte, Hamburg

1.51
Karl Sieveking (1787-1847)
Otto Speckter (1807-1871)
um 1847
Bleistift, weiß gehöht, 24,8×21,1 cm
Dr. Hinrich Sieveking, München
Senator der Stadt Hamburg und Mitgründer des Rauhen Hauses

1.52
Johann Hinrich Wichern (1808-1881)
Georg Carl Hoff (1807-1862)
1845
Bleistift auf Papier, 13×9,5 cm
Das Rauhe Haus, Archiv, Hamburg
Theologe, Mitgründer des Rauhen Hauses, Initiator des Central-Ausschusses für die innere Mission

1.54
Sarah (1806-1845) und Johann Gerhard Oncken (1800-1884)
Gottfried Wilhelm Lehmann (1799-1882)
um 1835
Kreidezeichnung auf Bleistiftskizze, 21×56 cm (aufgeschlagenes Skizzenbuch)
Oncken-Archiv, Elstal
Gründer der baptistischen Kirche im deutschen Sprachgebiet

1.55
Verzeichniss der Namen u. Wohnungen der Schüler der Sontg.Sch. [Sonntags-Schule] zu St. Georg
Johann Hinrich Wichern (1808-1881)
1832
Tinte auf Papier, 15,8×9,8 cm
Das Rauhe Haus, Archiv, Hamburg

1.56
3. Missionsstunde am 17. Dezember 1832 gehalten in St. Georg
Johann Hinrich Wichern (1808-1881)
1832
Handschrift, Tinte auf Papier, 19,5×16 cm
Das Rauhe Haus, Archiv, Hamburg

1.57
Das Rauhe Haus in Horn bei Hamburg
Otto Speckter (1807-1871)
Hamburg, 1836
Lithografie, 16×24 cm
Das Rauhe Haus, Archiv, Hamburg

1.58
Das Rauhe Haus zu Horn bei Hamburg
in: Illustrirte Zeitung, Leipzig, 7. November 1846, S. 299-301
Deutsches Historisches Museum, Berlin

1.59
Brief des ersten Diakons des Rauhen Hauses
Josef Baumgartner (1809-1873)
1834
Tinte auf Papier, 25×25 cm
Das Rauhe Haus, Archiv, Hamburg

1.60
Das Alte Rauhe Haus
Julius Gottheil (v. 1838-1864)
Hamburg: Poppel und Kurz, um 1850
Kupferstich, 20,3×26,7 cm
Das Rauhe Haus, Archiv, Hamburg

1.61
Hausordnung für den Sommer 1837
Hamburg, 1837
Druck auf Papier, 30×41,5 cm
Das Rauhe Haus, Archiv, Hamburg

1.62
Panorama von Hamburg nach dem unglücklichen Brande vom 5. bis 8. Mai 1842 von dem höchsten Hause in der Wasser-twiete gesehen
G. F. Wurzbach nach C. G. Führmann, Hamburg: B. S. Berendsohn, 1842
Farblithografie, 38,6 × 51,2 cm
Museum für Hamburgische Geschichte, Hamburg

1.63
Übersendung einer Liebesgabe
Agnes Legrand
Basel, 30. Mai 1842
Brief, Tinte auf Papier, Siegellack, 16,7×10,7 cm
Staatsarchiv Hamburg

1.64
Collektenreise nach Holland und England nebst einer ausführlichen Darstellung des Kirchen-, Schul-, Armen- und Gefängnisswesens beider Länder; 1. Bd.
Theodor Fliedner (1800-1864)
Essen: G. D. Bädeker, 1831
Diakoniewerk Kaiserswerth e.V., Fachbibliothek für Frauendiakonie und Fliednerarchiv, Düsseldorf

1.65
Ueber das Wiederaufleben der Diaconissinnen der Alt-christlichen Kirche in unsern Frauenvereinen
Friedrich Klönne (1795-1834)
Leipzig: Johann Ambrosius Barth, 1820
Diakoniewerk Kaiserswerth e.V., Fachbibliothek für Frauendiakonie und Fliednerarchiv, Düsseldorf

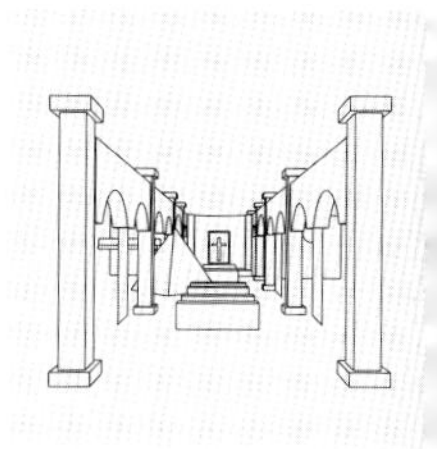

1.66
Die Diaconissin oder Leben und Wirken der Dienerinnen der Kirche für Lehre, Erziehung und Krankenpflege
Adelberdt Graf von der Recke-Volmerstein (1791-1878)
Rettungsanstalt zu Düsselthal, 1835
Diakoniewerk Kaiserswerth e.V., Fachbibliothek für Frauendiakonie und Fliednerarchiv, Düsseldorf

1.67
Nachricht über den Versuch einer Krankenpflege in Münster
Clemens August Droste zu Vischering (1773-1845)
Düsseldorf, 1819
Mutterhaus der Barmherzigen Schwestern [Clemensschwestern], Archiv, Münster

1.68
Lebens und Lehr Ordnung der Rettungs Anstalt zu Düsselthal
Adelberdt Graf von der Recke-Volmerstein (1791-1878), 1823
Handschrift, Tinte auf Papier, 34 × 21,5 cm
Nordrhein-Westfälisches Hauptstaatsarchiv, Düsseldorf

1.69
Statutenentwurf des christlichen Vereins für weibliche Pflegerinnen zur christlichen Pflege weiblicher Gefangener, Kranker, Verbrecherkinder, Waisenkinder und armer Verlassener
Theodor Fliedner (1800-1864), 1833
Tinte auf Papier, 31,5 × 20 cm
Diakoniewerk Kaiserswerth e.V., Fachbibliothek für Frauendiakonie und Fliednerarchiv, Düsseldorf

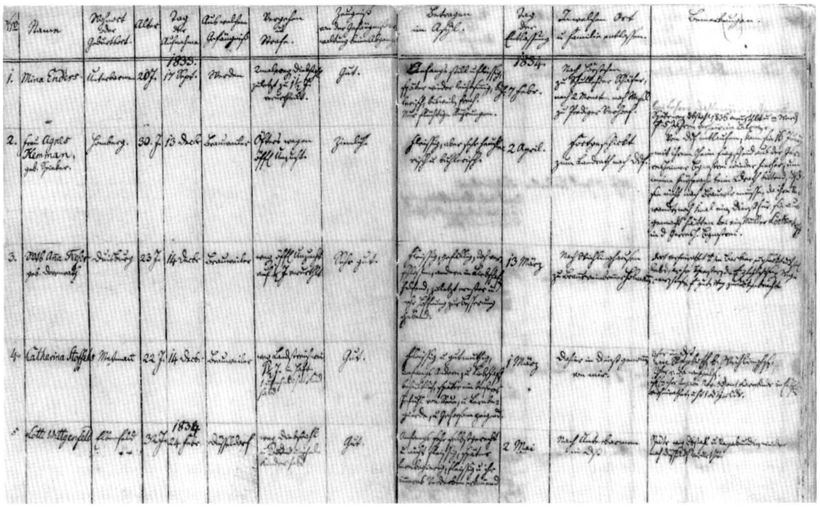

1.70

1.70
Erstes Aufnahmebuch des Asyls für weibliche Entlassene
Theodor Fliedner (1800-1864)
Kaiserswerth, 1833-1855
Tinte auf Papier, 22 × 18 cm
Diakoniewerk Kaiserswerth e.V., Fachbibliothek für Frauendiakonie und Fliednerarchiv, Düsseldorf

1.71
Erster Bericht über die Diakonissen-Anstalt zu Kaiserswerth
Theodor Fliedner (1800-1864)
25. Oktober 1837
Druck auf Papier, 18 × 11,5 cm
Diakoniewerk Kaiserswerth e.V., Fachbibliothek für Frauendiakonie und Fliednerarchiv, Düsseldorf

1.72
Hausordnung der Diakonissenanstalt
Theodor Fliedner (1800-1864)
Kaiserswerth, 1837
Handschrift, Tinte auf Papier, 21 × 18 cm
Diakoniewerk Kaiserswerth e.V., Fachbibliothek für Frauendiakonie und Fliednerarchiv, Düsseldorf

1.73
Ein kurzer Bericht, über die zwei Stationen der weiblich sivilitisch Kranken und der Kretz Kranken in der neuen Charité zu Berlin
Berlin, 15. Juni 1843 – 8. Januar 1845
Handschrift, Tinte auf Papier, 20 × 12,5 cm
Diakoniewerk Kaiserswerth e.V., Fachbibliothek für Frauendiakonie und Fliednerarchiv, Düsseldorf

1.74
Gestellungsvertrag zwischen der Wilhelms-Hospital-Commission zu Kirchheim u. Tekh und der Direction der Diakonissen-Anstalt zu Kaiserswerth
2. Oktober 1842
Tinte auf Papier, 26 × 22 cm
Diakoniewerk Kaiserswerth e.V., Fachbibliothek für Frauendiakonie und Fliednerarchiv, Düsseldorf

1.75
Entwurf für einen Ring mit Taubenmotiv
Johann Baptist Wilh. Adolf Sonderland (1805-1878)
Düsseldorf, 23. Dezember 1848
Bleistift auf Transparentpapier, koloriert, 22 × 28 cm
Diakoniewerk Kaiserswerth e.V., Fachbibliothek für Frauendiakonie und Fliednerarchiv, Düsseldorf

1.76
Diakonissenschein für Gertrud Reichardt
Kaiserswerth, 20. Oktober 1836
Lithografie, Tinte auf Papier, 42 × 31 cm
Diakoniewerk Kaiserswerth e.V., Fachbibliothek für Frauendiakonie und Fliednerarchiv, Düsseldorf

1.77
Diakonissen-Anstalt Kaiserswerth (Diakonissenhaus von der Hinterseite und die damit verbundenen Anstalten)
Georg Saal (1818-1870)
1845
Bleistift auf Papier, koloriert, 23,5 × 29,5 cm
Diakoniewerk Kaiserswerth e.V., Fachbibliothek für Frauendiakonie und Fliednerarchiv, Düsseldorf

1.78
Friederike Fliedner (1800-1842) auf dem Totenbett
Henry J. Fleuss
(um 1800 bis n. 1874)
Düsseldorf: Arnz & Co.
1842
Lithografie, 48×36,5 cm
Diakoniewerk Kaiserswerth e.V., Fachbibliothek für Frauendiakonie und Fliednerarchiv, Düsseldorf
Erste Vorsteherin des Diakonissenmutterhauses in Kaiserswerth und erste Ehefrau Theodor Fliedners

1.79
Theodor Fliedner (1800-1864) bei der Predigt in der Diakonissen Kirche
Georg Saal (1818-1870)
1845
Bleistift auf Papier, koloriert, 23×30 cm
Diakoniewerk Kaiserswerth e.V., Fachbibliothek für Frauendiakonie und Fliednerarchiv, Düsseldorf

1.80
Krankenhaus zu Kaiserswerth o/ Rhein. Nordfront
1843
Bleistift auf Papier, 17×20 cm
Diakoniewerk Kaiserswerth e.V., Fachbibliothek für Frauendiakonie und Fliednerarchiv, Düsseldorf

1.81
Bibel der Friederike Fliedner (1800-1842) mit Widmung Theodor Fliedners (1800-1864) an seine Tochter Luise Fliedner vom 23. April 1842
Frankfurt/M.: Heinrich Ludwig Brönner, 1830
Diakoniewerk Kaiserswerth e.V., Fachbibliothek für Frauendiakonie und Fliednerarchiv, Düsseldorf

1.82
Abendmahlskelch und Brotteller
J. J. F. Reicchardt
Duisburg, 1846
Silber, Kelch: 19×8,5 cm, Brotteller: 25×16,5×1,5 cm
Diakoniewerk Kaiserswerth e.V., Fachbibliothek für Frauendiakonie und Fliednerarchiv, Düsseldorf

1.83
Der Kinderkrankensaal in der Diakonissenanstalt zu Kaiserswerth
in: Illustrirte Zeitung, Leipzig, 4. April 1846, S. 220
Diakoniewerk Kaiserswerth e.V., Fachbibliothek für Frauendiakonie und Fliednerarchiv, Düsseldorf

1.84
Miss Nightingale and the nurses in the east
1860/1900
Stahlstich, 15,7×25,7 cm
Privatbesitz

1.85
König Friedrich Wilhelm IV. von Preußen (1795-1861)
Eduard Leopold Radtke (geb. 1825)
1861
Öl auf Leinwand, 245×167 cm
Stiftung Preußische Schlösser und Gärten Berlin-Brandenburg, Potsdam

1.86
Hans Ernst von Kottwitz (1757-1843)
Franz Krüger (1797-1852)
Kohlezeichnung, Kreide gehöht, 38×33 cm
Archiv des Diakonischen Werkes der EKD, Berlin
Der Erweckungsbewegung nahestehender Unternehmer, Initiator zahlreicher sozialer Werke in Schlesien und Berlin

1.87
Ueber öffentliche Strafanstalten, und die zweckmässigsten Mittel, den gemeinen Mann zur Thätigkeit zu reizen
Hans Ernst von Kottwitz (1757-1843)
Berlin: Johann Wilhelm Schmidt, 1810/1820
Staatsbibliothek zu Berlin Preußischer Kulturbesitz

1.88
Vorlesungen über die Gefaengniß-Kunde, oder über die Verbesserung der Gefaengnisse und sittliche Besserung der Gefangenen, entlassenen Straeflinge u. s. w.
Nikolaus Heinrich Julius (1783-1862)
Berlin: Stuhr'sche Buchhandlung, 1828
Staatsbibliothek zu Berlin Preußischer Kulturbesitz

1.89
Johannes Evangelista Gossner (1773-1854)
Georg Engelbach (1817-1890) nach Gustav Schlawitz
Berlin, um 1840
Lithografie, 35,7×27 cm
Staatsbibliothek zu Berlin Preußischer Kulturbesitz, Handschriftenabteilung
Vom Katholizismus zum Protestantismus konvertierter Prediger, Gründer der Gossner-Mission und des Elisabeth-Kranken- und Diakonissenhauses in Berlin

1.90
Siebenter Jahresbericht des christlichen Männer-Kranken-Vereins in Berlin
Berlin: Carl Jahncke, 1840
Bibliothek des Diakonischen Werkes der EKD, Berlin

1.91
Dies Buch gehört dem König
Bettine von Arnim (1785-1859)
Berlin, 1843
Staatsbibliothek zu Berlin Preußischer Kulturbesitz

1.92
Bethanien: Das Innere der Kirche
Friedrich Wilhelm Kloß (1804 bis n. 1863)
Berlin, um 1850
Aquarell, 33,1×23 cm
Stiftung Preußische Schlösser und Gärten Berlin-Brandenburg, Potsdam

1.93
Ansicht des Diakonissenmutterhauses Bethanien
Friedrich Wilhelm Kloß (1804 bis n. 1863)
Berlin, um 1850
Aquarell, 16,4×25,6 cm
Stiftung Preußische Schlösser und Gärten Berlin-Brandenburg, Potsdam

1.94
Königin Katharina von Württemberg (1788-1819)
Johann Heinrich Dannecker (1758-1841)
1818
Marmor, Höhe 60 cm
Württembergisches Landesmuseum, Stuttgart

Siebenter Jahresbericht
des
christlichen
Männer-Kranken-Vereins
in Berlin.
1840.
Berlin.

1.90

1.94

1.95
Erziehungs-Anstalt in Stetten Titelillustration zu einer Schrift von E. R. Wunderlich, Stuttgart, 1846 – **Ansicht des Wohngebäudes in Stetten von der Hofseite** Ad. Gnauth nach Hector Heidehoff, Kupferstich, Stuttgart, 1832
2 Grafiken auf Karton, 47,8×31,8 cm
Württembergische Landesbibliothek, Stuttgart

1.96
Verzeichnis der Zöglinge Mariabergs
1847-1900
Tinte auf Papier, 34×43,5 cm
Mariaberger Heime, Gammertingen

1.99

1.97
Grundbestimmungen der Heilanstalt Mariaberg
Karl Heinrich Rösch (1808-1866)
Reutlingen: J. C. Mäcken Sohn, 1847
Mariaberger Heime, Gammertingen

1.98
Heilanstalt Mariaberg
Friedrich Hohe (1801-1870)
München: Jul. Adam, 1854
Kreidelithografie, 34,4×47,7 cm
Mariaberger Heime, Gammertingen

1.99
Kinderpflege in Nonnenweier. Zum Besten der Anstalt
um 1850
Lithografie, 23,8×31 cm
Evang. Diakonissenhaus Nonnenweier, Schwanau

STATIONEN

2.1
Kreuz aus der Kapelle des Berliner Schlosses
Friedrich August Stüler (1800-1865) (Entwurf, zugeschrieben) / Johann Carl Eduard Wagner (Goldschmiedearbeit und Emaillierung) / Adolph Henning (Gemälde)
um 1853
Silber vergoldet, blau emailliert, über Holzkern mit Aussparungen für die facettierten Steine, Gemälde: Öl auf Kupfer (26 cm Durchmesser der Bildfläche des Christuskopfes, 19×19 cm Bildfläche der vierpaßförmigen Evangelistensymbole), 259×156 cm
Stiftung Preußische Schlösser und Gärten Berlin-Brandenburg, Potsdam

2.2
Berlins Aufstand. Barricade in der Neuen Königs Straße am 19. März 1848
Neuruppin: Oehmigke und Riemschneider, 1848
Lithografie, 33,9×42,2 cm
Deutsches Historisches Museum, Berlin

2.3
Erster Angriff der Cavallerie auf das unbewaffnete Volk vor dem königl. Schlosse in Berlin
Neuruppin: Oehmigke und Riemschneider, 1848
Lithografie, 33,6×42,4 cm
Deutsches Historisches Museum, Berlin

2.5
Dringender Aufruf mehrerer Bürger zur Sammlung von Geldspenden für brotlose Arbeiter
Berlin: Ferdinand Reichardt und Co, 23. März 1848
Druck auf Papier, 49×38,6 cm
Deutsches Historisches Museum, Berlin

2.6
Bekanntmachung herausgegeben von der Deputation zur Beratung über das Wohl der arbeitenden Klassen
Berlin: W. Moeser & Kühn, 28. März 1848
Druck auf Papier, 55,6×47 cm
Deutsches Historisches Museum, Berlin

2.7
Manifest der kommunistischen Partei. Veröffentlicht im Februar 1848
Karl Marx (1818-1883) / Friedrich Engels (1820-1895)
Köln [?], 1850/1851
Deutsches Historisches Museum, Berlin

2.8
Die innere Mission der deutschen evangelischen Kirche
Johann Hinrich Wichern (1808-1881)
Hamburg: Agentur des Rauhen Hauses, 1849
Das Rauhe Haus, Archiv, Hamburg

2.9
Johann Hinrich Wichern (1808-1881)
Jacob Nöbbe (1850-1919)
[um 1869]
Öl auf Holz, 76×64,5 cm
Das Rauhe Haus, Hamburg

2.10
Inneres der Schloßkirche in Wittenberg
Eduard Spranger
1831
Öl auf Leinwand, 128×87 cm
Stiftung Preußische Schlösser und Gärten Berlin-Brandenburg, Potsdam

2.11
Das Schloss, die Schloss-Kirche, das Garnis.-Lazareth und das Commandantur-Gebäude zu Wittenberg von der Süd-Seite
Friedrich Müller (1801-1889) [?]
um 1853
Lithografie, 18,2×26,4 cm
Stadtgeschichtliches Zentrum Lutherstadt Wittenberg

2.12
Ueber innere Colonisation
Victor Aimé Huber (1800-1869)
Berlin: Justus Albert Wohlgemuth, 1846
Bibliothek des Diakonischen Werkes der EKD, Berlin

2.13
Statuten des mecklenburgischen Vereins für innere Mission
um 1843
Bibliothek des Diakonischen Werkes der EKD, Berlin

2.14
Statuten des ostfriesischen Vereins für innere Mission
1848
Bibliothek des Diakonischen Werkes der EKD, Berlin

2.15
Philipp Wackernagel (1800-1877) nach seinem Leben und Wirken für das deutsche Volk und die deutsche Kirche
Ludwig Theodor Schulze (1833-1918)
Leipzig: Dörffling und Franke, 1879
Bibliothek des Diakonischen Werkes der EKD, Berlin

2.16
Einladung zum ersten Kirchentag nach Wittenberg
in: Evangelische Kirchen-Zeitung vom 9. September 1848, Sp. 717-718
Bibliothek des Diakonischen Werkes der EKD, Berlin

2.17
Brief an Christiane Amanda Wichern (1810-1888)
Johann Hinrich Wichern (1808-1881)
Wittenberg, 23. September 1848
Tinte auf Papier, 27,5×21 cm
Das Rauhe Haus, Archiv, Hamburg

2.18
Die Pfaffen-Conferenz zu Wittenberg
Theodor Hielscher

2.24

Berlin: Julius Sittenfeld, 1848
Druck auf Papier, 37,8×22 cm
Deutsches Historisches Museum, Berlin

2.19
Communismus und die Hülfe gegen ihn
in: Fliegende Blätter aus dem Rauhen Hause zu Horn bei Hamburg, V. Serie, Nr. 9, Anfang Mai 1848
Johann Hinrich Wichern (1808-1881)
Bibliothek des Diakonischen Werkes der EKD, Berlin

2.20
Die Verhandlungen der Wittenberger Versammlung für Gründung eines deutschen evangelischen Kirchenbundes im September 1848
Christian Friedrich Kling (1800-1862)
Berlin: Wilhelm Hertz, 1848
Bibliothek des Diakonischen Werkes der EKD, Berlin

2.21
Protokoll der Gründungssitzung des Central-Ausschusses
Heinrich von Mühler (1813-1894)
Berlin, 11./12. November 1848
Tinte auf Papier, 34,3×21 cm
Archiv des Diakonischen Werkes der EKD, Berlin

2.22
Centralausschuß für die innere Mission der deutschen evangelischen Kirche. Programm und Statut
Berlin und Hamburg, 1849
Archiv des Diakonischen Werkes der EKD, Berlin

2.23
Moritz August von Bethmann Hollweg (1795-1877)
Oskar Begas (1828-1883)
Berlin, 1859
Lithografie, 46×33,2 cm
Staatliche Museen zu Berlin Preußischer Kulturbesitz, Kupferstichkabinett
Jurist und Politiker, ab 1849 erster Präsident des Central-Ausschusses

2.24
Heinrich von Mühler (1813-1874)
August von Weger (1823-1892)
Leipzig: Verlag von Baumgärtner's Buchhandlung, um 1871
Kupferstich, 28,8×22 cm
Staatsbibliothek zu Berlin Preußischer Kulturbesitz, Handschriftenabteilung
Jurist und Politiker, ab 1849 Sekretär des Central-Ausschusses

2.25
Verfügung zur Ernennung Wicherns zum vortragenden Rat im Ministerium des Innern
Berlin: Ministerium des Innern, 1857
Tinte auf Papier, 34,8×21,2 cm
Das Rauhe Haus, Archiv Hamburg

2.26
Johann Hinrich Wichern (1808-1881)
Albert Wolff (1814-1892)
1870/1892
Marmor, 63×42 cm
Evangelisches Johannesstift, Berlin

2.28
Christiane Amanda (1810-1888) und Johann Hinrich Wichern (1808-1881)
1860
Fotografie, 35×30 cm
Das Rauhe Haus, Archiv, Hamburg

2.29
Ihrem verehrten Dr. Wichern am 25jährigen Stiftungstage des Rauhen Hauses die Mitglieder des Verwaltungsrathes
Otto Speckter (1807-1871)
Hamburg, 1858
Lithografie auf Papier, koloriert, 28,5×38 cm
Das Rauhe Haus, Archiv, Hamburg

2.30

2.30
Entwurf zur Lithographie auf das Jahr 1848
Otto Speckter (1807-1871)
1848
Federzeichnung auf Papier, Zeitungsausschnitt, 26,7×22 cm
Museum für Kunst und Gewerbe, Hamburg

2.31
Die Nationalversammlung in der Paulskirche
Paul Bürde (1819-1874)
nach 1848
Lithografie, 58,8×79,4 cm
Deutsches Historisches Museum, Berlin

2.32
Protocoll der Versammlung zur Errichtung des Vereins für innere Mission
Hamburg, 10. November 1848
Bibliothek des Diakonischen Werkes der EKD, Berlin

2.33
Liste neuer Agenten des Central-Ausschusses
13. April 1849
Tinte auf Papier, 17,4×10,2 cm
Archiv des Diakonischen Werkes der EKD, Berlin

2.34
Thesen über die innere Mission, zunächst für die Saalfelder Conferenz
Dr. Ackermann
Meiningen, 24. September 1849
Hamburg: Druckerei des Rauhen Hauses, 1849
Druck auf Papier, 26×21,5 cm
Nordelbische Evangelisch-Lutherische Landeskirche – Nordelbisches Kirchenarchiv, Kiel

2.36
Gutachten über die Denkschrift betreffend die Diaconie und den Diaconat erstattet an den Hochwürdigen Evangelischen Oberkirchenrath
Johann Hinrich Wichern (1808-1881)
Horn, Juli 1856
Tinte auf Papier, 36×21 cm
Evangelisches Zentralarchiv in Berlin

2.37
Gutachten über die Fragen, die Diakonie und den Diakonat betreffend, welche in der vom Hochwürdigsten Oberkirchenrath herausgegebenen Denkschrift angeregt worden sind
Theodor Fliedner (1800-1864)
22. Juli 1856
Tinte auf Papier, 36×21 cm
Evangelisches Zentralarchiv in Berlin

2.38
Anträge der Herren Referenten und Correferenten in der Diakonen-Sache
Berlin, 1856
Druck auf Papier, 37×21 cm
Evangelisches Zentralarchiv in Berlin

2.39
Statuten des Provinzialvereins für innere Mission in der evangelischen Kirche der Rheinprovinz
Düsselthal, 1849
Bibliothek des Diakonischen Werkes der EKD, Berlin

2.40
Zweite Mittheilung über die Wirksamkeit des Stadtmissionars im St. Catharinen-Kirchspiel an die Subscribenten
Hamburg: Druckerei des Rauhen Hauses, 1850
Druck auf Papier, 27,4×22,8 cm
Nordelbische Evangelisch-Lutherische Landeskirche – Nordelbisches Kirchenarchiv, Kiel

2.41
Erster Bericht über die Wirksamkeit des Centralausschusses für die innere Mission der deutschen evangelischen Kirche von 1849-1852
Hamburg: Druckerei des Rauhen Hauses, 1853
Bibliothek des Diakonischen Werkes der EKD, Berlin

2.42
Statuten der südwestdeutschen Conferenz für Innere Mission
1865
Bibliothek des Diakonischen Werkes der EKD, Berlin

2.43
Die Verhandlungen des vierten Kongresses für die innere Mission der deutschen evangelischen Kirche auf dem fünften Kirchentage zu Bremen im September 1852
Berlin: Wilhelm Hertz (Bessersche Buchhandlung), 1852
Bibliothek des Diakonischen Werkes der EKD, Berlin

2.44
Denkschrift über die zur Beförderung der Sonntagsheiligung in dem evangelischen Deutschland anzuwendenden Mittel
Hamburg: Druckerei des Rauhen Hauses zu Horn, 1854
Bibliothek des Diakonischen Werkes der EKD, Berlin

2.45
Die Fürsorge für entlassene Sträflinge. Bericht der betreffenden Specialconferenz auf dem sechsten deutschen evangelischen Kirchentage zu Berlin
Central-Ausschuss für die Innere Mission (Hg.)
Hamburg: Agentur des Rauhen Hauses, 1854
Bibliothek des Diakonischen Werkes der EKD, Berlin

2.46
Gesetz betr. die Ausführung des Reichsgesetzes über den Unterstützungswohnsitz
Berlin, 1871
Staatsbibliothek zu Berlin Preußischer Kulturbesitz

2.47
Reichsgesetz gegen die gemeingefährlichen Bestrebungen der Socialdemokratie
Friedrich Oskar von Schwarze (1816-1886) (Hg.)
Erlangen: Palm & Enke, 1879
Staatsbibliothek zu Berlin Preußischer Kulturbesitz

2.48
Allerhöchste Botschaft vom 17. November 1881, in: Ausgewählte Reden des Fürsten Otto von Bismarck (1815-1898)
Berlin: Fr. Kortkampf, 1885
Staatsbibliothek zu Berlin Preußischer Kulturbesitz

2.49
An die Arbeiter von Halle und Umgegend. Flugblatt
Wilhelm Hasenclever (1837-1889)
Nürnberg: Wörtlein und Comp., 1883
Druck auf Papier, 30,5×21,9 cm
Archiv der sozialen Demokratie der Friedrich-Ebert-Stiftung, Bonn

2.50
Das Unfallversicherungsgesetz vom 27. Juni 1884
Stuttgart: J. H. W. Dietz, 1884
Archiv der sozialen Demokratie der Friedrich-Ebert-Stiftung, Bonn

2.51
Gesetz betreffend die Krankenversicherung der Arbeiter
Stuttgart: J. H. W. Dietz, 1884
Archiv der sozialen Demokratie der Friedrich-Ebert-Stiftung, Bonn

2.52
Das Reichsgesetz, betreffend die Invaliditäts- und Altersversicherung vom 22. Juni 1889
Berlin: J. Guttentag, 1889
Staatsbibliothek zu Berlin Preußischer Kulturbesitz

2.53
Medaille auf die Arbeiterschutzgesetzgebung
Nürnberg: Lauer, 1890
Bronze, vergoldet, Durchmesser 2,7 cm
Deutsches Historisches Museum, Berlin

2.54
Medaille auf die Arbeiterschutzgesetzgebung
Nürnberg: Lauer, 1890
Bronze, vergoldet, Durchmesser 2,7 cm
Deutsches Historisches Museum, Berlin

2.55
Theodor Lohmann (1831-1905)
um 1890
Fotografie, 25,1×18,5 cm
Bundesarchiv, Berlin
Sozialpolitiker, Mitarbeiter Otto von Bismarcks

2.56
Die Aufgabe der Kirche und ihrer inneren Mission gegenüber den wirthschaftlichen und gesellschaftlichen Kämpfen der Gegenwart. Eine Denkschrift des Central-Ausschusses für die Innere Mission. Entwurf
Theodor Lohmann (1831-1905)
1884
Tinte, Druck auf Papier, 39×24,5 cm
Bibliothek des Diakonischen Werkes der EKD, Berlin

2.57
Die Stellung der Inneren Mission zu den sozialen Bestrebungen der Gegenwart. Ein Nachwort des Central-Ausschusses für die Innere Mission
Berlin: Buchdruckerei Gutenberg (Fr. Zillessen)
1896
Bibliothek des Diakonischen Werkes der EKD, Berlin

2.58
Gesetz vom 13. März 1878 die Unterbringung verwahrloster Kinder betreffend
1878
Leinerstift, Großefehn

2.59
Umschreiben, betreffend das Preußische Gesetz vom 13. März 1878 über die Unterbringung verwahrloster Kinder in Familien und Anstalten
Central-Ausschuss für die Innere Mission
Berlin, 1878
Bibliothek des Diakonischen Werkes der EKD, Berlin

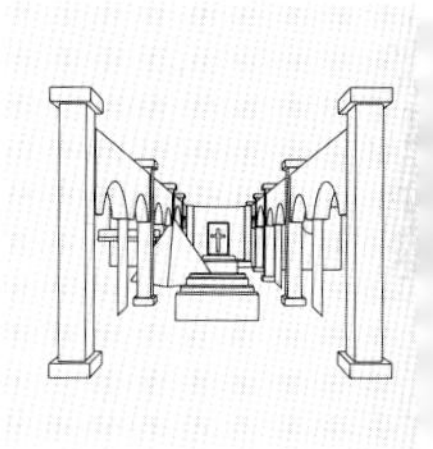

2.60
Das Rettungshauswesen mit besonderer Beziehung auf den Stand desselben im Königreiche Preußen
Central-Ausschuss für die Innere Mission
Berlin: Wilhelm Hertz (Besser'sche Buchhandlung), 1882
Bibliothek des Diakonischen Werkes der EKD, Berlin

2.61
Zum Zwangserziehungsgesetz
Rettungshauskommission des Central-Ausschusses für die Innere Mission
Berlin: Julius Sittenfeld, 1895
Bibliothek des Diakonischen Werkes der EKD, Berlin

2.62
Gesetz über die Fürsorgeerziehung Minderjähriger vom 2. Juli 1900 nebst Ausführungsbestimmungen vom 18. Dezember 1900
Berlin: Druckerei der Strafanstalts-Verwaltung, 1900
Bibliothek des Diakonischen Werkes der EKD, Berlin

2.63
Die Aufgaben der inneren Mission gegenüber der Verwendung weiblicher und jugendlicher Arbeiter in Industrie und Gewerbe
Werner Rudolf Heinrich von Watzdorf (1836-1904)
Dresden und Leipzig, April 1877
Bibliothek des Diakonischen Werkes der EKD, Berlin

2.64
Die jugendlichen Fabrikarbeiter. Umschreiben des Central-Ausschusses für die Innere Mission an die ihm verbundenen Vereine, Agenten und Freunde
Hamburg: Agentur des Rauhen Hauses, 1879
Bibliothek des Diakonischen Werkes der EKD, Berlin

2.65
Drei Monate Fabrikarbeiter und Handwerksbursche
Paul Göhre (1864-1928)
Leipzig: Fr. Wilhelm Grunow, 1891
Bibliothek des Diakonischen Werkes der EKD, Berlin

2.66
Frauenarbeit und Familienwohl. Ein Nachwort des Central-Ausschusses für die innere Mission der deutschen evangelischen Kirche zu den diesbezüglichen Verhandlungen des Karlsruher Congresses für innere Mission
Berlin: Buchhandlung der Berliner Stadtmission, 1885
Bibliothek des Diakonischen Werkes der EKD, Berlin

2.67
Zur Sonntagsfrage. Eine Bitte des Central-Ausschusses für die Innere Mission
Gräfenhainichen: Schultze & Co., Juni 1887
Bibliothek des Diakonischen Werkes der EKD, Berlin

2.68
Zur Frage der öffentlichen Sittenlosigkeit. Ausgegeben vom Central-Ausschuss für die Innere Mission
Johannes Hesekiel (1835-1918)
Hamburg: Agentur des Rauhen Hauses, Januar 1892
Bibliothek des Diakonischen Werkes der EKD, Berlin

2.69
Der Kampf wider die Prostitution. Eine Denkschrift des Central-Ausschusses für die Innere Mission
Berlin: Wilhelm Hertz (Besser'sche Buchhandlung), 1885
Bibliothek des Diakonischen Werkes der EKD, Berlin

2.70
Die Darlehnskassen-Vereine als Mittel zur Abhilfe der Noth der ländlichen Bevölkerung, sowie auch der städtischen Handwerker und Arbeiter
Friedrich Wilhelm Raiffeisen (1818-1888)
Neuwied: Strüdersche Buchhandlung, 1866
Deutsches Historisches Museum, Berlin

2.71
Die Stadtmissionen. Eine Uebersicht ueber ihren Bestand im Jahre 1885
Central-Ausschuss für die Innere Mission (Hg.)
Berlin: Buchhandlung der Berliner Stadtmission, 1885
Bibliothek des Diakonischen Werkes der EKD, Berlin

2.72
Stellung und Aufgaben der Inneren Mission gegenüber der Antialkohol-Bewegung (Mäßigkeits- und Enthaltsamkeits-Bewegung)
Immanuel Gonser (1865-1941)
Berlin: Mäßigkeitsverlag des Deutschen Vereins gegen den Mißbrauch geistiger Getränke, 1908
Landeskirchliches Archiv Nürnberg

2.73
Zur Abhülfe der Wohnungsnoth
Central-Ausschuss für die Innere Mission (Hg.)
Gräfenhainichen: Schultze & Co., 1889
Bibliothek des Diakonischen Werkes der EKD, Berlin

2.74
Die Noth der Wanderarmen
Sonder-Abdruck aus der Neuen Preußischen (Kreuz-) Zeitung
Friedrich von Bodelschwingh (1831-1910)
Berlin: F. Heinicke, 1901
Druck, Tinte auf Papier, 15,3 × 11,3 cm
Hauptarchiv der v. Bodelschwinghschen Anstalten Bethel, Bielefeld

2.75
Deutsche Seemannsmission. Zweite Nachricht des Central-Ausschusses für die Innere Mission
Januar 1885
Bibliothek des Diakonischen Werkes der EKD, Berlin

2.76
Adolph Wagner (1835-1917)
1878
Fotografie, 17,5 × 12 cm
Bildarchiv Preußischer Kulturbesitz, Berlin
Nationalökonom, Mitbegründer des Vereins für Sozialpolitik

2.77
Reinhard Mumm (1873-1932)
Berlin, 1920/1930
Fotografie (Abzug 1998)
Archiv des Diakonischen Werkes der EKD, Berlin
Theologe und Politiker, seit 1900 Generalsekretär des Kirchlich-Sozialen Bundes

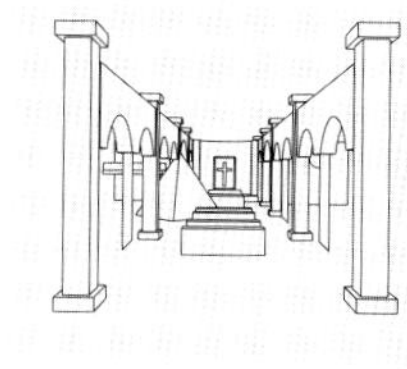

2.78
Friedrich von Bodelschwingh (1831-1910) und Adolf Stoecker (1835-1909)
Bethel: Verlag der Kunsthandlung der Anstalt Bethel, 1907
Tiefdruck, 13,8×8,8 cm
Sarepta-Archiv der v. Bodelschwinghschen Anstalten Bethel, Bielefeld

2.79
Adolf Stoecker (1835-1909)
Berlin: Meisenbach, Riffarth & Co., 1905
Heliogravüre, 42×32,4 cm
Staatsbibliothek zu Berlin Preußischer Kulturbesitz, Handschriftenabteilung
Hofprediger und christlich-sozialer Politiker, Leiter der Berliner Stadtmission

2.80
Nothwehr gegen das moderne Judenthum. Flugblatt Nr. 14 der christlich-socialen Arbeiterpartei
Adolf Stoecker (1835-1909)
Berlin, 1879
Geheimes Staatsarchiv Preußischer Kulturbesitz, Berlin

2.81
Programm der christlich-socialen Partei
Adolf Stoecker (1835-1909) / Adolph Wagner (1835-1917)
Berlin, 1884
Geheimes Staatsarchiv Preußischer Kulturbesitz, Berlin

2.82
Socialdemokratisch, Socialistisch und Christlich-Social.
Adolf Stoecker (1835-1909)
Braunschweig: Grüneberg's Buchhandlung, 1880
Deutsches Historisches Museum, Berlin

2.83
Stöcker oder Liebknecht, wählt Stöcker! Flugblatt
Berlin: Vaterländische Verlags-Anstalt, 1898
Druck auf Papier, 30,5×22 cm
Geheimes Staatsarchiv Preußischer Kulturbesitz, Berlin

2.84
Die Kirche im Dienste des Unternehmerthums. Eine Streitschrift gegen den christlich-sozialen Arbeiterfang
Richard Calwer (1868-1927)
Berlin: Expedition der Buchhandlung Vorwärts, 1899
Bibliothek der Friedrich-Ebert-Stiftung, Bonn

2.85
Protocoll über die 1. Sitzung des Ausschusses des Evangelisch-Sozialen Kongresses
Berlin, Oktober 1890
Druck auf Papier, 20,5×14 cm
Geheimes Staatsarchiv Preußischer Kulturbesitz, Berlin

2.86
Monatsschrift für Diakonie und innere Mission, 1. Jahrgang
Theodor Schäfer (1846-1914) (Hg.)
Hamburg: Wolf Lothar Oemler, 1877
Bibliothek des Diakonischen Werkes der EKD, Berlin

2.87
Mitgliedskarte des Landesvereins für innere Mission in der evang. lutherischen Kirche Bayerns
Nürnberg: C. Dendtel, 1912
Lithografie auf Pappe, 14,5x20,6 cm
Landeskirchliches Archiv Nürnberg

2.88
Anstalten und Einrichtungen des öffentlichen Gesundheitswesens in Preußen
Moritz Pistor (1835-n. 1905) (Hg.)
Berlin: Julius Springer, 1890
Deutsches Historisches Museum, Berlin

2.89
An das evangelische deutsche Volk. Aufruf zur Jahrhundertwende
Central-Ausschuss für die Innere Mission
Berlin, 1. Januar 1900
Druck auf Papier, 34×23,5 cm
Archiv des Diakonischen Werkes der EKD, Berlin

2.90
Friedrich Albert Spiecker (1854-1936)
um 1913
Fotografie, 14,2×8,8 cm
Privatbesitz
1907-1923 Präsident des Central-Ausschusses

2.91
Gerhard Füllkrug (1870-1948)
Berlin, um 1930
Fotografie, 13,8×8,8 cm
Archiv des Diakonischen Werkes der EKD, Berlin
1916-1932 Geschäftsführender Direktor des Central-Ausschusses

2.92
Bericht über die Thätigkeit der Centralstelle für Arbeiter-Wohlfahrtseinrichtungen während der ersten zehn Jahre ihres Bestehens (1891 bis 1901)
Berlin: Julius Sittenfeld, 1901
Deutsches Historisches Museum, Berlin

2.93
Gesetzentwurf eines Wanderarbeitsstättengesetzes
Moritz August von Bethmann Hollweg (1795-1877)
1907
Hoffnungstaler Anstalten, Lobetal

ENTWICKLUNG

3.1
Die Basilika der Inneren Mission
Johann Hinrich Wichern (1808-1881)
Hamburg, 1843/1844
Handschrift, Tinte auf Papier, 32,7×40,9 cm
Das Rauhe Haus, Archiv, Hamburg

3.2
Die Basiliken des christlichen Roms
Christian Carl Josias von Bunsen (1791-1860)
München: Literarisch-artistische Anstalt, 1842
Technische Universität Berlin, Universitätsbibliothek

3.3
Modell der Sakrower Heilandskirche
Franciscus Joseph Friedrich (1788-1873)/ Harry Maitay (gest. 1872)
vor 1873
Elfenbein, Perlmutt über Holzkern, furnierter Holzsockel, 33,2×21,5×42,5 cm
Stiftung Preußische Schlösser und Gärten Berlin-Brandenburg, Potsdam

3.4
Lustgarten-Planung mit Basilika
Friedrich Wilhelm IV. (1795-1861)
Berlin, 1820/1830
Bleistift auf Papier, 14,6×19,8 cm
Stiftung Preußische Schlösser und Gärten Berlin-Brandenburg, Potsdam

3.5
Handzeichnung Friedrich Wilhelms IV. (1795-1861)
Berlin, 1820/1830
Bleistift auf Papier, 25,8×22 cm
Stiftung Preußische Schlösser und Gärten Berlin-Brandenburg, Potsdam

3.6
Bauplan für die Gemeinde Wilhelmsdorf
Stuttgart, 1824
aquarellierte Tuschzeichnung auf Karton, 63,9×47,8 cm
Württembergische Landesbibliothek, Stuttgart

3.7
Entwurf des St. Johannes-Stiftes
1856/1858
Bleistift auf Papier, 17,5×20,5 cm
Evangelisches Johannesstift, Berlin

3.8
Erster Entwurf für eine evangelische Missionsstation im Jerusalem
Friedrich August Stüler (1800-1865)
1841
Bleistift auf Papier, aquarelliert, 38,5×48 cm
Kunstbibliothek Preußischer Kulturbesitz, Berlin

3.9
Skizze zu einer Armenstadt vor den Thoren von Berlin
Wilhelm Stier (1799-1856)
1848
Federzeichnung, laviert, auf Karton, 70×70 cm
Technische Universität Berlin, Plansammlung

3.10
Ansichten von Kornthal
C. Obach (1807-1865)
Stuttgart: Verlag der C. F. Autenrieth'schen Kunsthandlung, nach 1846
Aquatinta auf Karton, 47,7×63,8 cm
Württembergische Landesbibliothek, Stuttgart

3.11
Giebelstein vom Haus »Köcher« des Rauhen Hauses
1881
Gebrannter Ton, Durchmesser 80 cm
Das Rauhe Haus, Archiv, Hamburg

3.12
Das Rauhe Haus in Horn in Hamburg nach seinem ersten Jahrzehnd
Hamburg, 1843
Lithografie, 40×50 cm
Das Rauhe Haus, Archiv, Hamburg

3.13
Diaconissenanstalt zu Neuendettelsau
um 1860
Lithografie, 18×22,5 cm
Diakonie Neuendettelsau

3.14
Die Diaconissen-Anstalt zu Kaiserswerth am Rhein (1850)
Johann Baptist Wilh. Adolf Sonderland (1805-1878)
1850
Lithografie auf Papier, 36×39 cm
Diakoniewerk Kaiserswerth e.V., Fachbibliothek für Frauendiakonie und Fliednerarchiv, Düsseldorf

3.15
Hephata, evangelische Heil- u. Pflege-Anstalt für blödsinnige Kinder Rheinlands u. Westphalens
P. Diebelich
Rheydt: H. Schött & Leendertz, 1861
Lithografie, 43,5×56 cm
Evangelische Stiftung Hephata, Mönchengladbach

3.17
Dr. Martin Luther im Kreise seiner Familie zu Wittenberg am Christabend 1536
Carl August Schwerdtgeburth (1785-1878)
1843
Stahlstich, 46,5×62,3 cm
Germanisches Nationalmuseum, Nürnberg

3.18
Johann Hinrich Wichern (1808-1881) im Kreise der Familie
15. Juni 1869
Fotografie, 30,6×61 cm
Das Rauhe Haus, Archiv, Hamburg

3.19
Caroline (1811-1892) und Theodor Fliedner (1800-1864) im Kreise der Familie
nach 1860
Chromolithografie, 46×51 cm
Diakoniewerk Kaiserswerth e.V., Fachbibliothek für Frauendiakonie und Fliednerarchiv, Düsseldorf

3.19

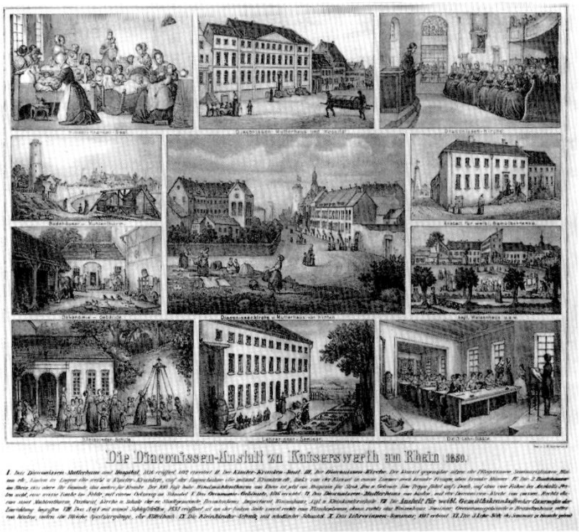

3.14

3.20
Bericht über die Knaben zum rothen Kreuz
12. März 1881
Tinte auf Papier,
31,5 × 42 cm
Karlshöhe, Ludwigsburg

3.21
Stuhl aus dem Rauhen Haus
1851
Holz, 86 × 42 × 47 cm
Das Rauhe Haus,
Hamburg

3.21

3.22
Erziehungsfamilie »Die grüne Tanne«
Hamburg, 1885
Fotografie auf Pappe,
17,4 × 22,4 cm
Das Rauhe Haus, Archiv,
Hamburg

3.23
Familie »Köcher« mit Martin Hennig (1864-1920)
Hamburg, um 1890
Fotografie, 29 × 36,5 cm
Das Rauhe Haus, Archiv,
Hamburg

3.24
Familie mit Karlshöhe-Zöglingen
Ludwigsburg, um 1900
Fotografie auf Karton,
21,2 × 30 cm
Karlshöhe, Ludwigsburg

3.25
Luisen-Orden
1814
Metall, Emaille, textiles
Material, 7,1 × 4,6 cm
Deutsches Historisches
Museum, Berlin

3.26
Aufruf an die Frauen des Preußischen Staates
Hofmarschall von der
Groeben
23. März 1813
Druck auf Papier,
37,2 × 23,4 cm
Deutsches Historisches
Museum, Berlin

3.27
Kommendatorenkreuz
Metall, emailliert und
vergoldet, 8,8 × 5,8 cm
Der Johanniterorden,
Bonn

3.28
Rechtsritterkreuz
Metall, emailliert und
vergoldet, 7 × 4,5 cm
Der Johanniterorden,
Bonn

3.29
Ehrenritterkreuz
Metall, emailliert und
vergoldet, 6 × 6 cm
Der Johanniterorden,
Bonn

3.30
Uniformrock der Rechtsritter der Balley Brandenburg
1853/1900
Wolle, Länge 83 cm
Der Johanniterorden,
Bonn

3.31
Der Schwanenorden. Sein Ursprung und Zweck, seine Geschichte und seine Altertümer
Rudolph Stillfried-
Alcantara
Halle, 2. Ausg. 1845
Geheimes Staatsarchiv
Preußischer Kulturbesitz,
Berlin

3.32
Theodor Fliedner (1800-1864)
Otto (Egidius) Mengelberg
(1818-1890)
um 1857
Öl auf Leinwand,
78,5 × 68 cm
Diakoniewerk Kaisers-
werth e.V., Fachbibliothek
für Frauendiakonie und
Fliednerarchiv, Düsseldorf
Theologe, Gründer des Kranken- und Diakonissenmutterhauses in Kaiserswerth

3.33
Caroline Fliedner (1811-1892)
Roland Risse (1835-1887)
1864
Öl auf Leinwand,
78,5 × 68 cm
Diakoniewerk Kaisers-
werth e.V., Fachbibliothek
für Frauendiakonie und
Fliednerarchiv, Düsseldorf
Vorsteherin des Kranken- und Diakonissenmutterhauses in Kaiserswerth und zweite Ehefrau Theodor Fliedners

3.34
Schlafsaal der jüngsten Schwestern im Diakonissenmutterhaus fürs Ausland »Katharinenstift« in Wittenberg
Schalksmühle/Westf.:
Graph. Kunstanstalt Kett-
ling & Krüger, 1928
Tiefdruck, 9 × 14,5 cm
Diakoniewerk Kaisers-
werth e.V., Fachbibliothek
für Frauendiakonie und
Fliednerarchiv, Düsseldorf

3.35
Ein Schlafsaal der Probeschwestern in Witten
Schalksmühle/Westf.:
Graph. Kunstanstalt Kett-
ling & Krüger, 1920/1930
Tiefdruck, 9 × 14,5 cm
Diakoniewerk Kaisers-
werth e.V., Fachbibliothek
für Frauendiakonie und
Fliednerarchiv, Düsseldorf

3.36
Suppenterrine
um 1860
Silber, 34 × 42 cm
Henriettenstiftung,
Hannover

3.37
Gemüseschüssel
um 1860
Silber, 13 × 30 cm
Henriettenstiftung,
Hannover

3.38
Kleiderordnung für die Diaconissen der Anstalt zu Kaiserswerth. [Exemplar] für Helene Schirp
Theodor Fliedner
(1800-1864)/Caroline
Fliedner (1811-1892)
Oktober 1848
Tinte auf Papier, 21 × 34 cm
Diakoniewerk Kaisers-
werth e.V., Fachbibliothek
für Frauendiakonie und
Fliednerarchiv, Düsseldorf

3.39
Haus-Ordnung und Dienst-Anweisung für die Diakonissen
Theodor Fliedner
(1800-1864)
Düsseldorf: Hermann
Voß, 1852 (2. Aufl.)
Diakoniewerk Kaisers-
werth e.V., Fachbibliothek
für Frauendiakonie und
Fliednerarchiv, Düsseldorf

3.40
Übersicht über Bedingungen der einzelnen Diakonissen-Mutterhäuser
in: Armen- und Kranken-
freund 1861
Diakoniewerk Kaisers-
werth e.V., Fachbibliothek
für Frauendiakonie und
Fliednerarchiv, Düsseldorf

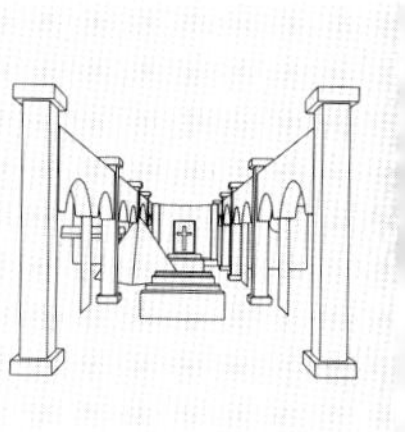

3.41
Der Heilige Vinzenz und Schwestern in ihren Werken
1880/1900
Heliogravüre, 27×35,5 cm
Vinzentinerinnen Köln

3.42
Die Barmherzigen Schwestern in Bezug auf Armen- und Krankenpflege
Clemens Brentano (1778-1842)
Mainz: Kirchheim und Schott, 2. Aufl. 1852
Bibliothek des Deutschen Caritasverbandes, Freiburg

3.43
Wilhelm Löhe (1808-1872)
Friedrich Federer (gest. 1853)
1850
Lithografie, 28×22 cm
Diakonie Neuendettelsau
Theologe, 1854 Gründer der Diakonissenanstalt in Neuendettelsau

3.44
Bedingungen unter welchen Magdalene Lederer aus Coblenz in Dienst bei Herrn Papierfabrikant Joh. Pet. Flügel in Ratingen tritt
Kaiserswerth, 7. April 1847
Tinte, Druck auf Papier, 21,5×17,2 cm
Diakoniewerk Kaiserswerth e.V., Fachbibliothek für Frauendiakonie und Fliednerarchiv, Düsseldorf

3.45
Evangelische Diakonissen auf dem Bahnhofe zu Dresden
X. A. von Groth
1866
Holzstich, koloriert, auf Papier, 21,4×16,5 cm
Sarepta-Archiv der v. Bodelschwinghschen Anstalten Bethel, Bielefeld

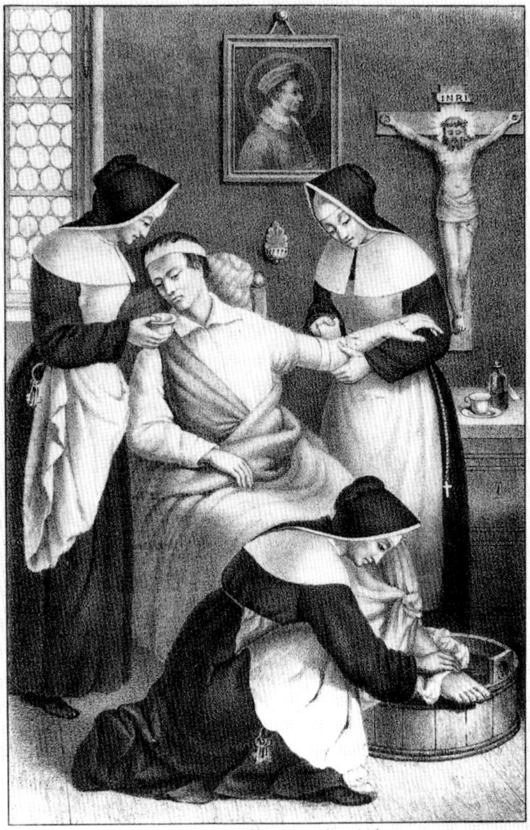

Kleidung der Barmherzigen Schwestern in den Hospitälern von Trier und Coblenz.

3.42

3.46
Reisetasche
1850/1870
Leder, textiles Material, 50×50×13 cm
Diakoniewerk Kaiserswerth e.V., Fachbibliothek für Frauendiakonie und Fliednerarchiv, Düsseldorf

3.47
Diaconissen-Station – Gemeindestation
um 1870
Unterglas-Bild, 23×50 cm
Henriettenstiftung, Hannover

3.48
4-Jahresbericht der Diaconissen-Anstalt Henrietten-Stiftung in Hannover
Hannover: Klindworth's Hof-Druckerei, 1865
Henriettenstiftung, Hannover

3.49
Jahresbericht der evangelischen Diaconissen-Anstalt zu Speyer pro 1865
Neustadt a.d.H.: D. Kranzbühler, 1866
Diakoniewerk Kaiserswerth e.V., Fachbibliothek für Frauendiakonie und Fliednerarchiv, Düsseldorf

3.50
Diakonissen mit Verwundeten des Lazarus-Krankenhauses
Berlin, 1870
Fotografie, 23,2×29 cm
Diakoniestiftung Lazarus, Berlin

3.51
Visitations-Fragebogen für unsere Diakonissen, welche in auswärtigen Kranken- und Armenhäusern, Schul- und Erziehungs-Anstalten, Gemeinden etc. arbeiten
Düsseldorf: Hermann Voß, ausgefüllt am 7. Mai 1863
Druck auf Papier, Tinte, 25,5×21 cm
Diakoniewerk Kaiserswerth e.V., Fachbibliothek für Frauendiakonie und Fliednerarchiv, Düsseldorf

3.53
Mecklenburgisches Volksbuch auf das Jahr 1859. Herausgegeben von dem Stifte Bethlehem zu Ludwigslust
Ludwigslust: Hinstorff'sche Hofbuchhandlung, 1859
Diakoniewerk Kaiserswerth e.V., Fachbibliothek für Frauendiakonie und Fliednerarchiv, Düsseldorf

3.54
Anna Gräfin zu Stolberg-Wernigerode (1819-1868)
Richard L. Lauchert (1823-1869)
1861
Öl auf Leinwand, 147×108 cm
Stiftung Diakonissenhaus Bethanien, Berlin
Oberin des Diakonissen-Mutterhauses Bethanien in Berlin

3.55
Einsegnung der Diakonissen im Henriettenstift zu Hannover
Hannover: Wilhelm Riemschneider, um 1870
Diakoniewerk Kaiserswerth e.V., Fachbibliothek für Frauendiakonie und Fliednerarchiv, Düsseldorf

3.56
Alltagskleid einer Probeschwester mit Mullhaube und Überhaube
1900/1920
Seide, Baumwolle,
Länge 140 cm
Diakoniewerk Kaiserswerth e.V., Düsseldorf

3.57
Alltagskleid einer Diakonisse (Tupfenkleid) mit Mullhaube
1860/1880
Baumwolle,
Länge 140 cm
Diakoniewerk Kaiserswerth e.V., Düsseldorf

3.58
Sonntagskleid einer Diakonisse mit Tüllhaube und Strümpfen
1850/1960
Wolle, Baumwolle,
Länge 140 cm
Diakoniewerk Kaiserswerth e.V., Düsseldorf

3.59
Diakonissenmantel, Haube und Schutenhut
19. Jh.
Wolle, Seide, Länge 150 cm
Diakoniewerk Kaiserswerth e.V., Fachbibliothek für Frauendiakonie und Fliednerarchiv, Düsseldorf

3.60
Gustav Werner predigt in einer Dorfscheune
Robert Heck (1831-1889)
1862
Öl auf Leinwand,
155 × 134 cm
Staatsgalerie Stuttgart
Theologe, Gründer einer christlich-industriellen Genossenschaft in Reutlingen

3.61
Christus predigt in Bethanien
Ernst Christian Pfannschmidt (1868-1949)
1895
Öl auf Holz, 225 × 160 cm
Staatliche Museen zu Berlin Preußischer Kulturbesitz, Neue Nationalgalerie

3.62
Die zwei Wege
»Maler Renz«
nach 1848
Holzschnitt, 32 × 41,2 cm
Staatliche Museen zu Berlin Preußischer Kulturbesitz, Museum für Volkskunde

3.63
Der breite und der schmale Weg, die weite und die enge Pforte
Beckmann nach Charlotte Reihlen (1805-1868)
Stuttgart: J. F. Steinkopf, um 1860
Farblithografie,
68 × 54,8 cm
Landeskirchliches Museum Ludwigsburg

3.64
Der Weg des Himmels und der Weg der Hölle
Neuruppin: Gustav Kühn, um 1850
Lithografie, 33 × 41,7 cm
Heimatmuseum Neuruppin, Bilderbogen-Dokumentationszentrum

3.65
Der Tod des Gerechten. Der Tod des Gottlosen
Neuruppin: Gustav Kühn, um 1850
Lithografie, 34 × 40,8 cm
Heimatmuseum Neuruppin, Bilderbogen-Dokumentationszentrum

3.66
Der barmherzige Samariter. »Zum Besten der Diaconissen-Anstalt zu Kaiserswerth und des damit verbundenen Krankenhauses für alle Confessionen«
Adolf Gottlob Zimmermann (1799-1859) nach Xaver Steifensand (1809-1876)
1840
Kupferstich, 51,8 × 39,5 cm
Diakoniewerk Kaiserswerth e.V., Fachbibliothek für Frauendiakonie und Fliednerarchiv, Düsseldorf

3.67
Der schützende Engel
Berlin: A. Felgner, um 1860
Lithografie, 40 × 30 cm
Staatliche Museen zu Berlin Preußischer Kulturbesitz, Museum für Volkskunde

3.68
Christus segnet die Kinder
Berlin: A. Felgner, 1860/1870
Lithografie, 36 × 45,5 cm
Staatliche Museen zu Berlin Preußischer Kulturbesitz, Museum für Volkskunde

3.69
Jesus, der gute Hirte
Neuruppin: Gustav Kühn, 1850/1855
Lithografie, 33,5 × 41,5 cm
Staatliche Museen zu Berlin Preußischer Kulturbesitz, Museum für Volkskunde

3.70
Bilder für die innern evangelischen Missions-Vereine
Neuruppin: Gustav Kühn, um 1850
Lithografie, 34 × 41,6 cm
Heimatmuseum Neuruppin, Bilderbogen-Dokumentationszentrum

3.71
Christlicher Haussegen für fromme Familien
Neuruppin: Gustav Kühn, um 1850
Lithografie, 34,5 × 42,4 cm
Heimatmuseum Neuruppin, Bilderbogen-Dokumentationszentrum

3.72
Die christliche Hausfrau
Neuruppin: Gustav Kühn, 1853
Lithografie, 41,5 × 34 cm
Staatliche Museen zu Berlin Preußischer Kulturbesitz, Museum für Volkskunde

3.73
Missions-Welt. Bibelverbreitung und Schriftenwesen
Ernst Friedrich Fink (1806-1863)
Lahr: Badischer Landesverein für innere Mission, 1847/1852
Lithografie, 35,5 × 46,5 cm
Diakoniewerk Kaiserswerth e.V., Fachbibliothek für Frauendiakonie und Fliednerarchiv, Düsseldorf

3.74
Die Bibel in Bildern
Julius Schnorr von Carolsfeld (1794-1872)
Leipzig: Georg Wigand, um 1880
Carola Jüllig, Berlin

3.75
Schulbilderbibel. Zum Besten der Diakonissen-Anstalt Kaiserswerth herausgegeben von Theodor Fliedner (1800-1864)
Johann Baptist Wilh. Adolf Sonderland (1805-1878) / Otto (Egidius) Mengelberg (1818-1890)
Düsseldorf: Arnz & Co.
1842
Lithografie, 48 × 68 cm
Diakoniewerk Kaiserswerth e.V., Fachbibliothek für Frauendiakonie und Fliednerarchiv, Düsseldorf

3.76
Einladung an protestantische Volksschullehrer Kinderbibelvereine zu begründen
Nürnberg: Bayrischer Centralbibelverein, 1835
Druck auf Papier, 21×17 cm
Landeskirchliches Archiv Nürnberg

3.77
Kommet her zu mir alle die ihr mühselig und beladen seid, ich will euch erquicken
Carl Begas (1794-1854)
Berlin: Altmeyer, 1848
Kupferstich, 59,2×70,5 cm
Deutsches Historisches Museum, Berlin

3.78
Die Auferweckung des Jünglings zu Nain
Friedrich Overbeck (1789-1869)
Karlsruhe: J. Velten, um 1850
Lithografie, 61×81,5 cm
Deutsches Historisches Museum, Berlin

3.79
Fliegende Blätter als offener Brief aus dem Rauhen Hause zu Horn bei Hamburg
Johann Hinrich Wichern (1808-1881) (Hg.)
Hamburg: Agentur des Rauhen Hauses, 1845
Bibliothek des Diakonischen Werkes der EKD, Berlin

3.80
Der Armen- und Krankenfreund, eine Monatsschrift für die Diakonie der evangelischen Kirche
Theodor Fliedner (1800-1864) (Hg.)
Düsseldorf: Hermann Voß, 1852
Diakoniewerk Kaiserswerth e.V., Fachbibliothek für Frauendiakonie und Fliednerarchiv, Düsseldorf

3.81
Christliche Frauenbilder aus der Geschichte der Kirche zur Inneren Mission, I. Teil
Heinrich Merz (1816-1893)
Stuttgart: J. F. Steinkopf, 1855
Diakoniewerk Kaiserswerth e.V., Fachbibliothek für Frauendiakonie und Fliednerarchiv, Düsseldorf

3.82
Christlicher Volkskalender 1846, ein freundlicher Erzähler und Rathgeber für die liebe Christenheit
Elberfeld: Samuel Lucas, 1845
Diakoniewerk Kaiserswerth e.V., Fachbibliothek für Frauendiakonie und Fliednerarchiv, Düsseldorf

3.83
Buch der Märtyrer und andrer Glaubenszeugen der evangelischen Kirche von den Aposteln bis auf unsere Zeit, in 3 Bänden. 1. Bd: Von der apostolischen Zeit bis zur Reformation
Theodor Fliedner (1800-1864)
Kaiserswerth: Verlag der Diakonissenanstalt, 1859
Diakoniewerk Kaiserswerth e.V., Fachbibliothek für Frauendiakonie und Fliednerarchiv, Düsseldorf

3.84
Diakonissen-Liederbuch
Julius Disselhoff (1827-1896)
Kaiserswerth: Verlag der Diakonissen-Anstalt, 1874
Ev.-luth. Diakonissen-Mutterhaus Bethanien (Lötzen), Quakenbrück

3.85
Vierteljahrs-Blatt Nr. 7. Zum Besten des Lazarus-Kranken- und Diaconissenhauses für Armen-, Kranken- und Kinderpflege in Berlin
1873
Diakoniestiftung Lazarus, Berlin

3.86
Erster Jahresbericht der westfälisch-rheinischen evangelischen Anstalt für Epileptische in Bielefeld
Bielefeld: Bertelsmann, 1868
Hauptarchiv der v. Bodelschwinghschen Anstalten Bethel, Bielefeld

3.87
Heinrich und Christian, zwei Bauernknechte, oder Sieg der Sanftmuth
Mutterhaus für Kinderpflege zu Nonnenweier bei Lahr
Lahr: Ernst Kaufmann, um 1870
Diakoniewerk Kaiserswerth e.V., Fachbibliothek für Frauendiakonie und Fliednerarchiv, Düsseldorf

3.88
Hannoverscher Volkskalender
Julius Freytag (1835-1926) (Hg.)
Hannover, 1871
Stadtbüchereien Hannover

3.89
Lieder-Buch für Kleinkinder-Schulen, für die unteren Klassen der Elementar-Schulen
Theodor Fliedner (1800-1864) (Hg.)
Elberfeld: Samuel Lucas, 2. Aufl. 1846
Diakoniewerk Kaiserswerth e.V., Fachbibliothek für Frauendiakonie und Fliednerarchiv, Düsseldorf

3.90
Karl und Marie. Eine Sammlung von Erzählungen
Elise Averdieck (1808-1907)
Leipzig: R. Kittlers Verlag, 1905/1908
Diakoniewerk Kaiserswerth e.V., Fachbibliothek für Frauendiakonie und Fliednerarchiv, Düsseldorf

3.91
Himmelsschlüßel und Gänseblume von einer alten Kindermuhme
Marie von Olfers (1826-1924)
Kaiserswerth: Verlag der Diakonissen-Anstalt, 1861
Diakoniewerk Kaiserswerth e.V., Fachbibliothek für Frauendiakonie und Fliednerarchiv, Düsseldorf

3.92
Alte und neue Kinder-Lieder
Mutteranstalt für Kinderpflege zu Nonnenweier
Dinglingen, 1854
Diakoniewerk Kaiserswerth e.V., Fachbibliothek für Frauendiakonie und Fliednerarchiv, Düsseldorf

3.93
Die Erziehung und Beschäftigung kleiner Kinder in Kleinkinderschulen und Familien
Johann Friedrich Ranke (1821-1892)
Düsseldorf: W. H. Scheller, 1853
Diakoniewerk Kaiserswerth e.V., Fachbibliothek für Frauendiakonie und Fliednerarchiv, Düsseldorf

3.94
Spruchbüchlein zur biblischen Geschichte und zum Katechismus, zugleich Leitfaden für den Religions-Unterricht
Carl Barthold (1829-1904) (Hg.)

Mönchengladbach:
Anstalt »Hephata«, 1871
Evangelische Stiftung Hephata, Mönchengladbach

3.95
Modell der Erziehungsschule
1950
Holz, Papier, textiles Material, 40 × 29 × 86 cm
Diakonie Neuendettelsau

3.96
Naturkunde für kleine Kinder. Stoffe für Anschauungs- und Sprechübungen in Kleinkinderschulen und Unterklassen der Volksschulen, 1. Teil
Johann Friedrich Ranke (1821-1892)
Elberfeld: Bädeker'sche Buchhandlung, 1867
Diakoniewerk Kaiserswerth e.V., Fachbibliothek für Frauendiakonie und Fliednerarchiv, Düsseldorf

3.97
Kinderkranken-Saal
in: Jahrbuch für christliche Unterhaltung der Diakonissen-Anstalt Kaiserswerth 1846, S. 99
Diakoniewerk Kaiserswerth e.V., Fachbibliothek für Frauendiakonie und Fliednerarchiv, Düsseldorf

3.98
Das Mutterhaus für Kinderpflege zu Nonnenweyer. Achter öffentlicher Bericht
Straßburg: Wittwe Berger-Levrault, 1853
Bibliothek des Diakonischen Werkes der EKD, Berlin

3.99
Die Bildungsanstalt für Kleinkinderpflegerinnen in Großheppach. Erster Bericht
Wilhelmine Canz (1815-1901)
Stuttgart:
G. Hasselbrink'sche Buchdruckerei, 1863
Diakoniewerk Kaiserswerth e.V., Fachbibliothek für Frauendiakonie und Fliednerarchiv, Düsseldorf

3.101
Die gegenwärtige Lage der Cretinen, Blödsinnigen und Idioten in den christlichen Ländern. Ein Noth- und Hülferuf für die Verlassensten unter den Elenden an die deutsche Nation
Julius Disselhoff (1827-1896)
Bonn: Adolph Marcus, 1857
Evangelische Stiftung Hephata, Mönchengladbach

3.102
Achter Bericht über das Deutsche Samariter-Ordens-Stift als Heil- und Pflegeanstalt für Schwach- und Blödsinnige zu Craschnitz
Adelberdt Graf von der Recke-Volmerstein (1791-1878)
Breslau: Wilh. Gottl. Korn, 1867
Diakoniewerk Kaiserswerth e.V., Fachbibliothek für Frauendiakonie und Fliednerarchiv, Düsseldorf

3.103
David Thompson, ein behindertes Kind in Mariaberg
Dr. Zimmer
um 1858
Bleistift auf Papier, 32,1 × 20,8 cm
Mariaberger Heime, Gammertingen

3.104
Lehrplan der Anstalt Hephata. Heft 10
Carl Barthold (1829-1904)
nach 1859
Tinte auf Papier, 23,5 × 15 cm
Evangelische Stiftung Hephata, Mönchengladbach

3.105
Der erste vorbereitende Unterricht für Schwach- und Blödsinnige, nebst einer Einleitung »Über Grund und Wesen des Blödsinns (Idiotismus)«
Carl Barthold (1829-1904)
Breslau: Ferdinand Hirt, um 1870
Evangelische Stiftung Hephata, Mönchengladbach

3.106
Farben- und Formenbrett
Kraft Philipp Rall (1827-1898)
1859-1869
Holz, bemalt, 31 × 34,9 cm
Mariaberger Heime, Gammertingen

3.107
Farben- und Formenbrett
Kraft Philipp Rall (1827-1898)
1859-1869
Holz, bemalt, 31,8 × 39 cm
Mariaberger Heime, Gammertingen

3.108
Isis mit dem Horusknaben
650 v.Chr./400 n.Chr.
Bronze, 21,1 × 5,8 × 5,6 cm
Diakoniewerk Kaiserswerth e.V., Düsseldorf

3.109
Stehender Osiris
650 v.Chr./400 n.Chr.
Bronze, Reste einer Goldauflage, 20,7 × 6 × 3,9 cm
Diakoniewerk Kaiserswerth e.V., Düsseldorf

3.110
Stunde über Innere Mission. Winter 1853/54
Johann Hinrich Wichern (1808-1881)
Hamburg, 1853
Handschrift, Tinte auf Papier, 21,5 × 17,5 cm
Das Rauhe Haus, Archiv, Hamburg

3.111
Die Unterrichtskunst
Johann Hinrich Wichern (1808-1881)
1846/1847
Handschrift, Tinte auf Papier, 20 × 17 cm
Das Rauhe Haus, Archiv, Hamburg

3.112
Bedingungen der Aufnahme in das evangelische Lehrerinnen-Seminar zu Kaiserswerth zur Vorbildung fuer das Kleinkinderschul-Amt
Theodor Fliedner (1800-1864)
Kaiserswerth, 1841
Diakoniewerk Kaiserswerth e.V., Fachbibliothek für Frauendiakonie und Fliednerarchiv, Düsseldorf

3.113
Protokollbuch der Probe
1855-1859
Tinte auf Papier, 33,5 × 44,5 cm
Diakoniewerk Kaiserswerth e.V., Fachbibliothek für Frauendiakonie und Fliednerarchiv, Düsseldorf

3.114
Stundenplan der Schwestern [= Probepflegerinnen]
Kaiserswerth, um 1850
Tinte auf Papier, 34 × 43,5 cm
Diakoniewerk Kaiserswerth e.V., Fachbibliothek für Frauendiakonie und Fliednerarchiv, Düsseldorf

3.115
Diktatheft aus dem Diakonissenunterricht von Wilhelm Löhe (1808-1872)
um 1850
Tinte auf Papier, 21,5 × 18 cm
Diakonie Neuendettelsau

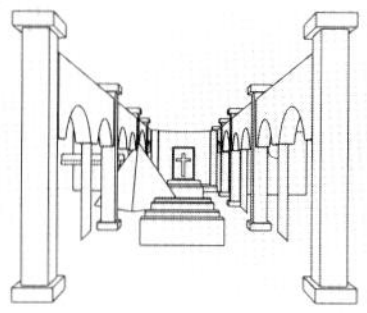

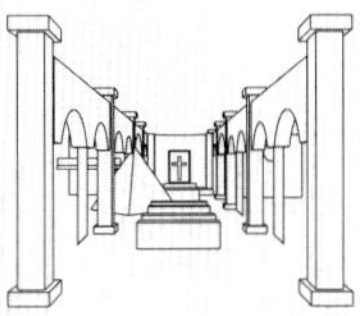

3.116
Prüfungs-Protokoll für Caroline Fröhlich, 19 Jahr alt, provisorisch angestellte Lehrerin an der ev. Töchterschule in Paderborn, früher vorgebildet in Kaiserswerth
Soest, 3. August 1847
Tinte auf Papier,
14,5 × 26,5 cm
Diakoniewerk Kaiserswerth e.V., Fachbibliothek für Frauendiakonie und Fliednerarchiv, Düsseldorf

KONSOLIDIERUNG

4.1
Zur Schlafenszeit in der Herberge
Jens Birkholm (1869-1915)
1893
Öl auf Leinwand,
69 × 81 cm
Faaborg Museum for Fynsk Malerkunst, Faaborg

4.2
Schrankstuhl aus Lobetal
um 1910
Holz, lackiert,
92 × 42 × 48 cm
Hauptarchiv der v. Bodelschwinghschen Anstalten Bethel, Bielefeld

4.3
Zeichen der Inneren Mission und der männlichen Diakonie. Druckstock
1900/1910
Holz, Blei,
6,5 × 5,5 × 2,3 cm
Karlshöhe, Ludwigsburg

4.4
Diakonenhaus zu Duisburg
Duisburg: J. A. Steinkamp, vor 1868
Lithografie, 19 × 22,2 cm
Diakoniewerk Kaiserswerth e.V., Fachbibliothek für Frauendiakonie und Fliednerarchiv, Düsseldorf

4.5
Brüderhaus in Züllchow
Sign.: H. J.
1900
Öl auf Leinwand,
64 × 91 cm
Pommerscher Diakonie-Verein Züssow e.V.

4.6
Armbinde der Felddiakone
1866/1914
Leinen, bedruckt,
12,5 × 16,5 cm
Archiv des Diakonischen Werkes der EKD, Berlin

4.7
Jacke der Nazareth-Diakone
bis 1960
Baumwolle, Länge 82 cm
Hauptarchiv der v. Bodelschwinghschen Anstalten Bethel, Bielefeld

4.8
Stationen der vereinigten deutschen evangelischen Brüderhäuser (Diakonenanstalten) am 1. Februar 1911
Leipzig: C. Opitz, 1911
Druck auf Papier,
40 × 46 cm
Das Rauhe Haus, Archiv, Hamburg

4.9
Lebenslauf des Karlshöher Diakons Georg Bauer
1886
Tinte auf Papier, 33 × 21 cm
Karlshöhe, Ludwigsburg

4.10
Erstes Aufnahmebuch der Diakonenanstalt Nazareth
1877-1920
Tinte auf Papier,
34,5 × 23,5 cm
Hauptarchiv der v. Bodelschwinghschen Anstalten Bethel, Bestand Nazareth, Bielefeld

4.11
Evangelische Brüder- und Kinder-Anstalt Karlshöhe bei Ludwigsburg. Gründungsaufruf
Fidel Karl Friedrich Baur von Breitenfeld (1805-1882)
25. März 1876
Druck auf Papier,
28,5 × 22,5 cm
Karlshöhe, Ludwigsburg

4.12
Brüderordnung für die Brüderschaft des Lindenhofes in Neinstedt a. Harz
1860/1870
Druck auf Papier,
30 × 23 cm
Bibliothek des Diakonischen Werkes der EKD, Berlin

4.13
Bedingungen für die Aufnahme von Zöglingen in die Brüder-Anstalt Karlshöhe bei Ludwigsburg
Wilhelm Rupp (1836-1902)
um 1881
Druck auf Papier,
34,4 × 21,5 cm
Karlshöhe, Ludwigsburg

4.17
Bilder aus der Stadtmission. Eine Sammlung von Flugschriften
um 1908
Druck auf Papier,
27,5 × 20 cm
Bibliothek des Diakonischen Werkes der EKD, Berlin

4.18
Legitimation für den Stadtmissionar Carl Christian Wölfinger
Hamburger Stadtmission
Hamburg, 8. Oktober 1912
Druck und Tinte auf Papier, Leder, 18,1 × 13,1 cm
Nordelbische Evangelisch-Lutherische Landeskirche – Nordelbisches Kirchenarchiv, Kiel

4.19
Instruktion für die vom Verein für innere Mission in Hamburg angestellten Stadtmissionare
1906
Druck auf Papier,
22,7 × 14,4 cm
Nordelbische Evangelisch-Lutherische Landeskirche – Nordelbisches Kirchenarchiv, Kiel

4.20
Schild einer Herberge zur Heimat
Deutscher Herbergsverein
1907
Metall, bedruckt, Durchmesser 59 cm
Hauptarchiv der v. Bodelschwinghschen Anstalten Bethel, Bielefeld

4.21
Hausordnung der Herberge zur Heimat
Stuttgart: Hofbuchdruckerei Scheufele, um 1880
Lithografie, 84,5 × 61,4 cm
Hoffnungstaler Anstalten, Lobetal

4.22
Freiwilliger Wanderschein des Deutschen Herbergsvereins
1886
Druck, Tinte, Stempel auf Papier, 27,7 × 22 cm
Hoffnungstaler Anstalten, Lobetal

4.23
Wander-Ordnung für alle mittellosen Wanderer, welche Stationsverpflegung wünschen
nach 1886
Druck, Tinte auf Papier,
48 × 40,5 cm
Hoffnungstaler Anstalten, Lobetal

4.24
Türschild ›Verein Wilhelmsdorf‹
um 1900
Metall, 5,5 × 10 cm
Städtisches Museum Hexenbürgermeisterhaus, Lemgo

4.25
Lebensmittel-Gutschein über fünf Pfennige für Herbergen zur Heimat der Provinz Westfalen und Lippe
Caritas-Verband Münster und Paderborn/Westfälischer Herbergsverband Münster
1900/1910
Druck auf Papier, 5,1 × 6,6 cm
Hoffnungstaler Anstalten, Lobetal

4.26-4.27
Zwei Lebensmittel-Gutscheine über zwei und fünf Reichs-Pfennige der Herberge zur Heimat in Breslau
1900/1910
Druck auf Papier, je 10,3 × 7,2 cm
Hoffnungstaler Anstalten, Lobetal

4.28
Nürnberg. Die Herberge zur Heimat Nadlersgasse 10. Flugblatt
Nürnberg: J. C. Stich, um 1880
Druck auf Papier, 15,5 × 11 cm
Landeskirchliches Archiv Nürnberg

4.29
Auswanderer verlassen Hamburg
J. Gray
Hamburg, um 1850
Lithografie, koloriert, 14,5 × 21,5 cm
Museum für Hamburgische Geschichte, Hamburg

4.30
Kirchlicher Wegweiser für Auswanderer nach Nordamerika
Pastor Müller
Hamburg: Büro der evangelisch-lutherischen Auswanderermission, 1891
Deutsches Historisches Museum, Berlin

4.31
Die Fürsorge für die evangelischen Auswanderer in Bremen und New-York
Bremen: A. Guthe, 1888
Verein für Innere Mission in Bremen

4.32
Mitteilungen über den Simonshof. Zur Errichtung der ersten bayerischen Arbeiterkolonie
Schweinfurt: Bauer-Kornacher, 1887
Lithografie, Druck auf Papier, 28,8 × 21,7 cm
Landeskirchliches Archiv Nürnberg

4.33
Die Entwickelung der Naturalverpflegungs-stationen und Arbeiter-kolonien in Preußen
Georg K. A. Evert (1856-1914)
Berlin: Verlag des Königlich-statistischen Bureaus, 1886
Hoffnungstaler Anstalten, Lobetal

4.34
Wanderkarte der Verpflegungs-Stationen und Arbeiter-Kolonien in Westfalen
1890/1910
Lithografie, 38,8 × 38,8 cm
Hauptarchiv der v. Bodelschwinghschen Anstalten Bethel, Bielefeld

4.35
Wer schenkt uns einen Morgen Hochmoor zur Anlegung der Notstands-kolonie »Freistatt« im Wietingsmoor
Friedrich von Bodelschwingh (1831-1910)
Bielefeld: Ernst Siedhoff, Dezember 1898
Druck auf Papier, 22,2 × 15 cm
Hauptarchiv der v. Bodelschwinghschen Anstalten Bethel, Bielefeld

4.36
Ansicht der Arbeiter-kolonie Kästorf bei Gifhorn. Zeichnung eines Bewohners
um 1890
Bleistift auf Papier, 58 × 48 cm
Diakonische Heime Kästorf, Gifhorn

4.37
Wanderarbeitsstätte Bethel bei Bielefeld
Bethel: Buchhandlung der Anstalt Bethel, um 1905
Tiefdruck, 9,1 × 14,1 cm
Hauptarchiv der v. Bodelschwinghschen Anstalten Bethel, Bielefeld

4.38
Karteikasten des Zentral-verbandes Deutscher Arbeiterkolonien
1910/1930
Holz, Metall, Pappe, 17 × 14,4 × 26,6 cm
Hoffnungstaler Anstalten, Lobetal

4.41
So feiert man Weihnachten, beim Trinker – beim Blaukreuzler. Plakat des Blauen Kreuzes
um 1910
Druck auf Papier, 52 × 59 cm
Kirchenkreisarchiv Rendsburg

4.42
Bitte, lies es noch einmal! Flugblatt des Central-Vereins zu Jenkau gegen die Gefahren des Alkohols
Rettungshaus Schreiberhau, 1850
Druck auf Papier, 19,5 × 12,6 cm
Nordelbische Evangelisch-Lutherische Landeskirche – Nordelbisches Kirchenarchiv, Kiel

4.43
Verpflichtungsbuch für den Verein des Blauen Kreuzes
Barmen: Buchhandlung des Blauen Kreuzes, 1908
Druck auf Papier, 9 × 19 cm
Blaues Kreuz in Deutschland e.V., Ortsgruppe Bösingfeld, Extertal

4.44
Enthaltsamkeits-Verpflichtung auf Lebenszeit
Barmen: Buchhandlung des Blauen Kreuzes, 1908
Tinte, Druck auf Papier, 9 × 16 cm
Blaues Kreuz in Deutschland e.V., Ortsgruppe Bösingfeld, Extertal

4.45
Wofür ist der Alkohol gut?
Barmen: Buchhandlung des Blauen Kreuzes, um 1900
Postkarte, Tiefdruck, 14 × 9,5 cm
Kirchenkreisarchiv Rendsburg

4.46
Blaukreuzverein Neumünster
Neumünster, 1900/1920
Postkarte, Tiefdruck, 8,8 × 13,8 cm
Privatbesitz

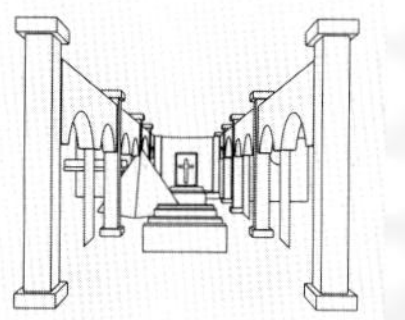

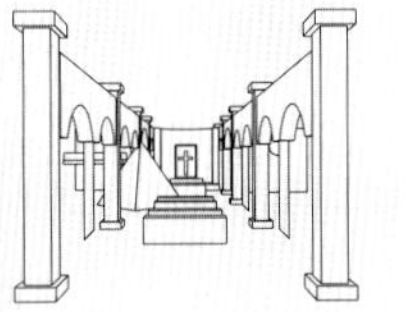

4.47
Hausregeln für die Evangelische Trinkerheilstätte Immanuel in Hutschdorf (Oberfranken)
um 1906
Druck auf Papier,
25,8×14,5 cm
Landeskirchliches Archiv Nürnberg

4.48
Fahne des Evangelischen Arbeiter-Vereins Tegel
1912
bestickter Seidenrips,
123×142 cm
Stiftung Stadtmuseum Berlin

4.49
Bet' und arbeit', hilft Gott allzeit. Evangelischer Arbeiterverein Ingolstadt
Gustav Schröpler
(1830-1901)
Ingolstadt, 1888
Öl auf Leinwand,
81×63 cm
Stadtmuseum Ingolstadt

4.50
Fahne des Allgemeinen Deutschen Arbeitervereins, Mitgliedschaft Stuttgart
1863
Seide, Baumwolle,
bestickt, 150×176 cm
Deutsches Historisches Museum, Berlin

4.51
Arbeiter-Katechismus oder der wahre Sozialismus
Friedrich Naumann
(1860-1919)
Calw und Stuttgart: Verlag der Vereinsbuchhandlung,
1889
Bibliothek der Friedrich-Ebert-Stiftung, Bonn

4.52
Arbeiter-Katechismus. Eine sozialdemokratische Antwort auf das Preisausschreiben des Pfarrers Weber zur Anfertigung eines Arbeiter-Katechismus für evangelische Arbeiter
Richard Calwer
(1868-1927)
Berlin: Expedition der Buchhandlung Vorwärts,
1896
Deutsches Historisches Museum, Berlin

4.53
Königin Elisabeth von Preußen (1801-1873)
um 1850
Öl auf Leinwand,
115×88 cm
Stiftung Diakonissenhaus Bethanien, Berlin

4.54
Königin Olga von Württemberg (1822-1892)
Gottlob Fischer
(1829-1905)
um 1860
Öl auf Leinwand,
84×74 cm
Olgahospital, Stuttgart

4.55
Rubinkreuz
1859
Gold, Rubine, 6,6×3,6 cm
Privatbesitz

4.56
Brief der Königin Olga von Würt[t]emberg betr. Unterstützung der Gründung der Karlshöhe
Geheimrath von Adelunge
29. September 1875
Tinte auf Papier,
26,5×19 cm
Karlshöhe, Ludwigsburg

4.57
Marie, Königin von Hannover (1818-1907) teilt ihren Untertanen Weihnachtsgaben aus
Carl August Heinrich Ferdinand Oesterley
(1839-1930)
1908

4.53

Öl auf Leinwand,
88×85 cm
Henriettenstiftung, Hannover

4.58
Stiftungsurkunde des Henriettenstifts
Marie, Königin von Hannover (1818-1907)
1. Juli 1859
Tinte auf Papier, passepartouriert, 50×65 cm
Henriettenstiftung, Hannover

4.59
Bibel, gestiftet von Kaiserin Auguste Victoria (1858-1921)
Druck auf Papier,
21,5×30×7,5 cm
Evangelisches Johannesstift, Berlin

4.60
Urkunde der Frauenhilfe mit Unterschrift von Kaiserin Auguste Victoria (1858-1921)
Potsdam, 17. Februar 1910
Lithografie, 47×54 cm
Archiv der Evangelischen Frauenhilfe in Westfalen e.V., Soest

4.61
Spende der Kronprinzessin Victoria von Preußen an den »Hilfsverein für arme Kranke und Wöchnerinnen auf dem Lande«
Potsdam, 10. Juni 1870
Handschrift, Tinte auf Papier, 22×14,2 cm
Deutsches Historisches Museum, Berlin

4.62
Unsere Kronprinzessin in der Auguste Viktoria-Krippe
Berlin: Gustav Liersch & Co. Postkarten-Verlag,
nach 1908
Druck auf Papier,
8,5×14 cm
Evangelischer Diakonieverein Berlin-Zehlendorf e.V.

4.63
Pastor von Bodelschwingh führt die Kaiserin und Prinz Eitel-Fritz zur Einweihung der Kolonie Hoffnungstal
Lobetal, 1905
Druck auf Papier, 14×9 cm
Hauptarchiv der v. Bodelschwinghschen Anstalten Bethel, Bielefeld

4.64
Besuch der Kaiserin Auguste Victoria (1858-1921) in Bethel
Juni 1917
Fotografie auf Pappe, 39,1×49,1 cm
Sarepta-Archiv der v. Bodelschwinghschen Anstalten Bethel, Bielefeld

4.65
Besuch der Kaiserin Auguste Victoria (1858-1921) im Rauhen Haus
Hamburg, 22. Juni 1909
Fotografie, 9×14 cm
Das Rauhe Haus, Archiv, Hamburg

4.66
Unsere Kaiserin unterhält sich mit Verwundeten
Berlin: Neue Photographische Gesellschaft, 1914/1918
Bromsilberdruck, 13,7×8,6 cm
Deutsches Historisches Museum, Berlin

4.67
August Wilhelm Prinz v. Preußen. Zum Besten der Kriegsblinden
Berlin: Neue Photographische Gesellschaft, 1914/1916
Bromsilberdruck, 14×9 cm
Deutsches Historisches Museum, Berlin

4.68
Zum Besten meiner »Cecilienhilfe«
Berlin: Neue Photographische Gesellschaft, 1915
Bromsilberdruck, 13,8×8,8 cm
Deutsches Historisches Museum, Berlin

4.69
Kaiserin Auguste Victoria (1858-1921) mit ihrer Tochter Prinzessin Victoria Luise
Berlin: Neue Photographische Gesellschaft, 1910/1915
Bromsilberdruck, 13,5×8,5 cm
Deutsches Historisches Museum, Berlin

4.70
Zum Besten der Hinterbliebenen der Marine
Berlin: Gustav Liersch & Co. Postkarten-Verlag, 1914/1918
Bromsilberdruck, 8,4×13,6 cm
Deutsches Historisches Museum, Berlin

4.71
Unser Kaiserpaar im Kaiser-Wilhelm-Kinderheim
Berlin: Gustav Liersch & Co. Postkarten-Verlag, 1914/1918
Bromsilberdruck, 13,5×8,8 cm
Deutsches Historisches Museum, Berlin

4.72
Die junge Wohlthaeterin
Reinhard Sebastian Zimmermann (1815-1893)
Stuttgart: Eduard Hallberger, um 1850
Galvanographie auf Papier, 65×54 cm
Deutsches Historisches Museum, Berlin

4.73
Historisches Spiel zum Besten des weiblichen Vereins für Armen und Krankenpflege
Amalie Wilhelmine Sieveking (1794-1859)
Hamburg: E. Ritter, 1860
Druck auf Papier, 16×12 cm
Dr. Hinrich Sieveking, München

4.74
Programm für das Wohlthätigkeits-Fest des Alexandrinen-Vereins am 21. Januar 1897
Druck auf Papier, 29,5×22,7 cm
Landeskirchliches Archiv Nürnberg

4.75
Dankschreiben an die Kammersängerin Johanna Jachmann-Wagner (1828-1894)
Comité zur Förderung des Diakonissen-Stifts Kaiserswerth
Berlin, 12. April 1869
Tinte auf Papier, 34,7×21,6 cm
Deutsches Historisches Museum, Berlin

4.76
Ankündigung des ersten Basares zugunsten des Diakonissen-Hauses zu Kaiserswerth
Berlin: Kgl. Geh. Ober-Hofbuchdruckerei, Februar 1864
Druck auf Papier, 28×22 cm
Diakoniewerk Kaiserswerth e.V., Fachbibliothek für Frauendiakonie und Fliednerarchiv, Düsseldorf

4.77
Sechs Handzeichnungen von Berliner Hofdamen für Theodor Fliedner (1800-1864)
1861
Collage auf Papier, mit Leinwand unterlegt, je 25×33 cm
Diakoniewerk Kaiserswerth e.V., Fachbibliothek für Frauendiakonie und Fliednerarchiv, Düsseldorf

4.78
Hermann Hoffbauer (1819-1884)
Theodor Hildebrandt (1804-1874)
um 1850
Öl auf Leinwand, 93×83 cm
Hoffbauer-Stiftung, Potsdam
Teppichfabrikant und Stifter der Hoffbauer-Stiftung in Hermannswerder

4.79
Clara Hoffbauer (1830-1909)
Theodor Hellwig (1815-n. 1866)
1850
Öl auf Leinwand, 93×83 cm
Hoffbauer-Stiftung Potsdam
Stifterin der Hoffbauer-Stiftung in Hermannswerder

4.80
Verwaltungsrat der Stiftung Tannenhof
Remscheid, 1900/1910
Fotografie aufgezogen, 28,5×40 cm
Stiftung Tannenhof, Remscheid

4.81
Der Verwaltungsrat nach dem Beschluß des Mutterhausbaus
12. November 1904
Fotografie, 12×17 cm
Evang. Diakoniewerk Schwäbisch Hall e.V.

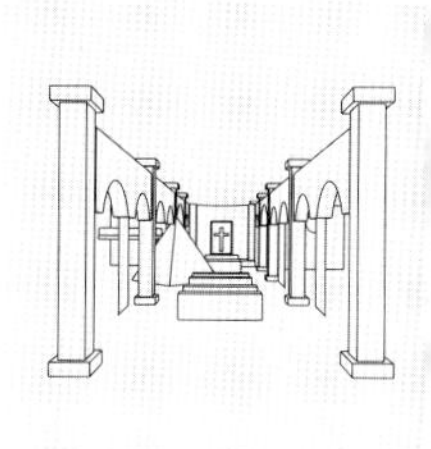

4.82
Bayerisches Verdienstkreuz für die Jahre 1870/71
1871
Metall, Emaille, textiles Material, 9×3,6 cm
Deutsches Historisches Museum, Berlin

4.83
Preußisches Verdienstkreuz für Frauen und Jungfrauen
1871
Eisen, Emaille, textiles Material, 7,5×10,3 cm
Deutsches Historisches Museum, Berlin

4.115

4.84
Anna von Borries (1854-1951)
Antonie Kaulbach (1876-1958)
Hannover, 1930
Öl auf Leinwand, 69×56 cm
Annastift e.V., Hannover
Stifterin des Annastifts

4.87
Sammelbüchse »für arme Epileptische in Bethel b/. Bielefeld«
um 1880
Metall, gegossen, 18,5×17×10,5 cm
Hauptarchiv der v. Bodelschwinghschen Anstalten Bethel, Bielefeld

4.88
Dankopferbüchse »für arme Epileptische in Bethel«
um 1900
Aluminium, 13×8,5×6,5 cm
Hauptarchiv der v. Bodelschwinghschen Anstalten Bethel, Bielefeld

4.89
Spendenbüchse der Rheinischen Missionsgesellschaft (»Nickneger«)
Wuppertal, nach 1945
Holz, Kunststoff, bemalt
Hauptarchiv der v. Bodelschwinghschen Anstalten Bethel, Bielefeld

4.90
Missionskasse
Bethel: Tiberias-Werke, um 1900
Zinkguß, Blech, bemalt, 20×19×21 cm
Hauptarchiv der v. Bodelschwinghschen Anstalten Bethel, Bielefeld

4.91
Missionskasse (»Nickchinese«)
1900/1920
Pappmaché, Holz, lackiert, Höhe 25 cm
Landeskirchliches Museum Ludwigsburg

4.92
Spendenbüchse in Form des Rauhen Hauses
1910/1930
Blech, bemalt, 7×12×8 cm
Das Rauhe Haus, Archiv, Hamburg

4.93
Spendenbüchse in Form des Kaiserswerther Gartenhauses
nach 1927
Metall, bemalt, 16×10×10 cm
Diakoniewerk Kaiserswerth e.V., Fachbibliothek für Frauendiakonie und Fliednerarchiv, Düsseldorf

4.94
Lostrommel für die »Kälber-Verspielung«
Bremen, um 1900
Blech, Holz, lackiert, 55×32×42 cm
Stiftung Alten Eichen von 1596, Bremen

4.95
Lose der Anstaltslotterie
1889
Druck auf Papier, 14×8 cm
Diakoniewerk Kaiserswerth e.V., Fachbibliothek für Frauendiakonie und Fliednerarchiv, Düsseldorf

4.96
Büchse für Loose des 5 Pfennigvereins
vor 1900
Metall, 4,5×6,5 cm
Archiv der Brüder-Unität, Herrnhut

4.97
Actie zu 25 Thaler
1844
Druck und Tinte, 16,5×21 cm
Diakoniewerk Kaiserswerth e.V., Fachbibliothek für Frauendiakonie und Fliednerarchiv, Düsseldorf

4.98
Schuldverschreibung der Ostfr. Rettungs-Anstalt zu Grossefehn
Aurich: Dunkmanns Buchdruckerei, 1880
Druck auf Papier, 21×29,3 cm
Leinerstift, Großefehn

4.99
Fünfter Jahresbericht über das evangelisch-lutherische Diakonissen-Mutterhaus Bethanien zu Breslau
1855
Bibliothek des Diakonischen Werkes der EKD, Berlin

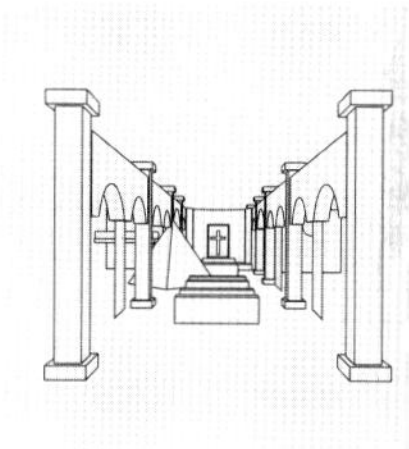

4.102
Gerhard Uhlhorn (1826-1901)
Julius Christian Rehder (geb. 1861)
um 1890
Öl auf Leinwand, 80,3×60,5 cm
Kloster Loccum, Rehburg
Theologe, 1878-1901 Abt des Klosters Loccum

4.103
Johannes Landenberger (1818-1880)
1870/1890
Öl auf Leinwand, 60×47 cm
Diakonie Stetten, Kernen
Seit 1860 erster Vorsteher der Anstalt Stetten in Württemberg

4.104
Wilhelm Rupp (1836-1902)
Hugo Diez (geb. 1863)
1900
Öl auf Leinwand, 65×50 cm
Karlshöhe, Ludwigsburg
1876-1890 Erster Inspektor der Diakonenanstalt Karlshöhe

4.105
Martin Hennig (1864-1920)
Otto Beständig (geb. 1873)
1927
Öl auf Leinwand, 77×65,4 cm
Das Rauhe Haus, Archiv, Hamburg
Theologe, seit 1901 Direktor des Rauhen Hauses

4.106
Friedrich von Bodelschwingh (1831-1910)
Wilhelm Zimmer (1853-1937)
1906
Öl auf Leinwand, 112×78 cm
Westfälische Diakonissenanstalt Sarepta Bethel, Bielefeld
Theologe, seit 1872 Leiter der Anstalt Bethel

4.107
Emilie Heuser (1822-1898)
Wilhelm Zimmer (1853-1937)
um 1910
Öl auf Leinwand, 68×53 cm
Westfälische Diakonissenanstalt Sarepta Bethel, Bielefeld
1869-1895 Erste Vorsteherin der Diakonissenanstalt Sarepta

4.108
Charlotte Stecker (1833-1909)
Wilhelm Zimmer (1853-1937)
um 1910
Öl auf Leinwand, 68×53 cm
Westfälische Diakonissenanstalt Sarepta Bethel, Bielefeld
1870-1906 Erste Probemeisterin der Diakonissenanstalt Sarepta

4.109
Friedrich von Bodelschwingh (1831-1910) im Kreise von Sarepta-Diakonissen
Ernst Lohöfener (1874-1964)
Bielefeld, vor 1910
Fotografie, 12×16,9 cm
Westfälische Diakonissenanstalt Sarepta Bethel, Bielefeld

4.110
Einsegnungsjahrgang 1910 der Sarepta-Diakonissen
Ernst Lohöfener (1874-1964)
Bielefeld, 1910
Fotografie, 18,5×24,3 cm
Westfälische Diakonissenanstalt Sarepta Bethel, Bielefeld

4.111
Bruderschaft des Asyls II
Hannover, März 1919
Fotografie, 27,7×34,7 cm
Rotenburger Werke der Inneren Mission

4.112
Mitglieder der Konferenz der Hausväter an Herbergen zur Heimat im Rauhen Hause
Hamburg, 25. Juni 1890
Fotografie, 34,1×40,6 cm
Das Rauhe Haus, Archiv, Hamburg

4.113
Bremer Diakone
1892
Fotografie, 29,3×38 cm
Das Rauhe Haus, Archiv, Hamburg

4.114
Zur Erinnerung an den Informationskursus für innere Mission
Oktober 1888
Fotografie, 31×40,3 cm
Das Rauhe Haus, Archiv, Hamburg

4.115
Erinnerung an den Instruktionskursus zur Einführung in die Diakonissensache im Diakonissenhause zu Altona
Hamburg, 4. September 1891
Fotografie auf Karton, 34,5×42,4 cm
Das Rauhe Haus, Archiv, Hamburg

4.118

4.116
Kursus zu krankhaften Erscheinungen des Seelenlebens
1906
Fotografie, 30×36 cm
Das Rauhe Haus, Archiv, Hamburg

4.117
Brüdertag im Rauhen Haus
Hamburg, 1908
Fotografie, 23,8×36,2 cm
Das Rauhe Haus, Archiv, Hamburg

4.118
Brüdertag im Rauhen Haus
Hamburg, 5. Oktober 1893
Fotografie aufgezogen, 25×38,2 cm
Das Rauhe Haus, Archiv, Hamburg

4.119
Rosine Landenberger (1817-1904)
1870/1890
Öl auf Leinwand, 60×47 cm
Diakonie Stetten, Kernen
Ehefrau des Stettener Anstaltsleiters Johannes Landenberger

4.120
Porträts von Neuendettelsauer Diakonissen
1885-1920
9 Rahmen mit je 6 Fotografien, 25×23 cm
Diakonie Neuendettelsau

4.121
Anna Margarethe van Delden (1858-1938)
um 1920
Tiefdruck, 60×48 cm
Evangelischer Diakonieverein Berlin-Zehlendorf e.V.
Oberin des ersten Diakonieseminars des Evangelischen Diakonievereins in Elberfeld

4.122
Gertrud Müller (1864-1912)
1900/1910
Fotografie, 60×43 cm
Burckhardt-Haus e.V., Gelnhausen
Ab 1893 Erste Sekretärin des Evangelischen Verbands für die weibliche Jugend Deutschlands

AUSBREITUNG

5.1
Steineklopfende Frauen
Adolf Männchen (1860-1920)
1897
Tempera auf Leinwand, 120×176 cm
Deutsches Historisches Museum, Berlin

5.2
Tingeltangel
Hans Baluschek (1870-1935)
1900
Öl auf Leinwand, 111×68,5 cm
Bröhan-Museum, Berlin

5.3
Christus bei Maria und Martha
Heinrich Fette (1858-1903)
1903
Öl auf Leinwand, 235×152 cm
Stiftung Alten Eichen von 1596, Bremen

5.4
Die evangelische Mägdeherberge und Mägdebildungsschule auf Marthashof, Schwedter Str. 37-40, Berlin, nimmt ehrbare dienstlose Mägde für die tägliche Vergütung von 20 Pfennigen auf.
Plakat
Berlin, um 1890
Druck auf Papier, auf Karton aufgezogen, 47×36 cm
Diakoniewerk Kaiserswerth e.V., Fachbibliothek für Frauendiakonie und Fliednerarchiv, Düsseldorf

5.5
Allen nach Berlin kommenden jungen Mädchen bieten wir Schutz vor Ausbeutung und Verführung. Gemeinsames Plakat verschiedener evangelischer Mädchenheime
Berlin, um 1900
Druck auf Papier, 47×37 cm
Diakoniewerk Kaiserswerth e.V., Fachbibliothek für Frauendiakonie und Fliednerarchiv, Düsseldorf

5.6
Marthashof in Berlin
Anton von Behr (1849-n. 1922)
um 1885
Aquarellierte Zeichnung, 68×82 cm
Diakoniewerk Kaiserswerth e.V., Fachbibliothek für Frauendiakonie und Fliednerarchiv, Düsseldorf

5.7
Warnungsruf an junge Mädchen und alleinstehende Frauen. Flugblatt des Central-Ausschusses für die Innere Mission
Berlin, Juni 1898
Druck auf Papier, 30×21 cm
Archiv des Diakonischen Werkes der EKD, Berlin

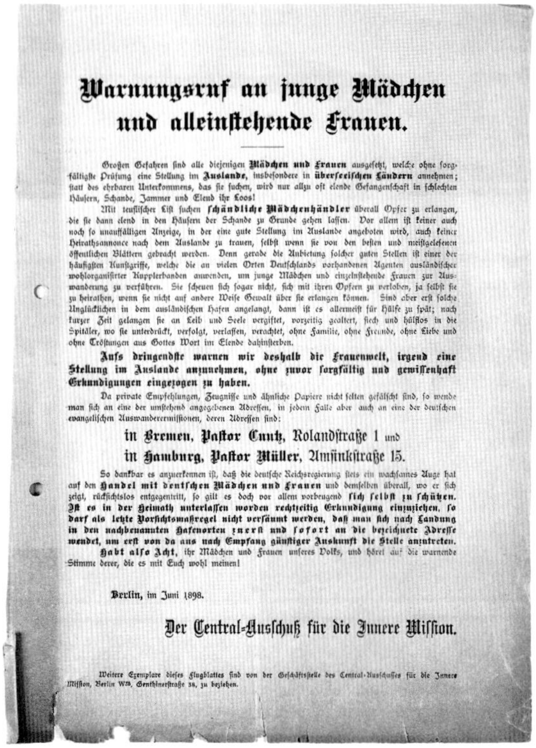
Warnungsruf an junge Mädchen und alleinstehende Frauen.

Großen Gefahren sind alle diejenigen **Mädchen und Frauen** ausgesetzt, welche ohne sorgfältigste Prüfung eine Stellung im **Auslande**, insbesondere in **überseeischen Ländern** annehmen; statt des ehrbaren Unterkommens, das sie suchen, wird nur allzu oft elende Gefangenschaft in schlechten Häusern, Schande, Jammer und Elend ihr Loos!

Mit teuflischer List suchen **schändliche Mädchenhändler** überall Opfer zu erlangen, die sie dann elend in den Häusern der Schande zu Grunde gehen lassen. Vor allem ist keiner auch noch so unauffälligen Anzeige, in der eine gute Stellung im Auslande angeboten wird, auch keiner Heirathsannonce nach dem Auslande zu trauen, selbst wenn sie von den besten und meistgelesenen öffentlichen Blättern gebracht werden. Denn gerade die Anbietung solcher guten Stellen ist einer der häufigsten Kunstgriffe, welche die an vielen Orten Deutschlands vorhandenen Agenten ausländischer wohlorganisirter Kupplerbanden anwenden, um junge Mädchen und einzelnstehende Frauen zur Auswanderung zu verführen. Sie scheuen sich sogar nicht, sich mit ihren Opfern zu verloben, ja selbst sie zu heirathen, wenn sie nicht auf andere Weise Gewalt über sie erlangen können. Sind aber erst solche Unglücklichen in dem ausländischen Hafen angelangt, dann ist es allermeist für Hülfe zu spät; nach kurzer Zeit gelangen sie an Leib und Seele vergiftet, vorzeitig gealtert, siech und hülflos in die Spitäler, wo sie unterdrückt, verfolgt, verlassen, verachtet, ohne Familie, ohne Freunde, ohne Liebe und ohne Tröstungen aus Gottes Wort im Elende dahinsterben.

Aufs dringendste warnen wir deshalb die Frauenwelt, irgend eine Stellung im Auslande anzunehmen, ohne zuvor sorgfältig und gewissenhaft Erkundigungen eingezogen zu haben.

Da private Empfehlungen, Zeugnisse und ähnliche Papiere nicht selten gefälscht sind, so wende man sich an eine der umstehend angegebenen Adressen, in jedem Falle aber auch an eine der deutschen evangelischen Auswanderermissionen, deren Adressen sind:

in Bremen, Pastor Cuntz, Rolandstraße 1 und
in Hamburg, Pastor Müller, Amsinkstraße 15.

So dankbar es anzuerkennen ist, daß die deutsche Reichsregierung stets ein wachsames Auge hat auf den **Handel mit deutschen Mädchen und Frauen** und demselben überall, wo er sich zeigt, rücksichtslos entgegentritt, so gilt es doch vor allem vorbeugend **sich selbst zu schützen. Ist es in der Heimath unterlassen worden rechtzeitig Erkundigung einzuziehen, so darf als letzte Vorsichtsmaßregel nicht versäumt werden, daß man sich nach Landung in den nachbenannten Hafenorten zuerst und sofort an die bezeichnete Adresse wendet, um erst von da aus nach Empfang günstiger Auskunft die Stelle anzutreten.**

Habt also Acht, ihr Mädchen und Frauen unseres Volks, und höret auf die warnende Stimme derer, die es mit Euch wohl meinen!

Berlin, im Juni 1898.

Der Central-Ausschuß für die Innere Mission.

Weitere Exemplare dieses Flugblattes sind von der Geschäftsstelle des Central-Ausschusses für die Innere Mission, Berlin W35, Genthinerstraße 38, zu beziehen.

5.7

5.8
Schutzhülle für Dienstbotenbuch
Dezember 1889
Druck auf Papier, 16,5×10,5 cm
Diakoniewerk Kaiserswerth e.V., Fachbibliothek für Frauendiakonie und Fliednerarchiv, Düsseldorf

5.9
Gute Regeln für Dienstboten, welche Gott und guten Menschen wohlgefallen und ihr eigenes Wohl befördern wollen
Hamburg: C. H. Stern, 1846
Diakoniewerk Kaiserswerth e.V., Fachbibliothek für Frauendiakonie und Fliednerarchiv, Düsseldorf

5.10
Sittenbüchlein, den Zöglingen der Bildungsanstalt für weibliche Dienstboten in Braunschweig gewidmet
E. Hessenmüller
Braunschweig: Fr. Vieweg und Sohn, 1846
Diakoniewerk Kaiserswerth e.V., Fachbibliothek für Frauendiakonie und Fliednerarchiv, Düsseldorf

5.11
Aufruf für »eine Liebesgabe für das Magdalenenstift und das Mädchenhaus Siloah«
A. von Koschkull / H. Wießner
Berlin: Thormann & Goetsch, um 1885
Druck auf Papier, 28×19,3 cm
Evangelisches Zentralarchiv in Berlin

5.12
43. bis 47. Jahresbericht (1920-1924) der Bethabara-Sozial-Arbeit zu Berlin-Weißensee
Berlin, 1925
Stephanus-Stiftung, Berlin

5.13
Magdalenenasyl
Dresden, 1869/1892
Fotografie aufgezogen, 14,9 × 19,8 cm
Ev.-Luth. Diakonissenanstalt Dresden e.V.

5.14
Dienet einander! Urkunde des Verbandes der Evangelischen Jungfrauenvereine Deutschlands
Stuttgart: Kunstdruckerei des Verlags für Volkskunst Richard Keutel, 1911
Druck auf Papier, 42 × 30 cm
Burckhardt-Haus e.V., Gelnhausen

5.15
Deutsche Mädchen-Zeitung
Johannes Burckhardt (1853-1914) (Hg.)
Berlin, 26. Jg. 1894
Bibliothek des Diakonischen Werkes der EKD, Berlin

5.16
Informationsflugblatt des Vereins zur Fürsorge für die weibliche Jugend
Berlin, um 1907
Druck auf Papier, 34 × 21,5 cm
Burckhardt-Haus e.V., Gelnhausen

5.17
Die Kaiserin in der Konferenz des Weltbundes der Jungfrauenvereine
in: Komm mit! Wochenschrift für junge Mädchen, 13. Jg., vom 19. Juni 1910
Druck auf Papier, 26 × 20 cm
Burckhardt-Haus e.V., Gelnhausen

5.18
Das Arbeitsgebiet des »Vereins Wohlfahrt der weiblichen Jugend« zu Berlin
Pastor Isleib
Berlin, 1911/1914
Burckhardt-Haus e.V., Gelnhausen

5.19
Erkennungskarte der ›Evangelischen Deutschen Bahnhofsmission‹
Berlin, 1901 [?]
Druck auf Pappe, 9 × 13,8 cm
Archiv des Diakonischen Werkes der EKD, Berlin

5.20
Konfirmandenblatt des Bayerischen Landesverbandes der Freundinnen junger Mädchen
München, 1930/1935
Druck auf Papier, 21 × 14,8 cm
Landeskirchliches Archiv Nürnberg

5.21
Ein Aufruf an evangelische Jungfrauen zur Ergreifung des Diakonissenberufs
Brandenburgischer Provinzialausschuß für Innere Mission
1903
Druck auf Papier, 26 × 17 cm
Archiv des Diakonischen Werkes der EKD, Berlin

5.22
Arbeitsgebiete der Diakonissen-Mutterhäuser der Kaiserswerther Konferenz. Landkarte
um 1910
Druck auf Papier, auf Pappe aufgezogen, 46,5 × 57 cm
Diakoniewerk Kaiserswerth e.V., Fachbibliothek für Frauendiakonie und Fliednerarchiv, Düsseldorf

5.23
Was will ich? Dienen will ich! Sinnspruch von Wilhelm Löhe (1808-1872)
um 1900
Lithografie, 30 × 60 cm
Epilepsiezentrum Kork, Kehl

5.24
Altarparament aus der Paramentenwerkstatt des Klosters St. Marienberg
1862
Wolle, bestickt, 70 × 69 cm
Ev.-Luth. Michaelis-Gemeinde Fallersleben, Wolfsburg

5.25
Hostieneisen
um 1890/1900
Eisen, 62 × 44 cm
Henriettenstiftung, Hannover

5.26
Diakonisse Eleonore Köhler in der Wäschekammer
Rotenburg (Wümme), 1910/1920
Fotografie, 24,7 × 19,7 cm
Evangelisch-lutherisches Diakonissen-Mutterhaus Rotenburg (Wümme) e.V.

5.27
Der barmherzige Samariter
Rudolf Schäfer (1878-1961)
1906
Öl auf Holz, 87 × 73,5 cm
Ev.-Luth. Diakonissenanstalt Alten Eichen, Hamburg

5.28
Grünes Kreuz. Brosche des Evangelischen Diakonievereins Zehlendorf
1894
Silber, emailliert, Durchmesser 3 cm
Evangelischer Diakonieverein Berlin-Zehlendorf e.V.

5.29
Rosa Diakonierose. Brosche des Evangelischen Diakonievereins Zehlendorf
1895
Silber, emailliert, Durchmesser 3 cm
Evangelischer Diakonieverein Berlin-Zehlendorf e.V.

5.30
Brosche des Evangelischen Diakonievereins Zehlendorf
16. Oktober 1895
Silber, emailliert, Durchmesser 3 cm
Evangelischer Diakonieverein Berlin-Zehlendorf e.V.

5.31
Friedrich Zimmer (1855-1919)
um 1905
Fotografie, 34 × 26 cm
Evangelischer Diakonieverein Berlin-Zehlendorf e.V.
Gründer des Evangelischen Diakonievereins Zehlendorf

5.32
Briefwechsel zwischen Friedrich Zimmer (1855-1919) und Georg Fliedner (1840-1916) über das Wesen des Evangelischen Diakonievereins
11./17. April 1900
Tinte auf Papier, 29 × 22,5 cm
Diakoniewerk Kaiserswerth e.V., Fachbibliothek für Frauendiakonie und Fliednerarchiv, Düsseldorf

5.33
Ein Freiwilligenjahr für Frauen in der Krankenpflege. Erfahrungen und Urteile von Schwestern des Ev. Diakonievereins
Berlin-Zehlendorf: Verlag des Ev. Diakonievereins, 3. Aufl. 1907
Evangelischer Diakonieverein Berlin-Zehlendorf e.V.

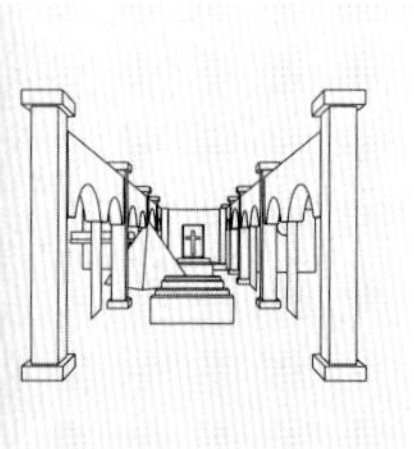

5.34
Zeugnisblatt für die Diakonieschülerin Wilhelmine Clemens
1904/1907
Tinte, Druck auf Papier, 33×42 cm
Evangelischer Diakonieverein Berlin-Zehlendorf e.V.

5.35
Gelöbnis
1895
Druck auf Papier, 13,3×19 cm
Evangelischer Diakonieverein Berlin-Zehlendorf e.V.

5.36
Mitgliedskarte der ›Frauen-Hülfe des Evangelisch-Kirchlichen Hilfsvereins‹
um 1900
Lithografie, 13,6×20 cm
Archiv der Evangelischen Frauenhilfe in Westfalen e.V., Soest

5.37
Türschild der Evangelischen Frauenhülfe
Potsdam: Gravier-Anstalt Paul Klee, 1910/1930
Metall, emailliert, 41×41 cm
Archiv der Evangelischen Frauenhilfe in Westfalen e.V., Soest

5.38
Was ist und was will die Frauenhülfe?
Wilhelm Zoellner (1860-1937)
Potsdam: Vereinsdruckerei, um 1910
Druck auf Papier, 25,5×19,6 cm
Archiv der Evangelischen Frauenhilfe in Westfalen e.V., Soest

5.39
Die Frauenhülfe des Evangelisch-Kirchlichen Hülfsvereins
Ernst Cremer (1864-1922)
Potsdam: Vereinsdruckerei, um 1913
Druck auf Papier, 22,5×15,3 cm
Archiv der Evangelischen Frauenhilfe in Westfalen e.V., Soest

5.40
Erster Helferinnenkursus der westfälischen Frauenhülfe 1917/18
1917/1918
Fotografie, passepartouriert, 23,3×30 cm
Archiv der Evangelischen Frauenhilfe in Westfalen e.V., Soest

5.41
Mitglieder der westfälischen Frauenhülfe, Fortbildungskursus in Münster vom 5.-14. Februar 1910
Fotografie, gerahmt, 27×30,3 cm
Archiv der Evangelischen Frauenhilfe in Westfalen e.V., Soest

5.42
Klasse der Haushaltungsschule der westfälischen Frauenhülfe
um 1910
Fotografie, 19,7×31,3 cm
Archiv der Evangelischen Frauenhilfe in Westfalen e.V. ,Soest

5.43
Armbinde der Westfälischen Frauenhülfe
1910
Baumwolle, bestickt, 8×15 cm
Archiv der Evangelischen Frauenhilfe in Westfalen e.V., Soest

5.44
Brosche nach dreijähriger Schwesternausbildung
nach 1912
Metall, emailliert, 2,2×3,8 cm
Archiv der Evangelischen Frauenhilfe in Westfalen e.V., Soest

5.45
Mitgliedsbrosche
nach 1912
Metall, emailliert, 2×2 cm
Archiv der Evangelischen Frauenhilfe in Westfalen e.V., Soest

5.46
Kaffeegedeck der ›Evgl. Frauenhülfe Brambauer‹
um 1910
Porzellan, Höhe 6 cm, Durchmesser 8 cm (Tasse), Durchmesser 13,7 cm (Untertasse), Durchmesser 18 cm (Kuchenteller)
Archiv der Evangelischen Frauenhilfe in Westfalen e.V., Soest

5.47
Milchkanne des ›Fliednerhauses‹
vor 1930
Porzellan, 12×14 cm
Archiv der Evangelischen Frauenhilfe in Westfalen e.V., Soest

5.48
Der Evangelisch-Kirchliche Hülfsverein und die Frauenhülfe am 4. Mai 1913
Lithografie, 36×48,5 cm
Archiv der Evangelischen Frauenhilfe in Westfalen e.V., Soest

5.49
Bote der Frauenhülfe. Probenummer vom 12. Oktober 1903
Potsdam: Stiftungsverlag, 1903
Druck auf Papier, 29×21 cm
Bibliothek des Diakonischen Werkes der EKD, Berlin

5.50
Einladung zum 1. Deutsch-Evangelischen Frauentage in Kassel
April 1899
Druck auf Papier, 28,7×21,5 cm
Archiv des Diakonischen Werkes der EKD, Berlin

5.51
Handbuch zur Frauenfrage. Der Deutsch-Evangelische Frauenbund in seiner geschichtlichen Entwickelung, seinen Zielen und seiner Arbeit
Paula Mueller (1865-1946) (Hg.)
Berlin: Edwin Runge, 1908
Bibliothek des Diakonischen Werkes der EKD, Berlin

5.54

5.52
Programm des Deutsch-Evangelischen Frauenbundes, in: Zur Abwehr. Heft 12 der ›Hefte zur Frauenfrage‹
Berlin: Edwin Runge, 1913
Bibliothek des Diakonischen Werkes der EKD, Berlin

5.53
Ankunft im Magdalenenasyl
Dresden, um 1910
Fotografie, 17×23 cm
Ev.-Luth. Diakonissenanstalt Dresden e.V.

5.54
Abschied vom Magdalenenasyl
Dresden, um 1910
Fotografie, 17×23 cm
Ev.-Luth. Diakonissenanstalt Dresden e.V.

5.55
Torfbett der Anstalt Bethel
um 1910
Holz, Metall, Torf, Leinen, 93×83×192 cm
Hauptarchiv der v. Bodelschwinghschen Anstalten Bethel, Bielefeld

5.56
Torfmullbett »Bethel« für unreinliche Kranke. Prospekt
um 1909
Druck auf Papier, 22,8×14,6 cm
Hauptarchiv der v. Bodelschwinghschen Anstalten Bethel, Bielefeld

5.57
Epilepsie-Patienten im Aufenthaltsraum
1910/1930
Fotografie, 22,3×26,5 cm
Nieder-Ramstädter Heime der Inneren Mission, Mühltal

5.58
Kalium-Bromat-Dose
1900/1930
Porzellan, 16,5×10 cm
Hauptarchiv der v. Bodelschwinghschen Anstalten Bethel, Bielefeld

5.59
Anfallsliste eines Epilepsie-Patienten
1912-1919
Tinte, Druck auf Papier, 33,1×21,2 cm
Epilepsiezentrum Kork, Kehl

5.60
Epileptisch! Zur Orientierung auf diesem Krankheits-Gebiete
Heinrich Wiederkehr (1865-1925)
Straßburg: Straßburger Druckerei und Verlagsanstalt, 1893
Epilepsiezentrum Kork, Kehl

5.61
Anamnesebogen der Heil- und Pflegeanstalt für epileptische Kinder in Kork
1898-1903
Druck, Tinte auf Papier, 33,5×21 cm
Epilepsiezentrum Kork, Kehl

5.62
Bethel. Panorama-Ansicht
R. Rothgießer
1910
Öl auf Leinwand, 110×370 cm
Hauptarchiv der v. Bodelschwinghschen Anstalten Bethel, Bielefeld

5.63
Ansicht von Eckardtsheim
R. Rothgießer
1911
Gouache, 113×128 cm
Hauptarchiv der v. Bodelschwinghschen Anstalten Bethel, Bielefeld

5.70

5.64
Ansicht von Freistatt
R. Rothgießer
1911
Gouache, 113×128 cm
Hauptarchiv der v. Bodelschwinghschen Anstalten Bethel, Bielefeld

5.65
Gründungsaufruf für Bethel
1866
Druck auf Papier, 23,5×39 cm
Hauptarchiv der v. Bodelschwinghschen Anstalten Bethel, Bielefeld

5.66
Die Bielefelder Anstalten. Ein Denkmal der Barmherzigkeit Gottes
Hugo Emanuel Becher (geb. 1871)
Verlag des Pfennigvereins, 1895
Lithografie, 65,7×85,5 cm
Hauptarchiv der v. Bodelschwinghschen Anstalten Bethel, Bielefeld

5.67
Die Colonien und Anstalten der inneren Mission bei Bielefeld
Bielefeld, um 1884
Druck auf Papier, 41,3×41,7 cm
Hauptarchiv der v. Bodelschwinghschen Anstalten Bethel, Bielefeld

5.68
Wer hier ermüden will, der schaue auf das Ziel da ist Freude. Spruchtafel aus dem Arbeitszimmer von Friedrich von Bodelschwingh (1831-1910)
1880/1900
Holz, bemalt, 50×88 cm
Hauptarchiv der v. Bodelschwinghschen Anstalten Bethel, Bielefeld

5.69
Was ihr gethan habt Einem unter diesen meinen geringsten Brüdern, das habt ihr mir gethan (Matth. 25, 40). Spruchtafel
1900/1920
Holz, Brandmalerei, 36×70 cm
Hauptarchiv der v. Bodelschwinghschen Anstalten Bethel, Bielefeld

5.70
Friedrich von Bodelschwingh (1831-1910)
Gotthilf Jäger (geb. 1871)
Berlin: Gießerei Noack, 1914
Bronze, Höhe 51,5 cm
Diakonie Freistatt

5.71
Bethelgeld-Münzen
1908
Messing, Durchmesser 2-3 cm
Privatbesitz

5.72
Gutscheine der Hauptkassen-Verwaltung Bethel
Berlin: Reichsdruckerei, 1908
Druck auf Papier, je 3×5,5 cm
Privatbesitz

5.74
Sammelbuch des Pfennig-Vereins für die armen Kranken und Kleinen der Kolonie für Epileptische »Bethel« bei Bielefeld
Bethel, um 1890
Hauptarchiv der v. Bodelschwinghschen Anstalten Bethel, Bielefeld

5.75
Ophir-Sparbuch mit Rabattmarken
Bethel, nach 1912
Druck auf Papier, geklebt, 16,7×11,2 cm
Hauptarchiv der v. Bodelschwinghschen Anstalten Bethel, Bielefeld

5.76
Preisverzeichnis der Samenhandlung und Kunstgärtnerei Bethel
Bethel, 1906
Hauptarchiv der v. Bodelschwinghschen Anstalten Bethel, Bielefeld

5.77
Schulbank ›Bethel‹. Prospekt
Bethel, 1903/1904
Hauptarchiv der v. Bodelschwinghschen Anstalten Bethel, Bielefeld

5.78
Durchschlag-Sieb
Bethel: Tiberias-Werke, 1900/1920
Aluminium, 24,5×63,5×54,6 cm
Hauptarchiv der v. Bodelschwinghschen Anstalten Bethel, Bielefeld

5.79
Kaffeekanne
Bethel: Tiberias-Werke, 1900/1920
Aluminium, 34×27×16,2 cm
Hauptarchiv der v. Bodelschwinghschen Anstalten Bethel, Bielefeld

5.80
Tee-Ei
Bethel: Tiberias-Werke, 1900/1920
Aluminium, 16×13,2 cm
Hauptarchiv der v. Bodelschwinghschen Anstalten Bethel, Bielefeld

5.81
Topf mit Prägestempel »Bethsaida«
Bethel: Tiberias-Werke, 1900/1920
Aluminum, 28,5×31×25,5 cm
Hauptarchiv der v. Bodelschwinghschen Anstalten Bethel, Bielefeld

5.82
Rein-Aluminium-Kochgeschirre. Preisverzeichnis
Bethel: Tiberias-Werke, um 1900
Hauptarchiv der v. Bodelschwinghschen Anstalten Bethel, Bielefeld

5.83
Rein-Aluminium-Kochgeschirre und sonstige Haushaltungsgegenstände sowie Spiel- und Korbwaren. Katalog
Bethel: Tiberias-Werke, um 1910
Hauptarchiv der v. Bodelschwinghschen Anstalten Bethel, Bielefeld

5.84
Bote von Bethel
Gadderbaum-Bielefeld: Verlag des Pfennigvereins der Anstalt Bethel, 1894
Druck auf Papier, 17,5×11,5 cm
Hauptarchiv der v. Bodelschwinghschen Anstalten Bethel, Bielefeld

5.85
Bethel bei Bielefeld. Diakonissenmutterhaus ›Sarepta‹
Bielefeld: Verlag der Buchhandlung der Anstalt

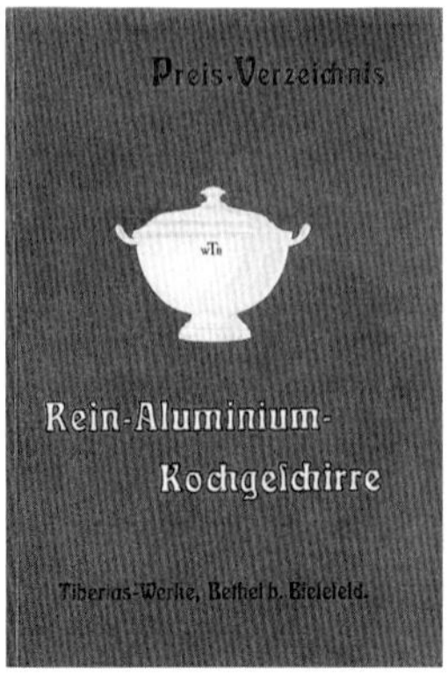

5.82

Bethel, 1919/1920
Tiefdruck auf Pappe, 18×24 cm
Sarepta-Archiv der v. Bodelschwinghschen Anstalten Bethel, Bielefeld

5.86
Situations-Plan von Bethel und Sarepta bei Bielefeld
1880/1883
Druck auf Papier, 22,2×28,4 cm
Hauptarchiv der v. Bodelschwinghschen Anstalten Bethel, Bielefeld

5.87
Illustrierter Plan der Stadt Bielefeld
1911
Lithografie, 58,5×47,8 cm
Hauptarchiv der v. Bodelschwinghschen Anstalten Bethel, Bielefeld

5.88
Theodor Hoppe (1846–1934)
Friedrich Moritz (geb. 1866)
1925
Öl auf Leinwand, 145×90 cm
Oberlinhaus, Potsdam
Theologe, 1879 Gründer des Oberlinhauses in Nowawes

5.89
Aus dem 1. Buch Samuel in Braille'scher Punktschrift für Blinde
Stuttgart: Priviligierte Württembergische Bibelanstalt, 1906
Papier, gestanzt, Pappe, 35×28×9,5 cm
Oberlinhaus, Potsdam

5.90
Goldmedaille des Oberlinhauses von der Pariser Weltausstellung 1900
Paris, 1900
Metall, vergoldet, 9×9 cm
Oberlinhaus, Potsdam

NÄCHSTENLIEBE

6.1
Patienten aus Neuerkerode
1910/1911
12 Glasdiapositive, handkoloriert, je 10×14 cm
Evangelische Stiftung Neuerkerode, Sikte

6.2
Patienten aus Stetten
1910/1930
12 Fotografien, je 12,8×8,9 cm
Diakonie Stetten, Kernen

6.3
Tischler vor der Werkstatt
Hamburg, 1885
Fotografie auf Karton, 17,4×22,4 cm
Das Rauhe Haus, Archiv, Hamburg

6.4
Kinderanstalt ›Der Anker‹
Hamburg, 1885
Fotografie auf Karton, 17,4×22,4 cm
Das Rauhe Haus, Archiv, Hamburg

6.5
Kindergruppe mit Lehrerin
Hannover, 1900/1920
Fotografie auf Karton, 23,3×29,2 cm
Stephansstift, Hannover

6.6
Plätt-Lehrstube in Bethabara II
Berlin, 1912
Fotografie auf Karton, 30×36 cm
Stephanus-Stiftung, Berlin

6.7
Näh-Saal in Bethabara II
Berlin, 1912
Fotografie auf Karton, 30 x 36 cm
Stephanus-Stiftung, Berlin

6.8
Wasch-Lehrküche in Bethabara II
Berlin, 1912
Fotografie auf Karton, 30×36 cm
Stephanus-Stiftung, Berlin

6.9
Mädchen beim Sticken und Basteln
Bochum, 1920/1930
Fotografie, 11×15,5 cm
Evangelisches Kinder- und Jugendheim Overdyck, Bochum

6.10
Kinder und Betreuerinnen im Schlafraum
Bochum, 1920/1930
Fotografie, 11×15,5 cm
Evangelisches Kinder- und Jugendheim Overdyck, Bochum

6.11
Schwester Sophie Fortmann in St. Magnus
1923/1930
Fotografie, 9,6×16,6 cm
Evangelisch-lutherisches Diakonissen-Mutterhaus Rotenburg (Wümme) e.V.

6.12
Die Kinderkrankenstation des Sophienhauses
Weimar, 1904
Fotografie, 23×17,5 cm
Sophienhaus, Weimar

6.13
Krankensaal im Bürgerhospital Frankfurt/Main
Frankfurt/M., um 1920
Fotografie auf Karton, 22×27,5 cm
Evangelischer Diakonieverein Berlin-Zehlendorf e.V.

6.14
Diakonieschwestern beim Röntgen
1912
Fotografie auf Karton, 24,7×31 cm
Evangelischer Diakonieverein Berlin-Zehlendorf e.V.

6.15-6.17
Orthopädische Therapie
Nowawes, 1910/1930
3 Fotografien, je 16,5×22 cm
Oberlinhaus, Potsdam

6.18
Nähsaal im Samariterhaus
Magdeburg, vor 1930
Fotografie, 17,2×23 cm
Pfeiffersche Stiftungen, Magdeburg

6.19
Liegehalle in der Orthopädischen Klinik
Magdeburg, 1900/1920
Fotografie, 17,2×23 cm
Pfeiffersche Stiftungen, Magdeburg

6.20
»Krüppelkinder beim Tauziehen«
Magdeburg, um 1900
Fotografie, 17,2×23 cm
Pfeiffersche Stiftungen, Magdeburg

6.21
In der Schumacher-Werkstatt
Stetten, 1910/1930
Fotografie, 18×24 cm
Diakonie Stetten, Kernen

6.22
In der Metall-Werkstatt
Stetten, 1910/1930
Fotografie, 18×24 cm
Diakonie Stetten, Kernen

6.23
In der Küche
Stetten, 1910/1930
Fotografie, 17,8×24,1 cm
Diakonie Stetten, Kernen

6.24
Blinde an der Schreibmaschine und beim Lesen
Nowawes, 1920/1930
Fotografie (Abzug 1998)
Oberlinhaus, Potsdam

6.25
Bei der Bürstenherstellung
Nowawes, 1910/1930
Fotografie (Abzug 1998)
Oberlinhaus, Potsdam

6.26
Diakonisse unterrichtet taubblindes Mädchen
Nowawes, 1920/1930
Fotografie (Abzug 1998)
Oberlinhaus, Potsdam

6.27
Gustav Riemann (1852-1931) unterrichtet einen taubblinden Jungen
Nowawes, um 1920
Fotografie (Abzug 1998)
Oberlinhaus, Potsdam
Taubstummenoberlehrer, seit 1891 im Oberlinhaus tätig

6.28
Verschiedene Arten der orthopädischen Therapie
Hannover, 1910/1930
Fotografie (Abzug 1998)
Annastift e.V., Hannover

6.29
Mundmalender Junge
Nowawes, 1910/1920
Fotografie (Abzug 1998)
Oberlinhaus, Potsdam

6.30
Rollstuhlfahrer
1910/1920
Fotografie (Abzug 1998)
Nieder-Ramstädter Heime der Inneren Mission, Mühltal

6.31
Beim Korbflechten
Hannover, 1910/1920
Fotografie (Abzug 1998)
Annastift e.V., Hannover

6.32
Bewohner und Betreuerinnen vor dem Hauptgebäude
Hannover, 1900/1930
Fotografie (Abzug 1998)
Annastift e.V., Hannover

6.33
Mädchen beim Ringelreihen
um 1920
Fotografie (Abzug 1998)
Nieder-Ramstädter Heime der Inneren Mission, Mühltal

6.34
Blick ins Klassenzimmer
1920/1930
Fotografie (Abzug 1998)
Nieder-Ramstädter Heime der Inneren Mission, Mühltal

6.35
Schwester Minna Borszyn mit drei Kleinkindern
1921
Fotografie (Abzug 1998)
Ev.-luth. Diakonissen-Mutterhaus Bethanien (Lötzen), Quakenbrück

6.36
Kinderkrankenschwester mit ihren Zöglingen auf dem Amtshofe vor dem Elisabethhaus
Lehnin, 1920/1935
Fotografie (Abzug 1998)
Luise-Henrietten-Stift, Lehnin

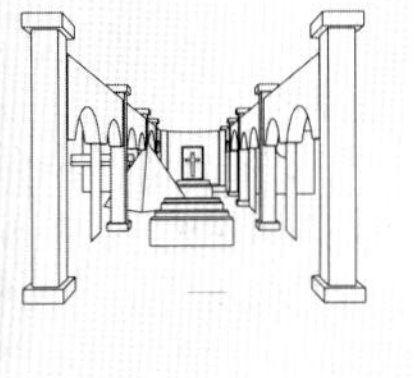

6.37
Siechenhaus ›Bethesda‹ des Henriettenstifts
Hannover, 1910/1930
Fotografie (Abzug 1998)
Archiv des Diakonischen Werkes der EKD, Berlin

6.38
Dr. Lange bei der orthopädischen Behandlung
Hannover, um 1910
Fotografie (Abzug 1998)
Annastift e.V., Hannover

6.39
Bestrahlung mit der Höhensonne
Nowawes, 1920/1930
Fotografie (Abzug 1998)
Oberlinhaus, Potsdam

6.40
In der Prothesenwerkstatt
Nowawes, 1910/1930
Fotografie (Abzug 1998)
Oberlinhaus, Potsdam

6.41
In der Maschinenstrickerei
Hannover, um 1910
Fotografie (Abzug 1998)
Annastift e.V., Hannover

6.42
Schwester Anna Meyer beim Bettunterricht in der Glashalle – Ostseite
Nowawes, um 1920
Fotografie (Abzug 1998)
Oberlinhaus, Potsdam

6.43
»Die ersten Blöden. Blödenstation des Lazarushauses, Sommer 1893«
Fürstenwalde, 1920/1930
Druck auf Papier
(Abzug 1998)
Samariteranstalten, Fürstenwalde/Spree

6.44
Schwestern säubern den Operationssaal
Rotenburg (Wünne), um 1900
Fotografie (Abzug 1998)
Evangelisch-lutherisches Diakonissen-Mutterhaus Rotenburg (Wümme) e.V.

6.47

6.45
Körperbehinderte Jungen
Nowawes, vor 1918
Fotografie (Abzug 1998)
Oberlinhaus, Potsdam

6.46
Kindersaal in Beth-Elim
Berlin, 1911
Fotografie (Abzug 1998)
Stephanus-Stiftung, Berlin

6.47
Kleinkinderstation ›Sonnenland‹ im Miechowitzer Friedenshort
Miechowitz, 1912
Fotografie (Abzug 1998)
Stiftung Diakonissenhaus Friedenshort, Heiligengrabe

6.48
Patientinnen vor Klein-Bethel
Bethel, 1911
Fotografie (Abzug 1998)
Hauptarchiv der v. Bodelschwinghschen Anstalten Bethel, Bielefeld

6.49
Epileptische Kinder am Essenstisch im Freien vor dem Pflegehaus Waldeck
Kork, 1930
Fotografie (Abzug 1998)
Epilepsiezentrum Kork, Kehl

6.50
Eva von Tiele-Winckler (1866-1930) mit Kindern und Betreuerinnen vor dem ersten Haus Friedenshort
Miechowitz, 1891
Fotografie (Abzug 1998)
Stiftung Diakonissenhaus Friedenshort, Heiligengrabe
1890/1892 Gründerin des Diakonissenhauses und der Schwesternschaft ›Friedenshort‹ in Oberschlesien

UMBRÜCHE

7.1
Rollstuhl
Heidelberg: Köhlert und Co., 1920/1940
Holz, Metall, Gummi, 119 × 75 × 169 cm
Epilepsiezentrum Kork, Kehl

7.2
Flugblatt der ›Wichern-Vereinigung zur Förderung christlichen Volkslebens‹
Hamburg, September 1914
Druck auf Papier, 28,5 × 20,1 cm
Archiv des Diakonischen Werkes der EKD, Berlin

7.3
Aufruf zur Errichtung eines Soldatenheims beim Truppen-Übungsplatz Zossen
Ostdeutscher Jünglingsbund
Berlin, 1915
Druck auf Papier, 32,4 × 24 cm
Archiv des Diakonischen Werkes der EKD, Berlin

7.4
Vaterländische evangelische Kriegs-Vorträge
Gerhard Füllkrug (1870-1948) u.a.
Schwerin: Friedrich Bahn, 1915/1916
Bibliothek des Diakonischen Werkes der EKD, Berlin

7.5
Jesus der Held. Den deutschen Helden dargeboten
Martin Hennig (1864-1920)
Hamburg: Agentur des Rauhen Hauses, 1914/1918
Das Rauhe Haus, Archiv, Hamburg

7.6
Gott mit uns! Kraft und Trost aus Gottes Wort für deutsche Soldatenfrauen und -mütter
Martin Hennig (1864-1920)
Hamburg: Agentur des Rauhen Hauses, 1914/1918
Bibliothek des Diakonischen Werkes der EKD, Berlin

7.7
Mit dem Liebesgabenzug der Frauenhülfe zur Hindenburg-Armee
Ernst Cremer (1864-1922)
Potsdam: Stiftungsverlag, 1915/1916
Archiv der Evangelischen Frauenhilfe in Westfalen e.V., Soest

7.15

7.8
Deutsche Hausfrauen helft siegen! Kriegsflugblatt der westfälischen Frauenhülfe
1915
Druck auf Papier, 23,5 × 15,5 cm
Archiv der Evangelischen Frauenhilfe in Westfalen e.V., Soest

7.9
Elisabeth-Diakonissen vor ihrem Einsatz hinter der Kriegsfront
1914
Fotografie, 8,1 × 11 cm
Elisabeth-Diakonissen- und Krankenhaus, Berlin

7.10
Flensburger Diakonissen im Lazarett Lodz
1915
Fotografie, 9 × 14 cm
Ev.-Luth. Diakonissenanstalt Flensburg

7.11
Im Kriegslazarett. Diakone und Diakonissen mit Bruder Sailer und Bruder Hölsch
1914/1918
Fotografie, 9 × 14 cm
Karlshöhe, Ludwigsburg

7.12
Fotoalbum Serbien
23. Oktober 1915 bis 23. Mai 1916
Fotografie, 18 × 40,3 cm
Diakoniestiftung Lazarus, Berlin

7.13
Am Kriegerdenkmal auf dem Gelände der Pfeifferschen Stiftungen
Magdeburg: H. Gottschlich, September 1915
Fotografie auf Karton, 23,5 × 29,3 cm
Pfeiffersche Stiftungen, Magdeburg

7.14
Armbinde für Feldgeistliche der christlichen Kirchen, Lazarettpfarrer
1914/1918
Seide, Perlmutt, 11 × 20,5 cm
Deutsches Historisches Museum, Berlin

7.15
Im Schützengraben bei Thetmarshof
August 1914 [?]
Fotografie, 16,5 × 12,2 cm
Martinstift, Flensburg

7.16
August Kekreis, ein Diakon von der Karlshöhe
1914/1915
Fotografie, 10,7 × 6,8 cm
Karlshöhe, Ludwigsburg

7.17
Zur freundlichen Erinnerung an das Kriegsweihnachten
Gottfried Klenk
1917
Fotografie, 14 × 9 cm
Karlshöhe, Ludwigsburg

7.18
Brüder, die ihr Leben für das Vaterland gelassen haben. Gedenktafel
um 1920
Holz, Metall, 260 × 65 cm
Karlshöhe, Ludwigsburg

7.19
Wärmestube der Inneren Mission
Hermann Sandkuhl (1872-1936)
1927
Öl auf Leinwand, 170 × 340 cm
Stiftung Stadtmuseum Berlin

7.20
An alle uns angeschlossenen Vereine, Verbände und Anstalten der Inneren Mission. Rundschreiben des Central-Ausschusses für die Innere Mission
Friedrich Albert Spiecker (1854-1936)
Berlin, 18. November 1918
Druck auf Papier, 29,3 × 22,8 cm
Archiv des Diakonischen Werkes der EKD, Berlin

7.21
Christliche Arbeiterschaft und Wohlfahrtspflege
Franz Fischer (geb. 1904)
Berlin: Central-Wohlfahrtsausschuß der christlichen Arbeiterschaft, 1924
Bibliothek der Friedrich-Ebert-Stiftung, Bonn

7.22
Schnell Helfen! Retten! Unterstützt die Arbeit der Sanitätskolonnen vom Roten Kreuz
Mendelsohn
Leipzig: Oscar Brandstetter, 1924/1929
Plakat, Druck auf Papier, 69,5 × 45 cm
Deutsches Historisches Museum, Berlin

7.23
Postkarte der Arbeiterwohlfahrt
1919/1924
Bromsilberdruck, 13,6×8,9 cm
Deutsches Historisches Museum, Berlin

7.24
Die Arbeiterwohlfahrt. Voraussetzungen und Entwicklung
Marie Juchacz (1879-1956) /Johanna Heymann (1878-1935)
Berlin: J. H. W. Dietz Nachf., 1924
Deutsches Historisches Museum, Berlin

7.25
Peah. Jüdische Brockensammlung
Hermann Struck (1876-1944)
Berlin, 1910/1918
Plakat, Lithografie, 48×63 cm
Kunstbibliothek Preußischer Kulturbesitz, Berlin

7.26
Führer durch die jüdische Wohlfahrtspflege in Deutschland
Zentralwohlfahrtsstelle der Deutschen Juden
Berlin: Fritz Scherbel, April 1928
Bibliothek des Diakonischen Werkes der EKD, Berlin

7.27
Caritas Opferwoche
um 1923
Plakat, Druck auf Papier, 57×39 cm
Archiv des Deutschen Caritasverbandes, Freiburg

7.28
Handbuch des Fünften Wohlfahrtsverbandes
Berlin: Hans Robert Engelmann, 1927
Bibliothek des Diakonischen Werkes der EKD, Berlin

7.29
«Wohlfahrtshaus« (Sitz der Liga der Freien Wohlfahrtspflege) in der Oranienburger Str. 13/14
Berlin, nach 1925
Fotografie (Abzug 1998)
Bank für Sozialwirtschaft, Berlin

7.30
Satzung der »Deutschen Liga der freien Wohlfahrtspflege«
Berlin, 1925
Durchschlag, 29,7×20,8 cm
Archiv des Diakonischen Werkes der EKD, Berlin

7.31
Not, bittere Not liegt über dem deutschen Volk! Spendenaufruf der Deutschen Liga der freien Wohlfahrtspflege und der Reichsregierung
Leipzig: Oscar Brandstetter, 1930
Druck auf Papier, 29×21 cm
Bank für Sozialwirtschaft, Berlin

7.32
Bahnhofsmission und Bahnhofsdienst mit den Anschriften der Zentralstellen und der Auswandererfürsorgestellen
Berlin, 1926/1929
Plakat, Druck auf Papier, 23×30 cm
Archiv des Deutschen Caritasverbandes, Freiburg

7.33
Alleinreisende Mädchen! Seid vorsichtig! Handzettel der Interkonfessionellen Kommission für Bahnhofsmission in deutscher, jiddischer und polnischer Sprache
Danzig: Carl Bäcker, um 1920
Druck auf Papier, 30×23 cm
Archiv des Deutschen Caritasverbandes, Freiburg

7.34
Wandergesellen in der Geschäftsstelle des Evangelischen Bahnhofsdienstes in der Sophienstr. 54
Berlin, 1920/1930
Fotografie, 11,8×16,8 cm
Archiv des Diakonischen Werkes der EKD, Berlin

7.35
Evangelischer Bahnhofsdienst für die männliche Jugend
Berlin, 1920/1930
Plakat, Druck auf Papier, 94×72 cm
Archiv des Diakonischen Werkes der EKD, Berlin

7.36
Wir wollen helfen. Winterhilfe 1932/1933
Johannes Boehland (1903-1964)
1932
Plakat, Offset, 71,4×47,7 cm
Archiv des Diakonischen Werkes der EKD, Berlin

7.37
Denkschrift des Reichsarbeitsministeriums über die Vorarbeiten zu einem Reichswohlfahrtsgesetze
Berlin, 1923
Deutsches Zentralinstitut für soziale Fragen, Bibliothek, Berlin

7.38
Jugendwohlfahrtsgesetz und Jugendgerichtsgesetz
Berlin: Walter de Gruyter, 1924
Bibliothek des Diakonischen Werkes der EKD, Berlin

7.39
Lehrtafeln zum Reichsgesetz für Jugendwohlfahrt
J. Beeking
Freiburg: Caritasverlag, 1924
Bibliothek des Deutschen Caritasverbandes, Freiburg

7.40
Die praktische Durchführung der Jugendwohlfahrtsaufgaben
Freiburg: Poppen und Ortmann, 1924
Lithografie, 16,8×11 cm
Bibliothek des Deutschen Caritasverbandes, Freiburg

7.41
Modell der ›Wohlfahrtsstadt‹ auf der ›Grossen Ausstellung für Gesundheitspflege, soziale Fürsorge und Leibesübungen‹ (Gesolei)
Düsseldorf, 1926
Fotografie auf Karton, 22×28,5 cm
Archiv des Diakonischen Werkes der EKD, Berlin

7.42
Dauerkarte von Wilhelm Engelmann (1894-1973) für die Gesolei
Düsseldorf, 1926
Druck, Tinte auf Papier, Fotografie, 10×12,3 cm
Archiv des Diakonischen Werkes der EKD, Berlin

7.43
Koje der Inneren Mission auf der Gesolei
Düsseldorf, 1926
Fotografie auf Karton, 22×28,5 cm
Archiv des Diakonischen Werkes der EKD, Berlin

7.45
Frauenschule der Inneren Mission zu Berlin. Prospekt
1920/1930

Druck auf Papier,
23×16 cm
Bibliothek des Diakonischen Werkes der EKD, Berlin

7.46
Handzettel der Wohlfahrtsschule des Stephansstifts in Hannover-Kleefeld
Hannover: Buchdruckerei des Stephansstifts, 1927
Druck auf Papier,
24×19 cm
Stephansstift, Hannover

Wohlfahrtsschule
des Stephansstifts
in
Hannover-Kleefeld

7.46

7.47
Evangelische Wohlfahrtsschule der Westfälischen Frauenhilfe zu Gelsenkirchen. Prospekt
Gelsenkirchen, 1930/1933
Archiv der Evangelischen Frauenhilfe in Westfalen e.V., Soest

7.48
Eltern und Erziehungsberechtigte! Auf zur Elternratswahl!
Berlin, 1929
Plakat, Druck auf Papier,
60×92 cm
Deutsches Historisches Museum, Berlin

7.49
Wir halten fest am Gebet! Wählt Deutschnational. Plakat der Deutschnationalen Volkspartei
1928
Druck auf Papier,
45×31 cm
Deutsches Historisches Museum, Berlin

7.50
Wählt Liste 8! Evangelisch darum National und Sozial. Plakat des Christlich-Sozialen Volksdienstes
Leipzig: Otto Tenk, 1933
Lithografie auf Papier,
73,8×53 cm
Deutsches Historisches Museum, Berlin

7.51
Deutsches Reich. Karte der kleineren Verwaltungsbezirke
Berlin: Gea
1920/1933
Druck, Tinte, Farbstift auf Papier, 90×73 cm
Archiv des Diakonischen Werkes der EKD, Berlin

7.52
Was bedeutet die Innere Mission der deutschen evangelischen Kirche für das deutsche Volk?
Berlin: Buchdruckerei Gutenberg (Heinrich Beenken), 1924
Druck auf Papier,
31×23,5 cm
Bibliothek des Diakonischen Werkes der EKD, Berlin

7.53
Einiges aus der Liebesarbeit der Inneren Mission
Berlin: Nauchsche Buchdruckerei, um 1926
Druck auf Papier,
30×23 cm
Bibliothek des Diakonischen Werkes der EKD, Berlin

7.54
Das Abzeichen der Inneren Mission
Propagandadienst des Central-Ausschusses der Inneren Mission
Dezember 1924
hektografiert, 21×29 cm
Archiv des Diakonischen Werkes der EKD, Berlin

7.55
Spendenbüchse der Inneren Mission
1925/1935
Blech, bedruckt,
17,5×9,5×9,5 cm
Archiv des Diakonischen Werkes der EKD, Berlin

7.56
Armbinde
nach 1925
Baumwolle bestickt,
15×39 cm
Archiv des Diakonischen Werkes der EKD, Berlin

7.57
›Kronenkreuz‹-Anstecknadel
nach 1925
Kunststoff, 3,5×1 cm
Archiv des Diakonischen Werkes der EKD, Berlin

7.58
Der Vorstand des Central-Ausschusses mit General-Superintendent Paul Gennrich (1865-1946) auf dem 42. Kongreß der Inneren Mission
Königsberg,
21.-25. September 1928
Fotografie, 22,5×16,3 cm
Archiv des Diakonischen Werkes der EKD, Berlin

7.59
Direktorenkonferenz des Central-Ausschusses
Berlin, 1924/1932
Fotografie, 11,3×16,3 cm
Archiv des Diakonischen Werkes der EKD, Berlin
v.l.n.r.: Gerhard Füllkrug (1870-1948), Walter Schlunk (1880-1955), Hermann Beutel (1873-1964), Johannes Steinweg (1879-1960), Carl Schweitzer (1889-1965), Wilhelm Engelmann (1894-1973)

7.60
Mitglieder des Central-Ausschusses
Berlin, 1923/1932
Fotografie, 18×24 cm
Archiv des Diakonischen Werkes der EKD, Berlin

7.61
Organisationsdiagramme von Innerer Mission und Central-Ausschuß
Berlin, 1923/1930
Druck auf Papier,
27×21 cm
Archiv des Diakonischen Werkes der EKD, Berlin

7.62
Einladung zur Ersten Konferenz des Kontinentalen Verbandes für Diakonie und Innere Mission in der Lutherstadt Wittenberg
Wittenberg: Herrosé & Ziemsen, 1923
Druck auf Papier,
22,5×19,5 cm
Archiv des Diakonischen Werkes der EKD, Berlin

7.63
Einladung zum ersten kontinentalen Kongress für Innere Mission und Diakonie vom 31. Mai bis 4. Juni 1926 in Amsterdam
1926
Druck auf Papier,
29×21 cm
Archiv des Diakonischen Werkes der EKD, Berlin

7.64
Die europäische Zentralstelle für kirchliche Hilfsaktionen 1922-1932
Adolf Keller (1872-1963)
Gotha: Leopold Klotz
1933
Bibliothek des Diakonischen Werkes der EKD, Berlin

7.65
Satzung der Deutschen Vereinigung des Weltbundes für Freundschaftsarbeit der Kirchen

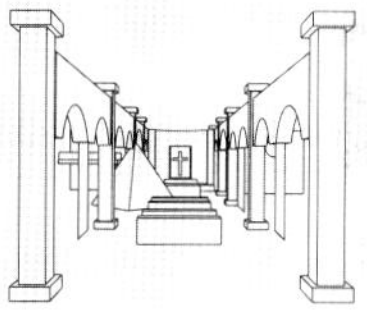

Leipzig: Ackermann und Glaser, nach 1914
Druck auf Papier, 21,5 × 14,3 cm
Archiv des Diakonischen Werkes der EKD, Berlin

7.66
Wie baue ich mein Eigenheim? Broschüre der Deutschen evangelischen Heimstättengesellschaft m.b.H. (Devaheim)
um 1928
Archiv des Diakonischen Werkes der EKD, Berlin

7.67
Entschuldungsvertrag der Devaheim
1930
Druck auf Papier, 28,7 × 22 cm
Archiv des Diakonischen Werkes der EKD, Berlin

7.68
An unsere Sparer! Rundschreiben der Devaheim
16. Mai 1931
Druck auf Papier, 29,7 × 21 cm
Archiv des Diakonischen Werkes der EKD, Berlin

7.69
Schuldschein der Notgemeinschaft
1931
Druck auf Papier, 29,7 × 21 cm
Archiv des Diakonischen Werkes der EKD, Berlin

7.70
Riemen für ›Prügelstrafe‹
um 1925
Leder, 5 × 85 cm
Stiftung Alten Eichen von 1596, Bremen

7.71
Torfschaufel
vor 1950
Holz, Eisen, 11,5 × 100 cm
Diakonie Freistatt

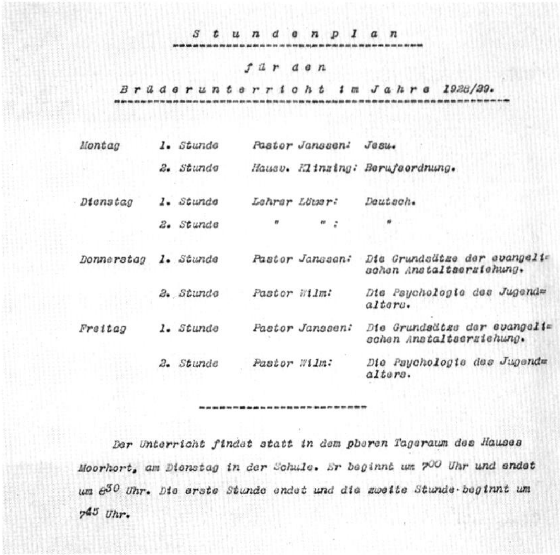

S t u n d e n p l a n

f ü r d e n

B r ü d e r u n t e r r i c h t i m J a h r e 1928/29.

Montag	1. Stunde	Pastor Janssen:	Jesu.
	2. Stunde	Hausv. Klinzing:	Berufsordnung.
Dienstag	1. Stunde	Lehrer Löser:	Deutsch.
	2. Stunde	" " :	"
Donnerstag	1. Stunde	Pastor Janssen:	Die Grundsätze der evangelischen Anstaltserziehung.
	2. Stunde	Pastor Wilm:	Die Psychologie des Jugendalters.
Freitag	1. Stunde	Pastor Janssen:	Die Grundsätze der evangelischen Anstaltserziehung.
	2. Stunde	Pastor Wilm:	Die Psychologie des Jugendalters.

Der Unterricht findet statt in dem oberen Tageraum des Hauses Moorhort, am Dienstag in der Schule. Er beginnt um 7⁰⁰ Uhr und endet um 8³⁰ Uhr. Die erste Stunde endet und die zweite Stunde beginnt um 7⁴⁵ Uhr.

7·77

7.72
Holzschuhe mit Lederschaft
vor 1950
Holz, Leder, 34 × 12 × 36 cm
Diakonie Freistatt

7.73
Kost-Ordnung im Rettungshause Veilhof
Januar 1880
Druck auf Papier, 22,2 × 28,5 cm
Landeskirchliches Archiv Nürnberg

7.75
Torfmieten in Freistatt
1932/1937
Fotografie (Abzug 1998)
Hauptarchiv der v. Bodelschwinghschen Anstalten Bethel, Bielefeld

7.76
Die evangelische Anstaltserziehung mit besonderer Berücksichtigung der Fürsorgeerziehung
Johannes Steinwachs (1862-1923)/ Wilhelm Backhausen (1869-1924)/Johannes Voigt (1866-1932) (Hg.)
Hannover: Verlag des Stephansstifts, 1922
Bibliothek des Diakonischen Werkes der EKD, Berlin

7.77
Stundenplan für den Brüderunterricht im Jahre 1928/29
1928
Durchschlag, 29,3 × 22,6 cm
Diakonie Freistatt

7.78
Merkblatt für die pädagogische Beurteilung eines Zöglings
um 1920
Druck auf Papier, 20,5 × 14,7 cm
Diakonie Freistatt

7.79
Ansicht von Haus Moorburg
Freistatt, vor 1930
Fotografie, 13,5 × 24 cm
Diakonie Freistatt

7.80
Revolte im Erziehungshaus
Peter Martin Lampel (1894-1965)
Berlin: Gustav Kiepenheuer, 1929
Staatsbibliothek zu Berlin Preußischer Kulturbesitz

7.81
Fürsorgehöllen
Erich Birnbaum
Berlin: Kommunistische Jugendinternationale, 1932
Deutsches Historisches Museum, Berlin

7.82
Beim Umgraben. Blatt 6 der Mappe ›Fürsorgezöglinge‹
Carl Meffert (1903-1988)
Berlin: Verlag der Galerie Nierendorf, 1929/1930
Linolschnitt, Papier, 24 × 20 cm
Staatliche Museen zu Berlin Preußischer Kulturbesitz, Kupferstichkabinett

7.83
Abendgebet. Blatt 7 der Mappe ›Fürsorgezöglinge‹
Carl Meffert (1903-1988)
Berlin: Verlag der Galerie Nierendorf, 1929/1930
Linolschnitt, Papier, 24 × 20 cm
Staatliche Museen zu Berlin Preußischer Kulturbesitz, Kupferstichkabinett

7.84
Schlafsaal. Blatt 8 der Mappe ›Fürsorgezöglinge‹
Carl Meffert (1903-1988)
Berlin: Verlag der Galerie Nierendorf, 1929/1930
Linolschnitt, Papier, 24 × 20 cm
Staatliche Museen zu Berlin Preußischer Kulturbesitz, Kupferstichkabinett

7.85
Prügelstrafe. Blatt 15 der Mappe ›Fürsorgezöglinge‹
Carl Meffert (1903-1988)
Berlin: Verlag der Galerie Nierendorf, 1929/1930
Linolschnitt, Papier, 24 × 20 cm

Staatliche Museen zu Berlin Preußischer Kulturbesitz, Kupferstichkabinett

7.86
Flügelhorn
Bielefeld: Ernst David, 1921/1922
Metall, 14,5×27×37 cm
Hauptarchiv der v. Bodelschwinghschen Anstalten Bethel, Bielefeld

7.87
Jericho-Posaune
Bielefeld: Ernst David, Leipzig, um 1910
Metall, 22,1×38×116 cm
Hauptarchiv der v. Bodelschwinghschen Anstalten Bethel, Bielefeld

7.88
Kästorfer Posaunenchor
1896
Fotografie aufgezogen, 30,3×36,1 cm
Das Rauhe Haus, Archiv, Hamburg

7.89
75. Bundesfest der Jungmännervereine im Lustgarten
22. Oktober 1931
Fotografie (Abzug 1998)
Landeskirchliches Archiv Bielefeld

7.91
Richtlinien für die Arbeit der Volksmission der Inneren Mission
Friedrich Albert Spiecker (1854-1936)/Gerhard Füllkrug (1870-1948)
Berlin, Januar 1918
Druck auf Papier, 29×21 cm
Archiv des Diakonischen Werkes der EKD, Berlin

7.92
Themen für Evangelisationen. Handzettel der Wichern-Vereinigung
Hamburg: Druckerei des Rauhen Hauses, 1920/1935
Druck auf Papier, 25,8×18,8 cm
Archiv des Diakonischen Werkes der EKD, Berlin

7.93
Volksmission in Fraustadt vom 15. bis 22. Januar 1928. Evangelisationsvorträge des Volksmissionars Johannes Hölzel. Veranstaltungsplakat
Fraustadt: L. S. Pucher's Buchdruckerei, 1928
Druck auf Papier, 46,1×30,2 cm
Archiv des Diakonischen Werkes der EKD, Berlin

7.94
Was will die Kirche? – Die Wahrheit. Handzettel
Fritz Witzel
Februar 1930
Druck auf Papier, 12×15,6 cm
Archiv des Diakonischen Werkes der EKD, Berlin

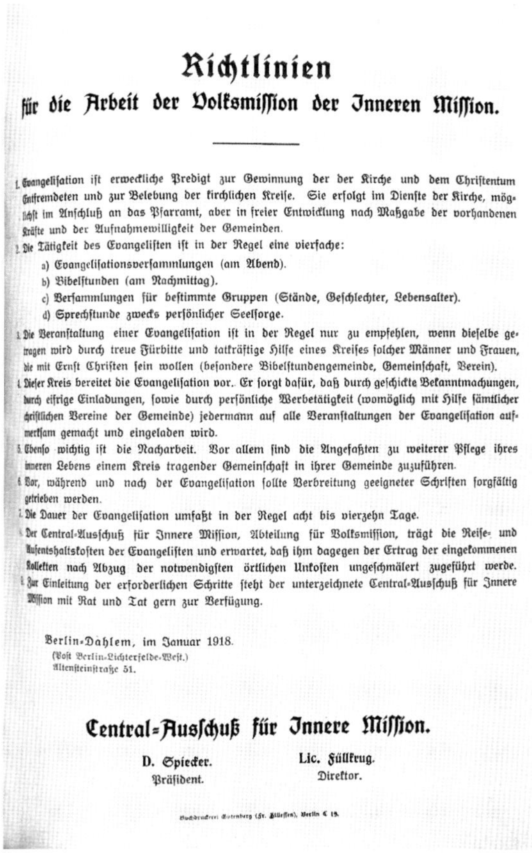

Richtlinien
für die Arbeit der Volksmission der Inneren Mission.

1. Evangelisation ist erweckliche Predigt zur Gewinnung der der Kirche und dem Christentum Entfremdeten und zur Belebung der kirchlichen Kreise. Sie erfolgt im Dienste der Kirche, möglichst im Anschluß an das Pfarramt, aber in freier Entwicklung nach Maßgabe der vorhandenen Kräfte und der Aufnahmewilligkeit der Gemeinden.
2. Die Tätigkeit des Evangelisten ist in der Regel eine vierfache:
   a) Evangelisationsversammlungen (am Abend).
   b) Bibelstunden (am Nachmittag).
   c) Versammlungen für bestimmte Gruppen (Stände, Geschlechter, Lebensalter).
   d) Sprechstunde zwecks persönlicher Seelsorge.
3. Die Veranstaltung einer Evangelisation ist in der Regel nur zu empfehlen, wenn dieselbe getragen wird durch treue Fürbitte und tatkräftige Hilfe eines Kreises solcher Männer und Frauen, die mit Ernst Christen sein wollen (besondere Bibelstundengemeinde, Gemeinschaft, Verein).
4. Dieser Kreis bereitet die Evangelisation vor. Er sorgt dafür, daß durch geschickte Bekanntmachungen, durch eifrige Einladungen, sowie durch persönliche Werbetätigkeit (womöglich mit Hilfe sämtlicher christlichen Vereine der Gemeinde) jedermann auf alle Veranstaltungen der Evangelisation aufmerksam gemacht und eingeladen wird.
5. Ebenso wichtig ist die Nacharbeit. Vor allem sind die Angefaßten zu weiterer Pflege ihres inneren Lebens einem Kreis tragender Gemeinschaft in ihrer Gemeinde zuzuführen.
6. Vor, während und nach der Evangelisation sollte Verbreitung geeigneter Schriften sorgfältig getrieben werden.
7. Die Dauer der Evangelisation umfaßt in der Regel acht bis vierzehn Tage.
8. Der Central-Ausschuß für Innere Mission, Abteilung für Volksmission, trägt die Reise- und Aufenthaltskosten der Evangelisten und erwartet, daß ihm dagegen der Ertrag der eingekommenen Kollekten nach Abzug der notwendigsten örtlichen Unkosten ungeschmälert zugeführt werde.
9. Zur Einleitung der erforderlichen Schritte steht der unterzeichnete Central-Ausschuß für Innere Mission mit Rat und Tat gern zur Verfügung.

Berlin-Dahlem, im Januar 1918.
(Post Berlin-Lichterfelde-West.)
Altensteinstraße 51.

Central-Ausschuß für Innere Mission.

D. Spiecker. Präsident.
Lic. Füllkrug. Direktor.

Buchdruckerei Gutenberg (Fr. Hülessen), Berlin C 19.

7.91

7.96
Ruf ins Dorf
Evangelischer Preßverband für Deutschland (Hg.)
Poznan: Lutherverlag, nach 1933
Kupfertiefdruck auf Papier, 30×21 cm
Pommerscher Diakonie-Verein Züssow e.V.

7.97
Evangeliumswagen der Heimatmission im Kreise Teltow
1933/1936
Fotografie, 21×17,2 cm
Archiv des Diakonischen Werkes der EKD, Berlin

7.98
Von Dorf zu Dorf im Evangeliumswagen
Walter Birnbaum (1893-1987) (Hg.)
Heilbronn: Eugen Salzer, 1933
Bibliothek des Diakonischen Werkes der EKD, Berlin

7.99
Wandernde evangelische Jugend! Heilige den Sonntag. Besuche den Gottesdienst
Richard Schwarzkopf (1893-n. 1958)
1920/1930
Plakat, Lithografie, 48,3×65,5 cm
Landeskirchliches Archiv Nürnberg

7.100
Goldene Worte – Ein Wort für Dich. Plakat der Plakatmission
Stuttgart: Carl Grüninger Nachfahren, um 1925
Lithografie, 42,5×31 cm
Landeskirchliches Archiv Nürnberg

7.101
Vererbung und Verantwortung. Eine Lebensfrage für die deutsche Familie
Gerhard Füllkrug (1870-1948)
Schwerin: Friedrich Bahn, 1928
Bibliothek des Diakonischen Werkes der EKD, Berlin

7.102
Vortrag über Fragen der Eugenik
Friedrich von Bodelschwingh (1877-1946)
Lübeck, 1929
Maschinenschrift auf Papier, 29,5×21 cm
Hauptarchiv der v. Bodelschwinghschen Anstalten Bethel, Bielefeld

7.103
Einladung zur 1. Tagung der Fachkonferenz für Eugenik
Central-Ausschuß für Innere Mission

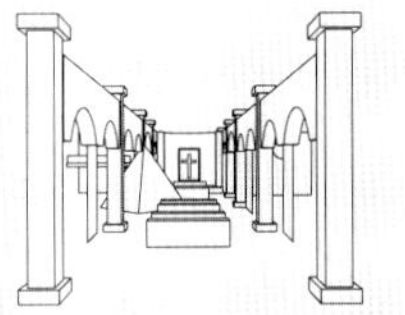

Berlin, 19. April 1931
Durchschlag, 29,5 × 21 cm
Archiv des Diakonischen Werkes der EKD, Berlin

7.104
Erklärung der Konferenz von Treysa über »Gegenwartsfragen der Eugenik«
Treysa, 20. Mai 1931
Durchschlag, 28,5 × 20,5 cm
Hauptarchiv der v. Bodelschwinghschen Anstalten Bethel, Bielefeld

7.105
Eugenetische Neuorientierung unserer Wohlfahrtspflege
in: Gesundheitsfürsorge 5, 1931
Hans Harmsen (1899-1989)
1931
Bibliothek des Diakonischen Werkes der EKD, Berlin

7.106
Rundschreiben betr. Bildung einer ständigen Kommission für eugenetische Fragen
Hans Harmsen (1899-1989)
23. September 1932
hektografiert, 29,5 × 21 cm
Landeskirchliches Archiv Nürnberg

7.107
Hans Harmsen (1899-1989)
Berlin, um 1930
Fotografie (Abzug 1998)
Archiv des Diakonischen Werkes der EKD, Berlin
Mediziner und Nationalökonom, seit 1926 Leiter der Abteilung »Gesundheitsfürsorge und Kranken- und Pflegeanstalten« beim Central-Ausschuß

7.108
Der heilige Krieg um die Seele unseres Volkes. Rundfunkmanuskript
Reinhold Seeberg (1859-1935)
14. April 1924
Maschinenschrift auf Papier, Bleistiftkorrekturen, 33 × 21 cm
Archiv des Diakonischen Werkes der EKD, Berlin

7.109
Religiöse Morgenfeiern im Rundfunk. Chronologische Aufstellung
26. Dezember 1928 bis 3. April 1932
Tinte auf Papier, 33,5 × 22 cm
Landeskirchliches Archiv Nürnberg

7.110
Der Rundfunkhörer. Die Funkzeitschrift für das evangelische Deutschland Jg. 9, Nr. 28
Berlin, 8. Juli 1932
Staatsbibliothek zu Berlin Preußischer Kulturbesitz

7.111
Mitteilungen und Vorschläge für Veranstalter von Filmvorführungen der Filmstelle der Anstalt Bethel
Bethel, um 1930
Offset, 23 × 14,5 cm
Hauptarchiv der v. Bodelschwinghschen Anstalten Bethel, Bielefeld

7.112
Feierstunden mit beweglichen Lichtbildern
1922
Plakat, Druck auf Papier, 63,8 × 48,1 cm
Hauptarchiv der v. Bodelschwinghschen Anstalten Bethel, Bielefeld

7.113
Kreuz über der Gross-Stadt. Ein Film aus der Arbeit der Evangelischen Kirche Berlins in 5 Akten
Hans Speidel (geb. 1895)
Berlin: Naude & Hartmann, 1930
Plakat, Lithografie, 65,5 × 48 cm
Landeskirchliches Archiv Nürnberg

7.114
Vom unsichtbaren Königreich. Bilder aus der Liebes-Arbeit der Inneren Mission, II.Teil: »Und hätte der Liebe nicht«
Hans Speidel (geb. 1895)
Landesverein für Innere Mission, 1931
Plakat, Lithografie, 76,6 × 46 cm
Landeskirchliches Archiv Nürnberg

7.115
Dienen will ich. Ein Film aus dem Werk der Diakonissenanstalt Neuendettelsau
Nürnberg: Zerreis & Co., 1931
Plakat, Lithografie, 72 × 38,5 cm
Landeskirchliches Archiv Nürnberg

7.116
Einer trage des anderen Last. Ein Film aus der Arbeit des Landesvereins für Innere Mission Bayerns. Programmheft
um 1931
Druck auf Papier, 20 × 16 cm
Landeskirchliches Archiv Nürnberg

7.117
Sprechende Hände. Bilder aus dem Leben von Taubstummblinden. Werbeblatt
1925
Druck auf Papier, 22,5 × 15 cm
Landeskirchliches Archiv Nürnberg

7.118
Teilnehmer eines Schulungskurses der Apologetischen Centrale
um 1929
Fotografie, 8,2 × 11,2 cm
Privatbesitz

7.119
Vom religiösen Leben der Gegenwart. Ankündigung zu einer Vortragsfolge der Apologetischen Centrale
Hamburg, Oktober 1922
Druck auf Papier, Bleistift, Stempel, 14,4 × 11 cm
Archiv des Diakonischen Werkes der EKD, Berlin

7.120
Die Bereitschaft. Bestellzettel
Berlin: Evangelischer Preßverband für Deutschland, 1920/1933
Druck auf Papier, 29,3 × 15,9 cm
Archiv des Diakonischen Werkes der EKD, Berlin

7.121
Wohin steuern wir ...? Ein Wort über Kulturbolschewismus und Gottlosen-Hetze
Evangelischer Bund zur Wahrung deutsch-protestantischer Interessen
Berlin: Druckerei des christlichen Zeitschriftenvereins, 1930/1933
Druck auf Papier, 31 × 23,3 cm
Archiv des Diakonischen Werkes der EKD, Berlin

7.122
Heraus aus der Kirche! Flugblatt des Verbandes für Freidenkertum und Feuerbestattung

7.126

Berlin: Vorwärts-Buch-druckerei, 1920/1933
Druck auf Papier,
31,5 × 24 cm
Archiv des Diakonischen Werkes der EKD, Berlin

7.123
Internationale Proletarischer Freidenker, Jg. 2, Nr. 4. Bulletin
Exekutive der IPF (Hg.)
April 1932
Archiv des Diakonischen Werkes der EKD, Berlin

7.124
Das Christentum und die völkische Frage. Flugblatt
Berlin: Wichern-Verlag, 1925/1931
Druck auf Papier,
31 × 23 cm
Bibliothek des Diakonischen Werkes der EKD, Berlin

7.125
Was haben wir als evangelische Christen zum Rufe des Nationalsozialismus zu sagen?
Walter Künneth (1901-1997)/
Walter Wilm (1893-1957)/
Hans Schemm (1891-1935)
Dresden: Verlag des Landesvereins für Innere Mission der ev.-luth. Kirche in Sachsen, 1931
Bibliothek des Diakonischen Werkes der EKD, Berlin

7.126
Die Prostitution
Josef Fenneker (1895-1956)
1919
Plakat, Farblithografie,
141 × 94,5 cm
Bundesarchiv-Filmarchiv, Berlin

7.127
Sammel-Blätter zur Sittlichkeitsfrage. Moralstatistik, Dokumente, Materialien aus der Arbeit für die Arbeit
Friedrich Bohn (Hg.)
Berlin, um 1920
Druck auf Papier,
22 × 19,5 cm
Landeskirchliches Archiv Nürnberg

7.128
Mitternachts-Mission. Zeitschrift des Reichsverbandes der Mitternachts-Missionen Deutschlands Jg. 19, Nr. 1
Januar/Februar 1930
Druck auf Papier,
24,5 × 18,5 cm
Bibliothek des Diakonischen Werkes der EKD, Berlin

7.129
›Lokalmission‹ in einer Altstadtkneipe
Hannover, um 1928
Fotografie (Abzug 1998)
Archiv des Diakonischen Werkes der EKD, Berlin

7.130
Täuschung und Wahrheit. Flugblatt der Sexualberatungsstelle der Deutschen Mitternachtsmission
Hamburg: Heinrich Bauer, 1920/1930
Druck auf Papier,
30,2 × 23,5 cm
Kirchenkreisarchiv Alt-Hamburg, Hamburg

7.131
Dein Körper gehört Dir! Flugblatt der Berliner Stadtmission
Nürnberg: Carl Groß, 1920/1930
Druck auf Papier,
22,7 × 14,6 cm
Kirchenkreisarchiv Alt-Hamburg, Hamburg

7.132
Was führt Sie hierher? Flugblatt der Hamburger Zuzugs- und Mitternachtsmission e.V.
Elmshorn: Gebr. Bramstedt, 1920/1930
Druck auf Papier,
21 × 14 cm
Archiv des Diakonischen Werkes der EKD, Berlin

7.133
Weißes Kreuz. Zeitschrift zur Förderung sittlicher Reinheit unter Männern und jungen Männern
Nowawes, Januar 1926
Weißes Kreuz e.V., Ahnatal

7.135
Für Reinheit und Sitte. Evangelischer Frauentag für sittlichen Wiederaufbau in Berlin am 23. März 1925. Aufruf
Druck auf Papier,
29 × 20,5 cm
Archiv des Diakonischen Werkes der EKD, Berlin

7.136
Die Frauenhilfsstelle beim Polizeiamt Charlottenburg. Zusammenführung mit den Eltern
Berlin, 1926
Fotografie, 12 × 16,5 cm
Archiv des Diakonischen Werkes der EKD, Berlin

7.137
Die Frauenhilfsstelle beim Polizeiamt Charlottenburg. Polizeischwester an einer Zellentür
Berlin, 1926
Fotografie, 12 × 16,5 cm
Archiv des Diakonischen Werkes der EKD, Berlin

7.138
Gute Bücher für das Evangelische Haus. Eine Auswahl, dargeboten vom Landesverein für Innere Mission in Bayern
Nürnberg, 1920/1930
Druck auf Papier,

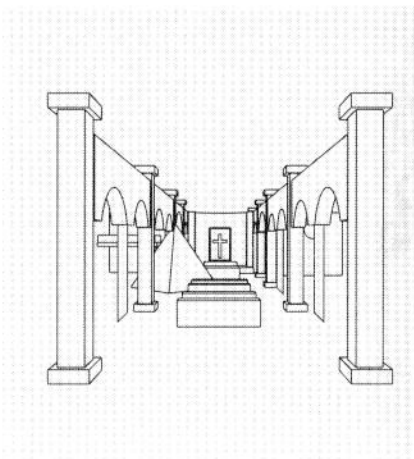

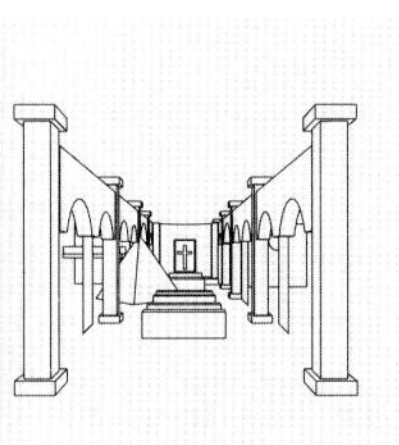

30,5 × 23,1 cm
Bibliothek des Diakonischen Werkes der EKD, Berlin

7.139
Bücherbude der Schundkampfstelle des Ostdeutschen Jünglingsbundes auf dem Weihnachtsmarkt Warschauerstr.
Berlin, Dezember 1924
Fotografie (Abzug 1998)
Archiv des Diakonischen Werkes der EKD, Berlin

7.140
Kampf allem, was schmutzig und gemein, Dienst allem, was edel ist und rein! Postkarte
Johannes Boehland (1903-1964)
Berlin, um 1928
Druck auf Papier, 15 × 10,5 cm
Archiv des Diakonischen Werkes der EKD, Berlin

7.141
›Schundkampf‹-Postkarte mit Text von Paul Steinmüller (1870-1940)
um 1928
Druck auf Papier, 15 × 10,5 cm
Archiv des Diakonischen Werkes der EKD, Berlin

7.142
›Schundkampf‹-Postkarte mit Text von Friedrich Lienhard (1865-1929)
Berlin, um 1928
Druck auf Papier, 15 × 10,5 cm
Archiv des Diakonischen Werkes der EKD, Berlin

7.143
›Schundkampf‹-Postkarte mit Text von Friedrich Ludwig Jahn (1778-1852)
Berlin, um 1928
Druck auf Papier, 15 × 10,5 cm
Archiv des Diakonischen Werkes der EKD, Berlin

7.144-7.147
Vier ›Schundkampf‹-Siegelmarken
um 1928
Druck auf Papier, gummiert, Durchmesser je 4,5 cm
Archiv des Diakonischen Werkes der EKD, Berlin

7.148
Der Schundkampf. Blatt der Reichsschundkampfstelle der evangelischen Jungmännerbünde Deutschlands, Nr. 9
Berlin: Verlag der Buchhandlung des Ostdeutschen Jünglingsbundes, Dezember 1925
Bibliothek des Diakonischen Werkes der EKD, Berlin

7.149
Bericht von der 1. Freizeit der Schundkämpfer in Wünsdorf am ersten Septemberwochenende 1925
in: Der Schundkampf 7/8, S. 31
Oktober 1925
Druck auf Papier, 23 × 15 cm
Bibliothek des Diakonischen Werkes der EKD, Berlin

7.150
Eine neue große Gefahr für Volkstum und Kultur! Flugblatt der Evangelischen Hauptstelle gegen Schund und Schmutz
Berlin, 1930
Druck auf Papier, 29,3 × 22,3 cm
Archiv des Diakonischen Werkes der EKD, Berlin

7.151
Brief des ›Führers der Reichsschundkampfstelle‹ an den Evangelischen Oberkirchenrat nach der Bücherverbrennung betr. finanzielle Unterstützung
Johannes Theuerkauff (1897-1961)
Berlin, 8. Juni 1933
Maschinenschrift auf Papier, 30 × 21 cm
Evangelisches Zentralarchiv in Berlin

VERSTRICKUNG

8.1
Telegramm des Deutschen Diakonenverbandes an Adolf Hitler (1889-1945). Abschrift
Fritz Weigt (1889-1974)
Hamburg, 14. September 1933
Kopierstift, Druck auf Papier, 21 × 28,3 cm
Archiv des Diakonischen Werkes der EKD, Berlin

8.2
Diakone in SA-Uniform
Karlshöhe, 29./30. Juni 1934
Fotografie, 6 × 9 cm
Karlshöhe, Ludwigsburg

8.3
Schreiben des Landesvereins für Innere Mission in Schleswig-Holstein an die Ortspolizeibehörde Elmschenhagen
Kuhlen, 29. November 1933
Maschinenschrift auf Papier, 29,5 × 21 cm
Landesverein für Innere Mission in Schleswig-Holstein, Rickling

8.4
Fragebogen für Diakone zur Aufnahme in die Fachgruppe der Diakone der Reichsgruppe Deutsche Christen
1933/1935
Hektografiert, 29,6 × 21 cm
Archiv des Diakonischen Werkes der EKD, Berlin

8.5
Karte der Deutschen Diakonenschaft für den Beitritt zu den ›Deutschen Christen‹
Bremen, 8. November 1933
Druck auf Papier, 10,5 × 15 cm
Archiv des Diakonischen Werkes der EKD, Berlin

8.6
Flugblatt des Bundes für Deutsches Christentum
Dezember 1937
Druck auf Papier, 29,5 × 21 cm
Archiv des Diakonischen Werkes der EKD, Berlin

8.7
Wofür kämpfen wir Deutschen Christen?
Schwerin: Richard Hermes, 1932/1935
Druck auf Papier, 29 × 21 cm
Archiv des Diakonischen Werkes der EKD, Berlin

8.8
100 Jahrfeier des Rauhen Hauses und der männlichen Diakonie. 9. Deutscher Diakonentag Hamburg 1933
Berlin, 1933
Bibliothek des Diakonischen Werkes der EKD, Berlin

8.9
Constantin Frick (1877-1949)
Bremen, 1930/1940
Fotografie, auf Pappe aufgezogen, 19,5 × 13,5 cm
Archiv des Diakonischen Werkes der EKD, Berlin
Theologe, 1934-1946 Präsident des Central-Ausschusses

8.10
Schreiben des Diakons Laackmann an Fritz Weigt (1889-1974), den Führer der Deutschen Diakonenschaft, betr. den Austritt aus der ›Glaubensgemeinschaft Deutsche Christen‹
Hannover, 12. August 1933
Tinte, Maschinenschrift auf Papier, 28×22,5 cm
Archiv des Diakonischen Werkes der EKD, Berlin

8.11
Die Wiege von Kaiserswerth (zugl. Der Armen- und Krankenfreund Jg.85 (1933), Heft 7/8)
Duisburg: Dietrich und Herrmann, 1933
Diakoniewerk Kaiserswerth e.V., Fachbibliothek für Frauendiakonie und Fliednerarchiv, Düsseldorf

8.12
Besuch von Adolf Hitler (1889-1945), Joseph Goebbels (1897-1945) und Prinz August Wilhelm von Preußen (geb. 1887) im Luise-Henrietten-Stift in Lehnin am 2. Mai 1933
in: Bericht über das 37. Arbeitsjahr 1932-1933 der Stiftung Tannenhof
Remscheid, 1933
Bibliothek des Diakonischen Werkes der EKD, Berlin

8.13
Diakonisse schmückt Hitlerbild
Evangelischer Bilderdienst, 1934
Fotografie, 8,8×12,6 cm
Diakonisches Werk Hannover

8.14
An die evangelischen Frauen! Flugblatt des Reichsverbandes der Evangelischen Frauen
Potsdam, Juli 1933
Druck auf Papier, 28×22 cm
Archiv der Evangelischen Frauenhilfe in Westfalen e.V., Soest

8.15
Karlshöher Jungzug angetreten zum Exerzieren
1. Mai 1934
Fotografie, 7×10 cm
Karlshöhe, Ludwigsburg

8.16
Karlshöher Jungvolkzug beim Flaggehissen
1. Mai 1934
Fotografie, 7×10 cm
Karlshöhe, Ludwigsburg

8.17
Gruppe des Bundes Deutscher Mädel (BDM) auf der Karlshöhe
1933/1934
Fotografie, 7×10 cm
Karlshöhe, Ludwigsburg

8.39

8.16

8.18
Marga Meusel (1897-1953)
Berlin, 1935/1940
Fotografie, 12,6×8,6 cm
Archiv des Diakonischen Werkes der EKD, Berlin
Mitarbeiterin des Central-Ausschusses

8.19
Denkschrift über die Aufgaben der Bekennenden Kirche an den evangelischen Nichtariern
Marga Meusel (1897-1953)
Berlin, 10. Mai 1935
Maschinenschrift auf Papier, 29,8×21 cm
Evangelisches Zentralarchiv in Berlin

8.20
Brief an den Reichsminister und Chef der Reichskanzlei Hans Heinrich Lammers (1879-1962) betr. nichtarische Christen
Paul Gerhard Braune (1887-1954)
Lobetal, 7. Dezember 1938
Maschinenschrift auf Papier, 29,5×21 cm
Hoffnungstaler Anstalten, Lobetal

8.21
Brief des Büros Pfarrer Grüber an den Evangelischen Oberkirchenrat
Heinrich Grüber (1891-1975)
Berlin, 2. Februar 1940
Maschinenschrift auf Papier, 29,7×21 cm
Evangelisches Zentralarchiv in Berlin

8.22
Vertrauensstellen des Büros Pfarrer Grüber
17. Mai 1939
Durchschlag, 29,7×21 cm
Evangelisches Zentralarchiv in Berlin

8.23
Volksgesundheit, Volksgemeinschaft, Kinderschutz, Mutterschutz, Bettelbekämpfung, Wanderfürsorge sind die Aufgaben der NSV Volkswohlfahrt. Werdet Mitglied
Ludwig Hohlwein (1874-1949)
München: Herm. Sonntag & Co., um 1933
Plakat, Offset, 118×83 cm
Deutsches Historisches Museum, Berlin

8.24
Abzeichen zum Volkstag der Inneren Mission
Dresden: Hermann Aurich, 1935
Blech, bedruckt, 3,5×2 cm
Archiv des Diakonischen Werkes der EKD, Berlin

8.25
Seid Täter des Worts. Plakat zum Volkstag der Inneren Mission am 14. April 1935

Druck auf Papier,
59,4×42 cm
Archiv des Diakonischen
Werkes der EKD, Berlin

8.26
Schreiben des Central-Ausschusses an Landes- und Provinzialausschüsse betr. Verdrängung der Mutterhausschwestern aus Gemeindepflegestationen
Hans Harmsen
(1899-1989)
Berlin, 1. November 1934
Hektografiert, 29,5×21 cm
Archiv des Diakonischen
Werkes der EKD, Berlin

8.27
Vertrag zwischen NSV und Central-Ausschuß betr. Bereitstellung von Schwestern
Erich Hilgenfeldt
(1897-1945)/Constantin
Frick (1877-1949)
25. Januar 1939
Hektografiert, 29,7×21 cm
Archiv des Diakonischen
Werkes der EKD, Berlin

8.28
›Gestutzte Engel‹. Karikatur
in: Flammenzeichen Jg. 10,
Nr. 28 (Sondernummer)
Juli 1936
Staatsbibliothek zu Berlin
Preußischer Kulturbesitz

8.29
Leistungen der nationalsozialistischen Wohlfahrtspflege
München und Berlin: Zentralverlag der NSDAP, 1937
Bibliothek des Diakonischen Werkes der EKD,
Berlin

8.30
Abzeichen der Freien Schwesternschaft der NSV
nach 1934
Messing, emailliert,
Durchmesser 3,8 cm
Deutsches Historisches
Museum, Berlin

8.33
Siegfried Graf von Lüttichau (1877-1965)
um 1950
Fotografie, 12,5×10,1 cm
Privatbesitz
1925-1949 Vorsteher der Diakonissenanstalt Kaiserswerth, 1932-1948 Vorsitzender des Kaiserswerther Verbandes deutscher Diakonissenmutterhäuser

8.34
Erste Kundgebung der Diakoniegemeinschaft im Berliner Lehrervereinshaus
Berlin, 15. November 1933
Fotografie, aufgezogen,
18×23,5 cm
Diakoniewerk Kaiserswerth e.V., Fachbibliothek
für Frauendiakonie und
Fliednerarchiv, Düsseldorf

8.36
Gesunde Eltern, gesunde Kinder!
Franz Würbel
Berlin, um 1934
Plakat, Tiefdruck auf
Papier, 60×42 cm
Deutsches Historisches
Museum, Berlin

8.37
Das Gesetz zur Verhütung erbkranken Nachwuchses. Eine Handreichung für die Schulung der in unseren Anstalten und in der Wohlfahrtspflege wirkenden Kräfte
Hans Harmsen
(1899-1989) (Hg.)
Berlin: Verlag Dienst am
Leben, 1935
Deutsches Historisches
Museum, Berlin

8.38
Rundschreiben 9 der Auskunftsstelle des Central-Ausschusses für Innere Mission betr. das Gesetz zur Verhütung erbkranken Nachwuchses
Constantin Frick
(1877-1949) /
Hans Harmsen
(1899-1989)
Berlin, 1. Juli 1935
Druck auf Papier,
23×15,5 cm
Archiv des Diakonischen
Werkes der EKD, Berlin

8.39
Rassekunde im Brüderunterricht
in: Bericht über das
43. Arbeitsjahr April
1938 bis März 1939 der
Stiftung Tannenhof
Remscheid, 1939
Bibliothek des Diakonischen Werkes der EKD,
Berlin

8.40
Eheschliessung Sterilisierter vom evangelischen und rechtlichen Standpunkt aus gesehen
Hans Harmsen
(1899-1989)
Berlin: Verlag Dienst am
Leben, 1935
Archiv des Diakonischen
Werkes der EKD, Berlin

8.41
Ein Wort an die erbkranken evangelischen Taubstummen
Reichsverband der evang.
Taubst.-Seelsorger
Deutschlands
1933/1935
Druck auf Papier,
29×21 cm
Archiv des Diakonischen
Werkes der EKD, Berlin

8.42
Liste der untergebrachten Kranken (männlich) mit Sterilisationsvermerken
Rotenburg, 1933
Tinte auf Papier,
34×42 cm
Rotenburger Werke der
Inneren Mission

8.43
Die Freigabe der Vernichtung lebensunwerten Lebens
Karl Binding
(1841-1920)/Alfred Hoche
(1865-1943)
Leipzig: Felix Meiner,
2. Aufl. 1922
Deutsches Historisches
Museum, Berlin

8.44
Dürfen wir minderwertiges Leben vernichten?
Martin Ulbrich (1863-1935)
Berlin: Wichern-Verlag,
1925
Hauptarchiv der v. Bodelschwinghschen Anstalten
Bethel, Bielefeld

8.45
Samariterstift Grafeneck
um 1930
Fotografie (Abzug 1998)
Gedenkstätte Grafeneck,
Samariterstift Grafeneck

8.46
Beschlagnahme-Erlaß, die Samariterstiftung Grafeneck betreffend
Landrat Alber
Münsingen,
14. Oktober 1939
Maschinenschrift auf
Papier, 28×20 cm
Gedenkstätte Grafeneck,
Samariterstift Grafeneck

8.47
Todesnachricht, einen Patienten aus Pfingstweide/Stetten betreffend
Grafeneck, 9. Februar 1940
Maschinenschrift auf

Papier, 28×20cm
Gedenkstätte Grafeneck,
Samariterstift Grafeneck

8.48
Privater Protestbrief an die Anstalt Pfingstweide
Ludwigsburg, 15. Februar 1940
Reproduktion, 28×20cm
Gedenkstätte Grafeneck,
Samariterstift Grafeneck

8.49
Bericht des Landesverbandes der Inneren Mission Württemberg an den Central-Ausschuß
Stuttgart, 30. März 1940
Maschinenschrift auf Papier, 28,5×19,5cm
Archiv des Diakonischen Werkes der EKD, Berlin

8.50
Paul Gerhard Braune (1887-1954)
um 1945
Fotografie, 13,5×8,5cm
Archiv des Diakonischen Werkes der EKD, Berlin
Theologe, 1922-1954 Leiter der Hoffnungstaler Anstalten, seit 1931 Vize-Präsident des Central-Ausschusses

8.51
Denkschrift an Adolf Hitler (1889-1945). Entwurf
Paul Gerhard Braune (1887-1954)
9. Juli 1940
Maschinenschrift auf Papier, 29×21cm
Hoffnungstaler Anstalten, Lobetal

8.52
Theophil Wurm (1868-1953)
um 1935
Fotografie, 24×18cm
Bildarchiv Preußischer Kulturbesitz, Berlin
Theologe, Landesbischof von Württemberg, Wortführer der Bekennenden Kirche

8.53
Friedrich von Bodelschwingh (1877-1946)
um 1941
Fotografie, 29 × 18 cm
Hauptarchiv der v. Bodelschwinghschen Anstalten Bethel, Bielefeld
Theologe, 1910-1946 Leiter der v. Bodelschwinghschen Anstalten Bethel

8.54
Brief an den Regierungspräsidenten in Minden, Adolf Freiherr von Oeynhausen
Friedrich von Bodelschwingh (1877-1946)
Bethel, 17. Juli 1940
Maschinenschrift auf Papier, 29×21cm
Hauptarchiv der v. Bodelschwinghschen Anstalten Bethel, Bielefeld

8.55
Tagebuch
Alfred Behrens (1895-1969)
Bad Kreuznach, 1940
Tinte auf Papier, 22,5×13,7cm
Privatbesitz
Chefarzt der Diakonie-Anstalten Bad Kreuznach

8.56
Patienten-Karteikarten
Heil- und Pflegeanstalt Kork
bis 1940
Maschinenschrift, Abzug, Tinte auf Pappe, 14,5×21cm
Epilepsiezentrum Kork, Kehl

8.57
Anschreiben der Gemeinnützigen Kranken-Transport-G.m.b.H.
Berlin, 1. Oktober 1941
Maschinenschrift auf Papier, 29×21cm
Rotenburger Werke der Inneren Mission

8.58
Vor dem Abtransport von Patienten mit dem Gekrat-Bus nach Grafeneck
Stetten, 1940
Fotografie, 15,8×30cm
Diakonie Stetten, Kernen

8.59-8.60
Abtransport von Heimbewohnern in Bruckberg
1941
2 Fotografien, je 8,8×12,5cm
Diakonie Neuendettelsau

8.61
»Transportliste Nr. 1«
Stetten, 10. September 1940
Maschinenschrift auf Papier, 29,5×21cm
Diakonie Stetten, Kernen

8.62
Kinderabteilung 1 des Katharinenhofes in Großhennersdorf
Karl W. O. Daniel (1909-1983)
1940
Fotografie, 8,7×13,8cm
Dr. Jürgen Trogisch, Dresden

8.63
Kinderabteilung 2 des Katharinenhofes in Großhennersdorf
Karl W. O. Daniel (1909-1983)
1940
Fotografie, 8,7×13,8cm
Dr. Jürgen Trogisch, Dresden

8.64
Kinderabteilung 6 des Katharinenhofes in Großhennersdorf
Karl W. O. Daniel (1909-1983)
1940
Fotografie, 8,7×13,8cm
Dr. Jürgen Trogisch, Dresden

8.65
Kinderabteilung 7 des Katharinenhofes in Großhennersdorf
Karl W. O. Daniel (1909-1983)
1940
Fotografie, 8,7×13,8cm
Dr. Jürgen Trogisch, Dresden

8.66
Kinderabteilung 10 des Katharinenhofes in Großhennersdorf
Karl W. O. Daniel (1909-1983)
1940
Fotografie, 8,7×13,8cm
Dr. Jürgen Trogisch, Dresden

8.67
Kinderabteilung 11 des Katharinenhofes in Großhennersdorf
Karl W. O. Daniel (1909-1983)
1940
Fotografie, 8,7×13,8cm
Dr. Jürgen Trogisch, Dresden

BRÜCKEN

9.1
Stuttgarter Schulderklärung des Rates der Evangelischen Kirche in Deutschland vom 18./19. Oktober 1945
in: Verordnungs- und Nachrichtenblatt Nr.1/ Januar 1946
Druck auf Papier, 29,7×21cm
Bibliothek des Diakonischen Werkes der EKD, Berlin

9.2
Treysaer Erklärung der ›Arbeitsgemeinschaft der Männlichen Diakonie‹ vom 4. September 1946
Bielefeld: Ludwig Bechauf, 1946

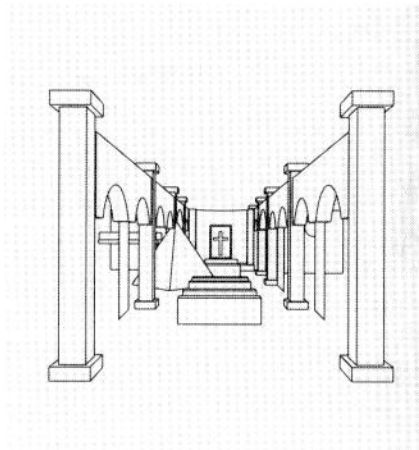

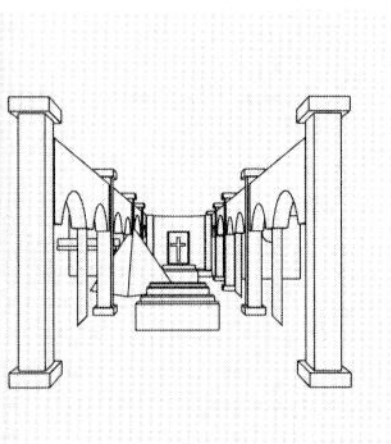

Archiv des Diakonischen Werkes der EKD, Berlin

9.3
Hilfswerk der evangelischen Kirche. Haus- und Strassensammlung. Plakat
Rudi H. Wagner (geb. 1914)
um 1955
Linoldruck auf Papier, 85,8×61 cm
Archiv des Diakonischen Werkes der EKD, Berlin

9.4
Willst Du froh Weihnacht feiern können? Plakat des Hilfswerks der Evangelischen Kirche in Deutschland
1946
Druck auf Papier, 51,1×42,8 cm
Archiv des Diakonischen Werkes der EKD, Berlin

9.5
Liebe ist stärker als Not. Plakat der Inneren Mission
Ernst Gustav Jaeger (1880-n. 1955)
1946
Offset, 60×42 cm
Archiv des Diakonischen Werkes der EKD, Berlin

9.6
Lastenausgleich? »Einer trage des andern Last!«. Plakat zur Einhundertjahrfeier der Inneren Mission
Willi Hofmann (1909-1964)
1948
Offset, 60×42 cm
Archiv des Diakonischen Werkes der EKD, Berlin

9.7
Die Ordnung des neuen Werkes: »Innere Mission und Hilfswerk der Evangelischen Kirche in Deutschland«
in: Das diakonische Werk 4/1957, S. 8-9
Stuttgart, April 1957
Druck auf Papier, 29,8×21,2 cm
Bibliothek des Diakonischen Werkes der EKD, Berlin

9.8
Zusammenschluß von Innerer Mission und Evang. Hilfswerk. Gruppenbild
Berlin-Zehlendorf, 1. April 1957
Fotografie, 12×17,5 cm
Archiv des Diakonischen Werkes der EKD, Berlin

9.9
Logo des Evangelischen Hilfswerks mit Kronenkreuz. Klischee
1956/1957
Metall, 5,3×2,7 cm
Diakonisches Werk in der Kirchenprovinz Sachsen e.V., Magdeburg

9.10
Kinder im Flüchtlingslager ›Knechtsche Ziegelei‹
1945/1949
Fotografie, 8,5×12,5 cm
Landeskirchliches Archiv Stuttgart

9.11
Bericht einer Diakonisse über die Flucht aus Ostpreußen
Käte Wiegratz (gest. 1992)
nach 1945
Maschinenschrift auf Papier mit Kreidezeichnungen, 29,5×21 cm
Ev.-luth. Diakonissen-Mutterhaus Bethanien (Lötzen), Quakenbrück

9.12
Wir sind arm. Die Flüchtlinge sind ärmer. Gebt gern und brüderlich. Plakat
Münster: Hansa-Druckerei, August 1946
Lithografie, 47,3×34 cm

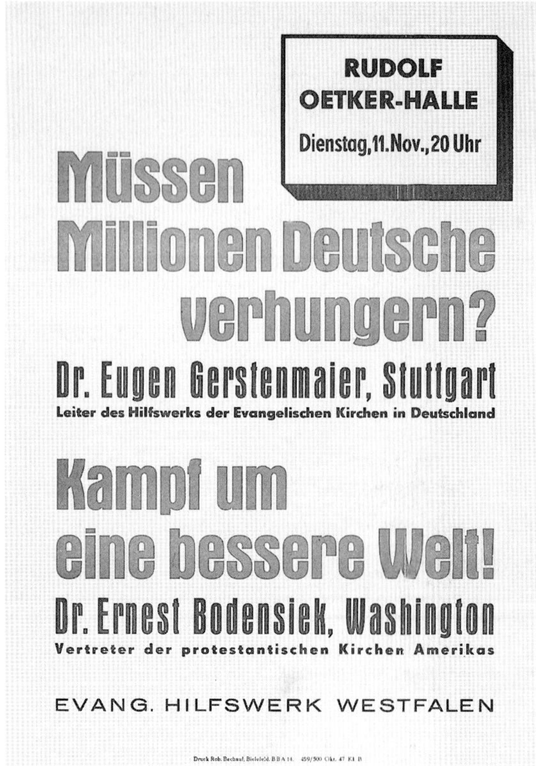

9.16

Archiv des Diakonischen Werkes der Evangelischen Kirche von Westfalen, Münster

9.13
Winternothilfe Straßen- und Haussammlungen. Wir wollen und müssen alle helfen. Plakat
November 1945
Tiefdruck, 30,4×43 cm
Archiv des Diakonischen Werkes der Evangelischen Kirche von Westfalen, Münster

9.14
Wir sind deutsche Kinder. Helft uns! Das Hilfswerk der Evangelischen Kirchen in Deutschland. Collage
1946
Fotografien, Tinte auf Pappe, 31×57 cm
Archiv des Diakonischen Werkes der EKD, Berlin

9.15
Tabellen zur Versorgungslage von Bad Kreuznach
Alfred Behrens (1895-1969) u.a.
Bad Kreuznach, 1947/1948
Blaupausen, je 29×19 cm
Privatbesitz

9.16
Müssen Millionen Deutsche verhungern? Ankündigung eines Vortrages von Eugen Gerstenmaier (1906-1986)
Bielefeld: Robert Bechauf, Oktober 1947
Druck auf Papier, 42×29,6 cm
Archiv des Diakonischen Werkes der Evangelischen Kirche von Westfalen, Münster

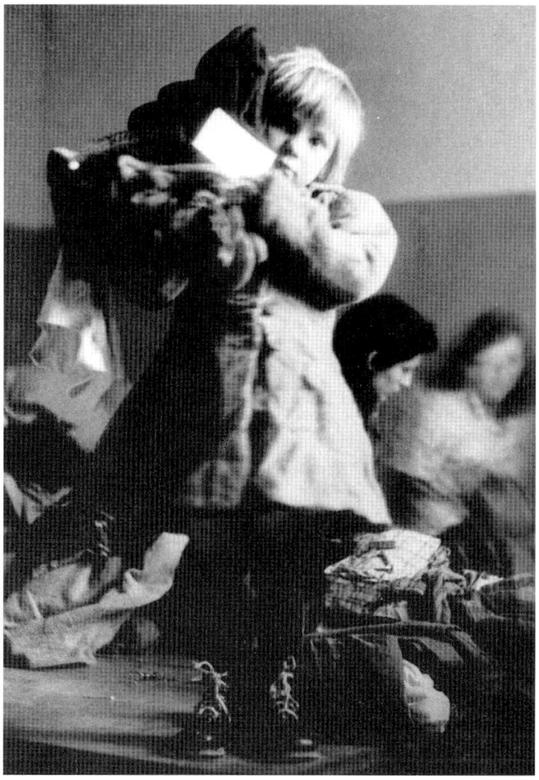

9.23

9.17
Eugen Gerstenmaier (1906-1986)
um 1950
Fotografie, 21×16,5 cm
Bildarchiv Preußischer Kulturbesitz, Berlin
Theologe und Politiker, 1945 Gründer und bis 1950 Leiter des Hilfswerks der Evangelischen Kirche in Deutschland

9.18
Die wichtigsten Zahlen aus der Arbeit des Hilfswerks 1945-1949
1950
Druck auf Papier, 29×21 cm
Archiv des Diakonischen Werkes der EKD, Berlin

9.19
Spendenverteilung durch die Innere Mission
Bamberg, 1945/1950
Fotografie, 17,5×12,5 cm
Diakonisches Werk der Ev.-Luth. Kirche in Bayern e.V., Nürnberg

9.20
Diakonisse und junges Mädchen in der Küche
1946/1950
Fotografie, 12×17 cm
Diakonisches Werk der Ev.-Luth. Kirche in Bayern e.V., Nürnberg

9.21
Mädchen freut sich über eine Konservenbüchse
1945/1949
Fotografie, 12,5×17,5 cm
Diakonisches Werk der Ev.-Luth. Kirche in Bayern e.V., Nürnberg

9.22
Das Evangelische Hilfswerk verteilt Apfelsinen
1945/1949
Fotografie, 17,5×13 cm
Landeskirchliches Archiv Stuttgart

9.23
Verteilung von Textilien
1945/1948
Fotografie, 11,5×8,8 cm
Landeskirchliches Archiv Stuttgart

9.24
Kinderspeisung
Guben, Herbst 1949
Fotografie, 11×16,2 cm
Archiv des Diakonischen Werkes der EKD, Berlin

9.25
Kinderspeisung
Fürstenberg/Oder, Sommer 1948
Fotografie, 11,5×18 cm
Archiv des Diakonischen Werkes der EKD, Berlin

9.26
Kinderspeisung
Fürstenberg/Oder, Sommer 1948
Fotografie, 18×13 cm
Archiv des Diakonischen Werkes der EKD, Berlin

9.27
Porträt eines Versehrten bei der Kleiderausgabe
1945/1949
Fotografie, 18×13 cm
Landeskirchliches Archiv Stuttgart

9.28
Spendenvergabe
1946/1950
Fotografie, 18×12,5 cm
Mennonitische Hilfswerke, Weissach im Tal

9.29
Beten + Geben. Plakat des Hilfswerks der Evangelischen Kirche
Stuttgart: Belser-Druck, 1946/1950
Druck auf Papier, 58,4×42,4 cm
Archiv des Diakonischen Werkes der EKD, Berlin

9.30
Gemeinsame Suchdienst-Meldestelle von Caritas und Evangelischem Hilfswerk
1945/1950
Fotografie, 18×24 cm
Archiv des Deutschen Caritasverbandes, Freiburg

9.31
Auskunftsantrag des Hilfswerks der Evangelischen Kirchen in Deutschland, Abt.I/4 Kriegsgefangene
Dezember 1948
Druck, Maschinenschrift auf Papier, 19×14,3 cm
Archiv des Diakonischen Werkes der EKD, Berlin

9.32
Liste mit gewünschten Gegenständen für Kriegsgefangene
Landesbischof Heckel
Erlangen: Junge und Sohn, August 1946
Druck auf Papier, 21×29,8 cm
Landeskirchliches Archiv Nürnberg

9.33
Sechs Erholungsheime (für Heimkehrer) des Evangelischen Hilfswerks in Bayern. Broschüre
um 1950
Offset, 21×14,5 cm
Landeskirchliches Archiv Nürnberg

9.34
Heime Heimat. Plakat
Karl Grosse
Dortmund: W. Crüwell, Juni 1949
Lithografie, 59,5×41,4 cm
Archiv des Diakonischen Werkes der Evangelischen Kirche von Westfalen, Münster

9.36
Besuch eines Pfarrers in einer Notunterkunft
Cham, 1945/1947
Fotografie, 12,5×17,5 cm
Diakonisches Werk der Ev.-Luth. Kirche in Bayern e.V., Nürnberg

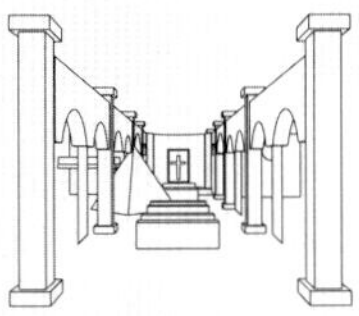

9.37

9.37
Lebensmittelverteilung in der Eisenbahner-Flüchtlingssiedlung am Nürnberger Südfriedhof
5. August 1949
Fotografie, 17,5 × 12,5 cm
Diakonisches Werk der Ev.-Luth. Kirche in Bayern e.V., Nürnberg

9.38
Sie erhalten ihr CARE-Paket gebührenfrei
1945/1955
Druck auf Papier, 21 × 30 cm
Archiv des Diakonischen Werkes der Evangelischen Kirche von Westfalen, Münster

9.39
Diakonisse verteilt Inhalt eines CARE-Paketes
1945/1950
Fotografie, 12,5 × 17,5 cm
Diakonisches Werk der Ev.-Luth. Kirche in Bayern e.V., Nürnberg

9.40
Mehlsack des Mennonitischen Hilfswerks
1947/1949
Leinen, 80 × 40 cm
Mennonitische Hilfswerke, Weissach im Tal

9.41
Milchpulverdose
1945/1950
Metall, Höhe 17,5 cm, Durchmesser 15,5 cm
Privatbesitz

9.42
Hilfsgüterverteilung durch das Mennonitische Hilfswerk
Heilbronn, 1945/1952
Fotografie, 11,6 × 16 cm
Mennonitische Hilfswerke, Weissach im Tal

9.43
Lastwagen mit Spenden
1946/1950
Fotografie, 12,5 × 17,5 cm
Diakonisches Werk der Ev.-Luth. Kirche in Bayern e.V., Nürnberg

9.44
Sammelkiste des Evangelischen Hilfswerks
1945/1955
Holz, Metall, lackiert, 13,5 × 30 × 20 cm
Archiv des Diakonischen Werkes der EKD, Berlin

9.47
Bauarbeiten der Flüchtlingssiedlung Neckarsteinach
1946
Fotografie, 29,7 × 23,8 cm
Technische Universität Darmstadt

9.48
Flüchtlingsstadt Espelkamp. Gesamtplan
Bielefeld, 1949/1950
Blaupause, 90 × 104 cm
Archiv des Diakonischen Werkes der EKD, Berlin

9.49
Die Baustellen der 48 Notkirchen 1947-49
1952
Deckfarben, Pappe, 96,5 × 72 cm
Technische Universität Darmstadt

9.50
Modell der St. Petri-Notkirche
1949
Blech, Holz, bemalt, 79 × 80 × 52 cm
Ev.-Luth. St. Petri-Kirchengemeinde Döhren, Hannover

9.51
Lieferschein des Hilfswerks der Evangelischen Kirchen der Schweiz betr. Literaturspende
2. November 1946
Druck auf Papier, Maschinenschrift, 29,5 × 21 cm
Archiv des Diakonischen Werkes der EKD, Berlin

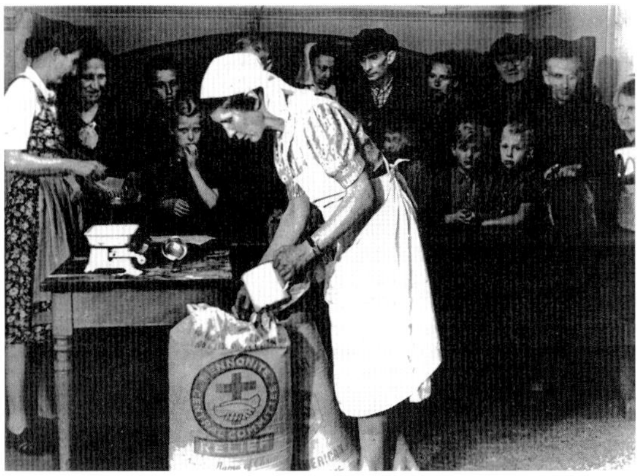

9.42

9.52
Englische Bibel, nach Ende des Zweiten Weltkrieges gestiftet von ›Christian Reconstruction in Europe‹
Cambridge: University Press, 1879
Privatbesitz

9.53
Helft und schenkt Freude – Kauft Wohlfahrtsbriefmarken. Plakat der Arbeitsgemeinschaft der Spitzenverbände der Freien Wohlfahrtspflege
W. Dziubinski
1949/1950
Offset, 42 × 30 cm
Archiv des Deutschen Caritasverbandes, Freiburg

9.54
Weihnachtskarte des Hilfswerks der EKD
Andreas Paul Weber (1893-1980)
1948
Holzschnitt, Papier, 15,3 × 11 cm
A. Paul-Weber-Museum, Ratzeburg

9.55
Erinnerungsblatt des Evangelischen Hilfswerks
Andreas Paul Weber
(1893-1980)
1948
Holzschnitt, 38 × 26,4 cm
A. Paul-Weber-Museum, Ratzeburg

9.57
Dankesgruß für die Helfer und Helferinnen
1952
Lithografie, 29,5 × 21 cm
Landeskirchliches Archiv Nürnberg

9.58
Brot für die Welt. Plakat
Rudi H. Wagner
(geb. 1914)
1959
Lithografie, 49 × 42 cm
Archiv des Diakonischen Werkes der EKD, Berlin

9.59
Spendenbüchse von Brot für die Welt. Motiv ›Hungerhand‹
1959
Blech, 13 × 8 cm
Archiv des Diakonischen Werkes der EKD, Berlin

9.60
Schreiben der Westfälischen Frauenhilfe an die britische Militärregierung
1945/19 46
Maschinenschrift auf Papier, 15 x 21 cm
Archiv der Evangelischen Frauenhilfe in Westfalen e.V., Soest

9.61
Innere Mission ruft auf zur Mütterhilfe!
Friedrich Münchmeyer
(1901-1988)
Bethel, November 1947
Druck auf Papier, 25,2 × 18,5 cm
Archiv der Evangelischen Frauenhilfe in Westfalen e.V., Soest

9.62
Werdende Mutter! Bist Du in Not, komm zur Evangelischen Mütterhilfe!
1946/1948
Druck auf Papier, 34 × 23,8 cm
Archiv der Evangelischen Frauenhilfe in Westfalen e.V., Soest

9.63
An alle Ärzte, Ärztinnen, Hebammen und Fürsorgerinnen
Westfälische Frauenhilfe
Soest, 1947/1950
Druck auf Papier, 21 × 14,8 cm
Archiv der Evangelischen Frauenhilfe in Westfalen e.V., Soest

9.43

PERSPEKTIVEN

10.1
Dein Päckchen nach Drüben. Flugblatt der Spitzenverbände der freien Wohlfahrtspflege
Hannover: Willy F. P. Fehling, 1957/1967
Offset, 20,5 × 14,5 cm
Archiv des Diakonischen Werkes der Evangelischen Kirche von Westfalen, Münster

10.2
Schickt Weihnachts-Pakete über die Zonengrenze. Plakat des Hilfswerks der Evangelischen Kirche in Deutschland, Zentralbüro Stuttgart
Bonn: Brandt, um 1950
Lithografie, 41,8 × 28,9 cm
Archiv des Diakonischen Werkes der Evangelischen Kirche von Westfalen, Münster

10.3
Dein Päckchen nach drüben – sie warten darauf! Faltblatt des Zentralbüros des Hilfswerks der Evangelischen Kirche in Deutschland
Adolf Westerdorf
(geb. 1907)
Stuttgart, Oktober 1956
Druck auf Papier, 18,3 × 14,7 cm
Diakonisches Werk der Ev.-Luth. Landeskirche Hannovers e.V.

10.4
»Steinhoff-Erlaß« betr. die Einfuhr und Verteilung von Liebesgaben durch kirchliche Organisationen. Abschrift
Berlin, 12. Dezember 1950
Durchschlag, 29,5 × 21 cm
Archiv des Diakonischen Werkes der EKD, Berlin

10.5
Einfuhrgenehmigung von ausländischen Spenden
Berlin, 7. Mai 1951
Maschinenschrift auf Papier, 30 × 22 cm
Evangelisches Zentralarchiv in Berlin

10.7
Vorsicht! Ihnen droht Gefahr! Flugblatt
Potsdam: Märkische Volksstimme, 1953
Druck auf Papier, 29,5 × 21 cm
Archiv des Diakonischen Werkes der EKD, Berlin

10.8
Signal auf Halt! Flugblatt der Nationalen Front des demokratischen Deutschland
Berlin, 1950/1960
Druck auf Papier, 29,5 × 21 cm
Archiv des Diakonischen Werkes der EKD, Berlin

10.9
Diakonie in der DDR. Wir warten auf Eure Hilfe. Broschüre
Hannover: IM und HW der Ev.-luth. Landeskirche Hannover, 1968/1970
Offset, 20,8 × 14,3 cm
Diakonisches Werk der Ev.-Luth. Landeskirche Hannovers e.V.

10.10
Dankesbrief für Weihnachtspäckchen
Leipzig, 8. Dezember 1984
Druck auf Papier, 29 × 21 cm
Diakonisches Werk des Ev.-luth. Stadtkirchenverbandes Hannover e.V.

10.11
Dankmappe von Besucherinnen des Müttererholungsheims »Zum Liethenek«

um 1970
Scherenschnitt, Schleife, 29,5 × 21 cm
Archiv des Diakonischen Werkes der EKD, Berlin

10.12
Dankesbrief für eine Reise nach Weimar
6. Januar 1971
Buntstift, Tinte auf Papier, 18,5 × 14 cm
Archiv des Diakonischen Werkes der EKD, Berlin

10.13
Dank für Patenschaftsaktion
Berlin: Zentralbüro Berliner Stelle,
7. Dezember 1951
Maschinenschrift auf Papier, 29,5 × 21 cm
Archiv des Diakonischen Werkes der EKD, Berlin

10.14
Organisationsschema der Volkssolidarität
um 1947
Druck auf Papier, 29,7 × 43 cm
Archiv des Diakonischen Werkes der EKD, Berlin

10.15
Bericht über den Zentralausschuss der Volkssolidarität in der sowjetischen Zone
Berlin, 4. Juni 1946
Durchschlag, 29 × 21 cm
Archiv des Diakonischen Werkes der EKD, Berlin

10.16
Volkssolidarität. Mitteilungsblatt für alle Ortsausschüsse und Aktivisten der Volkssolidarität
Januar 1948
Druck auf Papier, 29,5 × 21 cm
Archiv des Diakonischen Werkes der EKD, Berlin

10.17
Programmheft einer Arbeitstagung der Volkssolidarität in Leipzig
Oktober 1946
Druck auf Papier, 21 × 15 cm
Archiv des Diakonischen Werkes der EKD, Berlin

10.18
Die deutschen Bahnhofsmissionen
nach 1945
Druck auf Karton, 86 × 61,7 cm
Archiv des Diakonischen Werkes der Evangelischen Kirche von Westfalen, Münster

10.19
Heinrich Grüber (1891-1975)
Erich Böhm
1958
Fotografie, 14,4 × 10 cm
Privatbesitz
Theologe, 1937-1940 Leiter der ›Hilfsstelle für evangelische Rasseverfolgte‹ (Büro Grüber), 1949-1958 Bevollmächtigter des Rates der EKD bei der Regierung der DDR

10.20
Brief der Bahnhofsmission zu den Verleumdungen der Volkssolidarität
Heinrich Grüber (1891-1975)
Berlin, 25. Oktober 1952
Durchschlag, 30 × 22 cm
Evangelisches Zentralarchiv in Berlin

10.21
Brief an Otto Nuschke (1883-1957) betr. die Räumungsverfügung gegen die Bahnhofsmission Radebeul
Heinrich Grüber (1891-1975)
Berlin, 19. Januar 1956
Maschinenschrift auf Papier, 29,5 × 21 cm
Evangelisches Zentralarchiv in Berlin

10.22
Brief an die Pfarrer der Landeskirche mit der Bitte um Aufnahme von zehn verhafteten Mitarbeitern der Bahnhofsmission in die namentliche Fürbitte. Abschrift
Otto Dibelius (1880-1967)
Berlin, 20. Januar 1956
Maschinenschrift auf Papier, 29,5 × 21 cm
Evangelisches Zentralarchiv in Berlin

10.24
Brief an Otto Nuschke (1883-1957) betr. die Durchsuchung von Lobetal am 18. Mai 1953. Abschrift
Paul Gerhard Braune (1887-1954)
Berlin, 19. Mai 1953
Maschinenschrift auf Papier, 29,5 × 21 cm
Archiv des Diakonischen Werkes der EKD, Berlin

10.25
Otto Nuschke (1883-1957), Stellvertretender Ministerpräsident und Vorsitzender der CDU, besucht die Züssower Diakonie-Anstalten
Gottfried Janczikowsky
Züssow, 22. September 1953
Fotografie, 13 × 18 cm
Pommerscher Diakonie-Verein Züssow e.V.

10.26
Theodor Wenzel (1894-1954) und Paul Gerhard Braune (1887-1954), in: Unser buntes Blatt. Bilder aus der Berliner Inneren Mission
Berlin, Oktober 1954
Druck auf Papier, 20,5 × 14,8 cm
Stephanus-Stiftung, Berlin

10.27
Protokoll über die Geschäftsführerkonferenz vom 2. Juni 1969
Berlin, 2. Juni 1969
Durchschlag, 29,5 × 21 cm
Archiv des Diakonischen Werkes der EKD, Berlin

10.36

10.44

10.28
Beschlußvorlage für Namensänderung
Ernst Petzold (geb. 1930)
Berlin, 28. Februar 1979
Hektografiert, 29,5 × 21 cm
Archiv des Diakonischen Werkes der EKD, Berlin

10.29
Werke der Inneren Mission im Kirchgebiet Brandenburg
1954/1957
Lithografie, 29,5 × 41,8 cm
Archiv des Diakonischen Werkes der EKD, Berlin

10.30
Werke der Inneren Mission der Ev.-Luth. Landeskirche Mecklenburgs
1955
Lithografie,
57,6 × 83 cm
Archiv des Diakonischen Werkes der EKD, Berlin

10.31
Wandbehang mit Ansicht der Züssower Diakonieanstalten. Gefertigt von Mitarbeitern der Arbeitstherapie
Züssow, 1958-1961
Textiles Material, gestickt,
103 × 259 cm
Pommerscher Diakonie-Verein Züssow e.V.

10.32
Diakonie in Pommern
in: Sonntagsspiegel
Bethel: Evangelisches Pressehaus, September 1956
Kupfertiefdruck,
31,5 × 24 cm
Pommerscher Diakonie-Verein Züssow e.V.

10.33
Modell des Oberlingeländes für Taubblinde
Schwester Ruth Langer
Potsdam, um 1985
Holz, bemalt,
10 × 75,5 × 41 cm
Oberlinhaus, Potsdam

10.34
Gruß aus dem Katharinenhof
Großhennersdorf, 1984
Druck auf Papier,
21 × 14,5 cm
Archiv des Diakonischen Werkes der EKD, Berlin

10.35
Schlafraum im Jugend- und Pflegeheim Heilbrunn
15. August 1977
Fotografie (Abzug 1998)
Archiv des Diakonischen Werkes der EKD, Berlin

10.36
Waschraum im Jugend- und Pflegeheim Heilbrunn
15. August 1977
Fotografie (Abzug 1998)
Archiv des Diakonischen Werkes der EKD, Berlin

10.37
Übersicht über die Bauprogramme im Bereich des Diakonischen Werkes – Innere Mission und Hilfswerk – der Evangelischen Kirchen in der DDR 1969-1984
Dieter Urbach
Berlin, August 1981
Druck auf Papier,
120 × 86 cm
Archiv des Diakonischen Werkes der EKD, Berlin

10.38
Schild des Bauberatungs- und Planungsbüros des Diakonischen Werkes – IMHW – der Evangelischen Kirchen in der DDR
um 1982
Metall, emailliert,
20,5 × 41 cm
Archiv des Diakonischen Werkes der EKD, Berlin

10.39
Kinderpsychiatrische Rehabilitationsklinik Fürstenwalde
Chemnitz: Evangelischer Verlag Max Müller,
um 1973
Postkarte, Fotografie,
10,2 × 14,6 cm
Samariteranstalten, Fürstenwalde/Spree

10.40
Ernst Petzold bei der Grundsteinlegung für Erweiterungsbauten in Fürstenwalde
25. September 1981
Fotografie (Abzug 1998)
Archiv des Diakonischen Werkes der EKD, Berlin
1976-1991 Direktor des Diakonischen Werkes – Innere Mission und Hilfswerk – der Evangelischen Kirchen in der DDR

10.41
Urkunde zur Gründung eines Hauses für sehgeschädigte und geistig behinderte Kinder auf dem Gelände der Samariteranstalten Fürstenwalde. Abschrift
Berlin: Diakonisches Werk – Innere Mission und Hilfswerk – der evangelischen Kirchen in der DDR,
25. September 1981
Druck auf Papier,
29,5 × 21 cm
Archiv des Diakonischen Werkes der EKD, Berlin

10.42
Neubauten in den Samariteranstalten Fürstenwalde in der Bauphase
Mai 1984
Fotografie (Abzug 1998)
Archiv des Diakonischen Werkes der EKD, Berlin

10.43
Neubauten in den Samariteranstalten Fürstenwalde nach der Fertigstellung
August 1987
Fotografie (Abzug 1998)
Archiv des Diakonischen Werkes der EKD, Berlin

10.44
Bei der Grundsteinlegung Neubau Johannenhof in den Neinstedter Anstalten
23. Juni 1982
Fotografie (Abzug 1998)
Archiv des Diakonischen Werkes der EKD, Berlin

10.45
Einladung zur Einweihungsfeier von Neubauten auf dem Osterberg als Erweiterung der Neinstedter Anstalten
Neinstedt, 1986
Druck auf Papier, 21 × 15 cm
Archiv des Diakonischen Werkes der EKD, Berlin

10.46
Einweihungsfeier der Neubauten auf dem Osterberg in den Neinstedter Anstalten
24. Juni 1986
Fotografie (Abzug 1998)
Archiv des Diakonischen Werkes der EKD, Berlin

10.47
Haus ›Bethanien‹ des Altenzentrums Bethesda in Eisenberg
Fritz Decker/Georg Krause/Lothar Maier
1989
Pappe, 26 × 45 × 78 cm
Altenzentrum Bethesda, Eisenberg

10.48
Glückwunschschreiben an das Oberlinhaus zu seinem einhundertjährigen Bestehen
Potsdam, 20. September 1974
Druck auf Papier, 29 × 45 cm
Oberlinhaus, Potsdam

10.49
Anerkennungsurkunde für das Kollektiv der Züssower Diakonie Anstalten
W. Marlow
Rostock, Februar 1979
Druck, Tinte, Foto auf Papier, 20,7 × 14,7 cm
Pommerscher Diakonie-Verein Züssow e.V.

10.50
Hufeland-Medaille, verliehen am 10. Dezember 1961 an Walther Liesenhoff (1908-1993)
Silber, Durchmesser 3 cm
Pommerscher Diakonie-Verein Züssow e.V.

10.51
Ludwig Mecklinger (1919-1994), Minister für Gesundheitswesen, im Paul-Gerhard-Stift
Wittenberg, 1975/1980
Fotografie (Abzug 1998)
Archiv des Diakonischen Werkes der EKD, Berlin

10.52
Broschüre der Initiative ›Roller und Latscher‹
1970/1980
Hektografiert, 10 × 21 cm
Diakonisches Werk Berlin-Brandenburg e.V., Referat Soziale Rehabilitation Körperbehinderter, Berlin

10.53
Miteinander – Füreinander. Stempel der Initiative ›Roller und Latscher‹
1970/1980
Holz, Linoleum, 7,2 × 4,9 × 9,2 cm
Diakonisches Werk Berlin-Brandenburg e.V., Referat Soziale Rehabilitation Körperbehinderter, Berlin

10.54
Badeausflug mit Rollstuhlfahrern
1972
Fotografie (Abzug 1998)
Diakonisches Werk Berlin-Brandenburg e.V., Referat Soziale Rehabilitation Körperbehinderter, Berlin

10.55

10.55
Bunter Bilderbrief
Diakonisches Werk der Ev. Kirchen in der Deutschen Demokratischen Republik (Hg.)
Berlin, 1986
Druck auf Papier, 20,5 × 14,5 cm
Stephanus-Stiftung, Berlin

10.56
Benennen – Ordnen – Spielen – Gestalten. Didaktisches Spiel
H.-Rüdiger Hollatz
Berlin: Arbeitstherapeutische Werkstätten der Stephanus-Stiftung, um 1986
Druck auf Papier, Holz, 11,3 × 33,3 × 46 cm
Deutsches Historisches Museum, Berlin

10.57
4. Zentrales Sportfest des Diakonischen Werkes der Evangelischen Kirchen in der DDR für geistig Behinderte
Eisenach, 21.-24. Juni 1988
Druck auf Papier, 30 × 21 cm
Archiv des Diakonischen Werkes der EKD, Berlin

10.58
Laufwettbewerb beim 1. Behinderten-Sportfest des Diakonischen Werkes der Ev. Kirchen in der DDR in den Neinstedter Anstalten
Juni 1982
Fotografie (Abzug 1998)
Archiv des Diakonischen Werkes der EKD, Berlin

10.59
Fußballspiel beim 1. Behinderten-Sportfest des Diakonischen Werkes der Ev. Kirchen in der DDR in den Neinstedter Anstalten
Juni 1982
Fotografie (Abzug 1998)
Archiv des Diakonischen Werkes der EKD, Berlin

10.60
Ich werde Kinderdiakonin. Broschüre des Diakonischen Werkes – Innere Mission und Hilfswerk – der Evangelischen Kirchen in der DDR
Berlin, 1988
Druck auf Papier, 29,8 × 21 cm
Deutsches Historisches Museum, Berlin

10.61
Diakonisches Jahr. Ein Jahr, das Dich nicht arm macht. Ein Jahr, das anderen hilft. Broschüre des Diakonischen Werkes – Innere Mission und Hilfswerk – der Evangelischen Kirchen in der DDR
Berlin, 1981
Druck auf Papier, 29,8 × 21 cm
Diakonisches Werk Berlin-Brandenburg e.V., Berlin

10.62
Einsatzbereiche der Diakone im Anstellungsverhältnis »Kirche«
1975/1990
Hektografiert, 29,5 × 21 cm
Archiv des Diakonischen Werkes der EKD, Berlin

10.63
Anstellungsverhältnis der Diakone in der DDR
1975/1990
Hektografiert, 29,5 × 21 cm
Archiv des Diakonischen Werkes der EKD, Berlin

10.64
Posener Diakonissen der Samariteranstalten
Renate Zeun (geb. 1946)
Fürstenwalde, 1988
Fotografie (Abzug 1998)
Privatbesitz

10.65
Berufswege für den Dienst am kranken Menschen. Broschüre des Diakonischen Werkes – Innere Mission und Hilfswerk – der Evangelischen Kirchen in der DDR
Berlin, 1989
Druck auf Papier, 29,8 × 21 cm
Deutsches Historisches Museum, Berlin

10.66
Berufe in der Diakonie. Broschüre des Diakonischen Werkes – Innere Mission und Hilfswerk – der Evangelischen Kirchen in der DDR
Berlin, 1989
Druck auf Papier, 29,8 × 21 cm
Deutsches Historisches Museum, Berlin

10.67
Gästebuch
Berlin, nach 1960
Tinte auf Papier, 30,5 × 21,7 cm
Stephanus-Stiftung, Berlin

10.68
»Hoffnungszeichen aus Schrott«. Kruzifix
Reinhard Pfeiffer
Berlin, 1987
Stahl, 110 × 65 cm
Stephanus-Stiftung, Berlin

10.69
Runder Tisch – Protokoll Züssow
Günter Lembcke
Züssow, 18. Februar 1990
Maschinenschrift auf Papier, 29,5 × 21 cm
Pommerscher Diakonie-Verein Züssow e.V.

10.70
Wahlaufruf der Bürgerbewegung »Demokratisches Dorf Züssow«
Züssow, 1990
Druck auf Papier, 42 × 29,5 cm
Pommerscher Diakonie-Verein Züssow e.V.

10.71
Buchaufstellung in den Jahren 1950-1952 der Ökumenischen Büchereihilfe des Evang. Hilfswerks
Januar 1953
Abzug, 29,8 × 21 cm
Archiv des Diakonischen Werkes der EKD, Berlin

10.72
Vertrauliches Rundschreiben der Evang. Buchhilfe samt »neuer grüner Ostliste«
Kassel, Januar 1966
Druck auf Papier, 29,5 × 21 cm
Nordelbische Evangelisch-Lutherische Kirche – Nordelbisches Kirchenarchiv, Kiel

10.73
Aufstellung über Sachspenden an diakonische Einrichtungen in der DDR (EFG-Liste 7)
Berlin, 4. Januar 1980
Maschinenschrift auf Papier, 29,5 × 21 cm
Archiv des Diakonischen Werkes der EKD, Berlin

10.74
Schreiben der Genex Geschenkdienst GmbH betr. Benzinlieferung
Berlin, 24. Februar 1983
Maschinenschrift auf Papier, 29,5 × 21 cm
Archiv des Diakonischen Werkes der EKD, Berlin

10.75
Schreiben betr. Reparatur eines Röntgenbildwandlers im Königin-Elisabeth-Krankenhaus Berlin
Berlin, 16. November 1988
Maschinenschrift auf Papier, 20,5 × 15 cm
Archiv des Diakonischen Werkes der EKD, Berlin

10.76
Vollmacht des Rats der Evangelischen Kirche in Deutschland für Ludwig Geißel als Verhandlungsführer von verbindlichen Wirtschaftsvereinbarungen mit der DDR-Regierung
Bonn, 9. Juni 1958
Kopie, 29,5 × 21 cm
Archiv des Diakonischen Werkes der EKD, Berlin

10.77
Vermerk betr. ›Angelegenheit von Wedel‹, im Anhang ›Liste III‹
Ludwig Geißel (geb. 1916)
Stuttgart, 1964
Maschinenschrift auf Papier, 3 Blatt, je 29,5 × 21 cm
Archiv des Diakonischen Werkes der EKD, Berlin

10.78
Vereinbarung über Warenlieferungen an die Intrac Handelsgesellschaft
Leipzig, 12. März 1985
Maschinenschrift auf Papier, 29,5 × 21 cm
Archiv des Diakonischen Werkes der EKD, Berlin

10.80
Der breite und der schmale Weg
Berlin: Wagenbach, 1970
Offset, 66 × 51 cm
Staatliche Museen zu Berlin Preußischer Kulturbesitz, Museum für Volkskunde

10.81
Ledertasche einer Gemeindeschwester
um 1950
Leder, 48 × 39 × 8 cm
Evang. Diakoniewerk Schwäbisch Hall e.V.

10.82
Charlotten-Pflege
1920/1950
Holz, 170 × 92 × 56 cm
Evang. Diakoniewerk Schwäbisch Hall e.V.

10.83
Gemeindeschwester mit Motorrad
vor 1950
Fotografie, 6,5 × 9,5 cm
Evang. Diakoniewerk Schwäbisch Hall e.V.

10.84
Gemeindeschwester bei einem Hausbesuch
Augsburg, um 1960
Fotografie, 24 × 18 cm
Diakonisches Werk der Ev.-Luth. Kirche in Bayern e.V., Nürnberg

10.85
Gemeindeschwester auf dem Weg zu den Kranken
1964
Fotografie, 18 × 13 cm
Evang. Diakoniewerk Schwäbisch Hall e.V.

10.86
Gemeindeschwester bei der Hauspflege
Schwäbisch Hall, 1962
Fotografie, 10,5 × 7,5 cm
Evang. Diakoniewerk Schwäbisch Hall e.V.

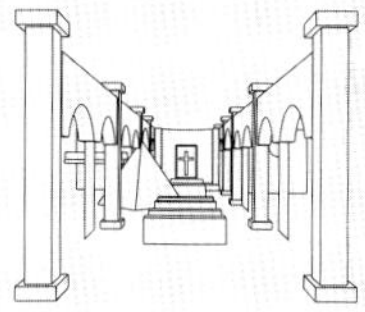

10.94

10.87
Gemeindeschwester bei der Hauspflege
Schwäbisch Hall, 1962
Fotografie, 7,5 × 10,5 cm
Evang. Diakoniewerk Schwäbisch Hall e.V.

10.88
Gemeindeschwester bei einem Hausbesuch
1950/1960
Fotografie, 9,5 × 14 cm
Evang. Diakoniewerk Schwäbisch Hall e.V.

10.89
Stuhl mit Aufschrift ›Gemeindeschwester‹
1900/1950
Holz, 85 × 40 × 39 cm
Diakoniewerk Kaiserswerth e.V., Düsseldorf

10.90
Ihr Biafra-Patenkind. Biafra-Kinderluftbrücke Brot für die Welt
1968
Offset, 20 × 14,5 cm
Archiv des Diakonischen Werkes der EKD, Berlin

10.91
Fast 200 Millionen DM hat Brot für die Welt in 10 Jahren für Hilfen in aller Welt ausgegeben.
1969
Offset, 59 × 42 cm
Archiv des Diakonischen Werkes der EKD, Berlin

10.92
Biafra-Kinderluftbrücke. Unterricht im von Brot für die Welt und Caritas errichteten Kinderdorf in Gabun
1968
Fotografie, 15 × 21 cm
Archiv des Diakonischen Werkes der EKD, Berlin

10.93
Biafra-Kinderluftbrücke. Im Innern eines Hilfsflugzeuges
1968
Fotografie, 15 × 21 cm
Archiv des Diakonischen Werkes der EKD, Berlin

10.94
Äthiopien, Somalia, Mosambik ... Wieviel solcher Hungerkatastrophen lassen wir noch zu? Plakat der Diakonie Katastrophenhilfe
Stuttgart, März 1993
Offset, 41 × 58 cm
Archiv des Diakonischen Werkes der EKD, Berlin

10.95
Hoffnung für Osteuropa. Eine Aktion der evangelischen Kirchen für die Menschen in Mittel- und Osteuropa
Stuttgart: Frank und Ranger, 1994
Farbdruck, 58,8 × 41,6 cm
Diakonisches Werk der Evangelischen Kirche in Deutschland, Stuttgart

10.96
Hoffnung für Osteuropa. Eine Aktion der evangelischen Kirchen für die Menschen in Mittel- und Osteuropa
Stuttgart: Frank und Ranger, 1995
Farbdruck, 58,8 × 41,6 cm
Diakonisches Werk der Evangelischen Kirche in Deutschland, Stuttgart

10.98
Übungspuppe für die Krankenpflegeausbildung
1920/1954
Holz, Metall, 170 × 70 × 25 cm
Sophienhaus, Weimar

10.99
Fünf Scherenschnitte zur Krankenpflegeausbildung
Schwester Hedwig Simon (geb. 1923)
Göttingen, um 1965
Papier, je 10,5 × 15 cm
Evangelischer Diakonieverein Berlin-Zehlendorf e.V.

10.100
Tracht einer diakonischen Schwester
um 1975
Baumwolle, 140 × 50 cm
Evangelische Diakonissenanstalt Stuttgart

10.101
Fragebogen zur Diakonissen-Ausbildung
1969
Abzug, 29,5 × 21 cm
Evangelische Diakonissenanstalt Stuttgart

10.102
Aufbruch im Diakonissentum. Bericht zur Einsegnung von 14 Diakonissen neuer Ordnung
Hans Ziegler
Stuttgart, Mai 1970
Druck auf Papier, 20 × 14 cm
Evangelische Diakonissenanstalt Stuttgart

10.103
Teilnahmebescheinigung für den biblisch-diakonischen Vorkurs
10. September 1982
Druck auf Papier, 29,5 × 21 cm
Evangelische Diakonissenanstalt Stuttgart

10.104
A-Kurs (biblisch-diakonischer Vorkurs)
Stuttgart, 1980
Fotografie auf Karton, 46,8 × 29,6 cm
Evangelische Diakonissenanstalt Stuttgart

10.105
Beraten heißt Zeit haben. Und Fachwissen. Diakonie berät. Plakat
Hamburg, um 1985
Offset, 59,2 × 41,7 cm
Archiv des Diakonischen Werkes der EKD, Berlin

10.106
Aufruf zum Diakonischen Jahr. Broschüre des Diakonischen Werkes in Bayern
Nürnberg, 1966
Offset, Druck auf Papier, 14,5 × 37,5 cm
Landeskirchliches Archiv Nürnberg

10.107
Das Diakonische Jahr in der Bundesrepublik und Westberlin in Zahlen und Zeichnungen
1966
Druck auf Papier, 24,5 × 34,5 cm
Bibliothek des Diakonischen Werkes der EKD, Berlin

10.108
»Einer trage des andern Last«. Diakonisches Jahr – Freiwilliges soziales Jahr
Diakonisches Werk der Ev.-luth. Landeskirche Hannovers
Hannover, um 1980
Offset, 59,2 × 41,7 cm
Archiv des Diakonischen Werkes der EKD, Berlin

10.109
Theoretischer Brautkursus mit Frau Pastor Wilm
Bielefeld, September 1956
Fotografie, 9 × 14 cm
Hauptarchiv der v. Bodelschwinghschen Anstalten Bethel, Bestand Nazareth, Bielefeld

10.110
Brautkursus mit dem Pfarrerehepaar Wolf
Bielefeld, 1964/1965
Fotografie, 7,3 × 10,7 cm
Hauptarchiv der v. Bodelschwinghschen Anstalten Bethel, Bestand Nazareth, Bielefeld

10.111
Was muß ein Nazareth-Diakon über die Frage der Verlobung wissen?
Pfarrer Lutterjohann
Bielefeld, 1960/1974
Maschinenschrift auf Papier, 29 × 21 cm
Hauptarchiv der v. Bodelschwinghschen Anstalten Bethel, Bestand Nazareth, Bielefeld

10.112
Gedanken über das Bräutepraktikum (Rahmenlehrplan für Hausmütter)
Pfarrer Lutterjohann
1965/1967
Druck auf Papier, 29 × 21 cm
Hauptarchiv der v. Bodelschwinghschen Anstalten Bethel, Bestand Nazareth, Bielefeld

10.113
Busserl im Brüderhaus. Titelblatt der Zeitschrift ›Diakon‹
Februar 1980
Druck auf Papier, 23 × 16 cm
Bibliothek des Diakonischen Werkes der EKD, Berlin

10.114
Einsegnung der ersten Diakoninnen in Rummelsberg
Rummelsberg, 1987
Fotografie, 9 × 12,7 cm
Diakoninnengemeinschaft Rummelsberg, Schwarzenbruck

10.116
Brüderschaft Evangelisches Johannesstift. Rundbrief
Berlin, August 1973
Druck auf Papier, 29 × 19,5 cm
Evangelisches Johannesstift, Berlin

10.117
Die Ordnung der Brüderschaft des Evangelischen Johannesstifts in Berlin-Spandau
Berlin, 1974
Druck auf Papier, 21 × 14,8 cm
Evangelisches Johannesstift, Berlin

10.118
Ehrenamtlich mitarbeiten, weil's auch Spaß macht!
Stuttgart: Deutscher Evangelischer Verband für Altenhilfe, um 1980
Offset, 59,2 × 41,7 cm
Archiv des Diakonischen Werkes der EKD, Berlin

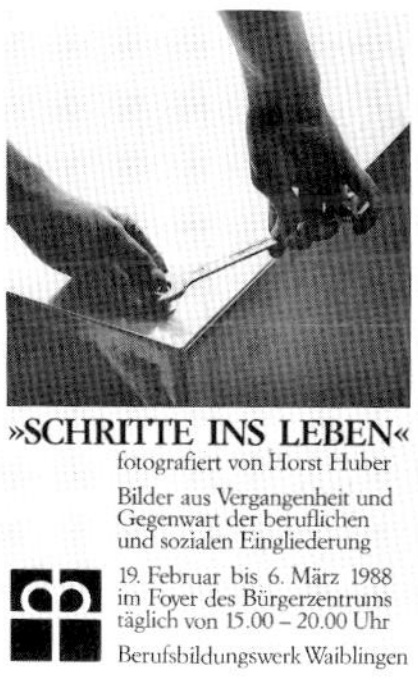

10.127

10.119
Unterrichtstafel
Berlin, um 1980
Filz, Pappe, 80 × 120 cm
Evangelisches Zentralinstitut für Familienberatung, Berlin

10.120
Evangelisches Zentralinstitut für Familienberatung. Broschüre
Berlin, 1960/1970
Druck auf Papier, 21 × 30 cm
Evangelisches Zentralinstitut für Familienberatung, Berlin

10.121
Tätigkeitsbericht des Evangelischen Zentralinstituts für Familienberatung
Berlin, 1974
Druck auf Papier, 21 × 14,8 cm
Evangelisches Zentralinstitut für Familienberatung, Berlin

10.122
Schreiben an das EZI betr. Qualifizierungskurse der AG Ehe- und Familienberatung
Diakonisches Qualifizierungszentrum
Berlin, 26. Juli 1978
Druck auf Papier, 29,5 × 21 cm
Evangelisches Zentralinstitut für Familienberatung, Berlin

10.123
Schreiben betr. staatliche Anerkennung der Evangelischen Schule für Heilerziehungspflege in Stetten
Regierungspräsidium Nordwürttemberg
Stuttgart, 30. Juli 1960
Druck auf Papier, 29,5 × 21 cm
Diakonie Stetten, Kernen

10.126
Werkbank mit zwei Kotflügeln als Übungsstücke
1995
Metall, Holz, 85 × 125 × 70 cm
Berufsbildungswerk Waiblingen

10.127
»Schritte ins Leben«. Bilder aus Vergangenheit und Gegenwart der beruflichen und sozialen Eingliederung
Waiblingen: Berufsbildungswerk, 1988
Druck auf Papier, 63,6 × 45,4 cm
Berufsbildungswerk Waiblingen

10.128
Bildertafel ›Sonderberufsschule‹
um 1980
Siebdruck, 100 × 100 cm
Berufsbildungswerk Waiblingen

10.129
8 Lehrtafeln zum Bundessozialhilfegesetz (BSHG) vom 30. Juni 1961
Deutscher Caritasverband
Freiburg: Lambertus-Verlag, 1963
Druck auf Papier, je 21 × 14,5 cm
Archiv des Diakonischen Werkes der EKD, Berlin

10.152

10.130
Schriftenreihe zu den Arbeitsfeldern des Diakonischen Werkes der EKD
Stuttgart: J. F. Steinkopf, 1975/1990
Druck auf Papier, je 20×21 cm
Archiv des Diakonischen Werkes der EKD, Berlin

10.131-10.134
Obdachlose in Stuttgart
um 1990
4 Fotografien, je 30,2×45,2 cm
Evangelische Gesellschaft in Stuttgart, Zentrale Beratungsstelle für Wohnungslose

10.135
In einer städtischen Obdachlosenunterkunft
Klaus Kohn (geb. 1957)
Braunschweig, September 1991
Fotografie, 18×24 cm
Privatbesitz

10.136
Im Kindergarten
Klaus Kohn (geb. 1957)
Braunschweig, 1992
Fotografie, 18×24 cm
Privatbesitz

10.137
Punks
Klaus Kohn (geb. 1957)
Braunschweig, um 1992
Fotografie, 18×24 cm
Privatbesitz

10.138
Sudanesische Familie im Asylbewerberheim
Klaus Kohn (geb. 1957)
Braunschweig, 1992
Fotografie, 18×24 cm
Privatbesitz

10.139
Libanesische Asylbewerberfamilie
Klaus Kohn (geb. 1957)
1991
Fotografie, 18×24 cm
Privatbesitz

10.140
Schlafender im Altersheim
Klaus Kohn (geb. 1957)
Braunschweig, 1992
Fotografie, 18×24 cm
Privatbesitz

10.141
Krankengymnastik in der Lernbehindertenschule
Klaus Kohn (geb. 1957)
Rotenburg (Wümme), 1992
Fotografie, 18×24 cm
Privatbesitz

10.142
In der Altentagesstätte der Lebenshilfe
Klaus Kohn (geb. 1957)
Braunschweig, 1992
Fotografie, 18×24 cm
Privatbesitz

10.143
Mittagessen in der Lernbehindertenschule
Klaus Kohn (geb. 1957)
Rotenburg (Wümme), 1992
Fotografie, 18×24 cm
Privatbesitz

10.144-10.147
In der Arbeitstherapie in Stetten
Gerhard Röper (1948-1979)
Kernen, 1976
5 Fotografien, je 18×24 cm
Privatbesitz

10.150
Stützt die Schwachen! Plakat zur Opferwoche der Inneren Mission vom 11.-17. Oktober 1965
Werner Hofmann (geb. 1932)
Nürnberg: Karl Ulrich & Co., 1965
Offset, 59,2×41,7 cm
Archiv des Diakonischen Werkes der EKD, Berlin

10.151
»... das habt ihr mir getan.« Den Menschen sehen, Diakonie leben. Plakat des Diakonischen Werkes in Hessen und Nassau
Darmstadt, 1987
Offset, 59,2×41,7 cm
Archiv des Diakonischen Werkes der EKD, Berlin

10.152
«Süchtig? Selber schuld!« Überheblichkeit tötet. Verständnis hilft. Plakat
um 1980
Offset, 59,2×41,7 cm
Archiv des Diakonischen Werkes der EKD, Berlin

10.153
Diakonie hilft, wo das Leben schwer wird. Plakat der Diakonie in Hamburg
Hamburg: Pergamos-Druck, 1982
Offset, 59,2×41,7 cm
Archiv des Diakonischen Werkes der EKD, Berlin

10.154
... und man sieht nur die im Lichte, die im Dunkeln sieht man nicht. Du wirst gebraucht. Liebe Deinen Nächsten wie Dich selbst. Plakat
Nürnberg: Hahn & Rauh-Klump, 1985
Offset, 59,2×41,7 cm
Archiv des Diakonischen Werkes der EKD, Berlin

10.155
Evangelischer Kindergarten. Wir gehören zur Gemeinde! Plakat
um 1985
Offset, 59,2×41,7 cm
Archiv des Diakonischen Werkes der EKD, Berlin

10.156
Familienpflege. Hilfe, wenn die Mutter ausfällt. Diakonie in der Gemeinde. Plakat
Nürnberg, 1985
Offset, 59,2×41,7 cm
Archiv des Diakonischen Werkes der EKD, Berlin

10.157
Sozialstation für Menschen, die zu Hause Pflege und Hilfe brauchen. Diakonie in der Gemeinde. Plakat
Nürnberg, 1985

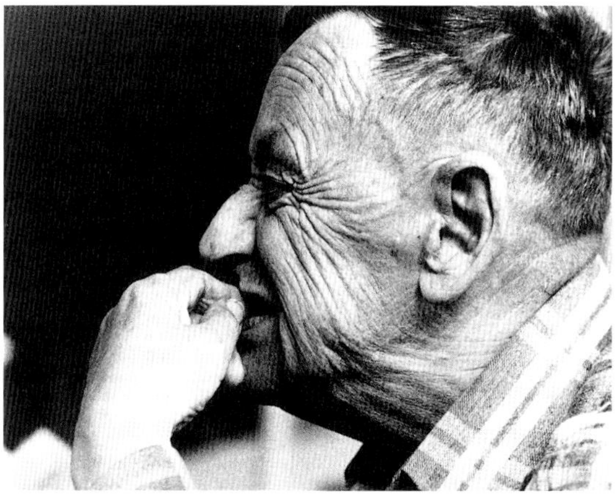

10.147

Offset, 59,2 × 41,7 cm
Archiv des Diakonischen Werkes der EKD, Berlin

10.158
Wenn man sich selber nicht mehr helfen kann: Diakonie. Plakat des Diakonischen Werkes in Hessen und Nassau
Odenwald: Atelier Meinass, 1987
Offset, 59,2 × 41,7 cm
Archiv des Diakonischen Werkes der EKD, Berlin

10.161
Diakonie unter Griechen. Flugblatt
1967/1968
Druck auf Papier, 27 × 20,5 cm
Archiv des Diakonischen Werkes der EKD, Berlin

10.162
Annonce des Ausländerberatungsdienstes der Probstei Pinneberg
Pinneberg, 10. Mai 1971
Druck auf Papier, 8 × 9 cm
Diakonieverein Migration e.V., Pinneberg

10.163
Vorschulprojekt für Kinder, die keine Kindergartenplatz erhalten haben
Pinneberg, 1988
Fotografie, 9 × 13,5 cm
Diakonieverein Migration e.V., Pinneberg

10.164-10.165
Lern- und Hausaufgabenhilfe
Pinneberg, 1987
2 Fotografien, je 9 × 13 cm
Diakonieverein Migration e.V., Pinneberg

10.166
Weihnachtsfeier des Vorschulprojekts
Pinneberg, 1989
Fotografie, 13 × 9 cm
Diakonieverein Migration e.V., Pinneberg

10.167
Vorlage für die Sitzung des Diakonischen Rates am 15. Oktober 1990 in Wolfsburg betr. Vereinigung der Diakonischen Werke
Berlin, 11. September 1990
Maschinenschrift auf Papier, 29,7 × 21 cm
Archiv des Diakonischen Werkes der EKD, Berlin

10.168
Pressemitteilung des Diakonischen Werkes zum Beschluß der Vereinigung von Diakonischer Konferenz des Diakonischen Werkes der EKD und Hauptversammlung des Diakonischen Werkes der Evangelischen Kirchen in den fünf neuen Bundesländern
Stuttgart, Oktober 1990
Maschinenschrift auf Papier, 29,5 × 21 cm
Archiv des Diakonischen Werkes der EKD, Berlin

10.169
Schreiben an die Mitarbeiterinnen und Mitarbeiter der Berliner Dienststelle Schönhauser Allee
Karl Heinz Neukamm (geb. 1929)
Stuttgart, 30. Januar 1991
Maschinenschrift auf Papier, 29,5 × 21 cm
Archiv des Diakonischen Werkes der EKD, Berlin

10.170
Karl Heinz Neukamm und Ernst Petzold im Gespräch
Klaus Kohn (geb. 1957)
Wolfsburg, 15. Oktober 1990
Fotografie, 15,2 × 20,4 cm
epd-bild, Frankfurt/M.

10.171
Quadrat 2. Parament
Kurt Wolff (geb. 1916)
1993
Leinen auf Leinen mit

10.156

Japangold, 50 × 50 cm
Diakoniewerk Kaiserswerth e.V., Düsseldorf

10.172
Quadrat 4. Parament
Kurt Wolff (geb. 1916)
1993
Leinen auf Leinen mit Japangold, 50 × 50 cm
Diakoniewerk Kaiserswerth e.V., Düsseldorf

10.173
Menschen im Schatten. Erfahrungen von Caritas und Diakonie in den neuen Bundesländern, in: Korrespondenz 2/97
Bibliothek des Diakonischen Werkes der EKD, Berlin

10.174
Der evangelische Diakonat als geordnetes Amt der Kirche. Ein Beitrag der Kammer für Theologie der Evangelischen Kirche in Deutschland
Hannover, 1996
Bibliothek des Diakonischen Werkes der EKD, Berlin

10.175
Leitbild Diakonie - damit Leben gelingt!
Diakonisches Werk der Evangelischen Kirche in Deutschland (Hg.)
Stuttgart, 1997
Bibliothek des Diakonischen Werkes der EKD, Berlin

10.176
Für eine Zukunft in Solidarität und Gerechtigkeit. ›Sozialwort der Kirchen‹
Hannover, 1997
Bibliothek des Diakonischen Werkes der EKD, Berlin

Zeitleiste zur deutschen Diakonie- und Sozialgeschichte (1815-1998)

von Volker Herrmann

Staat, Sozialpolitik, Gesellschaft	Jahr	Sozialer Protestantismus, Innere Mission und Diakonie (§ = Recht; * = Gründung)
Wiener Kongreß – **Deutscher Bund**	1815	
Karlsbader Beschlüsse	1819/1820	* *Rettungshaus* für verwahrloste Kinder und Jugendliche in Overdyck bei Bochum durch Adelberdt von der Recke-Volmerstein (1791-1878), ebenso Christian Heinrich Zeller in Beuggen (1779-1860)
	1821	* *Lutherhof* durch Johannes Falk (1768-1826)
Unruhen in einigen deutschen Staaten nach der Juli-Revolution in Frankreich	1830	* *Berliner Verein für die Besserung der Strafgefangenen* durch Hans Ernst von Kottwitz (1757-1843) * *Evangelische Gesellschaft* in Stuttgart
Hambacher Fest	1832	* *Weiblicher Verein für Armen- und Krankenpflege* in Hamburg durch Amalie Sieveking (1794-1859)
Verhandlungen führen zum Deutschen Zollverein (1834)	1833	* *Rauhes Haus* in Horn bei Hamburg als Rettungshaus und erste Ausbildungsstätte für Diakone durch Johann Hinrich Wichern (1808-1881)
Erweiterung des Deutschen Zollvereins durch Anschluß von Baden, Frankfurt und Nassau	1836	* erstes Diakonissenmutterhaus in Kaiserswerth bei Düsseldorf durch Theodor (1800-1864) und Friederike Fliedner (1800-1842)
Friedrich Wilhelm IV. (1795-1861), seit 1840 König in Preußen, revitalisiert den mittelalterlichen *Schwanenorden*	1843	Wichern verwendet erstmals öffentlich den Begriff *innere Mission* * Landesverein für innere Mission in Mecklenburg
Aufstand der Weber in Schlesien	1844	Wichern gibt die erste Zeitschrift der Inneren Mission heraus: *Fliegende Blätter aus dem Rauhen Hause*
Kommunistisches Manifest veröffentlicht **Märzrevolution** – Versuch nationaler Einigung	1848	Wicherns Stegreifrede auf dem Wittenberger Kirchentag folgt die Gründung des *Central-Ausschusses für die innere Mission der deutschen evangelischen Kirche* (Anfang 1849) sowie von Landes- und Provinzialvereinen für Innere Mission
Entstehung des Elberfelder Systems der Armenfürsorge	1850	* christliche Fabrik in Reutlingen durch Gustav Werner (1809-1887)
In vielen deutschen Staaten werden 1848 gewährte bürgerliche Rechte und Freiheiten eingeschränkt oder zurückgenommen	1853/1854	* erste *Herberge zur Heimat* für wandernde Handwerker in Bonn durch Clemens Theodor Perthes (1809-1867) * Diakonissenanstalt Neuendettelsau durch Wilhelm Löhe (1808-1872)
	1856	Monbijou-Konferenz (Versuch der Erneuerung des Diakonats)
	1857	Wichern wird als Vortragender Rat im Preußischen Innenministerium mit der Aufgabe der Vorbereitung einer Gefängnisreform betraut
Wilhelm I. (1797-1888) wird König in Preußen	1861	* *Kaiserswerther Generalkonferenz* (internationaler Zusammenschluß der Diakonissenmutterhäuser Kaiserswerther Prägung)
* *Rotes Kreuz* (Schutz des Sanitätswesens und Pflege aller Verwundeten im Krieg)	1863	Rezeption des Genossenschaftsgedankens von Victor Aimé Huber (1800-1869) und Friedrich Wilhelm Raiffeisen (1818-1888) durch die Innere Mission
Dem Krieg Österreichs und Deutschlands gegen Dänemark (1864) folgt 1866 der Deutsch-Österreichische Krieg	1864/1866	Wichern leistet mit seinen Diakonen erstmals *Felddiakonie* in den Kriegen 1864 und 1866
Deutsch-Französischer Krieg (1870/1871)	1870	* *Konferenz theologischer Berufsarbeiter der Inneren Mission*
Deutsches Kaiserreich: Kaiser Wilhelm I. Reichskanzler Otto Fürst von Bismarck (1815-1898) Beginn des Kulturkampfes §: Reichsgesetz über den Unterstützungswohnsitz (Regelung öffentlicher Armenpflege)	1871	Wicherns letztes Referat auf der Oktoberversammlung: *Die Mitarbeit der evangelischen Kirche an den sozialen Aufgaben der Gegenwart*
Verstaatlichung der Schulaufsicht in Preußen	1872	Friedrich von Bodelschwingh (1831-1910) wird Leiter der 1867 gegründeten Rheinisch-westfälischen Anstalt für Epileptische bei Bielefeld (später: *Bethel*)

Berliner Kongreß §: Sozialistengesetz (Verbot von Partei und Presse) §: Preußisches Gesetz betreffend die Unterbringung verwahrloster Kinder (Zwangserziehungsgesetz)	1878	Adolf Stoecker (1835-1909), seit 1874 dritter Hof- und Domprediger und seit 1877 Leiter der Berliner Stadtmission, ruft die *Christlich-Soziale Arbeiterpartei* ins Leben und erlebt eine Wahlniederlage
Erste verbandliche Arbeitslosenunterstützung (Deutscher Buchdrucker-Verband)	1879	Erlaß der Preußischen Kirchenleitung wendet sich gegen sozialpolitische Betätigung der Pfarrer. – Stoecker wird Landtagsabgeordneter (-1898), 1881-1893 auch Reichstagsabgeordneter
* *Deutscher Verein für Armenpflege und Wohltätigkeit* (öffentliche und private Fürsorge)	1880	* *Christlicher Zeitschriftenverein*
Kaiserliche Botschaft: Gründungsurkunde der deutschen Sozialversicherungsgesetzgebung	1881	
* *Deutscher Kolonialverein*	1882	* Erste *Arbeiterkolonie* Wilhelmsdorf bei Bielefeld * Erster *Evangelischer Arbeiterverein* in Gelsenkirchen * Erste *Schrippenkirche* (Obdachlosenspeisung) in Berlin
§: Krankenversicherungsgesetz	1883	
§: Unfallversicherungsgesetz	1884	Theodor Lohmann (1831-1905), Mitgestalter der Sozialgesetzgebung, verfaßt Denkschrift des Central-Ausschusses zu den sozialen Aufgaben der Gegenwart
§: Ausdehnung der Unfall- und Krankenversicherung	1885	* Erster Verein zum *Blauen Kreuz* (gegen Alkoholmißbrauch)
	1886	Theodor Hoppe (1846-1934) beginnt Fürsorge für Körperbehinderte
Dreikaiserjahr: Wilhelm I. (bis 9.3.1888), Friedrich III. (1831-15.6.1888), **Wilhelm II.** (1859-1941)	1888	Friedrich Naumann (1860-1919) entwickelt Vorschläge für die Zukunft der Inneren Mission, 1890-1897 setzt er sich in Frankfurt für den sozialen Wohnungsbau ein
§: Invaliditäts- und Altersversicherungsgesetz * *Arbeiter-Samariter-Bund*	1889	* Gemeindeorientierte Kinderpflege in Miechowitz (Schlesien) durch Eva von Tiele-Winckler (1866-1930)
Entlassung des Reichskanzlers Bismarck §: Februarerlasse (zur Sozialpolitik) * Arbeitgeberverbände sowie Gewerkschaften (Neuaufbau) §: Aufhebung der Sozialistengesetze §: Arbeitsschutzgesetze	1890	Erlaß der Preußischen Kirchenleitung wünscht eine sozialpolitische Betätigung der Pfarrer * *Evangelisch-Sozialer Kongreß* * *Gesamtverband der evangelischen Arbeitervereine Deutschlands* * *Deutscher Sittlichkeitsverein vom Weißen Kreuz*
* *Bund deutscher Frauenvereine* (Frauenrechte)	1894	* *Evangelischer Diakonie-Verein* * Erste *Bahnhofsmission* in Berlin
	1895	Erlaß der Preußischen Kirchenleitung wendet sich gegen sozialpolitische Betätigung der Pfarrer
* *Caritasverband für das katholische Deutschland* (später: *Deutscher Caritasverband*)	1897	* *Konferenz der Vorsteher evangelischer Idioten- und Epileptischenanstalten* * *Freie kirchlich-soziale Konferenz*
Auseinandersetzung zwischen Radikalen und Revisionisten auf dem SPD-Parteitag von Hannover	1899	* *Evangelische Frauenhilfe* * *Deutsch-Evangelischer Frauenbund* * *Deutscher Gemeinschafts-Diakonie-Verband*
§: Bürgerliches Gesetzbuch tritt in Kraft. §: Preußisches Gesetz über die Fürsorgeerziehung Minderjähriger	1900	* *Konferenz der Krüppelhausvorsteher* * *Vereinigung zur kirchlichen Fürsorge für die Fluß- und Kanalschiffer*
§: Kinderschutzgesetze (gegen Kinderarbeit)	1903	Friedrich von Bodelschwingh wird in den Preußischen Landtag gewählt
Allgemeine Zulassung von Frauen zum Studium in Deutschland	1908	* *Wichern-Vereinigung zur Förderung christlichen Volkslebens* durch Martin Hennig (1864-1920)
	1909	Central-Ausschuß richtet die *Frauenschule der Inneren Mission* in Berlin ein
§: Reichsversicherungsordnung (Zusammenfassung der Sozialversicherungsgesetze) §: Versicherungsgesetz für Angestellte	1911	* *Soziale Arbeitsgemeinschaft* in Berlin durch Friedrich Siegmund-Schultze (1885-1969)
Ausbau des Heeres	1913	Zusammenschluß der Brüderschaften zum *Deutschen Diakonen-Verband*
Beginn des Ersten Weltkriegs	1914	* *Weltbund für internationale Freundschaftsarbeit der Kirchen*
	1916	* *Kaiserswerther Verband deutscher Diakonissenmutterhäuser* * *Zehlendorfer Verband für Evangelische Diakonie* * *Konferenz Deutscher Evangelischer Arbeitsorganisationen*
* *Zentralwohlfahrtsstelle der deutschen Juden*	1917	* *Verband der evangelischen Sonntagsblätter*
Kriegsende – Abdankung des Kaisers Ausrufung der **Weimarer Republik** §: Verordnung über Erwerbslosenfürsorge	1918	* *Vereinigung Evangelisch-Sozialer Frauenschulen Deutschlands* * *Vereinigung evangelischer Frauenverbände Deutschlands*

Weimarer Verfassung – Versailler Friedensvertrag Friedrich Ebert (1871-1925) wird Reichspräsident * *Hauptausschuß der Arbeiterwohlfahrt*	1919	* *Abteilung für Volksmission* im Central-Ausschuß
§: Preußisches Krüppelfürsorgegesetz	1920	* *Evangelischer Reichserziehungsverband*
* *Deutsches Rotes Kreuz* (als nationale Organisation)	1921	* *Apologetische Centrale* des Central-Ausschusses in Berlin * *Zentralwohlfahrtsausschuß der christlichen Arbeiterschaft*
§: Reichsgesetz für Jugendwohlfahrt Inflation	1922	* *Kontinentaler Verband für Innere Mission und Diakonie*
§: Fürsorgepflichtverordnung §: Reichsgrundsätze über Voraussetzung, Art und Maß der öffentlichen Fürsorge * *Fünfter* (später: *Paritätischer*) *Wohlfahrtsverband*	1924	* *Deutsche Liga der Freien Wohlfahrtspflege* (Central-Ausschuß für Innere Mission, Deutscher Caritasverband, Deutsches Rotes Kreuz, Zentralwohlfahrtsstelle der deutschen Juden und Paritätischer Wohlfahrtsverband, ohne Arbeiterwohlfahrt)
Paul von Hindenburg (1847-1934) wird Reichspräsident	1925	* *Deutscher Evangelischer Verband für Volksmission*
§: Gesetz über Arbeitsvermittlung und Arbeitslosenversicherung	1927	* *Institut für Sozialethik und Wissenschaft der Inneren Mission an der Berliner Universität* (1938 geschlossen) durch Reinhold Seeberg (1859-1935)
Weltwirtschaftskrise seit 1929 In Deutschland sind fünf Millionen Menschen arbeitslos	1931	Konkurs der zum Central-Ausschuß gehörenden Bausparkasse *Devaheim* stürzt diesen in schwere finanzielle und innere Krise (Devaheim-Skandal)

Nationalsozialistische »Machtergreifung« Adolf Hitler (1889-1945) wird Reichskanzler	1933	
§: Gesetz zur Verhütung erbkranken Nachwuchses NS-Volkswohlfahrt beherrscht Freie Wohlfahrtspflege	1934	In den Pflege- und Erziehungseinrichtungen der Inneren Mission werden in großer Zahl Zwangssterilisationen veranlaßt (bis 1939 und teilw. bis 1945) * *Arbeitsgemeinschaft der missionarischen und diakonischen Verbände und Werke*
Nürnberger Rassegesetze	1935	Marga Meusel (1897-1953) verfaßt Denkschrift über die Aufgaben an evangelischen »Nichtariern«
Mit Auflösung des Reichskirchenausschusses (seit 1935) endet der Versuch der staatlichen Befriedung des Kirchenkampfes	1937	Schließung der *Apologetischen Centrale* durch die Gestapo
Organisierte Ausschreitungen gegen Juden	1938	Einrichtung des *Büro Pfarrer Grüber* (Hilfsstelle für evangelische »Nichtarier«)
Beginn des Zweiten Weltkriegs Beginn der Krankenmord-»Aktion T4« (1940/41)	1939	Um 10.000 – insbesondere geistig behinderte und psychisch kranke – Bewohner von Heimen der Inneren Mission werden Opfer der NS-Krankenmorde (bis 1945)
	1940	Erlaß der Deutschen Evangelischen Kirchenkanzlei erklärt Innere Mission zu einem Bestandteil der Deutschen Evangelischen Kirche
Wannseekonferenz (»Endlösung der Judenfrage«) Fortsetzung der »Euthanasie« durch die Aktion *Brandt*	1942	Beschlagnahme und Schließung von Einrichtungen der Inneren Mission (bis 1945)

Kapitulation Deutschlands – **Vier Besatzungszonen** Aufbau kommunaler Verwaltung	1945	* *Hilfswerk der Evangelischen Kirche in Deutschland (EKD)* durch Theophil Wurm (1868-1953) und Eugen Gerstenmaier (1906-1986)
Währungsreform	1948	Grundordnung der EKD: Diakonie ist »Wesens- und Lebensäußerung der Kirche«

Deutsche Demokratische Republik gegründet	1949	
Einteilung der Länder der DDR in 14 Bezirke	1952	* In Züssow erfolgt die einzige große Neugründung einer diakonischen Einrichtung in der DDR
Volksaufstand in Ost-Berlin und in der DDR gegen das SED-Regime	1953	Höhepunkt der kirchenpolitischen Auseinandersetzung um die Junge Gemeinde, die Studentengemeinden und um Einrichtungen der Inneren Mission in der DDR bis hin zu Beschlagnahmungen
Kirche soll auf »Kulthandlungen in der Kirche« begrenzt sein	1956	Auflösung der Bahnhofsmission in der DDR
Einrichtung des Staatssekretariats für Kirchenfragen	1957	Zusammenschluß von Central-Ausschuß für Innere Mission und Evangelischem Hilfswerk zum Werk *Innere Mission und Hilfswerk der EKD*, Registrierung von Innerer Mission und Hilfswerk in Ost-Berlin
§: Gesetz über sozialistische Entwicklung des Schulwesens	1959	* Aktion *Brot für die Welt*
Erklärung Walter Ulbrichts (1893-1973): Christentum und humanistische Ziele des Sozialismus sind keine Gegensätze	1960	Vergütungsregelung für Angehörige der Heil- und Heilhilfsberufe in evangelischen Krankenhäusern, Kliniken und Heilstätten in Anlehnung an die Tarife des öffentlichen Gesundheitswesens
Errichtung der Berliner Mauer	1961	Letzter gesamtdeutscher Kirchentag in Berlin

Wartburg-Gespräch Walter Ulbricht/Moritz Mitzenheim (1891-1977): Gemeinsame »humanistische Verantwortung von Christen und Marxisten«	1964	Rahmenvereinbarung zur Ausbildung sichert den Bestand der evangelischen Schwesternschaften, Kliniken und Einrichtungen
Bildung des Bereichs *Kommerzielle Koordinierung* im Außenhandelsministerium	1966	Beginn valutafinanzierter Bauprogramme der Kirchen und der Diakonie
§: Gesetz über eigene DDR-Staatsbürgerschaft	1967	Aufbau erster Sondertagesstätten für geistig behinderte Kinder und Jugendliche durch die Diakonie
Aufnahme diplomatischer Beziehungen mit Kambodscha u.a. fördert internationale Anerkennung der DDR	1969	Bildung des *Diakonischen Werkes – Innere Mission und Hilfswerk – der Evangelischen Kirchen in der DDR*, 1970 vom *Bund der Evangelischen Kirchen in der DDR* (BEK) anerkannt
Erstes Gespräch mit dem Vorstand des Bundes der Evangelischen Kirchen in der DDR zeigt eine veränderte staatliche Kirchenpolitik an	1971	»Zeugnis- und Dienstgemeinschaft von Kirchen in der sozialistischen Gesellschaft« (BEK-Synode 1970 in Potsdam) – Kirche nicht »neben« oder »gegen«, sondern »im Sozialismus« (BEK-Synode 1971 in Eisenach) * Zentrale Lehr- und Forschungsstätte (seit 1976: *Diakonisches Qualifizierungszentrum*)
Vereinbarung über die Ausbildung von mittleren medizinischen Fachkräften in evangelischen Gesundheits- und Sozialeinrichtungen	1975	* *Diakonische Arbeitsgemeinschaft evangelischer Freikirchen in der DDR*
Gespräch zwischen Erich Honecker (1912-1994) und dem Vorstand der Kirchenleitungen der DDR	1978	Verordnung des DDR-Gesundheitsministeriums gewährt Möglichkeit der Seelsorge in staatlichen Gesundheits- und Sozialeinrichtungen
Das Tragen des Aufnähers *Schwerter zu Pflugscharen* der kirchlichen Friedensdekade wird untersagt	1981	*Internationaler Kongreß christlicher Ärzte* und Diakonisches Werk veranstalten erste Studientagung in Dresden
Erste deutsch-deutsche Städtepartnerschaft	1986	* Erste kirchliche *Telefonseelsorge* in der DDR

Bundesrepublik Deutschland gegründet. * *Arbeitsgemeinschaft der Freien Wohlfahrtspflege*	1949	* *Aufbaugemeinschaft Espelkamp*
§: Gesetz über den Lastenausgleich	1952	Beginn der Hilfe für Flüchtlinge aus der DDR (Hilfswerk)
§: Gesetz über die Gewährung von Kindergeld	1954	* *Diakoniewissenschaftliches Institut an der Universität Heidelberg*
§: Gesetz über die Arbeitsvermittlung und Arbeitslosenversicherung §: Gesetz über die Neuregelung der Rentenversicherung §: Gesetz über die Fürsorge für Körperbehinderte	1957	Zusammenschluß von Central-Ausschuß für Innere Mission und Evangelischem Hilfswerk zum Werk *Innere Mission und Hilfswerk der EKD.* * *Diakonische Arbeitsgemeinschaft evangelischer Kirchen*
* Aktion *Misereor* der katholischen Kirche	1958	
§: Gesetz über die friedliche Verwendung der Kernenergie	1959	* Aktion *Brot für die Welt*
§: Bundessozialhilfegesetz §: Jugendwohlfahrtsgesetz * *Bundesarbeitsgemeinschaft der Freien Wohlfahrtspflege*	1961	* *Evangelische Konferenz für Telefonseelsorge* (die erste Telefonseelsorge entstand 1956 in Berlin)
§: Arbeitsplatzförderungsgesetz	1969	* *Kirchlicher Entwicklungsdienst*
Aktionsprogramm der Bundesregierung zur Förderung der Rehabilitation von Behinderten	1970	Beginn der Neuordnung der ambulanten gesundheits- und sozialpflegerischen Dienste (Diakonie- und Sozialstationen)
§: Abkommen über den innerdeutschen Transitverkehr	1971	* *Diakonische Akademie* (zentrale Fortbildungsstätte der Diakonie)
§: Gesetz über die Sozialversicherung Behinderter	1975	* Gründung des *Diakonischen Werkes der Evangelischen Kirche in Deutschland e.V.* schließt Fusion von Innerer Mission und Hilfswerk ab
§: Reform des § 218 Strafgesetzbuch	1976	Ausbau der Schwangerschaftskonfliktberatung
§: Neues Strafvollzugsgesetz	1977	Ausbau der Straffälligenhilfe
Internationales Jahr der Behinderten §: Nach 1977 zweites Kostendämpfungsgesetz im Gesundheitswesen	1981	Diakonische Initiativen für Behinderte und Nichtbehinderte: »Nehmt einander an, wie Christus uns angenommen hat«
Selbsthilfebewegung hat stark an Bedeutung gewonnen	1987	Erster Armutsbericht des Diakonischen Werkes der EKD erscheint
§: Gesundheitsreformgesetz	1988	Erste bundesweite Tagung zum Thema Hospiz

Deutsche Einheit	1990	Erste *Diakonie-Ostsee-Konferenz* findet in Rendsburg statt
§: Neues Kinder- und Jugendhilfegesetz	1991	Vereinigung der Diakonischen Werke der BRD und der ehemaligen DDR
§: Gesetz zur sozialen Absicherung des Risikos der Pflegebedürftigkeit	1994	* Aktion *Hilfe für Osteuropa* Bratislava-Erklärung
§: Gesetz zur Reform des Sozialhilferechts	1996	
	1997	»Sozialwort der Kirchen«

Das Diakonische Werk der Evangelischen Kirche in Deutschland – Verein, Verband und Teil der Evangelischen Kirche

von Roland Klose

Das Diakonische Werk der Evangelischen Kirche in Deutschland (EKD) ist ein kompliziertes Rechtsgebilde. Es ist gleichzeitig ein eingetragener Verein (e.V.), einer der sechs Spitzenverbände der Freien Wohlfahrtspflege in Deutschland und Teil der Evangelischen Kirche in Deutschland. Nur bei einer gleichzeitigen Betrachtung dieser Elemente kann die heutige Stellung des Diakonischen Werkes der EKD innerhalb der staatlichen und kirchlichen Ordnung richtig eingeordnet werden.

1. Das Element des Vereins

Das »Diakonische Werk der Evangelischen Kirche in Deutschland e.V.« besteht aus sehr verschiedenartigen Mitgliedern:

- der Evangelischen Kirche in Deutschland,
- den Diakonischen Werken der 24 Gliedkirchen der EKD sowie dem Verband freikirchlicher Diakoniewerke,
- acht Freikirchen,
- derzeit 90 Fachverbänden von sehr unterschiedlicher Größe und Struktur, die die verschiedenen Arbeitsfelder der fachlichen Arbeit innerhalb der Diakonie repräsentieren (zum Beispiel Deutscher Evangelischer Krankenhausverband e.V., Bundesverband Evangelischer Behindertenhilfe e.V. oder Bundesverband Evangelischer Tageseinrichtungen für Kinder e.V.).

Die direkten Mitglieder des Vereins sind nur im Ausnahmefall selbst Leistungserbringer. Normalerweise haben sie selbst wiederum selbständige Mitglieder: die Träger von Diensten und Einrichtungen. Diese können sehr unterschiedliche Rechtsformen haben; die Spannbreite reicht von der Form der Stiftung, des eingetragenen Vereins, der gGmbH bis hin zur Körperschaft.

2. Das Element des Verbandes

Das Diakonische Werk der EKD ist »Spitzenverband der Freien Wohlfahrtspflege«. Im politischen System Deutschlands kommt ihm damit eine herausgehobene gesellschafts- und sozialpolitische Bedeutung zu. Die Stellung der Wohlfahrtsverbände ist in mehreren einfachen Gesetzen wie zum Beispiel dem Bundessozialhilfegesetz oder dem Sozialgesetzbuch festgehalten. Die deutlichste Einordnung findet sich im Einigungsvertrag vom 31. August 1990. In Art. 32 heißt es: »Die Verbände der Freien Wohlfahrtspflege und die Träger der Freien Jugendhilfe leisten mit ihren Einrichtungen und Diensten einen unverzichtbaren Beitrag zur Sozialstaatlichkeit des Grundgesetzes [...]«. Neben dem Diakonischen Werk der EKD sind der Bundesverband der Arbeiterwohlfahrt e.V., der Deutsche Caritasverband e.V., das Deutsche Rote Kreuz e.V., der Deutsche Paritätische Wohlfahrtsverband e.V. und die Zentralwohlfahrtsstelle der Juden in Deutschland anerkannte Spitzenverbände. Regierung und Verwaltung sind verpflichtet, mit diesen zum Wohl der hilfebedürftigen Bürger zusammenzuarbeiten.

3. Das Element der Kirche

Das Diakonische Werk der EKD ist Teil der Evangelischen Kirche in Deutschland. In § 1 des Kirchengesetzes über das Diakonische Werk der Evangelischen Kirche in Deutschland vom 6. November 1975 heißt es unter anderem: »Die Evangelische Kirche in Deutschland nimmt ihre diakonischen Aufgaben unter Mitverantwortung ihrer Organe durch das Diakonische Werk wahr.« Die Diakonie ist also kein ungebundener Verband oder Verein. Mitglied kann nur sein und werden, wer soziale Dienste auf evangelischer Grundlage und mit kirchlicher Bindung erfüllt. Wie das Bundesverfassungsgericht bestätigt hat, ist auch die gesamte privatrechtlich organisierte Diakonie durch ihre kirchliche Zuordnung »Kirche im verfassungsrechtlichen Sinne«. Dies hat eine staatskirchenrechtliche Auswirkung: Als Teil der Kirche genießt die Diakonie die besonderen Rechte und Freiheiten des Artikels 140 GG in Verbindung mit den betreffenden Artikeln der Weimarer Reichsverfassung. Die Diakonie hat Teil am kirchlichen Selbstbestimmungsrecht. Die Kirche »ordnet und verwaltet« ihre Angelegenheiten selbst, etwa durch Gesetze und Ordnungen. In manchen Bereichen (zum Beispiel Arbeitsrecht) gilt das staatliche Recht nicht.

Diakonisches Werk der EKD

Strukturen

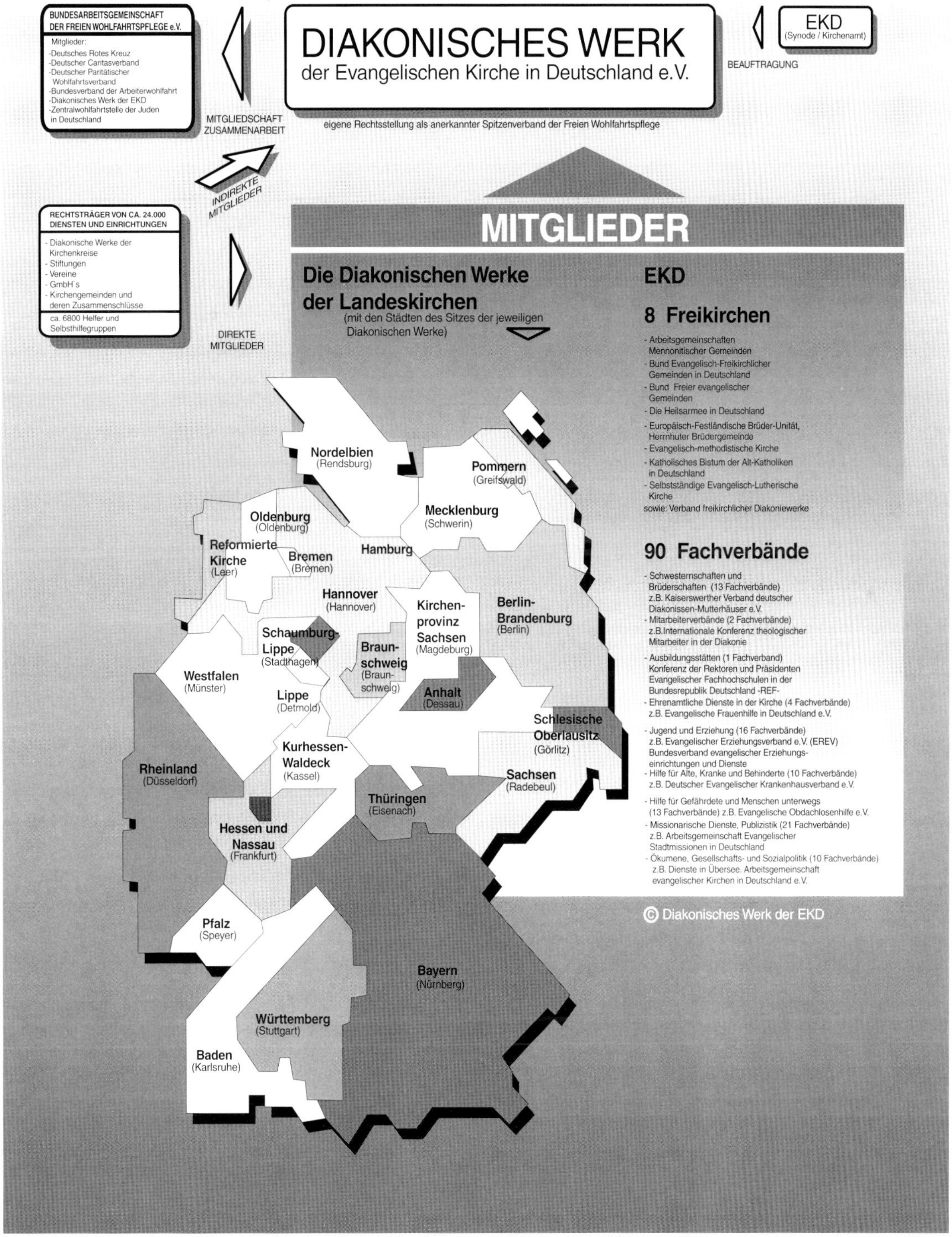

Aufbau und Strukturen im Diakonischen Werk der EKD

Zu den direkten und indirekten Mitgliedern im Diakonischen Werk der EKD gehören heute etwa 24.000 rechtlich selbständige Dienste und Einrichtungen sowie etwa 7.000 Selbsthilfe- und Helfergruppen. Diese bieten mehr als eine Million Betreuungsplätze an. In ihnen sind über 400.000 hauptberufliche Mitarbeiterinnen und Mitarbeiter beschäftigt. Die Zahl der freiwillig Mitarbeitenden wird auf eine ähnliche Höhe geschätzt. Sie bieten nahezu alle Formen der sozialen Hilfeleistungen im Inland an.

Es ist eines der wesentlichsten Verdienste Johann Hinrich Wicherns, die verschiedenen evangelischen sozialen Initiativen vor 150 Jahren unter einem gemeinsamen organisatorischen Dach – dem heutigen Diakonischen Werk der EKD – zusammengeführt zu haben.

Das Diakonische Werk der EKD wird heute auf der nationalen Ebene und darüber hinaus durch eine Hauptgeschäftsstelle mit circa 400 Mitarbeitenden vertreten. Sie fördert die ihm angeschlossenen Werke, Verbände und Einrichtungen und dient der Zusammenarbeit der direkten und indirekten Mitglieder. Sie vertritt die Diakonie der Evangelischen Kirche und die mit dem Werk zusammenarbeitenden Freikirchen und die Interessen der Menschen, für die die Diakonie tätig ist, gegenüber dem Parlament und der Regierung der Bundesrepublik Deutschland sowie in sonstigen in- und ausländischen zentralen Organisationen und in der Öffentlichkeit. Hier werden auch insbesondere die Auslandshilfen, darunter zum Beispiel die Katastrophenhilfe und die Aktion »Brot für die Welt«, wahrgenommen.

Der Präsident des Diakonischen Werkes der EKD ist Leiter der Hauptgeschäftsstelle und gewählter erster Repräsentant für alle dem Verband angeschlossenen Werke, Dienste und Einrichtungen. Entscheidungen für die einzelnen sozialen Dienste und Einrichtungen werden vor Ort, von den Vorständen und Geschäftsführungen getroffen. Die Einrichtungen und Dienste sind daher sowohl als regionale Zusammenschlüsse als auch in ihrer konkreten Tätigkeit selbständig.

Abbildungsnachweis

Basel, Universität, Öffentliche Bibliothek, 1.37

Berlin, Archiv des Diakonischen Werkes, 8.5; 10.27; 10.36; 10.44; 10.47; 10.58; 10.76; 10.78; 10.130; 10.167; 10.173; 10.175-176

Bildarchiv Preußischer Kulturbesitz, 2.76; 8.52; 9.17

Brandenburgisches Landesamt für Denkmalpflege, 2.1

Bröhan-Museum, Foto: Jochen Littkemann, 5.2

Bundesarchiv-Filmarchiv, 7.126

DHM, 1.9; 1.14-15; 1.17; 1.28; 1.39-40; 1.43; 1.58; 1.86; 1.90; 1.99; 2.2; 2.7; 2.15; 2.22; 2.24; 2.31; 2.39; 2.49; 2.51; 2.53; 2.55; 2.57; 2.59; 2.64; 2.67; 2.69; 2.78-79; 2.89-90; 2.92; 3.2; 3.57; 3.79; 4.11; 4.17-18; 4.20-22; 4.30; 4.33; 4.37-4.38; 4.41; 4.50; 4.52; 4.80; 4.87; 4.90; 4.106; 4.121; 5.7; 5.12-14; 5.17; 5.23; 5.26; 5.29; 5.31; 5.33; 5.50; 5.53-54; 5.66-67; 5.74; 5.82; 5.85; 5.88; 6.6; 6.12-14; 6.20; 6.37; 6.39-40; 6.42-49; 7.3; 7.11; 7.20; 7.24; 7.29; 7.36-37; 7.40-43; 7.45-46; 7.53; 7.55; 7.60; 7.62; 7.66; 7.81; 7.84; 7.91; 7.93; 7.98; 7.107; 7.119; 7.121-123; 7.125; 7.129; 7.139; 8.2; 8.8; 8.15-16; 8.18; 8.23; 8.36; 8.39-41; 8.49-50; 9.4; 9.6; 9.8; 9.14; 9.16; 9.25; 9.44; 9.48; 9.58; 10.2-3; 10.9; 10.24; 10.37; 10.55; 10.84; 10.94-95; 10.99; 10.104-105; 10.107-108; 10.114; 10.118; 10.127; 10.129; 10.145; 10.147; 10.150-158

Johannesstift, 3.7

Kunstbibliothek Preußischer Kulturbesitz, Foto: Dietmar Katz, 3.8

Kupferstichkabinett Preußischer Kulturbesitz, Foto: Jörg P. Anders, 2.23; 7.84

Staatsbibliothek zu Berlin Preußischer Kulturbesitz, 1.88; 1.91; 2.47; 7.80; 7.110; 8.28

Steffen Mühle, 4.53

Stiftung Stadtmuseum, Foto: Hans-Joachim Bartsch, 4.48; 7.19

Technische Universität, Plansammlung, 3.9

Technische Universität, Universitätsbibliothek, 3.2

Bielefeld, v. Bodelschwinghsche Anstalten, 4.106; 5.55; 5.62; 7.75

Bonn, Bundesarbeitsgemeinschaft der Freien Wohlfahrtspflege, S. 306

Braunschweig, Klaus Kohn, 10.143

Bremen, Lars Lohrisch, 5.3

Darmstadt, Technische Universität, 9.49

Düsseldorf, Diakoniewerk Kaiserswerth, 1.49; 1.70; 1.76; 1.80; 3.14; 3.19; 3.32-33; 3.35; 3.73; 3.92; 3.97; 3.116; 4.4; 5.5; 8.34, 10.171-172

Dresden, Dr. Jürgen Trogisch, 8.64-66

Erlangen, Universität Erlangen-Nürnberg, Foto: Annette Zebandt, 7.118

Frankfurt, epd-bild, 10.170

Freiburg, Archiv des Caritasverbandes, 3.42; 7.32 und S. 27

Fürstenwalde, Samariteranstalten, 10.42

Gammertingen, Mariaberger Heime, 3.106

Halle, Marienbibliothek, 1.31

Hamburg, Das Rauhe Haus, Foto: Christoph Irrgang, 1.52; 1.55; 1.57; 2.8-9; 2.28; 3.21-22; 3.111; 4.8; 4.112; 4.115; 4.118; 6.4; 7.5

Museum für Kunst und Gewerbe, 2.30

Hannover, Annastift, 6.28; 6.38; 6.41

Diakonisches Werk, 4.36; 8.13

Henriettenstiftung, 4.57; 5.25

Heiligengrabe, Stiftung Diakonissenhaus Friedenshort, 6.47

Herrnhut, Archiv der Brüder-Unität, 1.4-7

Kernen, Diakonie Stetten, 8.58; 8.61

Kleinmachnow, Dr. Ingeborg Grüber, 10.19

Kopenhagen, Thorvaldsens Museum, Foto: Ole Woldbye, 1.1

Lübeck, Museum für Kunst und Kulturgeschichte der Hansestadt Lübeck, 1.21

Ludwigsburg, Landeskirchliches Museum, Foto: Ernst Kirschner, 3.63

Lutherstadt Wittenberg, Stadtgeschichtliches Zentrum, 2.11

Mönchengladbach, Evangelische Stiftung Hephata, 3.101

München, Bruno Hartinger, 1.47

Engelbert Seehuber, 1.51

Neuendettelsau, Foto-Studio Reinhold, 3.13-14; 3.95; 3.115; 8.60

Neuruppin, Foto-Boddin, 3.70

Nienburg, Foto-Zinner, 5.70; 7.72; 7.77-79

Nürnberg, Diakonisches Werk der Ev.-Luth. Kirche in Bayern, 9.37; 9.43

Landeskirchliches Archiv, 7.99-100; 7.113-115, 7.117

Potsdam, Stiftung Preußische Schlösser und Gärten Berlin-Brandenburg/Bildarchiv, 1.85; 1.93; 3.3; 3.5

Oberlinhaus, 6.15

Reutlingen, Zentralarchiv der Evangelisch-Methodistischen Kirche, 1.34

Rickling, Landesverein für Innere Mission in Schleswig-Holstein, 7.15

Sikte, Evangelische Stiftung Neuerkerode, 6.1

Soest, Westfälische Frauenhilfe, 5.36; 5.46

Stuttgart, Landeskirchliches Archiv, 9.23

Staatsgalerie, 3.60

Württembergisches Landesmuseum, 1.94

Weimar, Sophienhaus, 6.12

Weissach im Tal, Mennonitische Hilfswerke, 9.42

Züssow, Pommerscher Diakonieverein, 4.5; 10.31

Autoren

Dr. theol. Matthias Benad, Professor für Neuere Kirchengeschichte und Leiter der Forschungsstelle für Diakonie- und Sozialgeschichte an der Kirchlichen Hochschule Bethel

Jürgen Gohde, Pfarrer, Präsident des Diakonischen Werkes der EKD

Dr. theol. Martin Greschat, Professor für Kirchengeschichte und Kirchliche Zeitgeschichte an der Justus-Liebig-Universität Gießen

Dr. phil. Michael Häusler, Leiter des Archivs und der Historischen Bibliothek des Diakonischen Werkes der Evangelischen Kirche in Deutschland, Berlin

Volker Herrmann, Diplomdiakoniewissenschaftler, Wissenschaftlicher Assistent am Diakoniewissenschaftlichen Institut der Universität Heidelberg

Dr. theol. Ingolf Hübner, Wissenschaftlicher Mitarbeiter des Diakonischen Werkes der EKD mit dem Schwerpunkt Geschichte der Diakonie in SBZ / DDR

Dr. phil. Juliane Jacobi, Professorin für Historische Pädagogik an der Universität Potsdam

Carola Jüllig M.A., Wissenschaftliche Mitarbeiterin am Deutschen Historischen Museum, Berlin

Dr. phil. Jochen-Christoph Kaiser, Professor für Kirchliche Zeitgeschichte und Historische Frauenforschung an der Philipps-Universität Marburg

Oberin Liselotte Katscher, Diakonieschwester und bis 1983 in der Leitung der Schwesternhochschule der Diakonie, Berlin

Roland Klose, Diplomsozialwirt, Referent für sozialpolitische Grundsatzfragen des Diakonischen Werkes der EKD

Isabell Lisberg-Haag M.A., Wissenschaftliche Mitarbeiterin am Haus der Geschichte der Bundesrepublik Deutschland, Bonn

Dr. theol. h.c. Karl Heinz Neukamm, Präsident i.R. des Diakonischen Werkes der EKD

Dr. phil. Dr. theol. Kurt Nowak, Ordinarius für Kirchengeschichte an der Theologischen Fakultät der Universität Leipzig und Directeur d'études associé an der Maison des sciences de l'homme Paris

Dr. phil. Thomas Olk, Professor für Sozialarbeit / Sozialpädagogik an der Luther-Universität Halle / Wittenberg

Dr. sc. soc. Eckart Pankoke, Professor für Soziologie an der Universität / Gesamthochschule Essen

Dr. theol. Matthias Pöhlmann, wissenschaftlicher Assistent am Lehrstuhl für Missions- und Religionswissenschaft der Friedrich-Alexander-Universität Erlangen-Nürnberg

Dr. phil. Ursula Röper, Religionswissenschaftlerin, Ausstellungsmacherin

Dr. theol. Werner M. Ruschke, Ephorus des Predigerseminars der Evangelischen Kirche von Westfalen, Soest

Dr. jur. Christoph Sachße, Professor für Geschichte und Theorie Sozialer Arbeit an der Universität / Gesamthochschule Kassel

Jürgen Scheffler M.A., Leiter des Städtischen Museums Hexenbürgermeisterhaus, Lemgo

Dr. theol. Jutta Schmidt, Frauenbeauftragte der Bremischen Evangelischen Kirche

Dr. phil. Norbert Störmer, Professor für Heilpädagogik / Behindertenpädagogik an der Hochschule für Technik, Wirtschaft und Sozialwesen Zittau/Görlitz

Dr. jur. Helmut Talazko, 1968-1996 Leiter des Archivs und der Historischen Bibliothek des Diakonischen Werkes der EKD, Berlin

Dr. disc. pol. Florian Tennstedt, Professor für Sozialpolitik an der Universität / Gesamthochschule Kassel

Dr. theol. Jörg Thierfelder, Professor für Evang. Theologie / Religionspädagogik an der Pädagogischen Hochschule Heidelberg, Honorarprofessor an der Universität Heidelberg

Dr. med. Klaus-Dieter Thomann, Privat-Dozent am Medizinhistorischen Institut der Johannes-Gutenberg-Universität Mainz, Landesarzt für Körperbehinderte

Dr. theol. Johannes Wischnath, Leiter des Universitätsarchivs Tübingen

Dr. theol. Renate Zitt, Lehrvikarin der Evangelischen Landeskirche in Baden